中世京都の空間構造と礼節体系

桃崎有一郎 著

思文閣出版

序　論

中世京都の空間構造と礼節体系

序論

本書は、中世日本の身分秩序を整序する固有の機能を与えられ維持されてきた、中世京都という特殊な都市空間に着目する。そしてそこを舞台として実践された礼節上の行為に基づき、中世公武社会に形成・維持・再生産された秩序の具体的様相を跡づけ、また人々の振る舞いを規定したルールとその淵源・展開過程を明らかにする事を目的とする。さらにこの作業を通じて、天皇・上皇や室町殿（室町幕府の事実上の首長）等が拠って立つ中世社会最上部の構造を展望する事を目論んでいる。

最初に、各論の底流にある問題意識と本書の射程・課題、その設定理由等について述べておきたい。

一　社会統合の枠組みとしての〝礼の秩序〟論

本書では上述の課題に取り組むにあたり、石母田正氏による〝礼の秩序〟論を一つの重要な研究史的基点として意識している。かつて石母田氏は、御成敗式目に始まり戦国大名の家法に至る武家法の歴史を詳密に跡づけ、鎌倉期から戦国期に向けて本来は「私」の法であった個別の「領主の法」が「公」の法へと――即ち「領国における最高の法規範としての公儀の法」へと転化してゆくという歴史的展開を見通した(1)。そしてかかる法の制定主体たる戦国大名はその領国内において、(イ)最高の軍事指揮権、(ロ)徴税権・検注権を含む行政権・裁判権、(ハ)より上級の権威または法規範によって拘束されない独自の法制定権を保持・行使した事に加え、(ニ)家産制的官僚制を形成・運用する事によって「一個の公権力として成立した」と評価された。また実際に東アジアの国際関係の場やヨーロッパ人の観察において戦国大名が同時代的にも「国王」であると判断・認定された事等を援用して、戦国大名をそれぞれ独立の「主権的」国家と見なす事の妥当性が説かれた。

日本中世史研究において「国家」概念を用いる事の適否について正面から議論する事は本書の射程を大きく逸脱するのでここでは措くとして[(2)]、目下の問題関心に即して重要なのは、右の結論の上に導かれた石母田氏の疑問である。即ち、支配する事に必要な制度・実力・意思を兼ね備え、国際関係において他国の王との通交主体となり得たばかりでなく、室町期まで中世人の間で社会認識を共有するためのモデルとして広く用いられた「公」概念（「公界」「公方」等と表現された、抽象的な〝しかるべき規範・権力によって秩序が規定される表向きの場〟）を克服し、排他的・一元的・絶対的な上位権力としての「公」を確立して特定領域内における至高の権威と化した戦国大名を、なお惹きつけた中央（ここでは差し当たり、天皇・将軍や京都等を漠然と想定し得る）の求心性とは何であったか。特に上述の（ハ）にあるような、より上位の法規範に服しないはずの大名が自己の上位にさらに権威を求める指向性は、〝法〟という体系のみからでは説明できないが、それではそこに我々はいかなる別の体系を想定し、かつそれらの各体系を総合的にいかなるものとして理解すべきか、という疑問である。

このように〝法〟の問題を突き詰めていった末に、「法とは別個の領域の問題」として想定された著名な〝礼の秩序〟論は、身分の尊卑を明らかにする「礼」の原理が、法と並列的に重要な機能を果たしたとする点に根幹がある。近年水野智之氏は「王権」という概念・用語の学説史上における用いられ方を詳細に追跡・検討する作業の中で、〝礼の秩序〟論に言及した。氏によれば、身分尊卑の観念から戦国大名が官位を要請する等、彼らが中央と関係を持とうとする姿勢にそもそもいかなる効果が意図されていたのかを考える必要があるとし、そこに政治的意味（家臣団統制や命令権の強化、さらには他大名との政治的身分秩序等）を全く見出さない事は困難であるという[(3)]。

水野氏自身は石母田氏の上述の問題提起に対してやや批判的見地から論じているが、厳密には両氏の説は対立するものではないと筆者は考えている。即ち戦国大名権力等による、水野氏がいうところの〝政治的意味〟を持つ秩序形成の手段は、原理を異にする複数の体系・思想を根拠として実現されるもので、その一つが「法」であり、いま一つが「礼」であって、後者が課題として残った、というのが石母田氏の総括であった。

この「礼」の原理は、中世社会を主な対象とする本書の立場に即し、かつ筆者の理解が及ぶ限りにおいては、以下のように定義可能である。即ち、〈ある範囲内（日本国・幕府・各大名領国・家中や村落等、その内実における構成・規模を問わず、ある程度自己完結的な特定の組織・共同体等の集団）に存在する任意の二者について、甲と乙のいずれが上位であり下位であるかが一意に定められ、それら個別的上下関係の集積が、対象範囲内全体をカバーする一つの秩序を一意に形成・保証しようとする原理〉である。そしてこの原理は、二者の尊卑を判定する重要な要件としてその血統的出自――換言すれば「家」の概念を媒介する事で成立している事に、石母田氏は注意している。

石母田氏は様々な中世法のあり方から、尊卑を軸として各領国内の擬制的な家産制的官僚制を整序するのに戦国大名が「礼」の概念を用い、また惣村・村落共同体レベルでもその内部に「家」概念が次第に導入され「礼」によって自律的に内部秩序が維持・再生産されていた、と指摘した（例えば、定期的な村落の祭祀儀礼等がその機能を果たした）。そして筆者の理解によれば、氏は当該期の社会構造について次のような展望を示す。即ち、末端身分レベルの「礼」による秩序形成までも規定した大名家の法を一つの媒介項とする事によって、村落レベルでの「礼」による秩序が、より上位次元の「礼」の体系（即ち大名領国レベルの体系）の一部に組み込まれ、その大名領国レベルの体系は、さらにより上位次元の体系（即ち天皇・将軍を頂点とする「礼」の体系）に組み込まれていた、と（筆者はここに、一種のフラクタル構造（巨視的に見た時の形状が微視的に見た時の形状と相似する自己相似形）を想起する）。

氏はこのビジョンに基づき、「中世における天皇制についてのイデオロギー」を、「法とは別個の領域の問題」であると措定した。そして古代以来の日本の法が「礼」と密接な関係を持ってきたという意味で、この問題が法と関わりを持つとして、中世武家法の総合的な考察を「礼」の問題への展望で締め括ったのである。

一方では領国内に独立的・主権的な最上位の権力を確立していた戦国大名が、他方では地方への実効的な支配力を喪失したはずの天皇・将軍を頂点とするアッパー・レベルの体系の一構成要素を成しており、両者が尊卑の原理で統一されていた、という氏の指摘は、中世社会の構造に関する次のような一つのモデルとして換言できよう。即ち、中世社会において個別具体的な集団は、現実にはそれぞれ異なる支配力の源泉・システムに拠って立つ権力（荘園領主・知行国主・守護・地頭御家人レベルの領主や惣国・惣村等）によって分断的に支配され、半ば独立的・自律的に、外部に対してある程度閉じた世界を形成して存在していた。しかし他面ではそれらの集団があくまでも身分制社会の一構成要素であったために、礼の秩序という一本の幹に必ずどこかで（直接・間接を問わず）接続しており、現実の支配体制とは別にそのような面において、全体で一つのツリー（樹形）を観念上形成していた、と。

細胞分裂のように地域的な主権分散が極大まで進行した南北朝〜戦国期の中世において、「日本国」という一体性がどこかで保たれていたと仮定する場合、それを担保していた枠組みの一つが〝礼の秩序〟という体系であったと想定される点に、日本中世史研究における〝礼の秩序〟の重要性があろう。「中世末期における天皇制の問題は、法や国家権力の問題ではなく、身分的尊卑の観念であるとすれば、上から下まで一貫する「礼」の秩序の側面をみのがすわけにはゆかない」という石母田氏の提言に学んで、この「礼」（礼節）の問題を正面から取り扱おうというのが本書の基本的な立場である。

二　権力による秩序編成手段としての〝礼の秩序〟論

ところでここまで「礼」の語を説明なしに用いてきたが、中世社会では「礼」は複数の異なる概念を示す語であり、それは恐らく古代以来の経緯に規定された中世特有の思考法の所産であった。

元来、律令制のボキャブラリーにおいては「致敬《ちきょう》」が同様の意味を持っている（尊経閣文庫本〔三巻本〕『色葉字類抄』に「致敬礼節分チキヤウ」とある）。養老儀制令元日条は「凡元日、不得拝親王以下、唯親戚及家令以下、不在禁限、若非元日、有応致敬者、四位拝一位、五位拝三位、六位拝四位、七位拝五位、以外任随私礼」と定め、元日の拝賀（律令制では朝賀を主に指し、後世の昇進拝賀〔慶賀・慶申・奏慶とも呼ばれた〕とは異なる）を受ける天皇等ごく少数の最高貴人を除き、元日に拝を受ける事を禁じたが、実際には親戚・家令等による元日拝と、元日でない場合は例外扱いされた。ここでは「もし元日以外に致敬するならば、主体・客体の位階に一定の距離があれば禁制しない」という文脈で、即ち拝（拝礼）を含む行為として「致敬」の語が現れるが、致敬の具体的内容は拝礼に限らない。養老儀制令の遇本国司条で郡司・国司間の礼節が「凡郡司遇本国司者、皆下馬、唯五位、非同位以上者、不下、若官人就本国見者、同位即下、若応到敬者、並准下馬礼、」と規定され、また延喜弾正式の二八条で「凡四位已下逢一位、五位已下逢三位已上、六位已下逢四位已上、七位已下逢五位已上、皆下馬、余応致敬者、皆不下、其不下者、斂馬側立、応下者、乗車及陪従不下、中宮東宮陪従准此、」と定められたように、本書で扱う路頭礼的敬譲の一形式である下馬も「致敬」であった。大まかにいえば、拝・下馬等の具体的形式を問わない敬譲表現一般、それも中国的・古代的な「礼」理念を実現・具現化する行為一般を指すのが「致敬」であったといえるだろう。

他方、中世日本の「礼」の問題を追究した金子拓氏はその著書の序章で、石母田氏の〝礼の秩序〟論を踏まえた上で、中世における「礼」の複数の語義に注意を喚起している(4)。氏の概括によれば、「礼」とは本来は儒教的な理想的社会秩序の謂であると定義されるものでありながら、日本固有の社会状況に規定されて歴史的変化を被り、儒教的観念とは別の語義を持つに至る。その結果、中世から今日まで「礼」には複数の語義が生まれ、特に上下・長幼の秩序を守る規範となる観念やそれを成り立たせる具体的行為としての（「礼を尽くす」「礼をわきまえる」という場合の）用法と、謝礼としての贈与行為・贈与物を指す（「お礼をする」という場合の）用法が存在する事となった。石母田説でいう〝礼の秩序〟や本書で問題とする礼節は、前者の〈社会秩序とそれを実現する行為〉という意味での「礼」の問題だが（以下、行論の便宜上この用法を〝礼制的用法〟と仮称する）、日本ではそれが儒教的な思想的根拠を離れて存在した点に特色があり、しかも中世後期には贈与交換儀礼・行為としての「礼」が盛行した（同じく〝贈答的用法〟と仮称）点も特徴的である。そこで金子氏が提示した疑問点は、①なぜ「礼」の語が贈与交換と関連づけられているのか、また②なぜ「礼」の一文字が「返礼」（お返し）という意味を内包するのか、という点であった。

　金子氏は石母田説以来の研究史を回顧し、一方では石母田氏の展望が藤木久志氏らによって戦国大名論との関わりで継承され、あるいは佐藤博信氏によって古河公方に対する恒例・臨時の贈与交換儀礼としての「礼」の秩序・構造が究明されながらも、他方では〝礼の秩序〟や「礼」自体の問題は追及されなかったという不備を指摘している[5]。さらに氏は、黒田俊雄氏が身分制を自然発生的な階層的身分と作為的な礼節的身分に二分し、中世日本の後者が秩序意識・制度・意義の尊重という程度の漠然とした概念に過ぎないと見た点で石母田説と歴史認識を共有しているとし[6]、また中世の社会経済史的要因として「礼物」「礼銭」が少なからぬ比重を占めた事に注目した佐々木銀弥氏・脇田晴子氏の研究[7]を評価しつつも、そこに賄賂性等のネガティブなイメージがつきまとう点に疑義を呈する。そして権利獲得・保証や将軍御成・代替わり等を契機として室町幕府がシステマティックに礼物（礼銭）を財源化していた事を論ずる田中浩司氏の説[8]を一つの到達点と評価するとともに、遠藤基郎氏による私的・相互扶助的な上下関係に拠らない贈与＝トブラヒ（訪）論を参照すべき必要性を説いている。[9]

金子氏は如上の前提に立ち、寺院経済における礼物授受のシステムやサイクル、室町殿「御礼」参賀等の具体相の追究から、贈答的用法の「礼」について次のような結論を導いた。即ち中世後期の贈与交換行為としての「礼」は、現実には存在していない秩序ある社会を理想として描く文脈で現れるのではなく、現にある政治的秩序を実感・確認し維持・再生産する手段として存在した事、権力者側による収取と放出のサイクルに互酬性・双務性が認められ、それによって権威が誇示された事、室町殿に対する「御礼」（参賀）は義持期に発生し義教期に恒例化して、一五世紀前半に「礼」が贈与交換行為と結びついた事、室町殿に対するシステマティックな「礼」は一方で半ば強制的な側面を持ちつつ、他方では室町殿の「御成」を迎えようとする等の進納者側の積極性が見出される事、それによって室町殿を頂点とする政治秩序が〝礼の秩序〟として実現・維持されている事、室町殿から守護に至る諸権力が支配を拡大する上で不可欠の収取形態であった事、等である。

氏はまた礼制的用法の「礼」についても、中世の歴代武家政権における官途の取り扱いに着目して具体的考察を進め、室町幕府段階で、枠組み・名称こそ律令的官位制と同様であるものの内実は全く別物の武家官位体系（官位観念）が創出され、政権内部の構成員を独自の身分秩序上に統制する〝武家官位制〟として豊臣政権・江戸幕府でさらに活用されるに至るという歴史的展開を見通している。

このように金子氏の研究は、戦国以前の〝礼の秩序〟が実際の秩序形成の場でいかなる指向性を伴い、いかなる目的・背景・手段をもって実現され、また結果として形成された秩序はいかなる性質を有したかを明らかにしたものであった。そして上述の二種類の「礼」に対する金子氏のアプローチは、いずれもその時々の権力による秩序形成という、極めて政治的な要因の働きかけによって中世（特に後期）の「礼」認識が歴史的に形成・実践されていった様相を見通している。特に名主百姓と守護の間にも応永年間から（贈答的用法としての）「礼」の収授サイクルが見られ、そこに権益保障に対する受益者側の当然の負担という意識が看取される上、それもまた秩序・社会環境維持と見なし得る事、したがって贈答的用法の「礼」は室町殿から名主百姓までを広く覆う秩序原理であり、権力が末端へと下降していった室町・戦国期の政治状況を分析する有効な視角である、とした結論は、村落社会までを視野に入れた石母田氏の〝礼の秩序〟論の提起を展開させた、重要な議論の深化であった。

三　公家社会の身分・礼節秩序研究の意義

上述の金子氏による研究成果を踏まえつつ、本書では主に礼制的用法としての「礼」の体系を扱う。この体系は、個別具体的な諸々の行為・所作等によって表現・構築・維持されるものであり、それらの具体的な行為や行動規範（書札発給時の文言や同席時の座次、また直接相対した時に当事者が取るべき所作等の定め）を中世社会では「礼節」と呼んだ。

古代の最初期律令国家は、「礼節」を次に示す『続日本紀』慶雲四年（七〇七）一二月辛卯（二七日）条のような用法で用いている。

> 詔曰、凡為政之道、以礼為先、無礼言乱、言乱失旨、往年有詔、停跪伏之礼、今聞、内外庁前、皆不厳粛、進退無礼、陳答失度、斯則所在官司不恪其次、自忘礼節之所致也、宜自今以後厳加糺弾革其弊俗、使靡淳風、

官人の挙措進退に「礼」がなく風紀が猥雑である理由を、詔では「所在の官司が序列を軽視し、自ら『礼節』を忘れているためだ」とする。上下の序列を重視する事、そして重視する意思を表示する手段が「礼節」であった。『明月記』嘉禄二年（一二二六）六月二一日条に「去比頭弁・右中弁等内々咎沙汰之後、頭中将之礼節進退頗普通、不致無礼云々」とある記事でも、「礼節」は「進退」即ち他者と場を同じくする場面での振舞を指して用いられている。なお時代が下るが、建武三年（一三三六）制定の室町幕府の基本法『建武式目』に「可専礼節事」が立項されており、前述の詔と類似する趣旨が述べられている。

理国之要、無過好於礼、君可有君礼、臣可有臣礼、凡上下各守分際、言行必可専礼儀乎、

ここでは、「『礼節』を専らにする」事とは「上下がおのおの『分際』を守る」事であり、それは「発言・行動で『礼儀』を専らにする事」で示されると、より鮮明に語られている。

路頭礼の世界では、本論第一章でも取り上げる『玉葉』治承元年(一一七七)一二月一七日条に「於楼門辺逢左大臣、中将抑車、前駈下馬、大臣令下前駈、被過云々、過分之礼節也、後日遣使謝之」と、翌一八日条に「召遣刑部卿頼輔朝臣、中将乗逢之間事、為示左大臣許也」と、翌々一九日条に「頼輔朝臣来、余謁之、一昨日左大臣逢中将、被施礼節之悦、可伝示之由仰之」とある事例に、「礼節」の典型的用語法が見える。九条兼実の息良通が左大臣大炊御門経宗と「乗り逢」った(相互に乗物で移動中に遭遇した)際に、停車して前駈を下馬させた良通に対して経宗が前駈を下馬させ通過した事を「過分の礼節」として、兼実がわざわざ人を遣わして「礼節を施された」謝意を経宗に表した。ここでも「礼節」は停車・前駈下馬命令等の具体的行為である。『宇治拾遺物語』「大膳大夫以長先駆の間の事」に見える「公卿あひて礼節して車をおさへたれば、御前の髄身みなおりたるに、未練の者こそあらめ、以長おりざりつるは」という藤原頼長の台詞では、同様の行為が「礼節する」と動詞化して語られている点が興味を惹く。

また書札礼において、例えば『玉葉』元暦元年(一一八四)八月一日条に「抑件人去年送札上所(行カ)云々、謹上右大将殿云々、依忘礼節返遣了、而今書進上字了、已伏理歟」とある事例では、源通資が右大将九条良通宛の書状で宛所の上所を「謹上」と記してきたので「礼節を忘れている」と見なして受理せず突き返したが、その後彼が理に伏して「進上」と書くようになったので受け取ったという。また『迎陽記』永和五年(一三七九)二月二五日条に「宮内大輔資藤(日野町)故忠光卿二男送状曰、来廿八日四十九日諷誦可草給之、向後毎事異他可申云々、書状礼節恐惶謹言書之、遣返報領状了」とある事例では、「恐惶謹言」という文言自体が「礼節」であった。

「礼儀」という抽象的概念を具象化した「礼節」に立脚する礼制的意味での「礼」の問題は、中世社会が根底において、不変の身分秩序の維持・再生産を社会それ自体の目的として持っていた事とも不可分に結びついている。平安期以来の公家社会が、摂家を頂点とする身分秩序を（歴史的・政治的理由により修正を繰り返しつつも）原則として一定不変に保とうとする鞏固な自律的保守性を有し、大枠においてそれを実現しつつ明治維新を迎えた事はいうまでもないが、これが公家社会のみに限定された問題でない事もまた多言を要しないであろう。[10]

源頼朝が御家人の恣意的な（鎌倉殿頼朝の許可・推挙を得ない）叙位任官を厳しく統制し、あるいは鎌倉幕府構成員の任官要件を身分や成功・幕府推挙の有無等で幕府法が規制した一方、[11]鎌倉殿自身が参議・納言あるいは大臣等の高官に昇り、あるいは幕府内に鎌倉殿に祗候する「月卿雲客」（公卿・殿上人）を抱えていた事実から明らかなように、[12]鎌倉幕府はその組織内における身分的序列を朝廷の位階官職の体系を借りる事によって整序しており、かつ鎌倉殿が形式的ながらも公卿であるという形を取る事によって、公家社会の官位秩序と接続・連結していた。

青山幹哉氏によれば、得宗家が幕府運営の主軸となる時代には得宗は幕府内で親王並みに「太守」と呼ばれ、書札礼上で弘安書札礼より厚礼の公卿に准ずる格式を得ていたが、その一方で、官位体系上はあくまでも四位の国守（中世的表現でいえば「受領」）・諸職（京職等）の大夫止まりの諸大夫身分を貫き、幕府特有の変則的な運用の下ではあるものの、官位や礼節で表現される朝廷の身分秩序に接続・連結する根本的方針は維持している（青山氏は「桎梏」と評価する）。[13]

これが室町期になると、公家社会の身分秩序や礼節秩序が支配する京都に幕府を置くという地理的要因によって、武家社会は空間的に同居する公家社会の身分・礼節秩序と加速度的に融和する条件が整い、しかも義満期に「室町殿」と称する将軍が形式上ばかりでなく実質上も廷臣として活動するようになったため、[14]公家社会の身分・礼節秩序を基礎として公武社会を統合する統一的身分・礼節秩序が成立する機会がもたらされる。

武家社会をも包摂した社会最上層部の問題という意味で公家社会の身分・礼節秩序の重要性が顕著となる南北朝・室町期は勿論、それが相対的に希薄であった鎌倉期においてさえ、統一的な身分秩序上では、公家社会は（天皇・上皇等の極端な尊貴性を保持する一部の人々を戴きつつ）その最上層部を構成し、また諸大夫・侍以下で構成される公家社会の下層部分に並列して（将軍を除く）武家社会が存在する、という枠組みは一貫していた。さらに室町期には公家社会身分秩序との直接の接点となる将軍だけでなく、武家社会内部においても独自に官途の授与・認可による身分秩序形成という手法が末端まで貫通し、寺社や村落においてもその内部的な身分秩序形成の場面でそれが模倣されデフォルメされる形で浸透していた[15]。それらの事実を考慮すれば、出自と功績で決定される家格に多く規定される位階官職の授与によって構築・維持・再生産される体系は、中世社会全体を貫く問題として捉えられなければならないであろう。

そしてこの体系が現に実感されるための仕組みとして用いられたのが礼節（行動規範）であり、その規範そのものあるいは規範のモデルとして、公家社会の礼節秩序が存在した。本書で主に考察対象とする公家社会身分・礼節秩序は、実態としては公家社会構成員を対象とし彼らによって実践・運用されたものの、理念上は公家社会に限定されない、全社会を統一的に律する身分・礼節秩序の上部構造であると考えられる。本書がその基礎的事実・分析を主たる課題に設定するのは、その構造が上述の中世社会を統合する身分秩序の最上部であり、かつ上述のように全体的身分秩序の下層部で模倣・デフォルメされる秩序のモデルであるという、二つの意味で全体的身分秩序の〝原点〟である重要性に鑑みての事である。

ところで桜井英治氏は、中世とは「先例という台本にもとづいた一種の演劇」、それも「世間の人びとに観劇させるための」演劇を繰り返し、「その演劇を通じて彼らは彼らのいる世界の不変性を確かめあい、寿ぎあった」時代であったと評価した[16]。これは応仁の乱後の、室町幕府や将軍権力が解体へ向かう時代における極端な先例の再演を念頭に置いて記された文章ではあるが、その根本的な精神は平安期以来中世を通じて公家社会を支えたものと見なす事ができよう。桜井氏が「不変神話」と呼んだこの仕組み（それがあくまでも理想であり、現実にはそうはならなかったという含みを持って「神話」と表現された事も注意される）を実現せんとし、不変の身分秩序の維持・再生産を行うための手段として重要な役割を担ったのもまた礼節秩序であった。[17]

公家社会において書札礼や座次に関するトラブルが絶えないのは、礼節が現にある秩序（とその延長線上にある将来の秩序）を規定したからである。相手が当然尽くすべき礼を自分に尽くさない場合、あるいは当然自分の下座に着すべき者が自分と対等または上位の座に着いた場合、それを認める事は相手の自分に対する社会的地位が相対的に上昇した事を承認する事に他ならない。しかも一旦相手の薄礼や過分の座次を認めてしまえば、その事実が先例となって、互いの子孫に至るまで代々継承されてしまう。

そのような先例重視主義（先例と現実の整合性を重視する思考法）の中世公家社会の中でも特に南北朝・室町期において、その時々の政治権力に密着して地位を向上させ、自らの実際の権勢を書札礼に反映させて一層の厚礼を用いるよう周囲に求めた人々（名家日野流・勧修寺流藤原氏等）と、本来の家格秩序においては上位または対等でありながら時流に乗って擡頭してきた人々によって相対的な地位の下落がもたらされかねなかった人々（摂家・羽林家等）が、書札礼・家礼相論を通じて争っていた事情は百瀬今朝雄氏の論攷に詳しい。[18]百瀬氏がそこで指摘したように、過去・現在・未来において社会の基本的枠組み・秩序が一貫して維持される事を望む後者のような人々（現状の墨守が利益となる人々）にとって、社会というものが本質的に持つ時間経過による不可逆的変化を、可能な限り人為的に阻止するための道具が、身分秩序を固定化させる礼節体系であった。

これを踏まえて中世礼節秩序の意義を二つの柱に整理すれば、次のようになろう。第一に、礼節秩序とは個別の地域・権力・組織等に分散してゆく遠心性を絶えず有した中世社会の各構成要素が、あくまでも「日本国」という一体的な〝何か〟の一部品であるという属性を失わないよう繋ぎ止める回路であったという事（そこには当然遠心性に勝る求心性がなければならないが、統合的礼節秩序がなぜそこまで求心性を持ち得たのか、という点は別に考えるべき問題である）。これは石母田氏による〝礼の秩序〟論を筆者の言葉で敷衍・再構成したもので、帰属意識等の点で現に遠心方向に流れて行きかねない諸要素を繋ぎ止める手段という意味において、相対的には時系列が意識されない側面といえよう。これに対して第二に、中世社会（特に公家社会）の構成員が中世社会に対して、本質的には時間の経過によって不可逆的に変化を続けるはずであるにもかかわらず不変である事を求める時、その人為的実現に身分秩序という枠組みの堅持が有効であると判断された、という事。本書ではこの二つの側面を意識して、中世社会の礼節体系・秩序を論ずる事を目指した。

四　路頭礼と派生的礼節に関する研究の意義

石母田氏は、日本は中国と異なって「礼」を体系的に定めなかったが、その片鱗は律令法や公家新制の中に見出せるとして、その研究の重要性を指摘している(19)。

公家法の歴史の中では、特に本書第一章の路頭礼秩序考察の基点となる、亀山院政期の弘安徳政の一環として制定された『弘安礼節』が重要な位置を占めた。『園太暦』文和四年（一三五五）八月一八日条に引く徳大寺公清書状で、大乗院孝覚への書札に適用すべき礼節を尋ねるついでに、公清は岳父洞院公賢に対して次のように質問している。

又僧中礼、後醍醐院御時被改王法候し、今も猶其分にて候やらん、又同官人出家之後ハ不依位次、俗ノ下ニ著候条勿論候歟、而是も彼御代猶被任位次候しやらん、当時如何候らん、ふと存出候之間、以次令啓候、

僧の書札礼については後醍醐天皇の時に「王法」が改められ、今でもその時定められたようになっていると思う、と公清はいう。そしてまた在俗時に同官であっても出家した者は位次（位階・﨟次）にかかわらず俗人の下位に位

置づけられるのはいうまでもないが、これも後醍醐の時に（俗体法体を問わず）位次の順に並ぶ事とされたと思う、現在はどういう事になっているのであろうか、と問う公清に対して、公賢は次のように答える。

不然候歟、可為弘安礼之由、法皇御時被仰候き、貞和立坊之時、実夏与道意僧正以外沙汰かましき、何と候しやらん、

そうではなく、「『弘安礼節』通りにせよ」と光厳院が仰せられた。貞和四年（一三四八）の直仁親王立太子の時に実夏（公賢息）と聖護院道意（二条良基息）がひときわ揉めていたが、どう決着したのだろう、と公賢はいう。後醍醐による僧中礼節改変が光厳院政期に停止され、『弘安礼節』通りへと復旧させられたこの事実から、森茂暁氏は後醍醐政権の宗教政策の独特さと、これが室町体制下に即してさらに検討されるべき問題である事を指摘した[20]。この問答に関しては、後醍醐による礼節改定がよく知られていながら光厳による復旧が周知されなかった点も興味深いが、本書の関心に即して最も重要な点は、遅くとも南北朝前期には『弘安礼節』が「王法」と廷臣に認識されていた点である。徳大寺公清は上記問答の三年前にも公賢に、

兼又例之事新しき申状にて候へとも、諸大夫与医道之書札礼ハ、弘安法于今無相違候歟、但し可准四位雲客之由其後別勅候とて、嗣成（和気）朝臣なとハ以外鼻高く候しか、若諸医存其旨候乎、

と書き送っており（『園太暦』文和元年七月八日条所引公清書状）、『弘安礼節』を「弘安法」と呼んでいる。『弘安礼節』が対象とした礼節体系は単なる社会的慣習ではなく、朝廷で然るべき手続き・群議を経て[21]「王」（治天・天皇を漠然と指していよう）が定めた「法」であった。

そのような礼節の中でも、特に書札礼の持った意義については今さら多言を要しないであろう[22]。また幕府内儀礼秩序については近年二木謙一氏が室町期から織豊・江戸期に至るまでの武家社会における格式・儀礼的秩序を、書札礼はもとより将軍対面儀礼・将軍出行時の乗物や供奉人の序列・参賀・八朔儀礼の検討から包括的にまとめ[23]、

松園潤一朗氏が一〇月亥日に餅（亥子餅）を食して無病息災を願う亥子御祝を素材として、室町幕府における共同体的秩序と身分的差別秩序の二つを軸とした秩序編成の構図を見出している。[24]礼節や公の場での序列を媒介として身分秩序が連綿と形成・維持され続けてきた事実の重要性は、今日さらに深く認識されるに至っているといえよう。座次・席次の問題についても、例えば南北朝初期、足利直義亭で二階堂行通と中条秀長が「座籍相論」し、行通が下に着すようにと直義が裁決した結果行通が出家してしまった、[25]といったような事件に類する座次相論、またそこから発展してトラブルや暴行・当事者の出家を招いた事例は枚挙に遑がなく、近年『日本歴史』で〈「座次」と「席次」〉と題する小特集が組まれたように、[26]その重要性はいうまでもない。朝廷や幕府に歴とした職位を有する廷臣・幕府構成員からそれらに及ばない下級身分の人々まで――換言すれば洛中を活動の場とする機会が一定以上あるあらゆる人々にとって、かかる礼節の実践は極めて高い頻度で日々降りかかる手続きであり、生活の中で多大な比重を占めるものであった。

このようによろず礼節が現実社会を規定していた中世公家社会においては、路頭遭遇時の礼節――即ち路頭礼もまた書札礼・席次と同様の意味を持ったと考えられる。今日でも目上の人と行き会った場合に道を譲るというのはよく行われる事だが、中世公家社会に即していえば、身分の異なる者同士が路頭で行き会った場合、双方がどのような行動を取るかによって相手に対する認識（上下関係）が相互に確認される（さらにいえば、その相互認識が第三者にも周知される）事になる。この路頭での遭遇という場面は、（官位・公家法をはじめとする）法等の形で定められた両者の客観的な身分秩序を基礎としつつも、当事者双方にとっての主観的な上下関係（必ずしも尊卑によらない事がある）の認識が相手に示される意思表示の場であり、双方が同じ認識を共有している（と主張すべきだと当事者双方が判断した）場合は、従前の認識が再生産される場となった。しかしそうでない場合――例えば上位者（であると自覚する者）にとって、下位者たる相手が当然尽くすべき礼を取らなかった場合（つまり、相互に同じ認識を共有しない場合）には、書札礼・席次と同様に頻繁にトラブルが発生し、相剋の場となった（典型的な事例が、第一章で取り上げる藤原頼長に対する平信兼の狼藉事件や、『平家物語』で著名な関白松殿基房に対する平資盛の「殿下の乗合」事件である）。これは路頭礼という礼節が、他者の目に映ずる現在の秩序と将来のそれを規定すると認識されていたからに他ならず、中世公家社会において、路頭礼が書札礼・座次と同等の意義を有した事を示している。

そこで本書では、重要な意義を持ちながらこれまで手薄な研究分野であった事に鑑み[27]、様々な礼節の体系群の中でも特に路頭礼や派生的な諸礼節を主な考察対象として、その基本的な構造・具体的所作・歴史的沿革を体系的に把握し、またそれら礼節秩序と実社会の身分秩序との間の相互のフィードバックの様相を明らかにする事を目指した。

中でも本書が着目するのは、路頭礼を基礎とし重要な一要素としつつも、それにとどまらない空間的広がりを見せた一連の礼節上の現象である。これは具体的には、当事者のうち高身分である一方が、ある居住空間内に居住・滞在している時に（この場面での居住空間である建造物を、本書では以下「居所」と表現する）、低身分である他方がその近辺の街路を通行する際に取る礼節の体系を指す。即ち身分的高位者・権力者の居所とその周辺空間において、下位者はいかなる行動を求められたか、という問題であり、この問題に関係する礼節的行動は中世を通じてかなり鞏固な規範として公家社会を律していたばかりでなく、平安期から戦国期までを貫く時系列上の一貫性が認められる事から、古記録上に豊富な問題提起・議論の素材を見出し得る。さらに義満以降の室町幕府将軍（特に公武双方の社会に対して絶対的な権力をもって君臨せんとした将軍またはその就任予定者・経験者は、「室町殿」と呼ばれる）もまたその体系の当事者であり、当該体系との向き合い方・距離感の取り方によって彼らの社会的地位が可視的に表現された事例が少なくない事から、この礼節体系が、富田正弘氏の提唱以来今日では通説の地位を得ている〝公武統一政権〟内の身分秩序の動態的分析に好適な素材であると見なし得る。

この礼節体系では、個別の場面での空間的条件は（第一章で考察するような）街路のみを場とする単純な路頭礼を超えて、高位者の居所たる建造物やそれを囲繞する附帯的建造物・街路等、様々な物体や空間的広がりを伴う、いわば舞台装置一式であった。第四〜七・九章で扱う「陣中」は、内裏即ち天皇の居所のみに設定された、その周囲三町四方を占める特殊な領域であり、その領域と外部空間との境界点を通行者が通過する事によって、路頭礼的手続きが発動する仕組みとなっていた。この領域は本質的には観念上のものに過ぎず、望まれざる通行者・通行方法を排除する物理的強制力は（陣吉上による車馬往反防止の励行令を除いて）皆無に等しかったと考えられるが（第五章）、鎌倉期には裏築地《うらついじ》という築地塀が張り巡らされて王宮の周囲に相応しい景観を備えており[28]、またその入り口たる「陣口」には「置石《おきいし》」という目標物が常置されているといったように（同前）、洛中の景観を操作する物理的設備を有していた。そして特に本書の立場から注目したいのは、陣中が同心円状の空間認識の中で捉えられ、より上位の空間認識たる〝洛中〟に直接接続する概念であった点であり、その空間的広がりは単純な路頭礼（第三章で〝狭義の路頭礼〟と名づけたもの）には存在しないものである。

五　本書の前提としての中世京都研究

巨視的に見た場合の京都あるいは洛中の空間構造・認識については近年高橋慎一朗氏が研究史をまとめ、さらに「武家地」という武士の居住区域との関係から掘り下げている[29]。以下、本論の前提として、かかる空間概念に関する歴史的経緯を氏の研究に拠って確認しておこう。

高橋氏によれば、養和元年（一一八一）〜二年の飢饉に関する『方丈記』の記述から、平安再末期には〈京都＝洛中＋辺土〉という空間認識が存在しており、また「辺土」の地は山城国の管轄下にあった。「辺土」の範囲については、正応元年（一二八八）六月一〇日伏見天皇宣旨[30]による殺生禁断令の対象範囲＝「洛中より近境に至る」が、具体的には東は「東山下」、南は「赤江」（現京都市伏見区の淀の対岸辺り）、西は「桂川東岸」、北は「賀茂山」を限るとしている事から、この「近境」が「辺土」と同じ概念かと推測し、また辺土には一条以北・河東（白川・祇園・建仁寺・清水・今熊野）・北野周辺・西郊（嵯峨・仁和寺）が含まれたという、室町期酒屋名簿（洛中辺土酒屋役の賦課資料）の分析に基づく瀬田勝哉氏の見解[31]を支持している。

さらに『太平記』によって六波羅もまた「都近キ所」であって「都」内部ではなく[32]、鎌倉期には「公家は洛中に、武家は六波羅（河東）に、という住み分けが成立して」いた[33]。在京の武士が洛中を横行する事を禁ずる延応二年（一二四〇）の幕府法（追加法一三六条）は、武士による牛車での洛中往来が公家・武家の区別を乱し、洛中と辺土との区別をも乱す事の防止令であり、正元二年（一二六〇）の院御所落書で望ましくない諸事の一つに「年始凶事アリ、国土災難アリ、京中武士アリ、政ニ僻事アリ」と京中の武士が挙げられた事も、同じ文脈から理解されるものであった。しかし鎌倉末期には辺土たる「河東」と洛中の関係は公家政権からの働きかけで変化を始め、正和年間（一三一二〜一七）・元亨元年（一三二一）には新日吉社が「洛中河東酒屋」「洛中河東酒鑪役」の徴収を朝廷から認可されるようになる。この事実から高橋氏は、公家政権が洛中のみならず河東まで含めて支配しようとした姿勢とともに、武家に対する対抗姿勢を読み取っている。

そして黒田紘一郎氏によれば応安四年（一三七一）には「洛中辺土」という熟語表現の最も早い例が見られ[34]、ここから高橋氏は、洛中と河東以下の辺土との一体化が進みつつあった事を推測し、さらに一五世紀から「洛中河東西郊」という表現が幕府の出す文書に頻出し（ほとんど全てが課税許可関係）、洛中と辺土が幕府の政策上全く区別されていない事を指摘した（用語上の区別さえ問わなければ、河東・一条以北・嵯峨・西の京等は洛中と一体のものと見て差し支えない状況が室町時代に現出していたという清田善樹氏の研究[35]、また諸課役の名称に見える京都を表す用語は応仁の乱後に「洛中洛外」に統一されてゆくという瀬田勝哉氏の研究等を援用）。そして『晴富宿禰記』文明一一年（一四七九）三月一一日条より、応仁の乱後の洛中洛外の範囲をめぐる相論では、洛外がどこまでの広がりを有するかが争点であったはずであり（洛中が平安京左京である事は自明）、したがって「洛中洛外」と「田舎」の間の線引きが問題となる段階に至っていると評価したのである。

本書では、個別具体的には路頭・門前での出来事を微視的に掘り下げてゆく作業が多いが、洛中やこれを囲繞し一体視される辺土（洛外）、それら全体を含めた京都という上位の空間概念は、中世の路頭・門前での礼節と密接に関わってくる。前節末で述べたような路頭礼を一つの基礎としつつも、京都という都市構造全体の存在までをも個別具体的な場面の背後に感じさせる複雑・複合的な別種の礼節体系を、本書では〝居所—路頭間礼節〟と呼び、〝狭義の路頭礼〟に対比する意味では〝広義の路頭礼〟と位置づけて論を進めたい（「—」は、〝幕府—守護体制〟等という場合と同様に、二要素が相互に接続する形態が当該概念の重要な根幹であるという意味である）。

下位者が路頭で礼節表現としての何らかの動作・所作を求められる点で、居所—路頭間礼節という体系は動的要素を不可欠な要件・媒介装置として持つ一方、同時に建造物や洛中という都市構造そのものが重要な役割を果たしている点で、当該礼節体系は静的要素を第二の不可欠な要件・媒介装置としているという特色がある。本書における具体的考察の最大の対象はかかる性質を持つ居所—路頭間礼節の分析にあるが、その研究視角の特色を中世京都研究の研究史と比較するならば、次のように位置づけられよう。

洛中洛外を構成する空間的条件やそこから導かれる空間認識、ひいては社会認識を究明する研究にはこれまで豊富な蓄積があるが、それらが立脚する視座の設定方法は、次の三種類に大別されるように思われる。第一群は、寝殿造をはじめとする中世洛中・洛外所在の住宅・建造物（あるいはそれが属する居住区画）の構造に関する基礎的事実を確定・解明する作業に焦点を合わせて建築史的手法を用いる、相対的に微視的な視点を出発点にして展開する研究である（ここで微視的・巨視的というのは、スコープの問題——いわば観察対象に対して顕微鏡の倍率をどの焦点距離・視野範囲に合わせているか、という意味である）。これには太田静六氏や川上貢氏らによる中世住宅研究における基本的業績や、最近では寝殿造における儀式空間から居住空間への変遷を跡づけた川本重雄氏の業績、あるいは中世大内裏・里内裏や院政期仙洞御所の具体的態様を描き出した髙橋昌明氏の編著等が該当しよう(36)。

第二群は、都市・首都としての平安京・洛中全体を、そのあり方を規定した政治史的条件やその内部的・外部的な（儀礼的用法を含む）交通史的諸要素、あるいは社会史・経済史的諸要素の動態を切り口として鳥瞰的に把握しようとする、相対的に巨視的な視座からの都市史・都市論的研究である。最近大村拓生氏がまとめたように(37)、京都「町衆」の確立する戦国期を頂点と見なす視角で行われた初期の都市研究を克服した、一九七〇年代に発表された戸田芳実氏（律令国家の帝都から荘園領主の王朝都市＝中世都市京都への転換）・大山喬平氏（ケガレ概念と天皇・平安京の不可分性）・網野善彦氏（天皇・神仏と結合する非農業民が集う都市的な場＝「無縁」）らの議論を劃期として、一九九〇年代に急速に発展した都市・商業・流通史研究がこれにあたる。

この研究潮流に関しては、最近早島大祐氏が次のような整理を行っている(38)。即ち、中世後期における商品経済の発展や首都市場圏の形成を論じた脇田晴子氏の研究について、守護在京等の政治・社会的要因からも京都市場の発展が論じられるべきという意味で、瀬田勝哉氏の研究が脇田説の批判となり得る事、また港湾都市の状況分析をもとに応仁の乱以降にむしろ京都経済は低迷したという、脇田説と逆の結論を導いた新城常三氏の研究に注意すべきであり、また堺・天王寺等の商人を中心に立論された脇田説は肝腎の中核たる首都京都の経済と関連づけられて論じられていないという(39)。本書の射程を外れるので直接立ち入らないが、これらの問題は京都を中心とする地域圏までを視野に収めてその構成者と彼らの活動の動態的分析を行っている点で、本書でいう第二群の類型に属する。早島氏自身の、中世後期経済を特徴づける経済的慣行等の諸要因や交通・室町幕府財政・京都の〝町〟、さらには荘園制解体過程や朝廷儀礼の執行状況までを視野に入れた総合的な〝首都〟研究は(40)、この潮流の現段階での到達点といえよう。

また同じ〝首都論〟と銘打ちつつも早島氏とは異なって都市論的立場を基軸に据え、中世都市京都を王権・交通・都市支配の三側面から考察した大村氏の〝京都研究〟(氏自身によれば、都市・商業・流通史研究進展の中で取り残されたもの)も、(41)同様にこの類型の今日的到達点である。さらに、京都に隣接しつつも厳密には京内ではなく、鎌倉期には公家社会の居住地たる京内と別個の空間として捉えられていた「武家地」六波羅の地域的特性に着目して、中世の都市生活者・都市支配者としての武士の実態を中世前期を中心に明らかにした高橋慎一朗氏の一連の研究も、(42)この類型に属する重要な成果であろう。

第三群は、洛中や周辺地域の施設(住宅・寺院等)やその付帯施設・設備の所在地・規模・位置関係、あるいはその歴史的経緯・変遷を観察・追跡する作業に立脚した都市史・都市論的研究である。それらは、都市京都における静的な物理的構成要件(建造物や地割・配置等の空間構成)をまずは明らかにするという手順においては上記の第一の建築史的手法に通じ、また巨視的か微視的かという視座の問題でいえば、主な作業が一定の区画やその周辺区域までを視野に入れる視座からなされている点から見て、上記の第一の潮流と第二のそれとの中間に位置すると見なし得る。具体的には、里内裏土御門殿の周辺区域や後小松院御所跡地等の再開発過程や応仁の乱頃以降の洛中の要塞化の過程を詳密に跡づけた髙橋康夫氏の研究や、あるいは中世都市研究会が刊行する都市史研究論集のシリーズで特に政権都市あるいは京都に焦点を当てた巻に収める諸論攷、またそれらにも収録される野口実氏の近年の研究や、前述の髙橋昌明氏編著書における野口孝子氏らの論攷群等が該当しよう。(43)

中世京都研究の潮流・視座を以上のように分類するならば、本書は第一群の微視的視座と第二群の巨視的視座の中間にあって一定の区画やその周辺区域までを視野に収めるものであり、観察対象たる中世京都に対して第三群と同じスコープを共有している。本書でその具体的態様を明らかにしようとする建造物・物体等やそれら全体が構成する空間構造は、本書が解明を目指す礼節体系の〝静〟の要因であり、いわば中世京都の骨格といえる。また同時に本書が重視する路頭の通行者や居館の滞在者、あるいは彼らによる路頭礼的所作は、当該礼節体系の〝動〟の要因であり、いわば中世京都の血肉・血流といえよう。

前述の大村拓生氏による諸研究――神社行幸の成立～廃絶の歴史的プロセスや儀式路に用いられる街路の変遷に見る摂関～院政期政治過程の有機的連関、また白河院政期の鳥羽殿造営による交通路整備体制の確立・周辺居住者（交通業者）の編成・天皇行幸路の変更、あるいは材木供給の荷揚げ地であった大堰川・嵯峨における後嵯峨院の亀山殿造営とその影響による都市化の経緯等の研究は、洛外・畿内レベルまでを視野に入れた京都の血流の研究として踏まえるべきものである。また本書の陣中に関する考察では特に飯淵康一氏の先駆的研究に依拠しているが、近年の著書に収められた一連の研究[44]は第一群の建築史的関心・作業が基底に認められるものの、門の用法や第宅の〝晴〟の面、〝礼〟の面に対する強い関心は、第三群と同様の視野設定というべきものである。

六　本書の構成

以上を踏まえ、次に本書の行論の概要を提示しておこう。

第一章では、路頭礼の具体的諸動作が公家社会においてどのように体系づけられていたかについて、また路頭礼秩序の法制史的な沿革について、主に『弘安礼節』や諸々の儀式書・故実書を素材に基礎的考察を行う。また第二章では、公家社会の路頭礼秩序と接点を持ちつつ、（公家社会ほどではないにせよ）一定度の体系化（らしきもの）が行われていたと思しい武家社会の路頭礼秩序の基礎的事実と構造について、主に室町期の武家年中行事書・故実書等を素材として基礎的考察を行う。これらの二章で扱ったテーマは、第三章以降で核を成す居館―路頭間礼節の重要な構成要素でありながら、従来体系的な基礎的研究がなされていなかったものである。その点を考慮して、次章以降の前提的作業として冒頭に配置した。

第三章は、第四章以降の陣中をめぐる礼節秩序に特化した行論の前提として、居所に対して古代～中世を通じて行われた礼節一般、即ち本書でいう居所―路頭間礼節の全体像を概観する。同章では当該礼節体系が路頭礼を主要な一要素として有する事を確認し、さらに近年西山良平氏が注目した門前通行を憚る礼節や、それと居所四面の通行を憚る礼節の関係を具体的に考察した上で、〈どこまでが第宅《ていたく》の「門前」か〉という命題に答える筆者なりの仮説の提示を目指した。この章は、第一・二章と第四章以降の橋渡しをする章として位置づけている。

第四章以降では、中世京都やそれに基づく空間秩序を考える上で避けて通れない里内裏と周辺空間の秩序の中で、最も重要な要素の一つである「陣中」の基礎的・派生的考察を行った。各章で改めて述べるが、陣中とは里内裏から一町以内の領域、いわば里内裏の〝余白〟にあたる区域を指す言葉で、飯淵康一氏が平安期里内裏周辺の下乗地点に関する考察から指摘した概念である[45]。第四章では陣中の領域的範囲が南北朝・室町期に変動していた可能性を示す当該期の複数の史料を検討し、内裏における「陣」という字の多義性との関連から考察した。これは、飯淵氏が平安期里内裏に即して指摘した陣中概念の存在とその特色を、中世里内裏にまで敷衍させて考える事ができるかどうかを確認する、次章以降の前提的作業である。また第五章では、中世公家社会の日常・非日常的場面における陣中の現れ方とその特質（特に観念上「宮中」であると見なす発想）について論ずるとともに、陣中の時期的な存続下限について考察する。

第六・七章では、第四・五章で一定度明らかにした中世陣中の基本的情報を踏まえ、第四章でその存在が明らかとなった「陣家」（臨時的な晴の出行の出立所・朝儀出仕拠点）について論ずる。具体的には、第六章で陣家がいかなる目的・用法・形態を持つものであるかという基礎的考察を行い、さらにその発生の歴史的淵源と南北朝期以降の爆発的普及の背後にあった政治的・経済的要因と公家社会の思想について考察している。また第七章では、前章で論じた公家社会に内在的な要因の他に、足利義満による公家社会支配・身分秩序再編という外在的要因が陣家出仕盛行を促した可能性を論じ、陣家出仕を摂家以下の廷臣に強要する義満の意図を推測する。

第八章では如上の陣中に関する基本的情報と知見を踏まえた上で、里内裏において陣中と共存しつつもその役割・位置づけが不明であった「裏築地」という構築物に着目し、基礎的事実を確定させるとともに、応永三二年(一四二五)の広橋兼宣亭における裏築地構築とその自主的撤去という騒動の関係史料を手がかりに、(室町殿を含む)室町前期公家社会の秩序形成過程と政治過程の連関について論ずる。

第九章は再び第四〜七章で論じた陣中をテーマとし、前章の裏築地騒動の考察から推定された、〈天皇・上皇・室町殿〉の三者を「凡人《ぼんにん》《はんじん》」の礼節に拘束されない超越的な地位と見なす秩序認識の存在を承けて、その三者間の身分的序列が当該期にどのように認識されようとしていたのかを論ずる。この章では天皇の行動が陣中に媒介されてより上位の存在に拘束・制限された様子等から中世天皇の存在形態についても論ずるとともに、陣中という概念を物差しとして測られる天皇・室町殿・臣下一般の相互の身分的距離を論じている。

そして前章までを踏まえ、第一〇章では里内裏における陣中と裏築地の関係について考察した上で、裏築地との類似・継承関係が想定される「袖築地《そでついじ》」や「裏檜垣《うらひがき》」等の建造物について考察を行い、それらを踏まえて裏築地の起源・沿革と終焉について論ずる。具体的には第八章の考察によって導かれた裏築地の本源的な機能——即ち〈路頭礼秩序中で果たされた物理的機能〉と〈権威の象徴〉という二点を踏まえた上で、この構築物がいかなる起源を持ち、いかなる歴史的経緯を経て応永三二年の騒動で果たした役割を持つに至ったかを考察する。ここでは特に裏築地が里内裏あるいは平安宮大内裏に由来するものであるか否か——即ち天皇あるいは王家特有のものであったか否かを、多くの史料から天皇特有である事が明らかな陣中との比較によって明らかにする事を試みた。また裏築地の発生時期と消滅時期を史料上から見出す事により、権威・身分と表裏一体の関係にあると目される裏築地が、中世社会の趨勢をどのように反映するものであったかを探り、これをもって路頭礼という切り口から中世公家社会の身分秩序をどのように認識できるかを論じた。

なお本書が考察の対象を主に南北朝・室町期の公家社会とした理由の一つは、既に何度か言及したように、鎌倉時代とは異なって当該期の幕府首長（室町殿）が積極的に公家社会の一員を構成していた事にある。周知のように足利氏は歴代武家政権の中で唯一幕府を京都に置き、また三代義満に至って武家社会のみならず公家社会をも包摂する事実上の最高権力者の地位を獲得する。義満が摂家様の出行様式を採用する契機となった康暦元年（一三七九）の任右大将拝賀の頃から公卿の一員たる右大将家として家司を編成し(46)、また幕府機構の侍所とは別に公卿家政機関としての侍所を随時設置したという指摘に象徴されるように(47)、この幕府の特色は将軍（室町殿）が積極的に公家社会の一員となってその中に食い込もうとし、武家の首長と公家社会の一員という二面性を有したところにある。したがって、南北朝・室町期の将軍が当該期社会秩序にどのように位置づけられるかが、公家社会の身分秩序の考察を通じて一定度明らかにされ得ると考えられるのである。

このような観点から、本書では第三章において室町殿御所の四面を憚るという慣行に言及し、また第九章では陣中下乗慣行の中で室町殿が一般の廷臣とは異なる扱いを受ける傾向が義政期に見られた事を述べている。また第八章では応永三二年の広橋亭裏築地撤去騒動において治天後小松院が「裏築地を構えるのは内裏・院御所・室町殿御所だけである」と述べた事の意義を、統治者としての室町殿という位置づけから考察した。第一〇章においで裏築地が内裏起源であるか否かにこだわったのは、それによって室町殿が人臣で唯一裏築地を構えてよい存在であると後小松院が述べた事の意義をさらに明らかにし得ると考えたからである。

室町殿が「日本国王」という呼称を対外通交時に自称していた事実はあまりに著名であり、そのためか室町期における公権力の最上層（朝廷・幕府）を論ずる際にはいわゆる〝王権〟の所在（公武のいずれに所在したか）が意識される事が多いが、近年では「日本国王」は東アジア国際関係の場における対外的通交名義という以上のものではないという理解に落ち着きつつあるように思われる。(48)桜井英治氏は、義満の権力が既存の制度的裏づけを要した事に比し、そのような裏づけに拠る事なく行使された義持の権力は強化されていると評価した。(49)「日本国王」号を抛棄した義持が、「日本国王」義満より国内的権力を高く評価されている事は大変興味深い。第九章で述べた、陣中という空間的概念を具備する第宅が古代・中世を通じて皇居と東宮御所に限られていた事実は、かかる問題の理解に資する間接的な材料となるものと筆者は考えている。

さらに第六章で述べた陣家常用慣行の定着が、経済的困窮によるやむを得ぬ選択の結果という側面を疑いなく有するものの、その一方で足利義満による陣家使用の強制によって人為的にもたらされた可能性を第七章で論じた。これは公家社会の伝統・故実・慣行等が、新たに出現した超越的権力たる室町殿によっていかに改変・利用されながら形成・維持されたかを考察する事によって、当該期の公家社会と室町殿の不可分性（一方が他方を必要としながら共存・共栄を図るという立場から、恒常的に相互に影響を及ぼし合う関係）を強調しようと試みたものである。現段階では筆者は、公家社会が室町殿から受ける影響（多くの場合有無をいわせない圧力の形を取り、かつ任官・解官等の公家人事に結びつく）と、公家社会からの積極的な室町殿に対する働きかけ（室町殿権威の演出への自発的な協力等）という強い双方向的影響関係の理解なくして、当該期の社会構造を規定する有力な一要因たる国内最上位の権力構造は理解できないのではないか、という見通しに立っている。

また裏築地を含む路頭礼・空間的礼節秩序からは、鎌倉期以降に院や将軍権力に密着して地位を上げ、遂に大臣を輩出するに至った名家の勢力伸長の過程がうかがわれる。そこで第八章では、百瀬今朝雄氏が指摘した義教期とその前後の時代を通しての名家の位置づけの変動過程（義満・義持期における名家の飛躍的な地位上昇と、その反動である義教の意図的な名家抑制政策、さらにその義教期への反動）が、(50)広橋亭事件を通じて別の角度から裏づけられるのではないかという視角から論じている。本書は以上のような天皇・室町殿・名家等、それぞれ多様にして固有の歴史的経緯を背負って存在した要素で構成される公家社会の、南北朝・室町期に特有の身分秩序をうかがい知る材料として、主に路頭礼秩序とそれから派生した空間的礼節秩序の考察を行おうとするものである。

七　中世京都の前提としての平安京

本書第九章で皇居（里内裏）を中心として陣中・洛中・洛外へと広がる同心円状の理念的構造を想定しているように、京都・洛中は何を措いてもまず第一義的に皇居を理念的中心とし、〝天皇の居する宮の所在地＝宮処《みやこ》〟である事を立脚点として全てが始まっている。したがって中世京都・洛中における諸事象を主な考察対象とする本書においては、中世京都の都市構造における宮都であるが故の制約を、その前提たる平安京まで遡って踏まえておかなければならない。特に土地の占有や第宅・建造物造営に関しては、律令法やそれに基づく法規による規制が建前上存在し続けているので、本書所収諸論攷の前提として、ここで主要な法的規制について一瞥しておきたい。この問題に関しては近年、藤本孝一氏が長元三年（一〇三〇）制宅官符の法制史的意義の再考を促す論攷でその沿革をまとめているので、主に氏の研究に拠って略述しておく。

藤本氏論攷の要点は、従来『日本紀略』長元三年四月二三日条の記事からこの時に京中第宅造営の法が制定されたと見られていたのに対し、その条文は仗議の参考資料が掲出されたに過ぎず（つまり制定された新法の内容ではない）、またこの時制定された法の内容は難波京以来の法を確認したに過ぎない、とした点にある。

『続日本紀』天平六年（七三四）九月辛未条（一三日）に「班給難波京宅地、三位以上一町以下、五位以上半町以下、六位以下四分一町之一以下」とある記事には、後代まで官人京中居宅のあり方を律した根幹的原則が現れている。即ち京中の宅地は天皇から「班給」されるものである事、その面積は貴・通貴・それ未満という、これも後代まで日本の社会秩序を律した身分的区分と明確に対応し、Ⓐ三位以上は一町以下、Ⓑ五位以上は半町以下、Ⓒそれ未満の人々は四分の一町以下とされた事である。この区分は、令制ではⒶが「貴」（養老名例律六議に「六曰、議貴、謂三位以上」）、Ⓑが「通貴」（同五位以上妾条に「五位以上者、是為通貴」）に対応し、また参議の確立（弘仁元年《八一〇》）・諸大夫層の形成を経て中近世まで存続した身分秩序では、Ⓐが「公卿」、Ⓑが「諸大夫」、Ⓒが「侍」「凡下」に対応している。

都市としての中世京都だけを見ていると見過ごされがちであるが、右の班給規定は重要で、平安京・京都を含む宮都の宅地はあくまでも天皇から（必要に応じて無条件に天皇が回収する権利を留保したまま）給付されるものであって、決して居住者・領有者が全く自由に利用・処分してよい所有物ではなかった事を確認しておきたい。勿論、中世に至っても「九州之地者一人之有也、王命之外、何施私威」（『兵範記』保元元年《一一五六》閏九月一八日条所引後白河天皇宣旨）といわれたように、建前上日本の国土は宮都か否かを問わず王土であったには違いないが、南北朝末期になってもなお室町殿義満・廷臣らに対して、後円融天皇は「洛中敷地の廷臣に対する給与は『公家《天皇》御計』即ち天皇の専権事項である」と強硬に主張しているように（『後愚昧記』永徳元年《一三八一》八月二四日条）、宮都・京域に対する支配権は特別に強く天皇から主張されている印象があり、京外と同列には論じられない。

次に建造物構築制限について。令制では居宅・門の構築場所について次の制限があった。

・凡三位以上、聴建門屋於大路、四位参議准此、其聴建之人、雖身薨卒、子孫居住之間亦聴、自余除非門屋、不在制限、其坊城垣不聴開、（延喜弾正式、一四七条）

・凡大路建門屋者、三位已上、及参議聴之、雖身薨卒、子孫居住之間亦聴、自余除非門屋、不在制限、其城坊垣不聴開、（延喜左右京職式、大路門屋条）

いずれも延喜式の規定で、ほぼ同内容である。これにより、大路に面して「門屋」を建てる資格があるのは三位以上（＋四位の参議）のみ、前述の身分秩序では「貴」あるいは「公卿」に該当する人々のみであって、街路に面して門を構えるという行為自体が尊貴性の象徴・特権であった事が知られる。

以上を経て、長元三年五月二八日には左右京職・弾正台・検非違使に宛てて太政官符が発布された。『小右記』同年六月二八日条所引の令宗道成勘申状に引かれるその官符の内容は次の通りである。

応禁制非参議四位以下造作壹町舎宅事、右式条所存、門屋依人乃識(職カ)、舎宅須有等差、而近年以来人忘品秩、好営舎屋壚(墻イ)垣、或籠満町棟宇、〔或脱カ〕構大廈、故雖位貴位(衍カ)者無一銭則歩三経、雖品賤者富浮雲則開高門、俗之濫吹、国之彫弊、職此之由、理不得然、右大臣宣、奉勅、宜下知京職厳令禁制、若不陣(憚)制(止)上猶致違犯之輩、其有官者解却見任、永不叙用、其無官者科違勅罪、将以決断、

これは「非参議四位以下が一町の居宅を造作する事を禁ずる」事を主眼とした法令であったが、前述の難波京制宅法と同内容であり、藤本氏はここから「従来の制宅法を再度確認しただけ」と評価している。ただ、現在知られる限り平安京で出された制宅の成文法としては最初かつ唯一の所見である事を鑑みれば、平安京研究においては難波京以来の制宅法を確認したに過ぎないという以上の意義を認めるべきであろう。そして官符本文からは、〈門屋・舎宅は身分により差があって当然である〉という思想、この時期には一町規模の第宅を公卿未満ながら富裕な官人が築いていた事、そして『小記目録』（第十五、家地庄園事付造作犯土、長元三年四月二三日条）に「造大屋輩、可禁制事」とある事から、そのような行為の制止が喫緊の課題として朝廷に立ち現れていた事を知り得る。なお同記四月二八日条に「被制止新造宅事」とあるのは、居宅新造全般の禁止ではなく、官の認可手続きを経ない新造の制止であろう。

右の官符に関連して前述の『日本紀略』同年四月二三日条が現れるが、「仗議、諸国吏居処、不可過四分一宅、近来多造営一町家、不済公事、又六位以下築垣并檜皮葺宅可停止者」というその内容からは、大第宅造営が富裕な受領による僭越行為という文脈で捉えられた事、官位相当制では少なからぬ部分が六位となる国守の居宅を、

六位以下は四分の一町という天平六年の制を踏まえて四分の一町に制限した事、さらに独自の規定として「六位以下は築垣の構築、檜皮葺の屋根を禁ずる」という制が確認される。第八章で裏築地が尊貴性の象徴であると述べているが、本来的に築垣（築地）そのものが通貴・諸大夫以上という身分を必要とするもの――即ち貴族の象徴であった事は、その重要な前提として強調しておきたい。

なお令制下で京中に居宅を構えるにあたっては、延喜左右京職式の京路掃除条に「凡京路皆令当家毎月掃除、其弾正巡検之日、官人一人、史生一人、将坊令坊長兵士等祗承、四月八日、七月十五日、巡察東西寺、准此、」とあり、また同じく道路樹条に「凡道路辺樹、当司当家栽之」とあるように、居住者は自宅の面する街路を毎月掃除し、また樹木を栽えて景観を保全する義務を負った。居住者は宮城の一部を天皇から一時的に与えられているに過ぎない（したがって浄化は法的義務になる）という性質が、ここにも通底していよう。

また内裏・陣中・洛中・洛外という同心円状の空間的理解に関連して、平安京の京内・京外（城外）に関する基礎的事実も確認しておきたい。西山良平氏が「一一世紀前半には、貴族・官人や住人にとって「城外」は切実な規制である」と簡潔にまとめたように[51]、平安京内への居住・京外への外出は、元来身分に基づく義務・規制の対象であった。六位の官人でも城外する（京外へ出る）には「晨昏假」や「温泉官符」が必要で、西山氏は長元八年に左看督長高橋重高が「假を申し城外」にあった実例等を挙げている[52]。『左経記』長元四年三月二八日条に「余又申云、五位以上無故城外、公家重所禁制也、而成忠身居恩処之官、城外及三箇年、罪科不軽歟」「新中納言申云、五位已上城外制法雖不軽、於脱官為人之大事、忽被任其替如何」とあり、また『小右記』長元四年九月二〇日条に、平維衡・致経の合戦について「此度事被行寛恕法如何、事起只雖（維カ）衡身為四品住伊勢之所致也、五位住畿外、制法已被行」とあるように、五位以上の官人が故なく「城外する」のは厳重に禁制の対象となっていた。

もっとも右をはじめとする幾多の実例からみて、この時期やそれ以降にはかかる原則はなし崩し的に無実化していたようであるが（院政期には「五位以上が畿外に出るのは禁じられている」という変則形も出現する）[53]、平安京が天皇の宮城であると同時に、貴族がその身分的尊貴性の故に（原則・理念上）宮城に縛りつけられていた事は、中世京都のあり方にとって軽視できない。右の原則は朝廷・公家社会の主要構成員（五位以上の廷臣）の行動範囲を（理念上）完全に平安京内に限定するものであり、したがって平安京・京都の空間構成・礼節的秩序に対する操作・改変は、（理念上は）直ちに廷臣の秩序に対する操作・改変を意味したのである。

おわりに――用語法・定義・凡例等――

最後に、誤解の余地を未然に解消するため、本書でのいくつかの用語・用法について断っておきたい。

第一に「公家」「武家」について、本書では当時の用法に従い、「武家」を将軍（義満期以降は室町殿）または彼に率いられ政府・行政機能を有した組織としての幕府を指し、「公家」を天皇または治天に率いられ政府・行政機能を有した組織としての朝廷を指して用いている。特に「武家」を武士と同義には使っていない事、したがって「武家社会」という場合は〈何らかの意味で（右に定義した）「武家」に連なる人々の総体としての社会〉を指している事を確認しておきたい。また従来の研究史上でいかなる意味で使われてきたかは別として、本書では「公家政権」を朝廷の同義語として、「武家政権」を幕府の同義語として用いている。

なお、一般に天皇その人を指す場合の「公家」は「こうけ」と訓まれたとされているが、中世（特に本書が主たる関心を置く南北朝・室町期）において、天皇を指す「公家」が「こうけ」と訓まれている明白な事例は管見の限り確認できていない。また逆に明白に天皇その人を指す場合でも「くげ」と訓まれていた事を示す徴証が少なくない事から[54]、筆者はこれも（朝廷を指す場合と同様に）「くげ」と訓まれたと見なして論を進めたい。この点は一見直接論旨に影響しないように思われるが、当時の廷臣その他の関係者が、天皇を指す場合と朝廷を指す場合とで

「公家」を訓み分けて区別する事をせず、同じ発音で、場合によってはいずれを指すとも解釈できる曖昧性を敢えて多分に残したまま用いたと見られる事には、一定の意味を見出し得ると筆者は考えている（将軍・室町殿または幕府を指す「武家」の語に、右の曖昧性が多分に存した事は史料上明らかであろう）。またいわゆる「公家」を意味する語としては主に「廷臣」を用い（当該期史料上の「公家党」(55)「公家衆」(56)「公家中」(57)「公家方」(58)とほぼ同義）、「公家社会」の語を〈政府・行政機能を有する組織としての朝廷と、その構成員たる廷臣、さらに何らかの意味でその統属下に連なる人々が構成する社会〉という意味で使っている事を断っておく。加えて、治天たる上皇または天皇を頂点とする家父長制的かつ比較的小規模な血族集団を指す語としては、「皇室」「天皇家」等の用語が学術的に適切と考えにくいため代替語の選定に苦慮したが、『花園天皇宸記』元弘元年（一三三一）一〇月別記一日条に武家による後醍醐天皇逮捕に関連して「王家之耻何事如之哉」との述懐が見えるので、しばらく同時代用語たる事に鑑みて「王家」の語を用いたい。

　第二に、本書では中世社会を論ずる際に「国家」の語を用いる事の適否には踏み込まないと第一節冒頭で述べたが、再録した既発表論文で「統治者」「国家」の語を不十分な定義のまま用いた箇所があるので、ここで補足的に本書での用法・定義を行っておきたい。なお、以下に挙げる定義はあくまでも筆者の行論上の都合のみに基づく個人的・便宜的な定義であり、ある実体を筆者の視点から（他に適切な言葉を見つけられないため）「国家」「統治」と命名したものに過ぎない。したがって近代国家論はもとより東国国家論・権門体制国家論等の国家論に関してしばしば取り沙汰される〈国家とは何か〉という命題に直接踏み込む事を意図したものではなく、また既存の議論・史料に見える「国家」の解釈・定義・説明として最適・適切である事を保証・主張するものでもない。

　まず、本書では「統治者」を、次の諸条件を全て満たす人間として用いる。

①当人が統治を執行するか否かは問わない（統治を執行する権限は、統治者が無条件に回収できる権利を留保しつつ他

者に委譲できる)。
②単一か複数かを問わない(複数人が分掌・相互補完しつつ一つの統治を行う可能性を認める)。
③形式上、統治行為に際して上位の人間(個人・団体)の命令に従う形を必ずしも取らない。
④統治目的の組織を持つ。
⑤統治する主体と直接統治される人間(個人・団体)との間には、その主体が統治する事を是認する同意が相互に取れている事を前提とする(陪臣等、間接的にのみアクセスされる客体との間ではその限りでない)。
⑥統治対象は国家全体である(⑤でいう「統治される人間」は、〈国家に所属する〉という回路を経由して統治される)。
次に、右の⑥で現れる「国家」を、次の諸条件を全て満たす体系的集合体と定義する。
①領土・構成員等が特定され、それらの集合体(=国家)は自己完結的な一体性が強く、それらは排他的にその集合体に所属している事になっている。
②その構成員が、自らはその体系に所属すると信じ、あるいは生活実感において信じざるを得ない(帰属意識)。
③領有する領土・構成員等に対して、他者が同時に領有を主張し、必要ならば実力で侵害する意思表示あるいは行為を継続的に受けない。
④統治目的の組織を持つ。
⑤右の①〜④のいずれかを主張あるいは実現するために、より上位の統治者(人間またはその団体)による認定を必須としない。
なお第九章で用いた「君主」の語は、以下の含意を持つものとして用いている。
①単一の人間。
②彼・彼女が実際に統治するか否かを問わない。

③君主とは、名分の問題にのみ属する（↕統治とは、名分と実態の両問題を一定量ずつ併せ持つ）。

④君主は、少なくとも名分の領域では、所属する集団の最上位に位置する。

以上より、本書では天皇を「統治者」かつ「君主」とし、また治世院《ちせいのいん》（治天たる上皇）・室町殿は「統治者」でありつつも「君主」には該当しない（「君主」定義の①と④を天皇が満たす時、治世院・室町殿はこれらを同時に満たさない）ものとして行論する。また中世日本には前述の定義を満たす単一の「国家」の存在を仮に措定する。

そして称光天皇・後小松上皇・室町殿義持の併立期（応永一九年（一四一二）八月の称光受禅～応永三五年正月の義持死去）を、天皇・治世院・室町殿の三者が分掌・協働して一つの統治行為を行い一つの統治主体として（当該期日本において期待され得る限り）過不足なく機能していると見なし、一つの基準点と仮定する。そして天皇・治世院・室町殿の三者を合わせた一つの統治主体を「（国家の）統治体」と表現し、三者をそれぞれその構成員と見なす。またその統治体の構成員である状態を、「国家（を）統治（する）権能を分有する」と表現する。

最後に、本書で引用する史料の傍線・傍点は全て桃崎の付したものである事を断っておく。また典拠として『大日本史料』を挙げる場合は、「『大日本史料』六編之二」を「『大史』六―二」のように表記した。

（1）石井進・石母田正・笠松宏至・勝俣鎮夫・佐藤進一編『中世政治社会思想』上（岩波書店、一九七二）「解説」（石母田正氏執筆）、特に六三九頁以下。

（2）代表的なところでは新田一郎『中世に国家はあったか』（日本史リブレット19、山川出版社、二〇〇四）等で踏み込んで論じられているように、すぐれて近代的な概念である上に、実際には近代においてさえも定義が困難なまま用いられてきた「国家」という概念を、前近代たる中世社会の評価に持ち込む事がどれだけ妥当か、また仮に持ち込む事が必ずしも無益でないとしても、その概念をどのように用いれば当該期社会の理解の深化に資するのか、という疑問が、今日の日本史学に常につきまとう事はいうまでもない。

（3）水野智之「室町時代公武関係論の視角と課題——王権概念の検討から——」（『室町時代公武関係の研究』、吉川弘文館、二〇〇五）、二五頁以下。

（4）金子拓『中世武家政権と政治秩序』（吉川弘文館、一九九八）、序章。

（5）藤木久志「大名領国制論」（『戦国大名の権力構造』、吉川弘文館、一九八七、初出一九七五）、佐藤博信「古河公方をめぐる贈答儀礼について——特に下野鑁阿寺の場合を中心に——」（戦国史研究会編『戦国期東国社会論』、吉川弘文館、一九九〇）、同「房総の中世後期における寺院と権力——特に日我「妙本寺年中行事」の検討を通じて——」（『日本史研究』三七八、一九九四）。

（6）黒田俊雄「中世の身分意識と社会観」（『黒田俊雄著作集　第六巻』、法蔵館、一九九五、初出一九八七）。

（7）佐々木銀弥「荘園領主経済の諸段階」（『中世商品流通史の研究』、法政大学出版局、一九七二、初出一九六九）、『大百科事典』「礼銭」の項（平凡社、脇田晴子氏執筆）。

（8）田中浩司「中世後期における「礼銭」「礼物」の授受について——室町幕府・別奉行・東寺五方などをめぐって——」（『経済学論纂』三五—四、中央大学、一九九四）。

（9）遠藤基郎「中世における扶助的贈与と収取——トブラヒ（訪）をめぐって——」（『歴史学研究』六三六、一九九二）。

（10）近世には、廷臣（堂上家）の大部分が家礼あるいは門流と称して五摂家いずれかに属していた（平山敏治郎「家礼・門流」、『日本中世家族の研究』、法政大学出版局、一九八〇）。また近世末期には、門流は元服・婚姻・養子縁組等全て所属する摂家の同意を経なければならなかったという（下橋敬長述・羽倉敬尚著『幕末の宮廷』、東洋文庫三五三、平凡社、一九七九、二六七頁）。また慶長一八年（一六一三）六月一八日発布の公家衆法度（『駿府記』、『大日本史料』一二—一一、二八四頁以下所載）は五箇条の条々を列挙した後に「右条々相定所也、五摂家并伝奏其届有之時、従武家可行沙汰者也」と締め括り、またその発布経緯について京都所司代板倉勝重書状（酒井忠世他宛、『憲法編年録』一、『大日本史料』一二—一一、二八六頁所載）に「今度広橋大納言殿御下之時分、駿府にて被仰出候公家衆御仕置之御書付之旨、大納言殿御上候て、御披露ニ付、五摂家衆・当関白殿へ被成御参会、何も御尤ニ被思召、則各公家衆へ急度被成御触候」とあるように、江戸幕府は五摂家に公家社会筆頭として監督責任を持たせ、伝奏に公武間連絡回路として朝廷を運営させる方針を示している。公家衆法度やこれを翌々年にさらに展開させた禁中并公家中諸法度に関しては、橋本政宣「江戸幕府と

公家衆の家業」（『近世公家社会の研究』、吉川弘文館、二〇〇二、初出二〇〇〇）等を参照。

（11）鎌倉幕府構成員の任官については、秋元信英「関東御家人の検非違使補任をめぐって——その制度的おぼえがき——」（『日本歴史』三〇六、一九七三）、青山幹哉「王朝官職からみる鎌倉幕府の秩序」（『年報中世史研究』一〇、一九八五）、上杉和彦「鎌倉幕府と官職制度——成功制を中心に——」（『日本中世法体系成立史論』、校倉書房、一九九六、初出一九九〇）、時野谷滋「鎌倉御家人の任官叙位」（『日本制度史論集』、二〇〇一、初出一九九一）、金子拓「鎌倉幕府・御家人と官位」（『中世武家政権と政治秩序』、吉川弘文館、一九九八、初出一九九三）等を参照。

（12）幕府に奉公するいわゆる関東祗候廷臣については、筧雅博「続・関東御領考」（石井進編『中世の人と政治』、吉川弘文館、一九八八）が鎌倉・室町両幕府における祗候廷臣の連続性を、両幕府間の武家領継承の問題と絡めて詳しく論じている。

（13）前掲注11青山氏論攷参照。将軍のみを公卿とする鎌倉幕府の根本的方針（公卿としての鎌倉殿は、公家儀礼における供奉人としての前駈等を勤める諸大夫を必要としていた）による制限や、あるいは先祖以来の功績をもってしても本来の出自に制限されて家格を諸大夫より上位には昇らせ難かった事情等のために、得宗の権勢への配慮は書札礼等の実際のコミュニケーションの場面で示す手法が採られたのであろう。なお平頼綱政権期に将軍惟康の親王宣下に連動して得宗貞時の公卿化、御内人（頼綱息）飯沼資宗の諸大夫化が図られた可能性が、細川重男氏によって指摘されている（「飯沼大夫判官資宗——「平頼綱政権」の再検討——」、『鎌倉北条氏の神話と歴史』、日本史史料研究会、二〇〇七、初出二〇〇二）一二四頁。

（14）森茂暁「北朝と室町幕府」（増補改訂『南北朝期公武関係史の研究』、思文閣出版、二〇〇八、初出一九八四）、富田正弘「室町殿と天皇」（久留島典子・榎原雅治編『展望日本歴史11　室町の社会』、東京堂出版、二〇〇六、初出一九八九）、家永遵嗣「足利義満における公家支配の展開と「室町殿家司」」（『室町幕府将軍権力の研究』、東京大学日本史学研究室、一九九五）、桃崎有一郎「足利義満の公家社会支配と「公方様」の誕生」（『ＺＥＡＭＩ』四、二〇〇七）等を参照。

（15）幕府やそれを模倣した有力大名・国人による官途推挙・授与方法が時期的な変遷やローカライズを経て多様化していた様相については、加藤秀幸「一字書出と官途（受領）挙状の混淆について」（『古文書研究』五、一九七一）、木下聡「官途状の形式とその地域的・時期的特徴について」（『史学雑誌』一一五—九、二〇〇六）等を参照。また村落レベルの在地における独自の官途的秩序（官途成）については薗部寿樹「中世村落における宮座頭役と身分」（『日本史研究』三二五、一九八九）、金子哲「村の誕生と在地官途」（勝俣鎮夫編『中世人の生活世界』、山川出版社、一九九六）等を参照。なお『東寺廿一口供僧方評定引付』応永二六年（一四一九）正月一七日条に「一、祐円法橋、国名若狭所望事、申云、祖父祐実号若狭法橋、以国名分、多年奉公仕上、祐円既数十ヶ年致奉公忠功、然者争不蒙御免乎之由、歎申之間、披露之処、去々年此段所望雖有之、於北面預分、未無国名御免、於祐実法橋者、為宝菩提院侍、寺家奉公也、然者不（非カ）北面預歟、所望無其謂之旨衆儀治定了」とあるのによれば、室町期東寺では「若狭」等の国名を名乗る事は寺家の衆議による許可が必要で、「北面預」等の地位にある者では許可されなかった（「宝菩提院侍」のような地位が必要）事が知られる。国名を名乗る事が共同体の認証を要したのは、いうまでもなく国名呼称が朝廷官位秩序における国司（受領名）のデフォルメされた模倣だからである。

(16) 桜井英治『室町人の精神』（『日本の歴史』一二巻、講談社、二〇〇九、初出二〇〇一）三一八頁以下。

(17) 同右、三一八頁。

(18) 百瀬今朝雄「弘安書札礼の意義」（『弘安書札礼の研究——中世公家社会における家格の桎梏——』、東京大学出版会、二〇〇〇）。

(19) 前掲注1石母田氏論攷。

(20) 森茂暁『建武政権』（教育社、一九八〇）一四四～一四五頁。

(21) 『弘安礼節』が院評定衆からの意見聴取を踏まえて制定された経緯については、前掲注18百瀬氏論攷に詳しい。

(22) 書札礼一般や公家社会の弘安書札礼、またその運用の実態に関する論攷としては、上島有「草名と花押——書札礼と署名に関する一考察——」（『古文書研究』二四、一九八五）、岩間敬子「弘安書札礼と院宣・綸旨」（『古文書研究』三三、一九九〇）、弥永貞三「日本の古文書と書札礼」（『古文書研究』四四・四五合併号、一九九七）、前掲注18百瀬氏著書等がある。また室町期武家社会の格式・家格秩序に関連して書札礼を扱った論攷として二木謙一「室町幕府における武家の格式と書札礼」（『武家儀礼格式の研究』、吉川弘文館、二〇〇三、初出一九九九）がある。

(23) 二木謙一『武家儀礼格式の研究』（吉川弘文館、二〇〇三）。

(24) 松園潤一朗「室町幕府の儀礼的秩序について——亥子御祝を素材として——」（『日本歴史』六五八、二〇〇三）。

(25)『師守記』貞和三年《（一三四七）》正月一二日条。

(26)『日本歴史』六四八（二〇〇二）。

(27)路頭での礼節とトラブルを正面から論じた研究は、「門前」に形成される空間とその支配の問題を論じた西山良平氏の『都市平安京』（京都大学学術出版会、二〇〇四）が管見の限り唯一のものである。

(28)野口孝子「閑院内裏の空間構造——王家の内裏——」（髙橋昌明編『院政期の内裏・大内裏と院御所』、文理閣、二〇〇六）。

(29)高橋慎一朗「洛中と六波羅」（『中世の都市と武士』、吉川弘文館、一九九六、初出一九九二）。

(30)『勘仲記』正応元年《（一二八八）》六月一二日条所収、『鎌倉遺文』（二二巻）一六六六二号。

(31)瀬田勝哉「荘園解体期の京の流通」（『洛中洛外の群像——失われた中世京都へ——』、平凡社、一九九四、初出一九九三）。

(32)『太平記』巻九、「足利殿篠村に着御則国人馳せ参る事」。

(33)前掲注29高橋慎一朗氏論攷一一一頁。

(34)黒田紘一郎「京都の成立」（戸田芳実編『日本史2　中世1』、有斐閣、一九七八）四一頁。

(35)清田善樹「検非違使の支配地域と裁判管轄」（『年報中世史研究』一、一九七六）四〇頁。

(36)太田静六『寝殿造の研究』（吉川弘文館、一九八七）、川上貢『〔新訂〕日本中世住宅の研究』（中央公論美術出版、二〇〇二、初出一九六七）、川本重雄『寝殿造の空間と儀式』（中央公論美術出版、二〇〇五）、前掲注28髙橋昌明氏編著書。

(37)大村拓生『中世京都首都論』（吉川弘文館、二〇〇六）序章。

(38)早島大祐「中世後期社会の展開と首都」（『首都の経済と室町幕府』、吉川弘文館、二〇〇六、初出二〇〇三）三八頁。

(39)脇田晴子『日本中世商業発達史の研究』（東京大学出版会、一九六九）、瀬田勝哉「荘園解体期の京の流通」（前掲注31著書、初出一九九三）、新城常三「室町後期の関所」（『年報中世史研究』一四、一九八九）。都市論・首都経済論等の研究史を網羅する事は本書の目的から逸脱するので、前掲注37大村氏著書「序章」（吉川弘文館、二〇〇六）、早島大祐「発展段階論と中世後期社会経済史研究」（前掲注38著書、初出二〇〇五）等を参照されたい。

(40)前掲注38早島氏著書。

（41）前掲注37大村氏著書。
（42）前掲注29高橋慎一朗氏著書。
（43）髙橋康夫『京都中世都市史研究』（思文閣出版、一九八三）、中世都市研究会編『中世都市研究9　政権都市』（新人物往来社、二〇〇四）、特に同書所収の髙橋康夫「室町期京都の都市空間――室町殿と相国寺と土御門内裏――」、また髙橋康夫編・中世都市研究会編集協力『中世都市研究12　中世の中の「京都」』（新人物往来社、二〇〇六）、特に本書に関連する同書所収の論攷では野口実「中世前期の権力と都市――院御所・内裏・六波羅――」、髙橋康夫「描かれた京都――上杉本洛中洛外図屏風の室町殿をめぐって――」等、また前掲注28髙橋昌明氏編著書。
（44）飯淵康一『平安時代貴族住宅の研究』（中央公論美術出版、二〇〇四）、特に第四章。
（45）飯淵康一「平安時代里内裏住宅の空間的秩序――陣口、陣中及び門の用法――」（前掲注44著書、初出一九八四）。
（46）家永遵嗣「室町幕府奉公衆体制と「室町殿家司」」（前掲注14著書、初出一九九〇）一六四～一六六頁。
（47）前掲注14家永氏論攷八七頁。
（48）田中健夫「足利将軍と日本国王号」（『前近代の国際交流と外交文書』、吉川弘文館、一九九六、初出一九八七）、村井章介「易姓革命の思想と天皇制」（『講座・前近代の天皇5　世界史のなかの天皇』、青木書店、一九九五）、橋本雄「室町幕府外交は王権論といかに関わるのか？」（『人民の歴史学』一四五、二〇〇〇）、同『中世日本の国際関係』（吉川弘文館、二〇〇五）等。
（49）前掲注16桜井氏著書七七頁。
（50）百瀬今朝雄「管領頭に関する一考察」（前掲注18著書、初出一九八三）。
（51）西山良平「平安京と農村の交流」（前掲注27著書、初出二〇〇二）三二五頁。
（52）同右三二六頁。
（53）『中右記』天永二年（一一一一）正月二一日条に、某良俊が陸奥の藤原清衡の許に向かった件に関して「左宰相中将被申云、五位以上出畿外有制事也、何況行向遠国哉」とある。
（54）『宣胤卿記』永正元年（一五〇四）五月六日条所引後柏原天皇女房奉書に「これもしかしなから御わたくしの御申さたにて、かやうにけんてう（厳重）にくけへも申候事にて」云々と、『御湯殿上日記』大永六年（一五二六）一〇月五日条に「ひろはし（広橋守光）てんそう（伝奏）の事、くけ・

ふけ（武家）よりおほせいたされて、ふそう（敷奏）の一つう（通）いたさる、」とある事例等では、明らかに天皇を指す「公家」が「くげ」と訓まれている。

(55)『満済准后日記』応永三一（一四二四）年五月九日条に用例がある。

(56)『実隆公記』長享二（一四八八）年九月二〇日条、『後法成寺関白記』永正三（一五〇六）年一一月二五日条等。

(57)『後法興院記』文亀二（一五〇二）年正月五日条に、「諸家歳暮年始参賀」を怠る廷臣は知行分を没収するという足利義澄の命について、「仍公家中事従伝奏触之」と見える。また『兼顕卿記』文明一〇（一四七八）年八月七日条（『大史』八―一〇、六一五頁以下所載）に、足利義尚亭での題詠に関連して「残題繁多之間、少々公家中近所面々可被詠進歟由申入間、尤之由被仰也」と見える。

(58)『後法成寺関白記』永正七年八月一四日条に「今日於大樹有猿楽、細川申沙汰云々、前内府（三条西実隆）以下公家方数輩参申云々」と見える。

第一章　中世公家社会における路頭礼秩序――成立・沿革・所作――

はじめに

中世社会において、社会秩序・身分秩序を確認・再生産する手段として礼節が重要視された事は周知の通りであり、特に公武社会の人々がいかに書札礼に注意を払ったかを示す史料は枚挙に遑がない。しかし『弘安礼節』が書札礼とともに路頭礼・馬上礼・院中礼等を定めているように、書札礼も礼節秩序の一部分であり、他の礼節と併せて総合的に理解されるべきものである。そのような諸礼節のうち、路頭礼の沿革・各所作の意義・序列等についてこれまで具体的な考察が行われた事はなかったように思われるが、路頭礼は一歩家から往来へ出れば他人と遭遇するたびに発生する手続きであるから、中世社会の構成者にとって書札礼の問題と同等かそれ以上に、最も日常的に直面する重要な問題であったと考えられよう。

路頭礼体系に関する従来の研究は多くなく、管見の限りでは笠松宏至氏が弘安路頭礼の概要と若干の実例に言及し、また西山良平氏が『西宮記』『法曹至要抄』『拾介抄』『江家次第』等に基づき下車以下の所作を礼の厚薄順に簡単にまとめたのみである(1)。そこで本稿では、上述の性格を持つ路頭礼が『弘安礼節』で公的規定を持つに至る沿革を跡づけ、また各所作の礼節上の序列と具体的行為の検討を通じて当時の公家社会――特に洛中における日常的な移動時の対人秩序について基礎的な事実を明らかにする事としたい。

一　『弘安礼節』の路頭礼規定

路頭礼に関するまとまった規定としてまず挙げるべきは、それまで慣習的に行われていた諸礼節を弘安八年(一二八五)に標準化・公定化した『弘安礼節』である。笠松宏至氏によれば、『弘安礼節』は「家産化されていた」礼節秩序を「国家的統制の下に一元化しようとする」目的で、亀山院政期の弘安徳政の一環として制定された(2)。もっとも、弘安書札礼の意義について考察した百瀬今朝雄氏によって、同書札礼は位階官職という公的地位によって一律かつ明快に定められた極めて論理的な礼節体系でありながら、同時に当事者の家柄の勝劣という私的な要素を「斟酌」する規定を附則に盛り込んだために、実際には当事者や有職家による斟酌・指南が加味されて、必ずしも原則通りには運用されなかったと指摘されている(3)。これは路頭礼についても同様であって、場合ごとに当事者の意思・心情等が反映されて標準の礼節よりも厚薄が変動した例が古記録には少なからず見えるが、ともかくも『弘安礼節』は唯一の公定礼節であるから、まずはその検討から始めるのが順当であろう。次に『弘安礼節』の路頭礼部分のみを掲げる(4)(行論の便宜上、大項目の先頭にローマ数字の大文字を、小項目の先頭に同じく小文字を付した。亀甲括弧の傍注は異本との異同箇所を示す。異同の内容は注4参照)。

〔史料1〕

Ⅰ　路頭礼事、

i 一、遇親王礼事、

大臣共扣車僮僕互下馬、大臣前駈以下列居車傍、親王前駈歩行過之、親王車過畢、大臣僮僕騎馬進行、若親王車後来者、大臣車直対(一作次)親王車立之、自余同輩准之、

大中納言、同大臣、

参議・散二位・三位、出牛立榻於車前、或税駕置軶於榻上、
蔵人頭、下車、
弁官、大弁宰相其礼在右、非参議大弁以下、下車、
殿上四位・五位、下車、
地下諸大夫、四位下車蹲踞、五位下車平伏、〔1〕
大外記・大夫史、下車平伏、

ii 一、遇関白礼事、
同親王、但於参議者雖非大弁猶可税駕、其礼在右、

iii 一、遇大臣礼事、
参議以上同逢（遇カ）親王、蔵人頭・非参議大弁、税駕不下車、〔2〕
殿上四位、准之、但弁官可下車、
殿上五位、下車立轅外、或内、
地下諸大夫、四位下車蹲踞、五位下車平伏、〔3〕
大外記・大夫史、下車平伏、

iv 一、遇大・中納言礼事、
〔4〕参議・蔵人頭・弁官・殿上四位・五位以上、扣車不出牛立〔5〕、但弁・少納言退出之時、於陣中遇納言以上者、
相従参入、納言謝遣之時退出、
地下諸大夫、四位税駕、五位下車、
大外記・大夫史、下車、

v一、遇参議・散二位・三位礼事、

蔵人頭・弁官・殿上四位・五位以上、扣車、

地下諸大夫、四位扣車、五位税駕、〔6〕

大外記・大夫史、税駕、〔7〕

vi一、遇蔵人頭礼事、

弁官・殿上四位・五位・地下諸大夫・大外記・大夫史以上、扣車、不及税駕、

vii 自此以下次第可准知、不可忘先規、

Ⅱ　路頭下馬礼事、

三位以下於路頭遇親王、下馬、大臣斂馬傍立、四位以下遇一位、五位以下遇三位以上、六位以下遇四位以上、七位以下遇五位以上、皆下馬、

右の史料からは、次のような全体像が指摘できよう。第一に、同じ『弘安礼節』の書札礼規定とは立項方針が逆である。書札礼では、例えば自分が大臣である場合を想定して大項目を立てて親王以下各身分の相手に送る書札の諸文言を記し、次いで自分が大・中納言である場合以下が大項目として同様に列挙されているように、差出人（行為の主体）の地位ごとに立項している。これに対し路頭礼では、路頭で遭遇した相手を身分の高い順に列挙して大項目を立て、次いで各項目内で、その対象より身分の低い人々（自分）が取るべき行動を身分別に列挙する形で、行為の客体ごとに立項されている（右の立項方針に従い、以下行論の便宜上、身分の異なる二者が路頭で遭遇した場合、相対的に身分の低い方を遭遇主体と、高い方を遭遇対象と呼ぶ事にしたい）。

第二に、この規定においては、公家社会が高位の順に①親王、②関白、③大臣、④大・中納言、⑤参議・散二位・散三位、⑥蔵人頭、⑦弁官、⑧殿上人（四位・五位）、⑨地下諸大夫（四位・五位）、⑩大外記・大夫史、の一

○の集団に分類されている（弁官は、大弁が参議を兼ねる場合のみ⑤の参議に分類）。

第三に、身分の異なる二者が遭遇した場合、書札礼と同様に双方の身分的な距離によって礼節が変化している。それが最も顕著に現れている「遇大臣礼事」の項（iii。以下便宜的に「対大臣規定」のように記す）を例に取れば、参議は対親王規定（i）と同じ――即ち「牛を出して榻《しじ》を車前に立てるか、或は税駕《ぜいが》して軛《くびき》を榻の上に置く」、蔵人頭・非参議大弁は「税駕して下車せず」、四位殿上人は同前、但し四位殿上人でも弁官ならば「下車」、五位殿上人は「下車して轅《ながえ》の外または内に立つ」、地下諸大夫は「下車蹲踞《そんきょ》」、大外記・大夫史は「下車平伏」とされ、大臣と比べて身分が低いほど厚礼が要求されている。

第四に、並置される「路頭礼事」と「路頭下馬礼事」の量的・内容的な異質さが注意される。前者が書札礼と同様に双方の官職に基づき箇条書きで細かく規定され、相当の分量を占めているのに対し（六〇〇字程度）、後者はただの一段落のみ（八〇字程度）で簡略に済まされている。この点は、同じ路頭礼に違いないはずの乗馬時の礼が「路頭礼事」に含まれていない事と併せ、『弘安礼節』の下敷きとなっている個別の礼節慣行の沿革の相違を示唆する点として留意される（第二節で後述）。

第五に、弘安路頭礼は特に弁官に対してより厚い礼を求めている。対大臣規定（iii）は、大臣に対して四位殿上人は税駕すべしと定めるが、「但弁官可下車」という但し書きがある。これについては『吉部秘訓鈔』に引く『吉記』承安元年（一一七一）八月二四日条に次の照応する記事が見える(5)。

一、左少弁経房相逢前太相国忠雅公礼事、

承安元　八　廿四　同記云、予及晩参院、於途中相逢前太相国（花山院）忠雅公、挽車下立、弁官逢大臣之時、下車者故実也、但近代人々称古儀之由忘此礼、定不甘心歟、（中略）当時右大弁俊経之外、不存此礼之由大臣達被称云々、

吉田経房が参院の途次に前太政大臣花山院忠雅と遭遇し「車を挽」いて下車したが（後述の「車を扣《ひか》える」事を指すか）、これは「弁官が大臣に逢った時は下車する」という故実を想起しての事であった。但し経房によれば右大弁俊経《藤原》を除き、当時の人々は過去の礼法と称してこの礼を行わなくなっていたという。弘安路頭礼に見える弁官下車の例外規定は、平安期に実際に行われ、平安末期には既に「古儀」として行われなくなっていた慣行（故実）を改めて公定礼節に取り込んだものであった事が知られよう。

このような弁官への厚礼要求は、同じ参議でも弁官を兼ねる場合には特段の厚礼を求める対関白規定（ii）の、「大弁を兼ねる参議は税駕せよ」との規定にも通じている。また対大中納言規定（iv）には、弁・少納言が禁中より退出する時、「陣中」において中納言以上の参入途中の者に遭遇した場合、彼と共に引き返して参入し、彼が謝意を伝えてきた後に退出せよ、という他に見られない特殊な付則が記されている。「陣中」には内裏門内を指す用法も少なくないが[6]、平安～鎌倉期の里内裏において、その周囲一町までの範囲（通常三町四方）に臣下の乗馬・乗車による進入を認めない「陣（陣中）」という領域が設定されていた事が飯淵康一氏によって指摘されており[7]、ここでも内裏周辺空間において弁官が中納言以上に対して特別の敬意を要求されたと解すべきであろう（これがあくまでも路頭礼の規定であり、かつ内裏門内を路頭とは認定し難い事も、この理解を裏づける）。

いまこれらの弁官に対する一段強い厚礼要求の意義について詳細に検討する余裕を持たないが、鎌倉末期に吉田隆長が兄定房の談話を筆記した『吉口伝』[8]は「弁逢大臣礼事」の一項を立て、出立時の大臣に対する弁官の礼は「深磬折」「筒居」のいずれが適切かを論じている。また鎌倉初期の故実書『三条中山口伝』によれば、大弁宰相が大臣に遭遇した時は大弁宰相が「榻ヲ車ノ前ニ立」るべきとし、その理由を「殊大弁ハ礼ヲ可深之故也」としているから、この弁官兼帯者の特例は大臣と弁官という官職間の関係に基づく慣習（特段の敬譲義務）の反映と見られる。

第六に、規定の対象（身分）が限定的という特徴が見られる。ここで遭遇主体として想定されているのは大外記・大夫史以上であり、それ未満の身分の人々が遭遇主体として取るべき行動は示されていない。表1に『弘安礼節』の路頭礼規定を整理して掲げておいた。この表からも看取されるように遭遇対象もまた蔵人頭以上に限られ、それ未満の身分の相手（⑦弁官以下）に遭遇した場合に遭遇主体が取るべき行動は規定されていない。

史料1の対蔵人頭規定と表1から明らかなように、蔵人頭とそれ未満の身分の者が遭遇した場合、後者の取るべき礼は一律に「扣車不及税駕」とされている。前述のように遭遇主体の身分ごとの差異は対参議・散二位・三位規定（v）以上の全ての項目（つまり対蔵人頭規定以外の全て）に認められるから、遭遇対象の最底辺に位置する対蔵人頭規定にそれが唯一見られない事は、遭遇対象・主体がともに蔵人頭未満の場合（例えば四位の殿上人〔⑧〕と四位の地下諸大夫〔⑨〕が遭遇した場合）は、遭遇主体が一律に「扣車不及税駕」と定められていたと推定されよう。このように想定外のケースに取るべき礼が規定中から類推可能であるとはいえ、弘安路頭礼の規定対象がかなり限定的であるという側面は否定できない。この事は次のような事柄と関連して理解されよう。

第一に、平安期以降の公家社会においては、そもそも乗車資格を有する人々が限られていた事である。室町期武家社会における出行・乗物と身分・格式の相関関係を明らかにした二木謙一氏の論攷で既に言及されているように[9]、乗物と身分の関係はもともと公家社会の制に由来するものであった[10]。平安期の寛平六年（八九四）に諸人の乗車を「不論貴賤、一切禁断」し、特に勅許を蒙った者に対してのみこれを認めるという制が一時行われた事が象徴するように（次掲史料2の①）、乗車という行為は古くからその主体を限定する要素を強く持っていた。加藤友康氏は古代中国・朝鮮における車の態様を踏まえて我が国における車の用い方の特質を論じ、乗用に供される車は国家の禁制対象・過差禁令として史料上に現れる事を指摘している[11]。

平安期以降の公家路頭礼のみならず、弘安路頭礼の規定対象にも直接影響を与えたと思われるのは、先行研究

表1 『弘安礼節』の路頭礼規定

自分＼相手	親王	関白	大臣	大中納言	参議・散二位・三位	蔵人頭
大臣	互に車を扣え僮僕は下馬。大臣の前駈以下車の傍に列居し親王の前駈は歩行して過ぎ、親王の車が過ぎて大臣の僮僕は騎馬して進行。親王の車が後から来たら大臣は車を親王の車に対して〔異本「次いで」〕立てる	同右	／	／	／	／
大中納言	同上	同右	同右	／	／	／
参議・散二位・三位	二様あり：牛を出し、榻を車前に立て軛を榻上に置く／榻を車前に置く 兼大弁は税駕	税駕	牛を出し、榻を車前に立て軛を榻上に置く	車を扣え牛を出さず	／	／
蔵人頭	下車	下車	税駕して下車せず	車を扣え牛を出さず	車を扣える	／
弁官（大弁宰相を除く）	下車	下車	税駕して下車せず	車を扣え牛を出さず	車を扣える	車を扣え税駕せず
殿上人 四位	下車	下車	税駕して下車せず。但し弁官ならば下車	車を扣え牛を出さず	車を扣える	車を扣え税駕せず
殿上人 五位	下車	下車	下車し轅の外または内に立つ	車を扣え牛を出さず	車を扣える	車を扣え税駕せず
地下諸大夫 四位	下車蹲踞	下車蹲踞	下車蹲踞	税駕	車を扣える	車を扣え税駕せず
地下諸大夫 五位	下車平伏	下車平伏	下車平伏	下車	税駕	車を扣え税駕せず
大外記・大夫史	下車平伏	下車平伏	下車平伏	下車	税駕	車を扣え税駕せず

でも注目されてきた次掲長保元年（九九九）太政官符である（『政事要略』所載、一一箇条中左の一箇条のみ所引[12]。便宜上内容ごとに丸数字を付した）。

〔史料2〕長保元年七月二七日太政官符

太政官符、

雑事十一箇条、

一、応重禁制六位以下乗車事、

①右太政官寛平六年五月十二日符偁、男女有別、礼敬殊著、而頃年[13]上下惣好乗車、非施新制、何改弊風、左大臣宣、奉　勅、不論貴賤一切禁断、②又同七年八月十七日宣旨偁、奉勅、男聴乗車者、③其後雖車聴乗之者非無等差、而卑位凡庶之人、不量涯分、恣以乗用、或加黄金之餝、転濫朱轓之体、風流嘲奇肱、妙巧驚衆目、是又凋訛之基也、夫乗車者、皆君子、不可大夫徒行、若无隄防、何誡後車、④同宣、奉勅、自今以後、六位以下乗車一切停止、但外記・官史・諸司三分以上、并公卿子孫及昇殿者・蔵人所衆・文章得業生不可必制、

長保元年七月廿七日

この官符によれば、①寛平六年に貴賤を論ぜず一律に乗車が禁止された後、②翌七年に男に乗車を認める宣旨が出されたが、③「卑位凡庶之人」が身分を憚らず恣に乗車する上過差に走る傾向が顕著になったため、④外記・官史・諸司判官以上ならびに公卿子孫・昇殿を聴された者（殿上人）・蔵人所衆・文章得業生らの例外を除いて六位以下の乗車を一切禁止するこの太政官符が出されるに至った。この制により、五位以上という乗車資格の原則が確立したものと考えられる。

長保元年の制以後に五位未満の乗車禁止を覆す法令は出されておらず、逆に鎌倉期に至るまでの度重なる公家

新制によって贅沢な車装飾の禁止令と特定身分以下の人々の乗車禁止令が繰り返されている。

　車の過差禁止令については、長保二年六月五日新制が長保元年の制を承け、特に身分を憚らない過度の装飾車の乗用について罰則を定め、誤ってこれに乗った場合車は破却、牛は本人に返却とする一条を定めている（『政事要略』巻六十七糺弾雑事、また『権記』長保二年五月一四日条所載）。また鎌倉期に入って嘉禄元年（一二二五）一〇月二九日・文永一〇年（一二七三）九月二七日の各新制でも「車乗過差」の禁止項目が設けられた(14)。

　乗車自体の制限令も乗馬制限令とともにしばしば公家新制で繰り返されており、永久四年（一一一六）七月一二日新制では改めて「諸司諸衛官人以下」の乗車禁止令が出され（『朝野群載』巻十一廷尉条）、建久二年（一一九一）三月二八日新制(15)では「可停止諸司三分・諸衛官人已下所従尋常時騎馬事」と、諸司判官・諸衛官人等以下の所従が通常時（朝儀として行われる晴の出行儀礼の供奉時以外）に乗馬する事を、「保元之制」に拠って再度禁じている（但し今日知られている限りの保元元年（一一五六）〜三年の公家新制に、乗馬制限に該当する条文は見えない）。続いて建暦二年（一二一二）三月二二日新制は上記永久の乗車禁止令と建久の所従乗馬禁止令を継承・一括して「可停止諸司諸衛官人乗車并同従（所脱カ）騎馬事」を再度布告し、同時に「於検非違使乗車者、不在制限」と検非違使の乗車を例外的に許可している(16)。さらに寛喜三年（一二三一）一一月三日新制でも「可停止乗車騎馬過差事」を立項して車・馬・輿の過差を禁ずると同時に「諸司二分并諸衛官人已下、不可乗車」「諸司三分・諸衛官人已下所従、尋常時不可騎馬、□騎之禁法、貴賤有等差」と乗車・乗馬制限を定め、また「検非違使、任建暦・嘉禄等符聴之、（改行）／諸院宮主典代・属等叙五位之者聴之」と、検非違使については建暦・嘉禄新制を継承して乗車を許可する一方（但し現存嘉禄新制には該当条見えず）、諸院（上皇・女院）の主典代や皇后宮・中宮・東宮等の属（主典）で五位に昇った者を許可対象に新加している(17)。

　なお、右の建暦二年新制では「於検非違使乗車者、不在制限」と検非違使の乗車が例外的に許可されているが、正和三年（一三一四）をさほど遡らない時期の成立と考えられる『衛府官装束抄』（『続群書類従』装束部所収。成立は『群書解題』

一二（続群書類従完成会、一九六二）同書の項参照）「警固作法」に「検非違使の車にのる、ひかこと《僻事》なり、五位尉・明法博士の類也、そのほかのけひいしは車にのりぬれは威儀をせす、馬にのりたる時は馬もあふらす」云々とある。この批判が五位未満の検非違使の乗車という行為自体に対するものか、乗車の仕方に対するものか、現段階では判断し難い。

話を長保元年令に戻すと、（諸司判官以上という全官司に跨る一般規定を除き）例外的に乗車資格を有する官司の筆頭としてここに見える外記・官史は、弘安路頭礼の「大外記・大夫史」という区分に直接繋がっていると思われる（さらに大外記・大夫史と限定性を強めた事に関しては第二節で後述）。ここで『弘安礼節』を参照すると、同路頭礼において大外記・大夫史が規定対象になり得る最底辺の官職とされているのは、それ未満の者が原則として乗車を認められておらず、遭遇主体・対象に成り得なかったためと推測される。したがって、史料1末尾の付則「自此以下次第可准知」（ⅶ）は、大外記・大夫史⑩未満を遭遇主体とする規定がない事に関するものではなく（それは建前上存在し得ない）、直接には対蔵人頭規定（ⅵ）以降の項目がない事と対応するものであり、その一文によって表1の左方に本来ならば書き継がれるべき身分の低い者同士の礼節が規定されていると考えられる。

第二に、弘安路頭礼の対象とする集団の限定性は、この規定の推進主体の関心の所在を反映している可能性がある。そもそも、ここでは「路頭礼」と称しながら内容が「双方が乗車のまま路頭で遭遇した場合」のみを前提としており、また前述の通り乗馬中の礼節は「路頭下馬礼事」として別に立項されていて「路頭礼事」には含まれていない。このように路頭礼の語が車上礼の同義語として扱われている事は、弘安路頭礼が日常の移動手段として牛車を用いる人々の観点・関心を中心にまとめられた事の反映と考えられる。

また本来対蔵人頭規定（ⅵ）に続くべき弁官・殿上人（四位・五位）・地下諸大夫（四位・五位）・大外記・大夫史ら同士の遭遇規定が「自此以下次第可准知」（ⅶ）という一文で済まされている事は、彼ら同士の路頭礼がそれほど重要な意味を持たないと制定主体によって認識されていた事を物語っている可能性がある（蔵人頭・弁官未満の階層でも牛車がかなり頻繁に用いられた事は、前述の度重なる乗車禁止令からうかがわれる）。右の一文（vii）に続いて末尾に「不可忘先規」とある事は、裏返せば先規・慣習に任せれば十分という事であり、また例えそこでトラブルが発生しいかなる結果を招こうとも、『弘安礼節』を必要とする人々にとっては大した意味を持たないと考えられたという事でもあろう。このような蔵人頭・弁官未満に比較的無関心な路頭礼の全体像は、『弘安礼節』の制定を積極的に望んだのが名家に属する人々であるとした百瀬今朝雄氏の指摘と照応する。(18) 弁官・蔵人頭から納言に至る官職を実務官僚としての基盤とする名家の人々にとって、規定の範囲は弁官・蔵人頭以上で事足りたと推測されるからである。

二　『弘安礼節』に至る路頭礼の沿革

前節において概観した弘安路頭礼に代表される中世の公家路頭礼は、いかなる淵源を持ち、どのような経緯を経て右の『弘安礼節』に結実したのであろうか。

管見の限り、路頭礼をまとめた記述を持つ『弘安礼節』以前の故実書に『三条中山口伝』（『続群書類従』雑部所収、以下『三中』と略称）と『西宮記』『江家次第』がある。『三中』は三条公房が亡父実房と外舅中山忠親の口伝を記したものと考えられ、(19) 弘安～正応（一二七八～一二九三）の成立とされる『本朝書籍目録』(20) にその書名が載る、鎌倉中期以前成立の故実書である。三条実房・中山忠親はともに平安末期～鎌倉初期における著名な有職故実家であり、(21) 本書に見える故実の諸例は当時の公家社会において認知されるべき一定の権威を有したものと評価し得る。(22) 同書の「礼儀事」と題する一項目中に「路頭」の細目があり、弘安路頭礼に類似した排列で各官職ごとの路頭礼が列挙されている。長いので全文の掲出は避けるが、その内容を大まかに整理すると表2の通りである。

細部に相違が見られるものの、ほぼ『弘安礼節』と同様の構成を持っている事が明らかであろう。特に①遭遇対象の身分を基準にして立項し、その内部で遭遇主体の取るべき礼節を身分ごとに規定している点が共通し、②親王に始まり大外記・大夫史で終わる各身分の分類・排列が類似（相違点は弁官と殿上人の間に五位職事が加わって一グループ増えている事）している。また両書で内容が異なるものの、③参議のみ上位者への敬譲表現が二通り並列に挙げられている点、④参議は大弁兼任か否かで礼節が異なる点も共通である。

但しその一方で相違点も少なくない。例えば参議の礼節の二説並置について、『弘安礼節』では対親王規定に係り、「牛を出して榻を車前に置く」と「税駕し軛を榻上に置く」の二説であるのに対し、『三中』では対大臣規定に係り、「税駕して榻を立てる」と「税駕せずただ車を扣える」の二説とする。また『三中』では前者の説をさらに細分して「軛を榻上に置く」か「車前の榻に沓を置く」かのいずれかとし、それぞれに礼の深浅の評価を付す等の相違を見せている。また『三中』は参議の「遇大臣礼」に「参議遇大臣之礼、自古有口伝」と傍書し、あるいは参議が大臣に税駕せず扣車するのみとする説について「此礼ハ近代例粗有之、但無謂云々、与大・中納言無差別、頗無謂歟」と近来の略儀に流れる風潮を非難し、さらに中弁と大弁、少弁と中弁間の礼節について「不知其礼」と保留する等、口伝らしい性格を強く残しているが、『弘安礼節』ではそういった口伝的不確定要素は全く見られない。

右のような相違点が見出されるとはいえ、『弘安礼節』と『三中』に見られる立項方針・身分分類という基本的骨格の共通性からは、前者が後者をある程度直接的に継承した可能性を想定してよいであろう。それでは『三中』の記載は何を下敷きにして成されたのであろうか。そのような観点から注目されるのが一〇世紀末成立の源高明撰(23)『西宮記』（臨時五）の「車礼」と題する一項である。

表2 『三条中山口伝』の路頭礼規定

相手＼自分	大臣	大納言	中納言	参議	蔵人頭	弁官		五位職事	殿上人		地下諸大夫		大外記・大夫史
						大弁	中・少弁		四位	五位	四位	五位	
(注) (親王)	互いに前駈下馬し、相手の車を過ぎてから乗馬。後騎も同様。親王の車が過ぎて後大臣が発車。親王に扈従の僧綱らは大臣の車が過ぎて後発車	同上	同上	―(記載あるべきだがなし。以下同じ)	―	―		―	―		―		―
摂政	扣車。前駈下馬し車の傍に列居。摂政前駈下馬し過ぐ	同上	同上	税駕。其儀は大略遇大臣礼に同じ	下車	―		―	―		―		―
大臣	大略右に同じ。下臈の大臣先に扣車。上臈又扣車。前駈下馬は右に同じ	同右	同右	二様有り： 税駕して榻を立てる（軛を榻上に置く／下車時の如く榻を立て沓をその上に置く。実は下りず、下りんとするを表すばかり） 税駕せず扣車 大弁宰相は榻を車前に立てる(殊に大弁は礼を深くすべき故)	税駕	参議の兼ねる者は参議に同じ 税駕して下りず	下車して轅の外に立つ	税駕	税駕	下車	下車		下車平伏
大納言	／	同右 上	同右	税駕せず、扣車	扣車	扣車		扣車	扣車		税駕	下車	税駕、下車せず
中納言	／	／	同右 上	同右	扣車	扣車		扣車	扣車		扣車	下りざるや否や斟酌在るべし	税駕、下車せず
参議	／	／	／	同右	扣車	扣車		扣車	扣車		扣車		扣車

蔵人頭	／	／	／	／	―	―	扣車	扣車	―	―
弁官	／	／	／	／	／	―	―	―	―	―
備考						中弁遇大弁、少弁遇中弁、不知其礼				

注：明記されないが、内容・排列より対親王規定と推定。

〔史料3〕

車礼、雖不載式、以世俗之所為記耳、

親王大臣共相逢者、各留車、前駈下馬、大納言逢親王・大臣抑車、大臣前駈下馬、参議逢親王・大臣者、参議放牛立榻、或不立榻、納言以下逢親王者、放牛可立榻、二省丞逢大臣以下不下、以笏令出見、弾正同之、四位以下逢公卿抑車、五位逢大臣下、外記・史逢納言以上者下、礼法無所定、随便宜可思免耻、

同書中の路頭礼（車上礼）規定は右の短い記事のみであるが、そこからは次のような特徴的構成が看取される。即ち①初めに親王対大臣の遭遇時の規定があり、その後に対大臣規定以下の礼節を挙げるという各項の順序、②親王対大臣の遭遇時の規定において、まず双方が車を留める事、また前駈が下馬する事への言及、③参議の対親王・大臣遭遇時の規定のみに見られる二説の併記（傍線部と続く割注部分）、④遭遇対象の官職順による列挙、⑤遭遇主体の最下層として外記・史を想定、以上の五点である。

『西宮記』同項に見られる右の構成上の特徴は、記事自体の長短に大きな差がありながら、弘安路頭礼や『三中』と全く共通するものである。そして項目名に付す「雖不載式、以世俗之所為記耳」という注記と後世の書物での引用のされ方から、これ以前に拠るべき典籍・法令が存在せず、源高明がここで初めて独自に右の文章・構造にまとめた事が知られる。

管見の限りでは、平安末~鎌倉前期の法家坂上氏らによる撰とされる『法曹至要抄』と、[24]一四世紀の洞院公賢の撰とされる『拾芥抄』[25]に、『西宮記』からの全面的な引用文を見出し得る。『法曹至要抄』は「一、車礼事」と項目を立て、「世俗説云」という書き出しに続けて「親王大臣共相逢者……」以下「……外記・史逢納言以上者下」まで同文を記し、続けて一段下げて「案之、放牛不設其法、然而就当時之俗、古昔之説所附出也」と私案を記す[26]。また『拾芥抄』も同じく「車礼」の項目を立て、項目名下の注記末尾が「所為記耳」ではなく「説注之而已」になっている点を除いて『西宮記』と全く同文である[27]。

右のうち『法曹至要抄』は坂上氏を含む明法家集団が編纂した法律書であり、個別の話題ごとに立項し、項目ごとにまず律令格式その他の何らかの本文を引き、その後一段下げて「案之……」と続けて私案を示す形で統一的に構成されている。そのような同書が路頭礼について「案之、放牛不設其法、然而就当時之俗、古昔之説所附出也」と説明されるような、律令格式とは全く異質な俗説を『西宮記』に拠って提示するに留まっている事は、法的根拠となる律令格式の提示を旨とする同書の編纂態度を鑑みれば、かかる牛車乗用時の路頭礼の根拠となる法令が『西宮記』以前には求め得なかった事を示唆していよう。また『拾芥抄』が「車礼」の直前の「馬礼」の項において「見弾正式」と注記しながら——つまり根拠となる法令が存在すればまずそれを引用するという編纂態度を持っていながら、「車礼」の内容については『西宮記』を踏襲して「雖不載式、以世俗之説注之而已」としている事も同じ事を示していよう[28]。

なお、弘長四年（一二六四）をあまり下らない時期の成立と推定される『上卿故実』[29]（『群書類従』公事部所収）は、参議の大臣遭遇時の例について『西宮記』の記述を部分的ながら直接引用しており（史料3傍線部）、弘安路頭礼成立直前期に至っても未だ『西宮記』が路頭礼のテキストとして依拠されていた事が知られる。以上に加え、管見の限り『西宮記』より古くこれと同じ文章または内容を持つ史料が見出されない事を考慮するならば、公家社会における路頭礼慣行の成文化は、『西宮記』に始まるものと推定されよう。

「外記・官史・諸司三分以上……」の乗車を例外的に認める長保元年（九九九）の太政官符（史料２）の「外記・官史」部分は『西宮記』に見える外記・史の対納言規定と照応するものと考えられるが、両者の前後関係は『西宮記』が先であり（編者源高明は天元五年（九八二）に死去）、『西宮記』が長保元年の太政官符を踏まえたわけではなかった事を確認しておきたい。両者に対応関係があるとすれば、太政官符の方が『西宮記』の外記・史を遭遇主体とする規定の存在――即ち外記・史の慣習的な乗車の事実を踏まえている事になり、そうであれば、『西宮記』で「世俗之所為」とされた外記・史の乗車行為は、あまり時を隔てない時期に、後世まで乗車資格の身分的原則とされた法令によって制度的に認められた事になる。

先後関係に関していえば、『西宮記』の「外記・史」が『三中』でより限定的に「大外記・大夫史」とされている事は、『西宮記』成立以後に出された右の太政官符を『三中』以下の故実書が踏まえ、その内容を加味した結果であった可能性がある。即ち『西宮記』成立段階には存在せず長保元年の制で初めて明確に打ち出された「六位以下の乗車禁止」という原則を踏まえて、『西宮記』の載せる「外記・史」をさらに絞り、外記では五位に昇り得る大外記のみに[30]、また史では特に五位（大夫）に昇った大夫史のみに限定した可能性が考えられるのである。[31]

また『三中』が『西宮記』には見えない中弁と大弁、少弁と中弁間の礼節について「不知其礼」と保留しているのは、『三中』がその規定を持たない『西宮記』に主に拠った結果ではないかと思われる。路頭礼（車上礼）規定を持つ諸書の関係が以上のように推定されるとすれば、平安期以降の公家社会における路頭礼体系は『西宮記』を起点としていると考えられるが、その淵源は本来「世俗之所為」であり、「当時之俗」に就いて「古昔之説」をまとめた全く口伝的なものであった。『西宮記』当該記事末尾に「礼法無所定、随便宜可思免耻」とあるように車上礼は本来「礼法」に定めるところがない礼節秩序として、原則としてケース・バイ・ケースで適宜対応する事が「恥を免れ」る術である、というような曖昧な表現しかしようのない性質を持っていた。

かかる口伝・個別事例主体という車上礼の曖昧な性格は、『江家次第』の「路頭礼節事」にもよく表れており、その要点をまとめると表3のようになる。『西宮記』より一〇〇年ほど後に成立したとされる『江家次第』の「路頭礼節事」は『西宮記』の体系的記述を継承せず、編者大江匡房の知る実例を挙げてそれにコメントするという

表3　『江家次第』に見える路頭礼の実例

項目	内容
①前駈時遇本主人時事	「前駈として参入の時、途中で主人と逢ったら下馬して主人に跪き主人の通過を待つ」とし、宇治殿（藤原頼通）が法性寺から出る際に藤原有宗が遭遇したため下馬して跪きながら、頼通の通過が終わらぬうちに騎馬して進んだため時の人がこれを難じた例を挙げ、この規定の典拠を「是文選文云々」と注記。
②乗船逢無止人時事	「乗船時に止んごと無き人に逢ったら船を下りて岸に跪け」とし、これは故藤原宣孝が入道殿（藤原師実か）に遭遇した時に取った礼であるとする。
③父子共前駈勤仕時事	父子がともに前駈を勤める場合について、「藤原範永と藤原清家が宇治殿（頼通）の前駈を勤めた際、頼通が清家に対して『父が過ぎる時の馬上礼は規定が無く礼の子細を知らないが、馬上で平伏すべきか。下馬すべきだが前駈を勤める間は下りないものだ』と仰せられた」とし、典拠を「是式文云々」と注記。
④公卿父子遇路礼事	四条大納言（藤原公任）の説に「公卿は殊に車を下りず、父に遭遇しても子は車を閑小路に入れるべき」とするがこれは不審であるとし、「故藤原経任卿が堀河右大臣（藤原頼宗）に逢った時、車を舁き下りずに抑え立てた」例について「小野宮例如此云々」とし、また「大臣が前駈を下馬させずに通過する」例について「九条殿例如此云々」とした上で、後々には経任は下車し頼宗は前駈を下馬させるようになったと記す。
⑤宇治殿与二条殿逢路給事	宇治殿（頼通）が二条殿（藤原教通）と遭遇した際、双方とも前駈を下馬せしめたが、二条殿の随身近利は乗馬しながら「傍小路」に入って下馬せず、頼通の通過を待って二条殿の行列を追い、頼通が車後の簾を褰げてこれを見て感心し、また自らの随身の中で『右流左死之者』が今日近利を搦め取るであろう事を危惧したとする。
⑥轂負佐逢大臣儀	「故藤原隆方が故左大臣（二条関白、教通）と逢った際、隆方は車より下りて笏を取って立ち、大臣の前駈が過ぎた後大臣の車に対して一拝をした。大臣が過ぎたのち第二車として山井大納言（藤原信家）が続き、隆方は一旦乗車して舁き下りて立ち、故太政大臣（藤原信長か）が第三車として続くと車を牛に懸けて抑え立て、この間左大臣（教通）は車後の簾を褰げてこれを見ていた」とし、これについて「不知可否」とする。

独自の方法で立項している。想定可能な事態を網羅的に挙げて一般論的に記すのではなく、匡房自身が聞き及んだ実例に限って無原則に掲出し、可能な範囲でその内容を一般化して表題を付けている点が特徴的である。また⑤の「宇治殿(藤原頼通)与二条殿(藤原教通)逢給事」のように、一般化されずに個別具体的事例を挙げるにとどまる項目もあり、特に②⑤は自身のコメントも付さないまま実例の掲出にとどめる等、匡房自身による意義づけが不確定のまま、全体として不統一な体裁となっている。さらに①と③では「是文選文云々」「是式文云々」とする等、匡房なりにその典拠を求めようとする姿勢が見出されるが、「云々」の文言が示すように匡房自身によって確認されたものではなく、また特に典拠を追究する態度も見られない。加えて④では「此事不審也」として疑問を呈するにとどまり、⑥でも「不知可否」と判断を留保しているように、匡房自身は一つとして確定的な事を述べていない。

　このような『江家次第』路頭礼規定のありようは、そもそも路頭礼においては個々の所作の可否を明確に判定し難い事――つまり慣習以上のものではなかったという車上礼の本来的な性格の端的な表れと思われる。特に④で藤原経任の所作を「小野宮例如此云々」とし、対する堀河右大臣(藤原頼宗)の所作を「九条殿例如此云々」としている事は、車上礼が故実の流派によって異なる内容の所作を併存させ得る性格のものであり(32)、故実という個々の実例の集積に由来する不確定要素の強いものであった事を如実に示している。

　これとは対蹠的に、馬上礼は明確にその淵源を律令に求め得る。『弘安礼節』の「路頭下馬礼事」は親王と遭遇した際の対応について、自分が「三位以下ならば下馬、大臣ならば進行を止めて道を譲り親王の通過を待つ」とし、続けて「四位以下が一位に、五位以下が三位以上に、六位以下が四位以上に、七位以下が五位以上に遇ったら皆下馬せよ」と簡潔に記すにとどまる（史料1のⅡ）。ここで養老儀制令の在路相遇条を見ると、

　凡在路相遇者、三位以下遇親王、皆下馬、以外准拝礼、其不下者、皆斂馬側立、雖応下者、陪従不下、

として路頭の乗馬礼一般を定め、次条（遇本国司条）で特に郡司・国司間の礼節を、

凡郡司遇本国司者、皆下馬、唯五位、非同位以上者、不下、若官人就本国見者、同位即下、若応致敬者、並准下馬礼、

と規定する。さらに養老僧尼令遇三位已上条では僧尼と貴・通貴の人々の路頭遭遇時礼節について、

凡僧尼於道路遇三位以上者隠、五位以上歛馬相揖而過、若歩者隠、

とある。同条はその義解に「若無処可隠者、歛馬側立也」とあるので乗馬時の礼節であり、僧尼が三位以上（貴）と遭遇すれば「隠れ」、五位以上（通貴）と遭遇すれば馬を「歛《おさ》めて」相互に揖（会釈）して通過し、徒歩ならば「隠れよ」という。傍線部に関して『令集解』同条所引『令釈』に「駐馬相揖而過耳」とあるので、「歛馬」は「駐馬」と同義、即ち「馬をとどむ」の意である。

また、延喜弾正式二七条は儀制令在路相遇条を踏まえて、

凡三位已下於路遇親王者、下馬而立、但大臣歛馬側立、

とし、さらに二八条は、

凡四位已下逢一位、五位已下逢三位已上、六位已下逢四位已上、七位已下逢五位已上、皆下馬、余応致敬者、皆不下、其不下者、歛馬側立、応下者、乗車及陪従不下、中宮東宮陪従准此、

と規定している。いま『弘安礼節』の路頭下馬礼を、

①三位以下於路頭遇親王、下馬、大臣歛馬傍立、②四位以下遇一位、五位以下遇三位以上、六位以下遇四位以上、七位以下遇五位以上、皆下馬、

と二節に分割すると、それぞれ①が延喜弾正式二七条の傍線部を、②が同二八条の傍線部の文言を直接反映しており、『弘安礼節』の当該条は弾正式の二条を結合して一条とした記述であった事が明らかである。①の元となった延喜弾正式二七条は前掲の養老儀制令在路相遇条の傍線部を踏まえた記述と思われるから、弘安路頭下馬礼の規定は養老令にまで遡るものである。

さらに官人間の馬上礼は唐令にも規定があり、令に淵源を持つ弘安路頭下馬礼は突き詰めれば唐令まで遡り得る。唐の儀制令（開元七年（七一九）・同二五年令）には、

諸官人在路遭遇者、四品已下遇正一品、東宮四品已下遇三師、諸司郎中遇丞相、皆下馬、以外准拝礼、其不下者、皆歛馬側立待、

とあり[33]、また貞観令には、「三位以下が親王と遭遇すれば皆下馬せよ」とする養老令在路相遇条冒頭の裏返しともいうべき三品以上の下馬禁止令が「準令、三品已上、遇親王於路、不合下馬」と見える[34]。また『唐六典』は百官拝礼の式を定めた「凡百官拝礼各有差」で始まる条に続く「凡致敬之式、若非連属応敬之官相見、或自有親戚者、各従其私礼」という規定の注として、前掲の開元七年・同二五年令在路相遇条と、「凡行路之間、賤避貴、少避老、軽避重、去避来」という、路頭における二者の遭遇時の原則的規定を掲げている[35]。

なお『日本書紀』天智天皇九年（六七〇）正月戊子条に見える「宣朝廷之礼儀与行路之相避」という記載は、儀制令の在路相遇条・遇本国司条・行路条と関連する路頭礼の規定記事である可能性が指摘されており[36]、『西宮記』車上礼の出現までの三〇〇年の時間差を考えても、車上礼とは別系統の、乗馬時または歩行時に関する制であった可能性が高い。また養老僧尼令遇三位已上条の朱説に「依位有下馬礼也、依官無下馬礼」とある事も興味深い。令制の下馬礼が専ら当事者の位階に拠り官職を問わない点は、『弘安礼節』の路頭礼（車上礼）と全く異質である。

このように、『弘安礼節』における路頭下馬礼は、唐令まで遡る純粋な令制上の法定礼節に淵源を持っていた。この事を踏まえれば、『弘安礼節』における「路頭礼事」と「路頭下馬礼事」が分量・内容ともに異質である事は、後者が歴とした律令国家の成文法を継承しているのに対して、前者が『西宮記』において初めて集成され、『三中』においてその枠組みが継承・発展させられながらも（法的根拠を持たない）「世俗之所為」の直接的継承であった事に由来すると考えられるのである。

松本政春氏・加藤友康氏・佐多芳彦氏らによれば、日本の官人社会では男性の乗物は特に乗車を許可された者

を除いて馬であったが、九世紀以降に牛車乗用の慣行が定着し、一〇世紀までにかけて大流行していったという[37]。この乗物に関する変遷——即ち律令制導入時には乗馬が基本であり車礼を必要としていなかった官人社会が、その後広汎に車乗用慣行を受容して乗馬慣行を駆逐した事が、令制における車礼の欠如と、その欠如に起因して「世俗之所為」の蓄積に頼らざるを得なかった九世紀以降の車礼秩序形成の要因であったと考えられる。

三　路頭礼における具体的諸動作と礼の深浅

書札礼において「謹上」と「進上」、あるいは「恐々謹言」と「恐惶謹言」等のような一字の違いが相手への敬意の深浅を測る重大な違いとして認識されたのと同様、路頭礼にもまた精密に細分化された多くの所作が存在した。それらの個々の動作について、例えば「税駕」という動作が他の動作と比べてどの程度の敬意を表現しているか——換言すれば多くの動作を厚礼の順に並べ替えるとどうなるか、といった尊敬表現の体系的な序列を、古記録に残る実例から求める事は困難である。しかし『弘安礼節』は今日の我々にとって困難なこの体系的整理を既に当時の人々が試みた工夫の産物であるから、その規定を一覧する事によって大まかな体系的理解が可能となろう。そこで本節では些か煩瑣ながら、主に『弘安礼節』の規定に拠りつつ他の史料をも援用して、路頭において具体的にどのような動作が行われたか、また各動作と礼の深浅がどのように連動していたかを確認したい。

(1)　扣車（控車・留車・抑車）——停車して道を譲る——

弘安路頭礼は冒頭で、大臣・大納言・中納言が親王と遭遇した際の礼節を次のように規定している（i）。前半は正面からすれ違う場合の規定と見られ、「双方ともに『車を扣《ひか》へ』、双方の僮僕は下馬[38]。大臣の前駈以下は大臣の車の傍らに列居。親王の前駈は歩行して大臣の一行を通過し、親王の車が通過し終わったら大臣の従者は騎馬して進む」とする。後半は親王の車が大臣の車の後方から現れた場合に道を譲る（追い越させる）作法と考えられ、「大臣は親王の車に対して（異本は「親王の車に次いで」）(39)『直に』車を立てる」とする。

ここで路頭礼独特の表現として「扣車」という動作が見える。前半部によれば大臣の前駈以下が大臣の車の傍に「列居」するとあり、また親王の前駈が下馬し歩いてこれを「過」ぎるとある上、『西宮記』車礼の対応記事は双方がまず「車を留」めるとしているから、この時大臣の車は停車していると推測される。つまり、「車を扣《ひか》ふ」とは通路を譲る意思を表明して停車する事と考えられ、ここでは大臣と親王がともに一旦停車し、親王の車が再び発車して大臣の車を通過した後大臣が発車する、と規定されているものと考えられる（なお第四節で言及する『玉葉』治承元年（一一七七）一二月一七日条の「抑車前駆下馬」や『宇治拾遺物語』巻八「大膳大夫以長前駆之間事」の「車をおさへて」、『門室有職抄』「礼儀事」の「雖僧正可控車」も同じ動作と見られる(40)）。

後半部は写本により大臣の車を親王の車に「対して立てる」か「次いで立てる」かの相違があるが、「立車」は道路脇に一定時間駐車する事を意味すると考えられ(41)、この規定が指しているのは親王が大臣を追い越す場合と考えられるから、大臣の車が駐車している間に親王の車が追い越すと考えるのが自然であり、親王も「立車」――道路脇に駐車するとは考えにくい（敬意を表して親王が一旦停車する事はあるとしても）。したがって意味の上からは「直対親王車」して大臣が車を立てるとする方を採るべきであろう。とすると「直に」とは道路の進行方向に対して直角に（T字型に――縦棒が停車中の大臣の車の方向、上が前。横棒が親王の車の進行方向）車を立てる事を示していると推測される。

（2）税　駕――牛を牛車から外す――

次いで参議や散位の二位・三位が親王に遭遇した場合は、「牛を出し、榻《しじ》を車前に置く。あるいは『税駕』して軛《くびき》を榻の上に置く」事が要求される。この「税駕」も路頭礼独特の行為である。牛車は車輪の付いた人が乗る箱の前部にコ字型に棒が組まれ、その中に牛を入れて牽引させる。コ字型の棒のうち、進行方向に平行な二本の棒を「轅《ながえ》」といい、その二本に直角に接続された最前部の一本を「軛」という。「榻」とは牛車の駐車時に軛を載せて支える四脚の台（乗降時の踏み台にも使う）を指す。

辞書では「税駕」は「車につけた馬を解き放つ事」、また転じて「人の落ちつく所」「旅行者の休息する」事等と説明されるが、(42)『三中』では参議の摂政遭遇時の礼について「遇摂政税駕ヘシ」と記した横に「攬脱牛也」と傍書し、(43)また『門葉記』にも「税駕」に割注して「俗号解懸是也、牛ニ鞦ヲ解懸ル也」と解説した記述が見えるように、(44)我が国における路頭礼では専ら牛を牛車から放つ（外す）事を意味した。類例としては延慶二年（一三〇九）花園天皇の大嘗会御禊行幸の様子を記した『後伏見院宸記』同年一〇月二一日条に「於富小路以西、被税御車、遣立出車、（東上南面、不税牛也、）」等と見えており、(45)「被税御車」「税牛」はいずれも「税駕」の同義語と考えられるから、「税」は車から牛を放つ、あるいは牛から車を外すという意味で、「とく」と訓まれたものと考えられる（「税」には「脱」の借用字としてこの訓があり、(46)『玉蘂別記』建暦二年（一二一二）七月二日条に(47)「到院御所東門脱駕、（脱鞦）」と「脱駕」の用例が見える）。

同じ条で花園の父伏見院が見物の「車済々、其中乍懸牛有見物車一両」った事について、「誰人哉、尤不審、無礼之至、不可説々々々」と憤っているように、牛車から牛を放つ事は尊貴な人に対する敬意の表現であり、(48)行幸等の際にこれを怠って牛を懸けながら見物する事は「無礼之至」に他ならなかった（「懸牛」は「税牛（車・駕）」の対義語となる）。(49)これは皇太子の父帝に対する場合でも同様で、元永二年（一一一九）誕生間もない顕仁親王（後の崇徳天皇）が父鳥羽天皇の内裏に行啓した時、親王が牛を懸けたまま内裏に入った様子を『長秋記』同年七月二〇日条は、

行啓如常儀、若宮御車後女房車渡云々、至内裏北陣、中宮御輿退後輦宮御車、不仰輦車、乍懸牛遣入陣中、前例未見事也、入御之間啼声高聞、誠耳目新事也、

と記している。「内裏北陣」は多く里内裏北面の門を指す用例があり(50)、またその内への進入が「前例未見」とされてよほど驚かれたようであるから、そこから入ったという「陣中」は大内裏を模した「陣中」ではなく内裏の門内を指していると思われる。親王は輦車（手で牽く車、てぐるま）を仰せず――つまり牛車から牛を外して手で牽かせる事をせずに内裏の門内まで「牛を懸けながら」進入したため、内裏では牛の「啼声」が響き渡ったというのである。親王といえども牛を懸けたまま牛車で内裏中に入る事は本来認められない事であった（牛車宣旨を蒙った者も牛車の通行が聴されるのは大内裏中のみで、内裏門では下車しなければならない(51)）。

また上皇さえも敬譲すべき相手に対し税駕した事は、仁平三年（一一五三）三月二〇日千僧御読経の時に鳥羽院と美福門院が法勝寺西門に至った際の様子を記した『兵範記』同日条に、「院御車攬放御牛牽入之、女院御車乍懸御牛入御」とある事から知られる。ここでは女院の車が牛を懸けながら門内に入ったのに対して、上皇の車は牛を放ち手で牽かせて門内に入ったとあるが、両院の礼の差は、六勝寺の随一で「国王ノ氏寺」といわれる法勝寺（『愚管抄』巻第四）が父白河院の建立にかかり同上皇を最も象徴する寺院であった事から、鳥羽院が特に亡父に対して敬意を払ったものと解し得る（美福門院得子の父は藤原長実(52)）。

『弘安礼節』に戻れば、「出牛立榻於車前、或税駕、置軛於榻上」というiの記述のみから「税駕」が榻を立てる動作まで含んでいるかどうかは判断し難いが、少なくとも「出牛」という動作が轅と軛から構成されるコ字型の中から牛を出す事を意味し、「税駕」の主要な動作であった事は間違いない。対大中納言規定（iv）では大・中納言に対して参議以下・五位殿上人以上が「扣車不出牛立」とされている事も、「扣車」が「出牛」す事を含んでおらず、これを行うと一段厚礼となる事を示している。弘安路頭礼等によれば「扣車」より一段階厚い礼は「税駕」であるから、両者の区別が「出牛」すか否かであった事がうかがわれる。加えて対大臣規定（iii）では蔵人頭・参議でない大弁は「税駕不下車」とされており、「税駕」が本人の下車を含まなかった事も確認される。

（3）榻を置く――下車の意思を表示するパフォーマンス――

ところで、iの規定によれば参議・散二位・散三位の場合は「税駕して車前に榻を立てる」か、または「榻の上に軛を置く」かの二通りの礼があった。榻を置くのは基本的に駐車時であるから、「税駕して車前に榻を置く」とは親王の通過を待つためにわざわざ駐車せんとするという礼節を表現している事になる。「榻を車前に置く」事（榻は乗降時の踏み台でもあるから、この場合は人の乗る箱の直前）、あるいは「榻を立てて軛を置く」事（この場合は軛の下）は、実際には駐車せずとも「敬意を表して駐車しようとする姿勢を見せる」事を意味していると考えられる。

この事は『三中』の次の記述からも確かめられる。同書は参議の大臣遭遇時の対応として両様を挙げ、「一ニハ参議税駕テ可立榻」、「一ニハ不税駕、只扣車」とした上で、さらに前者（榻を立てる場合）について「立榻之様有二」とし、「一ニハ参議税駕シテ置軛於榻上、是礼之浅也」と「一ニハ欲下車之時之如ニ立榻テ、置沓於其上、実ニハ不下、只表欲下之由計也、此礼深也」という二通りの動作を挙げている。前者の方法はただ税駕して軛を榻の上に置くにとどまるが、後者の方法は軛の下ではなく車（箱）前に榻を置き、その上に沓を置くとする。後者はまさに下車せんとする動作であるが、実際には下りず、「ただ下車する意思を表するばかり」とされているのである。実際に下車せずとも、相手のためにわざわざ下車する意思を示す事が敬譲であり、それが具体的には下車の動作を途中まで行う事で表現された事が知られる。特に後者の方法は榻上の沓を履いて下りてしまえば下車が完了するのであるから、下車の意を表する最大限の表現という事ができる。

なお細かいようだが、榻は乗降時に必要な踏み台でもあるから、主人（車上の人）が下車しないまま軛を榻上に載せてしまうと主人は降りられなくなる。降りようとする意志の強さが敬意の深さに比例するならば、そのような動作は初めから降りない事を前提にしたものであるから、必要によってはそのまま降りる事ができる「車（箱）

前に榻を置く」という動作よりも薄礼という事になる。

（4）下　車

次いでｉは親王との遭遇時、蔵人頭・弁官・四位五位の殿上人は「下車」すべしと定めている。蔵人頭より一ランク上位の参議・散二位・散三位が牛を出し榻を置いて駐車する事（あるいはそのそぶりを見せる事）を求められている事を考慮すれば、ここにいう「下車」とは単に停車中に車から降りる事ではなく、牛を出し榻に轅を置いて完全に駐車した上で自身も車から降りる事と考えるべきであろう。

（5）下車蹲踞と下車平伏――下車以上の敬譲表現――

地下諸大夫が親王との遭遇時に取るべき礼節は、ｉによれば彼が四位の場合は「下車蹲踞」、五位の場合は「下車平伏」が求められた。車上の人にとって下車は取り得る最大の礼であり、さらに敬意を示す場合は下車後の姿勢によってそれが表現されたのである。

ここで「蹲踞」と「平伏」という、車上礼とは独立した敬譲の所作が現れるので、両者を含む敬譲表現としての諸々の姿勢についても一通り確認しておきたい。

古くは『三国志』（魏書、東夷伝倭人条）に「下戸与大人相逢道路、逡巡入艸伝辞説事、或蹲或跪、両手拠地、為之恭敬」と見えるように、道を譲り傍に蹲《うずくま》り跪《ひざまず》くという動作は古来、中国的な礼節の導入以前から我が国に根ざした慣習であった。観応元年（一三五〇）、他国の高僧の天竜寺への来住に備えて夢窓疎石が「我朝禅苑」の作法を記した『臨幸私記』（『群書類従』帝王部所収）に「日本世俗、以蹲居為恭敬之極」と見え、また嘉吉三年（一四四三）に朝鮮通信使の書状官として来日した申叔舟が文明三年（一四七一）（朝鮮の成宗二年）に撰進した『海東諸国紀』（国俗）に「凡相遇蹲坐以

図1　年中行事絵巻(巻8、朝覲行幸)
(埼玉県立歴史と民俗の博物館所蔵)

為礼、若道遇尊長脱鞋笠而過」と日本の風俗が記されているように(53)、蹲踞をもって最大限の敬意を表する、という礼節が日本独特の行為として根づいていたという国内外の認識が中世にも存在した。明応三年(一四九四)七月二七日、「諏訪名号(諏訪大明神)」の前で行われた「諏訪法楽鞠」で甘露寺親長が「於樹下蹲居」した理由を「依為神前也」と記し、神前という最も厚礼を要求される場における蹲踞の礼に言及した『親長卿記』同日条は、右の認識を裏づける好事例である。

「蹲踞」は「ツクハウ」の訓があり(『運歩色葉集』、蹲踞)、近世の『貞丈雑記』(一、礼法)の説によれば「蹲居と云は、貴人の御前を通るとき、そとつくばひ、手をつきて通る事を云、蹲居と書て、うづくまりすはるとよむ也」という(『類聚名義抄』(法、上)には「蹲踞《ウスクマリ》《キル》」とある)。今日でも弓道で一方の膝を立て他方の膝を地に付けて背筋を伸ばす姿勢を「つくばい」と呼んでおり、『年中行事絵巻』(巻一、朝覲行幸)の仙洞御所舞御覧の場面に描かれた衛府の官人の片膝を突いた姿勢が「蹲踞」にあたるものと思われる(図1)。

南北朝期の三条実冬編『後三条相国抄』(蹲踞事)にこの動作を「大概主従礼也」とし(54)、「雖家礼人、含勅命之時、乍立申之後蹲踞」としているのは、裏返せば「勅命を含」まない時は蹲踞するのが「家礼人」の常であった事を示していよう(55)。なお『侍中群要』(五、礼節事、進退往反事)に「蔵人於大臣前、必居、但伝宣旨之時、仰詞了後可居也」とあるのはこれと類似した内容を指していると思われるから、ただ「居《すは》」る(56)と記される場合も、敬譲行為である場合は「蹲踞」を指していると推測される(蹲踞がしばしば蹲居とも書かれる事もこれと関係があろう）。

この「蹲踞」の礼が両者の相対的な上下関係の問題であり、絶対的な身分の高さが無関係であった事は、正中二年（一三二五）元日の仙洞御薬で花園院が「上皇（後伏見院）并広義門院（西園寺寧子）」の「於御前蹲居」した事例、また弘長三年（一二六三）の後嵯峨・後深草両院の石清水八幡宮御幸の際、後嵯峨院の御輿の辺で「朕（後深草院）蹲居壇下」した事例等からうかがわれる。(57)上皇のような最高位の貴人でさえ、より上位の上皇と場を同じくする場合は「蹲踞」したのである。

一方、「平伏」については、『貞丈雑記』（一、礼法）に「平伏と云は、両手をつき頭をさげ、ひれふして礼をする也」とある。『後三条相国抄』（平伏事）に「平伏者、兼居座人可敬人起居時平伏也、但非家礼之礼歟、其体正笏、近面於畳如揖時、過前之間、不可本復歟」とあるのによれば、自分が座にある時、上位者が「起居」（自分の前を通って着座・退座＝動座）する際に取る礼が「平伏」であり、その動作は「揖」する時のように顔を畳に近づけ、上位者が目前を通過する間頭を下げたまま保つ、というものであった。もっとも、「平伏」は背筋が水平になるほど真っ平らに伏すわけではなかったようで（但し幕府儀礼では二木謙一氏が異なる解釈を示している）(58)、時代は下るが近世末期に広橋胤定が大江俊矩に対して図2のような「諷諫」（教示・指導）を与えている。(59)俊矩の記す図によれば、垂直な状態からおよそ一五度ずつ腰を屈めるごとに「低　頭（約一五度）」「警　屈（約三〇度）」「平　伏（約四五度）」となる（深いほど厚礼）。

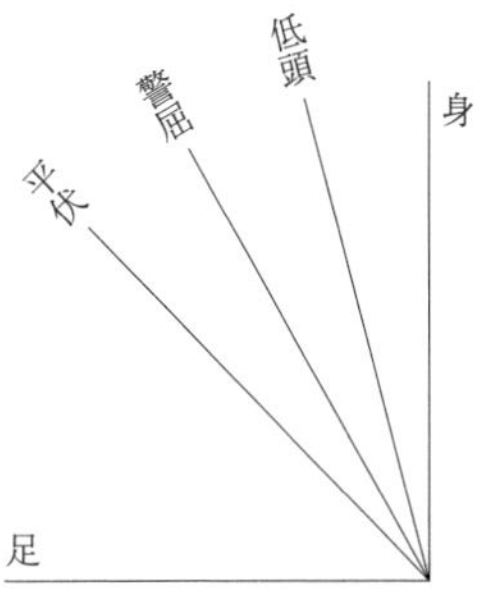

図２　腰を折る角度と名称

この図に見える平伏よりやや薄礼な「警屈（敬屈・磬屈《けいくつ》とも）」については、同じく大江俊矩の「貫主礼節、是迄磬折之由申伝如何」という問いに対し、広橋胤定が「磬折者乍立之礼也、在座時無磬折之名、可称磬屈」と答えている事から、磬折《けいせつ》と敬（磬）屈は同じく腰を折る動作を意味し、その差は前者が「乍立之礼」であるのに対して後者が「在座時」の礼であった事が知られる（磬折が立礼である事は、『日本紀略』弘仁九年（八一八）三月戊申条（二五日）に「但六位以下磬折而立」とある事から確認できる）。『宣胤卿記』永正一四年（一五一七）正月九日条にも中御門宣胤が勧修寺尚顕の問いに対して「磬折《ケイセツ》、立テ腰ヨリ上ヲ折礼也、」と答えた記事が見え、『後三条相国抄』（警《磬》折事）も「乍立折腰也」として（蹲踞とは異なり）「非家礼之礼歟」としている。磬折と敬屈の礼の深浅は、僧侶が「逢宰相以下時」に取るべき礼を、『三中』（一、礼儀事）が身分の高い順に「僧綱有職磬折、房官敬屈、侍蹲居」と定めているから、敬屈（座礼）が磬折（立礼）より厚礼である。

右の検討を踏まえて『弘安礼節』に戻れば、親王に遭遇した蔵人頭は下車したら立ったままでよいのに対して、四位の地下諸大夫は下車した上に地上でうずくまる事が求められ、五位の地下諸大夫になるとさらに「平伏」即ち膝を着いた上に腰を折って頭を下げる事が求められたと理解される。同様に対大臣規定（iii）で地下諸大夫は四位が「下車蹲踞」、五位が「下車平伏」が要求されるのに対し、一段身分の高い五位の殿上人では「下車立轅外或内」とあって、「下車蹲踞」より一段階薄い礼として「下車して立つ」所作が明記されている。この所作については僧侶の路頭礼規定を含む『門室有職抄』（礼儀事）に、

於路頭逢師主者、可下車、其外雖僧正可控車、自余准之、自車下者、長轅外居也、是深礼也、礼イタク不深者、立長轅内、雖僧綱逢師主者可下也、

とあり、轅の外に居る（蹲踞する）のが「深礼」、轅の内に立つのが「礼イタク不深」る場合とされている事からも確認される。

なお、『花園天皇宸記』元弘二年（一三三二）二月一七日条に「御幸《後伏見院》北山、行幸《光厳》同之、（中略）朕同之、（中略）於路頭公重《西園寺》卿参会、下車正笏蹲居、見之北面皆下馬過之、是今日供奉之輩皆家人之故、殊有此礼歟、為供奉人不可然歟、但又不及巨難歟」云々とあり、後伏見・花園両院御幸・光厳天皇行幸に路頭で参会した西園寺公重は下車蹲踞の礼を取ったが、逆に院に供奉する北面らも公重の家人であったため公重に対し下馬したという。遭遇対象が貴人でその従者が遭遇主体の家人である場合、路頭礼が相互に交錯して行われた事を伝えているが、甲という貴人の出行

に供奉する従者が乙という主人と遭遇した場合、供奉人としては甲の従者という属性が強く、乙に致礼すべきではないという意見も混在し、一定しなかった様子がうかがわれる（なお『弘安礼節』「院中礼節事」第二条に「一、褻御幸路頭礼事、／（改行）大臣以下参会之時、供奉人不可下馬、但有被扣御車事者、可下馬」とあり[60]、「院の褻の御幸に限っては、これに遭遇した者の供奉人は下馬する必要がないが、院が車を停止させる礼を取った場合は下馬せよ」と定めている）。また傍点部より、下車蹲踞という行為が「笏を正す」所作を含む場合があったと知られる点も興味深い。

主に弘安路頭礼の対親王規定に基づいた以上の検討から、自車の進行を中断して相手を待つほど、また我が身が地面に近いほど敬意が深いとされていた事が改めて確認され、どの段階まで自身の進行を中断するかが敬意の深浅を精密に表していた事がうかがわれる。以上に加え、対大中納言規定（iv）に「地下諸大夫、四位税駕、五位下車、」と、また対参議・散二位・三位規定（v）に「地下諸大夫、四位扣車、五位税駕、」とある事等を考慮すると、各動作の礼の深浅は敬意の浅い順に次のように並べられる。

扣車→税駕→下車（轅の内または外に立つ）→下車蹲踞→下車平伏

さらに「税駕」と「下車」の間は次のような細かい動作で区切る事ができる。

牛を放つ（税駕）→榻を立て軛をその上に置く→榻を車（箱）前に置く→車（箱）前に置いた榻に沓を置く→下車

四　路頭礼の実際——斟酌・トラブル——

弘安書札礼が、精密な規定を定めながらも実際に書面のやりとりを行うに際しては「家柄の勝劣によって斟酌を加える配慮が必要」と付記するのを忘れなかったように、路頭礼においても実際には杓子定規に規定・慣習通りの礼で済ませるのではなく、個別の事情や相手への配慮によってより厚礼・薄礼とされる事が少なくなかった。

治承元年（一一七七）一二月一七日に九条良通（従四位下右中将）が里内裏の楼門の辺で大炊御門経宗（従一位左大臣）に行き

会い、良通が「抑車前駆下馬」したところ経宗も前駈に下馬せしめて通過した事について、良通の父兼実（従一位右大臣）が「過分之礼節也」とし「後日遣使謝之」した。『玉葉』同日条に見える右の事例は良通が摂家兼実の息である事に配慮して取られた「過分之礼節」が双方の関係を円滑にした一例である。

このように先方の家柄・権勢に配慮して一段厚礼とされる事があるほか、双方の地位に関する規定が見られない場合にも適宜斟酌が加えられ、適切と思われる礼が取られた。貞和六年（一三五〇）、洞院公賢（従一位太政大臣）が参内途上で近衛道嗣（正二位右大臣）に参会した際、「前駈下馬以下如例」と恒例通り前駈の諸大夫を下馬させる一方、「殿上人同可下車歟」と扈従の殿上人を下車させるべきか否か案じ、結局「無所見」きにより殿上人を乗車のまま「令遣入横路」めたという（『園太暦』同年元日条）。当事者同士の路頭礼的慣習・故実が不明であっても、場合に応じて「横路に入って避ける」等の行動をもって敬意を表し、機転を利かせてトラブルを避けたのである。このように諸規定・慣習から明らかでないケースについては、例えば『貫首秘抄』（『群書類従』公事部所収）が「非参議遇頭《（蔵人頭）》抑車事」として藤原俊憲と藤原光頼・平範家との問答を載せる等、故実書の重要な篇目とされて恒常的に諸人の議論・関心の対象とされていた。

また逆に規定・慣行通りでない礼節（薄礼）が問題を惹起する事も多い。書札礼であれば不受理・無返答等で遺恨を残すという程度のトラブルで済むものが、路頭礼の場合はその場で当事者同士が口論を始めるため、乱暴狼藉に及ぶ事が少なくなかった。鎌倉初期までに最終的成立を見たとされる『宇治拾遺物語』巻八の「大膳大夫以長前駈之間事」と題する一話は[61]、そのようなトラブル（未遂）を伝えるものである。

鳥羽院主催の法勝寺千僧供養に左大臣藤原頼長が参じた折、路次で先行する別の公卿の車に追いついた。これに気づいた公卿が「車をおさへて」頼長を先に通したところ、頼長の随身は皆下馬して通ったにもかかわらず前駈の橋以長が独り乗馬のまま通過した。これを怪しんだ頼長が以長を呼んで「いかなる事ぞ、公卿あひて礼節して車をおさへたれば、御前の随身みなおりたるに、未練の物こそあらめ、以長おりざりつるは」と無礼を責めたところ、以長は「これは慮外な仰せです。（頼長のような貴人が）後から来たら、先行する人は車を遣り返し御車に正対して『牛をかきはづして、榻にくび木《（軛）》をおきて』先にお通しするのが礼節というもので、ただ停車するだけで自分の車の『しり《（後）》をむけまゐらせて』お通しするような無礼な相手にどうして自分が下馬の礼を取る必要があろうかと思ったのです。相手の間違いならば『打よせて一こと葉申さばや』と思いましたが自分は老年なので我慢したのです」と反論した。これに頼長が困惑してある貴人（父忠実とされ、相手の公卿と同一視する解釈もある）に相談すると、「以長ふるきさぶらひに候けり」――以長は摂家に長く仕える者である（から、その発言にも理があるのだろう）、という返答を得たため以長は譴責を免れる。著者はこれを評して「むかしはかきはづして、榻をば轅の中におりんずるやうにおきけり、これぞ礼節にてあんなるとぞ」と結んでいる。

右の話は平安末期の路頭礼の実際を伝えるものとして興味深い点を含んでいる。第一に、当時の公卿は車を相手に正対させ、牛を「かきはづし」（税駕）、榻を置いて軛を載せるような面倒な停車の動作をしばしば実際に求められた事がうかがわれる。また第二に、駐車して牛車から「おりんずるやう」な（下りようとする）動作に乗車時の敬譲表現が集約されるという、前節で述べた内容がこの話から裏づけられる。第三に、著者が頼長の時代またはややその前頃を指して「むかしは……」と記す事から、一二世紀中頃から末頃（平安末〜鎌倉初期）にかけては以前と異なりいちいち路頭で下車の意思を表示するような礼節が行われない場合が増えた様子がうかがわれよう。三条公房が父実房と舅中山忠親の口伝を『三中』にまとめたのがこの直後の時期と見られる事は、路頭礼を含む礼節に対する諸人の意識の弛緩・乱れが書物の形での『三中』の成立を促した事を推測させる。第四に、公卿ばかりでなくその前駈を勤める諸大夫層も煩瑣な路頭礼の所作に通じ（これに通じない事を頼長は「未練」と表現している）、場合によっては主人が咎めなくとも独断で相手に詰め寄る事が少なからずあった事が知られる。

もし右の場面で以長が老年でなければ、以長は忠実やその前駈・随身らと口論を始め、場合によっては双方が狼藉に及ぶ事もあったであろう。事実、『新院姫宮御行始記』（『群書類従』雑部所収）延慶四年（一三一一）三月二五日条に「上皇（後伏見）并姫宮還御常盤井第、於持明院殿上皇自門前下御、（中略）右大臣（二条道平）早出之間、於北少路今出川参会下車、然而上皇無御会尺（釈カ）、剰下北面等騎馬過之、右大臣番頭等可引落由称之、仍憖下馬云々」と見えるように、中世では路頭において上皇側従者の非礼を理由に右大臣の従者が路頭で騒擾未遂を起こす事さえあった。また『花園天皇宸記』正中二年（一三二五）九月一二日条によれば、後伏見上皇が高辻東洞院で騎馬の者に遭遇し、一旦は院の召次の叱咤で彼が下馬した。しかし院が通過する以前に再度彼が乗馬したため院北面らが「可引落之由」を下知すると、彼は抜刀する挙に及んだ。そこで院北面らは彼を馬から引き落とし太刀を奪ったがなお「抜刀欲刃傷」するので北面下人が弓をひき絞って威嚇し、結局近辺の小屋に逃走したので五条東洞院篝屋に通報したという。鎌倉後期には既に上皇に対して路頭の狼藉に及ぶ事が実際にあった上、篝屋は幕府が洛中に設けた警固所であるから、六波羅探題管轄下の御家人が出動する検断沙汰にまで発展していたのである。

このような路頭礼上の衝突が極端な形で爆発した典型例が、久寿二年（一一五五）の平信兼狼藉・解官事件である。『兵範記』久寿二年二月一日条によれば、事件の概要は次のようであった。

今夕左府（藤原頼長）并右将軍（同兼長）、連車令退出給之間、於西堤辺、左衛門尉平信兼奉逢両殿、信兼下車蹲居樹下之処、舎人居飼等打車并信兼、信兼及身存恥、従類相伴急致濫行、御随身府生武弘移馬并従者一人中矢斃死了、同重文袖被射抜之、大将殿番長兼清右指被射切之、牛童同被射死了、此外被刃傷者猶在両三、毛車二両逐電令馳帰東三条殿給了、即令師国朝臣被申院云々、

信兼帰家之後、又父盛兼朝臣馳参院、奏事由云々、末代狼藉触事雖多、公卿以上未曽有事也、何況執政人哉、積悪之所致、天之令然歟、希代之珍事也、可恐可懼々々々々、

左大臣藤原頼長と息右大将兼長が帰宅途中左衛門尉平信兼と遭遇した際、信兼は下車して樹下に蹲居したにもかかわらず頼長の舎人らが信兼と彼の車を打擲する挙に及んだ。この恥辱に怒った信兼の反撃により府生武弘の従者一人をはじめ数人が射殺され負傷するという殺害事件に発展し、命からがら逃げ帰った頼長親子は事の次第を鳥羽院に申し入れ、信兼の父盛兼もまた参院して事の由を奏した。これを受けて二一日には信兼の罪名勘申が明法博士に命ぜられ、四月一四日の小除目で信兼の解官が決定する（それぞれ同記同日条）。

このような事件に「公卿以上」、まして「執政人」が巻き込まれるのは未曽有であると日記の記主平信範が感想を記しているように、この種のトラブルが大規模な殺傷事件にまで発展する事は上流貴族社会ではそれほど頻繁ではなかった。信範は頼長がかかる事態を招いた原因を頼長の個性（日頃の悪行）に帰しているが、そもそもなぜ頼長の従者が下車蹲踞の礼を取る信兼に対して暴行を加えたかが問題である。

下車して樹下に蹲居（蹲踞）した信兼は一見礼を尽くしているように見える。しかし『弘安礼節』や『三中』の路頭礼規定を参考にすると、この信兼の所作はなお礼を欠いていた。二書に拠れば大臣に遭遇した場合、大外記・大夫史は下車平伏の義務があり、これより一ランク上の五位の地下諸大夫は前者によれば下車蹲踞、後者によれば下車すべきであった。一方、この時六位の左衛門尉である信兼の身分は大外記・大夫史未満であり、そもそも本来は乗車を認められない身分であったばかりでなく、蹲踞――即ち自分より二ランク上の地下諸大夫と同等の礼を取り得る地位にはいなかった。つまり信兼は下車したのち蹲踞ではなく平伏すべきだったであり、頼長が信兼の礼を僭越として責める理由は十分にあったと考えられるのである。

では信兼が本来取るべき礼を尽くさず蹲踞するにとどめたのは単に彼の路頭礼に対する無知の故であっただろうか。ここで想起されるのは『平家物語』にも描かれて有名な嘉応二年《（一一七〇）》の「殿下乗合」事件である。この事件では、摂政松殿基房の従者が下車を求めたにもかかわらず平資盛（三位中将）の一行が無視して乗馬のまま通過しようとした。そのため基房の供奉人は無礼を怒って資盛らに暴行を加えるが、後に資盛の父重盛が逆に怒って基房らに報復を行っている(62)。このように、位階官職の上からは当然要求される礼が権勢を自覚する武士によって拒否された明白な例が僅か一五年後に見える事を考慮すると、同様に久寿二年の信兼解官事件でも、むしろ平伏をしない信兼の態度に勃興しつつあった武士の自己意識がうかがわれよう。

かかるあり方の行き着く先が、これも著名な土岐頼遠の光厳院御幸に対する狼藉事件である。『太平記』(巻第二十三、土岐頼遠参合御幸致狼藉事付雲客下車事)によれば、事の発端は光厳院の御幸に路頭で遭遇した土岐頼遠に対して、院の召次が「何者ゾ狼藉也、下候へ」と下馬を求めた事にあった。相手が誰かわからぬまま下馬を渋る頼遠に対して院の前駈随身が「院ノ御幸ニテ有ゾ」と述べた事で、初めて頼遠は相手が「院」であると知り、「何ニ院ト云フカ、犬ト云フカ、犬ナラバ射テ落サン」という著名な言葉を吐いて「追物射《おものい》」に院の一行を攻撃した。ここでも、最初の下馬要求に対して頼遠が「此比洛中ニテ頼遠ナドヲ下スベキ者ハ覚ヌ者ヲ」と反発したところを見ると、彼自身は下馬という路頭礼を知っていた上で、自身の権勢に照らしてこれを拒否した事になる。

結局頼遠は幕府執政足利直義の怒りを買って誅伐されるが、この段には続きがあって、次のような滑稽話を載せる。この事件後、ある乗車の殿上人と乗馬の武士が路頭で行き合い、武士は「スハヤ是コソ院ト云クセ者ヨ、頼遠ナドダニモ懸ル恐者ニ乗会シテ生涯ヲ失フ」と、頼遠さえも葬る恐ろしい「院」かと勘違いして直ちに下馬した。一方で殿上人は「若是ハ土岐ガ一族ニテヤアルラン、院ヲダニ散々ニ射進スル」と、院御幸さえも攻撃する土岐の同類と勘違いして直ちに下車し、慌てるあまり烏帽子を落とし髻をあらわにして武士の前に跪いたという。実話かどうか怪しい(但しありそうではある)話ではあるが、この後日譚は頼遠狼藉の話とともに、中世洛中路頭礼世界の重大な特質を示唆している。即ち〈路頭遭遇時にトラブルが起こる原因には、「そもそも一見しただけでは相手が誰かわからない」という、相互認識の不完全さに基づく部分が少なくない〉という点である。

当時洛中に充満した武士団は、内乱の結果足利軍に随従して結果的に在京していた人々であった。したがって彼らは乗物の種類や形態・行粧（供奉人の態様）から相手が誰かを推定するという、京都（特に公家社会）に生まれ育つ者ならでは到底身に付け難い、洛中路頭礼体系の前提となる知識を欠いていた。また京都の路頭礼を幼時から体験し必要な知識を身に付けていた廷臣にとっても、当時の京都は本来いないはずの武士が充満する都市に変貌しており、最早彼らが知る京都ではなくなっていた。そのような中では廷臣側にもまた、路頭で遭遇する騎馬の士が誰であるのか、そしていかなる礼節的対応を取るべきか、判断すべき知識は不足していたと考えるべきであろう。右の殿上人の件を聞いた諸人は「ケシカラズノ為体哉、路頭ノ礼ハ弘安ノ格式ニ被定置タリ、其ニモ雲客武士ニ対セバ自車ヲリ髻ヲ放トハナキ物ヲ」と嘲哢したというが、建武政権期以降の京都は『弘安礼節』が想定した京都とは別の世界であった（『弘安礼節』を律令法の追加法に准じて「格式」と見なす認識も興味深い）。ここに、乗馬出行を基本とする武家独自の馬上礼体系が構築される必然性が認められるが、次章で述べるようにそれが本格化するのは応仁・文明の乱以後であり、建武政権期からなお一三〇年以上の時間を要した。

おわりに

以上、些末な事項にこだわりながら中世の公家社会における路頭礼の諸相を概観した。本章において明らかにし得た点を要約すると次のようになろう。

路頭礼がほぼ車上礼の同義語であったほど牛車が多用された点において、わが国の宮廷社会は中国のそれとは異質であった。古代・中世の日本が身分制社会であった以上、そこでは必然的に車上礼の規定が求められたが、その独自性のために中国の律令を継受した日本の律令には根拠となり得る規定がなく、また『弘安礼節』以外には格式・新制その他の形で明示的・法的に公定される事も遂になかった。そして『弘安礼節』に見える路頭礼は

『西宮記』を出発点とし、わが国における車上礼の大まかな枠組みはそこで初めて成文化されたと見られる。その枠組みを継承しつつ、「遇親王礼事」以下の諸項目を立ててそれぞれの中で位階官職ごとの礼節を規定する形態に発展させたのが鎌倉初期の『三条中山口伝』と考えられ、『弘安礼節』は直接的にはその系譜上に位置しながら口伝的不確定要素を排除して路頭礼を公定化したものと推測される。

弘安路頭礼は法令ではなく儀式書・故実書を基とし、またそれらの書物も世俗の慣習の実例を集積・分類した以上のものではなかったが、それらは全て公的規定がないという事情の中で、必要に迫られて作成された苦心の産物であった。その点、その根拠を明確に律令にまで遡り得る馬上礼との差異が明確である。また路頭礼では「牛を放つ」か否か等の些細な相違によって、相手に対する敬意が事細かに区切られ実践されていた。そして実際の場で発生するトラブルが双方の自意識を如実に反映していた事は、書札礼と全く同様であった。

中世公家社会における礼節の体系とは、突き詰めれば当事者同士の関係としてケース・バイ・ケースで処理されていくべきものであり、そこから生まれる既成事実の積み重ね（故実の蓄積）であった。南北朝期成立の『後押小路内府抄』（磬折事）において、撰者三条公忠が磬折について述べた後に記す「依人依事如此、礼節進退可依事也」という記載には、当時の公家社会における礼節の根本原理が集約されて表現されているといえよう。『西宮記』車礼の項に付された「礼法無所定、随便宜可思免耻」という短い記述もまた、そのような礼節の本質そのものにほかならない。そしてかかる記述が『西宮記』車礼（路頭礼）の総括として述べられている事は、公家社会における礼節の本質が最も顕著に現れる場面の一つが、路頭礼であった事を示していると考えられるのである。

（1）　笠松宏至『徳政令――中世の法と慣習――』（岩波書店、一九八三）一五〇～一五一頁、西山良平「平安京の門前と〈飛礫〉」（『都市平安京』、京都大学学術出版会、二〇〇四、初出一九九九・二〇〇〇）二九一頁。なお西山氏論攷の注35

に簡略な一覧表あり。

（2）前掲注1笠松氏著書一五八～一五九頁。

（3）百瀬今朝雄「管領頭に関する一考察」（『弘安書札礼の研究――中世公家社会における家格の桎梏――』、東京大学出版会、二〇〇〇、初出一九八三）。

（4）『弘安礼節』本文には百瀬今朝雄「『弘安礼節』写本に関する一考察」（前掲注3著書）四五頁以下に収める国立国会図書館所蔵本（以下国会本）の翻刻があるが（佐藤進一・百瀬今朝雄・笠松宏至編『中世法制史料集』〈第六巻、公家法・公家家法・寺社法、岩波書店、二〇〇五〉も、三八七～三九二条として国会本本文を収める）、この本は事書を含めた路頭礼の五行目までと、「路頭礼事」に続く「路頭下馬礼事」の一項を丸ごと欠いているため、『群書類従』所収本（国立公文書館内閣文庫所蔵の版本。請求番号二一四―〇〇三八、雑部巻四七二）に拠った。また両本の異同については、内容に関わるもののみ次にまとめて記し、本稿の行論では『群書類従』本の内容を採った。両本の異同は次の通り。〔1〕国会本は「四□以下下車」とし、四位と五位の区別を立てない。〔2〕国会本は「税駕」を「税車」とする。〔3〕国会本は「下車蹲居」とのみ記し、四位と五位の区別を立てない。〔4〕国会本は冒頭に「中納言以上同大臣」とあり、『群書類従』本の欠く中納言の規定を持つ。〔5〕国会本は「立」字を欠く。〔6〕〔2〕に同じ。〔7〕同前。

（5）高橋秀樹編『新訂吉記　本文編二』（和泉書院、二〇〇二）六三頁以下に拠る。

（6）「陣」「陣中」の指す範囲と複数の語義については、桃崎有一郎「中世里内裏の空間構造と「陣」――「陣」の多義性と「陣中」の範囲――」（『日本歴史』六八六、二〇〇五、本書第四章に改訂・再録）を参照。

（7）飯淵康一「平安時代里内裏住宅の空間的秩序（二）――陣口、陣中及び門の用法――」（『平安時代貴族住宅の研究』、中央公論美術出版、二〇〇四、初出一九八四）。

（8）『続群書類従』公事部所収。

（9）二木謙一「足利将軍の出行と乗物」（『武家儀礼格式の研究』、吉川弘文館、二〇〇三、初出一九九一）。

（10）同前一二九頁以下。

（11）加藤友康「「くるま」の比較史」（荒野泰典・石井正敏・村井章介編『アジアのなかの日本史Ⅵ　文化と技術』、東京大学出版会、一九九三）。

（12）『政事要略』巻六十七糺弾雑事（男女衣服并資用雑物）所載。また『新抄格勅符抄』に全一一箇条を載せる。事書に「重」ねてとあるも、新制としては初めての立法であった事が水戸部正男氏によって指摘されている（「平安時代の公家新制」五一頁、『公家新制の研究』所収、創文社、一九六一）。

（13）原文はこの部分に「五月十二日符偁」とあるが、『国史大系』本頭注の指摘に従い衍と見なし削除した。

（14）前者は事書のみ三浦周行「新制の研究」（『日本史の研究　新輯一　法制史の研究』、岩波書店、一九八二、初出一九二五～二六）所載、後者は『続々群書類従』法制部所収『三代制符』。

（15）押小路本『三代制符』（前掲注4『中世法制史料集』第六巻第七〇条）。

（16）同右第一〇六条、また水戸部正男「鎌倉時代の公家新制」（前掲注12水戸部氏著書）一六五頁。

（17）同右第一六六条、また前掲注16水戸部氏論攷一九六頁。

（18）前掲注3百瀬氏論攷、八一頁。

（19）今江広道「三条中山口伝」（『群書解題』八、続群書類従完成会、一九六一）三九二頁。

（20）和田英松『本朝書籍目録考証』、『中山三条口伝抄』の項（四五〇頁以下、明治書院、一九三六）。

（21）『実冬公記』嘉慶元年《（一三八七）》正月七日条の「此入道左府《（三条実房）》ハ大有識也」「予云、被自抄物等所持也、（中略）此記ハ疏《（庶）》流一切不可持」という記事から、三条実房の評価と権威化（三条家家督による実房説の独占）が看取される。

（22）前掲注19今江氏論攷。

（23）早川庄八「西宮記」（『国史大辞典』六、吉川弘文館、一九八五）。

（24）坂本太郎「法曹至要抄とその著者」（『法制史研究』六、一九五五）によれば、同書の原型と流布本はともに一時に成立したのではなく、時間の経過とともに内容が累積されたものと考えられ、かかる事情を踏まえた上で流布本の成立には鎌倉初期の坂上明基の関与が想定されている。

（25）山田英雄「拾芥抄」（『国史大辞典』七、吉川弘文館、一九八六）。

（26）『法曹至要抄』中、雑事五十六、車礼事。

（27）『拾芥抄』中、儀式暦部第十五、車礼。

（28）なお、『拾芥抄』「馬礼」の項は「見弾正式」として弾正式を引用するごとく記してあるが、内容は本来令と式に独立して存在した別々の規定を混合した文（弘安路頭下馬礼と同文）を引き、末尾に弾正式の「乗車及陪従不下」という記載を付したものであって純粋な弾正式の文ではない。『拾芥抄』が「馬礼」で『弘安礼節』をそのまま引用しながら「車礼」ではさらに遡って『西宮記』を引いている事は興味深いが、ここではその意義を考察する余裕を持たなかった。

(29) 岩橋小弥太「上卿故実」（『群書解題』五、続群書類従完成会、一九六〇）。

(30) 大外記は本来正七位相当（養老官位令）、また後世には正六位上相当（『拾芥抄』官位相当部第四等）とされるが、実際には五位に昇叙され「外記大夫」と称する慣行が行われた（橋本義彦「外記」（『国史大辞典』第五巻、吉川弘文館、一九八五）、同「局務」（同第四巻、一九八四）等）。

(31) なお『拾芥抄』諸司官人座次部第十に引く『允亮《（惟宗）》抄』の説によれば、外記・史は六位官の筆頭にあり、内記・職亮・寮助以下がこれに続いた。

(32) 同話と見られる説話が『続古事談』（第二、臣節第三四話）に見え、また『玉蘂』嘉禎三年《（一二三七）》七月五日条に「於路次乗逢之時」に関する松殿《（基房）》説が見える。

(33) 儀制令第十八（仁井田陞著・池田温編集代表『唐令拾遺補――附唐日両令対照一覧――』、東京大学出版会、一九九七、一二二二頁）。

(34) 同前。

(35) 『唐六典』尚書礼部巻第四（十川陽一氏の御教示による）。日本の養老儀制令行路条は「凡行路巷術、賤避貴、少避老、軽避重」とし（傍点部が相違）、「去避来」を欠く。

(36) 坂本太郎・家永三郎・井上光貞・大野晋校注『日本書紀（五）』（岩波書店、一九九五）五三頁注11、前掲注33仁井田氏・池田氏編著一二二二頁。

(37) 松本政春「貴族官人の騎馬と乗車」（『日本歴史』五一五、一九九一）、前掲注11加藤氏論攷、佐多芳彦「牛車と平安貴族社会」（『服制と儀式の有職故実』、吉川弘文館、二〇〇八、初出二〇〇四）。なお、牛車に関する先行研究は右の佐多氏論攷注1に、鹵簿・行列関係は同じく注2に網羅的に掲出されているので、参照されたい。

(38) 「僮僕」の指す対象については、『弘安礼節』「僮僕員数事」の項が随身（将曹・府生・番長・近衛）・車副を「僮僕」とし、『兼宣公記』応永二九年《（一四二二）》三月二一日条では青侍・中間・小雑色・笠持舎人を「僮僕」と呼び、同記応永一九年九月二七日条では居飼・御厩舎人・番頭・帯刀・御随身・衛府侍を「以上内相府(足利義持)御僮僕」と呼んでいる。また『実隆公記』文明一七年(一四八五)三月二六日条では春日祭の「僮僕」として宮内大輔・林五郎左衛門といった諸大夫・侍クラスの人名を挙げ、『宣胤卿記』永正三年(一五〇六)二月五日条では中御門宣秀の中納言拝賀に関して「拝賀僮僕事」として布衣侍・如木雑色・小雑色・笠持白張を挙げ、『海人藻芥』「僮僕事」は中童子・大童子・力者・牛飼・白丁を指して僮僕としている。なお『下郷共済会所蔵文書』(八、廣橋文書丙)に収める「廷尉佐出立」と題する断簡(東京大学史料編纂所架蔵写真帳、請求番号六一七一・六一―八九―八、三八~三九丁)に、検非違使が率いるべき「僮僕」について次のようにある(/で改行を示す)。

僮僕/看督長二人、/左清包、右行国、番狩衣、々をかたねて矢を負ちと持へし、等まて一向ニ六百疋下行、人別ニ百疋分也、大粮/走下部二人、/調度懸一人、/童一人、/松若、狩衣新調、委細見吉年記、/随身二人、/火長二人、/直垂中間二人、/兵衛五郎、左衛門五郎、/雑色二人、/左衛門三郎、大郎三郎、

以上より、中世では「僮僕」は青侍から随身・白丁までの、出行時の従者一般を指す語であったと見られる。

(39)『群書類従』本の注記による。

(40)『類聚名義抄』(仏、下、本)「扨」の注に「亠口(音カ) タヽク ウツ タモツ マフ ヲサフ馬 挙、牽馬 ヒカフ 昗亠」とある事から、控・扨・扣・抑は「馬を『おさふ・ひかふ』(進行を一時中断する)」という用法・訓で相互に通用したと見られる(「扣」は字形の類似する「扨」の俗字として用いられたか)。

(41)『園太暦』貞和二年(一三四六)一〇月二日条に「今日内府(徳大寺公清)直衣始云々、(中略)立車於一条町口辺見物」とある事例等から、「立車」がある程度の時間の幅を持つ「駐車」であった事がうかがわれる。

(42)諸橋轍次『大漢和辞典』(大修館書店、一九二八)「税」(税駕)の項。

(43)『三条中山口伝』第一乙、礼儀事。

(44)『門葉記』巻第五十一(長日如意輪法三)応安元年(一三六八)五月三日条(『大史』六―二九、二六七頁所載)。

(45)『延慶大嘗会記』(『続群書類従』公事部所収)所引文は『伏見院宸記』と誤る。税駕の用例としては『葉黄記』宝治二年(一二四八)八月一日条に「於鳥居下税駕」、『花園天皇宸記』元亨三年(一三二三)七月一日条に「依御月忌参衣笠殿、(中略)於衣笠殿於門外税駕如例」、同記同年九月二六日条に「此日参六条殿、依供花也、(中略)至六条殿、自門下税駕」等とある。

（46）「税〜」の用例としては、『葉黄記』寛元四年（一二四六）四月二九日条に「於南二鳥居下、税御車」、『後深草天皇御記』弘安元年（一二七八）七月一三日条に「公卿列殿上人前、殿上人其後皆如常、於門外税車」、同記弘安一一年（一二八八）三月一五日条に「過了車入郁芳門、於門内税車、」、同記永仁六年（一二九八）一〇月一三日条に「即幸官庁、郁芳門税車、北面等下馬」、『後伏見天皇御記』延慶元年（一三〇八）一一月一六日条に「御車入御郁芳門、神祇官前被税御車」、同記同二年一〇月二一日条に「遣立出車、東上南面、不税牛也、」、同記同年一一月二四日条に「於南程可被税御牛、而仗舎礎雑人等立籠之間、不及見、仍仮令去其程、被税御車」、『公衡公記』（広義門院御産愚記）延慶四年三月二五日条に「於仙洞東面門外税御牛」、『花園天皇宸記』元弘二年（一三三二）正月一五日条に「御車於門前税御牛、御牛暫不入門内、」「御車於中門外税御牛引入之」、元亨二年（一三二二）九月四日条に「便路先幸北山第、自中門下車、於門下税牛也、」、一〇月二〇日条に「於北山門下税牛」、『園太暦』貞和五年一二月二二日条に「税牛立榻」等と見える。

（47）前掲注42参照。

（48）『図書寮叢刊　九条家歴世記録』一所収。

（49）『門室有職抄』「於路頭奉逢貴人儀」にも「高位宿徳之人ニハ、クビキヲ懸ハツシテ示敬儀」と見える。

（50）類例として『花園天皇宸記』正中二年（一三二五）正月二四日条に「今日御幸始也、（中略）自中門乗御、於門外懸牛」とある。

（51）前掲注6桃崎論攷参照。

（52）桃崎有一郎「中世里内裏陣中の構造と空間的性質について――公家社会の意識と「宮中」の治安――」（『史学』七三―二・三、二〇〇四。本書第五章に改訂・再録）を参照。

（53）橋本義彦「美福門院」（『国史大辞典』一一、吉川弘文館、一九九〇）等。

（54）本文は田中健夫訳注『海東諸国紀』（岩波書店、一九九一）所収影印（三二八頁下段）に拠る。

（55）『続群書類従』雑部所収。但し『続群書類従』所収本は字句の誤脱が著しいため、本稿では東京大学史料編纂所架蔵謄写本『柳原家記録』七七（請求番号二〇〇一―一〇―七七）に拠った。

（55）家礼関係と蹲踞行為の相関関係を示す古記録中の実例は枚挙に遑がないが、以下に一部を挙げておく。「家礼人々於御前蹲居如例」（『平戸記』仁治元年（一二四〇）一一月三〇日条）、「家礼人此時可蹲居也」（『経光卿記抄』仁治三年正月一日条、『大日本史料』五―一四、一二頁以下所載）、「家礼之人過主人傍之時蹲居」（『普広院殿任大臣節会次第』、『群書類従』武家部所収）、「室町殿（足利義教）列をはなれさせ給ふ、此時家礼之公卿蹲居、」（『永享九年（一四三七）十月二十一日行幸記』、同帝王部所収）、「在治朝臣・高清両

人蹲居、家礼也」（『康富記』享徳三年（一四五四）正月一六日条）、「頭弁蹲踞、家礼之故也、」（同享徳四年（一四五五）正月一六日条）、「非家礼人蹲居之条尤不審」（『元長卿記』延徳二年（一四九〇）正月一日条）、「右大丞依家礼蹲居」（同記文亀二年（一五〇二）正月一日条）。

（56）通常、動詞としての「居」の訓は、『類聚名義抄』〔法、下〕が挙げる「ヰル・ヲリ・オリ・イリ・スフ」だが、慶長三年（一五九八）成立の耶蘇会版『落葉集』（ローマのイエズス会本部文書館蔵本）「す」の部は「〇居《すはる》《きよ》をる ヰる」として「すはる」の訓を挙げており（小島幸枝編『耶蘇会版「落葉集」総索引』、笠間書院、一九七八）、中世に特有の訓であった事が示唆されている。なお参考までに、「踞」については戦国期の清原宣賢編『塵芥』（京都大学文学部国語学国文学研究室編『清原宣賢自筆 伊路波分類体辞書 塵芥』、臨川書店、一九七二）「し」部に「踞《シリウタキ》」と、元亀二年（一五七一）書写京大本『運歩色葉集』（同編『元亀二年 京大本 運歩色葉集』、臨川書店、一九六九）「し」部に「踞《シリウケタス》」とある。

（57）それぞれ『花園天皇宸記』正中二年正月一日条、『後深草院御記』弘長三年（一二六三）正月一九日条（東京大学史料編纂所架蔵『東山御文庫所蔵史料　マイクロフィルム版』所収『洞院家記』四〔勅封一八〇―一―五〕所引、請求番号dup・M―一〇六）。

（58）伊勢貞久の著作『道照愚草』（『続群書類従』武家部所収）に「一、対諸人礼節之事、上中下在之、蹲踞・目礼・平伏之三品也、又両手をつき御手をつく差別等在之」とある記事に関して、二木謙一氏は『中世武家の作法』（吉川弘文館、一九九九）八三頁で「目礼は目を交わし、礼をして通りすぎる。蹲踞は両膝を折ってうずくまり、頭を垂れて礼をする。そして平伏は両手をつき、頭が地面や畳につくほどにひれ伏して礼をするのである」（傍点桃崎）と述べている。貞久は『道照愚草』末尾の系図によれば六郎左衛門貞順の父で、貞順は天文一七年（一五四八）に『貞順豹文書』を著述している（『続群書類従』武家部所収本奥書による）。

（59）『大江俊矩記』文化五年（一八〇八）三月二五日条（『古事類苑』礼式部三、路頭礼、一四四～一四五頁所収）。

（60）本文は前掲注4『中世法制史料集』第六巻第四〇七条（京都大学所蔵『礼節抄』を東北大学所蔵狩野文庫本『弘安礼節』で校注したもの）による。

（61）中島悦次『宇治拾遺物語』（角川書店、一九六〇）解説（三六八頁以下）。本文も同書（一八五～一八六頁）に拠った。なお本話については野村東生「宇治拾遺物語第九九話「大膳大夫以長前駈之間事」考――古侍の路頭礼――」（『東京大学国文学論集』四、二〇〇九）が本章初出後に発表されているので、併せて参照されたい。

（62）『平家物語』巻一「殿下の乗合の事」、『玉葉』嘉応二年（一一七〇）七月三日・一六日・一〇月二一日・二二日条等。

第二章　中世武家社会の路頭礼・乗物と公武の身分秩序

はじめに

前章では公家社会における路頭礼の沿革・性質・構造を考察したが、中世社会の最重要構成要因の一つである武家社会ではいかなる形態・特色を持つ路頭礼秩序が構成され、またそれは公家路頭礼の秩序といかなる関係にあったであろうか。

武家路頭礼の特色の一つは、公家社会の『弘安礼節』や『三条中山口伝』のような、公的規定や専門書の形にある程度まとめられ体系化された路頭礼規定が、室町幕府の滅亡まで遂に存在しなかった事である。また公家社会の場合は、儀式参加者の一挙手一投足まで詳細に書き記す廷臣の日記によって路頭礼の実例をかなり検出し得るのに対し、武家社会ではもともと残存する日記が少ない上に業務日誌的な要素が濃く、（廷臣の日記にたまたま現れる例を除いて）日記から路頭礼秩序の実例を見出す事は非常に困難である。

武家社会の路頭礼についてはこのような大きな史料的制約が存在しているが、それは武家社会の路頭礼（が要求される場面）に対する関心が低かった事を必ずしも意味しない。将軍足利義満の時期に当たる永徳四年（一三八四）二月二三日の「松浦党一揆契諾状[1]」は、第二条に、

一、依市町路頭乗合・笠咎・酒狂・戯以下之事、不慮外雖珍事出来、無是非任雅意、各取成弓箭事、甚以不可

然、一揆衆中馳寄、令検別理非、可有其沙汰焉、

と規定している。この史料は、室町最初期の在地社会において、市・町・路頭での「乗合」即ち路頭礼上のトラブルによって、当事者が忽ち「弓箭」に訴える武力抗争を引き起こし治安を乱す事が珍しくなかった事を伝えており、かかる事態の発生時に当事者が恣意的に闘争する事を禁じ、一揆衆中が当事者の理非を確認してしかるべく処置する事を定めたものである。地方の人口集中空間や道路においてさえ路頭礼が武家社会にとって軽視できない関心事であったとなれば、人口や通行量がこれとは比較にならない規模の都市京都において、路頭礼的トラブルの頻度やその回避・解決のためのマニュアルの需要は非常に高かったと考えるべきであろう（特に南北朝後期・室町期の守護在京の常態化は、京都の武士人口を飛躍的に肥大化させている(2)。なお当該期京都における武士の居住地・居住形態については田坂泰之氏の研究がある(3)）。

本章で扱う武家の年中行事書や故実書の中に、日常生活のあらゆる場面に関する故実の一部分という形で記録された路頭礼関係の記述は、非常に断片的ながら、かかる需要に基づいて作成されたマニュアルに他ならない。そこで本章ではそれらを考察する事により、公家社会に比して相対的に単純かつ断片的な室町～戦国期武家社会の路頭礼体系の復原を可能な限り行い、それを手掛かりに中世武家路頭礼を概観し特色を論ずる事としたい。

一　『鎌倉年中行事』と鎌倉府の路頭礼体系

武家の路頭礼として最もまとまった記述を残していると考えられるのは『鎌倉年中行事』（『殿中以下年中行事』『成氏年中行事』とも）である。奥書によれば本書の成立は享徳三年（一四五四）――即ち鎌倉殿（鎌倉公方）成氏が上杉憲忠を謀殺した年で、以後関東は享徳の乱と呼ばれる動乱が続き、成氏も下総古河に本拠を移して〝鎌倉府〟と呼ぶべき組織は瓦解する(4)。かかる状況を迎えつつある中で、鎌倉府奉公衆であった海老名季高が成氏の鎌倉殿就任時期

を中心にその父持氏・祖父満兼の代までを回顧しながら年中行事・故実を筆録したのが同書であり(5)、年中行事部分に続けて書札礼・路頭礼・殿中礼という礼節の故実が記録されている。

異本の一つ『殿中以下年中行事』（『群書類従』武家部所収）には年中行事・礼節に続けて「公方様（鎌倉公方）御鞍覆ハ段子金襴也」「公方人ト云ハ御中居殿原也、公方者ト云ハ御力者・御雑色」といった類の説明・故実が雑然と列挙されているが、内閣文庫所蔵本はこの部分を欠いており、年中行事・臨時行事・日常的諸礼節という比較的整然とした構成を取っている(6)。また諸本の間は文言の異同が顕著で、特に内容に関わる部分での異同が見られるので、ここでは比較的善本と見られる内閣文庫本に拠りながら、行論に関わる重要な部分のみ『群書類従』所収本との異同を示して同書の路頭礼に関する記述を含む条文を見ておきたい(7)（路頭礼部分以外は省略。一つ書きの横に内閣文庫所蔵本による当該条の条数と『群書類従』所収本の条数を連記し、行頭に便宜上丸数字を振った）。

〔史料1〕『鎌倉年中行事』

①一（六八、七二）、奉公中奉対管領礼義之事、

（中略）自然於路次行合奉時、遠クハ早ク可奉除、甚〔其〕近ハ縦馬ニ雖為被乗可致下馬、是ハ公方様（鎌倉公方）為御代官職故也、輿ノ時我〔ナシ〕ハ乗馬ニテ行合ニハ俗在・出家・女房、誰ニモ致下馬申〔間不及申〕サレヘシ、諸奉公中致下馬時ハ、輿ニテモ馬ニテモ有管領下馬也、御一家ハ無下馬、其モ輿ノ時ハ有下馬〔ニテモ馬ニテモ管領下馬アル〕也、

②一（六九、七三）、対千葉介方其外ノ外様奉公中礼義ノ事、（中略）輿ニテ行合ハレン時ハ、前ニ書コトク可致下馬、互ニ馬ナラハ、於外様之内モ依其人馬ヲ前ヨリ磬テ〔馬ヲセヘヨリヒカヘテ〕、馬ヲ返テ礼義アルヘシ、御一家ノ中ニ、吉良殿ニ奉行合ハ可致下馬、自余ノ御一家外様ノ中ニモ、対千葉介方ニテハ返馬テ其上ニ又一廉可致礼、御一家中ニモ依其人ニ可有思慮也、

③一（七三、七八）、管領御一家其外ノ外様被官中対奉公方々礼義并書〔ナシ〕札之事、路次等ニテ行合時馬ヲ磬テ礼ヲ致ス、其後馬

ヲ返テ又礼義一度也、

但是ハ対評定衆之事也、対平人ハ可依其〔ナシ〕人体カ、（後略）

④一、（七四、該当条ナシ）奉公ト奉公中被官礼義并書札之事、誰人ノ被官モ対奉公中テハ可有下馬、但評定衆頭人ノ被官ハ不被准自余之奉公中、依其人、被官中モ可依其人体カ、

⑤一、（七五、八一）奉公中対公方者ニ礼義之事〔之等〕、路次等ニテ行合テ不可致下馬、（後略）

⑥一、（七六、八二）検校・勾当・座頭ノ位ニテモアレ路次ニテ行合ハ可致下馬、（後略）

右に掲げた六箇条が『鎌倉年中行事』における路頭礼の規定である。⑥を除く各条の事書に「〜に対し礼義の事」とあるように、これらの条々は路頭礼のみを規定したものではなく鎌倉府という組織内におけるそれぞれの身分間の礼節を一般論的に示したもので、省略した部分には書札礼や訪問・対面の際の礼節が記されている。各条の内容を簡単に述べると次のようになる。

①奉公中（鎌倉府奉公衆）と管領（関東管領。以下同じ）が行き会った場合、奉公衆は相手に気づいたら、双方の距離が遠ければ除《よ》けて道を譲り、近ければ下馬する（管領は「公方様」の「御代官」であるため）。相手が輿であれば在俗・出家・女房を含めどのような相手でも下馬する。また奉公衆が下馬したら、管領もこれに応えて（乗輿・乗馬時を問わず）下りる。同様の時に御一家は下りないが、（乗馬時でなく）乗輿の時は下りる。

②奉公衆が千葉介その他の外様と行き会った場合、相手が輿ならば下馬し、互いに乗馬ならば馬を停めて道を譲り、（相手の通過後に）馬を返して後方から礼をする。相手が御一家の吉良殿であった場合は下馬。その他の御一家・外様は前述の通りだが、千葉介に対しては前述の上にさらにもう一かど礼をし、それ以外は相手によって適宜斟酌する（本条・次条に見える「𣥺」字は、『群書類従』本が次条の該当部分を、「𣥺」の下部を「止」でなく「正」とした字で記し、続群書類従完成会編の刊本が「整」と翻刻しているが、『群書類従』本（双方とも）が本条の

同部分を「ヒカヘテ」と記している事から、ここでは「車・馬を扣ふ」という場合の「扣」と同じく「ひかふ」と訓み[8]、停止するという意に解した[9]。

③管領・御一家や外様の被官が奉公衆と行き会った場合、馬を「磬テ」礼をする。但し相手の奉公衆が評定衆でなければ適宜斟酌する。

④奉公衆と他の奉公衆の被官が行き会った場合、被官は原則として相手の奉公衆に下馬の礼を取る。但し評定衆頭人の被官は他の奉公衆被官とは別格なので適宜斟酌し、他の奉公衆被官についても相手によって斟酌。

⑤奉公衆は、「公方者」と行き会っても下馬してはならない。

⑥検校・勾当・座頭と行き会ったら（彼らが、または奉公衆が）下馬する（文意不分明）。

右の六箇条のうち、③を除く五箇条は奉公衆（以下、本節では鎌倉府の奉公衆を指す）を遭遇主体として、彼らが路頭で遭遇した相手の身分によって取るべき行動を定めたもので、③は管領・御一家・外様の被官を遭遇主体とし奉公衆を遭遇対象としたもの。⑥に現れる「検校・勾当・座頭」は侍未満の身分と思われるが、⑤の文末と表現が共通し、かつ両条が連続している上、⑤の「下馬」の主語が明らかに奉公衆であるので、⑥も奉公衆の彼らに対する下馬義務を述べたものと解される。これらの条々に拠る限り、礼節による区分でいえば、鎌倉府は管領・御一家（特に吉良殿）・外様（特に千葉介・評定衆）・奉公中（奉公衆）とそれぞれの被官によって主に構成され、他に「公方者」と呼ばれる下位身分（奉公衆の下）の者や検校・勾当・座頭等があって、それぞれの間に礼節が定められていた事になる。

同書から知られるこのような鎌倉府・室町期鎌倉の路頭礼と社会構成が、いかなる人々のいかなる関係の上に成り立っていたかについては、山田邦明氏が既に言及している[10]。氏はこのような路頭の礼節に書札礼と訪問・対面時の礼節等をも含めて、日常的に（ある意味では気苦労の絶えない）礼儀作法を守って生活していた鎌倉公方の奉公衆という具体的なイメージを提示した。

前章までに述べた公家路頭礼の諸事例と比較して私見を加えれば、少なくとも上記の鎌倉府路頭礼が馬・輿を中心とした話であって牛車が登場しない事、また御一家（吉良殿。引用しなかった他の箇所では石橋殿・石塔殿等も）や千葉介等、武家社会独特の家格秩序が強く反映されている事等、公家社会の路頭礼には直結しない独自の秩序が形成されていた事が注意される。さらに公家社会の『弘安礼節』が原則として位階官職の体系を基準とした規定であり、家柄の斟酌があくまでも付則に過ぎなかったのに対して、当該体系では管領や奉公衆等の職位による序列化が基本であるように見えながら、実際には③でそれらに御一家が加わって職位による区分と出自による区分が混然としており、また②の吉良殿や千葉介の特例が端的に示すように、当事者の出自（家柄）による区分という側面が強く前面に現れている。

この事は鎌倉府では（というより、鎌倉府を含む室町期の武家社会では）管領・奉公衆・外様等の職・身分がほぼ完全に世襲であった事（特に関東管領上杉氏に顕著）の反映と思われるが、これに加えて管領以外に遭遇した場合についての各条に「依其人ニ可有思慮」等の文言が見られる事――つまり基本的には毎回各自で適宜計らうべきとされている事は、『弘安礼節』に見るような現任の官職によって割り切った機械的・精密な分類とはやや異質である。前章までに倣って試みにこの規定群を表にまとめると表4のようになる。

御一家の筆頭吉良殿や外様の筆頭千葉介、あるいは同じ奉公衆でも評定衆を勤める者とその被官の優遇措置等、いくらかの例外規定によってある程度細分化されてはいるものの、想定されている身分は遭遇対象としては八種類、遭遇主体としては四種類に過ぎず、一〇または一一のグループに分類される『弘安礼節』や『三条中山口伝』の構造より簡略である。各条の立項方針は大まかにいえば「奉公衆が〜に対して」という形で遭遇対象ごとに立項されており、その点では『弘安礼節』等と共通しているが、遭遇主体として想定される四つの身分のうち三つは奉公衆とその被官であり、残りの管領・御一家・外様の被官として括られるグループは奉公衆との遭遇時に取るべき礼節を述べるためだけに現れているから、全体としてこの規定群が鎌倉府の身分構造全てを網羅しようとしたものではなく、奉公衆を行為の主体とする視点から述べられたものと評価できよう。このような構造は公家社会の最上層を網羅的に覆う構造を持つ『弘安礼節』とは明確に異なっている。

『弘安礼節』はその識語に拠れば、天皇が勅問によって然るべき人々の意見を徴した上で公家社会の総意という形でまとめられたものであるから、特定の誰かの視点から記述される事なく公家社会全体を俯瞰する形を取っている。一方、『鎌倉年中行事』は鎌倉府の構成員の一人に過ぎない海老名季高が、父祖の言動等を思い出しながら個人的にまとめたものである上、彼自身が奉公衆であった事から、全体として自らが奉公衆として奉公するという視点から述べられているものと考えられる。彼にとって重要なのは奉公衆たる自分とその被官が取るべき礼

表4　『鎌倉年中行事』の路頭礼規定

相手＼自分		奉公衆	管領・御一家・外様の被官	奉公人の被官：評定衆頭人の被官	奉公人の被官：その他
管領		遠ければ除けて道を譲る 近ければ下馬(管領も下馬)			
御一家	吉良殿	下馬 (御一家は奉公衆に対して、乗馬ならば下乗せず、乗輿ならば下乗)			
	その他	人により適宜斟酌 (御一家は奉公衆に対して、乗馬ならば下乗せず、乗輿ならば下乗)			
外様	千葉介	馬を抑えて礼し、次いで馬を返す礼。さらにもう一廉礼			
	その他	馬を抑えて礼し、次いで馬を返す礼			
奉公衆	評定衆		馬を抑えて礼し、次いで馬を返す礼	人により適宜斟酌	下馬
	その他		人により適宜斟酌	人により適宜斟酌	下馬
公方者		(下馬すべからず)			

節なのであり、また唯一それ以外の遭遇主体として現れる管領・御一家・外様の被官に関する条文（③）は、直臣である自らよりも明確に一ランク低い陪臣である彼らと遭遇した場合に、彼らに要求すべき礼節の覚え書きであったと考えられよう。

また⑤に「奉公衆は公方者に対して下馬してはならない」という特異な条項が見られるのも特徴的である。「公方者」は『群書類従』所収本に「公方者ト云ハ御力者・御雑色」とあり、公方（鎌倉殿＝鎌倉公方）の身辺に仕えるが侍身分ではないと推定される存在であった。これを念頭に⑤の意義を考えれば、公方に近侍する彼らがややもすれば権勢を振るいがちであったのに対して、侍身分とそれ未満という厳然とした身分差があるのであるから、奉公衆は断固として彼らに卑屈な態度を取らないようにしなければならないという、身分秩序の下方からの侵蝕に対する季高の警戒心の現れと考えられる。侍とそれ未満（＝凡下）を身分上徹底して区切る発想は、中世社会一般のあり方を見ても、あるいは幕府法に顕著な鎌倉幕府以来の幕府（的組織）のあり方を見ても、[11]肯かれるものである（戦国末期の「伊賀国惣国一揆掟書」が、「『足軽』としての手柄によっては『百姓』を『侍』に取り立てる」としている事からも、[12]その発想の鞏固さがうかがわれる）。

二　室町・戦国期武家故実における路頭礼――乗馬・乗輿時礼節の具体相――

ところでこのような路頭礼の故実は、京都の室町幕府関係者も伝えるところがある。文明一四年（一四八二）七月に伊勢備中入道常喜（貞藤）が五一歳で記したと奥書にある『御供古実』は、成立時期・編者に疑いがあるものを除くとその種の武家故実書では最古の部類に入り、次の一条を持つ。

〔史料2〕『御供古実』第五二条

一、三管領の御門前ハ下馬仕候、又日野殿又御門跡の御前を下馬候をハ不及見候、但人により候て下馬候はん

　　をは不存知候、

右は三管領（斯波・細川・畠山）の門前では下馬すべき事、将軍家外戚を輩出する日野殿（裏松家）や門跡（賢俊・満済・義賢らを出した醍醐寺三宝院等が意識されていよう）では人により（相手・自分の双方に係る表現か）下馬するのかもしれないが、確認はできないとしている。ここで話題とされているのは厳密には路頭礼（当事者が双方とも路頭にある場合の礼節）ではなく、次章でいう〝居所―路頭間礼節〟（上位者が第宅等に、下位者が路頭にある場合に下位者が取るべき礼節）であり、これも次章で詳述する貴人門前下乗の一般的慣習を三管領あるいは日野家等の家柄と結びつけて述べている。この礼節については大永八年（一五二八）正月に伊勢下総入道宗五（貞頼、後に貞仍）が七四歳で記したと奥書にある『宗五大草紙』に、関係する記述がある。

〔史料3〕『宗五大草紙』「いにしへの人のをしへ申事」第一条

一、三職の御門前をは必下馬すへし、但当職の時ハ御門あき候間、其御礼にて候由申人候へ共、あかぬ時も下
　　馬しかるへき由、親（伊勢貞数）にて候者ハ申候、

史料2前半と同様に三管領宅の門前下馬義務を述べているが、その理由について「当職（管領在任中）は門が開いているので礼節として下馬する、という説もあるが、門の開閉にかかわらず下馬すべきと父貞扶がいっていた」と解説が付く点で、異説の存在とこれを正す伊勢氏の家説との関係が看取され興味深い。

『御供古実』の編者伊勢貞藤は『慈照院殿年中行事』の末尾に付された「文明十一二年比御相伴衆」に続けて載せる「殿中申次」の三番に伊勢備中守貞藤と、[13]『長禄二年（一四五八）以来申次記』[14]冒頭に「御供衆」として伊勢備中守貞藤と、また同書「申次人数之事、長禄年中以来」に「御供衆也」と見える人物で、上述の奥書から逆算して生年は義教期の永享三年（一四三一）、成人する頃以降はほぼ義政期を通して奉公した人物である。また『宗五大草紙』の編者貞仍は同書末尾に付す「文明十一年の比御相伴衆御供衆以下の事」の「申次」の項に「伊勢次郎左衛門（貞頼、改仍、宗五、）」とある

ように初め貞頼と名乗り、後に貞仍と改名[15]。同時代の記録に複数所見があり[16]、生年は上述の奥書から逆算して義政期の享徳三年（一四五四）、成人する頃には既に応仁・文明の大乱を迎えていた人物である。前記一条目に見える「親にて候者」は、『系図纂要』の、

貞数一ニ貞枚、又貞扶、二郎左衛門尉、下総守、長禄申次、――貞頼二郎左衛門尉、下総守、文明申次、

という系譜や、『諸家系図纂』の、

貞房二郎左衛門、下総守、法名照倫、――貞数二郎左衛門尉、下総守、――貞頼二郎左衛門尉、下総守、改仍、鳩拙斎、法名宗五、

という系譜を参照すると、貞数（貞枚、貞扶とも）と知られる。貞数の父貞房は『花営三代記[17]』応永二八年（一四二一）一二月二日条に「御方（足利義量）之御供五騎」として見える「次郎（下総守）左衛門尉貞房」に該当し、貞数自身は『長禄二年以来申次記』に「文明之頃」の申次として「伊勢下総守貞扶」と見える。貞数・貞仍の父子関係については同書「文明之頃」の申次に「伊勢次郎貞頼、貞扶息也、任次郎左衛門并下総守、」と、また「近年（東山殿様）申次人数事」に貞仍弟貞遠の記事として「伊勢右京亮貞遠、貞扶次男、下総守舎弟也、貞遠は貞宗朝臣猶子分云々、」とある事から確認され、貞仍についても同じく「伊勢次郎左衛門尉貞頼、任下総守、近年貞仍と改名也云々、」とある。即ち祖父貞房は義持期頃、父貞数と貞仍本人は義政期に活動が確認される人物で、右の諸事例は義持～義教期の故実を口伝で継受しつつ、義政期に行われた礼節と見なす事ができる。

次に狭義の路頭礼としては、次掲史料4が古い。

〔史料4〕『宗五大草紙』「いにしへの人のをしへ申事」第二条

一、路次にて馬上に而三職に参あひ候ハヽ、下馬してかくれ可申候、若御覧してこしより御おり候ハヽ、参候て御礼可申候、残の御相伴衆に（もイ）大かた同前、但赤松殿・大内殿・京極殿なとは、少ハ人により候て礼には被出候はて、内の仁まて使を遣候て礼を被申候方もあるへし、乍去当時も事なれハよく分別あるへし、

右によれば、路頭で乗馬中に三管領に遭遇したら下馬して「かくれる」べきで、もし先方（三管領）が遠目にこ

ちらを確認して輿から降りた場合は、彼の所まで自ら参じて御礼を申すべきである。また三管領以外の御相伴衆との遭遇時も同様だが、相手によっては（赤松・大内・京極等の場合）大名当人ではなく「内の仁」（被官・内衆）へ返礼を伝える事もあり、場合により「分別」が重要であるという。かかる礼節は後の武家故実書まで継承され、多くの類例を見出し得る。以下、管見に触れた限りでおおよそ時系列に沿って検討していこう。

〔史料5〕『公方様正月御事始之記』（『群書類従』武家部所収）第四八条

一、於路次三管領其外貴人へあひ申候事あるへし、貴人と見かけ申さは、則下馬候て可然候、されともかくれ申たるか様体よく候、其まゝ候へハ時宜も六借敷候也、

同書は文化二年《一八〇五》の書写奥書に「伊勢六郎左衛門尉貞久之記也」とある。伊勢貞久は六郎左衛門尉・下総守と称し出家（法名道照）。その息貞順が父の説を類聚したものと見られる(18)『道照愚草』末尾に挙げる系図によれば、貞久は貞長玄孫・貞直曽孫・貞勝孫・貞誠息で、高祖父貞長の兄貞行が嫡宗貞親の曽祖父・貞宗の高祖父という系譜関係にあり、世代的には嫡宗貞宗と同世代にあたる（父貞誠は『親長卿記』文明一八年七月二九日条所載足利義尚右大将拝賀散状に「同《伊勢》因幡前司貞誠」と見える）。他に『(伊勢貞久)武雑記』（『続群書類従』武家部所収）を遺し、永正六年《一五〇九》に大内義興の需めに応じて武家故実を『大内問答』（『群書類従』武家部所収）にまとめ、『伊勢系図』（『続群書類従』武家部所収）によれば大永七年に討死している。史料5の内容は史料4とほぼ共通だが、三管領以下を「貴人」という身分的区分に分類してより一般化するとともに、貴人との遭遇時にただ下馬するだけではトラブルを誘発しやすいので、下馬した上で「かくれ申」すべき事に強く注意を喚起している。

下馬と「かくれる」動作の関係については、以下に掲げる史料が参考となろう。

〔史料6〕『伊勢貞助雑記』（『続群書類従』武家部所収）第一四一条

一、互に馬上の時、貴人をは我は右之方へ打のけて礼可申、よほとの時ハ下馬にてかれ《く脱カ》申へく、若於御馬上御

礼申候ハヽ（以下欠カ）

史料6の編者伊勢貞助については室町・戦国期武家儀礼体系に関する二木謙一氏の研究で天文・永禄期頃の人物と推測されており、(19) また近年木下聡氏が専論で系譜・活動時期を考証している。(20) それらによると父は貞遠で、永正元年に生まれ天正三年（一五七五）までは生きていた事が判っている（父貞遠は前記義尚右大将拝賀散状に「同（伊勢）右京亮貞遠」と見える）。貞助は『三好筑前守義長朝臣亭江御成之記』（『群書類従』武家部所収）に「貞助自他之間申調、為向後貞孝御状申請、松対州并請、信州へ渡之畢、其案文如斯」として引く永禄四年（一五六一）閏三月二八日伊勢貞孝書状の宛所に「加賀守殿」として現れ、また同年三月三〇日の三好義長亭御成への参勤を促す奉書の奉者「伊勢加賀守」として現れているように、(21) 伊勢貞孝の教示を受けつつ三好政権に参画した人物であった。

その貞助の史料6は末尾に脱文の存在が推定されるが、馬上の者同士が遭遇した時は、通常下位者が道の右寄りに避けて（恐らく進行も一旦停止したであろう）礼をし、相手の貴人が自分と較べてよほど尊貴な場合に下馬して隠れるべきとする。当事者相互間の身分的距離の大小に連動して、下馬し隠れるという厚礼と、停止・貴人進路回避という薄礼が使い分けられた事になろう。

次掲史料は脱文もなく、史料6より文意が明瞭である。

〔史料7〕『（伊勢貞孝）武雑記』（『続史籍集覧』二所収）第二五条

一、貴人へ互に馬上にて行合候はゝ、是も右へ打のけて礼を申へし、早々下馬候へは、貴人も下馬候間、行すこされ下馬候て、走衆なとへ礼あるへし、貴人と見かけ申候はゝ、かくれ申義可然候、但御人体にもよりて不及下馬、以使者彼是衆（内カ）へ一札（礼カ）申事も可有之、

史料7の編者伊勢貞孝（書写奥書による）は伊勢氏嫡宗家の人物で、高祖父貞親・曽祖父貞宗・祖父貞陸・父貞忠の跡を襲って天文四年（一五三五）から永禄五年まで断続的に三度政所執事を務め、『伊勢系図』（『続群書類従』系図部所収）に

よれば永禄六年九月一一日に討死している。伊勢氏では貞久も『武雑記』と題される故実書を著しているので、混同を避けるためそれぞれ貞久・貞孝の名を冠して呼ぶ事がある。

その貞孝による史料7によれば、乗馬する貴人と遭遇したら右へ「打のけ」て道を譲るべきだが、当方が早々に乗馬通行する貴人に気づいて下馬すれば貴人も下馬するといい、その場合は貴人の通過を待って、貴人に随伴する走衆（幕府走衆に限らない、貴人出行の徒歩随伴者を示す一般名詞か）に礼を申すべきという。また貴人に気づいたら「隠れ」るのがいいが、相手の身分次第では下馬に及ばず相手の従者（「彼是衆」は「彼内衆」の誤りか）に会釈する事もあるとする。条文を総合すると、貴人遭遇時の礼節が厚礼の順に〈隠れる→下馬する→打ちのける（相手の進路からよける）〉となる事が示唆されていよう。

〔史料8〕『家中竹馬記』（『群書類従』武家部所収）第一一八条

一、馬に乗て行時、人にあふに、其人馬乗をみてはやくかくれは、馬をそろりと出して通るへし、かくるる人に下馬するは、かへりて無礼に成と云々、今案、時宜によるへきか、下馬させしとてかくるるは礼なり、然に下馬せさらんは不可然か、人知れしとかくるゝ人ならハ、下馬したらむは却て事たかひぬへし、又京都と田舎と替儀あるへし、

『家中竹馬記』は永正八年一一月二七日付の土岐氏庶流肥田伊豆守利綱の奥書を持つ故実書で、右の乗馬時遭遇礼節を貴人側の視線から記述している。そして当方の乗馬進行を先方が視認して先に隠れた場合、当方は馬を「そろりと」（ゆっくり静かに）進めて通過すべきであり、隠れている先方に対して下馬の礼を取るのは却って無礼であるという。[22] 傍線部にあるように「隠れる」所作は「相手に下馬させないため配慮する」という趣旨を持ったのであり、その配慮を台なしにしないよう貴人側も乗馬のまま静かに通過するのが礼に叶うと認識された。

永禄三年書写奥書のある『京極大草紙』（『続群書類従』武家部所収）と同文・同内容の『今川大双紙』（今川了俊編

という所伝は仮託の疑いがあるが、成立は大永八年以前であろう(23)によれば、この「隠れる」という動作の具体的内実は、

〔史料9〕『今川大双紙』（『群書類従』武家部所収）「馬に付て式法之事」第六条

一、大人大名なとハ、路し（次）にて参会候時ハ、下馬仕候て、或は小家、或は木かけ、つゐ地なとのかけにかくるゝ時、若見合て下馬あらハ、其時足はやに走出て、御供の衆に対してふかゝ、と御礼を申也、努々直に御礼申事有へからす、

というように、下馬して小家・木陰・築地等の陰に隠れて先方の視界から姿を隠す事であった（以下、〝下馬隠避〟と仮称）。そして右によればもし先方が同時に下馬してしまった場合は足早に先方の視界中へ駆け出て深々と礼を申すべきだが、その際には先方本人ではなくその従者に申すよう釘を刺している。つまり下馬隠避とは、先方が明らかに、自分より十分に尊貴であるという認識を前提とする所作であった。この事は次掲史料でより具体的に述べられている。

〔史料10〕『家中竹馬記』第一五五条

一、貴人に路次にて参相時、下馬して畏もあるへし、又下馬して隠もあるへし、仮令、公方奉公の衆吉良殿へ参相ては、下馬申て畏也、是ハ御下馬有間敷に依也、又三職へは下馬申て隠也、是ハ下馬めさるるに依て也、三管領はか様に御下馬有間、其時は出て礼を申也、諸家の儀も是に准て可有其覚悟事也、

右では下馬による致敬を単純な下馬と下馬隠避に二分した上で、前者は相手が当然下馬しない事を前提とする所作であるのに対し、後者は史料9と同様に相手に下馬させないための所作であるとし、この両者の対比から、下馬隠避は相手が下馬の礼を取る可能性がある事を前提とする所作であった事が知られる。また史料9では単なる「下馬」としているところを、史料10では「下馬して畏まる」とより具体的に述べている事も注意される。ここでいう「畏まる」事がいかなる所作であったかについては史料が少ないが、天正五年一二月八日の奥書を持つ次掲

史料は一つのヒントを提供している。

〔史料11〕『河村誓真雑々記』（『続群書類従』武家部所収）第三九条

一、摂家門跡等へ不慮に路次にて参あひ候時ハ、かうへを地につけ御礼儀候事は、人によるへし、奉公之あとの仁躰ハかしこまり、ひさに手をおきて、いさゝかかうへをさけ御礼可申なり、

不慮に摂家・門跡等の最高位の貴人に遭遇した時は、相手・場合により「頭を地に着けて御礼する」か「膝に手を置いて聊か頭を下げ御礼を申す」か、適宜選択せよという。ここで公家路頭礼（車礼）が、下車後にさらに取る礼節行為として蹲踞または平伏を定めていた事（第一章第三節）を参照すれば、前者は平伏、後者は蹲踞に類する行為であった事が認められよう（いずれも地に膝をついての所作であった事はほぼ確実である）。公家社会の平伏は「頭を地に着け」るほど頭を下げるものではなかった可能性が高いが（第一章第三節参照）、史料11の説が事実ならば、武家路頭礼は公家路頭礼の一部を継承する部分を持ちつつも、平伏が過剰な低頭になる等、個別の所作に独自性を増していったという経緯を想定する事が可能であろう。蹲踞・平伏等の敬譲所作については改めて歴史的経緯を踏まえながら基本的事実を明らかにする必要があるが、ここでは踏み込まず話を進めたい。

再び史料10に戻ると、奉公衆に対して下馬しない事が当然視される人物の代表には吉良殿を挙げるのに対し、下馬する可能性が想定される人物として三管領を挙げる点が興味深い。基本的に乗馬の相手（廷臣や室町殿・将軍は乗車・乗輿通行が基本なので除外される）に遭遇しても下馬しないつもりで洛中を乗馬通行するというのは、路頭礼体系においては特筆すべき尊大さであり、武家社会身分秩序における吉良殿の尊貴性は三管領よりも圧倒的に高い。これに関連して、永正七年三月一七日の奥書を持つ『見聞諸家紋』（『群書類従』武家部所収）足利家二引両の項には「一姓」として吉良・渋河・石橋が挙げられ、「以上三家、号下馬衆」とある。史料10に、吉良に対しては（通常と異なって）下馬隠避を行わず下馬して畏まるのみ（つまり下馬するのみ）とある事を参照すれば、「下馬衆」

とは「遭遇したら無条件に下馬すべき相手」という意味に解されよう。吉良・渋河・石橋の三氏が将軍御一家として、正月参賀等の幕府年中行事の中で極めて例外的な高い位置づけを得ていた事は著名だが、かかる位置づけは路頭礼体系においても十分に表現されていた事になる。

当事者相互の身分的距離（相対的身分）ばかりでなく、絶対的身分によっても敬譲所作が変化した事は、次の史料に典型的である。

〔史料12〕『家中竹馬記』第一五四条（便宜丸数字を付した）

一、①諸大名路次にて行あはるる時御礼の事、両方同じ程の儀なれハ、互に馬を打のけ御礼有て御通りある処に、②御供衆は先両方共に聽て馬を打のけ下馬申間、下馬の人に被対て又両方御下馬あり、③三職は諸家へはさして馬をも打のけられす、ひかへて御礼有て、とほし被申てのちに御通りあり、④惣して少も賞翫有へきを先通し可被申、⑤御供衆は三職の宿老衆も、其外諸家の衆も、下馬申事ハ同し、⑥又御輿と御馬との時も同礼也、一方は御輿にめし一方は馬上にて御礼あり、⑦御輿よりおりらるる時ハ、前はかりたて御おり有て、足中をめし御礼あり、下馬ある方も沓を脱、足なかをめす也、⑧御供衆ハ下馬申て畏てあるに、管領を始としてふかく御礼あり、⑨手をハつかれす、御供衆ハ手をつきて礼を仕也、⑩諸家のしなに依て浅深あるへし、

右によれば対等者同士の遭遇時には、当事者が諸大名クラスであれば相互に馬をのけ（進行路を譲って）会釈して通過するが（①）、御供衆クラスであった場合は双方とも直ちに馬をのけ、かつ下馬するという（②。相手が三管領の被官宿老や諸家〔大名以外の武家衆一般を指していよう〕の場合も下馬（⑤））。また三管領が諸家に遭遇した場合は馬をのける事なく、進行を停止し会釈して相手を通らせてから（進行路を譲るのは相手）進行を再開するが（③）、御供衆が下馬の礼を取る場合は、相手は管領であっても深く礼をする（⑧）。その際、管領らは手をつかないが御供

衆は手をついて礼をするとあって、史料10でいう「下馬して畏」まるという行為の具体的所作が示唆されている。④と⑩では「少しでも賞翫（尊重）されるべき方を先に通す」「諸家の家格ごとに礼節の深浅は変動する」という、武家路頭礼の一般的原則が述べられている。

ところで礼節的所作に着目すると、右で対等礼として「馬を打のけ」るという所作が現れている。この動作に関しては、次の三つの史料が参考になろう。

〔史料13〕『家中竹馬記』第一一二条

一、両方馬上にて逢時、馬を打のくる事ハ、逢人を弓手にして打のくへし、弓をなをすにもよし、但時義によつて心に任せぬ様も有べし、

〔史料14〕『岡本記』（『続群書類従』武家部所収）第一二条

一、馬上にて両方れい《礼》の事、ゆんて《弓手》と、、とをあはするやうによくへし、条々口伝あり、

〔史料15〕『今川大双紙』「馬に付て式法之事」第三条

一、我も人も騎馬の時、路し《路次》なとにてハ行合事、互に馬の左の方を合て礼をする也、かち《徒歩》にても此心得あるへし、但路しなとせは《狭》きにハ、そのあつかひなしと云々、

史料13は、街路に十分な広さがある場合は相互に右側によけて自分の「弓手《ゆんで》」側に相手を通せといい、徒歩の場合も同様であるという。天文一三年一二月三日付の岡本美濃守縁侍の奥書を持つ史料14が述べているのも、同じ事であろう。史料13〜15との対照により、「弓手」が左手（左方）を意味する事が知られ、乗馬時には左手に弓を、右手に馬の手綱を持つ慣行に由来する用語法がこの頃から武家故実書に入り込み、今日の弓道で左手（腕）を弓手、右手を馬手《めて》または妻手《めて》と呼ぶ事の淵源となっている。なお相手を左側に通すのは徒歩でも同じとある点〔史料15〕、馬・輿が主体の武家路頭礼における徒歩通行時の礼節として珍しい。またこの礼節については、義満

期に小笠原長秀・今川氏頼・伊勢満志の説をまとめたと序文にある（もっとも仮託の疑いが強い）[24]『三議一統大草紙』（『続群書類従』武家部所収）に、関係する記述がある。

〔史料16〕『三議一統大草紙』「騎射門第三」第六六条

一、我人馬に乗て礼の事、細道なとにてハ我馬を道より打おろすへし、相手もかならす打おろすへし、賞翫ならは相手の見る方の礼有へし、沓はかすは鐙の礼有へし、通る間を少ひかへて通るなり、目下の者ならは馬を道より打おろしたるまてにて礼あるへからす、

右で「馬を打おろす」と表現している動作は、史料12の①②傍点部・史料13で「馬を打のく」とあるのと通ずる動作と思われるが、道から馬を「おろす」という表現は、道自体から出てしまうニュアンスが濃い（後掲史料39にも「ほそ道なとにて我馬を道よりおろして」という表現が見え、道から一旦出るという性質がより端的に示されている）。尊重すべき相手ならば礼をするという点が史料12の①・史料15と共通する上、相手が下位者の場合は礼をしないまでも馬を「打おろす」と明記する点が注意される。

また注目されるのは、尊重すべき相手との遭遇時に「沓《くつ》を履いていなければ〝鐙《あぶみ》の礼〟をせよ」とある点（傍線部）である。この沓・鐙云々の件りは沓を脱ぐ礼節の存在を前提とした記述であり、関係史料が武家故実書に複数見出される。

〔史料17〕『家中竹馬記』第一一四条

一、馬上にて逢人、独は沓をはき、独ははかすとも、沓を脱には及はす、たゝ礼をして通る也、

双方乗馬での遭遇時、一方が沓を履き他方が履いていない場合、履いている方が脱ぐには及ばずただ会釈して通ればよい、という右条文は、沓を脱ぐという所作が敬譲行為であった事を示している。なぜ沓を脱ぐのか、という点については史料17に続く第一一五条が参考となる。

〔史料18〕『家中竹馬記』第一一五条

一、主人或は異なる賞翫の人す（素）足にて馬に召処へ、我も馬に乗て出んを、沓を著たらハ、馬上にて沓を脱て下人等に可渡、等輩の人ならハ、何とて御沓をめされぬそなと礼を云て、脱には及はぬ事也、相互にそのをもむきを心得て、若又脱人あらハ礼を云も有へし、

沓を履いて乗馬通行中に、主人や尊貴者が素足で乗馬通行するところへ行き合った場合は、馬上で沓を脱いで下人に渡すが、相手が対等者ならば「どういったわけで御沓をお履きにならないのでしょう」等と言葉をかけるだけでよいという。ここから、沓を履くのは尊大な態度・行為である事、したがって沓を脱ぐ事が敬譲表現となった事、馬上でも敬譲のため沓をわざわざ脱ぐ事が行われた事が知られよう。史料18の次々条に、

〔史料19〕『家中竹馬記』第一一七条（便宜上丸数字を付した）

一、①馬に乗なから左の片沓を脱て手に持て礼をして通るも、②下馬に可准と也、③是ハ下馬するまてハなき者に、か様にする儀もあり、④又くせある馬に乗て下人もつかすおり立かたき時、不思議の馬に乗候て迷惑の由を云て、か様に礼をすることも有へしと云々、⑤今案、下馬するまてハなき者に、此片沓を馬上にてぬく礼は、其ほとゝゝ可有事也、⑥くせ馬に乗て無礼ならんハ、不覚に成ぬへきか、此儀ありと可知まて也、か様にせん事ハ斟酌すへし、⑦礼ハ上下共に、すへき程よりも慇懃なるハ和道也、

とあるのによれば、「左の片沓を脱ぐ礼は下馬に准ずる」というが（①②）、この「准ずる」が下馬の全くの代替礼となり得る事を意味せず、下馬に次ぐ薄礼である事は、③に「下馬する程の相手でなければこの作法を取る事もある」とある点に明らかであろう。また扱いにくい馬に乗っていてすぐに下馬するのが困難で、下人も随伴していない場合は、「おかしな馬に乗る羽目になってしまって困惑しています」等と相手に述べて片沓を脱ぐ礼ですます事もあるというが（④）、編者はこれに対して、「くせ馬に乗って礼節を全うできないのは（弓馬の士として

不覚だ」と批判し、このような所作の存在を知識として知っておくにとどめるべきだという。そして右条文の最後に編者は、下馬するほどでもない相手に対しても片沓を脱ぐ所作は礼節として浅いので⑤、「よろず相手の上下にかかわらず『すべき程』よりも厚礼を行うのが、トラブルを惹起しない道である」⑦と一般論的に締め括っている。かかる総括は、後掲史料34が「無礼は災難の起こりである」と述べる事とも通ずるものである。沓を脱ぐ礼がなされる場面は、同書第一一六条によれば馬上に限定されなかった。

〔史料20〕『家中竹馬記』第一一六条

一、下馬して左の沓計脱て礼をするハ、片沓の礼と云、凡は下馬も無曲程の事也、但相手に依て是程にてよきも有へし、惣してハ馬よりをるゝならは左右の沓を可脱なり、

右によれば、馬上でなく下馬した上でさらに片方（左）の沓の脱ぐ礼があり、これを「片沓の礼」と呼ぶのだという。単純な下馬で済む場合はそれでよいが、相手次第ではこの片沓の礼を取るのがよいとあるので、下馬よりも厚礼な所作と位置づけられている。後段で一般論として述べられている「下馬するならば左右両方とも沓を脱ぐべし」という作法がどの程度一般的であったかは定かでないが、〈下馬→下馬して片沓を脱ぐ→下馬して両沓を脱ぐ〉という所作で礼の深浅が区切られていた事は確かである。但し、伊勢貞助の、

〔史料21〕『伊勢貞助雑記』一三九条

一、かたくつの礼と申事は、馬上にての事也、左くつをぬきて手に持、馬をなおして礼をする事なり、大かたの時は不可仕之、猶口伝に在之、

という記述によれば、片沓の礼は下馬後の所作ではなく馬上の礼であるといい、史料19の①でいう動作を「片沓の礼」といっている。頻繁に行う所作ではないとする後段が、史料19の①でいう「大した敬譲表現ではない」という部分と同じ事を述べているかは即断できないが、右末尾にあるようにもともと「口伝」（不確かな上に広く共有

されない情報）に依拠しているため、全ての故実を破綻なく統一的・総合的に理解する事はそもそも期待されていなかった可能性が高い。

このような沓を脱ぐ礼節が叶わない場合、次善の所作として〝鐙の礼〟が存在した事は、前掲史料16の傍線部に「沓を履いていない場合（片沓の礼を行えない場合）は〝鐙の礼〟を行うべきである」とある事からうかがい知られる。その具体的動作は、

〔史料22〕『今川大双紙』「馬に付て式法之事」第五条

一、神の御前にて下馬の事、若馬にくせあり、またハ主人の御供などにて隙なくハ、左の沓はつして懇に礼をすへし、又沓はかすんハ鐙をハつして礼をするなり、

と、神前での下馬が叶わない場合は片沓の礼を、また沓を履いておらずそれも叶わない場合は「鐙を外して礼をする」べきとある事から明らかであろう。鐙は馬に乗せた鞍から吊り下げた、両足を入れて踏ん張るための「つ」字型の器具であり（「あぶみ」という訓は「足踏み」の意）、通常は鐙に入れている両足（足裏全面と足の甲の前部）を鐙から外して垂らすのが〝鐙の礼〟であった。右史料の書き方から、〈下馬→片沓の礼→鐙の礼〉の順に厚礼から薄礼となった事がわかる。

なお史料22の前条に、

〔史料23〕『今川大双紙』「馬に付て式法之事」第四条

一、沓をハき馬に乗には、左を先にはき、又ぬく時は右を先ぬくへき也、又むかはきも同前、

とあるように、朝儀公事における所作（練歩を左右いずれの足から歩み始めるか等）と同様、沓を脱ぐ所作にも枝葉末節的な精緻化が及んでいる。小笠原流の弓馬術の流れを汲むといわれる今日の弓道で、射場への進入等の積極的行為は左（足）から、退出等の消極的行為は右（足）からと教えている事は、右史料の沓の着脱順と発想を共有

しており、室町期武家故実に淵源を持つ可能性がある（但し現代弓道はスポーツ科学からギリシャ哲学〔真・善・美〕までが混淆する思想体系の中にあり、近世的・家元制的な故実口伝・免許の世界とは関係が切れている）。

路頭礼体系において履物やその着脱が果たした意味という観点からは、

〔史料24〕『伊勢貞助雑記』第三九条

一、公家衆路次にての御礼の事、輿にはたれ候、此方も馬にて候時と、路次をよけ候事可然候、但し難成候ハヽ、自此方下馬候へは、必こしより御出候、能御礼を申、少行過され乗馬可然候、かちにて行合申候時、しきれなとはき申候ハヽ、あしなかにはきかへ申へし、惣別しきれの事は、はかれ候事は無之候、

という史料も注目される。乗輿通行する公家衆（廷臣）と乗馬中に遭遇した場合、相手の進路をよけるか、それが難しい場合は下馬する事、そして下馬した場合は相当の礼節より厚礼になるため相手も必ず輿から「御出」する（扉・窓を開けて姿を見せる礼節行為と解釈される）ので、当方からもよく礼を申し相手の通過を待ってから乗馬すべき事を述べた史料だが、後段に履物の話題が見える。即ち自分が徒歩で右のような公家衆に遭遇した時、「しきれ」（尻切）を履いていたら「あしなか」（足半）に履き替えよ、という記述である。

尻切は底に革を張った草履の一種、足半は通常の半分の長さで踵部分がない、走るのに便利な草履であり、沓と較べて軽装である。右で貴人に対して尻切着用は無礼、足半着用は無礼に非ずとされる理由は判然としないが、『奉公覚悟事』（『群書類従』武家部所収）第八四条の「一、あしなかに礼義なく候也」という規定や、『（伊勢貞孝）武雑記』第三二条に「一、あしなかには礼なき事にて候、殿中庭上まてもはき申候、但又事にもよるへし」とある事を参照すれば、足半は無礼とされず殿中・庭等どこでも履けるものとして礼節体系上に位置づけられていたと解釈できる余地があり、「尻切の着用は無礼になるが、足半着用ならば礼節的に問題ない」と考えられた可能性があろう。不明点が多いが、沓以外の履物も礼の厚薄と関連づけられて、履き替える動作が路頭礼体系に組み込

まれている事は間違いない。前掲史料12の⑦傍線部には、乗輿者・乗馬者がともに輿・馬から下りる際、乗輿者は輿の前部ばかりを立てて（停車・駐車時の状態にして）下輿し素足から「足中（足半）」を履いて礼をし、乗馬者は下馬すると同時に沓を脱いで「足中」を履くとある。自他ともに地面に立つ事で、上から見下ろす状態を解消すると同時に、足も同じ履物を履いた状態に合わせて衣装の礼節上の高下を揃え、バランスを取ったのであろう。

本節の最後に、武家路頭礼に特有の〈鷹と遭遇した時の礼節〉に言及しておきたい。室町・戦国期の故実書には〈鷹との礼節〉に関する規定が多く、無視できない存在感を示している。

〔史料25〕『（伊勢貞孝）武雑記』第二六条

一、鷹狩に行合候は丶、左へ打のけて下馬仕、右を通すへし、是鷹のおもてに成也、

〔史料26〕『（伊勢貞孝）武雑記』第二七条

一、鷹犬引たる者、又餌袋付たる人にも下馬候て可然候はん歟、但是は又可依人体候、いつれも少心得あるへし、

史料25は鷹狩へ行く（あるいは鷹狩から帰る）集団と遭遇した場合の礼節を特記するもので、左に寄って下馬し、「鷹のおもて」にあたる右側を通らせよとある。この文章は鷹狩の人々よりも鷹自体に敬意を払うべきであるような書きぶりで、史料26も「鷹犬」を連れる者や鷹の餌袋を身につけた者にも下馬せよとあるが、そのような人々は通常武士が下馬すべき身分の相手とは思われず、鷹への敬譲に付随して敬意を払うべきという文脈で語られている可能性が高い。

〔史料27〕『家中竹馬記』第一一三条

一、鷹を居て歩て行人にあは丶、縦鷹居たる者には下馬せて苦からぬ者也、鷹をみるよしにもして下馬すへし、
　但我家人等之儀に至りては、一向内々の事也、又鷹をすへたる人も馬上ならハ、下馬せて馬を打のけて鷹

すへたる人を先可通、但常にも下馬すへきほとの人に両方馬上にてあは、、我は鷹を居たりとも如常下馬
すへし、
右史料前段によれば、鷹を携行して歩く人に遭遇したら、鷹携行者には下馬する必要はないのだが、「鷹を見るという意味で」下馬すべし――即ち鷹に対して下馬せよといい、もし鷹携行者も乗馬ならば当方は下馬せず馬を「打のけて」彼を先に通せという。鷹携行者の移動手段によって礼節が分かれる事から、鷹が路上にあって自分が馬上にあるのは礼節上まずいという認識が見出される。「縦鷹」というのは最大限に敬意を表すべき鷹の態様と思しく、
〔史料28〕『今川大双紙』「馬に付て式法之事」第一五条
一、馬に乗て鷹に逢ての次第、鷹の向へひかへて礼をすへし、是者鷹師も馬に乗たる時のこと也、弓を持ても
同前、鷹師かちニ而有ハ、馬よりおりて一礼すへし、縦居てハいか様の者成共下るへし、
という史料では、末尾で「『縦』を据えて通行する者には誰でも無条件に下馬せよ」と述べている。「鷹師が徒歩ならば下馬一礼せよ」という直前の記述をも踏まえれば、相手が「縦鷹」でなければ下馬義務は無条件には発生しなかった事がうかがわれる。
〔史料29〕『三議一統大草紙』「騎射門第三」第六一条
一、輿に鷹の礼、輿をよけへし、輿の礼ハ輿を立るなり、鷹の礼打向て鞭にておしなをすへし、つれたる者の
詞也、
〔史料30〕『三議一統大草紙』「騎射門第三」第六三条
一、輿に鷹むけてふちにてなをすへし、其上にも輿をよけへし、つれたる者の詞也、
右の二史料はいずれも乗輿通行者と鷹の礼節と見られ、輿が相手の場合は鷹が輿をよけるよう述べていると理解

される。史料25・26では乗馬者が下馬礼を取るほど鷹が尊貴視されているのに対し、乗輿者に対して鷹はそこまで尊大な礼を取り得なかったらしく、鷹が乗馬者よりは上位、乗輿者よりは下位にあった事がうかがわれる。本書の射程を逸脱するのでその理由・淵源はここでは追究しないが、乗輿と乗馬という乗物自体が身分的尊貴性を代弁している事は指摘してよかろう。中世路頭礼体系においてより重要なこの点については、節を改めて述べたい。なお、

〔史料31〕『三議一統大草紙』「騎射門第三」第六四条

一、車に乗て牛にあひての礼、牛をうたせて鞭をあくへし、輿の礼さまをあけへし、明たるこしならはたてへし、

という史料があるが、ここで想定される当事者は乗輿通行者と牛を連れて通行する者と考えられ、冒頭の「車」は「輿」の誤記・誤写の可能性がある。前者は後者に対して、すれ違いざまに輿の「礼」向きの窓を開けて礼を求めている。もともと左右が開いている輿ならば「たてる」事（第一章の乗車時礼節から類推するに、進行を停止する事か）を求めている。次節で述べるように乗馬者より身分が高い乗輿者がなぜ牛に礼をするのか、限られた管見の事例では不明というしかないが、牛車を牽く牛であったと見るならば、やはり乗輿者と乗車者の身分的関係から説明できる余地がある。右の事例にも留意しつつ、次節では乗車・乗輿・乗馬という行為そのものが持つ身分的関係について考察したい。

三　乗車・乗輿・乗馬行為の身分的関係と中世公武社会の身分秩序

武家故実書には乗輿通行者に遭遇した場合の規定が少なからずあり、武家路頭礼の一分野を形成している。次に掲げるのはその典型的な一事例である。

〔史料32〕『今川大双紙』「馬に付て式法之事」第三二条

一、こしに逢ての礼の事、簾をあけられすハ礼もすへからす、簾をあけ候ハヽ馬よりおり一礼すへし、主人ならハいそき下るへし、女房のこしには礼なし、但目高き人としりたらハ下馬すへし、

右史料の内容は、遭遇時の所作や遭遇対象を基準としてより細分化されており、前段には、乗輿する相手がすれ違う時に簾を上げなければ当方も礼をせず、簾を上げたなら当方は下馬して一礼すべきとある。ここから、乗輿時に簾を上げる事は史料24傍点部に「御出」とあるのと同じ、姿を見せる礼節・敬譲行為であり、簾を上げない事はそれより尊大な態度であった事が知られよう。また後段では、輿に乗っている人物によって取るべき所作を類別し、相手が主人ならば直ちに下馬、女性ならば基本的には礼をしないが貴人である事に気づいたら下馬せよとする。相手の性別による礼節上の区別は、次掲史料によれば下馬しない場合でも行われる事があった。

〔史料33〕『今川大双紙』「馬に付て式法之事」第一〇二条

一、輿に会たる時よけへき事、男ハ左、女の輿には右たるへし、

〔史料34〕『今川大双紙』「馬に付て式法之事」五〇条

一、路次にて輿にあふ礼の事、然に男の乗るこしならハ左のかたへ打よけて礼をする也、若又のり馬の時は人によりて下馬し、又沓をもぬきて礼をする也、さて出家・女人なとのこしには右へうちよけて、是ハかならす下馬して礼をする也、其外ハこしの乗ても人によりて、輿を立て礼をする也、又輿の騎馬あれハ、其人下馬して礼するも有、是互の位による事也、能々儀をきき、位を見合て、式体かんやう也、但我よりくらゐさかりたりとも礼の過たるハしかるへし、無礼ハさひなんの起なりと云々、

史料34の冒頭部は史料33と同内容だが、相手によって下馬したり、あるいは前述の沓を脱ぐ礼節を取るべき場合もあるとしている。ここで注目されるのは僧体の者と女性に対する特例的扱いで、乗輿する相手が男ならば左に

よけ女ならば右によけるとする史料33と併せ、礼節上の性差が現れている。史料34が「必ず下馬して礼をする」ように指示しているところを見ると、人によっては下馬が不要な男性より、女性は一段高く扱われていると解釈されよう。史料34の中段は乗輿者側の行為に関するもので、乗輿者もまた相手の乗馬者次第では輿を立てて（停止して）礼をすべきとしている。続く文章は文意を取りにくいが、乗輿者・乗馬者ともに相互の「位」即ち身分次第で礼節に厚薄をつけるべき事を述べていよう。次掲史料も、乗輿者の視点から同じ問題について述べている。

〔史料35〕『今川大双紙』「馬に付て式法之事」一〇四条

一、こしを見かけ馬の上の人下馬有ハ、輿の右に立たる人出て礼有へし、馬よりおりたる人しやうくわん（賞翫）の人ならハ、はやく輿を立て一礼あるへし、男ならハ我出て一礼有へし、女房こしに乗てハ、下簾の脇よりも衣のつまを出すへし、かやうの事ハ輿そへ（副）の人可申也、

乗輿者に気づいた乗馬者が下馬した場合は、通常は乗輿者に随伴する歩行者（従者）が下馬者に礼を述べ、下馬者が特に尊貴な人物であった場合は速やかに輿の進行を止めて一礼すべきとしている。その際の「一礼」の具体的動作として、乗輿者が男性ならば自ら姿を見せて会釈すべきとされるのに対して、女性ならば下ろした簾の脇から着衣の端を見せるが姿を見せる必要はないとする点で、路頭礼体系において女性をより高く見る前述の事例とも共通している。なお、

〔史料36〕『（伊勢貞孝）武雑記』第二四条

一、於路次輿に行合候は丶、右へ打のけ左を通し可申、但道悪く候は丶、路次のよきかたを通し可申候、帷裳か丶り候は丶、打のけて下馬あるへし、又様にもよるへし、

という史料は、輿と遭遇したら性差を考慮せず一律に右へよけ、道が悪い場合はどちらでも通りやすい方を空けるよう述べている。時代の経過とともに性差による礼節の区別が喪失した可能性が考えられるが、右へよけるの

は史料33によれば女性乗輿者への敬譲所作である。詳細は不明だが、前述のように輿の礼では女性が男性より厚礼を要求する存在であったとすれば、輿遭遇時の礼は、男女のうち相対的に厚礼な対女性の礼で統一された事になる。

ところで前掲諸事例はいずれも相手の人物（身分・男女）次第で礼節を変動させるという、路頭礼に限らず礼節体系では極めて当然の発想に基づいているが、武家故実書の輿に関わる規定には、乗輿する人物如何を考慮しないかのような記述が見出される。次に掲げるのは管見に触れたそのような事例二つ、天正五年（一五七七）一二月八日の奥書を持つ『河村誓真雑々記』の一箇条と、永禄元年（一五五八）閏六月一四日の奥書を持つ『中島摂津守宗次記』の路頭礼関係記事である。

〔史料37〕『河村誓真雑々記』（『続群書類従』武家部所収）四三条

一、馬上にてこしに行あひ候ハヽ、馬をふかふかとのりのくへきなり、

〔史料38〕『中島摂津守宗次記』（『続群書類従』武家部所収）八六条

一、路次にてこしに行会たらハ、右へ退て、我左をこしをとをすへし、馬乗たらハ下馬をすへし、あきこしならは、右を通すへし、下馬なくともくるしからす、

史料37は最も単純に、乗馬通行中に乗輿者と遭遇したら「深々と乗り退《の》ける」（＝路肩に寄せる）べきとする。史料38は若干具体性が増し、乗輿通行者と遭遇したら右へよけて左側に通す事、また自身が乗馬中ならば下馬すべき事を説く。右の二史料はいずれも、自身や相手の身分に言及するところがなく、輿・馬という交通手段のみから下馬の礼を求めている点が注意されよう。史料38の後段が、人が乗っていない空の輿とすれ違う場合の礼節について、右側を通すべき事と下馬が不要な事を述べている点も、編者が輿という乗物自体に注視している事を反映していよう。また次の史料は、車と馬に関して同様の関係を説いている。

〔史料39〕『三議一統大草紙』「騎射門第三」第六五条

一、車と馬と行向ふ礼の事、ほそ道なとにて我馬を道よりおろして礼すへし、

ここでも乗り手自身への言及がなく、車と馬の遭遇時には無条件に乗馬者側が道から下りて譲るべきとされており、車という乗物自体が馬に優越するという書き方である。さらに次の史料は、輿という乗物自体が礼節を左右する事を示す実例として興味深い。

〔史料40〕『奉公覚悟事』（『群書類従』武家部所収）第七八条

一、こしと馬上の事、たとひこしののりて《（乗手）》ハさしてもなきともから《（輩）》なり共、馬をふか〻、とうちのけて、こしをとをすへし、勿論さもとしたる仁にて候ハヽ、下馬候て可然候也、

これも乗輿者と乗馬者の遭遇時に関する内容で、たとえ輿の乗り手がさほど礼を尽くすべき相手でなくとも乗馬者は馬を「深々と」打ちのけて輿に道を譲るべきであり、これはと思う相手（当然敬うべき上位者）ならば勿論下馬すべきである、という。本来、礼節は人と人との人格同士の関係に立脚するものであり、筆者の知る限りほとんど全ての礼節において、取るべき礼の厚薄は出生・官位等社会的地位・年齢等といった、当事者を形容する属性――即ち人物そのものによって決定されるものである。ところが右では「輿に乗っている」という行為によって礼の厚薄が変動しているのであり、乗物が人物自体の属性を変動させてしまうケースとして、特筆に値する。

〔史料41〕『三議一統大草紙』「騎射門第三」第六二条

一、車にハ輿よけへし、輿にハ馬よけへし、輿の礼ハ、前よりさまの明たるを、たてたるを明るなり、

右の史料41にあるように、乗車者に遭遇したら乗輿者は道を譲り、乗輿者に遭遇したら乗馬者は道を譲るといった具合に、武家路頭礼体系における乗物には〈車→輿→馬〉という明確な序列が存在した。ここでも乗る人物の尊卑には一切言及がなく、交通手段のみによって一概に通行者の優先順序が決まるかのように書かれている。こ

のような観点から見ると、僧の故実・礼節を中心に公武社会の礼節・故実にまで説き及ぶ応永二七年（一四二〇）成立の『海人藻芥』（『群書類従』雑部所収）上巻末尾の次の記載が興味を惹く。

〔史料42〕『海人藻芥』上

同輩ノ人、乗輿与乗馬ニテ行合フ時、先乗馬ノ人可下、後乗輿ノ人下テ可謝之、但無骨ノ在所ナラハ不下、
以下部可謝遣也、

全くの同輩（身分・礼節上の上下関係がない者）同士が乗輿と乗馬で遭遇したら、まず乗馬の人が下馬し、次いで乗輿の人が下輿して謝意を伝えるべし、とする右史料は、輿・馬という乗物自体の礼節上の優劣を明瞭に示していよう。そしてまた、乗物が無条件に相互の礼節を決定するかのような論調が武家故実に限られず、室町前期の路頭礼一般にまで遡り得る事が確認されよう。

それでは右に見た各種の武家路頭礼において輿の馬に対する優越性が繰り返される事は何を意味し、武家社会のいかなる特質と照応するであろうか。ここで、「路頭で輿に乗る相手に遭遇した場合は相手が誰であるかにかかわらず下馬すべし」とする『鎌倉年中行事』の記事（史料1の①）について山田邦明氏が、単に道が狭かったという鎌倉の道路事情を想定するとともに、輿に乗る事自体に特別の意味があった可能性を指摘した事が想起される[25]。この問題については『宗五大草紙』に載せる次の記事が参考となろう。

〔史料43〕『宗五大草紙』「騎馬の事」第一五条

一、人によりてこし御免候、三職其外御相伴衆・吉良殿・石橋殿なと同前、御免のさたなくめし候、御相伴衆の内にも赤松殿・京極殿・大内殿御免候て被乗候、土岐殿・六角殿同前、又細川右馬頭殿・勢州代々御免候、評定衆同前、奉行も式しやう（正）の出仕の時こしにのられ候、又人のふんさい（分際）によりめしつれ候者数さたまるよし申候、

史料43によれば、京都では「御免のさた《沙汰》」即ち室町殿の免許なく輿に乗る事ができたのは三管領（斯波・畠山・細川）と一部の御相伴衆[26]・吉良・石橋等、幕府や足利一門の最上位（御一家）に位置づけられた人々に限られており、御相伴衆でも赤松・京極・大内・土岐・六角等の人々、また細川右馬頭（摂津国西成郡守護のいわゆる典厩家）や伊勢家当主、さらに摂津・波多野・町野氏らで構成される評定衆は「御免」を蒙る手続きを必要とした（右筆方奉行人も、式正の出仕の時＝儀礼的趣旨の強い出仕時には輿に乗ったという）。

〔史料44〕『常照愚草』（『続群書類従』武家部所収）第一三条

一、ぬりこし《塗輿》御免の事、三職ハ不及御免、其外国持并大名なと乗つけられ候、家々代替の時御免を申されしなり、其時はすたれを上て乗用也、大名国持にても無之衆ハ、御免申上候ても、すたれをおろしても乗用也、奉公方ハいかに分限ありとも乗用候事は無之、所労なとの時いたこしニ、すたれをろし乗る事は法外、非制限なり、入道ニては不及御免由候へともいかゝ候哉、赤うるしにもこき赤うるし、くりいろなと次第有之事也、自然忍て乗用の時ハ、ちりとりニのり候てなとゝ、ひけの詞申事も在之、

『常照愚草』は伊勢貞陸の編著で、貞陸は貞親孫・貞宗息、延徳二年《一四九〇》から永正一八年《一五二一》の死去まで政所執事を務め、大永八年《一五二八》に七四歳で生存していた伊勢貞仍（宗五）と同時代の人物である。貞陸の認識でも三管領は個別の許可を要さずに塗輿（傍線部によれば、輿の屋形を赤漆で塗ったもの）を乗用したとあり、その他これに乗った人々として史料43が挙げる一部の御相伴衆や細川右馬頭[27]（いわゆる典厩家の当主）等には、「国持并びに大名」という表現が対応している。

また史料44より、乗輿許可が必要な人々（大名・国持）が史料43でいう「御免のさた」を蒙るのは家督交代時であった事、彼らは乗輿御免を得れば簾を上げて乗用するが、大名・国持以外（史料43の評定衆・奉行らに相当しよう）は御免を蒙っても簾を下ろして乗る事、奉公方＝奉公衆はどれほど有勢の者であっても輿には乗れなかった事等

が知られる。乗輿御免についてはその実例が次の史料に見える。

〔史料45〕『御内書引付』（『続群書類従』武家部所収）所載足利義晴（カ）御内書

就塗輿御免之儀、太刀一腰・馬一疋黒毛印雀目結・鵝眼万疋到来、悦入候、仍太刀遣之候、猶貞忠可申也、

四月廿二日

朝倉弾正左衛門入道とのへ

『日下部氏朝倉系図略』(28) 孝景の項に「天文四年（一五三五）卯月廿二日ニ塗輿御免御内書頂戴」とある記事を信じれば、右文書は天文四年に将軍義晴が朝倉孝景に塗輿を免許した御内書という事になる。塗輿乗用はかかる文面の将軍御内書をもって明文的に許可され、かつ太刀・馬・銭一〇〇貫文という多額の御礼を要する特権であった。

かかる特権性は遅くとも応仁・文明の乱終熄直後には広く知られていたと思しく、『晴富宿禰記』文明一一年（一四七九）閏九月五日条に日野富子の伊勢参宮に乗輿で随従した細川右馬頭政国について、「典厩（政国）乗輿、不得其意之由有謳歌、立落書云々、／典厩のむまのかミにはのりもせて　輿にて騎馬ハいつのためしそ」という非難と落書が記されている。また同条には、「杉原伊賀守（賢盛）以前向相国□（寺之カ）時、乗漆輿、凡武家輩無御免者、不乗□（塗カ）粟色輿云々、□立落書於門前云々、／さらハなと杉板こしにのりもせて　粟色まてハむやく（無益）いか（伊賀）殿」ともあって、武家の輩は御免がなければ輿（漆輿＝塗輿。「粟色」は史料44傍線部でいう、「濃き赤」に次ぐ赤漆の色であろう）には乗らないという一般原則が周知されていた事、それにもかかわらず御免を得ずに乗輿する者が少なからずあった事、それが武家社会の外からも非難の対象となった事等が知られよう。

史料44に、病気時に板輿に簾を下ろして乗る事は「法」の制限する対象外として認められたとある事は、逆にそれ以外の諸々のケースでの乗輿制限が「法」として認識された事を示唆している。この点、『弘安礼節』が「弘安法」「王法」と見なされていた公家社会（第一章参照）と通ずる認識として注目されよう。出家入道した者が御

免の有無にかかわらず輿を乗用していた現実に貞陸は疑義を呈しているが、出家者は「法」の埒外にあったという認識が媒介される事で、彼らの乗輿は一定の正当性を有したのであろう。

なお史料43に、本来ならば輿の乗用が認められない身分に位置する奉行人が「式正の出仕」では特例的に輿に乗ったとあるように、当該期武家社会において輿は晴の出行・出仕に用いるという性質が強かったらしい。史料44末尾には、「忍んで輿に乗る時には、（人と路頭で会ってしまったら）『ちりとりに乗っております』等と『ひけ（卑下カ）の詞』をいったりする」とある。「自分が乗っているのは輿ではなくちりとり（「塵取り」であろう）です」と冗談めかしていい訳する点が面白いが、「忍んで」とある事は、輿が晴の乗物であるという意識の裏返しにほかならない。

このように、右の史料からは輿の乗用可否・乗用形態を軸とした幕府内身分秩序が具体的に知られるが、乗輿という行為自体の持つステータス・シンボルとしての性質については、既に二木謙一氏の指摘がある[29]。二木氏はこれを、「乗輿を国持大名および特に御免を得た者のみが使用できる乗物と定め、この乗輿を許される人々を上級の身分階層として位置づけ、他の一般武家衆と区別したのである。平安期以来の公家社会において、式正の牛車に対し、略儀の乗物として広く用いられてきた輿を、室町幕府ではその輿使用に制限を加え、一定の身分格式を与えられた者にのみ許されるものとしたのであった」と概括して、幕府が乗輿行為を身分秩序操作・特権賜与の手段として独自に位置づけていたという重要な指摘をしている[30]。

武家社会における乗物と身分の関係は、鎌倉時代から数度の幕府法によって規定されてきた。延応二年（一二四〇）三月一八日の追加法や弘長元年（一二六一）二月三〇日の「関東新制条々」[31]等で「在京武士乗車横行洛中事」がたびたび禁じられた事は、身分による乗車禁止の発想が公家法から武家法に継承された事を伝えている。特に弘長元年関東新制は「可停止之由御下知先畢、而近年多違犯之由有其聞、仰六波羅、可令禁制也」とあるように、先の洛中武士乗車禁止令が徹底しなかった事を承けての再度の禁制であった。

また弘長元年新制において特に注目されるのは、次の二箇条である。

〔史料46〕弘長元年二月三〇日関東新制条々四六・四七条[32]

一、鎌倉中乗輿事、

一切可停止之、但殿上人以上并僧侶者、非制限、又雖御家人等、年六十以上可許之矣、

一、可停止凡下輩騎馬事、

雑色・舎人・牛飼・力者、問注所・政所下部、侍所小舎人以下、道々工商人等、鎌倉中騎馬、一切可停止之矣、

右により、鎌倉中期以降の鎌倉中においては幕府法により、乗輿に関しては殿上人以上・僧侶と六〇歳以上（宿老）の御家人を除いて禁止され、また乗馬に関しては雑色ら幕府下級職員や諸道の手工業者・商人ら「凡下輩」の騎馬が禁止されていた事が知られる。

さらに特筆すべきは、乗車に関して鎌倉幕府・鎌倉中に特有の身分的制限が存在した事を伝える次の史料である。

〔史料47〕『吾妻鏡』正嘉元年（一二五七）一〇月一日条

今日大慈寺供養也、（中略）巳剋将軍家御束帯、御帯劔、御出、（中略）土御門中納言・花山院宰相中将并殿上人等予参候寺門之外、是公卿殿上人騎馬可供奉之由、雖有沙汰、公卿騎馬供奉親王、先規不分明之間、被止其儀、於殿上人者雖不可有其難、為此儀者、公卿乗車可扈従、而関東之儀、御車之外不被聴之、皆被止威儀供奉、仍如此云々、右丞相御拝賀御例、依不吉不信用歟、（後略）

将軍宗尊親王の大慈寺供養出御に際して、扈従《こしょう》の公卿二人と殿上人らはあらかじめ大慈寺の門外にいて将軍を待ちかまえ、路次で供奉しなかった。公卿が騎馬して親王に供奉する事の先例上の可否が不明であったため、公卿

騎馬供奉が中止されたというのが理由の第一であったが、殿上人に関する第二の理由が興味深い。即ち殿上人の騎馬供奉は問題ないはずであったが、これを行うと必然的に（格式のバランス上、玉突き式に）公卿が乗車して扈従する事になる。しかし関東では「御車」以外は乗車を聴されていない（傍線部）ので扈従公卿の乗車も不可とせざるを得ず、したがって殿上人の騎馬供奉も中止されたというのである（引用末の割注によると、かつて源実朝は右大臣拝賀時に扈従公卿を乗車で随従させたが、まさにその右大臣拝賀の場で暗殺された事から「不吉」として幕府先例から排除されている）。

ここで注目したいのは傍線部の文意で、「御車」が将軍の車と見られる事から、「関東（幕府・鎌倉中）では将軍以外は乗車が聴されていない」と解釈される点である。かかる内容を持つ幕府法は管見の限り確認されないが、以上を要するに、鎌倉幕府支配下の鎌倉中では乗車は将軍のみ、乗輿は殿上人・僧侶と宿老御家人のみ、乗馬は侍以上のみ（凡下騎馬禁止）と、乗物・身分間関係が明確に定められていた事が判明する。前述のように乗輿行為が室町幕府の家格秩序内において上位家格を示す地位表示の役割を果たしていた事は、直接的には右のような鎌倉幕府以来の武家社会秩序を継承した結果と見られよう。

室町幕府において乗輿行為にかかる位置づけが与えられていたとすると、その秩序の基本的枠組みを継承していると見られる鎌倉府においても、相手が輿に乗っているという事は、直ちに当方が無条件に下馬しなければならないほど相手が高位である事を意味していたと考えられよう。第一節の奉公衆の関東管領に対する礼節規定（史料1の①）において、相手が輿であった場合の対処法を内閣文庫所蔵本が「誰ニモ致下馬申サレヘシ」とするのに対し、『群書類従』所収本が同じ箇所を「誰ニモ致下馬間不及申」即ち「誰に対しても下馬するのはいうまでもない事である」と表現しているのは、このような輿乗用者の尊貴性がある程度常識的な知識であった可能性を示唆していよう[33]。

前述の二木氏の概括のように、本来輿は式正の車に対する略儀の乗物であったが、室町期武家儀礼体系においては、御一家・三管領以下国持・大名らが乗用する晴の乗物に転化している（実例としては、管領畠山持国の評定始出仕に関する『経覚私要抄』宝徳元年（一四四九）一一月九日条に「管領禅門為評定始出仕云々、（中略）次張輿禅門衣袴」云々とある事例等が早い）。この体系における輿乗用の特権性は、

〔史料48〕『家中竹馬記』第三九条

一、もと丶丶ハ宿老の大名も、御出仕は馬上也、輿に召事ハ稀也、況若大名は馬上也、

という史料にも明瞭である。「本来宿老の大名さえも出仕は乗馬で行い輿に乗る事は稀であって、年若い大名が乗輿でなく乗馬で出仕するのはいうまでもない事なのだ」という右史料は、乗輿という行為の限定性や、乗輿には乗車特権と同じく年配の宿老を厚遇する意味が本来存した事（第五章第一節(2)参照）、大名層では乗輿出仕が室町後期までに乗馬出仕に取って代わった事等を伝えている。右史料の批判的語調から見て、大名らは本来乗馬が相応しい身分であり、乗輿は過分の特権的振る舞いであったという認識が看取されよう。

これに関連して、『晴富宿禰記』明応二年（一四九三）五月二〇日条には「昨日畠山次郎上洛、同時越智《大和》上洛、着六条法華堂本国寺、越智乗輿、塗輿、赤漆、引馬毛氈鞍蓋、如大名之出行云々、如何様次第哉」と、畠山基家に随って上洛した大和国民越智家栄が乗輿し引馬に毛氈鞍覆（これも将軍の免許を要する特権）を用いていた事を、「大名の出行のようだ」と非難する記事が見える。この頃までには大名の乗輿出行が定着しており、乗輿という行為が「大名」という貴人集団とほぼ直結するものとして認識されるに至っていた事が知られよう。

当該期武家社会において〈輿は尊貴な人物の乗物〉とされた事は、その淵源を遡れば『中右記』嘉承二年（一一〇七）閏一〇月九日条で「我朝帝王・皇后・斎王之外無乗輿人」といわれたような、公家社会における輿（但しここでは鳳輦・葱華輦等を指していよう〔史料51冒頭も参照〕）乗用の極端な限定性に由来しているはずだが、もう一つ、当時公

武社会を覆った乗輿慣行の浸透という現象が関係しているように思われる。公家社会では、本来輿は遠出の際に使われる乗物で日常生活には使用されなかったものが、これを多用する武家社会の影響で漸次広まっていったと考えられている[34]（もっとも鎌倉期には六月会で山門に参向する勅使が乗輿した徴証がある[35]）。室町期の公家社会における輿を含めた乗物の格式に関しては、甘露寺親長が次のように書いている。

〔史料49〕『親長卿記』文明七年（一四七五）三月二〇日条

（前略）今日紫野大徳寺新命入院、右中弁政顕参向、用手輿、為洛中事、車之儀当時不叶者、可為四方輿、猶点旅宿可出之条可然也、手輿無其詮、（後略）

勧修寺政顕が大徳寺に向かった際、洛中から手輿に乗用した。親長はこれを非難し、「もし乗車が叶わないのであればせめて四方輿に乗り、旅宿を点じてそこから出立すべきで、それもせずに手輿に乗って出立するとは詮無い事だ」と述べている。この史料からは、少なくとも名家以上の出自の人々は洛中では車を用いるのが本式であり、それが叶わなければせめて四方輿にすべきである、という認識が導けよう。ここでは武家社会における乗輿・乗車資格の限定性・尊貴性に通ずる発想が看取され、また〈車→四方輿→手輿〉という乗物の序列が明確に現れているばかりでなく、それが身分秩序を軸として洛中という空間概念と結びついている点が興味深い。

『梅松論』（上）には、後醍醐天皇の隠岐配流に関して「京を御出元弘二年（一三三二）三月七日午時也、御幸は六波羅より六条河原を西へ、大宮を下にぞ成奉る、御先には洛外にて召るべき四方こしをかゝせらる、都の内は御車下簾をかけられて武士共関東の命に任て前後を囲奉る」とあり、〈洛中は車、洛外は四方輿〉という乗り分けが流人の配所下向でも守られた事を伝えている。弘安路頭礼が全く車上礼のみを問題としているという第一章で述べた事実は、右の諸史料を踏まえれば、弘安路頭礼が洛中の路頭のみを問題とするという空間的限定性をも有している事を意味しよう。

もっとも、次の史料によれば、親長は右史料の三年前には勧修寺教秀・広橋綱光と相談した結果、便宜に随って洛中で手輿を用いている。

〔史料50〕『親長卿記』文明四年四月六日条

六日、晴、今(先カ)日令用登山輿広橋大納言輿也、今日返遣了、預置岩蔵、中実相院也云々、抑今度用手輿了、先々京中用四方輿、於河原撤蓋、爰予・勧修寺大給(納)言・広橋大納言等相談云、先々用四方、雖然当時構為洛外、其上撤蓋預置河原在家事、当時是又不可叶、自京中可用手輿之状如何、返答、当時之儀、任本儀雖可用四方輿、就便宜可為手輿之条、可有何子細乎、任両卿意見、用手輿了、（後略）

以前は洛中を四方輿で通行して洛外との境界（河原）で蓋を撤して河原在家に預け手輿にして進んだが（比叡山登山時の四方輿から手輿への変形については、『康富記』嘉吉三(一四四三)年五月二八日条に、六月会勅使として叡山に参向する坊城俊秀に関して「於不動堂前撤四方輿之棟柱等、為手輿、被登山」と見える）、親長は当時の住居が洛外であった上、河原在家に預ける事も困難（大乱の影響で在家が激減していたか）なので手輿のまま京中を進む（自宅と河原の間で洛中を通ったのであろう）のは仕方ない、というのが親長ら三人の共有した認識であった。輿の乗用が常態化する最初期にあっては用いるべき輿と空間の関係に定説がなかった事がうかがわれるが、ここでも輿のランクと洛中（京中）という空間が密接に連関して認識されている（かかる移動手段と空間の連関については、例えば室町殿義教の石清水八幡宮社参に供奉する衛府侍について「京中歩行、自東寺各乗馬」と『康富記』正長二(一四二九)年八月一七日条にある事からもうかがわれる）。

右に現れた輿の種類による格差は、次の史料からより具体的に知り得る。

〔史料51〕『海人藻芥』「輿之事」

鳳輦帝王乗物、四方輿ハ僧俗皆用之、手輿・腰輿、是者或寺中於社中用之、張輿僧俗一向内々ノ時用之、駕柄輿是者田舎等用之、当時板輿ト云物ナルヘシ、右によれば、四方輿は僧俗を問わず皆が用いるもの、手輿・腰輿は寺中・社中で用いるもの、張輿は僧俗が内々の出行時に用いるもの、駕柄輿は「田舎」で用いるものでこの頃板輿と呼ばれるものであったという。『尋尊大僧正記』文正元年（一四六六）八月四日条に一条教房の南都下向について「御方《前殿》御所御下向、御板輿、極内々儀也」とあるように、板輿が京外への下向で使用された事、またその乗用が「極めて内々の儀」とされ晴の出行の対極に位置づけられた事が確認されるが、史料51で板輿について「田舎で用いる」とある事が注意を惹く。中世（の少なくとも京都を中心とする空間認識）において「田舎」とは「京都」の対義語であり、具体的には洛中辺土（洛外）の外部を意味する空間的要素であったからである。板輿もまた、「洛中」と同次元の観念的空間概念（マクロ的視野から日本国の地理的構造を認識する時にしばしば想起される、内裏を中心とした同心円状のモデル。この仮想的モデルについては第九章第二節をも参照）たる「田舎」と関連づけられた乗物であった。

なおこれに関連しては、史料8の波線部に武家路頭礼一般について「京都と田舎と替儀あるへし」とある事も注目される。〝京都〟と〝田舎〟という、右の空間認識モデルにおける最も巨視的な視角で現れる二分線を境界線として、路頭礼もまた別の体系に分断されているからである。近年、東島誠氏は〈畿内《ウチツクニ》（中国・王権の所在地）と四方国《ヨモノクニ》（それ以外）〉という同心・多重的な中世都市王権の国土認識を提示したが、右の〈京都と田舎（それ以外）〉という二分法においては、同心円の中核的領域が畿内より小さい。中世において〈東国と西国〉あるいは〈京都と田舎〉〈都鄙〉という国土認識は比較的明瞭だが、東島氏がウチツクニ・〝中国〟と同義であるとする〝畿内〟という概念が当該期国土認識において、〝京都〟概念とどのような関係にあったかはなお厳密に追究する余地があろう(36)。

空間と乗物の問題に関しては、前述の鎌倉幕府における乗車・乗輿・乗馬制限規定が、「鎌倉中」という特定の都市空間と結び付けられてなされている事も注目に値する。このような規定は、京都・鎌倉とともに中世を代表する都市である奈良（南都）でも定められていた。

〔史料52〕治承五年（一一八一）六月日「興福寺寺辺新制案」[37]

一、乗物事、

於僧綱・已講者、車・輿等常時聴之、但雖僧綱、於寺中者不可乗屋形輿、

成業五師可禁止乗物、但着法服出仕之時、并七十已上人者乗否可随意、

於華族成業并公達者、着法服鈍色等交衆時者、乗物可有心、但於寺中者不可乗輿、

〔史料53〕嘉禄二年（一二二六）正月日「興福寺新制」[38]

南都新制条条、（中略）

一、乗物事、

元久新制云、於寺中僧綱以下不論藝（褻）晴、都不可乗屋形輿、於寺外者、藝（褻）出行之時、僧綱并宿老之人者可随宜、已講・成業等若少之人、好不可乗輿、但於晴出仕并病痾之時者、非制限、縦雖為僧綱、於若少之人者、参社等之時、常可為歩行、是皆為旧例之故也、又除僧綱・已講・花族成業并君達之外、凡人西座之成業以下、不可乗四方輿、（後略）

〔史料54〕『尋尊大僧正記』延徳二年（一四九〇）六月記末所引「興福寺奈良中定書案」[39]（奈良中掟法）

南都新制条条、（中略）

一、寺僧中若輩、奈良中乗物（板輿）・異形衣装可停止事、一切可任法則、学侶古老能ゝ可指南事、

一、衆徒分輩、或老体（七十以満）、或現病外、乗物（板輿）可止之、

一、国民乗物、子細同前、堅以可停止、於奈良中者、諸院諸坊僧綱等上官輩、寺社往反大綱取沙汰歩行儀也、参会且狼藉也、凡不弁古実（故）也、仍堅以停止之事、

右三点の史料より、中世最初期から鎌倉・室町期を通じて、奈良中では一定の身分と乗物乗用の可否が定められていた事が知られる。右諸規定には複数の区分があり、身分的区分では、原則として僧綱や宿老（史料52・54では七〇歳以上）・病人は乗物（車・輿）の乗用が認められていたが、成業・五師らは認められない、という基本線が一貫している。年齢的区分では、史料53で年齢制限が特記され、僧綱でも「若少」の人は旧例によって参社等の際は常に歩行すべしとし、史料52では「常時」乗輿が認められていた已講も「若少」者は除くとされている。また場面的区分では晴の出行と褻の出行という区分があり、上述の身分的乗車・乗輿可否は褻の出行に限られ、晴の出行時は若少の已講や成業でも乗輿可能であった（「法服を着しての出仕」もこの晴の場面に含まれよう）。さらに空間的区分では、興福寺寺中では僧綱以下一律に身分・晴褻を問わず屋形輿乗用が禁じられた。寺社の境内における乗物通行制限は極めて一般的現象で、足利義稙の醍醐寺三宝院参詣に関する『室町殿上醍醐御登山日記』（『続群書類従』武家部所収）永正一五年（一五一八）七月一七日条に「供奉衆者従馬場末下馬札辺乗馬云々」と、醍醐寺における「下馬札」の存在が確認され、また中世の寺社法では元暦元年（一一八四）・建仁二年（一二〇二）の「永久寺定書案」が山内の乗馬禁止法を「起請」という形で制定している[40]。

史料54では、奈良中という空間と、寺僧・衆徒・国民という中世大和・奈良の主要構成員がより強く前面に出ている。ここでは第一条で若輩の寺僧が奈良中の乗物（板輿）通行を禁止され、第二条・三条で衆徒・国民の老体・病身以外の乗物通行を禁じているが、第三条にあるその理由が、当該期奈良の交通体系の実態を伝えていて興味深い。即ち若輩・衆徒・国民の乗輿が原則禁じられていたのは、延徳二年頃の奈良中では諸院・諸坊・僧綱らが徒歩で往還していたため、身分的に上位にある彼らが徒歩で出行中に下位の若輩らが乗物で遭遇すると、路頭礼的にどうしても狼藉（非礼）とならざるを得ない（貴人が乗物に乗らない限り、下位者はどのような路頭礼的所作をとっても十分な礼節を尽くせない）ためであった。ここに、室町・戦国期大和を跳梁する衆徒国民の勢威（国民越智家栄上洛時の乗輿を非難する前述『晴富宿禰記』明応二年五月二〇日条を想起されたい）と、徒歩で移動せざるを得ないほどの僧綱らの零落が対蹠的に現れている。なお治承五年の史料52に見えた「車」が嘉禄二年の史料53と延徳二年の史料54では姿を消している事にも注意しておきたい。

話を輿の尊貴性に戻すと、輿の車に対する代替性は、武家社会に限らず当該期社会に共通して認識されている。

〔史料55〕『門室有職抄』

於路頭奉逢貴人儀、

院・親王・師主以上人ニハ、若駕車之時、自車下テ轅ノ外に可居、是深礼也、輿等同之、此外大臣・僧綱等ニハ、下車轅□又准之、又高位宿徳之人ニハ、クビキヲ懸ハツシテ示敬儀、或車ヲヲサヘテ可遇人也云々、凡如此事等、臨時可斟酌也、

右は僧の有職故実を集成した永和二年（一三七六）以前成立（奥書）の故実書で、乗車時に院・親王・師主以上と遭遇したら下車して軛《くびき》の外に蹲居（踞）すべし、大臣・僧綱に遭遇したら下車（文字を欠損しているが、下車して軛の中に立つか）、高位宿徳の人に遭遇したら下車はせず軛を牛から外して敬意を示し、それ以外は一般に車の進行を停止すべし等といった、第一章で詳述した公家路頭礼（車礼）と同様の礼節が記されている。

但し本節の問題関心から注目すべきは傍点部に「乗輿時も同じである」とある点で、乗輿時礼節には乗車時礼節（車礼）が準用・通用された事が知られる。さらに戦国期に三条西実枝が北畠具房に書き与えた故実書『三内口決』（『群書類従』雑部所収）は乗輿時の路頭礼について詳しい言及があり、右の通用関係もより明瞭である。

〔史料56〕『三内口決』第二一条

一、塗輿、四方、輿之代也、当時ハ車之代也、

諸家之輿ハ有廂、僧并武士ハ無廂、

路頭之礼有之、以車之礼為准拠、令了見者也、前駈雑色、以角木次侍為上首、騎馬、諸大夫侍等之在後陣、下車歩行之時者、諸大夫雑色等可為前行也、以此准拠、乗輿之時モ可有其沙汰、武士ハ歩行之時前駈無之候也、塗輿者、諸家諸山於門前乗之也、但東堂者至玄関乗之云々、若然者経寺僧之推挙之後、可遂其例歟、惣別者於門前可乗之条、為本儀歟、凡輿之立所者、禁中ハ限立石、諸家ハ限門外（イ前）、但摂家凡家へ渡御之時、限中門、諸寺ハ限門前、網代車之准拠也、仍路頭之礼無之、或寺中、或下馬下車之在所一向不拘其礼乗打也、依之男子忍之時乗之、女房ハ中﨟迄掛下簾、末之者下簾無之候、又尼者雖貴人不掛下簾、是偏捨世之儀歟、

一つ書の冒頭傍線部に「塗輿、四方、輿之代也」とあるのは不審で、「四方」が細書となっているのは恐らく書写時の誤りであろう。本来この二字は傍点部の「輿」の右肩に、「輿」を形容する傍注として、あるいは挿入符を伴って本文に挿入するつもりで「四方輿之代也」と書かれたものが、転写の過程で誤って本文の行中に入り込み、直前の「塗輿」を形容する細書の注のごとき形となった可能性が高い。結論的には、「塗輿、四方輿之代也、当時ハ車之代也」という一文であったと考えなければ文脈的に意味が通らない。

このように考えると、この一文は「塗輿は四方輿の代替として用いられてきたもので、現今では車の代替として用いられている」と述べている事になる。さらに三行目冒頭で輿にも路頭礼がある事を総括的に述べた直後、割注で「車の礼をもって准拠とする」と端的に明記されている。これらから戦国期には、乗物としてもその礼節体系においても、輿が車の代替という位置づけを得ていた事が知られるのである。

もっとも前段の記述から得られる右の事実と、波線部冒頭に「網代車の准拠なので、路頭の礼はない」とある事との整合性はいま一つ判然としない。ただ波線部の続きに「寺中でも下馬・下車を要求される場所でも一向に構わず乗り打つ（乗ったまま通行する）のであり、だから男性は忍んで出行する時これ（塗輿を指すか）に乗るのである」とある文章は、確かに「路頭礼はない」という文章と整合的に接続すべきものと認められる。このあたり

の文意解釈は後日を期すほかないが、「輿を立てるところは、禁中の場合は『立石』を限る」という中段の記述は、第四章以降で詳述する陣中（里内裏を中心とした三町四方の准大内裏領域）における下乗義務を指しており、立石は陣口（陣中の入口）にある「置石」と同じもので、輿といえども内裏周辺の要下乗区域を「その礼にかかわらず乗り打つ」事はなかった事を確認しておきたい。

乗輿時礼節が乗車時礼節に准拠して広く行われるようになった事の背景には、乗輿という行為の公武社会における急速な広まりが想定されるが、乗輿慣行の普及は乗輿それ自体の問題ではなく、応仁の乱中頃から不可逆的に進行した乗車慣行の廃絶と表裏の関係にある。即ち廃絶しつつあった乗車慣行の代替としての乗輿慣行の普及である。二木氏によれば、室町幕府では特に義政期以降に管領以下の上級武家衆の乗輿が多く見られるようになるという(41)。同様に鎌倉府においても家格秩序の上位にある人々が輿を乗用していた事は『鎌倉年中行事』からも確認し得る。同書によれば、鎌倉府では管領・評定奉行・政所・問注所等の人々は正月一一日の御評定始には大概網代輿で出仕しており（一部は乗馬）、翌一二日の勝長寿院門主による鎌倉殿（鎌倉公方）参賀も網代輿に乗って参上している。また鎌倉殿自身も同二三日の鶴岡社参や一二月朔日の「御方違御出」では輿を使用する等、上層部では専ら輿が乗用された事が知られる。

さらに二木氏は武家社会における牛車乗用について、南北朝・室町期には幕府が京都に置かれ将軍が公家社会の構成員という性格をも持つようになった事から、既に尊氏・直義兄弟の頃から牛車による晴の行事への出行が見られ、特に義満期以降牛車による出行が盛んに行われるが、一〇代義材（義尹・義稙）以降には廃絶して見られなくなった事を指摘するとともに、室町幕府における牛車乗用は原則として将軍家（御台を含む）に限られていたと推測している(42)。

九代義尚に関しては、『後法興院記』文明一二年（一四八〇）七月二四日条に「自伝奏許示送云、家門車可返給由有武命云々、此車事、此四五ヶ年前自武家可借進之由被命間進置了、車宿細川九郎在所、以外破損之間、車金物以下一向無正体云々、仍近日付伝奏可返賜之由令申訖」と、義尚が車宿の破損によって劣化した車を近衛家に返却した記事が見られ、また『資益王記』文明一三年三月二一日条に「今日室町殿御参内也、御乗車」云々とある記事等より、乗車が確認できる。そして『長興宿禰記』文明一八年七月二九日条に義尚の右大将拝賀に関して「路次御所南小路東行至于一町、（中略）至于置石御下車」と見えており、右大将拝賀の時までは乗車した徴証がある。義尚が翌長享元年（一四八七）九月一二日に近江に出陣し帰京する事なく陣没した事、かつ後述のように乗車が在京を前提とする行為であった事を考慮すれば、将軍出行で車が用いられた最後の機会は義尚の右大将拝賀であった可能性が高い。

　このような乗車慣行の廃絶は、独り武家（幕府・将軍・鎌倉府等）のみの問題ではなかった。詳細は別の機会に論じているが[43]、乗車出行は車・僮僕・牛・牛飼の調達・維持等の経済的負担を多大に伴う交通手段であったにもかかわらず、南北朝期の内乱によって廷臣の資金力は加速度的に減衰し、応仁の乱で壊滅的な打撃を受ける。その結果、行為主体のほぼ全体が廷臣（室町殿を含む）であった乗車慣行は、廷臣の窮乏によって廃絶を余儀なくされ、相対的に安価・簡便な輿が代替物として常用されるに至ったと見られる。

『宣胤卿記』長享三年正月一〇日条の「今日東山殿諸家参賀也、予故障不参、近年参人最小也、自殿下（一条冬良）、今日御参賀為御乗用、予輿被借召之間、皆具進了、乱来摂家清華皆以乗板輿、不及車之沙汰、輿所持方尚以希也、末代作法可悲之」という記事は、かかる状況を端的に伝えるもので、摂家清華さえも乱勃発以来は輿に乗るようになり、その輿でさえも所持する家は稀で、関白一条冬良が中御門宣胤から輿を借用してようやく出仕を遂げたというように、路頭出行の礼節体系における物理的条件が壊滅的被害を受けている。『元長卿記』永正四年三月二六日条に東坊城和長らの北野社参詣について「先参北野社、車当時不合期歟、用四方輿」とあるのも、公家社会における牛車の調達困難と、乗車の代替行為としての乗輿慣行の簇生を端的に伝えるものである。また『十輪院内府記』文明一八年七月二九日条に「今日室町殿（義尚）右大将御拝賀也、通世朝臣（中院）殿上前駈、大臣現息尤厳重之事也、酉刻計参入、自此亭土御門堀川乗馬参入、先須乗車也、然而此事不合期、仍無力事也」とあるのも、やはり乗車すべき場面で乗車出行が叶わず、乗馬で参入せざるを得なくなっていた事を伝えている。右でいう「不合期」が経済力の欠如を意味する事は間違いなく、「無力」の語もまた行為の裏づけとなる財力を持たないという意味での絶対的不可能性のニュアンスを持っている。

このような中で『愚記』（三条実量公記）[44] 嘉吉三年（一四四三）四月一九日条に「密々以板輿直垂之体参詣神宮」、同記同年七月二三日条に「入夜以板輿直垂之体密々行向管領宿所、是不可然事也、然而於当世者将軍同事也、又家君多年御知音也、以後云是（云彼カ）、密々行向也」、『後法興院記』明応六年四月二〇日条に「早旦令下向南都、（中略）予并博陸（近衛政家・尚通）女房輿也、堅固依為隠密也」、同年七月二六日条に「是日前左府公淳（徳大寺実淳）公息女為前関白（近衛尚通）室、及深更被来、板輿堅固密々儀也」等とあるように、廷臣は晴でない（他者に見せる事を目的としない褻の）出行の際には輿を常用するようになる。『建内記』永享一一年（一四三九）六月九日条によれば、室町殿義教も鎌倉殿持氏討伐に関して参内するため満済僧正の「三宝院京坊」（法身院）に渡御した際、「内々」の渡御として「御輿」に乗っている。

以上に加えて、筆者の見るところ応仁の乱は別の側面——即ち洛中の荒廃という物理的側面で、乗車慣行の衰退を決定的にしたように思われる。今日の大部分の自動車がそうであるように、車輪によって動くものはその大前提として、平滑に整備された路面を必要とする。乗車という慣行が中世日本においては（鎌倉・奈良を除き）ほとんど洛中に限られていた事は前述したが、それは路面を平滑に整備された街路が隈なく張り巡らされているという、平安京の都市的完成度に立脚する物理的条件がもたらした結果である可能性が高い。とすれば、京都全域を荒廃させ上京の大部分が焼亡した応仁の乱とその復興の遅さ（都市民の生活環境としての復興ではなく、都市・都城としてのハードウェア的側面の復旧・再整備の遅滞）は、乗車を可能にする物理的条件を中世京都から奪ったのではないか。

このように京都という都城の都市的完成度と乗車慣行との関係――即ち〈京都あっての乗車慣行〉という視点を措定すると、二木氏が指摘した将軍家の乗車慣行廃絶という現象は示唆に富む。そこでは第一に、京都を根拠地とする室町幕府が京都荒廃という地理的条件変化の直撃を受けた結果が右現象であった事が想起されるが、第二に想起されるのは、義稙以降の将軍と京都の地理的関係の変化――即ち将軍の京都不在である。

その傾向は義尚晩年の一年半に及ぶ六角高頼討伐の近江在陣を嚆矢とし、続く義稙は延徳三年の近江の六角高頼討伐・明応二年の河内の畠山義豊討伐と出陣を繰り返した上、対立する将軍義澄・細川政元・同高国らとの抗争中に将軍の畿内近国・北陸・西国流浪の常態化の先例を拓いた。義澄も永正五年の義稙上洛・将軍再宣下以降は近江を根拠地として近江で没し、将軍・前将軍の近江在国は以後義晴・義輝父子の代まで常態化する。そして義栄に至っては将軍宣下後一度も京都に入る事なく没し、義昭もまた織田信長との決裂後は各地を転戦し、室町幕府の命脈を京都帰還不能という形で終わらせているのである。このように義尚晩年（長享元年九月一二日の近江出陣）[45]に始まり義稙以降に定着する将軍・前将軍の京都不在は、もはや京都復興の進捗・遅滞とも無関係に、京都の都市構造を不可欠の物理的条件とする乗車慣行を、将軍出行形態の選択肢から否応なく消滅させたと考えてよかろう。

鎌倉府においても事態は同様であった。『鎌倉年中行事』によれば鎌倉府では鎌倉殿（鎌倉公方）の御所が「御車寄」を備えていた事が知られ[46]、実際に御所の「御新造ノ御移徙」の際等には鎌倉殿が牛車で移動していた事が確認される[47]。加えて基本的に関東管領・御一家以下の諸人が規定対象として現れる一方で鎌倉殿のみが対象として全く現れない先の『鎌倉年中行事』の路頭礼条々に、車に関する規定が一切見えない事をも考慮すれば、鎌倉府という組織の中でも牛車を用いるのは鎌倉殿のみであったと思われ、京都の幕府と同様の、乗物と身分秩序の対応関係を持っていたと推測されよう。そして右のように少ないとはいえ鎌倉殿の乗車が可能であったのも、京都と同様、鎌倉府という地方政権の所在地として鎌倉の都市的整備（車両通行が可能な街路の整備）が十分になされていたからと見られよう。とすれば、享徳の乱勃発に伴って享徳四年（一四五五）に鎌倉殿成氏が鎌倉を出て関東各地を転戦し、下総古河に本拠を移して鎌倉を抛棄した時点で、鎌倉府（であった組織）の路頭礼体系からも乗車に関わるあらゆる要素は消滅せざるを得なかったと見られるのである。

このように応仁の乱・享徳の乱を境として京都・鎌倉では乗車を可能とする物理的条件が失われ、また主たる乗車主体であった廷臣の経済的困窮とも相俟って乗車という行為自体が姿を消した。この事は、従来身分的に乗車すべきとされた公武社会の最上層が一律に出行（特に晴の出行）の手段を失った事を意味し、次善の代替手段として乗輿慣行が公武社会上部を覆い尽くす事となった。換言すれば、乗輿者集団の中に公武最上層が下りてきたのである。さらに前掲史料48にあるように、本来乗馬していた大名層が室町後期には乗輿を多用し始め、乗輿者集団の中に上がってきた。ここにおいて輿は、乗車有資格者の身分との関係で車に与えられてきた（天皇の乗る鳳輦等を除く）最上位の尊貴性を車から継承するとともに、輿・馬という乗物の二大類型の中で、大名クラス以上の貴人全般が乗る乗物という位置づけを得る。輿という乗物自体が持つ尊貴性は、かかる乗輿者集団の存在から漠然とイメージされ、次第に具体的な有資格者が厳密に云々されなくなって〝貴人の乗物〟というイメージが一人歩きし、乗輿者の人品骨柄に関係なく乗馬者に対して無条件に下馬を要求するに至ったのではないか。

おわりに

本章の最後に、武家故実書における路頭礼条文の分析を通じて得られた、室町・戦国期武家路頭礼・礼節体系の特質を述べてまとめとしたい。

本章で挙げた各種故実書によれば、当該期京都に展開した武家社会では、路頭を出行すると乗馬者・乗輿者に会うたびに適切な礼節を記憶から検索・判断し、いちいち進行を止めては道を譲ったり下馬したり履物を着脱したり、といった動作を繰り返していた事になり、そこに中世後期京都の交通事情を垣間見る事ができよう。

伊勢貞藤の『御供古実』や同貞仍の『宗五大草紙』は著者自身（あるいは証言者たる父）が室町殿権力全盛期の風を遺す時期を生きており、したがって両書の記述には幕府や室町殿権力・権威が目に見えて瓦解・凋落を始める（つまり往時の幕府の体を成していないため、かえって幕府が理想化されやすい）時期のものに過ぎないという以上の史料的価値——即ち確かにその頃から存在した作法として一定度の確実性・遡及可能性が認められる。また伊勢氏関係の故実書の編著者は貞藤・貞仍が申次、貞助が三好氏政権の故実礼節の顧問、特に貞陸・貞孝が政所執事と、多くが室町殿側近あるいは幕府政務の枢機に与る実務家であって、その内容はオーソリティとしての価値を一定度帯びていた可能性が高い(48)。

それら伊勢流故実と内容を類似させる諸々の故実書も、当該期武家社会において受容された一般的認識に近いものを含むと見なし得るが、掲出した諸史料からも明らかなように、それらはあくまでも類似であって同一ではなく、鼠算式に増補・異説を生んでいる。この点で、法定礼節＝「王法」たる『弘安礼節』を基準点として持ち、口伝故実に特有の際限なき派生に歯止めがかけられている公家社会礼節体系と対蹠的である。

また『鎌倉年中行事』をはじめとする武家故実書は、上述のように幕府政務・儀礼の中枢に近い人物が編修したにもかかわらず、種々雑多な故実が体系的な前後関係を持たずに雑然と列挙されている点でも共通している。つまり彼らのような立場にいる者によってさえ、礼節上の作法が整然と体系化されオーソライズされる事はなかったと見られるのであり、室町幕府や鎌倉府関係者による体系的な故実・礼節の整理が遂に行われなかった事がうかがわれるのである。また各故実書が他に膨大な記事を持つ（例えば『群書類従』本の『御供古実』は全一一〇条、

『宗五大草紙』は全二八四条）にもかかわらず純粋な路頭礼に関する言及が本章で示した条々に限られている事は、路頭礼が幕府奉公における膨大な故実の中のうちの極めて小さな一部分でしかなかった事を伝えている。この点でも、路頭礼の体系化が中世前期に果たされており、かつ路頭礼が書札礼・院中礼等と並ぶ礼節体系のうちの重要な柱として位置づけられていた公家社会とは様相を異にしていよう。

路頭礼に即していえば、各種故実書の大部分で繰り返し路頭礼や居所―路頭間礼節（門前下乗の礼）が言及されている事は、それらが武家社会秩序において一定の需要のある情報であった事を示していよう。また礼節という社会的思考回路そのものに即しては、永正頃の幕府申次伊勢貞仍が自著で次のように述べている。

〔史料57〕『宗五大草紙』「古人の申ける事」第一五条

一、聖徳太子の給はく、五常の語、内典には五戒なり、仁ハ（中略）、義とは（中略）、礼は、臣ハ君をたつとみ、子ハ親に孝し、弟ハ兄にしたかひ、老たるを敬て上にしてあなとらす、下にしてみたりならす、是をなつけて礼と云、智ハ（中略）、信ハ（後略）

公武の多様な知識が（必ずしも体系的にではなく、かつ様々にデフォルメされた上で）混淆した知識体系の中で、武家が改めて「礼」を定義しその重要性を主張する発想と言葉を持っていた点は、強調されてよい。但し、浩瀚な故実書の簇生が応仁の乱後から戦国期にかけてであった点――換言すれば、室町幕府が安定期を終えた後であった点にはやはり注意すべきであろう。

かかる現象を、混乱する時代にこそ秩序ある時代が理想化・古典化されて回顧され、故実・礼節の文章化・流布という形で秩序の定着化が強く図られたという文脈で理解する事も可能であろう。しかし、室町幕府が社会秩序を統合する軸としての役割を曲がりなりにも果たした一四～一六世紀を通観すると、社会の大枠において政治的秩序――特に軍事的な安定性が最大限まで高められ保たれた時期は、義満による南北朝合一・室町殿権力の形成・確立から義教期中盤まで、せいぜい六〇年程度である（義教晩年の数年間は、室町殿が意に染まぬ者の討伐・殺害を繰り返す秩序攪乱者と化していた事、また嘉吉の変によって武家社会を束ねる箍が不可逆的に外れた事は明らかであろう）。この安定期の期間は古代や近世と比較した場合明らかに短く、中世特有の社会構造の反映である可能性が高い。したがって前述の現象——即ち盛んな秩序定着化の試みが典籍その他の形になって現れる時期と、実際の安定期とのタイムラグも、この側面から理解できる余地がある。具体的にいえば、室町期武家社会はかかる礼節・作法を右のような形あるものにするのに時間を要する性質の社会であり、ようやく十分な準備期間を経た時には幕府秩序そのものが混乱・解体へと向かってしまうという、寿命ある社会秩序としての室町幕府の成長ペースの問題がそこに見出されるのであり、その背後にはそのようなペースでの成長しか許容しない当該期社会特有の性質を想定すべきではないか。この点、今後改めて追究すべき課題である。

原則として牛車が使われず（牛車に乗るのは室町殿・鎌倉殿のみか）、また乗輿資格の有無によって家格秩序が構成されている等の点において、武家社会の路頭礼秩序は公家社会とはほぼ全く独立して、独自に構築されていたと考えられる。また車上礼の不在とは逆に、『弘安礼節』等に載せる馬上礼が位階を基準とし、かつ具体的所作としてはほとんど下馬という一事のみしか持たない極めて単純な体系であったにもかかわらず、武家路頭礼では当事者同士の物理的・身分的距離によって差異が設けられ、また下馬・道を譲るという二種の動作を根幹としつつ履物の着脱・鐙を外す礼・避ける方向・通過時の「礼（返礼・会釈）」の仕方等、細密さ・複雑さを増している事も注意されよう。武家社会は公家社会の馬上礼の構造を直接には継承せず、むしろ公家社会の車上礼に似た形で独自の馬上礼を形成していたのである。

それでも武家社会の路頭礼は、公家社会のそれに比べて簡潔であった様子が看取されるが、その理由としては、武家社会の構成員の階層が公家社会に比べて相対的に簡略な構造になっていた事が考えられる。『鎌倉年中行事』

に拠る限り、少なくとも鎌倉府では鎌倉殿（公方）・関東管領・御一家（吉良等）とその下の奉公衆・評定衆・引付衆・公方人・公方者、外様の大名・国人層等が身分的に峻別可能であるに過ぎず、京都の幕府においても身分秩序は国持・准国持・奉公衆・奉行衆といった幕府の職掌に立脚する区分や、御一家・御相伴衆・御供衆・外様衆・申次衆・御部屋衆・走衆その他の、身分・栄典的な色彩の濃い区分で区切られるに過ぎない。その点で、位階官職の組み合わせ（例えば参議でも三位と四位、大弁兼任の有無等で）や家柄の加味によって際限なく身分を細分化し得る公家社会とは、根本的に身分秩序の構造・複雑さが異なっている。

　そのような公家社会に対する相対的な単純性に加えて、公達・（殿上人・地下の）諸大夫・侍・それ未満（凡下）という（主に）出自を基準にして与えられる身分で測った場合に、武家社会構成員の大部分を（若干の地下の）諸大夫と（大多数の）侍が占めているという単純性もまた、彼らの乗用可能な乗物をほぼ馬に限定してしまう要因として重要であろう。

　佐多芳彦氏は、古代日本における乗車慣行定着の要因を、上述のような身分秩序の形成と関連づけて論じ、乗車とは昇殿制という制度を背後に持つ古代身分制社会における特権的行為であり、そのため貴族以外の身分には広がらなかったと論じている[49]。この指摘を踏まえても、また正一位以下の位階を基準として表現される社会全体の身分秩序という観点から見ても、（上記の出自基準の身分と大まかに連動しているので当然だが）武家社会は全体として下位の存在（極めて少数の大名や幕閣要人・名門氏族を除いて、大部分は最高でも五位止まり、ほとんどは六位または無位）であった。その結果、二木氏が指摘したように[50]、原則として五位以上にしか認められない牛車ではなく馬を乗物の主体にせざるを得なかった事が、先に見た武家故実書や年中行事における路頭礼の扱いや、体系的な路頭礼規定が生まれなかった事、さらには車上礼の皆無や馬上礼の独自性の理由ではなかったかと推測されるのである。

このように、武家社会が独自の馬上礼を構築しなければならなかった原因を、公武を併せた社会全体における武家奉公の人々の身分の低さに求められるならば、礼節の細部が公武相互で独立的に形成され併存していたとしても、身分によって各乗物の乗用資格が異なるという公家路頭礼の根本的原則は、武家路頭礼をも規定していた事になり、ひいては中世公武社会全体を律していたと評価する事ができよう。しかも朝廷・公家社会をも包摂する室町殿権力の確立過程に関する学説史が示すように、義満以降の室町幕府の首長（室町殿）は武家社会の頂点に位置すると同時に、公家社会の一員（廷臣）たる属性をも強く有していた（出自に基づく既存の身分でいえば、各世代ごとに変動しつつも一貫して摂家と同等以上の格式を確保し続けた室町殿家は、最低でも「公達」である）。この事は公家路頭礼と武家路頭礼の両者が形式上、室町殿を結節点として一つの大きな礼節体系の二大要素として接続する回路を獲得する機会を得た事を意味していよう。既に早島大祐氏は室町殿の右大将拝賀について、公武混淆した供奉人・随兵の態様が、室町殿のもとでの公武社会の統合を象徴していた事を指摘している[52]。本章でも公武礼節体系の結節点としての室町殿の存在は、公武・在地等の個別社会に存した礼節秩序を、いわゆる〝礼の秩序〟という一つの体系に繋ぎ合わせるものとして高く評価したい。

かかる統合の機会を得ながら、しかし実態上は本論でも述べたように、武家路頭礼は戦国期まで独自の故実を蓄積し続け、公家路頭礼と一体化する事はなかった。その点に、独自の家格・職位等が織りなす身分秩序に基づく新たな礼節体系の形成を、既存の公家社会礼節体系から独立して行おうとする、室町幕府の指向性の強さがうかがわれよう。

（1）石井進・石母田正・笠松宏至・勝俣鎮夫・佐藤進一編『中世政治社会思想　上』（岩波書店、一九七二）三九九頁以下所載。

（2）参考までに、京都市編『京都の歴史3　近世の胎動』（学芸書林、一九六八）三三二〜三七頁では、在京する幕府直轄軍や守護大名軍が約一万騎前後、これを含む公家・武家・社寺関係の人口が合わせて五万人、また庶民人口が五万人、総計一〇万人という試算がなされている。

（3）田坂泰之「室町期京都の都市空間と幕府」（『日本史研究』四三六、一九九八）。

（4）享徳の乱の過程については、佐藤博信「足利成氏とその時代」（『古河公方足利氏の研究』、校倉書房、一九八九）、同「享徳の大乱の諸段階」（『中世東国の支配構造』、思文閣出版、一九八九、初出一九八六）、阿部能久「江の島合戦と足利成氏の関東府再建構想」（『戦国期関東公方の研究』、思文閣出版、二〇〇六、初出二〇〇四）、同「享徳の乱と関東公方権力の変質」（同前著書、初出二〇〇三）等を参照。

（5）勝田勝年「殿中以下年中行事」（『群書解題』三、続群書類従完成会、一九六〇）。

（6）同書の諸本間の異同とその意義については萩原龍夫・山路興造編『日本庶民生活史料集成　第二三巻　年中行事』（三一書房、一九八一）収載の同書翻刻の解説（佐藤博信氏執筆、七六七頁以下）を参照。

（7）『鎌倉年中行事』の本文は前掲注6『日本庶民生活史料集成』所収の翻刻に拠り、同書の拠った内閣文庫所蔵本をもって校訂した。また『群書類従』は国立公文書館内閣文庫所蔵の版本（請求番号二一四—〇〇三八、武家部巻四〇八）を用い、同書所収本との校異は重要部分のみ傍線と括弧書きで傍注して示した。同書における路頭礼規定の存在とその内容については山田邦明氏から多く御教示を賜った。特記して深甚の謝意を表したい。

（8）第一章注40参照。

（9）山田邦明氏の御教示による。なお「⿱𣪊疋」「⿱殸疋」は諸橋轍次『大漢和辞典』や『康熙字典』はもとより、『類聚名義抄』等の古字書にも収載されていない。

（10）山田邦明「室町時代の鎌倉」（五味文彦編『中世を考える　都市の中世』、吉川弘文館、一九九二）二二一〜二二二頁。

（11）田中稔「侍・凡下考」（『鎌倉幕府御家人制度の研究』、吉川弘文館、一九九一、初出一九七六）。

（12）前掲注1『中世政治社会思想　上』四一三頁以下所載「伊賀国惣国一揆掟書」第五条に「国中之足軽他国へ行候てさへ城を取事に候間、国境に従他国城を仕候て、足軽として其城を取、忠節仕百姓有之ば、過分に褒美あるべく候、その身におゐては侍に可被成候事」とある。同書「解題」（石井進氏執筆、五五五頁）によれば、同掟書は天文二一年（一五五二）〜

永禄一一年（一五六八）の成立と推定される。

(13)『慈照院殿年中行事』の本文は前掲注6書所収の翻刻に拠る。『続群書類従』武家部所収本はこの部分を欠く。

(14)『群書類従』武家部所収。

(15)『宗五大草紙』の書き方では貞頼・貞仍いずれが初名か判断し難いが、「八坂神社文書」（八坂神社文書編纂委員会編『新修八坂神社文書（中世編）』、臨川書店、二〇〇二）一九八号「伊勢貞仍書状」の端押紙に「伊勢下総入道貞仍、元貞頼、号宗五、」とあり、『長禄二年（一四五八）以来申次記』末尾の「申次御番定被置人数事　延徳二年（一四九〇）六月日」の項に「伊勢次郎左衛門尉貞頼、任下野守、近年貞仍と改名也云々」とあるので、同書がまとめられた永正六年（一五〇九）（奥書）の直前期に貞仍と改名した事が知られる。

(16)『慈照院殿年中行事』末尾で貞藤と同じく三番に「同（伊勢）下総守貞頼」、『実隆公記』文明一六年（一四八四）三月一〇日条に室町殿御連歌の武家衆として「伊勢次郎左衛門尉 貞頼」、『親長卿記』文明一八年七月二九日条所載義尚右大将拝賀散状に「同（伊勢）次郎左衛門尉貞頼」、同記明応二年（一四九三）正月一八日条に「今日鞠始也、（中略）武家輩伊勢下総貞頼」、『実隆公記』永正六年五月一九日条に「伊勢下総守貞頼来」等と見える。

(17)『群書類従』雑部所収。

(18)『群書解題』一五（続群書類従完成会、一九六二）一三〇頁以下。

(19)二木謙一「室町幕府御供衆」（『中世武家儀礼の研究』、吉川弘文館、一九八五）三三〇頁等。父貞遠の著『殿中申次記』（『群書類従』武家部所収）の、同書を増補し息貞知に写し与える旨の奥書に「永禄七甲子二月八日　伊勢加賀守 貞助在判」とある。

(20)木下聡「『後鑑』所載「伊勢貞助記」について」（『戦国史研究』五七、二〇〇九）。

(21)『三好筑前守義長朝臣亭江御成之記』所収の奉書に次のようにある。

来晦日三好筑州亭へ　御成御座候間、各可有御参之由、被仰出候、

三月九日　　大和宮内少輔

　　　　　　〃〃〃〃

　　　　　　伊勢加賀守

各御中

(22)『時代別国語大辞典　室町時代編』（三省堂書店）「そろりと」の項によれば、中世末期には「次第次第ニ」「忍ビヤカニ」「ヒソカニ」と同義であった。

(23)『群書解題』一六上（続群書類従完成会、一九六二）「今川大双紙」の項（三一頁以下）は、同書を了俊の著作とするには問題があるとし、同一五「了俊大草紙」の項・「京極大草紙」の項（一一九頁以下）も歌道における了俊の立場から見て『今川大双紙』と同内容・同文の『京極大草紙』（永禄三年書写奥書あり）を了俊の著作とする所伝を全く否定している。ただ、大永八年（一五二八）成立（奥書）の『宗五大草紙』「公方様御対面之事同私様のやう」第四条に「今川貞世（了俊）書れたる大双紙と云ものに、よ所へ遣候使節の可心得事、詞たしかにてうしをも聞しり、可然仁を可用なり、先よく、、主人の仰を心をしつめて承りて、一事も不審の儀をは返して尋申」云々とあるが、群書類従本『今川大双紙』「躾式法の事」第四条に傍線部とほぼ同文があり、大永八年に伊勢貞仍が「今川貞世書れたる大双紙」と認識した典籍が類従本『今川大双紙』であった事は認めてよい。天文二年成立の『伊勢加賀守貞満筆記』（『続群書類従』武家部所収）「今川貞世法名了俊事」にも「大草子と申物を被書置也」とある。なお類従本『今川大双紙』に瀬名貞雄本をもって校合したとあるが、瀬名氏は了俊を祖とする今川氏の庶流であったから、了俊の子孫に家祖了俊の著とする所伝が一定の説得性を持って伝えられたのだろう。

(24) 本文中、例えば後掲史料30に「輿をよけへし」、史料31に「輿の礼さまをあけへし」「明たるこしならはたてへし」、史料41に「車にハ輿よけへし、輿にハ馬よけへし」等、通常は動詞の〈終止形＋べし〉となるところを〈連用形＋べし〉とする箇所がある。これは戦国期に目立つ活用形であり（一種の方言か。史料1『鎌倉年中行事』〔内閣文庫本〕の①にも「誰ニモ致下馬申サレへシ」とある）、義満期の用語法として直ちに認める事は躊躇される。

(25) 前掲注10山田氏論攷一二二頁。

(26)『長禄二年以来申次記』（『群書類従』武家部所収）によれば、三職＝管領細川勝元・斯波義敏・畠山義就、御相伴衆＝山名持豊（宗全）・細川成之・一色義直・畠山義統・佐々木持清、国持衆＝斯波持種・細川持久・山名教豊・山名政豊・山名教之・細川刑部少輔・山名政清・山名是豊・土岐成頼・佐々木勝秀・武田信賢・佐々木政高・富樫成春、准国持＝細川成経・佐々木加賀守。

(27) 史料43と同じ『宗五大草紙』の「文明十一年の比御相伴衆御供衆以下の事」に「御供衆／細川右馬頭殿政国」とある。

政国は嫡宗満元の孫、持賢の子で、嫡宗家（いわゆる京兆家）を輔佐したいわゆる典厩家の人物。
(28)『福井市史　資料編2古代・中世』（福井市、一九八九）所収朝倉俊徳氏所蔵本による。
(29)二木謙一「足利将軍の出行と乗物」（『武家儀礼格式の研究』、吉川弘文館、二〇〇三、初出一九九一）。
(30)二木謙一『中世武家の作法』（吉川弘文館、一九九九）一八三頁。
(31)延応二年（一二四〇）法は池内義資・佐藤進一編『中世法制史料集　第一巻　鎌倉幕府法』（岩波書店、一九五五）一三六条～七条、弘長元年（一二六一）法は三八一条を参照。
(32)同右三八二～三条。
(33)この部分の文言の異同の意義については山田邦明氏の御教示を得た。
(34)前掲注29二木氏論攷一三〇頁。
(35)『勘仲記』弘安一一年（一二八八）五月二七日条に、記主勘解由小路兼仲の六月会勅使参向に関して「毎事省略所守制符也、乗輿之間弁侍発前声参会」云々と見える。
(36)東島誠「都市王権と中世国家――畿外と自己像――」（『公共圏の歴史的創造』、東京大学出版会、二〇〇〇、初出一九九八）。
(37)「大乗院文書」（佐藤進一・百瀬今朝雄・笠松宏至編『中世法制史料集』〔第六巻、公家法・公家家法・寺社法、岩波書店、二〇〇五〕寺社法二）。
(38)「福智院家文書」（同右寺社法一九）。
(39)『尋尊大僧正記』延徳二年六月記末所引（同右寺社法一五七）。
(40)元暦元年（一一八四）六月日「永久寺定書案」（「内山永久寺置文」、同右寺社法五）に「条々起請、（中略）／山内不可乗馬事、（中略）／条々若令違犯丶（者）、申上事由、可有罪科云々」と、また建仁二年（一二〇二）一二月一五日「永久寺定書案」（成簣堂古文書『内山之記』、同右寺社法一三）に「永可停止条々起請事、（中略）／一、大門馬乗、於山内永不可乗馬矣」とある。
(41)前掲注29二木氏論攷一四二頁以下。
(42)前掲注29二木氏論攷一三一～一四七頁、一五〇頁。
(43)本書第六章・七章、また桃崎有一郎「中世後期における朝廷・公家社会秩序維持のコストについて――拝賀儀礼の分析と朝儀の経済構造——」(『史学』七六—一、二〇〇七)等を参照されたい。

(44) 東京大学史料編纂所架蔵写真帳(請求番号六一七三—一一五)。記主が三条実量である事については第四章注10を参照。

(45)『後法興院記』長享元年(一四八七)九月一二日条等。

(46)『鎌倉年中行事』正月一二日条。

(47)『鎌倉年中行事』「御所造并御新造ノ御移徙之様躰ノ事」。

(48) 室町幕府政所執事を世襲した伊勢氏一族の編纂にかかる武家故実書の性質と編者については、前掲注30二木氏著書、七二~七五頁をも参照。またそれ以前の義満期における武家故実の成立・義持~義教期の広汎な展開の経緯(特に義持期の法華八講興隆と義教期の縮小)については川嶋將生「室町期武家故実の成立」(村井康彦編『公家と武家——その比較文明史的考察——』、思文閣出版、一九九五)をも参照。

(49) 佐多芳彦「牛車と平安貴族社会」(『服制と儀式の有職故実』、吉川弘文館、二〇〇八、初出二〇〇四)。但し佐多氏はその秩序を公卿・殿上人・諸大夫と区分しており(二八六頁)、若干私見と異なっている。

(50) 前掲注29二木氏論攷、一二九頁。

(51) 桃崎有一郎「足利義持の室町殿第二次確立過程に関する試論——室町殿の同時代的・歴史的認識再考——」(『歴史学研究』八五二、二〇〇九)参照。

(52) 早島大祐「公武統一政権論」(『首都の経済と室町幕府』、吉川弘文館、二〇〇六)二七頁。

第三章　中世洛中における街路通行者と第宅居住者の礼節的関係
――門前・第宅四面と広義の路頭礼――

はじめに

第一章では『弘安礼節』を中心に、公家社会における路頭礼の法制史上の沿革と具体的諸動作、さらに敬譲度合を基準とした各動作を体系づける秩序を確認・概観し、また第二章では武家社会における路頭礼の特質について、公家社会のそれと比較しつつ論じた。これらを踏まえ本章では、人と人が直接遭遇した場合を前提とする作法に基礎づけられた、路上の通行者が第宅《ていたく》やその門前・跡地等に対して行う間接的な礼節について論ずる事としたい。

この礼節は、当事者のうち高身分の者がある居住空間内に居住・滞在している時に（この場面での居住空間である建造物・区画を、本書では以下「居所」と呼ぶ）、その周辺街路を通行する低身分の者がとる手続きであり、路頭礼を不可欠の基礎的要素とする。しかし他方で、街路のみを場とする純粋な路頭礼と異なり、個別の場面を規定する空間的条件は高位者の居所たる建造物・区画やそれを観念上代表する門という場、あるいはそれらを囲繞する付帯的建造物・街路等、様々な物体や空間的広がりを伴う点に特色がある。

本書では、里内裏（洛中の天皇の居所）のみに設定された周囲三町四方を占める特殊空間＝〝陣中〟の基礎的・応用的考察に半分の章を割いて論じているが（第四～七・九章）、この陣中がまさしく上述の空間的広がりを有する路頭礼的礼節秩序の装置に他ならず、陣中と外部空間との境界点を通行者が通過する事によって、路頭礼的手続きが発動する仕組みとなっていた。そして第九章でも詳述するように、陣中は同じ同心円を成す空間認識の要素として上位に位置する〝洛中〟に直接接続する概念であり、単純な路頭礼には存在しない空間的広がり・認識上の奥行きを有するものであって、中世社会の国制上の身分秩序や社会認識の体系として踏み込んで考察する価値があると同時に、路頭礼を一つの基礎とする礼節体系の一部としても捉えられるべきものである。

当事者同士が路頭で遭遇した場合に発生する、当事者の所在と行為の発生場所が全て路頭で完結している礼節体系を〝狭義の路頭礼〟と考えるならば、上述のような、路頭礼を一つの基礎としつつも洛中という都市構造全体を巻き込む複合的礼節体系は〝広義の路頭礼〟と位置づける事ができよう。本書ではこの広義の路頭礼を仮に〝居所—路頭間礼節〟と命名して論を進めたい（「—」は、「幕府—守護体制」等という場合と同様に、二要素が相互に接続する形態が当該概念の重要な根幹であるという意味である）。

また本章では、居所—路頭間礼節が居館の門前という一点に集約されて発動する、門前通過を憚る礼節について一節を割いて論ずる。この問題については既に西山良平氏が平安期の諸事例を博捜し、多くの興味深い問題を提示しており、当該節ではこの西山氏の論攷と重複する部分が少なくないが、上述の本書全体における重要性に鑑み、西山氏の指摘を踏まえつつ中世の事例を加えて補足的に論じ、私見を提示する事としたい。

一　第宅の門前通行を制約する礼節

今日でも多くの寺社の門前に「下馬」を指示する立て札があり、また足利義稙の醍醐寺三宝院参詣を記録した『室町殿上醍醐御登山日記』（『続群書類従』武家部所収）永正一五年（一五一八）七月一七日条の「供奉衆者従馬場末下馬札辺乗馬云々」という記事から戦国期醍醐寺に下馬札の存在が確認されるように、寺社門前の下乗義務は一般によく知られているが、[1]古代・中世日本では様々な貴人の門前で下乗義務が発生していた。

西山氏が指摘するように「門」はそれ自体が一箇の建築であり、大きな収容力を有し、かつ開放されていた空間で、空間秩序の研究素材として興味深いものである。[2]但し本節で着目する門前通行に関する礼節では、問題はむしろ門の外部に広がる周辺空間にある。既に西山氏が『延喜式』（左京職、町内小径条・大路門屋条）に拠って指摘しているように、[3]大路に面して「門屋」を建造できるのは三位以上と参議のみ（いわゆる「公卿」）であり、それ未満の身分の者が宅内から街路に出るには町に通された小径に向けて門を設けなければならなかった。これは、〈街路に対して門を構える事自体が尊大であり尊貴性のなせるところである〉という認識が、古代から律令法体系における法定礼節というレベルで存在した事を示している。

門の築造を場所・身分の憚りなく行うべきでないという認識は、中世にも見られる。『園太暦』康永四年（一三四五）正月一五日条には、火事で罹災した自亭の修造に関して足利直義が「就其南面門事、関東将軍家有此門、仍貢馬并年始垸飯以下要須也、而洛中無此事、若可相憚歟、将又不可有難歟」と洞院公賢に諮問した事が見える。鎌倉幕府の将軍宅には貢馬・垸飯等の重要行事を行う門として南面門が存在したが、洛中ではその例がなく、憚るべき何らかの難があるだろうか、という趣旨の諮問に対し、公賢は「南面門、於皇居者承明門旧式勿論哉、仙洞以下者大略不聞、但強南面門不可立之旨者、強不知由緒、依其事便仙洞已下不設之――（虫）垸飯有要須之子細者、立件門、細々不開之、所用之時用之条有何事哉」と答えた。公賢の答申の趣旨は、第一に各御所の南面門の有無（平安宮内裏には承明門があった（但し当時の里内裏土御門殿は南面が長講堂に接しており無門）が、仙洞以下の南面門の存在はほとんど聞かない）を述べた上で「あながちに南面門を建ててはいけないという話は聞かない」という点、第二に「垸飯等で不可欠ならば、普段頻々には開門せず、垸飯等必要な時のみ開ければ何の問題があろうか」という点である。

この問答に関しては同記観応二年（一三五一）四月二四日条に、直義の押小路東洞院新亭移徙の前日にも再度公賢に対して

「此間相構宿所、門立方事也、東洞院面為御幸大路、不立大門之由有其説、仍彼大路立惣門、不構中築地可為何様哉」と幕府から諮問があったとある。この時も公賢は右の康永四年の例を引いて「而三条御亭造作之時、関東将軍御亭為此儀可被准歟由、有承事歟之旨覚悟、其儀被用者、今又准拠不可有子細歟、但又東洞院大門可憚之条、強非定事歟、然而又如惣門被構之条、殊不可有巨難歟、可被計用哉」と答え、「東洞院大路に大門を建てるのは不可という説があるので惣門を立てたがその可否如何」という疑問に対して、「惣門は問題ないし、東洞院に面して大門を立てるのも不可と定まっているわけではない」と返答している。洛中に初めて武家執政の第宅を設けるにあたって幕府（直義）はその当否・由来が不明な多くの制限の存在に気づき、細心の注意を払ってこれを尊重した事が知られよう。そして康永四年の事例より、当時たまたま貴賤の人の宅の南面に門がなかった事から幕府執政に南面門の造立を躊躇させるほど、洛中における門の造立は特別な意味を有した事が読み取られる。『中右記』天永二年（一一一一）九月二九日条の「今日可立家門、而北面立大門之事、是有殊憚、自惟也、腋門雖有他方猶所忌也」という記事も、同様の発想を伝えていよう（長治二年（一一〇五）二月二八日条によれば藤原宗忠亭は中御門富小路）。

西山氏はまた、天元元年（九七八）の賀茂祭や賀茂・石清水臨時祭の日に、権勢の輩が見物のために立てた車の前を神事供奉の諸司や検非違使が通過する事について、惟宗允亮が「致敬・下馬礼」の有無を勘じた事例を指摘した[4]。即ち、上位者あるいは権勢を自覚する者の前を通行する事は、その場所を問わず礼節を果たす義務（以下、「致敬義務」と仮称する）が発生するという一般論的原則が古代日本社会の底流に存在しており、また明法道官人の勘申が行われた事は、そこで致敬義務が果たされなければトラブルが発生する可能性が予見された事、さらにこの問題もまた律令国家における法の問題という範疇で論じられるべき性質を有した事を示している。この一般原則と、また門を構える事自体が上位者である事の表象である事を踏まえるならば、その前を通行する下位者は相応の礼節を尽くす（場合によっては通行自体を遠慮する）必要が生じよう。本書の主たる関心事である第宅周囲での乗物通行の可否が当事者あるいは社会から問題とされる場合、そこが特に門前である事が意識された例は枚挙に遑がなく、その多くは、門前通行者に対する居住者（の従者）による暴行（未遂）というトラブルの形で記録上に現れる。

西山氏は『大鏡』（中、内大臣道隆）に見える著名なエピソードから、これらを空間支配の問題として分析した。その素材となった話は、花山法皇が自第の前を通ろうとする藤原隆家に対して「わぬしなりとも、わが門はえわたらじ」と挑戦的に発言し、隆家が「などか渡りはべらざらむ」と反論した事に端を発するトラブル未遂で、法皇が武装者を揃えて待ち構え闘乱に及ぼうとしたために隆家が通過を諦めたというものである。西山氏はこの事例から、問題は〈門前〉の性格に帰着するのであり、そこは居住者たる院の支配が門から噴出する場であって、そこを渡るという侵犯・欠礼行為は居住者側からの暴力・拉致監禁に帰着すると一般化した。[5] 花山法皇に関しては『今昔物語』（二八、東人通花山院御門語第卅七）に、実際に通行人を拉致監禁したという類話がある。それによれば、「東ノ人」が院御所と知らずに花山院の門前を「馬ニ乗乍ラ渡」ったところ、門内から人々が走り寄って馬の口を取り鐙《あぶみ》を抑えて門内に引きずり込んでしまい、この騒ぎに気づいた院も怒って「何カデ我カ門ヲバ馬ニ乗テ可渡キゾ、其奴乗セ乍ラ南面ニ将参レ」と命じたという（捕らえられた坂東の人は、結局隙を見て逃走している）。

西山氏はここで、応仁の乱から一六世紀初頭頃まで五山禅院や東寺では門前を寺が排他的に支配（検断）し、侍所の検断権が及ばなかった（五山の多くは応仁の乱で門前支配を衰退させ、東寺も一六世紀初頭に検断権を抛棄する）という今谷明氏の指摘をも踏まえ[6]（もっとも五山禅院の門前検断は、寺の手に余る事件発生時には侍所に連絡し介入を仰ぐ事になっており、「侍所の検断権が及ばない」と理解する事は躊躇される[7]）、門前が居住者の支配する場であると広く認識されるならば、居住者の許可あるいは居住者への配慮なくして門前を渡るのは事実上の不法行為となり、拉致監禁は支配権の行使であると見なされる事、また類似の闘乱がかなり一般に見られる以上、上述の事例を花山院の奇行として片づける事はできないと指摘した。[8] そして平安京における〈門前〉の問題が、当該期社会構成員の行動様式を規定し、かつ社会構造に規定される見過ごせない問題である事を明らかにしたのである。

さらに西山氏によれば、平安期の京中の飛礫はその過半が門前での投石であるといい(9)、また比叡山の檀那院や東坂下の比叡神社の鳥居の前における下馬あるいは「伏し拝み過ぐ」作法の存在から、投石は無礼への攻撃・威嚇であり(10)、したがって「〈門前〉の飛礫は、下馬や下車の作法と表裏一体である」として(11)、飛礫という行為の〝欠礼に対する制裁の手段〟という一般的性質に注意を喚起している（右の花山法皇の事例でも用意された武器は石・杖等、暴行の範疇にとどまるものに過ぎず、殺害に及びかねない弓矢等は準備されなかった）。この点、第一章で扱った藤原頼長に対する平信兼の攻撃等、本来は暴行で済むはずの路頭礼的なトラブルが弓矢による殺し合いに発展してしまったのは、時代が降って日常的に弓箭を帯して京中を通行する（それは本来制法で禁止されていたはずだが(12)）武士が増え、彼らが路頭礼的場面において当事者となる確率が高まったからと理解できる余地があろう。

門の有無と通行可否の連関については、例えば天承元年(一一三一)に「鳥羽家殿跡御堂供養」への鳥羽院・待賢門院御幸に供奉した源師時が、その会場とされた御堂について「件御堂北面無門、仍乍騎馬打入」と記しており(13)、逆に門があれば当然下馬すべきであったと考えられた事を端的に伝えている。また『兵範記』保元三年(一一五八)一〇月二九日条には、その行程中に左衛門陣（内裏正門）があったため女御（後白河妃、藤原公能女忻子）が参内の経路を変更し、町面を北行しなかった（この時の内裏は藤原忠通の東三条殿で、二条南・町西・三条坊門北・西洞院東に所在(14)）という記事が見られ、女御であっても里内裏の門前通過を憚った事が知られる。

前述の花山法皇御所における門前通行トラブルと同様の事は里内裏の門（左衛門陣）前でも発生していた。

〔史料1〕『春記』長暦三年(一〇三九)一二月二九日条

廿九日、乙酉、（中略）参督殿申雑事、退出参内、（中略）去夜右衛門少尉季任参入、可尋問東宮下部被打之事之由仰畢、弓場始日、帯弓箭之者、騎馬渡左衛門前陣、吉上搦留之間、欲馳去之処、其馬仆臥、仍欲捕、而放矢欲射、仍不能捕之、即逃去畢、僅捕止其馬云々、此事今日適聞得之、于今不申事由、太懈怠事也、即今日召陣官令問、申云、事実正也、其馬所捕留也、而昨日下人称馬主来之、仍又捕之令候陣者、陣官之懈怠責而有余也、以経成令申此由於関白殿（藤原頼通）、命云、于今不申事由、太以懈怠也、其馬早可給馬寮也、従者男給検非違使、可令尋捕台主也、又陣官等慥可召問者、経成令奏此由畢云々、（後略）

右によれば、弓箭を帯する者が騎馬のまま内裏の左衛門前陣を打ち過ぎようとしたため吉上がこれを捕らえんとし、一旦はその者が逃亡を図ったもののその乗馬が転倒したので捕らえようとしたところ、彼が矢を放って抵抗したため馬のみを捕獲するにとどまり、結局当人を取り逃がすという事件があった。これは門前で下乗の礼を取らない者を第宅の主人に仕える者が咎めて乱闘に至った典型例であるとともに、そのようなトラブルが里内裏（右の事例では京極院＝上東門第＝土御門殿）(15)の門前においても発生していた事を伝えている。

なお、この事件に遭遇した「陣官」が事件を報告しなかったために後日「懈怠責而有余」と叱責されている事とともに、後日に馬の持ち主と称する者が現れたため直ちに捕らえられて「陣」（事件の発生した左衛門陣であろう）に拘禁され、またその従者が関白藤原頼通の命によって検非違使に引き渡された上、戦利品のような形で捕獲された馬が同じく関白の指示で右馬寮に引き渡されている点が興味深い。これは中世の一般的な検断の形態に通ずるものであり、今谷明氏が室町期の五山禅院や東寺を素材にして明らかにした、大寺院の門前検断を彷彿とさせるあり方である。

尊貴者の門前を通行する事を憚る発想は、室町殿が最高権力者としての実質を備えていた室町時代にあってさえも、上皇の御所近辺を通行する際に室町殿義教の心情を律するところがあったと見え、公武身分秩序に関する義教の認識の一端がうかがい知られる。永享三年（一四三一）に後小松院仙洞に参じた義教が乗車して退出する際に、仙洞烏丸面の四足門で乗車して北行すると、同じ仙洞烏丸面の棟門を乗車のまま通る事になってしまう、という事が問題となった。この時諮問を受けた広橋兼郷は「仙洞棟門前御乗車得令過御事、自然於四足門御乗車・御下車之時、更至此門強不可及御下車歟之由存之」と答申した上で、その可否については慎重に「但短慮難量、猶有尋御沙汰可令申給候哉」と述べている。(16)仙洞御所の門から退出してすぐに乗車する場合、その後の路次によっては仙洞の別の門前を乗車して通過してしまう事になるのは仕方がない、というのが兼郷の意見であった。

この場合乗車の主体が室町殿という極めて地位の高い人物であったからそれが認められる余地があったのであり、一般の公卿またはそれ以下の人々であれば一も二もなく迂回した可能性が高い。また広橋兼郷が室町殿の近臣・家礼であった点も考慮されよう。広橋・万里小路等の名家は室町殿に個人的に臣従し、その推挙によって本来の家柄以上の権勢を誇る人々であったから、(17)敢えて室町殿に有利な判断を答申した可能性も十分に考えられる。事実、室町殿の礼節体系における超越的な扱いは、第九章で詳述したように、彼らのような廷臣の側からこそ提案され認知されていった側面がある。右の事例も、「『別の門から退出して乗車してしまうのだから仕方がない』という理由が付けば、室町殿は仙洞御所の門前といえども乗車で通過できる」という論理が廷臣から示された事例として興味深い。ただ本章の問題関心から見れば、次節で述べる賀茂祭使の内裏北面の乗車・乗馬通行と同様に、明確なルールが存在せずに当座で可否が沙汰に及ぶ点が注意されよう。

加えて兼郷が右のような自説を展開しながら、最終的には「愚存の及ぶところではないのでさらに広く意見を徴されるのがよい」と判断を保留した事は、自らの意見に基づく所作が後に不快な先例として認識された時に責任を問われないためと考えられる。結局この時は義教が「猶可有御下車之由思食」したため正親町から迂回する事に決したが、そこには広橋らが室町殿の権威を高める論理を選択肢の一つとして用意する事に徹し、最終判断は室町殿が下す事によって直接責任が広橋らに及ばないようになっている構図が看取されよう。そして広橋が迂回無用という説を用意したにもかかわらず最終的に義教が迂回を決定した事に、仙洞御所の門前を乗車通行する事がいかに憚られたかが如実に表れている。

さらに鎌倉最初期、上洛途中の源頼朝の宿所の「門前」にいた「騎馬勇士」が和田義盛によって捕らえられ、頼朝に対して「全不知御旅館之由」を陳謝して許されたという『吾妻鏡』の記事や[18]、また降って応仁の乱が終熄した頃に、身長の高い吉川経基を、乗馬のまま禁裏の前を通過すると誤認して天皇が「何者ナレバ築地ノ傍近ク下馬セザルハ」と咎めたという『陰徳太平記』の逸話等を踏まえれば[19]、上述のような門前通行を憚る発想は古代～中世にかけて時期や場所（洛中か否か）・公武いずれかを問わず、広く一般に社会を律していた事がうかがわれよう。

このような発想は漠然と存在していただけでなく、特定の地位・立場と関連づけられて特に語られる事があった。例えば第八章で検討する室町期の広橋兼宣亭裏築地撤却騒動では、大臣宅の門前を通行する事の可否が一つの争点となっている。『薩戒記』応永三二年（一四二五）六月二日条によれば、この騒動で正親町三条公雅は「摂家并丞相・儀同三司之前成恐者、洛中可経何路哉（摂家・大臣や准大臣の第宅前を恐縮していたら洛中のどこを通ればいいのか）」と主張して兼宣と対立したが、記主中山定親は同条で次のように『山槐記』仁安三年（一一六八）八月一〇日条を引いて考察を加えている。

〔史料2〕『薩戒記』応永三二年六月二日条（部分）

仁安三年八月十日中山内大臣（忠親）殿御記曰、今日有任大臣事、雅通（源）卿任内大臣、諸卿向件饗所、花山院東面之儀一如去年、兼日大相国（花山院忠雅）被仰云、同宿可無便宜、渡居中御門東洞院権中納言（藤原）成親亭之由欲披露者、実者坐簾中給也、其事又不披露歟、向饗所之人皆渡権中納言門前、太相国第二女為少将通（源）親朝臣室、以彼好借与花山院也、以之思之、於大臣家前者顕露不可経過之条勿論歟、

花山院忠雅は源雅通の任内大臣饗宴に自第花山院を提供する際、「自分が同宿しては何かと不便だろうから、藤

原成親亭に行くと皆に披露したい」と述べたが、実際には行かずに自第の簾中にいた。しかし忠雅の成親亭逗留（というポーズ）が周知されなかったのか、饗宴に向かう人々は皆成親亭の門前を通ったという。傍線部は『薩戒記』の地の文で、記主定親は「大臣の家の前をあからさまに乗車通過してはいけないのは勿論であろうか」と述べ、広橋兼宣が准大臣となったため、その第宅前の通行は制約されるという見解に一定の理解を示している。加えて西山氏が指摘した[20]『小右記』治安四年（一〇二四）四月一三日条の、左少将源師良が車に乗って右大臣藤原実資の小野宮北門を馳せ渡った際に実資が「大臣家門又大臣不渡」と記し、父実頼も「不渡大臣家門者也」といっていたという事例をも参照すれば、平安期には既に大臣宅の門前通行不可という規範が比較的強く認識されていたと推測されよう（『小右記』の事例では、通行者師良が少年であったためこの規範を知らず、実資も大目に見ている）。室町期には公雅のような意見が出され得るという点でこの規範が動揺していたようだが、定親は平安末期の先祖の日記に確認して肯定的に捉えており、全体としてこの規範は生きていたと見なし得る。

この事は、史料2の五年前に成立した故実書『海人藻芥』[21]に「執柄大臣ノ門前、乗物ヨリ下テ可通、不然者通裏築地外也、別当ノ門前、通裡檜垣外也、法親王門跡ノ前へ不可乗打也」とあり、摂関・大臣・検非違使別当・法親王・門跡の門前は乗物で通過してはいけないといい、乗物で通過するならば摂関・大臣家前では裏築地《うらついじ》の外を、別当家前ならば裡《うら》（裏）檜垣《ひがき》の外を通れとされている事からも裏づけられる（裏築地・裏檜垣の詳細については第八・一〇章参照）。西山氏が同じく指摘した[22]、寛仁二年（一〇一八）に左大臣藤原顕光の住む堀河院の門前で大納言藤原実資の牛童二人が暴行を受けた事件では、当初は盗人による犯行とされたが主人実資は「若乗車度門前之間、為彼殿雑人被打歟」と推量（閏四月二二日条）した。関係者尋問の結果、実際にその通りであった事が判明したが、主人の空車に乗って顕光の門前を通行したのが牛童であったから暴行されたという事ではなかろう。実資自身が乗っていたとしても、大納言に過ぎない彼が大臣でさえ通行すべきでない左大臣顕光の門前を通過したら、同様のトラブルは起きていたと思われる。

また「通行者が大臣であっても大臣家の門前は渡らない」という『小右記』の前掲記事は、この規範体系において、居住者は相手との相対的な身分尊卑の関係ばかりでなく、その絶対的な身分によって（通行者の身分が同等であっても）しかるべき礼節を受ける事が保証されている側面があった事を示唆する。室町殿義教が後小松上皇の仙洞御所の門前通行を最終的に避けた前掲事例も、単に室町殿と上皇の関係のみからではなく、室町殿の権力・身分的位置づけ如何に関わらず、上皇の絶対的尊貴性に配慮してなされた判断であったと説明できよう。

遡って宇多天皇の時代、陽成上皇がかつて自分の治世では臣籍にあった宇多天皇を「当代は家人にあらずや」と非難したという『大鏡』（宇多天皇）の著名な話は、天皇が上皇の御所陽成院の前を通って行幸した事を直接の発端としているが、このエピソードからは次の事が読み取られよう。まず天皇が院御所の前を通行するのは当然と一般に考えられていた事、したがって平安京内の通行という場面で天皇は明らかに院より上位に位置づけられている事である。また現に宇多が天皇という地位にある事に基づく右の一般的理解に対して、陽成院は「今は天皇でもかつては自分の使用人だった」と、自分との過去の主従関係を持ち出して反論しているが、当時の朝廷では受け入れられなかった事が推測されよう。

以上に見た皇居・仙洞御所・将軍御所等のほか、公家社会において最も身近であったのは、父親の門前を通過する場合に問題とされる礼節であろう。『園太暦』延文四年《（一三五九）》二月二七日条に、権大納言葉室長光の拝賀に関する諮問に対する洞院公賢の返信として「一、乗車事、／卿相雲客之間扈従人入来、并父祖同宿之時者、於門外乗車勿論候」とあるように、父との同居時にも門内で乗車する事が憚られたが、別居時には子による門前通行が大きな問題となった。南北朝初期の徳大寺公清は、息実時が左少将拝賀のため参内した時の様子を次のように記録している。

〔史料3〕『公清公記』貞和六年《(一三五〇)》正月一六日条[23]（部分）

廻西新大道、到持明院殿惣門前、経本路於宿所門北辺下車、一条東洞院、雖未到陣置石下々車、予在宿所之間、不可遣過門前之故也、

「陣置石」という施設については第五章で改めて述べるが、これは里内裏から一町の距離にあって、参内する臣下が下車すべき地点を明示する設備である。公家社会の一般的な洛中空間秩序に従えば本来はここまで乗車して構わないはずであったが、道中にある父公清の宿所の門前を乗車のまま通過する事を避けなければならなかったため、実時は「陣置石」に至る以前に下車し、父の門前から内裏まで徒歩で進んだのである。また『新院姫宮御行始記』（『群書類従』雑部所収）延慶四年《(一三一一)》三月二五日条に「上皇《(後伏見)》并姫宮還御常盤井第、於持明院殿上皇自門前下御」（後伏見上皇が父伏見上皇の御所持明院殿の門前で下乗した）とあるように、上皇さえも父の門前では下乗していた。

かかる慣行が一般に存在したため、宝徳二年《(一四五〇)》の室町殿義政（当時は義成）の直衣始参内の際には、扈従公卿の左大弁宰相万里小路冬房が乗車で父時房の第宅前を通過せざるを得なくなった事が公家社会で話題になった。

〔史料4〕『康富記』宝徳二年七月五日条（部分）

路次ニ万里小路前内府《(時房)》宿所有之、子息左大弁相公《(万里小路)》冬房朝臣可被過事、花山院中納言《(定嗣)》東洞院面可被過事、共厳親所在也、可為何様哉有沙汰、被尋申一条殿之処、万里小路前内府仮両三日他宿之由可被称者、不可有巨難之由、執柄被仰之云々、花山院前内府東山辺移住之由称之給歟云々、

右の史料によれば、万里小路冬房と花山院定嗣の両人が義政に扈従して「厳親所在」を通過する事につき、どう計らうべきかが議論となった。そこで関白一条兼良に尋ねたところ、「冬房の父時房が『仮両三日他宿之由』を称せば問題ない」との返答であった。また花山院定嗣が（恐らく近衛東洞院の自亭花山院亭の）東洞院面を通過する事についても、父の前内府入道持忠が「東山辺移住之由」を称している（つまり自第におらず定嗣が親の前を通らずに済む）ようだという。これだけでは子が父の居所の前を通る事そのものが問題であったような印象を受けるが、当

事者である時房は自身の日記（『義政公直衣始記』宝徳二年七月五日条）[24]で供奉交名中の冬房の項に、

左大弁宰相冬房朝臣、過予門前之時下車礼事、兼申談執柄、依彼指南無其礼、且知予出仕之由故也、又申談右府以下、不及垂簾云々、且不私之儀也、

と注記している。これにより、時房・冬房親子が一条兼良に相談していた内容が通過そのものの可否ではなく、「過予門前之時下車」するか否かの判断——つまり乗車による通過の可否であった事が知られる。歩行して通過する分には構わないのであり、また時房の表現による限り問題は父の居所というよりも「門前」を乗車通行する事であった。この時は冬房・定嗣の父がそれぞれ「他宿」「移住」の由を称して義政参内の路次から離れる事により、参内の行程が彼らの父の門前を含まないよう配慮されたが、「称」したという表現が繰り返されている事は、この旨が公家社会に喧伝され周知された事——即ちそれだけ公家社会で重視され関心を集める問題であった事を示唆している。

このような措置により、右の事例では両人が父の門前を通る事自体が回避され問題が解決された。これで供奉の公卿が下車・歩行・再乗車を繰り返して室町殿参内の行列が遅滞する事が避けられたのだが、室町殿を主役とするイベントという事情がなければ、冬房・定嗣は路次そのものを変更するか門前で下車していただろう。また天皇の移動によって陣中の範囲が移動するのと同様、憚るべき親の「門前」も平常居住している第宅ではなくその時の本人の居所で決まる事が確認される。加えて、義政の参内行程を変更するのではなく時房・持忠らが退去する事によって問題が回避された点に、当時の公家社会が室町殿の都合を中心に動いていた事がうかがわれる。

なお、この件に深く関連すると思われる冬房書状が広橋家に伝えられている[25]。

〔史料5〕万里小路冬房書状

大臣門前礼事、大臣猶以自他不相過之由古人説候、納言可憚之条勿論候、但御不定、今日御参之時、此門前

可有御路之条御不定候歟、老父他行之分候、不可有御憚候、但於門前可御下御車簾候歟、前駈官人□馬（下カ）可然
歟、公方様御扈従之時者不私之間、不可有子細、但於門前可御垂車簾之由、度々御参　内之時其沙汰候様覚
候、其時も他行分候ツ、何時参候哉、天気休息候、恐々謹言、

七月廿五日　　冬房

（切封墨引）　　冬房

本文書は宛所を欠くが伝来から見て広橋綱光宛と思われ、大臣の門前を通過する事の是非に関する問い合わせについて冬房が回答している。「今日あなたが御参の時に万里小路家の門前が行程に入っているか不明でしょうか。もっとも老父は他行しているという事になっているので（通行を）お憚りになる必要はありません」という文面から、万里小路家門前を通行してよいかという話題であり、老父は冬房の父時房であるから、（前）内大臣である時房亭の門前通行の話題である。ここでは「大臣の門前は大臣でも通過しない」という前述の『小右記』に語られる慣行が古人の説として挙げられており、なおこの時代にも生きた原則であった事が確認される。但し前述の宝徳二年の直衣始の際、権大納言に過ぎない義政が前内大臣万里小路時房亭の門前を通過する事が全く問題とされておらず、室町殿は例外視されている。

本書状の発給時期は、時房が文安二年（一四四五）一二月二九日に内大臣となり、僅か二〇日足らずで翌文安三年正月一六日には辞して（『公卿補任』に「未及拝賀」とある）、以後前内大臣のまま出家する事なく長禄元年（一四五七）一一月二〇日に没するまで[26]のほぼ一一年間に絞られる。「大臣でも憚るのだから納言が憚るのは当然」という論旨から、本書状の受信者（問い合わせの主体）もしくは近親等の関係者が納言であった可能性が高いが、広橋兼郷は文安二年六月に権中納言を辞して翌年死去しており、兼郷息綱光が権中納言に昇るのは康正二年（一四五六）なので、時房の任内大臣～死没までの時期と重なるのは広橋兼郷が前権中納言であった文安二年七月のみである。またこの「納言」が広橋家の

人物でないとすると、他の可能性としては、室町殿義政に関する礼節の諮問が考えられる。義政が大納言であったのは宝徳二年三月二九日から長禄元年七月二五日までで、この間に義政が朝儀出仕に関わった七月二五日というと、康正二年の右大将拝賀と長禄元年の任内大臣がある。

これ以上の憶測は控えるが、いずれにせよ時房の任大臣以前である前述の義政直衣始とは別の契機でなされた問答である事は間違いない。但し話題は非常に共通しており、「他行之分」即ち「よそへ出かけている事になっている」[27]というフィクションによって礼節上の問題が回避され得るという認識や、「公方様に扈従する時は『私』ではないので（＝公的な仕事として服務中なので）通過しても問題ない」という室町殿の都合中心に回る公家社会の様相が、より鮮明である。

ところで、前章では武家路頭礼の一部を伝えるものとして、次の史料を掲出した。

〔史料6〕『御供古実』第五二条[28]

一、三管領の御門前ハ下馬仕候、又日野殿又御門跡の御前を下馬候をハ不及見候、但人により候て下馬候はんをは不存知候、

〔史料7〕『宗五大草紙』「いにしへの人のをしへ申事」第一条[29]

一、三職の御門前をは必下馬すへし、但当職の時ハ御門あき候間、其御礼にて候由申人候へ共、あかぬ時も下馬しかるへき由親にて候者ハ申候、

史料6は文明一四年（一四八二）の伊勢備中入道常喜（貞藤）の、また史料7は大永八年（一五二八）の伊勢下総入道宗五（貞仍）[30]の編にかかる故実書のそれぞれ一箇条で、ともに室町後期に幕府の中枢に近い伊勢氏によってまとめられた比較的信憑性の高い記述である事は前章で述べた通りである。このうち前者によれば、管領宅の門前は下馬するものであるが、（将軍家外戚の）日野家や（恐らく将軍家連枝の）御門跡の門前で下馬する事例はあまり見ないという。また後者は

より具体的で、三管領（斯波・細川・畠山）の第宅の門前は必ず下馬すべきであるとし、さらにその理由について「彼らが管領に現任中はその門が常に開かれているため、それに対する礼節として行うのだ」という説を挙げた上でこれを否定し、「その門の開閉にかかわらず、閉じている時も下馬すべきである」という親（伊勢貞扶）の説を挙げている。本章で行った考察から既に明らかであるが、これらの内容は正確にいえば狭義の路頭礼ではなく、本章で問題とする広義の路頭礼に属するもので、ここでは「門前で下馬」という礼節が明快に示されている。

また史料7において貞仍が父貞扶の説を引いて否定したある人の説は、下馬礼の必要性の有無が門の開閉状態によって左右されるという説が一部で語られた事を伝えており、室町期京都の武家社会においても、下馬礼の対象が第宅自体より門に代表されていた可能性を伝えている。『宗五大草紙』が路頭礼を直接述べているのは史料7と、続く「路次にて馬上に而三職に参あひ候ハヽ、下馬してかくれ可申候」云々という狭義の路頭礼に関する条の二箇条に限られている。また『御供古実』に至っては史料6として掲出した一箇条のみであり、狭義の路頭礼に関する記述は一切見えていない。この事は室町幕府における申次クラスの人々の礼節意識の中で、門前下馬という広義の路頭礼行為の占める比重が狭義の路頭礼行為に比して大きかった事を示しているように思われる。

さらにいえば、右で述べた以外の慣行（故実）が両書に全く見られない事からは、そもそも彼らにとっての路頭礼の占める比重そのものが他の作法・故実と比べて相対的に小さく、少なくとも彼らのようなクラスの人々にとって（広義・狭義を含めた）路頭礼はその他の殿中における日常的作法・故実の膨大さ・重要さと比べると、その存在はほとんど故実として敢えて記録するに値しないほど単純化されていたのではないか、と推測する事もできる（『群書類従』本によれば『御供古実』は全一一〇条、『宗五大草紙』は全二八四条で、それぞれ一箇条・二箇条の路頭礼の占める割合の圧倒的な少なさは明らかである）。この事は、乗馬を主体とする武家社会では下馬や会釈、道を譲る、沓の脱着といった程度の敬譲表現しかし得なかったであろう事から、武家社会の路頭礼秩序は公家社会のそれと比べて単純・簡略な構造を持っていたという、前章の考察の結果とも密接に関わっていよう。そういった構造の違いによって、例えば次節で述べるような「検非違使は皇居以下の第宅の四面を憚るが、女房使・近衛使以下随行の官人等は憚る必要がない」といったような論理的で複雑な広義の路頭礼は、幕府の申次クラスの人々にとってはほとんど無縁のものであったのではないか、という事が両書の路頭礼関連の記述からうかがわれるのである。

このように、門前通行を憚る礼節は乗物に乗る機会を有する人々全般を捕捉する一般的慣習として、古代～中世を通じて鞏固に保たれた。そうなると次に抱かれる疑問は、なぜ「門前」である事が問題とされるのか、という点である。今谷明氏によれば、五山禅院や東寺は門前を排他的に検断する支配権を行使し、侍所もその境内・門前では追捕しなかったが、五山の多くは応仁の乱で門前支配を衰退させ、東寺も一六世紀初頭に検断権を抛棄するという[31]。西山氏はこの今谷氏の成果を踏まえ、〈門前には邸宅内の居住者の支配が噴出する〉と一般化して洛中第宅の門前にも適用し、「門前」を空間支配の問題として捉えた。

西山氏の解釈は、〈門前は居住者の支配権が及ぶ範疇である→そこを礼なくして通る事は支配権の侵害である→だから支配権侵害の現場たる門前で暴行という報復・制裁が行われる〉と図式化でき、欠礼行為を支配権の侵害と理解するのは一つの魅力的な解釈だが、氏自身も留意しているように、街路は本来特定個人の排他的支配に属する事がない公共の空間である。そこに面する第宅の居住者が街路まで支配権を及ぼす事は自明の権利ではないと思われるし、そもそも都城たる平安京では居住者はあくまでも宅地を天皇から班給されているに過ぎないのであって、仮にその居住空間を排他的に占有する事を居住者の支配権の存在徴証と見なす事ができるとしても、その支配権はあくまでも天皇から貸与されたものに過ぎず、まして宅地という限定的な空間をはみ出して街路にまで支配が及ぶ事は、都城の本来的あり方に照らして逸脱というべきものであろう。

したがって西山氏の考察結果の上には、次のような問題が立ち現れてくる。即ち、なぜそこに居住者の支配が及ぶと認識され得るのか。またなぜそのような認識が大方の同意・共感を得るのか。そういった認識・同意・共感の存在は当該期の都市的空間一般にいえる事なのか、それともそこが平安京という都であった事と密接な関係にあるのか、等の問題である。これらの諸問題に答える仮説を提示する準備は未だ筆者にはできていないが、本章の関心からいま少し追究したいのは、次のような問題である。

本章や西山氏が扱った事例を見ると、事の本質は、〈上位者（と自覚する者）の面前で下位者（と上位者から認識されている者）が礼を失した挙動を行う事に、上位者が怒り、制裁する〉という、二者が直に相対する場でのプリミティブな行動様式に根差すものと推測される。ここで、例えば会釈・挨拶なく面前を素通りするという行為が欠礼にあたるとしても、どこまでが〝面前〟であるのかが必ず問題となろう。双方がどれだけ距離を隔てていても、あるいはどれだけの遮蔽物に間を隔てられていても常に一律の礼を要求されるとは、常識的には考えにくい（それでは下位者の日常生活が成り立たない）。かかる礼節は、下位者が上位者と場を同じくする時だけ発動するのであり、したがって問題はその〝場〟がどこまでであるのか——換言すれば、〈どこまで距離を置き、あるいはどれだけの遮蔽物によって隔てられれば〝場〟を同じくしないと認定されるのか〉と設定し直す事ができよう。かかる問いに対し、花山法皇を含む平安期の大多数の貴人は、〈居所の門前は、居住する貴人の面前の延長上に理解されるべき同じ〝場〟である〉と答えている事になる。とすれば、次に当然問われるのは、〈その〝門前〟とは、どこからどこまでの範囲が該当するのか〉という事であろう。次節では第宅四面の通行を憚る礼節から、この問題について考えてみたい。

二　第宅の前・四面を憚る礼節——主従の礼・敬神——

一二世紀に藤原清輔の著した六条家の歌学書『袋草紙』に、次のような話がある。(32)

〔史料8〕『袋草紙』（上、雑談）

人々大原ナル所ニ遊行ニ、各騎馬、而俊頼朝臣カ俄ニ下馬、令驚問云々、答云、此所良暹カ旧房也、イカテカ不下馬哉、人々感歎シテ、皆以下馬云々、是能因法師之先蹤歟、能因、兼房車後ニ乗テ行之間、二条東洞院ニテ俄下テ数町歩行、兼房驚問之、答云、伊勢御家跡也、彼御前栽ノ植松、今侍、イカテカ乍乗可過哉云々、松ノ木ノ末ノミユルマテ不乗車云々、件良暹房今ニ在云、（後略）

藤原俊頼が人々と大原に遊んだ時、俄に下馬したので人々が理由を問うたところ、「ここは良暹の旧房である。どうして下馬しない事があろうか」と答えたので人々は感歎してこれに倣ったという。清輔はこれを「能因法師之先蹤」によったものかと推測し、能因法師の同様の逸話を載せている。能因はかつて藤原兼房と同車して出かけた時、二条東洞院で俄に下馬して数町歩行した。兼房が驚いて理由を問うと、「ここは伊勢御《いせのご》の家の跡で、往時に前栽として植えられた松が今でも残っている。どうしてその前を車に乗りながら通過できようか」と答え、さらに「松の木の末が見えるまで乗車しない」と宣言したという。

右の話によれば、能因にとっての伊勢御、俊頼にとっての良暹のような特に敬意を表すべき人物の第宅前では、彼らが現住している時ばかりでなく、それが「跡」になってからもなお下馬・下車して遜る事が既に平安後期には行われていた。もっとも俊頼の場合は彼と行を共にした人々が驚いてその理由を問い、また能因の場合は兼房がその理由を訊きながら結局下車しなかった事からもうかがわれるように、二人の行動は極めて個人的なものであって（この場合は歌人としての個人的敬意であろう）、必ずしも一般的な行動ではなかった。(33)

このような強い個人的敬意の自発的な表現という事に加え、尊敬する当の相手がいなくなった後もその旧跡に特に敬意を表しているという点で、右の例はやや特殊な事例とも思われる。しかし、敬意を払うべき相手への敬譲表現を、その相手の第宅の周囲四面や門前の通行を憚る形で行うという一般的慣行を踏まえての行為であった事は認めてよい。かかる慣行の最も顕著な例は、平安期から室町期までを通じての里内裏に見出す事ができる。

次に掲げるのは、室町期の文安元年（一四四四）、賀茂祭を前に行われた賀茂祭伝奏[34]万里小路時房の諮問に対し、高倉（清原）業忠が先例を勘申した註進状「内裏北陣前賀茂祭供奉官下馬有无事」（以下「註進状」。便宜上丸数字を振った）である。[35]

〔史料9〕

業忠註進
内裏北陣前賀茂祭供奉官下馬有无事、

①長保五年（一〇〇三）四月十四日、癸酉、賀茂祭也、但一条院北面、始自大宮大路至于堀川下馬渡、女使不下馬并車等、任例渡者也、

②寛弘八年（一〇一一）四月十五日、戊午、権大納言藤原卿実資仰権少外記為清云、一条院皇居北、大宮一条大路至于堀川、例年御禊・祭供奉前駈・京職并所々使等下馬、但今年御禊・祭両日宜皆騎馬令奉仕、外記為清召仰次第使了、

③長久四年（一〇四三）四月廿一日、戊午、今日斎院御禊、但　天皇御一条院皇居也、壊北築垣内戌亥角御覧之、依長保五年例可有下馬事、而不可有下馬之由、有　宣下、各騎馬、

廿四日、辛酉、祭供奉諸司騎馬、而検非□□（違使）不免、仍下馬云々、

⑤永久五年（一一一七）四月十二日、庚午、御禊、十五日、癸酉、祭供奉人陣前不下馬、天皇御右大臣土御門第之故也、

右のうち、長保五年の賀茂祭に関する①の記事は、一部省略されている他は『本朝世紀』同日条と全く同文であり、『日本紀略』同日条も「一条院北面」を「一条院北陣」とするほかはほぼ同文である。これによれば、この

時の賀茂祭では一条大宮から一条堀川まで——即ち一条南・大宮東に所在した里内裏一条院の北面（北西角から北東角まで）を賀茂祭使らは下馬して渡り、女使（女房使）のみが例に任せて下乗せず同地点を通過したという。

賀茂祭の路頭行列については、これを見物する側の桟敷に着目して考察した朧谷寿氏や、餝車（華美に飾り立てる事を最大の目的とした、行列に随行する山車のような車）に着目した佐多芳彦氏、また平安貴族社会の広範な社会的関係が祭当日に実際の祭列として結実する構造を見出した野田有紀子氏らが多角的に論じているが[36]、本書の関心に即していえば、平安期以降、賀茂祭は天皇がその住居（里内裏）と通行者（賀茂祭使）の間に発生する礼節（敬譲表現）に直面せざるを得なくなる典型的な機会の一つであった。そこで発生する空間的な礼節秩序は、一つには次章以降で詳論する、夙に飯淵康一氏によって明らかにされていた陣中[37]に関わる形で発現する。

里内裏の発生から恐らくさほど隔たらない時期より、里内裏の存在する区画から東西南北方向に各一町以内の範囲（内裏が一町四方であれば三町四方の範囲になる）は大内裏に擬せられ、その内部は（牛車宣旨を蒙らない限り）臣下の乗馬・乗車通行が禁止されていた（第五章参照）。このように陣中は本来天皇とその下位の身分にある人々との礼節を規定する概念であり、上述の一条院内裏の北辺も陣中に含まれるから、通常そこは周囲の通行者が天皇に対する敬譲表現を取るべき場であった。しかし飯淵氏は同時に、陣中の通行者が祭使（神事に奉仕する者）である場合——つまり天皇よりも尊貴な存在（神）に仕える役目を務めている場合には、祭使が内裏を避けて通路を変更するのではなく、逆に天皇が神に敬意を表して一時的に他所へ行幸する事があったとも指摘している。陣中は、厳密にいえば正確には里内裏という建造物ではなく天皇その人の所在地を中心として設定される領域であったので、天皇が移動すれば祭使の通路が陣中から外れ、彼らが乗物のまま陣中を冒すという事態が避けられたのである（⑤の例はこれに該当しよう）。

ところで右の長保五年の場合（①）を見ると、内裏の四隅までは祭使が乗馬していると見えているから、天皇は自ら他所へ行幸する事まではしなかったものの、祭使による陣中の乗馬通行を免している。しかし、それでも内裏の北西の隅から北東の隅までに限っては下馬させているのであるから、ここでは陣中の乗車馬通行制限という発想とは別に、内裏四面を乗馬のまま通行する事自体が憚られる発想が作用していた事になる（①によれば、女房使は下馬・下車しない例であった。第二章第三節で言及した乗物交通体系上の女性優遇と同じ発想か）。

ここで長久四年の斎院御禊の例（⑤）について見ると、右の長保五年の例（①）に従って一旦は（斎院の行列が）下馬するのが順当と考えられたが、わざわざ後朱雀天皇が「不可有下馬」と宣下させたので下馬させるに及ばなかったという。『権記』長保二年四月一一日条に斎院選子内親王御禊について「一条大宮辻列見年来例也、而御一条院之間、依無便宜、於左近馬駐南列見、斎院供奉之者於大宮路下馬、到堀河橋東、更騎馬、即宣旨也、」とあるのも、同様の事例である。②に「例年、御禊や祭の供奉前駈・京職・所々使等が下馬している」という藤原実資の発言が見えるように、本来は彼らが内裏の北面を通過する際には下乗するのが常例であり、また長保五年の例に倣っても下馬させるべきであったのが、天皇の「下馬の必要はない」という意思表示のために祭使は騎馬のまま通行したのである。勿論このような天皇の宣下は、神に対してより遜る意思を積極的に表明したものにほかならない。ただ、賀茂祭において内裏側面を通行する賀茂祭使を下馬させるか否かは一定でなく、後々まで賀茂祭のたびに問題となった。その事情を最も端的に示しているのは次の室町中期の史料である。

〔史料10〕『康富記』文安元年四月一八日条（便宜上丸数字を付す）

十八日丁酉　晴、賀茂祭也、①此皇居一条東洞院南東角西面御門二有之、南者四足也、北者棟門也、以棟門之通対屋之西妻被用長橋、有出御有叡覧云々、女使車等更返南、自正親町西行、至西洞院、出一条大路、近衛使等如此、②一条大路皇居之北也、近衛使并府者等乗馬渡之、女房使并前駈等乗馬被免之、於検非違使者不被免之、自東洞院令下馬、於高倉又乗之云々、検非違使者非祭之使、只是為路次警固之間不被免乗馬、其余輩者皆参社頭祭之使也、今年殊依有御敬神之趣被免乗馬者也、先例或乗之、或不乗之、雖為両様、可為御敬神者不可被下馬

之由、及当日有其沙汰云々、（後略）

天皇をめぐる礼節秩序について示唆に富む記事なので、まずはその内容を簡単に見ておきたい。前半（①）はこの年の賀茂祭使路頭行列を、例年に倣って後花園天皇が出御し見物した様子を述べたものである。室町期には里内裏が通常土御門殿（土御門北・東洞院東・正親町南・高倉西）に固定されていたが、前年の九月に凶徒（南朝の残党ら）が禁中に乱入・放火したため土御門殿が全焼し（禁闕の変）、この時は北隣の伏見殿（伏見宮御所。一条南・東洞院東・正親町北・高倉西）が仮皇居として用いられていた。賀茂祭使は一条大路を通るのが例であったから、たまたま一条大路に面した皇居に移らざるを得なかった後花園天皇は一条面（北面）の棟門を開いてこれを見物したのである。

本章で特に問題としたいのは後半（②）で、ここに皇居の周囲をめぐる空間的礼節秩序に関する記述が見られる。それによるとこの時、一条大路のうち内裏の北辺に接する部分を近衛使と随行する衛府官人らは乗馬のまま通行し、女房使やその前駈らも天皇の聴許を被って乗馬のまま通行した。しかし検非違使はそれを免されず、一条東洞院（内裏の北西角）で下馬し、徒歩で東向に進行した後に一条高倉（同北東角）で再び乗馬した。かかる通行者ごとに異なる扱いの理由は、続く割注の部分に見える。それによれば、検非違使は「祭之使」ではなく単に「路次警固」を勤めているに過ぎないから乗馬を免されなかったという。その他の輩は皆「参社頭祭之使」であり、今年は特に天皇に「御敬神之趣」があるので乗馬を免されたという。祭使に乗馬通過を免すか否かは先例によって両様があり定め難いものの、「御敬神」の意思を表示するのであれば下馬させないのがよい、という沙汰が祭の当日になってあったために、今年は祭使らに乗馬通行を免す事になったというのである。

右の記事では「今年殊依有御敬神之趣」て乗馬を免したという記述が興味深い。乗馬を免すのは彼らがあくまでも「参社頭祭之使」だからであり、「御敬神」の表現にほかならなかった。これと共通する発想は他の史料からも見出される。一〇世紀の橘広相編『侍中群要』に「蔵人於大臣前、必居、但伝宣旨之時、仰詞了後可居也」とあり[38]、また南北朝期の三条公忠編『後押小路内府抄』に「雖家礼人、含勅命之時、乍立申之後蹲踞」等とあるのによれば[39]、蔵人・家礼は本来大臣・主人の前では居る《すわ》（蹲踞する）べきであるけれども、宣旨（勅命）を伝える時――即ち天皇に代わって天皇の言葉を伝える時には〝天皇の代理〟である事が優先した。そして宣旨を伝える間は立ったまま居らず、宣旨を伝え終わると同時に天皇の代理としての位置づけが解消され、蔵人・家礼という本来の地位に帰って大臣・主人に対して居るのである。このように、本人の身分が相手より低い場合でも、相手より尊貴な存在を代理として体現している場合には礼節上優位に立つという論理が存在していた。「参社頭祭之使」に天皇が皇居前での乗馬を免したのも、たとえ彼ら自身が卑賤の臣下であっても、神に奉仕する場合に限っては神への敬意の表現対象となって内裏側面の騎馬通行という尊大な行為が免される、という論理に基づくものであったと考えられるのである。

　逆に、神（とその奉仕者）に対する天皇の敬譲表現の必要性という事情がなければ、皇居の周囲における騎馬通行が決して許可されなかったという事を、史料10は検非違使に関連して述べている。この時、祭使に同行する検非違使のみは一条東洞院（内裏の北西角）で下馬させられ、一条高倉（同北東角）で再度乗馬するまで歩行した。それは検非違使が「祭之使」ではない、単なる「路次警固」に過ぎないという理由によるものであった。皇居の四面を騎馬・乗車のまま通行できるのは、あくまでも彼らが天皇より上位の神の権威を体現しているからに過ぎず、その彼らでさえそれが免されるのは特に「御敬神」を強調せんとする天皇の意思がある場合に限られていた。検非違使も職責上祭使の警固として同行しているに過ぎないとはいえ、祭使に行を共にしている事からある程度の優遇を受けた事は、史料10の例でも内裏の四隅までは陣中での騎馬通行が認められている事からうかがわれるが、そのような通常以上の待遇を与える配慮がなされている時でさえも、皇居の四面（この場合は北面）を通る時だけは有無をいわさず下乗させられたのである。「註進状」の長保五年四月二四日の条（①）にも「祭供奉諸司」が騎馬のまま通行しながら検非違使は騎馬を免されず下馬している事が見えているように、このような「祭之使」と検非違使の峻別は平安時代まで遡るものであった。

なお、祭の使が治天・天皇の勅によって臨時に陣中乗馬通行を許可される事例はほかにも確認され、『山槐記』治承三年（一一七九）三月二四日条には石清水臨時祭使藤原隆房について「申請院御馬、鹿毛、於陣口可騎馬之処、依勅定於西面北門欲騎之間」云々とあって、本来陣口で騎馬すべきところ勅定によって内裏閑院の西面北門から騎馬している。

以上に見たような皇居周囲の空間的礼節秩序について、鎌倉期成立と思われる僧侶の故実書に次のようにある。

〔史料11〕『門室有職抄』（『群書類従』雑部所収）

過霊寺社及（頭カ）并貴人御前儀、

霊験所并有旨社頭ニハ、駕車之時ハ無左右可下也、乗輿之時ハ舁居下簾、法施等可有之、乗馬之時、又無左右可下云々、至内裡下四面、物ニ乗テ無過儀、院御所モ大略如内裏云々、親王・関白之御前一面許下之云々、自乗物下テスク（過）ル、猶無方事也、不如不過云々、但留守之時ハ乍乗物スクル、更無憚也、

右史料の前半は、霊験・神に敬意を示すべき場所・社頭では、乗車・乗馬時は直ちに下り、乗輿時は停止して簾を下ろすという、門前下乗礼に類似した礼節を述べている。後半部で内裏・院御所の四面を乗物で通過する事の不可を説き、また親王・関白亭の周囲は一面のみ（乗物・徒歩の如何を問わず）通過すべきでない事を説いている。

さらに右の内裏・院御所四面関係の記述と同様の事を、室町期の万里小路時房も日記で次のように端的に述べる。

〔史料12〕『建内記』文安元年四月八日条

（前略）次可経一条大路進退事、一条面当時　内裏北也、無門、可下車歟、皇居可憚四面之故也、乍乗馬可過歟、臨時祭舞人等乍乗馬過陣中准拠也、両様兼可被経御沙汰事歟、（中略）、今日以状内々示合清大外記（高倉業忠）之処、一条面事、旧院（後小松院）北無其憚、無門者不可及沙汰歟云々、此条　仙洞者有門面許憚之歟、于時旧院一条面門者、堅固土門之小門也、若依其儀歟、内裏者四面相憚歟、不審猶相残者也、重可尋合之、（後略）

右は史料10で検討した文安元年の賀茂祭に関連するもので、賀茂祭使が内裏北面（一条面）を乗馬通行する事の可否が事前に問題とされた事を伝えるものである。二箇所の傍線部の「皇居では四面（の通行）を憚る」という文言は、先の検討から知られる里内裏周囲の空間的礼節秩序を最も明快に表現したものであり、皇居の四面を憚る事は、皇居をめぐる礼節秩序のうちの一つの大原則であった事が確認される（かかる原則は、延喜左右京職式の垣下条に「凡騎馬之輩、不得輙就垣下往還」とある垣下騎馬通行制限令を淵源に持つ可能性があろう）。

また「無門」と明記されているにもかかわらず内裏一条面で下乗させるか否かが問題視されている事から、この規範が前節で論じた門前通行制限とは必ずしもイコールではない事が知られよう。加えて、この件は臨時祭舞人が乗馬しながら陣中を通過する事に「准拠」するとされている事から、四面を憚る礼節と陣中を憚る礼節が基本的に別個のものであって混同されていない事、なおかつそれらが相互に准拠させ得るような親近関係にあると認識されていた事がうかがわれる（なお波線部で、時房自身が不審を表明しつつも高倉業忠の見解を「皇居とは異なり仙洞では門のある面のみを憚るという事か」と理解している事は、場合によって四面を憚る礼節が門前を憚る礼節との関係で理解されようとした事を示している）。

そしてこのような問題が発生するのは里内裏が賀茂祭使の通路に面しており、かつ天皇がそこに居住している場合に限られていた（つまり、臨時に他所に滞在している場合には発生しなかった）という事は、業忠の「註進状」の永久五年四月一二日条⑤に、賀茂祭の「祭供奉人」が「陣前不下馬」る理由を「天皇御右大臣（源雅実）土御門第之故也」

と見えている事から明らかである。つまり憚るべきは正確にはその時期に常用している里内裏ではなく、あくまでも天皇が現に滞在する居所それ自体の四面であった事になる。西山氏は『小右記』万寿四年（一〇二七）四月一五日条の、大納言藤原斉信らが中納言源師房家の門前を通過しようとしてその車が雑人に石で打たれたが、これは高松殿源明子（源高明女、藤原道長室）が居住していたため、という事例を紹介している[40]。大納言という上位者が中納言の宅前を通過したのに攻撃を受けた事は、第宅の所有者ではなく、現に居住する人物の尊貴性によって門前の礼が規律されていた事を示唆しており、上述の天皇他所行幸時における賀茂祭の事例の類例として理解できる。

なお、このように門前や四面を憚る礼節は、第宅そのものではなく本人の所在によって行われるのが一般的であったと思われるから、冒頭で述べた能因法師・藤原俊頼の例――即ち敬うべき本人が去ってその住所が「跡」となった後も下乗の礼を取ったというケースは個人的な強い敬意によって必要以上の礼を尽くしたもので、かなり特殊な事例であった事が知られよう。

ところで臣下は牛車宣旨を蒙ると大内裏に擬せられる陣中の乗車通行が許されるが（第五章参照）、その場合でも皇居の四面を憚る原則は守られたようである。その徴証は枚挙に遑がないが、嘉吉元年（一四四一）再興の禁中孔雀経法で阿闍梨を勤めた二品承道法親王が当座に勧賞として牛車宣旨を蒙った事に関連して、『建内記』同年三月二二日条に「牛車事、於当座蒙　勅旨、退出之時、自置石四《ヨツエ》□（杖イ）五枚《イツツエ》ハカリ車ヲ引入テ、乗シテ退出也、門マテハ不引寄也」とあるのが最も明快であろう。承道は参入時には許されていなかった陣中乗車通行を退出時には許されていたため、参入時に置石《おきいし》（陣中の入口＝陣口の標識。第四・五章参照）にとどめてあった牛車を置石の内側まで引き入れ乗車して退出したが、その時も置石から僅かな距離（四〜五杖）を引き入れたのみで、内裏門前までは引き入れていない。他の実例としては、例えば既に牛車宣旨を蒙っていた二条良基が貞治三年（一三六四）七月二六日の参内時には「正親町東洞院」で、同年八月九日には「正親町高倉」で下車した事が記録に見えている[41]。両地点はいずれも内裏

（土御門殿）の四隅（北西角と北東角）にあたっており、内裏北面では乗車していなかった。また洞院公賢も牛車聴許以後は「正親町東洞院通」（同北西角）等で下車しており、内裏門（左衛門陣）までは内裏の外壁に沿って歩行している。(42)

大内裏では外郭の宮城門から内郭の内裏門まで、内裏の壁面に対して直角に直行できたのに対し、方形区画の平安京内に設けられた里内裏では、どうしてもその四隅から門前まで内裏の外壁に沿って進まなければならない。そのような構造上の制約もあって、本来は内裏門の門前まで乗車を聴すものであったはずの牛車宣旨も、内裏が里内裏と同義になった時代には「四面を憚る」慣習に遮られ、門前までの乗車を認める効力を失っていた可能性があろう。

右に見た例はいずれも天皇の尊貴性に対してその居所の周囲をも諸人が憚ったものだが、これとは逆に通行者の方が居住者より尊貴である場合、居所の四面が通行者の通路に面する事を居住者側（天皇）が憚った。

〔史料13〕『長秋記』保延元年（一一三五）六月六日条

六日戊申、晴、主上自二条殿行幸東殿院御所也、明日祇園小社、院自陣頭可渡給、依其憚、今夜有此儀也、内侍所不渡給云々、此事日来有議定、遂属此儀歟、（後略）

保延元年、崇徳天皇は二条殿から東殿院御所へ行幸した。これは翌日祇園神輿が陣頭（内裏の門前）を渡る予定となっていたためで、天皇が神輿を憚ってその通路に面する皇居にいる事を避けたのである。このような事例については先述のごとく飯淵氏が既に陣中との関連で指摘しているが、陣頭（内裏門）を通過する事を憚ったという表現から考えれば、これは単に陣中の通過を憚ったというだけでなく、内裏の四面を通過させる事が直接的には問題とされている事になる。したがって、陣中が神輿の通路にあたらないようにするという配慮が同時にあったにせよ、ここでは皇居の四面を神輿が通る事に恐縮して天皇が周辺空間そのものを明け渡したものと理解されよう。

このような内裏退去一般が祭使・神輿の陣中通過を意識したものか、それとも皇居四面通過を意識したものかは必ずしも弁別し難いが、ともかく神輿の陣中通過を認めるだけでなく逆に自らがその通路を避けて一時的に他所に移った事は、天皇の祇園社に対する最大限の敬譲と見なし得る。そしてこのような行動が敬譲にあたるという事は、裏返せば、街路に対して第宅を構え居住する事自体が、通行者に対して尊大な態度であった事を示していよう。この事は、『延喜式』（左京職、町内小径条・大路門屋条）が大路に面した門屋建造を身分的に制限していたという、前述の西山氏の指摘からも傍証される。

但し注意すべきは、天皇が敬意を表して退去する対象の神が、ある程度限定的であったらしい事である。『続左丞抄』に収める一三世紀初頭のものと思われる（根拠は後述）文書に次のようにある。

〔史料14〕中原章親請文(43)

京中小社祭等行渡三条大路并陣口事、可用他路之由被仰下之間、謹以奉候了、早可申沙汰候、章親誠恐謹言、

八月四日　　　　　　　　　　　　左衛門少尉中原章親請文

この文書は、「京中小社」の祭事に際して神体や行列が「三条大路并陣口」を通る事を禁ずる決定が朝廷でなされ、（恐らくは検非違使として）その施行を任された中原章親が承知した旨を返答した請文である。詳しくは次章に譲るが、「陣口」とは陣中の入り口にあたる地点（内裏から一町の地点。理論的には同時に八つまで存在し得る。次章の陣中模式図〔図３〕参照）であるから、この史料では小規模な神社の比較的格の低い神が通行する時まで天皇が退去しなければならない煩雑さを回避するために、里内裏近辺を通らないよう天皇が神（神体）に迂回を命じているものと解釈される。この史料は天皇が謙譲して退去する対象が賀茂社の祭神等比較的格の高い神格に限られ、必ずしも全ての神（神体・奉仕者）に対して皇居を退く礼を取ったわけではなかった事を伝えているのである。

この史料をそのように解釈すると、ここで通行を禁止する場所に「三条大路」が含まれているのは、時の皇居がこれに面していたからと推測し得る。この条件に合う皇居を中原章親の活動した平安末期から鎌倉初期にかけての時期に絞って探すと、順徳天皇が閑院の新造を待つ間、建暦元年一一月二三日から同三年二月二七日まで内裏として用いた三条烏丸殿のみが該当するようである。(44) したがって請文の出された時期は建暦二年八月と推定できよう。

居所の四面を憚る発想は、一五世紀の第一四半期までに天皇や上皇（治天）と並ぶ国制上最上位のグループに属する地位を得ていた（第八章参照）室町幕府首長＝室町殿の御所においても認められる。

〔史料15〕『満済准后日記』正長二年（一四二九）正月八日条

八日、（中略）巳末刻参室町殿、（中略）次参大方殿、自東向上土門参入、仍自西唐門御台御座前、乗車了、其路次御所北築垣外也、不懸牛手引了、扈従僧綱其間歩義也、（後略）

前年に没した義持の跡を義教が襲ってからちょうど一年が過ぎようとしていた正長二年正月、満済僧正は室町殿（義教）御所へ正月の祝言を述べに参上した後、大方殿（義持室日野栄子）御所へ赴いた。その際、満済は室町殿御所から牛車で移動したが、大方殿御所への路次が室町殿御所の「北築垣外」つまり北辺に面する通りであったため、扈従の僧綱は歩行させ、自らは牛車に牛を懸けず手で牽かせて移動している。第一章で述べたように牛車に牛を懸けない（税駕という）のは敬譲表現であり、この場合は室町殿義教の御所の四面を憚ってなされた行為と考えられる。同様の例は他にも見出される。

〔史料16〕『兼宣公記』応永二四年（一四一七）正月一日条

一日、戊子、（中略）午天著直垂参賀室町殿、（中略）被仰下云、今日御参内可為申初也、余則可帰参、於自余之輩者可参儲御下車之所之由、奉仰退出、（中略）未初著衣冠（割注略）、乗車参室町殿、東行鷹司、至万里少路南行、至二条東行、至富少

路南行、至押少路西行、至万里少路南行、三条坊門万里少路下車、自唐門参昇中門、於参御前、（後略）

応永二四年元旦の足利義持の歳首参内に際して、これに供奉するため装束を着して室町殿に車で参上した広橋兼宣は、三条坊門万里小路で下車した。この地点は室町殿御所（下御所、三条坊門殿）の北西の角にあたっており、兼宣も御所の四面を塀に沿って門前まで乗車通行する事を憚ったものと解される。

もっとも『荒暦』応永二年正月七日条によれば、足利義満の太政大臣拝賀の扈従を勤める事になった一条経嗣は、義満の室町第への参上の際には「至室町第門前下車」しており、四面を憚らず門前まで乗車していた。[45] この礼節の差異が何に基づいているかについては、現時点では明確な結論を示し得ない。拝賀の扈従を勤める以上、経嗣が義満の下位に位置づけられていた事は疑いないが、朝廷の位階官職に基づく臈次によれば当時経嗣（従一位・関白左大臣）は唯一義満（従一位・太政大臣）の上臈に位置する人物であった事が確認されるから、[46] そちらの身分秩序に則って義満亭の四面を憚る礼を取らなかった可能性を考える事はできよう。経嗣は門前まで牛を懸けたまま乗車し、兼宣は御所の四隅で下車、また満済はその中間を取って牛を外して門前から乗車する等その敬譲の範囲は一定でないものの、右の史料群からは室町殿御所に対して「四面を憚る」礼節が行われていた事が認められよう。[47] 同様の事は、一六世紀初頭頃の武家故実書でも確認される。

〔史料17〕『家中竹馬記』（『群書類従』武家部所収）第二六条

一、御供衆馬打の事、（中略）正月の御晴并御的始・松はやしなとには四足より御出仕あり、室町の花の御所の時は、四あしハ西むき、室丁（イ町）西也、御所の未申のかど惣門あり、其きはにて御下馬有て四足より御参あり、又正月一日裏打の御出仕、其外毎度の御出仕には烏丸面の東の御門より御参あり、此時は当方は堀川押小路の屋形より御出仕有に依て室町の惣門の前を東へ打とをられ、御所の辰巳のかど烏丸にて御下馬あり、三管領は御下馬の所かはる也、御所を別の御在所へ移さるゝとも此儀に准すへし、同書は永正八年（一五一一）一一月二七日に土岐肥田伊豆守利綱（奉公衆）[48]が編述した旨の奥書があり、御供衆の晴の花御所（室町第）出仕時は御所南西の角の惣門で下馬して室町面の四足門から参入、その他の出仕時は烏丸面の門から出仕、土岐肥田家は屋形が堀川押小路にあるので出仕時は右の御所南西角惣門を東に通過して御所南東の角（烏丸面）で下馬・出仕したという。同書が書かれた当時、将軍義尹（後の義稙）は実際には二条西洞院妙本寺にあったと思われ[49]、また三管領家はこれらと下馬所が異なるとあるが、他の御所でもこの花御所での作法に準ずべきとあるから、室町殿御所の角で下乗し徒歩で門から参入する作法は、御所の所在にかかわらず一つの下乗ルールとして確立していたものと見なし得る。

ここまで論じてきた「四面を憚る」礼節の存在の一般性を踏まえ、前節の疑問に立ち戻ろう。先に取り上げた長保二年の斎宮御禊における一条院北面の大宮～堀河間の供奉人の下馬や、また長保五年四月の賀茂祭における諸宮使々の同じ区間内の下馬の事例から、西山氏は「一条大路は「祭場」の側面が里内裏の〈門前〉に優越する」という重要な指摘をしている。但しこれらの事例は大宮～堀河という区間が明記されている点から見て、厳密にいえば一条院皇居の北面、即ち第宅の四面を憚る礼節の話であり、門前通行制限の話ではない。また文安元年の賀茂祭について、『建内記』は「無門」であるにもかかわらず皇居四面の通行制限に言及しているから、室町期段階では四面を憚る礼節は門前を憚る礼節とは別個・独自に存在すると認識され得るものではあった。しかし他方で、長保五年の賀茂祭について業忠註進状や『本朝世紀』が「一条院北面」と記すところを、『日本紀略』が「一条院北陣」としている点も見過ごすべきではない。内裏外郭の「陣」とは即ち左右衛門陣・兵衛陣等と称される「門」であって、同書ではこの件が門前通行の話として理解されているのである。

もしその理解が正しいとすれば、本来、門前通行を憚る事は第宅四面の通行を憚る事と同義であり、したがって〝門前〟とは第宅の門がある面と同義であったという推測が成り立つ。室町期の事例だが、『迎陽記』応永一四年三月二三日条の「経高橋并北小路大宮等、一条東行、東洞院南行、正親町北陣東行、高倉南行、到内裏東門」という記事は、右の推測を傍証している。[50]これは後小松天皇准母北山院（日野裏松康子）の入内始参内の行程で、「正親町北陣を東行す」という傍点部の「東行す」の直前部分は、前後との比較や一般的記法から見て街路名か区域を指す語でなければならず、「北陣」を単に門と考えると意味が通じない。ここでは土御門内裏の北辺、即ち正親町小路の東洞院から高倉までの一町の区間を内裏北門の門前と見なし、「北陣」と称していると考えるべきであろう。

また別の傍証として、中世の貴人第宅に造築された裏築地の態様を挙げ得る。詳しくは第八章・一〇章で論じるが、裏築地とはある第宅の四面を囲む築地のさらに外側に（つまり街路の中に）構築される築地であり、これによって第宅と街路の間は二重に隔てられる。そして南北朝・室町期の固定的里内裏たる土御門殿においては、裏築地は正門の前に、その門を持つ面（東洞院面）と同じ長さの分だけ築かれていた。裏築地の機能は、本章第一節で問題とした門前通行制限を緩和して通行者の便宜を図る事――つまり門の前にもう一つ築地を構えて街路から門を遮蔽してしまい、そこが「無門」であるのと同じ効果を生み出す（つまり門前ではなくしてしまう）事によって、居住者の尊貴性を保証しつつ門前通行の制限を事実上なくしてしまう事にある（かかる築地の礼節的遮蔽効果については、第八章第二節（2）項を参照）。したがって裏築地が内裏の一面を過不足なく覆うのは、それで門前が過不足なく遮蔽された事になると考えられた事を意味しよう。とすれば、土御門殿においては〝門前〟とは即ち東洞院面の範囲であった事になり、これを敷衍して大過なければ、〈〝門前〟とは第宅四面のうち、門を有する一面分の範囲の街路である〉と一般化できる可能性が高い。

おわりに

以上、本章では路頭から第宅を憚る礼節について概観し、洛中空間認識における〝門前〟の範囲を推定した。「はじめに」でも述べた通り、本章で述べた右のような礼節は、当事者の一方が路頭で下乗その他の敬譲行為を行うという意味においては路頭礼に含み得る性質を持っていたが、当事者の他方が路頭にいない事を踏まえれば厳密な意味での路頭礼の枠組みを越えるものであり、路頭・第宅を含む比較的広範囲の空間的広がりを持つものである。そういった場としての性質は、多くの場合〝門前〟という言葉に集約・代表され、実際的には〝門前〟とは第宅の門を有する面と同じ長さの街路という空間を指していた可能性が高い。また下位者が路頭で礼節表現としての何らかの動作・所作を求められる点で、居所―路頭間礼節という体系は動的要素を不可欠な要件・媒介装置として持つ一方、同時に建造物や洛中という都市構造そのものが重要な役割を果たしている点で、静的要素を第二の不可欠な要件・媒介装置としているという特色がある。また第二節の最初の事例のように、本章で扱った礼節体系は上述の空間的広がりばかりでなく、〝過去そこにいた上位者に対して下位者が礼を尽くす〟という、過去と対話して行われる時間的広がりをも伴う特色を有している事にも注意されよう（つまり、極端な場合は当事者の一方たる上位者が、実際には場を同じくしない仮想的存在となる）。

このような礼節は明らかに狭義の路頭礼と親近性を持っていながら、『弘安礼節』のような公的規定を持たなかった点において、狭義の路頭礼ともまた異質であった。ただ、史料6・7で見た「管領の門前は下馬すべし」という規定は、その直後に「路次で乗馬中に三管領に遭ったら下馬して道を譲るべし」とする狭義の路頭礼に関する規定が続いており、広義と狭義の路頭礼が「下馬礼」という大枠で一括りに語られているから、本章で別体系とした広義・狭義の路頭礼の区別は、当時の武家社会ではなされていなかった可能性が高い。この事は、公家社会の『弘安礼節』が「路頭礼」として狭義の路頭礼のみを挙げ、広義の路頭礼については全く言及していない事——即ち両者の間にある程度の区別が存在していたであろう事とは対蹠的といえよう。

本章が居所—路頭間礼節と名づけた礼節の体系について、西山氏は、

〈門前〉の作法は、一定の共同規律として屹立すると想定される。相互の身分で作法を選択し、あるいはそれを侵犯する。しかし、その作法は慣例として存在し、違反への罰則も曖昧である。

と総括した[(51)]。これは全く肯かれるものだが、さらに本章で検討した賀茂祭の例では、毎回相手は同じ賀茂社の祭神、当方は同じ天皇というように、双方の身分は常に不変であったにもかかわらず、天皇の神に対する敬信の度合いによってその都度祭使の皇居四面における下乗の有無が検討されていた。このように天皇の個人的信仰心の厚薄によって恒常的に礼節が変動した事は、居所—路頭間礼節が狭義の路頭礼に比してその所作の一律な決定を困難にする要素を強く持っており、平安期から室町期まで「依人依事如此、礼節進退可依事也」（『後押小路内府抄』磬折事）、「可依其人体カ」（『鎌倉年中行事』）、「礼法無所定、随便宜可思免耻」（『西宮記』車上礼）等と繰り返し表現されてきた事に現れているような、〈最終的には個人対個人の主観に基づくものである〉という礼節の本質的要素を強く持っていた事を示している。

このように広義の路頭礼は一般的慣行の域を出ない曖昧な性質を持つものであったが、次章以降で考察する陣中の概念や裏築地と称する構築物は、皇居を中心とする洛中空間秩序の中に物理的に存在が明示される事でその曖昧さを払拭し、一律な敬譲行為を強制する装置としての機能を果たしたものであった。本章で考察した居所—路頭間礼節は、前章までに検討した狭義の路頭礼と、次章以降で考察する、より広域の空間と物理的施設を伴う空間的礼節秩序（特に「陣中」概念は三町四方の領域に及ぶものであり、また洛中・洛外という広域の空間秩序へと接続する）を媒介する体系として位置づけられる。その陣中・裏築地に関しては、本章までの（狭義・広義の）路頭礼に

関する基礎的・一般的事実の整理を踏まえ、章を改めて考察する事としたい。

(1) 但し鳥居・門のいずれで下馬すべきかは議論の余地があったようで、『葉黄記』宝治二年（一二四八）二月一〇日条には北野社に関するその議論が見える。

(2) 西山良平「平安京の病者と孤児」(『都市平安京』、京都大学学術出版会、二〇〇四、初出一九九一)一一四頁以下。

(3) 西山良平「平安京の〈空間〉」(前掲注2著書)二二頁。

(4) 西山良平「平安京の門前と〈飛礫〉」(前掲注2著書、初出一九九九・二〇〇〇)二九一頁。

(5) 花山院第については太田静六「花山院第(東一条第)の考察」(『寝殿造の研究』、吉川弘文館、一九八七)等を参照。

(6) 今谷明「門前検断と釘貫——権門の町屋支配——」(『戦国期の室町幕府』、角川書店、一九七五)。

(7) 応安五年（一三七二）一一月二一日付室町幕府追加法(佐藤進一・池内義資編『中世法制史料集』〔第二巻室町幕府法、岩波書店、一九五七〕一二四条)に「一、東福寺付門前検断事、／任五山之法則、可為寺家之沙汰、若殊事出現之時者、可被触侍所矣」とある。

(8) 前掲注4西山氏論攷。

(9) 同前西山氏論攷二八二頁。

(10) 同前西山氏論攷二八六頁。

(11) 同前西山氏論攷二八五頁。

(12) 朝廷による京中武装禁止政策については、近藤好和「中世武士論の一前提——律令制下における弓箭の位置——」(『中世的武具の成立と武士』、吉川弘文館、二〇〇〇、初出一九九五)に詳しい。同論攷に拠って略述しておくと、『法曹至要抄』所引天延二年（九七四）三月一日太政官符で「而今不善之輩満京師、或恣帯弓箭、耀其無為、(中略)厳遏奸党、勿遺噍類」と平安京での弓箭携帯が禁じられ、その後も『日本紀略』天元六年（九八三）二月二一日条に「京中・畿内、帯弓箭・兵仗之輩、可捕糺」と検非違使に宣下された旨が見え、『小右記』永観三年（九八五）二月一〇日条に「弓箭禁制厳峻」と、『左経記』長元元年（一〇二八）五月二二日条に「非職輩帯弓箭横行京中者、慥可尋糺之由有宣旨」と、『春記』長暦四年（一〇四〇）四月二九日条に「京中帯弓箭者偏満、(中略)是王化之滅也」と、武官でない「非職之輩」の京中兵仗禁止令は一〇世紀以降盛んに発令された。

なおこの裏返しとして、武官は京外では武装すべきとする発想が、『葉黄記』宝治二年一〇月二一日条の「宇治御幸、（中略）予供奉、（中略）城外也、須帯劔歟、然而宇県御幸先達之所為皆如此」という記述等から認められる。

(13)『長秋記』天承元年（一一三一）七月八日条。

(14)詫間直樹『皇居行幸年表』（続群書類従完成会、一九九七）、また橋本義彦『藤原頼長』（吉川弘文館、一九八八、初出一九六四）二〇二～三頁。

(15)前掲注14詫間氏著書による。

(16)『建内記』永享三年（一四三一）一二月二四～二五日条。

(17)百瀬今朝雄「管領頭に関する一考察」（『弘安書札礼の研究』、東京大学出版会、二〇〇〇、初出一九八三）、家永遵嗣「足利義満における公家支配の展開と「室町殿家司」」（『室町幕府将軍権力の研究』、東京大学日本史学研究室、一九九五）。

(18)『吾妻鏡』建久元年（一一九〇）一一月六日条。

(19)『陰徳太平記』三九、「吉川元春元長被叙四位事」。

(20)前掲注4西山氏論攷二八六頁。

(21)『群書類従』雑部所収。成立年代は同書「僧俗重服事」の直前に「応永廿七庚子五月廿三日　宣守判」と、また最末尾に「同七月日重テ書加畢」とある事による。

(22)前掲注4西山氏論攷二八三～四頁。

(23)『大日本史料』（以下『大史』）六―一二、二四三頁以下所載。

(24)『大日本古記録　建内記』十、一六五頁所収。

(25)『下郷共済会所蔵文書』（東京大学史料編纂所架蔵写真帳、請求番号六一七一・六一―八九―八〔広橋文書　丙〕。なお同所架蔵影写本〔請求記号三〇七一・三六―一七〇―五〕にもあり）。

(26)『大日本古記録　建内記』十、「万里小路時房略年譜」。

(27)「～分」が「実態とは必ずしも関係なく、～であるという事にする」という意味である事については、第四章注7・第七章注30・第九章注9を参照。

（28）『群書類従』武家部所収（本文は国立公文書館内閣文庫所蔵版本〔請求番号二一四—〇〇三八〕に拠った）。

（29）同前武家部所収。

（30）伊勢貞仍については、自身の著『宗五大草紙』の「文明十一年（一四七九）の比御相伴衆御供衆以下の事」の「申次」の項に「伊勢次郎左衛門貞頼、改仍、宗五、」とあり、『長禄二年（一四五八）以来申次記』（『群書類従』武家部所収）の「伊勢次郎貞頼」の項に「貞扶息也、任次郎左衛門并下総守」とある。

（31）前掲注6今谷氏論攷。

（32）引用は新日本古典文学大系本（岩波書店、一九九五）に拠った。

（33）但し後嵯峨院の北野御幸について、『葉黄記』宝治二年二月九日条に「次幸北野、吉田中納言頻打鞭前行、依奉行、事々為尋沙汰歟、於門下可下馬云々、奉行人存此由之間、前行人々併乍騎馬過鳥居、于時四条大納言（隆親）・予相並駕、如元久故殿（葉室光親）御記者、人々於鳥居下々馬也、予問答大納言、々々々云、後鳥羽院御時、皆於鳥居下々馬也、仍我ハ存其由云々、已符合于記録、且南東鳥居巡有釘貫、如端垣歟、当時雖無之、猶追旧跡者、於其中難乗馬歟、但前々或不同歟、然而予先下馬、四条大納言又同就之、前大納言為家（御子左）・大宮大納言（公相）等皆下馬、御輿後上下北面輩又勿論、於御輿者、過鳥居傍於南門外下御」とある。神社では釘貫が物理的に下馬所として機能した事、釘貫が失われても旧跡を追ってその中では乗馬し難いと認識された事が知られるが、崇敬すべき対象が去った事例ではない。

（34）賀茂祭等の特定行事専属の伝奏については、瀬戸薫「室町期武家伝奏の補任について」（『日本歴史』五四三、一九九三）、渡辺修「中世儀式伝奏の補任」（『皇學館論叢』、皇學館大学人文學會、二〇〇四）、井原今朝男「甘露寺親長の儀式伝奏と別記『伝奏記』の作成——室町後期における公家官制史の一考察——」（吉岡眞之・小川剛生編『禁裏本と古典学』、塙書房、二〇〇九）等を参照。

（35）『建内記』文安元年（一四四四）四月一二日条。

（36）朧谷寿「賀茂祭の桟敷」（『角田文衛博士古稀記念古代学論叢』、角田文衛先生古稀記念事業会、一九八三）、佐多芳彦「平安・鎌倉時代の賀茂祭使——餝車と過差——」（『服制と儀式の有職故実』、吉川弘文館、二〇〇八、初出一九九七）、野田有紀子「平安貴族社会の祭列をめぐる社会的関係について」（『東京大学史料編纂所研究紀要』一七、二〇〇七）。

（37）飯淵康一「平安時代里内裏住宅の空間的秩序——陣口、陣中及び門の用法——」（『平安時代貴族住宅の研究』、中央公論美術出版、二〇〇四、初出一九八四）。

(38)『侍中群要』五、礼節事、進退往反事。

(39)『後押小路内府抄』蹲踞事。

(40)前掲注4西山氏論攷二八三頁。

(41)『迎陽記』貞治三年（一三六四）七月二六日条（『大史』六―二六、六二一頁）、同年八月九日条（同前一一〇頁）。なお良基の牛車聴許は貞和二年（一三四六）四月二九日（『公卿補任』）。

(42)『園太暦』貞和六年（一三五〇）正月一日条。公賢の牛車聴許は貞和五年一二月二五日（『公卿補任』）。

(43)本文書は年号を欠くが、中原章親は『山槐記』治承三年（一一七九）正月二二日条に「少判事　中原章親／明法博士章貞男」と、また『経俊卿記』建長八年（一二五六）五・六月巻の紙背に残る中原章種言上状（『図書寮叢刊』本、二二五頁）に「章種者明法博士季盛玄孫、大判事明法博士章貞曽孫、大判事明法博士章親孫、大判事明法博士章久嫡男也」とある人物と推定される。法家中原氏の系譜関係については今江広道「法家中原氏系図考証」（『書陵部紀要』二七、一九七五）をも参照。

(44)前掲注14詫間氏著書一九二～一九三頁。

(45)『大史』七―一、九二一～九二二頁所載。

(46)『公卿補任』同年条。

(47)このような礼節の差異はその時々の彼らの室町殿に対する地位を反映している可能性が高いと思われるが、今のところ筆者はそれらを分析するに十分な材料を持ち合わせていないので、室町殿の第宅（花御所・三条坊門殿）に対する廷臣の路頭礼秩序については別の機会を得て検討する事としたい。

(48)文安～明応番帳に三・四・五番衆として見える（福田豊彦「室町幕府の奉公衆体制」、『室町幕府と国人一揆』、吉川弘文館、一九九五、初出一九八八、一〇四頁）。

(49)『実隆公記』永正八年（一五一一）九月一日条に「大樹自高雄帰京、二条―西洞院日蓮宗妙本寺為御所云々、唱万歳、珍重々々」とある。

(50)『大史』七―八、八四六頁所載。

(51)前掲注4西山氏論攷二八七頁。

第四章　中世里内裏の空間構造と「陣」——「陣」の多義性と「陣中」の範囲——

はじめに

里内裏周辺における空間秩序の重要な構成要素の一つに、飯淵康一氏が平安期里内裏の陣口の用法の検討から指摘した[1]「陣中」の概念（臣下が必ず下乗し歩行する領域）[2]がある。この概念は里内裏が常態化した中世の内裏をめぐる礼節秩序を考える上でも不可欠の概念と考えられるが、飯淵氏は考察の対象を主に平安期としており、鎌倉期以降の陣中については不明な点が多い。近年になって中世の里内裏周辺空間秩序や都市論においてこの概念の重要性が再認識され、平安期については中町美香子氏が、鎌倉期については野口孝子氏が、南北朝期については髙橋康夫氏が言及しているが[3]、平安期を対象とする考察から飯淵氏が得た知見をそのまま各時代の里内裏に敷衍し得るか否かはそれぞれ当該期の史料から検討し直す余地がある。

陣中の概念そのものは戦国期まで存続したと考えられるが[4]、室町期の記録には明らかに陣中である地点を「陣外」と記す用例が多く見られ、一見すると当該期における陣中・陣外の概念・表記が動揺していたかのごとき印象を受ける。中町氏は里内裏を囲繞する陣中（本書で考察対象とする陣中。以下本書では、この意味の場合は特に断らず単に陣中と記す）の確立過程の考察において、平安期の「陣」とそこから派生する「陣中」「陣外」の語義を検討し、その多義性に注目した上で、平安期に確立した陣中は内裏から一町の距離までの領域であった事を確認している。そこで本章では、果たして飯淵氏が指摘し中町氏が確認した形で陣中の概念が平安期以降も存続し、領域や内実が維持されたか否かを探り、中世史料に現れる里内裏周辺の空間認識を整合的に理解する材料としたい。

一　陣中の範囲――陣家との関わりから――

飯淵氏によれば、陣中とは里内裏周辺空間秩序において大内裏に相当する領域として設定されたもので、里内裏を中心に東西南北にそれぞれ一町分ずつ拡大した領域（通常は三町四方）を指し、平安京における〈大内裏→内裏〉という空間的二重構造が、里内裏においては〈陣中→皇居〉という形で観念上再現されていた。この領域は大内裏に准じて臣下の乗車・乗馬通行が禁じられ、陣中への入口は臣下の下乗地点として「陣口」と称された(5)。

（1）「陣中」が同時に「陣外」である矛盾

中世の陣中が必ずしも内裏を中心とした三町四方ではなく、場合によって変化（伸縮）・混乱した可能性を最も端的に示唆しているのが、嘉吉三年（一四四三）の洞院実煕の任右大将拝賀を記録した次の史料である（必要部分のみ掲出し便宜上丸数字を付す）。

〔史料1〕『康富記』嘉吉三年四月二六日条(6)

①廿六日、辛亥、晴、朝間小雨灑、昼以後晴天、

今夜洞院大納言実煕卿被奏右大将慶、去年三月兼任幕下、自正親町宰相中将持季卿亭令出立給、陣外也、仍各歩儀也、出東洞院面大門北行、内裏々辻内南行、自左衛門陣有御参、（中略）

②嘉吉三年四月廿六日、天陰雨降、午後属晴、及晩聊有雷鳴即休、今日洞院殿右大将御拝賀也、自陣中正親町宰相中将亭有御出立、貞治二、後山階殿自日野亭御出、応永卅、内府禅圓（門カ）自此亭御出云々、為歩儀者也、候人遠江守経之（高階）為家司、仍自昼程賜御指図、

参裏辻亭致室礼云々、（中略）其後剋限亥、令出東面門給、北行裏築地外、廻北端折右、裏築地内南行、自右（左）衛門陣御参内、（中略）

③　以上今日之儀、美作守親尚（藤原）後日相談之間、大概注付之、又今日之儀大将殿委細有御記録一巻被送下之、可清書進之由被仰下之間、清書進入了、件御草ハ幕下御自筆也、家司経之記入分なり、（後略）

この条は途中（②）から再び同日の日記が始まるような体裁になっており、①が要点のみの簡潔な記事であるのに対して、②は当日の詳細な行程・装束・扈従の人々の交名をはじめ、陰陽頭勘進の日時勘文・右近衛府宛兵部省移・吉書（加賀国年料米解文）の案を収める等（いずれも引用では省略）詳細を尽くしたものである。かかる構成となっているのは、③に記主正親町（中原）康富が記したように、別の経緯で作成された拝賀記が地の文の間にそのまま挿入されているためであり、①が実凞の候人藤原親尚の談話を基にした康富の文章（③も地の文）、②が洞院実凞自筆の「御記録一巻」の文章と考えられる[7]。

ここで問題にしたいのは、重複する同一事柄を記しているにもかかわらず、一見正反対の内容を示す傍線部である。①（地の文）によれば、実凞が参内の出立所とした「正親町宰相中将持季卿亭」に康富は「陣外也」と注記している。しかし②（次第記挿入部）によれば実凞は「陣中正親町宰相中将亭」より出立したとあって、同じ持季亭が一方では陣中、他方では陣外とされているのである。作成経緯が異なるとはいえ、同じ日記の同じ条に同一の第宅《ていたく》を形容する言葉として「陣中」と「陣外」が併存しているのは奇異であり、これによる限り〈陣中＝陣外〉でなければならない。また①と②で記述者が異なる事を踏まえれば、観察者によって同一の場所が同時に「陣」の中にも外にも成り得た可能性が考えられるものの、どのような論理に基づけば、陣中である場所が同時に陣外であり得るかを再検討する必要が生ずる。さらに嘉吉三年当時の正親町持季亭が内裏土御門殿と東洞院大路を挟んで西隣にあった事――即ち陣中にあった事の明証は史料1の行程記事をはじめとして枚挙に遑がなく[8]、したがって陣中である事が明白な正親町亭がなぜ「陣外」と記されるかが問題となる（同じ正親町亭が洞院実煕の内大臣拝賀でも『康富記』文安五年（一四四八）正月二六日条で「自正親町中納言亭令出立給、依為陣外歩儀也」と、やはり「陣外」と記されている）。

次にこの拝賀を記録した別の史料三点を掲げる。

〔史料２〕『看聞日記』（以下『看聞』）同日条

廿六日、（中略）今夜右大将（洞院）拝賀、自陣下出仕、裏辻宰相中将家為陣下、四足門前ニ出、密々見物、（後略）

〔史料３〕『公名公記』同日条[9]

廿六日、（中略）今日右大将実煕中拝賀、（中略）右幕以正親町宰相中将宅卜陣家出立（歩儀）云々、（後略）

〔史料４〕『愚記』（三条実量公記）同日条[10]

廿六日、右大将奏慶云々、自正親町宰相中将持季亭出立也、依為陣家也、扈従正親町宰相中将、殿上人両三人云々、

伏見宮貞成親王によれば（史料２）実煕は「陣下より出仕」し、その「陣下」とは「裏辻宰相中将家」であったという。裏辻宰相中将は正親町持季で[11]、その第宅が史料１の正親町亭である事は間違いない（史料１の②は持季亭を「裏辻亭」と記す）。とすると、同じ正親町亭が同時に陣中・陣外である上に「陣下」でもあった事になる。ここで右の三つの語の関係、また正親町（裏辻）持季亭を「為陣下」という表現の意味が問題になろう。本来陣中は里内裏とされる第宅の決定と同時に自動的に確定される領域だが、その事と人為的に設定されるニュアンスを持つ「為陣下」という表現はどのように関わるであろうか。

また西園寺公名は正親町持季宅を実煕が「卜陣家」したと記し（史料３）、三条実量は同第宅よりの出立理由を「依為陣家也」としている（史料４）。この「卜陣家」「為陣家」という表現は、まさに史料２の「為陣下」という

表現と対応すると見られよう。以上の諸史料により同日の同一地点を指す言葉として、陣中・陣外・陣下・陣家の四語と、関連する表現が現れた事になる。以下、本節では右の諸史料を整合的に理解するため考察を試みたい。

(2) 他の「陣外」の用例と「陣家」

特定の第宅が陣外と称される例は当時の記録に少なからず見出される。中でも特に所見が多いのは、拝賀(奏慶)時の参内の出立所に係る用例である。

〔史料5〕『康富記』文安元年三月二七日条

廿七日丁丑、晴、県召除目初夜也、一条大納言殿教房、歳云々、廿一執筆、初度御出仕也、先被奏大納言去月六日有御拝任、慶、自陣外菅左大丞益長卿亭正親町万里小路北西角宿所、正親町面有門二、有御出、為歩儀、(後略)

〔史料6〕『康富記』享徳四年(一四五五)正月一六日条

十六日壬戌、晴、今夜殿下(鷹司房平)御拝賀也、(中略)殿下自陣外四条前大納言隆夏卿亭有御参内、亜相亭土御門東洞院北西角、先秉燭以前内々有御出、御小直衣、八葉御車也、於御宿被召御装束、前典薬頭保家朝臣為装束師、(後略)

〔史料7〕『康富記』宝徳元年(一四四九)八月二三日条

(前略)是夜綾小路被号庭田、正四位下、新相公政賢朝臣、去三月任、被申参議拝賀、先院御所、次禁裏也、申次蔵人極﨟源定仲(五辻)也、行粧布衣侍二人、如木雑色一人、小雑色八人云々、宿所在陣外、一条高倉正親町間西頰也、当時内裏之東裏也、不及乗物沙汰矣、

〔史料8〕『康富記』宝徳三年一一月一六日条

(前略)今夜正親町大納言持季卿殿被奏大納言慶、去三月拝任、宿所自元為陣外之間、不及乗物沙汰、先被参申院御所、次参内、入左衛門陣代、(後略)

〔史料9〕『元長卿記』文亀元年（一五〇一）二月二九日条

廿九日、晴、今日右大弁宰相（中御門）宣秀申拝賀云々、出門借請侍従大納言（三条西実隆）亭由兼日告之、装束衣文事相語之間、未下剋着直垂向彼亭、（中略）予装束令持恵命院旅宿、下河原殿、依陣外也、（中略）仍着束帯、（中略）参内、（後略）

拝賀（奏慶）は任官の後、謝意を表するため天皇・院等（室町期は室町殿へも）の御所に参上して拝舞または拝礼を行う行為で、[12] 拝賀の後に著（着）陣の儀式を行って初めて通常の出仕や上卿・奉行勤仕をできるのが建前であった。[13] 史料5は一条教房が任大納言拝賀を、史料6は鷹司房平が任関白拝賀を行うため参内した記事である。ここでは教房が東坊城益長の宿所から、また房平が四条隆夏の宿所から出立《いでたち》して参内しており、史料1〜4の事例と同じく、他人の宿所を出立所として利用している事が共通している。また東坊城益長亭・四条隆夏亭の位置がいずれも土御門内裏の陣中なのは明らか（各史料中の波線部）であるにもかかわらず「陣外」と明記されている点も、先の正親町亭と同様である。

史料7は庭田政賢が任参議拝賀を、史料8は正親町持季が任大納言拝賀を行った記事で、こちらは自亭から出立した点が相違するが、ここでも両史料で宿所が陣外にあるとされているにもかかわらず、それぞれの所在地が陣中である事は明白である（史料7波線部、史料1）。以上の史料5〜8を併せ考えると、「陣外」とは「拝賀（奏慶）参内時に出立所とされる第宅」に付随する語であった、とまずは推測されよう（史料9も中御門宣秀が三条西実隆亭から拝賀した記事であり、後半部に記主甘露寺元長が装束を「恵命院旅宿」に持参したとある事との関係がやや不分明だが、拝賀の他亭借請と「陣外」の関係を示唆する）。

ところで、拝賀の出立所として使われる第宅が「陣家」と記される例もまた当該期の記録には多く見出される。

〔史料10〕『後愚昧記』貞治二年（一三六三）正月一日条

正月一日壬寅、（中略）節会、参仕人左大将（洞院）実夏卿、今夜中拝賀、去年十一月任大将、（中略）左大将拝賀、自陣家藤中納言宅、一条東洞院

西頬、禁裏咫尺也、出立、（後略）

〔史料11〕『後竹林院左相府実遠卿記』（『続群書類従』公事部所収『大納言拝賀部類記』所引）享徳三年六月一九日条

予亜相拝賀也、自陣家出立、徳大寺宿、（後略）

右によれば、洞院実夏や西園寺実遠は拝賀に際して「陣家」から出立したとある。
さらに拝賀以外で他人の宿所を「陣家」と称し出立所としている事例を次に掲げる。

〔史料12〕『荒暦』応永一二年（一四〇五）四月二六日条(14)

（前略）午剋向陣家、正親町高倉宰相入道常永（高倉）宿所、禁中直廬当時無其所之間、自此亭出仕可然之由、兼日自北山殿（足利義満）有御計所点給也者、（後略）

〔史料13〕『荒暦』応永一二年四月二八日条(15)

廿八日癸巳、陰晴不定、此日御八講五巻日也、准三后（足利義満）自通陽門院（三条厳子）御所土御門高倉陣中也、此間号御里、今日為御出立所兼被申請歟、可有御入内儀者、（中略）北山殿（義満）已渡御陣家、（後略）

〔史料14〕『通氏卿記』嘉慶三年（一三八九）二月九日条(16)

嘉慶三年二月九日、改元定也、予依兼日催、秉燭之程着束帯、蒔絵釼、無文帯、紺地平緒等如常、毛車以下旁不具之間、自陣家李部卿（東坊城）長綱卿事也、宿所立寄之由也、参之、（後略）

史料12は一条経嗣が後円融院第一三回聖忌の宸筆法華八講参仕のため高倉永行宿所を「陣家」とするよう足利義満の指示を受けた事を、史料13は義満自身が通陽門院（後円融院室三条厳子）御所を「陣家」とし「御出立所」として申し請けた事を伝える記事である。また史料14には中院通氏が改元定参仕のため「陣家」式部卿東坊城長綱宿所から出仕したと見える。右の諸史料によれば、陣家とは〈拝賀・改元定・仏事等の〉参内出仕の出立所とされる第宅〉であったと理解されよう。これらの史料に見える陣家の位置は全て土御門内裏・伏見殿仮皇居の陣中の

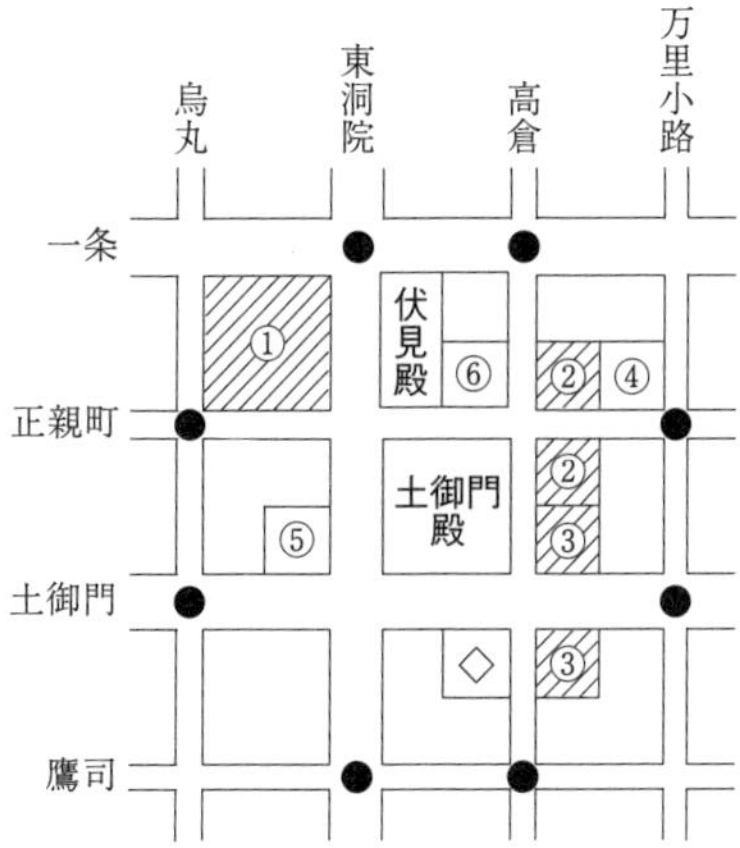

●＝陣口
斜線部＝「陣家」の第宅／斜線無し＝「陣外」の第宅
①＝日野時光亭「一条東洞院西頬」
　※所在地比定の根拠は第六章注26参照
②＝高倉入道常永亭「正親町高倉」候補地
③＝通陽門院御所「土御門高倉」候補地
　※南西角（◇）は三条亭（『康富記』宝徳２．８．17条）なので除外
④東坊城益長亭「正親町万里小路北西角宿所」
⑤四条隆夏亭「土御門東洞院北西角」
⑥庭田政賢亭「一条高倉正親町間西頬」

図３　「陣外」「陣家」と称される第宅の所在地

領域内に位置していた事が確認され（図３）[17]、「陣家」の語は直接的には〈陣中の領域内に存在する第宅〉を意味していると考えられるのである。

以上に見た朝儀参仕の出立所としての陣外・陣家に関わる史料を踏まえ、次に挙げる理由から、「陣外」と「陣家」は同義語として使われる場合があったと推定される。

①「陣外」宿所が「陣家」と同じ目的・機能（出立所）を果たしている。

②同一の第宅が史料により「陣外」「陣家」両様の表現を冠している。

Ⅰ史料５の東坊城益長亭（陣外）と史料14の東坊城長綱亭（陣家）。

Ⅱ応安三年（一三七〇）の御八講参仕のため右大臣九条忠基が逗留した日野資教亭を「陣外左兵衛佐資教亭」と記す史料がある一方（『兼治宿禰記』同年七月六日条）[18]、応安四年の西園寺公兼の参議拝賀では出立所の資教亭が「陣家資教家、一条東洞院、」と記され（『後愚昧記』同年正月一六日条）、また前述の貞治二年洞院実夏左大将拝賀の出立所である日野時光（資教父）亭が「自陣家藤中納言宅、一条東洞院西頬、禁裏咫尺也、出立」とされている（史料10）。

Ⅲ三条西実隆の権大納言拝賀に関して、『実隆公記』長享三年（一四八九）七月七日条所引三条西実隆書状（中院通秀勘返）に「点陣家可出立候」と、同記同月八日条に「今日可奏亜相慶也、就陣外借請甘露寺中納言（元長）亭、自彼所可出立」とある。

③「陣外」宿所の所在地は「陣家」と同じく陣中に収まる（図3）。

④「陣外」と「陣家」の発音の類似（「家」が公家《くげ》や院家《いんげ》のごとく濁音であれば同一[19]）。

このように、陣外が陣中の対義語ではなく陣家（陣中の第宅）の同義語として使われていたと考えれば、本章冒頭の正親町持季亭に関する『康富記』の一見矛盾する記載が整合的に理解できよう。

「陣家」を「陣外」と書く事には中世に一般的な音通という性格が認められるが、「陣外」の表記が史料上に現れる頻度は管見の限り「陣家」と同等かそれ以上であり、当時の公家社会で許容され定着した用字であったという印象を受ける。その理由には、里内裏の門を「陣」と呼ぶ用法（左衛門陣・右兵衛陣等）との関連が考えられる。即ち、「陣外」「陣家」と呼ばれる第宅には里内裏に隣接するものがあり、それらの位置が里内裏の諸門（左衛門陣等）の直近（すぐ外）にあたる事からの連想で、「陣家」の語に「陣外」という用字が行われた可能性が想定されるのである（次節で詳述）。〈内裏門付近の家〉あるいは〈陣中の家〉いずれであると考えても「陣家」の表記の方が理解しやすく、本来的には「陣家」と表記されるべきものと推測される。

（3）「陣下」と「陣外」「陣家」

特定の第宅を「陣下」と記す史料は当該期前後の記録から管見の限り十数例見出し得たが（表5）、その中で次の三例が注目される。

〔史料15〕『看聞』応永二六年三月八日条

八日、晴、懸《(縣)》召除目始行、執筆右大将《二条》《(二条持基)》、今夜拝賀、殿上前駈雅藤朝臣・基平朝臣両人、公卿一人も不扈従、
自陣下被参云々、行粧微々也云々、(後略)

〔史料16〕『満済准后日記』(以下『満済』) 応永三二年正月一日条

(前略) 当関白《(二条持基)》今夜拝賀、自陣下出仕云々、今日内弁勤仕云々、(後略)

〔史料17〕『元長卿記』明応一〇《(一五〇一)》年正月一日条

(前略) 詣侍従大納言《(三条西実隆)》亭、上卿同在此亭、依陣下装束可着用便有之間、令立寄也、(後略)

史料15によれば、二条持基は右(左の誤)大将拝賀に際して「陣下より」参内し、また史料16によれば同じく関白拝賀を「陣下より出仕」して行ったという。また史料17では、元日平座上卿の中御門宣胤が装束着用の便宜を求めて三条西実隆亭に立ち寄っている。「自陣下」等の表現や、拝賀の出立所あるいは出仕時の装束着用所という用法から、これらの「陣下」は陣家の意味で用いられていると見てよい。『看聞』文安五年正月二六日条に見える洞院実煕左大将拝賀に関する「陣下正親町中納言《(持季)》宿所」という注記や、同記別記宝徳二年三月二七日条に見える県召除目での関白一条兼良の退出先「陣下四条大納言家」も、陣家を指すと考えて矛盾しない。また永享七年《(一四三五)》の禁中舞御覧への関白二条持基の参仕について『看聞』同年四月一七日条に「益長朝臣《(東坊城)》宿所為陣下」と見えるが、これは史料2における「裏辻宰相中将家為陣下」と同じ表現であり、いずれも出仕に際して他人の宿所を陣家に設定し出立所としたものと理解されよう。以上を踏まえれば、本章で挙げた諸史料中で同じ正親町持季亭や東坊城亭が「陣外」「陣下」と両様に表記されている事は、陣外＝陣下という関係を端的に示すものと考えられよう。

　このように、記録の文脈中における「陣下」の用法や対象が「陣外」のそれと一致する事から〈陣下＝陣外〉の関係が導かれ、また必然的に「陣家」とも同義と推定される。ただ陣家の同義語としての「陣下」の所見は少なく、また一〇例が『看聞』と『満済』に集中している(表5)。この事は、記主の伏見宮貞成親王や三宝院満済

表5　朝儀出仕と「陣下」宿所の所見

No.	典　拠	年　月　日	記　　事
1	実躬卿記	正応4(1291).11.12	吉田定房、常楽会に「陣下」より出立。
2	看聞日記	応永26(1419).3.8	執筆二条持基、県召除目に先立ち左大将(実は右大将)拝賀。「陣下」より参る。
3	看聞日記	応永28(1421).8.17	田向経良、参議拝賀で「陣下自持経宿所参」る。
4	満済准后日記	応永32(1425).1.1	二条持基、内弁勤仕のため任関白拝賀。「関白拝賀陣下よりの出仕、同家では初例か」。
5	満済准后日記	正長2(1429).1.1	摂政二条持基、先々毎度「陣下」より出仕するも、当年は摂政の初めの間なので家門より直に出仕。
6	看聞日記	永享4(1432).5.7	庭田重有、任参議拝賀。「陣下より参る」。
7	看聞日記	永享7(1435).4.17	内裏舞御覧に室町殿参内。関白二条持基「陣下」より参る。「益長朝臣宿所陣下と為す」。
8	看聞日記	永享10(1438).1.16	踏歌節会で参仕次将四条隆盛・白川定兼、「庭田陣下として同道し参る」。
9	看聞日記	嘉吉3(1443).4.26	洞院実煕、任右大将拝賀。「陣下より出仕、裏辻宰相中将(正親町持季)家を陣下と為す」。
10	看聞日記	文安5(1448).1.26	洞院実煕、任執筆勤仕のため左大将拝賀。「陣下正親町中納言宿所」より出仕。
11	看聞日記別記	宝徳2(1450).3.27	県召除目に際し、関白一条兼良「陣下四条大納言家」へ退出。
12	経覚私要抄	宝徳2(1450).3.28	一条教房、左大将拝賀。「陣下四条大納言隆夏卿亭」から参仕。経覚、「陣下拝賀、無念と謂ふべき者や」と評す。
13	後慈眼院殿御記別記	延徳4(1492).1.7	九条尚経、右大将拝賀。「陣下沙汰」として葉室教忠亭より出仕。
14	元長卿記	明応10(1501).1.1	中御門宣胤、「陣下」なので装束着用の便宜があるとして三条西実隆亭に立ち寄る。
15	二水記	永正16(1519).10.12	二条尹房、関白拝賀のため「近日陣下(新大典侍〔勧修寺藤子〕御里なり)に移らしめ給ふ」。

の個性・癖に起因して、本来一般には「陣家」または「陣外」と書かれるべきものが「陣下」と書かれた事をうかがわせる。「陣の下」と書かれた理由は、恐らく「陣外」と同様に、里内裏の門（左衛門陣等）を「陣」と称する事と関係があろう。発音の類似に引きずられたと思われる上に、「陣家」「陣外」が内裏門である「陣」の直近に所在する事からの連想で、「陣のモト」の意で「陣下」の用字が行われたのではなかろうか。実際、康安元年（一三六一）に熾盛光法を修するため参内した青蓮院尊道入道親王の路次を『妙香院宮御院参引付』は「陳（陣）下（改行）鷹司ヨリ北、ヲキ右（石カ）ノ内ニテカケハツシテ、土御門ノ角ニテ御下車」と記しているが[20]、前後の文脈より「陳（陣）下」は「土御門ノ角」に係ると見られ、第宅ではなく土御門東洞院という四足門付近の地点（内裏南西角）を「陣下」と表現している。

内裏を中心とする陣中の領域内に「陣外」と記される第宅が存在した事は史料解釈上の混乱を招くが、「陣外」が本来「陣家」であり両者を同一のものと推定する事により、里内裏における「陣中」の概念が矛盾なく解釈可能となる。即ち南北朝・室町時代には、場合により、また観察者により陣中の領域が変動・伸縮・動揺したのではなく、あくまでも里内裏を東西南北に一町ずつ拡大した領域（土御門殿では三町四方）に固定されていた。そしてその領域内の第宅は特に「陣家」として特定の機能を果たし得たが、内裏門を「陣」と称する事に引きずられたと見られる「陣外」あるいは「陣下」の表記が行われたために、一見整合性を失っているかのような印象を与えていると考えられるのである。そして「為陣下」（史料2）、「卜陣家」（史料3）、「為陣家」（史料4）、「点陣家」（『実隆公記』長享三年七月七日条所引三条西実隆書状・中院通秀勘返）とは、複数の内裏近隣の第宅から一箇所を陣家と定める事であったと考えられよう（「卜」の字義は「うらなふ」「えらぶ」だが日本では「しむ」の古訓があり[21]、「ある目的のため一時的に専有する」意に解釈し得る）。加えて拝賀にあたり陣家としたという諸史料の表現からは、陣家が原則として一回（一連）の出仕（儀式）ごとに設定される、その場限りのものであった事がうかがわれるのである。

二　里内裏における「陣」の多義性

前節では、陣中に存在しながら「陣外」と形容される第宅が見られるのは、内裏門を陣と呼ぶ用法が招いた混用であると推測した。この推測を補強する材料として、本節では、多様な語義を持ちながら同一空間に混在する「陣」（また派生語としての「陣中」「陣外」）の語が、公家社会（特に里内裏周辺）でいかなる歴史的沿革を経て使われてきたかを確認したい。

そもそも平安期以来の公家社会においては、「陣」には准大内裏領域を指す用法のほかに陣座を指す用法があり、また『日本国語大辞典』（小学館。以下『日国』）「陣」の項がその語義の一つに「内裏諸門の異称」を挙げ、青馬陣（建礼門）、縫殿陣（朔平門）・北陣、左衛門陣（建春門）、左兵衛陣・東陣（宣陽門）、左近陣（日華門）の諸例を列挙するように、内裏の門自体を指す用法があった。前者は左近衛陣等と称された内裏門付近の施設に由来する公卿議定の場であるし、後者は諸司の詰所が内裏門の直近であった事から門自体を指すようになった用法であるから、両者の「陣」は遡れば内裏門に帰着する。しかし、例えば「陣外」といった場合、それが准大内裏領域の外か、陣座のすぐ外か、里内裏の門のすぐ外か、いずれを指すのか一見しただけでは判然としない場合が少なくない。その上、嗷訴等の場面では軍陣を指す用法が紛れ込んでいる場合もある。以下、そういった「陣」とその派生語の記録上における用法を、平安期以降の具体的用例に即して確認したい。

長徳四年（九九八）三月二八日、内蔵允宣明宅が強盗の放火により炎上した時、内裏中の諸所に諸人が遣わされ警戒体制が敷かれた様子を、急ぎ参内した藤原行成は「招集人々、差遣諸陣、左近陣、右少弁、今参入也、只右近陣、先少将、右兵衛・右衛門陣、内記、左兵衛陣、帯刀陣、左衛門陣、右衛門尉、登時人々参会」と『権記』同日条に記した。ここには後世まで里内裏中の施設の名称として残った左右近衛・衛門・兵衛陣等のほか、帯刀陣も見えている（この時の内裏は平安宮内裏[22]。また長保三年（一〇〇一）正月一四日の宮中御斎会内論議に関して同記同日条に「外記奉大臣仰々諸陣左近衛・右兵衛・衛門等陣令参入僧綱以下如常」と見え、「諸陣」（左近衛陣・右兵衛陣・衛門陣）が僧綱の控所とされたとある。右の二例はいずれも武官の詰所という本義的な用例と考えられる。さらに『春記脱漏』長暦四年（一〇四〇）一〇月二二日条は、後朱雀天皇が居所を二条殿（内大臣藤原教通亭、二条南・東洞院東）に遷した際、同第宅の各所が諸陣に割り当てられた様子を「以東門外為左衛門・左兵衛陣、府各立陣屋、西御門外為右衛門・右兵衛陣、各立陣屋、凡以東為礼云々、事旨太多不遑記之、寝殿艮渡殿為滝口陣、」と記している。この時寝殿の艮の渡殿が滝口陣とされたように、「陣」は必ずしも門である必要はなく、やはり武官の詰所・待機所の意に解される。

もともと「陣」には「たむろ・屯営」の語義があるが[23]、「近衛次将以下、陣東西階下[24]」等、古記録中で動詞として「たむろする（一箇所に集まって待機する）」の意味に使われている事例をも踏まえると、内裏中の「陣」は右のような詰所・待機所の意味が本義であったと考えられる。そして『御堂関白記』長和二年（一〇一三）一一月一六日条によれば、豊明節会の時紫宸殿周辺に「奇獣」が出現し、「件獣近来陣中多有、若其類出来歟」と人々が語ったとある。この内裏も里内裏ではなく平安宮内裏であって[25]、内裏域内を「陣中」と呼ぶ用法は平安宮内裏に遡る事が確認されるのである。

左衛門陣に建春門付近の詰所と門自体を指す二通りの用法があったように[26]、平安宮大内裏では「陣」は必ずしも門自体を指してはいないが、里内裏では（少なくとも衛門陣・兵衛陣は）次第に詰所の意味が薄れ、門そのものを指す用法に固定化してゆく。右の『春記脱漏』においても第宅の門自体が「左衛門陣」「左兵衛陣」等と表現され、詰所を設ける場合は特に「立陣屋」と注記されている。他に『中右記』長承三年（一一三四）六月一四日条に「皇居二条東洞院陣前神輿不渡給之故也」等のように「大路・小路名＋陣」で特定の内裏門を指す用法があり、平安時代も末期になると「左衛門陣近衛面四足門」のように[27]、衛門陣・兵衛陣は明確に門自体を指すようになる。

南北朝初期に土御門殿が内裏となった頃、「西礼里内左衛門陣、依為晴面以西可被擬当陣歟、然者右衛門陣可被用東面哉、将又不依褻晴儀、堅任東西可張左右衛門陣哉」という勅問が外記局に下され、「雖引勘候、所見不詳候、其理又不相叶候歟、凡　皇居之時、以右衛門陣為晴面之条、流例候乎」と答申された事があった（『師守記』康永三年（一三四四）五月三日条）。内裏紫宸殿前の左近の桜や左京が東側にあるのと同様、通常左衛門陣は内裏東面の門に充てられたが、既に左衛門陣が内裏晴面の門の代名詞と化しており、かつ土御門殿は西が晴面であったため、晴である事を優先して西門を左衛門陣と称するか、左である事を優先して東門を左衛門陣と称するかが問題となったのである。結果的にこの内裏では前者の説が採られ、以後本来の左右とは関わりなく内裏西面南寄りの四足門が左衛門陣と称され（『康富記』嘉吉三年（一四四三）九月二三日条に、禁闕の変の被害に関して「西面有二門、南者四足、左衛門陣是也」とある）、現在の京都御所まで踏襲されている。

また特に「北陣」の語に関しては以下の用例が確認できる。

〔史料18〕『満済』応永二二年（一四一五）六月一三日条

十三日、己卯、大風雨、神輿客人已山王畠マテ御下、寅時□猥雑、方々警固等被置之、内裏西向四足・同小唐門管領（細川満元）、北陣畠山右衛門佐（満家）、東赤松伊豆守（貞村）、仙洞東面武衛（斯波義淳）、河原ニハ山名（時熈）・赤松（義則）両人、相国寺大内（盛見）警固云々、三条殿（足利義持御所）ニハ近習以下、自余□群参、

右は洛中に迫る嗷訴の防衛にあたった幕府諸大名の配置を記した史料で、管領細川満元が西面内裏門（四足門・小唐門）を警固したとある事から、同じく畠山満家が警固した「北陣」は内裏門（北面）を指すと見られる。この頃は嗷訴が発生すると幕府の有力大名が里内裏の各門を警固するのが通例であった事を考えても、この「北陣」は門である。また遡って平安期には次の用例がある。

〔史料19〕『長秋記』元永二年（一一一九）七月二〇日条

(前略)行啓如常儀、若宮御車後女房車渡云々、至内裏北陣、中宮御輿退後輦宮御車、不仰輦車、乍懸牛遣入陣中、前例未見事也、入御之間啼声高聞、誠耳目新事也、(後略)

誕生間もない顕仁親王(崇徳天皇)が参内する際、牛車を牛に牽引させたまま「内裏北陣」から「陣中」へ進入し牛の声が高く響き渡った事が「前例未見」と驚かれた。この「陣中」は本来牛のいるはずがない場所＝内裏内を指しているから、この「北陣」は内裏北面の門である可能性が高い。他に文脈上「北陣」が明らかに門を指す用法としては『中右記』大治五年(一一三〇)三月四日条の「又作直北陣門二于(井イ)打等也」、『兵範記』仁平二年(一一五二)六月一四日条の「参入自近衛面西門、准右衛門陣也、北陣依無便宜、用此門歟、」という記事等があり、類例としては内裏西門を指す「西陣」の用例も記録上に目立つ[28]。また内裏北面の門で検非違使が雑犯の犯人を釈放する「北陣雑犯」という儀式もあった。元禄一四年(一七〇一)に牟田橘泉(栄安)が著した『禁秘抄考註』は、『禁秘抄』(給馬部吉上)に殿上で咎のあった官人の逮捕について「或給吉上、同官外記ナトハ或給吉上也、又下左右衛門府、或渡北陣、依事浅深也」とあるのに関して「按、北陣往古獄舎也」と注しているが[29]、付近に獄舎があったとしても、内裏北陣は第一義的には門であったと考えるべきだろう[30]。

ところが、次の史料は「北陣」を異なる意味で用いている。

〔史料20〕『迎陽記』応永一四年三月二三日条[31]

(前略)経高橋并北小路大宮等、一条東行、東洞院南行、正親町北陣東行、高倉南行、到内裏東門、(後略)

この時入内始として参内した准母北山院(日野康子)は、土御門内裏北面の正親町小路を東行して右折し、内裏高倉面(東面)の門に到った。ここに「正親町北陣東行」という表現が見られるが、「東行」の直前部分は道路名か区域を指す語でなければならず、「北陣」を門と考えると意味が通らない。ここでは内裏北門の門前＝土御門内裏北辺＝〈正親町東洞院から正親町高倉までの一町の区間〉を「北陣」と称していると考えるべきであろう。

以上見たごとく、同じ「陣」の語が門自体、門付近の詰所、門前の区域のいずれを指す場合も認められ、平安期以降室町期まで必ずしも語義が一定しないまま使われ続けた事が知られる。したがって、必然的に派生語としての「陣中」「陣外」も、その指す地点・区域が場合によって異なった。

「陣中」については、前掲史料19のほかに次掲史料21が内裏内（門内）を指す用法で使っていると考えられる。

〔史料21〕『権記』長保二年一二月一七日条

（前略）依召参内之間、頼貞来門下云、□使参皇后宮、不入陣中、立於門外、令宮司申事由於大夫了、権左中弁（藤原説孝）云、可入陣中置笏巻纓者云々、予示云、若入陣中、帰参復命之間可無便宜歟、於門外令申事由無難歟、（後略）

右によれば、頼貞なる者が「門下」に来り、「陣中」に入らず門外に立って用件を伝えようとした。これにつき藤原説孝が「陣中に入って笏を置き纓を巻くように」と述べたのに対し、行成は「陣中に入ると帰参復命に不便であろうから門外で述べるのが無難では」と述べている。この記事が行成の参内記事の直後にある事や、「陣中」とその外部の境目が「門」と表現されている事から見て、「陣中」が内裏内を指していると見られるのである。[32]

また『小右記』長和二年正月一〇日条には、東宮敦成親王による母后（皇太后）居所枇杷殿行啓の路次について、「啓道、出陽明門、自大宮大路北行、更折東、自上東門大路東行、折南々行、至皇太后宮、留御車於門外、傅先参立門内、皇太后宮大夫俊賢（源）進御車下、即帰入、被聞可入御車於陣中之由歟、其後入御車、（入自東門、）寄寝殿」とある。これは内裏でなく皇太后御所の門が「陣」と呼ばれた事例として興味深い上、一度皇太后御所の門外に東宮が車を止め、「陣中に御車を入れなさい」との皇太后の意思表示を待って東門から車を入れ寝殿に寄せたと解釈される事より、御所の門内が「陣中」と呼ばれた事が明らかな事例である。なお同条には「中宮可出御東三条院、（中略）予依有外記催、可候中宮行啓、仍為令巻纓向宿所、（北陣将宿所為予宿所、）」ともあり、内裏北門に「北陣将宿所」と呼ばれる近衛将の宿所があった事が知られる（記主藤原実資は右大将）。

「陣外」の多義性もまた同様で、次の事例では明白に准大内裏領域たる陣中の対義語として使われている。

〔史料22〕『後愚昧記』応安二年（一三六九）四月二〇日条

廿日申、（中略）日吉神輿入洛事、此間雖風聞度々延引、今日遂以有入洛之儀、（中略）①先陣既及②内裏陣辺（一条東洞院辺）之時、後陣尚及富小路以東、不可説也、山門威勢猶不恥往昔歟、無止事也、（中略）後聞、③内裏陣外車逆毛木引之、是可奉禦神輿之料也、武士等在逆毛木内、而衆徒等不拘防禦④打破逆毛木而乱入陣中、於内裏西面唐門前及合戦、

（後略）

この時日吉神輿を戴き入洛した大衆は、先陣が「内裏陣辺（一条東洞院辺）」まで到ってもなお後陣が三町東の富小路以東にいたほどの大軍であった（傍線部①）。同じ文中に軍陣としての先陣・後陣の語も見えているが（同②）、一条東洞院は土御門内裏北方の陣口であるから、この「内裏陣辺」の「陣」は内裏周辺を警固した幕府軍の軍陣の意ではなく陣口を指していよう。またこの時大衆防禦のために「内裏陣外」の路上に車逆毛木（バリケード）が敷設されたが（同③）、「大衆らが逆毛木を打ち破り陣中に乱入した結果、内裏門前で合戦に及んだ」との記事から、この「陣中」は内裏門外、即ち准大内裏領域であり、「陣外」はその外であって、逆毛木が引かれた地点は両者の境界、即ち陣口であった事が確認される。『室町亭行幸記』（九条教嗣公記）永徳元年（一三八一）三月一一日条に[33]「鷹司西行、東洞院北行、於陣外下車」とあるのも、陣口とほぼ同義の用法であろう。

さらに応安三年正月一六日、正親町三条実継の任内大臣拝賀に扈従した公卿に付された『後愚昧記』同日条の注記も「陣外」を准大内裏領域の対義語として使っている。同条によれば、「内府拝賀扈従人々」の扈従開始地点は次の通りであった。

園中将（基光）　「於陣外参、先向本所」
権中納言（正親町実綱）　「於陣中参会」

藤中納言（日野柳原忠光）「向本所、路次不扈従之、於陣出逢云々」
菅少納言（東坊城秀長）「自路次加之云々」
室町中将（雅兼）「自路次加」

東坊城秀長・室町雅兼の注記に見えるように、彼らは実継の参内行程に彼の宿所（本所＝出立所）から随従せず、途中（路次）で三々五々行列に加わる形で扈従を勤めた。ここでは、園基光は始め「本所」に向かったが間に合わず「陣外」から合流し、また正親町実綱は「陣中」で一行を待ち受けて合流したと解釈される。この記事では実継亭から内裏まで、つまり内裏外での行動が話題とされているから、右の「陣中」は内裏内ではなく准大内裏領域を指していなければならず、したがってこれに対比して用いられている「陣外」は、その領域の外――即ち陣口（陣中）の外側を意味し、双方の「陣」は陣口を意味したと考えられる。ところが日野柳原忠光が実継と「出逢」った「陣」は、「路次不扈従之」と明記されている事から、扈従すべき行程の終着点――即ち内裏門（恐らく左衛門陣）と考えるべきで、ここから右の史料中では「陣」が陣口と内裏門の二つの意味で、明確な注意書きがないまま混用されている事が知られるのである。ほかにも「陣」が明白に陣口を指す用例としては、『園太暦』貞和二年（一三四六）一〇月二日条の「令廻車於西門、乗之参内、於土御門烏丸陣下車」という記事を挙げ得る（土御門烏丸は土御門殿の南西角から西に一町の地点＝陣口）。

かかる用例がある一方で、「陣外」が明らかに「内裏の門外」を指している用例もある。室町期では、文安五年（一四四八）九月四日の北畠持康任大納言拝賀における宿所（出立所）について、『康富記』同日条に「宿所在陣外、土御門烏丸東北角、」とある。「土御門烏丸北東角」は土御門内裏の西方一町以内の距離にあり、明らかに陣中領域内であるから、陣中の外側という意味での陣外とは考えられない。また応永二四年七月二三日、朝観行幸に供奉するため徳大寺公俊が「陣外正親町高倉里亭」で装束を整えたとする『後野宮相国記』同日条[34]の記事でも、正親町高倉が陣中（内裏北東角）なのは明らかであり、接頭辞の「陣外」を准大内裏領域の外側とは考えられない。したがってこの二例では〈内裏門としての陣〉の直近（すぐ外）の意で「陣外」と記されたと解釈されるのである。鎌倉後期に、方違行幸のため一日だけ宿所北山第を伏見天皇に明け渡した西園寺実兼の宿所を指して「今出川前相国陣外宿所」と記す『実躬卿記』永仁三年（一二九五）四月六日条の例があるが、これも自亭の門が天皇の滞在中のみ皇居の門として「陣」と呼ばれ、その門前付近に実兼が宿泊した事を表現した類例である。

同じ用法は中世初期にも見られ、『吉記』養和元年（一一八一）九月二七日条に「今夕於内裏陣外被行百怪祭、於二条西洞院修之、」とある事例では、二条西洞院の辻が当時の内裏閑院の北東角――即ち准大内裏領域たる陣中の領域内にほかならない事から、「陣外」が内裏門外を指した用例と見なされる。但し同記寿永元年（一一八二）二月二八日条に「後聞、出納右衛門忠（志）職景（中原）、一日比搦犯人、於陣外窃盗去逃、過陣中、被盗主逐之、職景従者於二条西洞院辻得之、」とある事例では、窃盗犯が「陣外」で窃盗を犯し「陣中」に逃亡して「二条西洞院辻」で捕縛されたとある文脈より、二条西洞院（＝閑院内裏北東角）が含まれる「陣中」は准大内裏領域、これと対比される「陣外」はその外部と解釈され、内裏門外の意味で使う右の養和元年九月二七日条とは異なる意味で、同じ日記内で混用されている。

右のような〈陣外＝内裏門外〉の用法は、例えば女御姝子内親王の参内の様子を記した『兵範記』保元三年（一一五八）一〇月二九日条に「御車扣左兵衛陣外、町面北門也、」とあるような、特定の門のすぐ外を指して「～陣外」と記す表現から派生した可能性があろう。また永承七年（一〇五二）、誕生間もない姫宮が宮中で夭亡したため翌日に神祇官が「依例」って備える贖物をどうするかが問題になった件について、藤原資房は「宮中有穢之時、神祇官於陣外供之」と記した。[35] ここでは「陣外」の語が「宮中」と対比して用いられており、里内裏（当時は冷泉院）[36]において「宮中」とそれ以外を分かつのは内裏門であったから、この「陣外」も内裏門外の意と解釈され、〈准大内裏たる陣中の外〉という用法とは別に、かかる用法がかなり早くから定着していた事がうかがわれる。そしてこのような用例の存在から、〈内裏門の直近としての陣外〉にある第宅＝陣家を「陣外」と記すようになったのではないか、という推定が導かれるのである。

　以上を要約すれば、「陣」には①内裏門、②内裏内（特に門付近）の詰所、③内裏門前の区域、④陣口を指す用法が、「陣中」には①准大内裏領域、②内裏門内を指す用法が、また「陣外」には①陣家、②内裏門の門前、③准大内裏領域の外を指す用法が、それぞれ平安期以降室町期まで通時代的に独立して存在した事になる。このような「陣」とその派生語の多義性がもともと存在した上、准大内裏領域の「陣中」に内裏門である「陣」が同居していた事が、前章に見たような混乱を招く直接の原因であったと考えられる。陣口の内側である陣中は、内裏門のすぐ外という意味では確かに陣外だったのであり、里内裏発生以後の古記録に見える「陣」や「陣外」の語義を考える場合、具体的な行程や建造物の構造等を把握し、逐一文脈から判断する必要がある。

　西園寺公名は史料3で「卜陣家」、正長二年（一四二九）正月一六日条で「今日踏哥節会也、（中略）仍入夜向陣家着束帯」、永享一〇年（一四三八）正月一日条で「為参室町殿親族拝、申剋許向陣家聖寿寺着束帯、（中略）秉燭之程参室町第」、同年一二月二七日条で「今夜貢馬御覧如例、余不祗候、密々出陣家、仍武家使者飯尾大和守（貞連）持来毛付」、一二月二八日条で「今日禁裏和哥御会、当代初度云々、（中略）未剋許向陣家着衣冠」、同一一年七月七日条で「禁裏有御楽、秉燭之間向陣家着直衣」、嘉吉二年正月一六日条で「節会内弁三条新大納言実雅云々、今夜申拝賀、（中略）自陣家被出立云々」、同年六月二四日条で「今日普広院（足利義教）一回也、（中略）禁中頗冷然之間暫退出、於陣家休息」と記す一方、永享一一年七月七日条では「為今夜御楽参仕、及晩向陣外」と、同年一〇月一六日条では「自今日七ヶ日被行御懺法講、（中略）仍早旦向陣外着直衣」と書いていて、同じ日記中で一貫性なく混用されている。但し管見の限りでは『後愚昧記』や『荒暦』は概ね一貫して陣家を「陣家」とのみ記し（但し『荒暦』は応永元年六月二七日条で[37]「里第出立可為事煩、自陣外菅宰相并言長朝臣以下両人宿所之間可然云々、出仕不可有子細歟」と記し、若干の混用がある）、同様に『康富記』は「陣外」、『看聞』

や『満済』は「陣下」と記している。このように同一の対象に対し同じ筆記者が無秩序に混用していない事例の存在は留意されるべきで、それら日記の記主である三条公忠・一条経嗣・正親町（中原）康富らが著名な有職家であった事を考慮すれば、(38)彼らの用語・用字法にもそれぞれ一定の根拠があったと考える余地がある。

また「陣」とその派生語の対象がこれだけ誤解を招きやすい語彙でありながら、平安期から室町期までその点について苦情・注意点等を記した史料が管見の限り見出されない事も付記しておきたい。故実・先例のテキストとして日記を利用する当時の公家社会構成員にとって、「陣」とその派生語が指す対象・内容は常識の範囲に属する事として、問題なく理解されたのではないかと推測されるのである。

おわりに

以上の考察の結果より、「陣」とその派生語は平安期以来、里内裏周囲の三町四方という非常に限られた空間の中で複数の語義を持ったまま連綿と使われ続けた上、「陣家」「陣外」「陣下」のような類似の語彙が通用されたために、複数の記録者が混在する史料1等では一見矛盾する極端な混用が行われてしまっていた事が確認された。そしてかかる用語・用字上の問題とは別に、飯淵氏の指摘した平安期以来の陣中の概念は、その領域を変動させる事なく室町期まで存続した事が確認されるのである。

如上の混乱の直接の原因は、内裏門・宮城門がともに「陣」であり、「陣中」といえば宮城門内のあらゆる地点を指し得る可能性があったにもかかわらず、〈擬似宮城門（陣口）内で、かつ内裏門外である空間〉を特に「陣中」と名づけてしまった事に求められよう。そしてそのような命名は、里内裏において本来宮中と見なされるべき空間を「宮中」と呼び得なかったために、やむを得ず行われたのではなかろうかと推測される。現実には大小の雑多な建造物が建ち並び、また門や壁のような物理的・可視的な境界が存在するわけでもない、見た目には一般市街地と何ら変わりない空間（しかも里内裏が他所に移転すればそこは直ちに一般市街地に戻るのである）を、「宮中」とは呼びにくかったのではないか。宮中に王宮への奉仕と直接関係のない諸人が居住する状態は、厳密には宮中としてはあるべからざる状況であろう（里内裏移転時に、新たに陣中となる区域の居住者が立ち退かされた事例は管見の限り確認できない）。かかる観念と現実の乖離を埋める表現として、王宮内というニュアンスのやや薄い「陣中」という語が、この空間に充てられたのではないだろうか。

もしそうだとすれば、新皇居の周辺を壁で囲繞し内部を完全に王宮に造り替える意思が初めから為政者に欠如していた点こそが事の根源であり、究極的には〈王宮を既存の市街地に置く〉という里内裏の発想そのものがもたらした問題といえよう。さらにいえば、市街地の第宅という里内裏の形態的制約を根本的に解消させないまま平安宮大内裏的構造を観念的に踏襲したため、空間認識を表現する語彙が相互に抵触したにもかかわらず、それを意識・解消する必要を認めなかった公家社会の言葉に対する考え方が、本章の諸事例の根本にあるのではなかろうか。

なお、南北朝・室町期の陣中は単に形骸化し惰性的に存続した概念ではなく、嗷訴・災害や朝儀といった様々な場面で臣下のみならず天皇をも制約し続けた事が多くの史料からうかがわれ、また当該期の天皇・治天・室町殿といった統治者層における国制上の身分秩序との関連をうかがわせる事例も僅かながら見出される。本章で行った考察は、里内裏を中心とする洛中の空間的礼節秩序という側面から右の諸問題を考えるための基礎的な作業であり、それらの諸問題については章を改めて考察する事としたい（第九章参照）。

（1）　飯淵康一「平安時代里内裏住宅の空間的秩序――陣口、陣中及び門の用法――」（『平安時代貴族住宅の研究』、中央公論美術出版、二〇〇四、初出一九八四）。

（2）実例は枚挙に遑がないが、例えば『中右記』永久二年（一一一四）正月一日条に「依為陣中人々皆歩行」とある。

（3）中町美香子「平安時代中後期の里内裏空間」（『史林』八八―四、二〇〇五）、野口孝子「平安宮内の道――馳道・置路・壇葛――」（『古代文化』五五、二〇〇三）、同「閑院内裏の空間領域――領域と諸門の機能――」（『日本歴史』六七四、二〇〇四）、髙橋康夫「室町期京都の都市空間――室町殿と相国寺と土御門内裏――」（中世都市研究会編『政権都市　中世都市研究9』新人物往来社、二〇〇四）。

（4）本書第五章参照。

（5）前掲注1飯淵氏論攷。

（6）本文は国立国会図書館架蔵の正親町（中原）康富自筆本の写真帳（YD古一四二一～一四七）に拠った。

（7）『相国拝賀部類記』（『続群書類従』公事部所収）所引の洞院公賢太政大臣拝賀に関する『家司記』冒頭に「当家例、拝賀著陣等之時、毎度奉行家司記之、以彼記加主人暦記也、但今度代家司、春宮大夫殿内々令記之給、」とあり、洞院家では拝賀次第を奉行家司が記録して主人の日記に継ぐ例であったが、この時は公賢息実夏が「内々」に家司に代わって記録したという。また公賢太政大臣兼宣旨に関する『園太暦』貞和四年（一三四八）一〇月二〇日条所引『奉行家司記』にも「奉行家司記按察入道相替書之」とあり、公賢弟公敏が同じく家司に代わって家司記を記している。『康富記』本条は「大将殿委細有御記録一巻」「件御草ハ幕下御自筆也」と明確に実熈自筆と記しながら、続けて「家司経之記入分なり」と記し一見矛盾を見せているが、右の両『家司記』に見える洞院家の例（特に家司記を装う事）を参照し、かつ関係文書案を載せる本条所収次第記の記載形式を考慮すれば、同次第記は実熈が自作の「御草」（＝次第記。表向きは家司経之（高階）の作とされる）を康富が清書時にもう一部写して日次記に張り継いだものと理解されよう。「～分」の意味については第七章注30・第九章注9をも参照。

（8）正親町亭の位置については桃崎有一郎ⓐ「中世公家における複数称号の併用について――南北朝・室町期の正親町家を例に――」（『年報三田中世史研究』九、二〇〇二）をも参照。

（9）本文はコロタイプ複製版『管見記』（立命館大学出版部、一九三八）巻五十八に拠った。

（10）本記嘉吉三年（一四四三）三月一四日条に「自今夜被行県召除目、予可候執筆之由有催、再三故障申、雖然更無領状之仁無之、於今者若存知者別而可為忠節之由、被仰下之間、無所辞申、仍参仕」とあり、記主が県召除目執筆を勤仕している。『建内記』同日条に「県召除目始行也、執筆三条大納言実量卿、第二度、」とある事から、本記は三条実量の日記と確認される（本文は東京大学史料編纂所架蔵写真帳〔請求番号六一七三―一一五〕に拠った）。

（11）前掲注8桃崎論攷ⓐ参照。

（12）桃崎有一郎ⓑ「昇進拝賀考」（『古代文化』五八―Ⅲ、二〇〇六）、同ⓒ「中世後期における朝廷・公家社会秩序維持のコストについて――拝賀儀礼の分析と朝儀の経済構造――」（『史学』七六―一、二〇〇七）等参照。

（13）拝賀（奏慶）については、近世の史料であるが『故実拾要』（巻第十）「奏慶・拝賀」の項に「是皆任官ノ拝礼ノコトヲ云也、官ニ任セラルヽ人其官ノ慶賀ヲ天子へ奏スルノ義也、是ヲ拝賀トモ奏賀トモ云也、（中略）奏慶ヲ不被行ハ其当官ノ職ヲ勤ルコト不叶、因テ任官以後早速拝賀ヲ被行也」とある記事や、あるいは『貞丈雑記』四（官位）に「拝賀・奏慶・慶賀の事、此三色ともに官位之御礼を禁裏へ参内して申上る事を云なり」とある説明が要を得ていよう。同時代記録の実例としては、例えば嘉吉元年の等持寺八講で烏丸資任は蔵人頭未拝賀のため行事弁を勤仕できず（『建内記』同年一二月一五日条）、また寛正七年（一四六六）父に随って禁裏（後土御門）・仙洞（後花園）・伏見殿（貞常親王）・室町殿（足利義政）・今出川殿（同義視）・若公御方（同義尚）の各所へ年始参賀に赴いた近衛政家は未拝賀のため禁裏のみ参上しなかった（『後法興院記』同年正月一〇日条）。他に未拝賀時公事勤仕制限を明瞭に示す事例としては、『勘仲記』正応二年（一二八九）正月一四日条に「午剋許為前平中納言奉行、今日忩可申拝賀、可奉行事多之由被仰下（後深草院）之間、申領状了」とある事例、同記同五年九月四日条所引伏見天皇綸旨（土御門定実宛）に「准大臣礼、忩被申拝賀可令出仕給之由、天気所候也」とある事例等を挙げ得る。なお拝賀の古代・中世の実態については前掲注12桃崎論攷ⓑを参照。未拝賀と公事勤仕不可の相関関係については機会を改めて論ずる用意がある。

（14）『大日本史料』（以下『大史』）七―七、一二一二頁所載。

（15）『大史』七―七、一三一二頁所載。

（16）『歴代残闕日記』所収。

（17）一条東洞院の日野亭は後小松院が譲位以後仙洞御所に用いており（『看聞』応永二三年（一四一六）七月一日条）、『建内記』文安四年（一四四七）三月六日条が同所を「在正親町以北、東洞院以西、晴面者烏丸也」としている事から、陣外＝陣家の理由①Ⅱに挙げた日野時光・資教亭は一条以南（陣中）と確認される。この第宅については第六章注26をも参照。

（18）『大史』六―三三、一九五頁所載。

（19）やや時代が下るが、慶長八年（一六〇三）刊『日葡辞書』に「公家」を「Cugue」（クゲ）と立項している（土井忠生他編訳『邦訳

日葡辞書』一六三頁、岩波書店、一九八〇）。

(20)　『大史』六―二三、六七〇頁所載。

(21)　藤堂明保『学研漢和大字典』（学習研究社、一九八〇）、白川静『字通』（平凡社、一九九六）等。戦国期の清原宣賢が編んだ辞書『塵芥』「し」部に「卜《シム》」と（京都大学文学部国語学国文学研究室編『清原宣賢自筆伊路波分類体辞書 塵芥』、臨川書店、一九七二）、元亀二年（一五七一）書写京大本『運歩色葉集』「し」部に「卜シムル」と見える（同編『元亀二年京大本 運歩色葉集』、臨川書店、一九六九）。「卜」の字義にない「しむ」の訓は「占」字からの連想で我が国独自に行われたものか。類例は『十輪院内府記』文明一六年（一四八四）二月三日条に「大教院隆尊僧正只今円寂云々、余一乱中卜隣、悲歎之思難休」、同記文明一九年九月一二日条に足利義尚近江出陣について「公武見物成群云々、余不卜便宜之所、仍不見物」とあるほか、『宣胤卿記』永正元年（一五〇四）五月三日条に「乱中在坂本、相共卜居所」と、『平戸記』寛元二年（一二四四）一〇月三日条に平経高の家人豊後前司永宣の死去につき「依為朝夕祗候之者、家中卜曹局」とある事例があり、また正平一統時の後村上天皇上洛準備に関して「先八幡辺なと卜行宮」（『園太暦』正平七年（一三五二）二月五日条裏書）、「暫被点行宮候」（同閏二月一日条所収葉室光資奉書）と両様に記されている事が参考となろう（注：本稿初出時には『康富記』文安五年（一四四八）四月一五日条の「其母堂卜《シ》二小宿《ヲ》一」とある例を記主康富による訓点として示したが、自筆本には返点・送仮名はなく『史料大成』本の校訂者矢野太郎氏によるものと確認されたので、事例から除く）。

(22)　詫間直樹『皇居行幸年表』（続群書類従完成会、一九九七）八二頁。

(23)　諸橋轍次『大漢和辞典』（大修館書店）「陣」の項。

(24)　『御即位次第仁治度』（『大史』五―一四、二六八頁所載）。

(25)　前掲注22詫間氏著書八九頁。

(26)　福山敏男「左衛門陣」（『平安時代史事典』、角川書店、一九九四）。

(27)　『兵範記』仁平二年（一一五二）三月一六日条。

(28)　『小右記』長和二年（一〇一三）正月一四日条に「次公卿経初道、出昭訓門参内、入自西陣、」（昭訓門は大内裏八省院＝朝堂院の東廊北門）、『中右記』長承三年（一一三四）正月五日条に「御出皇居二条殿西陣、従東洞院南行」、同記保延元年（一一三五）六月七日条に「今日祇園神輿迎間、依過皇居東洞院西陣、夜前行幸院御所」、同二年六月記冒頭（前欠）に「今夕行幸院御所二条万利小路亭、

明日祇薗神輿迎路依過皇居二条西陣也」、天永三年（一一一二）三月一四日条に「次令参殿上給、（割注略）次出従西陣、於堀川大炊御門乗車御」等とあって、いずれも「西陣」が内裏西門を指している（最初の一例は平安宮内裏）。

(29)『新訂増補故実叢書　禁秘抄考註　拾介抄』（明治図書出版・吉川弘文館、一九五二）一八六頁。

(30)『園太暦』貞和五年（一三四九）正月三日条に、元日節会の国栖・立楽停止を承けて七日の北陣雑犯の停止を主張する正親町三条実継書状が見える。『勘仲記』弘安六年（一二八三）三月一五日条に「無北陣叡覧之儀、依神輿事也」等と見えるように、この行事は凶事や神訴等を理由にしばしば停止された。北陣雑犯の具体的儀礼内容に関する管見唯一のまとまった解説は、室町期の幕府行政指南書『武政軌範』「侍所沙汰篇」の次の記事である。

一、赦沙汰事、

正月十六日節会、於内裏北陣、検非違使官人出獄舎者、含　宣命追放之、是例年之儀也、又国忌并武家御追善之時、有其沙汰、（後略）

正月一六日の踏歌節会に連動する儀礼として現れている点で、七日の白馬節会との連動を記す前掲諸史料と相違しているが、右によれば節会の際に「赦沙汰」と称して内裏北陣で検非違使官人が獄舎から拘禁中の犯罪者を出し、宣命を伝えて追放する恒例年中行事が北陣雑犯である。『勘仲記』弘安六年正月六日条に「北陣雑犯糺弾無之」とあり、この儀式は軽犯罪者を「糺弾」した上で追放するという性質を有していた。また『康富記』嘉吉四年正月七日条に白馬節会に関連して「節会以前有北陣雑犯事、大判事明世・明親・六位一人以上三人参入之云々、此皇居西晴也、西面有二門、南者四足也、北者棟門也、於北棟門下放囚人、西一対御遣戸間被懸御簾有叡覧云々」とあるように、北陣雑犯は正月の節会と連動して、内裏の北門で行われ、天皇自ら見物する儀礼であった（但し同記文安五年正月七日条に「節会以前有北陣雑犯如例、但依雨、於北棟門下長橋殿前西面門也、有其儀云々」とあるように、棟門下で行うのは雨儀の作法であったらしい。『中右記』寛治八年（一〇九四）正月七日条に「親族拝之間、検非違使等於陣外二条堀川之辻也、弾雑犯間」云々とある例を考慮すると、本来は門外の陣中で行われたか（当時の内裏は堀河院＝二条南・堀河東・三条坊門北・油小路西））。糺弾を伴う雑犯と「原免（赦）」は厳密には同じ行為でない可能性があるが、『勘仲記』弘安一〇年二月一七日条に「予仰云、今日《ケフ》後《ノチノ》嵯峨院ノ聖忌ニ当ル、軽犯囚任合点令原免ヨ、（中略）次向獄舎、宸儀於中門有叡覧」云々とあり、後嵯峨院聖忌に伴う軽犯囚原免を後宇多天皇が見物しており、慶事もしくは作善に伴う雑犯（軽犯）の放免・追放を天皇が見物する伝統が中世には存在した。『建内記』文安四年正月七日条に「於西面北□門外行雑犯、号北陣、（中略）次行此事了囚人事道志触武家、毎年渡□正放免也」と、また『宣胤卿記』永正一四年正月七日条に「北陣如例、（中略）囚人当時無之、武家開闔以他人両人進之、」とあるように放免される囚人は幕府侍所（開闔）から提供を受けており、しかも戦国期には武家が提供するのは犯人役の「他人」となっていて、儀式としては全く形骸化している。なお『中右記』寛治六年正月三日条に「今日蔵人右衛門尉盛雅、於北陣弾雑犯者、摺衣、人々難云、元三之間無断罪事云々」とある事から、元日節会では行われなかったらしい。

(31)　『大史』七—八、八四六頁所載。

(32)　『日国』も「陣中」の項で『北山抄』（九、陣中事）や『猪熊関白記』正治二年（一二〇〇）六月一三日条等を引き「内裏の内部。近衛府が警衛を管轄する。陣」とする語義を挙げる。

(33)　宮内庁書陵部編『図書寮叢刊　九条家歴世記録』一（明治書院、一九八九）所収。

(34)　『大史』七—二七、二五六頁所載。

(35)　『春記』永承七年（一〇五二）六月四日・五日条。

(36)　前掲注22詫間氏著書一〇三頁。

(37)　『大史』七—一、五五二頁所載。

(38)　三条公忠は『後押小路内府抄』等の故実書や、故実・先例の諮問に応じた往復文書の正文・案を残しており（『後愚昧記』附帯文書、『大日本古記録　後愚昧記』四所収）、また嫡流相伝の口伝を得ていない庶流正親町三条実継の故実答申行為を「当時称有職之所致也、比興々々」と非難している事等から（『後愚昧記』応安元年（一三六八）五月二六日条）、しかるべき故実口伝を継承した有職家として自他共に認めていた事が知られる。一条経嗣はその死去を伝える『康富記』応永二五年一一月一七日条に「今暁殿下経嗣公薨御也、御年六十一歳御坐云々、諸人仰天哀傷、無是非、御才智勝於世、誉及四海給、哀々々（可脱カ）、御才学故太閤（二条良基）易地御坐也、和漢殊令達其道給云々」とあり、また正親町（中原）康富については、彼自身が「当時天下無双御優才御有職也」と激賞する一条兼良より「此殿中康富祗候之間御心安被思食也、莫大故実之者たるよし連々」仰せを蒙った記事が同記嘉吉四年正月二九日条に見える。

第五章　中世里内裏陣中の構造と空間的性質
――公家社会の意識と「宮中」の治安――

はじめに

元来、平安京は大内裏という区画の設定によって、天皇の居所と市街が厳然と区別された都市であった。しかし平安中期以来の里内裏の常用に伴い[1]、洛中市街地に皇居を中心とする空間的礼節秩序が持ち込まれるようになる。そのような里内裏周辺における空間秩序の重要な構成要素の一つとして、飯淵康一氏は平安期里内裏の「陣口」の用法の検討から平安宮大内裏に相当する空間＝「陣中」の概念の存在を指摘し[2]、また中町美香子氏が平安期里内裏に即して掘り下げて論じている[3]。加えて里内裏が完全に常態化した中世の内裏をめぐる礼節秩序においても不可欠なものとして、最近では野口孝子氏が鎌倉期里内裏の陣中について言及し[4]、さらに髙橋康夫氏によって南北朝・室町期の内裏土御門殿における陣中の存在が指摘されている[5]。

しかし中世里内裏の陣中が当該期公家社会の日常・非日常において、具体的にどのような場面で現れ、いかなる役割を果たしたか、あるいは天皇・臣下双方にとってどのような空間と認知されていたかについては改めて検討する余地がある。また陣中の存在を念頭に置いて洛中・内裏周辺の空間秩序を論ずる場合、中世を通じて洛中の構造が次第に変容していく中で、陣中の概念がいつ頃まで存続したのかという問題が、大前提として解明されておく必要があろう。そこで本章では当該期の史料に現れる陣中・陣口関連記事を基に基礎的な事実を確認し、陣中の概念の存続期間の下限を考察するとともに、陣中が当時の人々の生活をいかなる形で規定し、あるいは人々からどのように位置づけられていたか、という具体相を探る事としたい。

一　南北朝・室町期の陣中とその存続下限

飯淵康一氏は、平安・鎌倉期の行幸・参内行程に関する記録中で、「陣口」と呼ばれる地点が全て里内裏から一町の距離にあり、その陣口が臣下の下乗（下車・下馬）地点であった事を指摘し[6]、さらに平安宮大内裏では大内裏（外郭）の宮城門が臣下の下乗地点であった事との比較から、陣口が大内裏宮城門に相当する地点であったと推定した。そしてその内側の領域（里内裏を中心に東西南北にそれぞれ一町分ずつ拡大した領域、通常は三町四方。次頁図4参照）が「陣中」という大内裏に相当する領域であったと結論し、里内裏発生期に既にこの概念が生じていたのではないかと推測している[7]。即ち平安京における〈大内裏→内裏〉という空間の二重構造が、里内裏においては〈陣中→皇居〉という形で観念上再現されていた、という事になる。

(1)　土御門内裏における陣中・陣口

周知のように、南北朝期に入ると里内裏は土御門殿（土御門北・東洞院東・高倉西・正親町南の一町四方）に固定される。これは陽徳門院御所を流用したもので[8]、応永八年（一四〇一）二月の焼失を機に、同年八月以降、足利義満によって大内（平安宮内裏）を模した内裏専用第宅として本格的に構築され[9]、戦乱や火災等の災害時を除いて恒久的な内裏として存続した。その後、豊臣秀吉の公家町再編時にもほとんど場所を変える事なく、今日の京都御所まで連続している[10]。前述のごとく土御門殿の陣中には既に高橋氏の論攷が言及し[11]、その存在自体は異論の余地がないと思われるが、その性質や史料上における現れ方は改めて確認しておく必要があろう。

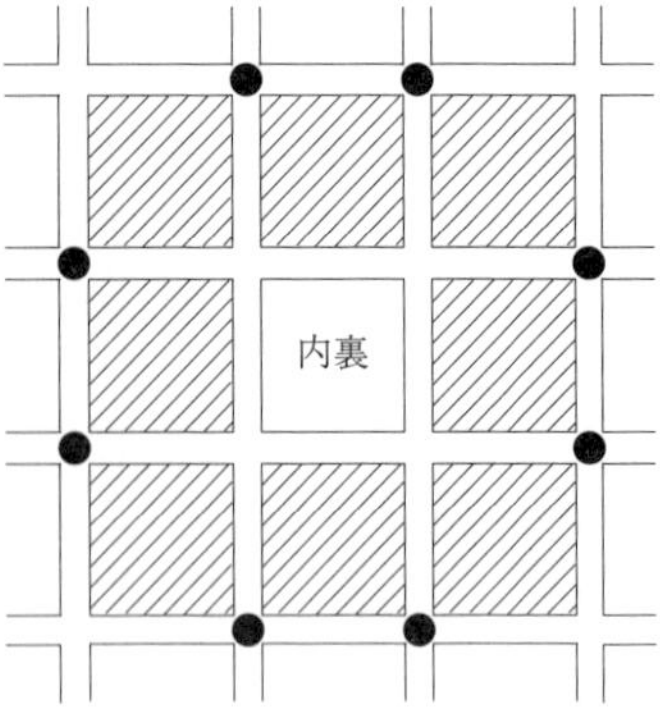

●＝陣口　斜線部＝陣中

図4　里内裏と陣中・陣口の模式図

「陣中」の存在を示す当該期の史料は枚挙に遑がないが、『看聞日記』永享五年（一四三三）閏七月一〇日条に、対山門嗷訴の洛中警備に関して「禁裏陣内四方車逆毛木引」とある。後掲史料10に応安二年（一三六九）の山門嗷訴対策として「内裏陣外車逆毛木引之、是可奉禦神輿之料也」という幕府の措置が取られた事が見え、かつ後述のように後者の「内裏陣外」が陣中にほかならない事と対照すると、前者でいう「陣内」は陣中の異称であったと見られる（陣中・陣内・陣外の混乱については前章参照）。

また陣口は通常、参内時に「陣口において下車（下馬）した」という記載で史料上に現れる。[12] 中世の数例を挙げると、鎌倉期では「到陣口、於陽明門代幔外税駕置榻、公卿已下々車之後、自巻簾下車」（『洞院教実公記』寛喜三年（一二三一）五月一三日条）、[13]「至陣口人々下馬」（『勘仲記』弘安七年（一二八四）一〇月二七日条）、「至陣口、大炊御門富少路、於内裏陣口前駈以下々馬」（『公衡公記』正応二年（一二八九）正月二二日条、中宮源顕子参内）、南北朝期では「参内、於一条東洞院陣口欲下車之間」云々（『園太暦』康永三年（一三四四）正月七日条。洞院公賢参内。土御門内裏西面の東洞院大路に沿って北に一町の一条東洞院は同内裏の陣口）、「次参内裏、北小路東行、室町南行、土御門東行、烏丸南行、鷹司東行、東洞院北行、至陣口下車」（『和気広成記』明徳二年（一三九一）二月二七日条。[14] 和気広成従三位拝賀）等と見える。既に高橋氏が挙げた史料だが、[15]『後愚昧記』応安三年二月二九日条に「正親町高倉内裏陣中」の炎上を伝える記事が見られ、この「内裏陣中」と明記された正親町高倉も同内裏東面の高倉小路に沿って南に一町の地点、即ち陣口にあたっている。

また「申刻許参内、正親町以南、土御門以北、東洞院東頭、於一条東洞院下車」のように、[16] 陣口である事を明記しない参内時下車の記事が多くの史料に見られるが、それらは公家社会の人々にとってそこが陣口である事が周知の事実であるという前提に基づく記載と考えられる。

下車・歩行すべき領域という陣中の性質を示す史料も、中世を通じて枚挙に遑がない。『山槐記』永暦元年（一一六〇）九月二七日条に「依陣中歩行」とその典型例が見えるほか、『吉記』寿永元年（一一八二）九月一三日条に、記主吉田経房が大嘗会御禊侍従代の参勤催促を断る請文に「脚病儀（俄）時不能起居、加灸治了、難着襪之上、陣中行歩不可計（叶）、仍不能参勤之」と記したとある事例では、参内時に陣中歩行を伴うため、病気等による歩行困難が公事参仕を辞退する理由となり得ていた。

さらに時代が降っても、鎌倉期の例では『葉黄記』宝治二年（一二四八）一一月三日条に葉室定嗣任権中納言拝賀の行列について「歩（陣中）行時行列」と、『実躬卿記』正応四年（一二九一）正月一三日条に三条実躬の中御門経任女従三位昇叙拝賀随行に関して「自向宿所出立、為陣中之間、各歩儀也」と、『公衡公記』弘安一一年（一二八八）正月七日条に大宮院御幸始供奉に関して「予以下歩行御車後、依為陣中也」と、一三日条に東二条院入内供奉に関して「公卿等前行、（歩行、依為陣中也、）」と、二月一二日条の北山第方違行幸における供奉の衛府について「大将騎馬、番長又騎馬、（於陣中騎馬如何、）」とあるような例を挙げ得る。

また室町期では、『荒暦』永徳二年（一三八二）一二月二〇日条に後小松天皇即位礼服御覧・即位叙位への出仕に関して記主一条経嗣が「及晩内々向兵部卿（東坊城長綱）宿所、（自此所可出立之故也、）亥剋着束帯（割注略）参内、（歩行、依為陣中也、）」[17]と、出仕拠点（陣家）東坊城長綱亭が陣中なので歩行で参内したと記し、同記応永一二年四月二六日条で清涼殿宸筆法華八講（後円融院第一三回聖忌）に関して、正親町高倉の高倉永行亭から出仕した経嗣が内裏西面唐門まで歩行した理由を「依為陣中也」と記し[18]、あるいはまた『常永入道記』同一九年八月二八日条に、後小松天皇行幸（日野資教の東洞院亭。称光への譲位のため）に供奉した足利義持が三宝院の洛中住坊法身院から徒歩で参内した理由が、「為陣中之間、為御歩行有御参内也」と記されている[19]。同一四年に高倉永行亭から小朝拝に出仕した経嗣が「陣中歩行如例」と日記に記している[20]事から、これらの陣中歩行が臨時的なものではなく、常時行うべき慣習として平安期から室町期まで受け継がれていた事が知られる。

なお『後二条師通記』寛治二年《一〇八八》二月一六日条に祈年穀奉幣での摂政藤原師実の八省院（朝堂院）参入経路が「摂政殿御八省、摂政殿陣者歩行也、中御門下御車給、入自昭慶門、道如行幸云々」と記されている。師実が中御門（待賢門＝大内裏宮城門）で下車した後、昭慶門（八省院北面回廊の中央門）へと至るまでの間、大内裏宮城門内を歩行した事が「陣者歩行也」と書かれており、後の里内裏陣中歩行と類似した表現が既に現れている。一方、同じ日記の二年後の寛治四年一二月一三日条に「参院、（中略）黄傾程罷出、陣歩行間、頭弁会」とあるのは、里内裏堀河院の陣中を歩行した記事と見られ、大内裏・里内裏を問わずかかる記法が一般化していた事が確認される。

ところで、中世の陣口にはいくつかの別称があったようで、永徳元年には一条東洞院の陣口が「陣際」と呼ばれた事例が『門葉記』に見える。[21]これは同地点が「陣」という領域の内外を分ける境界点（際）である事を意識した呼称と思われる。また『園太暦』に見える「令廻車於西門、乗之参内、於土御門烏丸陣下車」という記載から[22]、陣口を単に「陣」とも称する場合のあった事が知られる（土御門烏丸は内裏の西へ内裏南辺に沿って一町の地点）。陣口を「陣」と称する用法は、「陣」に内裏門を指す別の用法があった事と（前章参照）、もともと陣口が大内裏の宮城門に擬せられている事——即ち陣口が観念上「門」に他ならない事からの連想として理解できよう。応永二四年の足利義量初度参内・院参の行程を「次御出門（中略）北行万里少路、至鷹司西行、於南陳《陣》御下車、自左衛門陣御参内」と記す史料があり[23]、鷹司東洞院の陣口（内裏の南一町）が「南陳《陣》」と称されているが[24]、これは先の用法から発展して、「陣」に東西南北の方角を付して特定の陣口を示した用法と考えられる。但し、これとは別に内裏門そのものを「北陣」等と称する用法があり[25]、右の用法はそれと抵触していて混乱を招いている。

（2）牛車宣旨と陣中通行

本来宮城門内への乗車参入は、例えば『日本紀略』寛弘八年(一〇一一)八月二三日条に「左大臣(藤原道長)乗牛車、可聴出入待賢上東両門」とあり、あるいは同じく長和六年(一〇一七)三月二二日条に「摂政内大臣(藤原頼通)、上表請罷左近大将、勅許之、(中略)又聴乗牛車参入宮門」とあるように、特定の門(宮城門)への乗車出入の聴許が個別に宣下されて初めて認められるものであった。この牛車宣旨については瀧浪貞子氏が、『延喜式』段階では牛車使用が当初女性だけに適用された事、身分により通行可能な範囲(区域)が違った事、大臣としての牛車宣旨は承平二年(九三二)の藤原忠平に始まる事(その直接の契機は病体への配慮)、以後摂関家に与えられる特権と化した事、平安宮内裏における上東門の構造的特質から専ら同門で牛車の出入りがなされた事等を論じている(26)。

鎌倉初期成立の僧家のための故実書『門室有職抄』(27)「牛車宣旨事」に、

乍駕車、自上東門入、二町西行、土御門ト壬生トノ角ニテ下車云々、已上宣旨ハ、摂政関白被許之、或親王・宿老之大臣、又許之云々、

とあるのによれば、牛車宣旨は摂関・親王・宿老の大臣等に特に下されるものであり(『立車記』「牛車宣旨事」の項もほぼ同文(28))、また同書「輦車宣旨事」の末尾に「不蒙二ヶ之宣旨人ハ、於宮城門下車云々」とある事から、「二ヶ之宣旨」即ち輦車・牛車宣旨を蒙らない者は宮城門で下車する決まりであった事が知られる。さらに牛車宣旨と輦車宣旨の関係、宣下の順序、用いる門等については後鳥羽上皇の撰とされる『世俗浅深秘抄』(上、聴牛車輦車人作法事)に関連する記事が見える(29)。

卌九
一、牛車輦車人、大略先聴輦車後聴牛車尋常事也、直聴牛車事、執政之外頗不分明、執政家之牛車之人、用上東門、自余之輩用待賢門歟、雖執政之人又用此門例間々存、

右によれば、輦車での出入が聴された後に追って牛車も聴されるのが通常の順序だが、摂関のみは輦車聴許宣下

を経ずに直に牛車を聴されたという。(30) また必ずしも厳密ではなかったようだが、摂関は輦車・牛車聴許の後、出入の宮城門には主に上東門を用い、その他の人々は待賢門を用いる事が多かったらしい。同書同項に「執政人、駕牛車、往還陽明門・藻壁門、此両門之外、依便宜用之常事也」とあるように、用いる門そのものは時々の便宜により流動した。

鎌倉時代初期の故実家三条実房・中山忠親の故実口伝を筆録した『三条中山口伝』（第一甲、立車事）には「陣頭立車事、所々皆可存陽明門儀也」とあり、(31) この「陣頭」が陣口にあたると思われるから、(32) 里内裏では陣口が陽明門（即ち宮城門）に擬され、通常（牛車宣旨を蒙っていない場合）はここで立車（駐車）すべきとされていた事が知られる。

また嘉吉元年（一四四一）に再興された禁中孔雀経法の賞として阿闍梨二品承道法親王が牛車宣旨を蒙った事に関連して、『建内記』同年三月二二日条に「牛車事、於当座蒙　勅旨、退出之時、自置石四《ヨ》□《ツエ》（杖）五《イツ》杖《ツエ》ハカリ車ヲ引入テ乗シテ退出也、門マテハ不引寄也」と、また二七日条に「蔵人頭左中弁明豊朝臣（中略）仰勧賞事、／（改行）乗牛車可令出入宮中事、（中略）次引寄御車於置石内、依牛車　宣下也、阿闍梨出四足門、経左衛門陣、（大番衆之番屋辺事也、）於土御門東洞院御乗車御退出也」とある。ここに見える「置石」は陣口を示す標識と考えられるから（次項参照）、承道法親王は参内時（牛車宣下以前）に通常通り陣口に駐車していた車を、退出時（牛車宣下以後）には陣口の内に引き入れ、内裏南西角（陣中）から乗車して退出した事になる。加えて二七日条には「建仁度御室（道法法親王）被経御沙汰、于時閑院内裏也、於二条西洞院御乗車御退出也」ともあり、鎌倉～南北朝・室町期を通じて、牛車宣旨は里内裏陣中で効力を発揮し、陣中の乗車通行許可と同義であった事が確認されるのである。なお、親王でも牛車宣旨なくして陣中通行を聴されなかった事は、右の承道法親王の事例や、『後愚昧記』貞治六年（一三六七）一一月二三日条に栄仁親王（崇光院息）の参内に関して「仙院宮令参　内給、（割注略）於陣外下車」とある事等から確認される。

牛車宣旨を獲得しても、陣中乗車通行には年齢・家格による制限が存在した。家格については『建内記』嘉吉元年三月二二日条に「旧記ニ、此事被尋諸家之時、摂家雖聴牛車即不乗之由有所見、親王家之儀ハ如此歟ト有（承道法親王）御物語也」とあり、牛車宣旨を蒙っても摂家は直ちに牛車で陣中を通行しない（参入しない）が、親王家は即座（退出時）に牛車に乗って退出すると、宣下を蒙った当の承道法親王が語っている。輦車宣旨に関しては『長秋記』天承元年（一一三一）八月三日条に「自宰相中将許、輦車宣旨後、未乗之先、参内否由被尋下、不乗之先参内之議（儀カ）、不見之由答畢」とあるように、院政期には「輦車宣旨を蒙ったら輦車に乗って参内しないうちは（徒歩では）参内しない」という理解があり、宣下後直ちに乗車参内する事が良しとされたようだが、中世の牛車宣旨獲得者には、むしろ出自等の要因によってしばらく乗車参内を遠慮する事が求められたようである。摂家が即座には乗車通行の資格を行使しないという点は、恐らく次に述べる年齢制限と関係しよう。

康安二年（一三六二）四月二七日に関白拝賀で参内した近衛道嗣の路次について、『永和一品御記』同日条に「路次室町南行、近衛東行、東洞院北行、到陣口令下車給、置石外也、牛車事、関白詔同時雖被宣下、四十以後駕之、毎度例云々、」とあるのによれば[33]、道嗣は任関白と同時に牛車宣旨を蒙っていたが、牛車参入は四〇歳を超えてから行われるのが例であるので（『公卿補任』等によれば道嗣は当時三〇歳）、陣口の「置石外」で下車したという（「置石」については次項参照）。牛車宣旨と陣中、年齢の関係については、聖護院覚誉法親王の諮問に答えた延文五年（一三六〇）の洞院公賢書状にも次のようにある[34]。

（前略）牛車宣下已後、参内間事、彼御書拝見返進候了、此事緇素古今皆各別候やらんと覚候、先俗中ハ摂政・関白、輦車・牛車大略所職同時宣下候歟、然而四十未満之間者不駕之、如本陣中歩行、年限至之時必駕之由、鷹司（師平）故博陸なと被命候き、随而故左府（実泰）、愚身（公賢）なとも奏慶之後者、内外不論用候し、（後略）

右によれば、実泰・公賢親子は輦車・牛車宣下以後も四〇歳未満の間はそれまで通り陣中を歩行し、逆に四〇歳に至れば必ず陣中も乗車通行して参内すべしという鷹司師平の説に従っていたという。前掲『門室有職抄』に牛車聴許の対象として摂関・親王が挙げられているのは天皇を代行または輔佐する人臣最高職の労に対する特別優遇、あるいは高位の皇族に対する優遇と理解されるが、他に宿老の大臣が挙げられている事を考慮すれば、宮中での乗車・乗輿許可の本質の一つには功臣の老体への配慮という面があったと考えられ、したがって右の乗車参入の年齢制限も、そのような文脈から理解し得るものと考えられる。

（3）陣口と「置石」

安徳天皇の閑院還幸に関する『吉記』養和元年（一一八一）四月一〇日条に、閑院の由緒に続けて高倉天皇治世末期の状況が次のように記されている。

（前略）抑故院（高倉院）御宇末、源宰相中将（通親）為貫首、以新儀致沙汰事等、毎陣口堀池埋之、并二条面西洞院以東裏檜垣撤却、且令破壊之故也、

右によると、院政最末期の閑院内裏の陣口には人工的に開削し水を湛えた「堀池」が存在したらしい。しかも傍点部の表現から見て、複数の陣口（最大八箇所）に掘られていたと見られる。詳細は不明だが、右の記述からは特定の地点に一定の面積を持って存在する池がイメージされよう。池というからにはその主たる部分は流水ではなかろうから、前近代京都によく見られる街路沿いの川・人工水路とは別物である。以上に加え、陣口ごとにそのようなものが設けられる必然性を考えるならば、この堀池は街路を遮断する形態で掘られていた可能性が十分にあろう。そうであれば、当該期閑院では陣中への猥りな侵入を防ぐために、恐らく一定幅の通路を（架橋あるいは土橋の形で）残して陣口の大路・小路の通行を物理的に制限する仕掛けが施されていた事になる。それはまた陣口を示す物理的標識として機能した可能性が高いが、源通親によるその堀池の埋め戻しを記主吉田経房が「新儀」として非難した点から見て、この頃までは陣口に堀池が常備されていた可能性があるとともに、以後記録上

に確認されない事から、この埋め戻しを境に陣口の堀池は廃絶した可能性が高い。

　このように陣口を可視化・実体化する装置としてはもう一つ、前掲『永和一品御記』引用部分の割書にも見えるように、南北朝期以降に特有の「置石」が挙げられる。宝徳二年(一四五〇)の三条実量任内大臣拝賀の路次を「鷹司東行迄東洞院置石北辺」と記す『康富記』によって、土御門内裏の鷹司東洞院の陣口に置石の存在が確認され(35)、これと同一のものを指すと思しい記事が当該期の史料に散見する。数例を列挙すると次のごとくである。

①「先向将軍第、柳原室町、為扈従也、(中略)則主人出中門、(中略)於門前乗車、(中略)予至鷹司高倉辻連軒直西行、東洞院北行、於置石辺下車、人々大略如此歟、但殊存家礼人至高倉面扈従云々、入四足門」(『荒暦』永徳元年(一三八一)七月二三日条(36)。任大臣節会〔二条良基太政大臣、足利義満内大臣〕の義満参内の路次)

②「於陽明門代鷹司以北、有置石、下車」(『薩戒記』嘉吉三年六月一九日条(37)。中山定親大納言拝賀の路次)

③「予已下直衣、上結、参会左衛門陣置石辺了、於此所御下車如例」(『建内記』永享三年(一四三一)一二月二五日〔カ〕条。足利義教参内供奉の路次)

④「自室町経法界門内、万里小路南行、鷹司西行、至東洞院置石参　土御門内裏了」(『建内記』文安元年(一四四四)四月八日条。賀茂祭近衛使参内の路次)

いずれも東洞院大路上(鷹司付近)の置石の存在を伝えている。さらに永享九年の室町殿行幸に先立つ足利義教参内の記録(38)に「鷹司ヲ東行、東洞院ヲ北行、ヲキ石ノモトニテ御車ヨリオリサセ給フ」と見える「ヲキ石」や、足利義尚右大将拝賀に関して『長興宿禰記』文明一八年(一四八六)七月二九日条に「路次御所南小路東行至于一町、更南行至于□東行、室町小路南行、近衛小路東□(行東洞カ)院大路北行、至于置石御下車、陽明門代置石之北方打之」と、あるいは足利義尚の直衣始参内に関して同記文明一九年正月二五日条に「近衛東行、東洞院北行、至于置石御下車」とある「置石」も同じものを指す可能性が高い。寛正二年(一四六一)に参内した西園寺実遠が中御門東洞院の自亭との位置関係について「只歩行参内、自此亭置石マテ二町半町計也、」[39]と述べているのも、同じ鷹司東洞院付近の置石を指していよう。

右のように所在地が明らかなもののほか、『花営三代記』応永二一（一四一四）年元日条に「御所様御参内并御院参、（中略）畠山中務少輔持直直垂ニテ於置石参会」とあり、また『康富記』文安五年二月二二日条に伏見宮貞成親王の尊号宣下辞退の使者として参内した今出川教季らが（路次は不明だが）「置石辺」で下車した事が見える。[40] さらに足利義政初度参内に関する『経覚私要抄』宝徳元年八月二八日条に「於置石辺下車」と見えるほか、足利義澄参内に関する『言国卿記』文亀二（一五〇二）年八月一七日条の「御参内八時分也、御路次一条ヨリ今度御参、伏見殿御門南方ニ置石ニテ御輿ヨリ御下在之」という記事、また『実隆公記』永正元（一五〇四）年閏三月四日条の「於自置石北一丈計御下馬」という記事等より、義澄の置石での下輿・下馬が確認される。

このように置石が参内時の下車・下輿・下馬と関連して史料に現れる事からは、同じく参内時の下乗地点である陣口との関係が直ちに想起されよう。右に見た置石の場所はいずれも陣口かそうである可能性が高い地点である上、『建内記』永享二年七月二五日条所載の内裏周辺指図（第九章図8）には、鷹司東洞院の交差点（陣口）に「置石」と明記されている。これらの置石は陣口の標識であった可能性が高く、特に永徳元年の禁裏仏眼法供僧参内の路次を記す記録に「経一条西迴東洞院到陣際置石有之、」とあって「陣際（陣口）に置石がある」とある事からも、[41] 置石が陣口に付随する構築物であった事が確認される。

応安元年の山門嗷訴で日吉神輿が「禁裏陣中」に迫った時、神輿が「一条東洞院陣置石外」に振り捨てられたと『後愚昧記』[42]にあり、また貞和六（一三五〇）年の徳大寺実時少将拝賀の参内路次を記した『公清公記』に「廻西新大道到持明院殿物門前、経本路於宿所門北辺下車、一条東洞院、雖未到陣置石下々車、予在宿所之間、不可遣過門前之故也、」とあって、[43] ともに「陣置石」と見えている事は右の推測を裏づけていよう。特に『公清公記』によれば、参内途中の実時が「陣置石下」の手前であるのに下車した理由は、父（公清）の宿所門前の通過を憚ったためという。この行為自体は、親の門前における乗車通行を憚る当時の公家社会の慣習的礼節（第三章参照）と符合するが、この記事からは、逆にもし路次に父の宿所がなければ「陣置石下」での下車が一般的なルールであった事がうかがわれるのである。

『建内記』嘉吉元年三月二二日条に、

> 摂関雖聴牛車即不乗之、事タル公事之次ニ乗スル由、関白（二条持基）先度被申室町殿（足利義教）、仍室町殿于今自置石御乗車・御下車也、成恩寺関白（一条経嗣）も如此候、以後シテ関白再任之後やらん、公事之次ニ駕毛車、於北門外下車、経床子座前被参了、牛車始トやらん被称了、此事予今夜中出了、

とあるのによれば、「摂関は牛車聴許後もすぐには牛車で乗り入れない」との関白二条持基の説を承けて、室町殿義教は今に至るまで置石にて乗・下車している、と万里小路時房が述べている。さらに一条経嗣も関白再任の後に初めて牛車で参内し「牛車始」と称したという（関白再任の応永六年に経嗣は四二歳）。これは前述の牛車宣旨の獲得かつ一定年齢への到達という陣中乗車通行の条件に関する話題と見てよく、したがってここに見える置石は陣口という下乗地点の標識として捉えられていると考えられる。なお、同記永享三年一二月二五日条と思われる断簡に「参会左衛門陣置石辺了」という記載が見えるが(44)、これは左衛門陣（内裏四足門）のあった東洞院大路の置石を指す用法と見られよう。

以上の陣中と置石の密接な関係に加え、陣中が大内裏に相当する事から考えて、置石は大内裏の宮城門に相当する地点を示す標識であり、「陣」の内外を分かつ境界を明示的に示していたと考えられる。置石の規模・姿を直接にうかがい知る史料は管見の限り皆無であるが、恒常的に標識として機能した事を考えれば、ある程度以上の大きさの石が交差点に据え付けられていたと想像される。また「置石」の訓については、「ヲキ石」と記す史料が散見される事から「ヲキイシ」と訓まれたのであろう(45)。なお、応永七年（一四〇〇）に押領されていた所領が伏見宮家に返

付された際、その打渡状の文言に「山城国伏見御領内木幡押領分事、任先例之堺、限臥石、莅彼所々打渡之状如件」と見えている事は、[46]当該期に洛中・京外を問わず「置石」「臥石」等と称される石が境界を示す標識として設置される慣行が存在していた事を示唆している。

このような置石が南北朝時代になって記録上に現れる事は、天皇（皇統）の交替に伴い転々と皇居が変更された鎌倉期とは異なり、里内裏が土御門殿に固定した事の反映と考えられよう。内裏の固定化はそれまで流動的であった陣中領域の固定化を意味するから、それに伴って恒久的な陣口の目印が設置されたのではないかと推測されるのである。逆にいえば、置石が設置された時点が、恒久的な内裏としての土御門殿が確定した時といえるかもしれない。貞和四年（一三四八）、光明から崇光への譲位にあたり「新主・旧主御所間事」について勅問があった際、関白二条良基は次のように答申している。[47]

受禅日皇居事、先度御沙汰之趣雖無相違、今被仰下之旨、土御門殿可為始終皇居之間、暫被用仙洞之条、可有其憚歟云々、此条強不可有巨難由存之、

右によれば、良基の意見は「（崇光）受禅当日の皇居をどこにするかについては先度御沙汰があった通りであるが、今になって『土御門殿は「始終皇居」とする事になっているので、暫くこれを仙洞に用いるのは憚られるのではないか』と仰せ下された。しかし自分はその点について大きな難はないはずと考えている」というものであった。「土御門殿は『始終皇居』とする事になっているので……」と「仰下」した主体は治天光厳上皇であろうから、この時点で既に治天にそのような認識があり、土御門殿が恒久的な内裏として確定しつつあった事が確認されよう（この時崇光は良基の押小路烏丸宿所で受禅し二箇月後に土御門殿に遷った）[48]。一方、管見の限り置石の初見は二年後の貞和六年（前掲『公清公記』）であるから、置石の出現はまさに「土御門殿可為始終皇居」き事が決まりつつあった貞和年間後半頃の情勢と対応していると思われるのである。[49]

ところで、大内裏宮城門内には「置路」なる通路が存在した事が早くより指摘されている。福山敏男氏によれば、置路とは馳道ともいわれ、大内裏東面の陽明門・待賢門から内裏門に至るまでに設けられ、周囲よりも少し高く土を盛り上げて踏み固め、両縁に石を敷いて一段高い通路としたものであった(50)。また福山氏は『江家次第』『山槐記』『吉記』等の史料から、門内を東西に通る広い通路が同じく東西方向の置路によって南北に分かたれ、その北側を北路、南側を南路と称した事を明らかにした(51)。同氏の指摘によれば、外記政の退出時に上卿の中納言だけが置路の上を通り、それに次ぐ参議二人は置路の北側（北路）を通ったように、「身分の相違によって置路の上か下かを歩くのに厳重なしきたり」があり(52)、またそのような作法には九条流と小野宮流で相違があった。

これに対し近年野口孝子氏は、馳道と置路を別物とする見解を示した(53)。野口氏によれば、馳道は本来「天子之路」であったが、実際には天皇臨御の儀式における公卿以下の列立基準として使われた大内裏中の仮設通路であった。他方、置路は大内裏外郭門から内裏門まで恒常的に敷設された臣下の参内・退出の際の通行路で、両者の用法が明確に異なっていた事を明らかにした上で、置路が鎌倉期の里内裏大炊御門殿においても平安宮大内裏に相当する陣中の領域内に設けられていた事を指摘した(54)。

鎌倉期里内裏における置路は閑院内裏においても確認され、例えば鎌倉初期成立の『三条中山口伝』（第一甲、立車事(55)）には「左衛門陣方、若二条面ナラハ、置路ヨリハ北、自町ハ西ニ、轅ヲ南ニテ可立也、三条坊門面ナラハ、自坊門北、自置路ハ東、轅ヲ南ニテ可立也」、あるいは「閑院ニテハ公卿東三条北面ニ、轅ヲ東ニテ西上立之、宰相車ハ西洞院ヨリ東、置路ヨリハ北ニ、轅ヲ東ニテ西上ニ立之也」等とする記事が見えており、当時閑院内裏における置路を基準とした立車（駐車）規定（故実）が存在した事が知られる。特に陣中との関連で同書には、三条実房の説として次の規定が見える（第一乙、礼儀事、陣中。内閣文庫本に拠り、続群書類従完成会刊本との内容に関わる異同は傍に亀甲括弧で注記した）。

三条
陣中　関白被参会者、定テ被立置路外歟、然者前駈者其方〔去〕、一行可歩列、宮又可令経置路外御也、其後前駈ス〔又〕二行可立直〔置〕也、大臣前駈者其方〔去〕儀同前也、但親王不可令下置路御、納言已下前駈猶二行、主人可令経置路上御、殿上人雖為英雄、惣不可有其儀、

自陣口至門内、法親王大臣公卿侍臣等、皆経置路上、

右の記事は陣中において親王と関白以下が遭遇した場合の規定と見られ、これによれば関白が親王と遭遇した場合は関白・親王ともに置路を下り、関白は立って親王の通過を待ち、また両者ともに前駈を退避させる慣行があったようである。また大臣が親王と遭遇した場合には親王は置路を下りず、殿上人は「英雄」（＝清華以上の出身）であっても優遇しない等（殿上人の部分はやや解釈が困難）、『弘安礼節』に代表される路頭礼一般と同じく身分ごとに差異が看取される。そして末尾の記載（傍線部）によって、一般的に陣口から内裏門内までは、法親王・大臣・公卿・侍臣は全て置路の上を通るとされている事から、置路を通行する有資格者が知られるとともに、置路が基本的に陣口と内裏門を結ぶ参内路であった事が確認される。[56]

このように鎌倉期まで陣中には置路が設けられていたが、管見の限り南北朝・室町期の里内裏（土御門殿）に置路が存在した事を伝える史料は見られず（終見は「自陽明門下車、入幔門、雑色発前声、経置路北西行」とある『実躬卿記』嘉元元年〔一三〇三〕八月一七日条）、南北朝期までには失われてしまった可能性が高い。そうであれば、既に置路が消え、かわって置石が設けられた前述の皇居土御門殿の定着期（貞和四〜六年頃）に、南北朝・室町期の陣中の姿がほぼ固まったものと考える事ができよう。

一方その形態が保たれた時期的下限、さらにいえば陣中の概念が存続した下限については、置石の存続期間の下限からある程度推定する事が可能である。置石は戦国時代までその存在が確認され、例えば『二水記』によると、一〇代将軍義稙・一一代義澄・一二代義晴は参内時に毎度「置石」で下輿・下馬していた事が確認される。[57]

特に同記大永二年(一五二二)六月八日条に「梶井門跡(入道彦胤親王)御下山也、(中略)従山下御塗輿、(中略)於置石(伏見殿御前辺)御下輿」とある記事は、鷹司東洞院陣口の置石と較べて所見の少ない一条東洞院陣口の置石が、かなり遅い時期まで残っていた事を伝える確実な史料である。置石の史料上の最終所見は、管見の限りでは天文一六年(一五四七)の「大樹(足利義輝)御参内」について「置石にて御下輿如常」であったと伝える『言継卿記』[58]で、これらの史料と置石が陣口の標識であったという先述の推定から、少なくとも戦国期まで陣中が存続・機能していた事が確認されよう。

なお、戦国期に三条西実枝が北畠具房に書き与えた故実書『三内口決』[59]に乗輿時の路頭礼があり、「路頭之礼有之、以車之礼為准拠、令了見者也、(中略)惣別者、於門前可乗之条、為本儀歟、凡輿之立所者、禁中ハ限立石、諸家ハ限門外(前イ)」とある記述のうち、禁中の下乗地点の目印として見える「立石」が置石を指している可能性が高い。近世の故実書『故実拾要』[60](六、塗輿)の「凡輿ノ立所ハ、禁中ハ立石ヲ限ル、諸家ハ互ニ門外ヲ限ルナリ」という記述は、表現の類似から見て上記『三内口決』を踏まえての文章であろう。また同じく近世成立の『有職袖中鈔』[61](臣下名目)に、

> 牛車輦車ノ宣　ノリナガラ宮中ヲ出入アルナリ、牛車ハ中門ノキハマデ乗ル物ナリ、牛車ノ宣旨ヲ賜フ人ハ立石《タテイシ》ヲコエ兵仗ヲ帯ス本府ノ随身ヲ召シ連レ参内アル也、立石今ハウツモレテナシ、カ様ノ事ハ大内ノ義(儀)ニテ今ハ不詳、(後略)

とあるのによれば、かつては牛車宣旨を蒙った人は立石を越えて参内したが、今では立石は既に埋もれてなくなっているという。これらの史料から、中世里内裏の下車地点としての置石が、戦国期～近世には下輿(下車)地点である立石として認識されていた事が推測されよう。そして同書の成立は天和二年(一六八二)と考えられるから[62]、南北朝期から陣中に付随して下乗地点を示していた置石は、一七世紀後半までに「ウツモレテ」失われていた事が知られるのである。その置石喪失時期を明示する史料は管見に入らないが、『聚楽亭両度行幸日次記』[63]天正一六年(一五八八)四

月一四日条に、

一、正親町大樹下昔立石、自是各乗馬之定雖在之、馬共積合故ニ、四足辺ヨリ乗衆多シ、

とあるように、同年の聚楽第行幸の段階で、乗降所としての「立石」は既に失われた「昔」のものであった。天文期以後天正一六年までに土御門殿の置石が失われる契機として最も可能性が高いのは、天正三年に織田信長によって企図され（未遂）、同一三年に豊臣秀吉が実現した公家衆屋敷地の総移転とそれに伴う公家町の形成であろう(64)。公家衆が悉く禁裏の周囲（ほぼ陣中に相当、また現在の京都御苑と大部分が重なる）に集住する構造は、参内時に内裏から一町の地点で下車するという室町期までのルールをほとんど無意味にしてしまうからである。この推定の是非は改めて史料的に検証する余地が残されていようが、南北朝初期から記録上に所見があり近世初期（恐らく織豊期）までに廃絶が確認される置石は中世の里内裏に特有の構築物といってよく、また陣口の標識たる置石の消滅は、平安期以来の陣中の概念の消滅をも意味していると推測されるのである。

二　陣中に対する公家社会の意識と慣行・治安

陣中が外部とは厳然と区別された特別な領域であった事は、飯淵氏が指摘したごとく、臣下の下乗が常に強制された事によって参内時に意識される仕組みとなっていたが、観念的な大内裏として恒常的に設定されていた以上、洛中（特に公家社会）の人々には参内時以外にも、あらゆる日常・非日常の場面で意識されたはずである。本節では陣中が具体的に（参内時以外の）どのような場面において、どのような形で人々を規制したか、また人々から意識されたかを探ってみたい。

そもそも陣中の境界たる陣口では通過時に下乗が求められたばかりでなく、陣口を通行する事そのものが憚られた形跡がある。時代が遡るが、藤原忠実の日記は民部卿源俊明と忠実の次のような会話を伝えている（なお民

部卿俊明の発言中の最初の「余」は、前後の文脈から見て、忠実を指して間接話法的に用いられていると思われる）。

〔史料1〕『殿暦』天永三年（一一一二）一二月一四日条

（前略）民部卿（俊明）於弓場殿云、余（忠実）参路極遠、経中御門町尻可帰也、余示云、中御門東洞院辻為陣口、為之如何、民部卿云、御一（後）条院時北方陣有免皆渡此、早可渡也、仍随彼命経件路至東三条東門、下従車昇中門廊至寝殿、（後略）

この日、太政大臣に任ぜられた忠実は任大臣節会・大饗・奏慶（拝賀）を行って東三条殿へ退出する際、内裏の弓場殿で俊明に「（忠実の）参路は極めて遠路なので、中御門町尻を経て帰られるのがよい」と勧められた。これに対し忠実は、「その途中にあたる中御門東洞院の辻は『陣口』となっているが、どうすればよかろうか」と疑問を呈したが、俊明から「後一条天皇の時に許可があって皆北方の陣口を通行しているのだから構わない」という指南が得られたため、陣口を通って東三条殿へ帰宅したという。かつて一度許可があって皆が渡ったのだからもう構わないという俊明の論理や、それを直ちに受容してしまう忠実の意識も興味深いが、この記事からは、当時太政大臣であった忠実といえども参内以外の目的で陣口を通行する事には憚りを感じた事が知られよう。

また陣中においては、装束も特別のものが必要とされた事が史料に見える。例えば天永二年九月三日に藤原忠実が逗留中の藤原季実の第宅で右方の相撲を覧た際、同席した「上達部両三人・殿上人七八人」の服装について『殿暦』同日条は「殿上人一両或着直衣、或着布衣也、此亭陣中也、着冠歟」と述べている。この時内裏は土御門高倉の内大臣源雅実亭であり[65]、季実の第宅は土御門東洞院にあったから[66]、季実亭は陣中の領域内にあった。この事に関して記主忠実は「この第宅は陣中だから（同席した殿上人らが）冠を着けていたか」と述べており、陣中にいる事が冠を着す理由として挙げられているのである。冠は束帯・布袴・衣冠に不可欠の被り物であり、また直衣の時も改まった際には着用された[67]。前三者は朝儀出仕時の服装であり、直衣は平常時の私服だが改まった時には冠を着すとされているから、冠の着用は正装である事か、あるいは私服（略装）を正装に近づけ威儀を正す事を意味していると考えられ、陣中の第宅で行われる行事への出席時にはそのような普段より一段フォーマルな服装が求められたらしい事が知られるのである。

なお応仁元年（一四六七）に行われた足利義尚の髪置・箸置・着袴の記録『常徳院殿御髪置記』（『続群書類従』武家部所収）で、国持大名や吉良以下の一門の参賀次第が記される中に、番衆（奉公衆）・外様（有力御家人）・頭人（評定衆）・奉行（右筆方奉行人）の服装について「雖為陣中、以祝儀各烏帽子、上下可著用之由被仰候て如此」と注記されているのも目を惹く。応仁の乱中まで、しかも武家社会においても陣中の服装制限（烏帽子着用制限）が生きていた事実とともに、〝室町殿世子の慶事〟がその制限を緩和する理由となり得るほどに、室町殿の特権性が陣中概念を侵蝕していた事が知られるからである。

また次の史料からは、陣中で使用される車についても配慮がなされた事がうかがわれる。

〔史料2〕『春記脱漏』天喜二年（一〇五四）五月二日条[68]

（前略）午剋許参東三条、督殿参入給也、予候御車也（陣）、皇后宮今夕可出御此殿、（中略）殿上人挙首副御車（中略）、上達部列立庭中（割注略）、即御之、於右衛門陣外乗移檳榔毛車、車簾青鈍色縁也、件車二位中将俊房車云々、関白立陣下不束帯給也、行事、以尋常車入陣中、依有其憚乗移給歟、（後略）

この日皇后（藤原頼通女寛子）が東三条殿に出御するにあたって、内裏門である右衛門陣の外で檳榔毛車に乗り換えており、その理由を記主藤原資房は「尋常の車をもって陣中に入るのは憚りがあるので乗り移られたのであろうか」と推測している。この史料から、車も陣中では「尋常」即ち普通のものではなく、陣中を通行するに相応しい特別な車が必要と考えられる場合のあった事が知られる（なおこの史料の解釈については、本章の初出後に中町美香子氏から反論がなされている[69]）。ここでいう「尋常」は普段・褻等の意に解し得るであろうから、「尋常車」では憚りがある陣中は特別であり晴の空間であった事になる。換言すれば、尋常の空間は私的・日常的性質を、陣中は公的・非日常的性質を有しているという事もできよう。

　このような、陣口の外側では略儀で済ませられるものがその内側ではそうはいかなくなる、という発想は、服装や車等の装束だけでなく、行動自体にも求められていたと考えられる。『玉葉』安元二年（一一七六）三月二五日条によれば、同日九条兼実は参内（閑院第）するにあたって中納言源雅頼・同藤原実綱に扈従を求めたが、両人がどこから扈従するかについて「而九条遼遠頗無心、仍可被来逢陣口之由、兼日所触示也」と記している。即ち九条にある兼実の第宅が閑院内裏（二条西洞院南西）から遠く、そこから扈従する事は両人にとって大変なので、陣口（同条によれば三条坊門西洞院）で合流してそこから扈従するように、と兼実が前もって指示したというのである。ここからは、参内の行粧が陣口までは整っていなくても許容されるという発想と、逆に陣口からは整えられているべきであるとする発想が見出される。

　鎌倉期にも、中宮源顕子参内に関して『公衡公記』正応二年（一二八九）正月二二日条に「如木雑色二人（割注略）取松明在御車前、但路間小雑色秉之、如木雑色参会陣口、自其所又取之也、」（路頭に供奉して松明を執るべき如木雑色が陣口から合流した）とあり、また南北朝期の貞治五年（一三六六）にも、後光厳天皇方違行幸に付随して内侍所（神鏡）が西園寺家の北山第へ渡御する際、供奉の楊梅兼時・葉室宗顕が土御門殿の陣中ばかり供奉して路次は供奉せず、内侍所が北山第の陣中（後光厳が滞在）に入ってから再び供奉したという[70]。これも〈陣中さえ威儀を整えていれば途中は略してもよい〉という発想が、（その是非は別として）廷臣にあった事を伝える記事である。

　以上の事例は全て、〈陣中においては特に威儀が正されているべきである〉という当時の公家社会の認識を示すものであり、かかる発想は、つまるところ〈陣口から先は一見市街地ではあっても観念上は王宮である〉という認識から導かれるものであったと考えられる。里内裏とされる第宅のみならず、陣中そのものが皇居に他ならないという認識は、次のような史料に端的に表れていよう。暦応三年（一三四〇）の「石清水臨時祭注進状案」には、洛中の掃除の分担が次のように定められている。(71)

〔史料3〕

石清水臨時祭条々、（中略）一、掃除事、陣中主殿寮、陣外使庁、（後略）

また応永二一年（一四一四）の称光天皇即位における行幸路次の掃除の分担も、『出納大蔵少輔安倍親成記』によれば次のようであった。(72)

〔史料4〕

応永廿一年

御即位条々雑事、

（中略）

一、掃除事、

陣中、主殿寮、陣外、使庁、官司、官方沙汰、（後略）

右の二点の史料ではいずれも「陣中」は主殿寮、「陣外」は検非違使庁の担当とされている。ここでいう「陣外」は陣中と対比して用いられている事から陣口の外と考えられ、(73)「陣外」の掃除が使庁の担当とされている事は、そこが一般の洛中市街地であった事を示している。(74)逆に陣中を使庁が担当しないのは、陣中が一見市街地ではあっても観念上はそうではないと認識されていた事の反映と考えられ、同所が宮中において「洒掃殿庭」する事を掌った主殿寮の担当とされている事は、(75)陣中が皇居内であった事を明確に示していよう。

康正元年（一四五五）の近衛教基内大臣拝賀の際に『康富記』が「主殿寮打陽明門代、官方沙汰也」と記しており、(76)弁官・史を中核とする弁官局（官方）の指揮下で主殿寮が陽明門代を設置している事も、(77)内裏から陽明門代（＝宮城門＝陣口）までの空間が主殿寮の所轄であり王宮内であった事をうかがわせる。また順徳天皇編『禁秘抄』（御物忌）に「丑杭以後参入人不候以前可参歟、大内儀諸司皆各別也、郭内猶不参在清少納言記、職曹子候人不参内、里内之間陣中家居人准大内大垣内参、尤不知子細也」とある事も注意を惹く。(78) 平安宮内裏の「大垣」とは、『今昔物語』（巻第十九、六宮姫君夫出家語）に「二条ヨリ西様ニ、大垣ニソフテ行ク程ニ、（中略）朱雀門ノ前ノ曲殿ニ立隠レムト思テ」云々とあるように、朱雀門を通路として含み、「宮城四面」（延喜左京職式）を囲繞する築垣であり、その「内」は大内裏と同義である。したがって鎌倉初期には天皇の見解として、陣中は宮城大垣内に准ぜられる――即ち大内裏に相当する空間という認識が示された事になる。さらに第一節(2)項で述べたように、里内裏において牛車宣旨は牛車による陣中通行の許可を意味し、その牛車聴許が「宜聴乗車出入宮中」という文言で行われていた(79)事から、陣中は「宮中」に他ならなかった事が確認されるのである。

　このような〈陣中＝宮中〉という認識は、特に火災等の災害や強盗・闘諍等の犯罪・武力闘争等の非常事態に際して強く表面に現れた。中世の廷臣の日記には、陣中の火災によって慌てて参内したという記事が少なからず見える。貞和五年（一三四九）三月一四日に参内して一旦退出した洞院公賢が、六条殿に参る路次で炎上を目撃し、「依陣中又参内」したというのはその一例である。(80)「陣中なので参内した」という記載からは、陣中における火事の際には直ちに廷臣が参内するという慣行があった事がうかがわれる。公賢はこの火事の詳細を後日改めて日記に記しており、そこでは「戌剋有火事、相尋之処、武者小路今出川辺云々、而重説土御門将軍（足利尊氏）第云々、已陣中也、仍大夫（実夏）忿令参内」と述べていて、(81) 土御門にあった足利尊氏亭の炎上を見た子息の春宮大夫実夏が公賢と同じく陣中である事に気づいて急ぎ参内した様子が記されている。

　同様に永享七年（一四三五）六月一日に発生した鷹司富小路辺の焼亡について、伏見宮貞成親王の「陣中近辺仰天」という感想が『看聞日記』同日条に見えているが、「陣中近辺」が仰天されるのは、勿論内裏に延焼する可能性があったためであろう。建武二年（一三三五）四月一〇日の火災について『官務記』同日条が「今夜丑刻有火事、上京朱雀小家一両宇焼失云々、陣中之間騒動無極云々、然而無難無為、珍重々々」と述べているように、[82] 陣中の火災はしばしば大騒ぎとなり、内裏と天皇を守るために公卿以下の官人が続々と参集した（当時の内裏は二条富小路殿。「朱雀」とあるのは東京極大路の東の二条以北に、中世に新設されていた東朱雀大路を指すので、内裏から二町程度の至近距離）。

そのような緊急時にも、火事の現場が陣中であるために彼らは装束を整える義務を負っていた。

〔史料5〕『実躬卿記』永仁二年（一二九四）正月一四日条

> 十四日、丑、晴、早旦参禅林寺殿、午刻有炎上、風以外吹、仍退出之処、自六角高倉火出来、艮風吹之間、二条殿且禁裏等有其恐、仍人々馳参、予著直衣参内、侍一人・小雑色両三召具之、水干鞍、懸総鞦、此間已二条京極炎出、依為陣中、柏挿、帯野太刀、廻南庭方之処、右大将家教、柏挿・帯剣、負随身狩胡簶、公卿将并次将等皆如此、（中略）火已至陣中上者、作衛府之条勿論也、而兼祗候人々未至陣中以前帯弓箭云々、此条不可然事歟、

永仁二年正月、六角高倉から起こった火が北西の風に吹かれて二条殿と内裏（冷泉富小路殿）に延焼する恐れが生じたため人々が急遽参集し、三条実躬も直ちに参内した。そうこうしているうちに火が二条京極（冷泉富小路から南東に一町ずつの地点）まで迫ると、実躬は「陣中たるに依って」柏挿をし、野太刀を帯して内裏の南庭の方へ廻った。右大将藤原家教はこれに加えて「随身狩胡簶」を負っていたという。右に「公卿将并次将等皆如此」とあり、また『野槐服飾抄』所引『公継（徳大寺）公記』承久三年（一二二一）四月二六日条に[83]「公卿将陣中事ニハ巻纓具壺、案之、陣中事許ニハ自家巻纓無妨」とあるように、これらの服装は近衛大将・次将（中将・少将）が内裏炎上の際に身につけるのが習わしであり、冠の纓を巻く柏挿や野太刀（衛府の太刀）の装備等は、「衛府に作る」と表現されているごとく、衛府の官人としての装束を整える事であった[84]（実躬の柏挿・帯剣も彼が右近衛中将であった事による[85]）。

暦応元年（一三三八）三月、光明天皇の三条坊門殿（足利直義亭）行幸の折、「衛府人々」の装束が「或柏挿、或巻纓、或垂纓、皆以不同」と区々であった事について、一条経通が「天下騒乱之時不作衛府垂纓之条、又不被甘心」と非難している事から、[86]焼亡に限らず「天下騒乱」等の非常事態には「衛府人々」は「衛府に作る」べきとされていた事が知られる。加えて同五年の法勝寺炎上の影響で御幸があった際に右中弁日野柳原宗光（法勝寺行事弁）が「柏夾」していた事につき、同じく経通が「文官柏夾之条未曽聞、又内裏有非常事之時事也、他所事又以不聞、万人属目云々」と難じている事から、[87]柏夾（柏挿）のような「衛府に作る」装束は当然衛府の武官に限られ、文官は行うべきでないと考えられていた事、しかも内裏の非常事においてのみ行われるべきものとされていた事が確認される。『吉続記』弘安二年（一二七九）五月四日条に「今日右大将（久我通基）被参、直衣柏夾、帯剱、随身已下装束、負野矢、引入烏帽子、神輿陣中ニ振之時警固歟、今度非陣中、幕下装束之様人以不甘心、」とある記事では、嗷訴の神輿が陣中に至る以前に武装（柏夾・帯剣）した右大将久我通基が非難されている。

また奥書により文応元年（一二六〇）以前に成立し藤原定家が子息に授けたとされる『次将装束抄』（『群書類従』装束部）に、

〔史料6〕

内裏焼亡、

古人云、陣中三町之内火事時、不待仰帯弓箭、但臨時可斟酌、雖遠如風狂煙掩者可用意歟、雖三町内事尋常不及騒動者、不可急歟、如此之時、可守有職先達若貴人之所為并教訓、

とあり、近衛府次将は陣中に危急の火事があれば天皇の命令を待たず弓箭で武装すべき事、陣中から火災現場が遠くとも風・火が強ければ（陣中延焼を予想して）武装の用意をすべき事、逆に陣中の火災でも小規模ならば必ずしも武装を急ぐべきでない事——要するに武装の有無は状況（内裏の危険度）に応じて適切な判断をせよと述べられている。「有職の造詣が深い経験者や貴人の先例・教示に従え」という末尾の記述では問題が有職故実の次元に矮小化されているが、前半部は陣中という領域的問題と緊急性・危険度の判断という二点が主軸となっている

点で、前掲諸史料を裏づけている（傍点部で陣中の範囲を「三町の内」と数値で明記する点も興味深い）。以上の事例はいずれも順徳天皇編『禁秘抄』に「近辺有火之時、陣中将佐柏夾帯野剱如法」とあるのに対応するものである(88)。

ところで、前掲史料5で注意されるのは、これらの装備が、陣中への延焼を契機に行われている事である。「依為陣中、柏挿、帯野太刀」や「火已至陣中上者、作衛府之条勿論也」という記載がそれに該当するが、特に史料5末尾で実躬が「兼祗候人々」の作法を難じているのが注目される。彼らは火が「未至陣中以前」に「帯弓箭」した事で、実躬の疑問の対象とされたのである。この事から、宮中において「公卿将并次将等」（前掲『禁秘抄』の「陣中将佐」に対応する、祗候中の衛府の少将・佐以上）の人々が武装するのは非常時に限られていた事とともに、その非常時であるか否かの判断の境界線が、火が陣中に及んでいるか否か――即ち火が陣口を越えたか否か、という点に引かれていた事が知られ、陣中への延焼が王宮の罹災と同義であった事がうかがわれるのである。

以上に見た陣中の性質――即ち威儀を正すべき空間としての性質や非常時以外の武装制限は、後醍醐天皇の建武政権期（建武二年（一三三五））に明文化され明示的に規定された。次に掲げる条々は、管見の限り唯一のまとまった形での朝廷による陣中関連の成文法である。

〔史料7〕『建武記』(89)（便宜上大項目にローマ数字を、小項目に丸数字・アルファベットを付した）

Ⅰ　大番条々建武二三一（中略）

Ⅱ　陣中法条々

①一、陣中幕（屋イ）事、

巻上之、不可垂下、

②一、帯武具出入事

衛府官并役所勤仕之輩者非制之限、其外者一（之イ）向可停止、

③一、訴論人参内事
記録所・決断所沙汰、已被定其道々畢、諸国輩猥不可参禁中、於五畿内訴論人者、相触于押小路京極役所
可参入、役人又記置面々名字、可進著到於記録所・決断所、自余道々訴論人事、子細同前、
④一、異形輩出入事
近日警固之役人不法云々、厳密可加制止、
⑤一、番屋事
為役人之沙汰、不日可造畢、

Ⅲ　於陣中可加制止条々
ⓐ一、俗人裹頭異形事、
ⓑ一、用鬢帽子事、
ⓒ一、笠著事、
ⓓ一、著布小袖小袴事、
ⓔ一、著藺沓事、
ⓕ一、著革韈事、
ⓖ一、著履付革駄履事、
ⓗ一、著草履事、
ⓘ一、商人出入事、
ⓙ一、捨置塵現不浄事、
（後略）

Ⅱの各条の内容を見ると、①陣中では幕を垂らさずに上げるべき事の義務づけ、②「衛府官并役所勤仕之輩」以外が武具を帯して陣中に入る事の禁止、③記録所・決断所で沙汰を経るべき諸国の輩が猥りに禁中に参じて訴える事の禁止、④近日「警固之役人」が取り締まらない「異形輩」の陣中進入の制止の徹底、⑤「役人之沙汰」として至急警固の「番屋」を建てるべき事、の五点を定めている。③はこの時期建武政権が直面していた政治的問題の反映であるが、その眼目は陣中へ種々雑多な人々が訴訟のため殺到する事の禁止と考えられるから、いずれの条も直接的な陣中の治安確保を目的とする条目であると理解されよう。特に②は、非常時を除き陣中での武装を憚るべきとする史料5傍線部末尾の発想に通ずるものである。

次いでⅢにおいては、陣中における禁止事項が具体的に列挙されている。このうちⓐからⓗまでは陣中において相応しくない——即ち本来あるべき社会的良識・常識から逸脱した姿形や極端な略装・無礼な服装を禁じているものと考えられる。これは先に述べた陣中における冠着用の要求や、「尋常」な車での出仕を憚るとする発想に通ずるもので、〈陣中は然るべき容儀を整えた者しか立ち入るべきではない〉という原則が改めて示されている。

またⓘの商人出入の禁止は、Ⅱの③（諸国の訴人・論人らの禁裏への直接出頭の禁止）と同じく、然るべき身分の者以外が猥りに立ち入る事を拒否する原則を示していよう。『吉続記』文永八年（一二七一）二月二四日条に「陣中掃除、并商人等在局之下口辺之由有其聞、太不可然、殊可有沙汰之由頭中将承法皇（後嵯峨院）仰、令尋沙汰、商人等事誠見苦事也、謂此商人者唐人之類也、有沙汰之状可宜歟」とある記事は、陣中への商人の立ち入りを「見苦し」として忌避する発想を裏づけるとともに、それが彼ら商人が「唐人」であった事と関連させて語られている点が興味深い。商人自体への賤視とともに、後白河法皇の宋人謁見を九条兼実が『玉葉』嘉応二年（一一七〇）九月二〇日条で「法皇令向入道（平清盛）太相国之福原山庄給、是宋人来着為叡覧云々、我朝延喜以来未曾有事也、天魔之所為歟」と歎き、あるいは蒙古の朝使の参洛・直接的国書伝達について『吉続記』文永八年一〇月二四日条に「今度牒状、朝使直可持参帝都、不然者不可放手之由申之、蛮夷者参帝闕事無先例」と反発が起きた事等に代表される著名な対外観――天皇（君主・宮中）と外国人の接近を忌避する発想が、陣中商人往来制限の根底にあった可能性が示唆されているからである。ⓙで路上の汚損を禁じているのは、陣中が他の市街地とは異なり特に清浄を保つべき観念上の「宮中」である事への配慮を、洛中住人・滞在者に義務づけたものと考えられる。

三箇条の大項目ごとの眼目を見ると、省略したⅠは内裏警固を直接担う衛兵である大番役（禁裏警固）に関する規定で、勤仕義務を負う人々の特定や勤仕に際しての注意事項等、Ⅱは訴論人の殺到や異形の輩の通行という同時期の状況に具体的に対応して諸人の無秩序な進入・通行を制限した上で、不穏な行為に繋がる死角の排除や武装制限・番屋（大番衆の詰所）の早急な建造⑤によって治安悪化を未然に防止するための即時的・即物的方策、Ⅲは異形・略装・雑人出入・路上汚損の禁止という、王宮周辺区域としての権威の低下防止（直接には治安と無関係）を図ったものと考えられる。したがって史料7は、〈Ⅰ＝内裏警備制度の整備〉、〈Ⅱ＝騒擾を誘発する行動・構造の制限〉、〈Ⅲ＝天皇の権威維持に直結する「宮中」の風紀の徹底〉の三点を行う事により、内裏（皇居と陣中）の治安確保と秩序回復・維持を直接の目的とした法規であった事が確認されよう。

このような法規が定められた事は、裏を返せばこの時期の内裏周辺においていかに治安・風紀が悪化しやすく、またいかに種々雑多な人々（訴訟当事者・商人から得体の知れない「異形輩」まで）が好き勝手に通行していたかを示すものであろう。建武元年《一三三四》八月の著名な「二条河原落書」（『建武年間記』所引）が挙げる「此比都ニハヤル物」として、右史料との関連から注意を惹くのは、「路次ノ礼儀辻々ハナシ」「牛馬華洛ニ遍満ス」といった一節である。陣中は物理的には周囲の市街地と連続しており、盗賊等から見れば他の市街地と何ら変わりのない区域であったから、犯罪・騒擾が発生する危険性は当然存在した。また史料7のⅠやⅡの⑤からうかがわれ、あるいは鎌倉期閑院内裏の陣中に「大番沙汰人」宿所があったという近年の木村英一氏の指摘から知られるように、[90] 内裏（門）を警固する大番衆は確かに存在したが、[91] 陣中の領域自体や陣口の警備を専門に行う役が常置され機能していた様子は記録上に見えない。

とはいえ、陣中通行制限に実効性を持たせる措置が全く行われなかったわけではなく、『吉記』養和元年（一一八一）四月一一日条に「陣口車馬往反、以吉上可副（制）止事」と見え、陣口の乗車・乗馬通行が下級官人によって実際に監視・制止される措置が取られた事はあった。しかしこの事例は「車馬往反」の制限――即ち陣口下乗義務の徹底という礼節上の問題が主眼であって、治安維持を目的あるいは効果として持った命令と見る事は難しい。しかもかかる命令が敢えて出されているところを見ると、礼節上の規制さえも常態的に維持されたわけではなかったらしく、またこの時期以降これに類する物理的規制が実施された事実はほとんど確認できない。管見の限り、明確に陣中を対象とした可能性がある警備令は、永禄一一年（一五六八）に入洛した織田信長に宛てられた次の綸旨のみである。[92]

〔史料8〕正親町天皇綸旨

入洛之由既達叡聞、就其京都之儀、諸勢無乱逆之様可被加下知、於禁中陣下者、可令召進警固之旨、依
天気執達如件、
九月十四日　　左少弁経元（甘露寺）
織田弾正忠殿

この事例でも「陣下」は左衛門陣等と称される内裏門の「下《もと》」を指した可能性――つまり傍点部は中世に一般的な内裏門役と同じ事を別の表現で述べているに過ぎない可能性が高い。三町四方の准大内裏領域内の、面的広がりを持つ全街路を警固対象と定めた確かな事例は、管見の限り確認されないのである。

このように治安維持を実現する物理的・人的条件が欠如していたにもかかわらず、陣中の治安は保たれ得ると

当時の公家社会の人々は考えていたようで、またそれが破られた時の彼らの衝撃は極めて大きかった。平安時代最末期の安元三年（一一七七）五月一日に、陣中で中宮庁とされていた「自二条北、自油小路西角古小屋」（閑院内裏の北西隣）に強盗数人が乱入し、「宮中雑物等」を悉く盗み取り、さらに「庁直・庁守之類」数人が負傷するという事件が起こった[93]。この時、九条兼実は日記に「陣中強盗古来未聞、可弾指之世也」と書き付けるとともに、流れ矢二本が「右衛門陣油小路南門也、」に射立てられた事を嘆いて「天運欲尽歟、悲泣而有余者也（中略）我国滅亡時已至歟、余生於乱代、只可恥宿業也」と最大限の悲嘆を表現している。後の南北朝末期になっても陣中放火が「無先規」「先代未聞」と驚かれたように（後述）、洛中では強盗・放火が絶えない一方で、宮中に等しい陣中では特別に治安が維持されるべきと考えられており、その治安が破られた時、廷臣は「我国滅亡」「乱代」「可弾指之世」と絶望感を露わにして嘆いたのである。

しかしそのような意識とは裏腹に、中世を通じて陣中の治安は悪化の一途を辿った。応安七年（一三七四）には「内裏東洞院面北寄唐門長橋前也、番衆中条分云々、」に所持の「剱」等を「奪取」られた通行人が、一旦引き下がった後に党類を率いて押し寄せ内裏門前で闘乱に及び、賊徒一人が即時に殺害、一人が負傷し後日死去するという事件が起こっている[94]。この事を記した三条公忠は「番衆挿貪欲、近日非理奪取人物条、雖不可説」云々と述べ、貪欲にも通行人の所持物を無理に奪い取る大番衆の非をも指弾した上で、「禁裏門前寄来之条、凡末代至也、莫言々々」と嘆いた。王宮の守衛自身が当事者となって闘諍を惹起している点、また服務中の王宮守衛に平然と報復行為を行い、さらに王宮門前での刃傷をも辞さない人々が存在した点に、当時の里内裏が晒されていた根本的な治安上の不安が露呈している。

文安四年（一四四七）、山名持豊被官犬橋の被官某が帰宅途中に禁裏付近の針貫（釘貫）を強行突破しようとして大番衆に取り押さえられた騒動は、夜間に閉鎖され禁裏の警備に重要な役割を果たした釘貫の性質を伝える事件として既に今谷明氏・伊藤喜良氏によって注目されているが(95)、この事件からは逆に陣中治安維持上の不安材料をもうかがい知る事ができる。

〔史料9〕『建内記』文安四年五月九日条

文安四　五　九

今夜　禁裏西面門外針貫内有狼藉人云々、以外物忩、武士等為警固馳参云々、仍至禁庭内々参入、(高倉針貫示案内令開之参了、)冬房同道之、自東門廻西面、謁蔵人権弁・四辻少将、(宗継卿、直衣、当番也、)爰事已落居、自四足門外中御門大納言帰参、相尋之処、不示案内欲穿通針貫之者在之、仍門役番衆等遮留之相尋之処、山名内犬橋内者也云々、仍自門役所尋遣之処、無相違、仍渡彼許了、非殊事云々、静謐珍重々々、翌日伝聞、参詣一条衣服寺薬師者也、仍諸方針貫近日早閇失帰路、可開四足門前針貫由種々懇望之処、不承引、依無力少々穿通之時、号狼藉欲打留之間、両方已欲及珍事、仍遣人相尋之処、被官人無相違之由犬橋申請云々、為事実者非殊事歟、(弾正尹近日甲穢、候門外云々、帥大納言同馳参在門外云々、)次退出了、

右によれば、犬橋(『康富記』前日条は土橋とする)被官某は一条衣服寺参詣の帰途「諸方針(釘)貫」が閉じられてしまったため帰路を失った(『実隆公記』大永五年(一五二五)一二月七日条に「釘貫扉加修理」とあるように、釘貫は扉を開閉する事で適宜通行を制限した)。そこで内裏の「四足門前針貫」を開けてくれるよう番衆に懇望したが聞き入れられなかったため、強引に突破を試み取り押さえられたという。『師郷記』前日条にはこの事件について「一条東洞院釘貫ノ下ヲクヽリテ可出之処、度々間、棟門番衆等可打留之由申之、然而則属無為云々」とあるから、同所の釘貫は閉じられた後も下をくぐって通過するのが不可能ではなかったらしい。大永五年～天文五年(一五三六)頃の景観とされる「洛中洛外図」(歴博甲本)や天文八年以降の景観とされる同東博模本の禁裏周辺には、中央に通路を持つ柵が描かれており(図5・6)、室町期にも同様であったと考えられるが、右の釘貫突破騒動から、夕刻以降に釘貫が閉ざされて

通行が遮断されるのとは対蹠的に、昼間は守護被官のそのまた陪臣クラスの者が寺院参詣のような私的用事のために、（恐らく最短経路であるという理由で）自由に（釘貫を通って）陣中を通行できた事がうかがわれる。

前述の応安七年の内裏門前刃傷事件の際も、帯剣者が刀を没収された地点と、その後徒党を率いて押し寄せ刃傷に及んだ地点がいずれも内裏門前であった点が注意される。前述の建武政権の規定（史料7）に代表される通行制限方針とは裏腹に、昼間の土御門内裏の周辺では、身元も明らかでない帯剣した個人・集団が陣口等で誰何さ

図5　国立歴史民俗博物館所蔵「洛中洛外図」(重要文化財)
(歴博甲本左隻6扇・部分)

図6　東京国立博物館所蔵「洛中洛外図」
(東博模本右隻4扇・部分)
(Image: TNM Image Archives, Source: http://TnmArchives.jp)

れる事も、また武器を没収される事もなく内裏門前まで到達できた事が知られるからである。『平戸記』寛元三年（一二四五）正月一二日条に「昨日雷或落陣中、二条以北、堀川以東、大番沙汰人左衛門尉実員宿所也」云々とあるように、鎌倉期の陣中には幕府大番役を勤める御家人（大番沙汰人）の宿所があったようだが、（少なくとも南北朝以降の昼間の）土御門内裏周辺においては、不審な通行人を内裏門前に至るまでに物理的に遮断する機能が欠如していたのであり、そのような里内裏の根本的弱点によって、陣中の治安悪化はある程度必然的にもたらされたと考えられるのである。

既に弘安六年（一二八三）には、「内裏門々守護武士全分無人」であったため嗷訴が内裏門を破って紫宸殿に神輿を放置する事件があり[96]、また嘉吉三年（一四四三）には賊徒が禁中に乱入し、神璽が奪い取られて禁裏がほぼ全焼した禁闕の変が起こっているように、陣中は宮中であり特別に治安が保たれるべきとする公家社会の認識と、その治安維持に必要な物理的機能が事実上欠如しているという現実は、鎌倉期から室町期にかけて乖離したままであったように思われる。かかる両者の乖離は、次に掲げる応安二年の日吉神輿入洛に際しての幕府軍と公家社会の認識の温度差からもうかがい知られよう。

〔史料10〕『後愚昧記』応安二年四月二〇日条

廿日、（中略）日吉神輿入洛事、此間雖風聞度々延引、今日遂以有入洛之儀、（中略）先陣既及内裏陣辺《一条東洞院辺》之時、後陣尚及富小路以東、不可説也、山門威勢猶不恥往昔歟、無止事也、（中略）後聞、内裏陣外車逆毛木引之、是可奉禦神輿之料也、武士等在逆毛木内、而衆徒等不拘防禦打破逆毛木而乱入陣中、於内裏西面唐門前及合戦、

（後略）

南禅寺との抗争に端を発した日吉神輿入洛の風聞に対し、内裏の防衛にあたった幕府軍は「可奉禦神輿之料」として車逆毛木を「内裏陣外」に設けた。しかし大衆らは逆毛木を打ち破り、陣中に乱入したため内裏門前で合戦

に及んだ。「内裏陣外」に設けた車逆毛木（車輪付き可動バリケード）を突破した結果「陣中」に進入し内裏門前に至ったというのであるから、車逆毛木が引かれた「陣外」と「陣中」の境界点は陣口に該当する。この時の山門勢力と幕府軍の攻防については、既に髙橋康夫氏が陣中を緩衝領域とする事による内裏の安全確保という観点から言及しているが[97]、ここでは陣口という境界点をめぐる公家社会と幕府軍の認識の差に注目したい。

幕府軍の車逆毛木設置によって陣口が物理的に遮断された事は、そこから先が皇居であって、雑人に犯されてはならないという意識を明示的に示していたものとも解されるが、陣口（最大で八箇所）を塞いでしまえば里内裏への接近が不可能になるという、平安京の構造上の特性に基づいた布陣を幕府軍が行ったに過ぎない可能性もある。また前述の応安七年の闘乱事件と同様、実際に両軍の戦闘が行われた地点も注意されよう。史料10は、陣口ではバリケードを突破されただけで戦闘は行われず、実際に両軍が衝突したのは内裏門前であったというニュアンスで書かれている。別の史料によればこの時鴨河原に配置された幕府軍は「大衆雲霞之上」に「恐神威」れて「不及防之引退」いたが、内裏の門前では一転して「不惜命防戦」したというから[98]、実際に戦闘が行われたのは内裏門前、即ち陣口の内側にほかならない。また陣口より内側への侵入を防ぐためには陣口のバリケードの外側に布陣していなければならないにもかかわらず、武士らが「逆毛木の内に在」って陣口内部に陣取っていた事は、もし戦闘行為が発生した場合それが陣中で行われる事を前提としたものである。このような発想は陣中における騒擾・闘乱自体を忌避する公家社会の観念的発想とは根本的に相容れないものであり、したがって幕府側が現実的な非常事態にあたり、陣口を観念的な不可侵領域への境界としてどれほど意識していたかは疑問とせざるを得ない。

これとは対蹠的に、陣中での合戦行為に対する公家社会の反応は明確であり、逆毛木を破って陣中に乱入した衆徒が放火に及んだ事について、二条良基は三条公忠に「昨日神輿入洛の儀、以外事候、いまた陣中及放火事無先規、驚入候、頗可謂先代未聞候」と申し送っている(99)。陣中放火は前代未聞であり、そのために今度の放火を聞いて仰天しているという良基の述懐は、これまで洛中の放火がどれほどあっても陣中だけはその対象とされずに守られてきた、という彼の認識を伝えている。観念上宮中に他ならない陣中の治安はこのような非常事態にあっても守られるべきで、さらにいえば嗷訴側もそのための配慮を行って当然であるにもかかわらず、今回初めてそれが破られた、といったニュアンスを持つ良基書状の文言は、あくまでも陣中という観念的存在にこだわっているといえよう。これに対し、実際の防戦にあたる幕府側にその意識が必ずしも明確に見られず、現実には合戦の場が内裏門という物理的な境界地点に終始した事は、陣中・陣口という観念的領域・境界点をどれだけ現実的に捉えるかという点に関する両者の意識の相違を示唆しているように思われる。

以上の検討を踏まえる時、陣中が内裏と市街地に挟まれた空間として果たした役割はどのようなものであったと考えられるであろうか。この点について髙橋康夫氏は、火災・闘諍・合戦といった場面において、陣中は内裏へと向かう炎や軍勢から内裏を守るバッファ・ゾーン（緩衝領域）として機能したとしている(100)。しかし先に見たごとく、平時の小規模な闘乱、軍勢同士の衝突を伴う一定規模の戦闘（嗷訴入洛等）、禁闕の変のごとき夜討のいずれの場面においても、陣中への入口（陣口）は武装した集団・軍勢を阻止する機能を果たしておらず、本格的な戦闘は内裏門前や、場合によっては内裏内部で行われている。この事から、陣中が不法侵入者を防ぐ緩衝帯の役割を果たしていない事は明らかである。

また火災時に陣中が延焼を防ぐ緩衝地帯の役割を果たすためには、不燃性の建造物（漆喰塗の土倉等）のみで占められた空間か、もしくは建造物の全く存在しない空白地帯が禁裏を囲繞する等の物理的な処置が施されていなければならないであろう。しかし髙橋氏が述べているように、陣中には公武の人々以下、敷地を所有する領主に地子を払って居住する「百姓」と呼ばれる身分の低い人々までの家屋が密集して建ち並んでいた上(101)、史料上にそのような延焼を防ぐ絶縁地帯とも称すべき空間が存在した事も確認できない。

そもそも平安宮大内裏における二重性は、物理的には大内裏と内裏を囲む二重の築地によって表現され、大内裏内が王宮である事は臣下の乗車・乗馬進入禁止という原則によって実感される仕組みとなっていた。これに対し里内裏は基本的に市街地の貴族第宅の流用であり、また比較的短期間で移転する可能性が少なくない性質のものであったから、大内裏が内裏を包摂するという王宮特有の二重構造の物理的再現（大規模な築地の造築）は非現実的であったと見られる。

しかしその一方で王宮としての権威を維持するために一般市街地との緩衝帯が必要とされた結果、築地等で物理的に明示せず、観念的に設定された陣中の概念が考案されたものと考えられる。鎌倉期以降、当初から内裏として使用する事を目的に「大内を模して」造営された閑院や土御門殿等も、(102) 市街地の一部分を流用するという里内裏としての性格を捨てなかったために、陣中を塀や柵で囲い込むような構造を持たなかったのではなかろうか（前掲図５・６に明らかなように、釘貫〔柵〕は内裏の一面が面する街路の通行を遮断しているだけであり、内裏を囲繞してはいない）。少なくとも南北朝・室町期の史料による限り、陣中は公家社会という限られた人々にとっての観念的な宮中であり緩衝地帯であって、内裏を守る何らかの物理的役割を果たしたり、あるいは期待されたものではなかったと考えられるのである。

おわりに

本章の考察の結果、飯淵氏の指摘した平安期以来の陣中の概念は、その性質が喪失・変質する事なく戦国期（一六世紀半ば）まで機能し続け、天正一六年（一五八八）までに（恐らくは天正一三年の秀吉による公家町形成によって）失われた事が明らかとなった。特に陣口の地点を表示する置石の存在は、南北朝期における内裏の土御門殿への固定と密接に関連するものと考えられる。

また商人・異形の輩等はいうに及ばず、太政大臣等でさえも猥りに陣口を通行する事が憚られ、また陣中では様々な場面で特に威儀を正す事やフォーマルな装束・用具の使用が求められる等、陣中は洛中に居住・滞在するあらゆる人々に対して様々な制約をもたらす指向性を有した。

但し、突き詰めれば陣中とはあくまでも公家社会の観念の産物に過ぎず、闘乱・合戦・災害等の非常時に物理的な緩衝地帯・絶縁地帯として内裏を保護する機能を果たす事はなかったと考えられる。そもそも王宮としての権威を保つために一般人の居住する市街地との間に、観念的な距離を置く事を目的として設定されたのが陣中であると考えるならば、陣中は本来的・根本的には権威の標識であり、物理的な内裏の守護機能はもともと期待されていなかったと考えられるのである。

しかしそのような王宮の標識としての概念が古代以来、中世最末期のある時点で解体されるまで連綿と維持され、臣下の下乗を強制し続けた事実は一定度評価されるべきであろう。応仁の乱以降、節会・叙位・除目等多くの朝儀が廃絶・中絶し、特に費用の拠出不能によって天皇の践祚に伴う大嘗会が三代中絶したり、あるいは即位式挙行が一〇年から二〇年も遅延する等[103]、中世後期の天皇の権威標示の手段が著しく制限されていった事は周知の通りである。そのような中で、陣中の概念を介在させた臣下の下乗強制は、全く出費を伴わない王権の標示・誇示手段として、最後まで生きながらえ活用されたのではないかと思われるのである。

また前述のような陣中の性質が、派生的に「陣中においてさえ形式が整えられていれば他は略してもよい」といった発想を生み出した事は、公家社会そのものが禁裏周辺へと収縮してゆく室町期朝廷のあり方、さらには文字通り禁裏の周囲に全ての公家衆が集住してしまう秀吉期以降の公家町のあり方とも無関係ではないように思われる。永原慶二氏によれば、応仁の乱以降戦国期の天皇は、政治的な「表」の空間・世界から切り離されてプライベートな生活空間に閉じ籠められる傾向を強め、そのような天皇のあり方を最も的確に表現した呼称が、当該期に天皇を指して多用された「禁裏」「禁裏様」であったという。[104] 空間的な意味でのかかる収斂・凝縮傾向は、室町期朝廷の全体を通じて、様々な場面で認められる。例えば任官昇叙等の昇進時に、天皇以下の諸権門に対して廷臣が行う御礼行為＝拝賀（慶賀・慶申・奏慶とも）は、平安・鎌倉期には昇進者が自亭から乗車して諸所を（数箇所から場合によっては一〇箇所も）巡っていたにもかかわらず、南北朝期以降になると「陣家」と称する陣中の出立所を借り請けて徒歩で参内する様態が急速に増加しており、[105] また〝室町殿〟権力成立後はその参上先も内裏・院御所・室町殿の三箇所にほぼ限定されるようになる。このような公家社会の行事空間の内裏・陣中への縮小・凝縮傾向は、右の永原氏の説にいうような、天皇のあり方そのものの「禁裏」への凝縮傾向とも無関係でないと思われるが、この点に関しては次章以降（第六・七章）で右に言及した「陣家」出仕に着目し、その淵源・成立・沿革と中世後期朝廷・公家社会の経済的困窮、さらに室町殿権力形成過程との相関関係を考察したい。

（1）　橋本義彦「里内裏沿革考」（山中裕編『平安時代の歴史と文学　歴史編』、吉川弘文館、一九八一）等を参照。
（2）　飯淵康一「平安時代里内裏住宅の空間的秩序――陣口、陣中及び門の用法――」（『平安時代貴族住宅の研究』、中央公論美術出版、二〇〇四、初出一九八四）二五九頁。
（3）　中町美香子「平安時代中後期の里内裏空間」（『史林』八八―四、二〇〇五）。
（4）　野口孝子「閑院内裏の空間領域――領域と諸門の機能――」（『日本歴史』六七四、二〇〇四）に平安末～鎌倉期閑院内裏の陣中に関して言及がある。
（5）　髙橋康夫「室町期京都の都市空間――室町殿と相国寺と土御門内裏――」（中世都市研究会編『政権都市―中世都市研究9』、新人物往来社、二〇〇四）。
（6）　前掲注2飯淵氏論攷。

（7）同前二七八頁。

（8）土御門殿が恒常的内裏となる経緯については、川上貢「南北朝期の内裏土御門殿とその小御所」（『〔新訂〕日本中世住宅の研究』、中央公論美術出版、二〇〇二、初出一九五六）を参照。また藤岡通夫『〔新訂〕京都御所』（中央公論美術出版、一九八七）、藤田勝也「南北朝時代の土御門東洞院内裏について」（『日本建築学会計画系論文集』五四〇、二〇〇一）等をも参照。

（9）『薩戒記』応永三二年《（一四二五）》八月一日条等。

（10）京都市編『京都の歴史　4　桃山の開花』（学芸書林、一九六九）二八六～二八八頁以下等を参照。

（11）前掲注5高橋氏論攷五八頁以下。

（12）『玉葉』治承三年《（一一七九）》一二月一四日条に「次参内、開《（閑）》院、於陣口下車」とある。

（13）宮内庁書陵部編『図書寮叢刊　九条家歴世記録』一（明治書院、一九八九）所収。

（14）東京大学史料編纂所架蔵写真帳（請求記号六一七三―八三）。

（15）前掲注5高橋氏論攷五九頁。

（16）『中院一品記』暦応二年《（一三三九）》一一月五日条（『大日本史料』〔以下『大史』〕六―五、七九〇頁所載）。

（17）以下、『荒暦』永徳元年《（一三八一）》・二年記の本文は桃崎有一郎「『荒暦』永徳元年・二年記の翻刻」（『年報三田中世史研究』一二、二〇〇五）に拠る。但し右拙稿で当該箇所の割注部分を「歩行、依家陣中也」と翻刻したが、当時対校に用い得なかった国立歴史民俗博物館所蔵「廣橋家旧蔵記録文書典籍類」の『永徳御即位叙位記』（資料番号H―六三―三七〇）が『荒暦』永徳二年一〇月二七日～一二月二〇日記であり（石田実洋氏の御教示による）、同本当該箇所の「歩行、依為陣中也」の文言がより適切と判断して同本の本文を採った。

（18）『大史』七―七、一二三頁所載。

（19）『大史』七―一六、五八八頁所載。

（20）『荒暦』応永一四年正月一日条（『大史』七―八、六八三頁所載）。

（21）『門葉記』巻第四十一（仏眼法二）永徳元年四月二九日条（小野玄妙編『大正新脩大蔵経図像』一一〔大正新脩大蔵経刊行会、一九七八〕所収。以下同じ）。

(22)『園太暦』貞和二年（一三四六）一〇月二日条所引『公清公記（徳大寺）』同日条。

(23)『義量公参内并院参始参仕記』（『広橋家記録』九十四、『大史』七―二八、一六九頁所載）。

(24) この経路では鷹司を西行、東洞院を北行して内裏に至る。

(25)「北陣」の「陣」が門を指す明白な用法としては、『兵範記』仁平二年（一一五二）六月一四日条の「参入自近衛面西門、准右衛門陣也、北陣依無便宜、用此門歟」等があり（前章第二節参照）、また白馬節会の日に内裏北面の門で検非違使が雑犯の犯人を釈放し天皇が叡覧する「北陣雑犯」の儀式がある（『康富記』嘉吉四年（一四四四）正月七日条等。前章注30をも参照）。

(26) 瀧浪貞子「初期平安京の構造――第一次平安京と第二次平安京――」（『京都市歴史資料館紀要』一、一九八四）二七頁以下。

(27)『群書類従』雑部所収。本文は東京大学史料編纂所架蔵版本（請求番号一〇〇一―五三―六一九）に拠った。また村山貴久男「門室有職抄」（『群書解題』八、続群書類従完成会、一九六一）二二三～二二四頁をも参照。

(28)『続群書類従』雑部所収。内容に関わる相違点として、『門室有職抄』の「宿老之大臣」を『立車記』は単に「宿老」とする（本文は国立公文書館内閣文庫所蔵写本（請求番号二一六―一、冊次一〇九二）に拠った）。

(29)『群書類従』雑部所収。本文は前掲注27版本（請求番号一〇〇一―五三―五九〇）に拠った。また撰者等については是沢恭三「世俗浅深秘抄」（『群書解題』八、続群書類従完成会、一九六一）五九～六〇頁をも参照。

(30) 輦車宣旨の形式と宣下手続きに関する論攷として渡辺直彦「蔵人式と蔵人方行事」（『増訂版日本古代官位制度の基礎的研究』、吉川弘文館、一九七八）が、また輦車宣旨と牛車宣旨の関係・牛車宣旨の対象者に関する論攷に古谷紋子「輦車宣旨について」（『駒沢大学史学論集』二一、一九九一）がある。

(31)『続群書類従』雑部所収。本文は前掲注28写本（請求番号二一六―一、冊次一一四二）に拠った。

(32)「陣頭」が明白に陣口を指す事例として、『中右記』嘉保二年（一〇九五）九月七日条の「於二条洞院西大路辺可下馬由仰了、是依為陣頭也」という記事を挙げ得る（当時の内裏は堀河院＝二条南・堀河東・三条坊門北・油小路西で、右の「陣頭」は堀河院北東角から東に一町の地点）。

(33)『柳原家記録』百（一三六〇）（『大史』六―二三、五一一頁所載）。

(34)『園太暦記代』延文五年二月記（一四日付）。

（35）『康富記』宝徳二年《（一四五〇）》八月一七日条。本文は東京大学史料編纂所架蔵謄写本（帝国図書館所蔵自筆本の謄写本。請求番号二〇七三・九―二七）に拠った。以下同じ。

（36）本文は前掲注17桃崎論攷に拠る。

（37）本文は東京大学史料編纂所所蔵自筆本〔請求番号S〇六七三―五〕に拠った。なお同条は『続群書類従』公事部所収『大納言拝賀部類記』にも引かれているが、当該本で割注部分を「土御門以南、鷹司以北、有置石」とするのに対し、自筆本は傍点部の五字を墨線で抹消している。この五字の有無により置石の推定設置位置が変わるため、本書では自筆本の抹消に従った。

（38）『永享行幸記』（東京大学史料編纂所架蔵謄写本、請求番号二〇七三―三九八）。なお『永享九年《（一四三七）》十月廿一日行幸記』として『群書類従』帝王部にも収める。

（39）『実遠公記』寛正二年《（一四六一）》一二月二七日条（本文はコロタイプ複製版『管見記』巻二十六〔立命館大学出版部、一九三八〕に拠った）。なお同月一四日条に「今日中御門東洞院新亭移徙也」と見える。

（40）本文は前掲注35謄写本（請求番号二〇七三・九―一九）に拠る。

（41）『門葉記』巻第四十一（仏眼法二）所引『仏眼法日記』永徳元年四月二九日条。

（42）『後愚昧記』応安元年《（一三六八）》八月二九日条。

（43）『公清公記』貞和六年正月一六日条（『大史』六―一二、二五二頁所載）。

（44）『大日本古記録　建内記』二、二四八頁。

（45）前掲注38『永享行幸記』の掲出部分。また貞治六年《（一三六七）》禁中北斗法勤修を記録した『御登山御参内之記』（『大史』六―二八、六〇八頁所載）に慈済僧正が参内途中で「ヲキ石ノ辺ニテ御下車」したとある。

（46）『伏見宮御記録』（元二十六坤、御教書御文類）所収応永七年正月二四日浜高行・某秀忠打渡状写（『大史』七―四、八〇二頁所載）。

（47）『園太暦』貞和四年九月一三日条。

（48）『園太暦』『続史愚抄』貞和四年一〇月二七日条・一二月二八日条。

（49）もっとも『師守記』貞治四年五月八日条裏書によれば、やや降った同年の造内裏地諮問において廷臣から富小路殿・

万里小路殿等の様々な候補地が出されているから、「内裏とは即ち土御門殿である」という意見は未だ必ずしも自明ではなかったようである。

(50) 福山敏男「信貴山縁起に見える宮城の門」（『日本建築史研究　続編』、墨水書房、一九七一）。

(51) 前掲注50福山氏論攷四一五～四一七頁。

(52) 前掲注50福山氏論攷四一八頁。

(53) 野口孝子「平安宮内の道――馳道・置路・壇葛――」（『古代文化』五五、二〇〇三）三八五頁。

(54) 前掲注53野口氏論攷三五四頁。

(55) 本文の典拠は前掲注31に同じ。続群書類従完成会刊の刊本（三三上、三六五頁）との内容に関わる相違点として、二つ目の記事の内「公卿」が刊本では「公卿車ハ」と、また「轅ヲ北ニテ」が「轅ヲ東ニテ」とされている。

(56) 応永二七年成立（書中に「応永廿七庚子五月廿三日　宣守判」とあり、また最末尾に「同七月日重テ書加畢」とある）の故実書『海人藻芥』（上）に、「三家者、久我、花山、閑院也」「清花（華）・花（華）族・英雄ト者、三家ノ人々云也」（久我・花山・閑院）とある。

(57) 文亀四年（一五〇四）正月一〇日条に「従一条於置石綾小路門前下輿」、永正元年（一五〇四）閏三月四日条に「於置石辺下馬」、永正二年正月一〇日条に「於置石下輿」（以上義澄）、同一五年正月一〇日条に「於置石立御輿」、同一六年正月一一日条に「於置石令下輿給云々」（以上義稙）、大永二年（一五二二）二月二三日条に「今日御参内始也、（中略）於置石御下輿」（以上義晴）等とある。

(58) 『言継卿記』天文一六年（一五四七）正月二五日条。

(59) 『群書類従』雑部所収。

(60) 『改訂増補故実叢書』一〇（明治図書出版、一九九三）所収。

(61) 同右。

(62) 同書「親王家」の項に、寛文一二年（一六七二）生の八条宮尚仁親王を指して「八条殿当代員宮御年十二」とある事による。

(63) 『続群書類従』帝王部所収。

(64) 『御湯殿上日記』天正三年（一五七五）七月一三日条に「わか宮の御かた・大しやう寺殿御かつしき御所・二の宮・三の宮御めてたことになる、つねの御所にて二こんまいる、大しやう寺殿より三色一か、たけのうち殿より二色二かまいる、のふなかよりはくてう・つる・ひたる・御ひら十・さい一つ、みしん上申す、（中略）かの五人しゅ・せつけ・せいくわ・そのほかみなくけしゆこの御所のひかしみなみ所にいゐ〳〵たてさせ申すよし、のふなか申入候、しかるへきよしおほせいたさる丶」と、信長による王家・廷臣宿所の移転奏請・勅許の記事が見える。また『上井覚兼日記』同一四年三月一八日条に「此日従　近衛殿様（信尹）、武庫様（島津義弘）へ御家督御相続之為御祝言、御使者下向候、（中略）拙者へも　御書被成下之由候間、軈而拙宿へ申請、御書頂戴仕候、其御書面、態染筆候、抑去秋、禁裏御近所江堂上衆被迁殿候、家門之儀同前候、然者諸式不如意之儀候条、匠作（島津義久）江差下古川主繕入道候」と、前年秋の総移転完了の記事が見えている。公家衆屋敷地の総移転については橋本政宣「豊臣政権と摂関家近衛家」（『近世公家社会の研究』、吉川弘文館、二〇〇二）二〇一頁をも参照。

(65) 『殿暦』天永二年（一一一一）九月三日条。

(66) 『殿暦』天永二年九月二日条。

(67) 鈴木敬三「冠」（『国史大辞典』三、吉川弘文館、一九八三）。

(68) 本文は東京大学史料編纂所架蔵謄写本『春記左経記抜萃』（請求番号二〇七三―四一五）に拠った。

(69) 前掲注3中町氏論攷八六頁注7。氏によれば、この史料は、里内裏の中に普通の車を引き入れる事は憚りがあるので、邸宅内は手輦を用い、右衛門陣で車に乗り換えた（つまり筆者のように二種の車を乗り換えたのではなく、輿から車に乗り換えた）と解すべきであるという。本章初出時には、筆者は「尋常車」とある事から「尋常でない車」との対比と見て後者を檳榔毛車と解釈した。しかしこれは右衛門陣の内側（即ち内裏内）を皇后が輿ではなく車で通行できたとの前提に立つ理解で、延喜雑式（巻第五十）に「凡乗輦車腰輿出入内裏者、妃限曹司、夫人及内親王限温明・後涼殿後、命婦三位限兵衛陣、但嬪女御及孫王大臣嫡妻乗輦限兵衛陣、／凡乗車出入宮城門者、妃已下大臣嫡妻已上、限宮門外、四位已下及内侍者、聴出入土門、但不得至陣下」とある事を参照すると、その前提が成り立つ可能性は低そうであり、中町氏の見解に従うべきかもしれない。また檳榔毛車が「尋常車」の範疇に入るのかどうかも現段階では成案がなく、後考に俟ちたい。

(70) 『師守記』貞治五年一〇月九日条頭書。

(71) 「石清水臨時祭注進状案」（石清水八幡宮蔵『石清水臨時祭記』所引、『南北朝遺文　中国四国編』九四四号）。

(72)『大史』七―二一、三六頁以下所載。

(73)平安期から室町期にかけて記録上で「陣」が内裏門・内裏門付近の詰所・陣口等といった多様な語義をもって使われた事から、派生的に「陣中」「陣外」も複数の語義を持った事が多くの史料からうかがわれる。詳細は前章参照。

(74)同様の事例に、『中右記』大治五年(一一三〇)三月四日条の「陣中治目(白カ)砂功国勤仕、陣外掃除砂等行事検非違使府生行友下知」、同四年正月二〇日条の「於陣外有刃傷犯人、検非違使為義搦之云々、少将公隆小舎人童於陣中被殺害云々」という記事を挙げ得る。検非違使の管轄領域と「陣」の関係については、『侍中群要』（第七、陣中非違事）に「陣中雑犯、蔵人召看督使(長イ)、令捕之、或以小舎人搦之、召検非違使給之、若蔵人尉候者、出陣外勘糺之」と見え、陣中の犯過人逮捕が蔵人所の所轄であり、逮捕後は検非違使に引き渡されるが、蔵人を兼ねる検非違使尉が逮捕した場合は自ら陣外に出て犯過事実を糺問するという。同書の成立時期（『平安時代史事典』「侍中群要」の項〔角川書店、一九九四、目崎徳衛氏執筆〕によれば、ほぼ円融朝から後一条・後朱雀朝までの間）から見て、ここで想定される内裏は平安宮大内裏と思われるが、陣中が蔵人所の所轄、陣外が検非違使の所轄とされている事は、陣中・陣外の語がそれぞれ禁中・洛中というイメージを強く伴う事の背景と見なし得よう。

(75)養老職員令主殿寮条。

(76)『康富記』康正元年(一四五五)一二月二四日条。本文は前掲注35謄写本（請求番号二〇七三・九―三六）に拠る。

(77)中世朝廷機構における官方の役割・位置づけについては中原俊章「官方と外記方」（『ヒストリア』一四六、一九九五）等を参照。

(78)本文は『新訂増補故実叢書　禁秘抄考註　拾介抄』（明治図書出版・吉川弘文館、一九五〇）に拠る。

(79)『山槐記』応保二年(一一六二)一〇月一日条に「奉　勅、関白(近衛基実)左大臣宜聴乗車出入宮中者」とあり、『公卿補任』近衛基実の項に「十月一日牛車宣旨」とあって、牛車宣旨の内実が「乗車出入宮中」という文言であった事が知られる。なお『宣胤卿記』永正一一年八月二九日条に、陣の儀での職事仰詞（即ち宣下時の実際の発音法）として「乗二牛車《キッ》一令ヨレ出《イテ》二入《イラ》宮中ヲ一」とある。

(80)『園太暦』貞和五年三月一四日条。

(81)『園太暦』貞和五年三月一四日条。

(82)『大史』六―二、三八一頁所載。

(83)『続群書類従』装束部所収、院御幸・新院脱屣以後御幸始の項。『野槐服飾抄』は徳大寺公継の日記抄出（『群書解題』一二、同書の項、岩橋小弥太氏執筆、続群書類従完成会、一九六一）。

(84)『看聞日記』永享九年一〇月三日条に「一、行幸警固中、御共殿上人近衛司可作衛府歟如何」という伏見宮貞成親王の諮問に対する二条持基の「答、巻纓ハ勿論、老懸ハ略不苦歟、但有沙汰も不可有子細歟、於帯劔者不可然云々」という返答が見え、「衛府に作る」とは巻纓・老懸着用（これは省略可）・帯剣（行幸供奉時は省略）と認識されている。

(85)『公卿補任』によれば、実躬は弘安八年（一二八五）より嘉元元年（一三〇三）の任権中納言まで右中将。

(86)『玉英記抄』衣服、暦応元年（一三三八）三月某日条（『大史』六―四、七五四頁所載）。この条は日を欠くが、「参三条坊門殿、主上・々皇御対面」とある記事が『園太暦』観応二年（一三五一）三月四日条所引中原師茂注進状の建武五年（一三三八）（暦応元年）三月九日の「寅刻、行幸三条坊門万里小路第」という記事と対応していると思われ、同条も九日条と推定される。また経通が特に「天下騒乱之時」と記しているのは、同年正月に北畠顕家が美濃青野原で敗北し、五月には和泉堺浦で戦死するという南北朝の激戦にこの時期が挟まれている事と対応している。

(87)『玉英記抄』衣服、暦応五年三月二〇日条（『大史』六―七、七五～七六頁所収）。

(88)前掲注78に同じ。

(89)『大史』六―二、三〇三～三〇六頁所収。

(90)木村英一「王権・内裏と大番」（髙橋昌明編『院政期の内裏・大内裏と院御所』、文理閣、二〇〇六）。

(91)なお陣中警備と密接に関わる幕府の内裏門役（警固）については、最近吉田賢司氏が南北朝・室町期について詳細に検討しているので（「室町幕府の内裏門役」、『歴史評論』七〇〇、二〇〇八）、参照されたい。

(92)甘露寺伊長編『勅裁案』（『史料纂集　元長卿記』〔続群書類従完成会、一九七三〕三四九頁所載）。

(93)『玉葉』同日条。

(94)『後愚昧記』応安七年五月一〇日条。

(95)今谷明「門前検断の釘貫――権門の町屋支配――」（『戦国期の室町幕府』、講談社、二〇〇六、初出一九七五）、伊藤喜良「四角四堺祭の場に生きた人々」（『日本中世の王権と権威』、思文閣出版、一九九三）。

(96)『勘仲記』弘安六年正月六日条。
(97) 前掲注５髙橋氏論攷六一頁以下。
(98)『日吉神輿御入洛見聞略記』（『大史』六―三〇、四二〇頁以下所載）。
(99)『後愚昧記』応安二年四月二〇日条所収二条良基書状案（二一日付）。
(100) 前掲注５髙橋氏論攷六一～六二頁。
(101) 前掲注５髙橋氏論攷六〇頁、同氏「後小松院仙洞御所跡敷地の都市再開発」（『京都中世都市史研究』、思文閣出版、一九八三）一九七頁以下。
(102)『玉蘂』建暦二年（一二一二）二月二四日条、『経俊卿記』建長三年（一二五一）六月二七日条、前掲注９参照。なお太田静六「里内裏と釣殿・泉殿の研究」（『寝殿造の研究』、吉川弘文館、一九八七）八一七頁以下、前掲注４野口氏論攷第三章をも参照。
(103) 富田正弘「室町殿と天皇」（久留島典子・榎原雅治編『展望日本歴史11　室町の社会』、東京堂出版、二〇〇六、初出一九八九）五〇頁以下。
(104) 永原慶二「応仁・戦国期の天皇」（同氏編『講座・前近代の天皇２　天皇権力の構造と展開　その２』、青木書店、一九九三）五六頁以下。
(105) 拝賀の儀礼的淵源・沿革については桃崎有一郎「昇進拝賀考」（『古代文化』五八―Ⅲ、二〇〇六）を、また拝賀における所々の拝のための出行儀礼（路頭の儀）が拝賀者（廷臣）に課した負担とその結末としての拝賀の略儀化については、同「中世後期における朝廷・公家社会秩序維持のコストについて――拝賀儀礼の分析と朝儀の経済構造――」（『史学』七六―一、二〇〇七）を参照されたい。

第六章　中世における朝儀出仕と里内裏周辺空間秩序
――陣中・陣家・外直廬と乗車忌避――

はじめに

本書第四章では、中世洛中の「陣中」「陣外」の領域を確定する作業過程で「陣家《じんけ》」なる施設の存在に言及し、南北朝・室町期の記録にしばしば現れる「陣外」が実は「陣家」であり、陣中の廷臣宅がこれに充てられた事、また主に拝賀時の出立所として使われた事を指摘した。(1) この陣家には中世の朝儀体系と公家社会の実相を浮き彫りにする顕著な特徴が認められる。即ち陣家の記録上の所見が南北朝・室町期に極めて集中しており、その存在が当該期特有の歴史的状況の産物である可能性が示唆されている事、同時期に出仕拠点として急速に普及・一般化した事、そして鎌倉期までは見られない乗車忌避目的での陣家使用が南北朝期以降に盛行した事である。本章では右の特色を手がかりに陣家を考察の主対象として掘り下げ、用法・沿革等の検討から主に南北朝期以降に焦点を当てつつ、朝儀出仕時の空間構造とその背後にある公家社会の発想・実相の変遷を跡づける事を試みたい。

一　陣家の基本的性質

(1)　陣家の使用機会

陣家に関して記録上最も目立つのは、拝賀(奏慶)の出立所《いでたちどころ》とする用法である。「陣外」「陣下」が記録上少なからず「陣家」と同義で用いられた事は第四章で論証済みなので、かかる表記の事例も含めて関係史料を次に掲げる。

〔史料1〕『後愚昧記』貞治二年（一三六三）正月一日条

正月一日壬寅、（中略）節会、参仕人左大将実夏卿、今夜申拝賀、去年十一月任大将、（割注カ）帥中納言仲房、新中納言教光、藤中納言時光、（中略）左大将拝賀、自陣家藤中納言宅、一条東洞院西頬、禁裏咫尺也、出立、幕下息前中納言公定卿嫁藤黄門息女、依彼由緒也、（後略）

〔史料2〕『康富記』文安元年（一四四四）三月二七日条

廿七日丁丑、晴、県召除目初夜也、一条大納言殿教房、廿一歳云々、執筆、初度御出仕也、先被奏大納言去月六日有御拝任、慶、自陣外菅左大丞益長卿亭正親町万里小路北西角宿所、正親町面有門二、有御出、為歩儀、（後略）

〔史料3〕『康富記』享徳四年（一四五五）正月一六日条

十六日壬戌、晴、今夜殿下（鷹司房平）御拝賀也、（中略）殿下自陣外四条前大納言隆夏卿亭亜相亭土御門東洞院北西角、有御参内、先秉燭以前内々有御出、御小直衣、八葉御車也、於御宿被召御装束、前典薬頭保家朝臣為装束師、（後略）

〔史料4〕『康富記』宝徳元年（一四四九）八月二三日条

（前略）是夜綾小路新相公政賢朝臣、去三月任、被申参議拝賀、先院御所、次禁裏也、中次蔵人極﨟源定仲也、行粧布衣侍二人、如木雑色一人、小雑色八人云々、宿所在陣外、一条高倉正親町間西頬也、当時内裏之東裏也、不及乗物沙汰矣、

〔史料5〕『看聞日記』応永二六年（一四一九）三月八日条

八日、晴、懸（縣）召除目始行、執筆右（左カ）大将二条（持基）今夜拝賀、殿上前駈雅藤朝臣・基平朝臣両人、公卿一人も不扈従、自陣下被参云々、行粧微々也云々、（後略）

〔史料6〕『満済准后日記』応永三二年正月一日条

（前略）当関白《（二条持基）》二条今夜拝賀、自陣下出仕云々、今日内弁勤仕云々、関白拝賀自陣下出仕当家今度初例歟、自普光園《（二条良実）》以来陣下出仕例未聞其例、不便々々、（後略）

〔史料7〕『大納言拝賀部類記』[(2)] 所引『後竹林院左相府実遠卿記』享徳二年六月一九日条

享徳三《（二）》年癸酉六月十九日、予亜相拝賀也、自陣家出立、徳大寺宿、戌剋着束帯、螺鈿劔、有文巡方帯、出門之時、如木追先路、（後略）

史料4を除き、いずれも陣中に住む他人の第宅を臨時に借用して拝賀の出立所とし「陣家」と称している（以下、陣家より出立する朝儀出仕を〝陣家出立〟または〝陣家出仕〟と、またその形での拝賀を〝陣家拝賀〟と称する）。例外の史料4は自亭出立の事例だが、「宿所が陣外にある」と表現され「陣外」が第宅ではなく特定の区域を指しているから、その「陣外」は内裏門を指す用法の「陣」に「外」を付した表現と見るべきで、厳密にはここで問題とする陣家とは異なる（但し伏見殿仮皇居の陣中にある点は陣家の要件を満たしている）。長享二年《（一四八八）》、陣中の日野裏松政資亭から出立した久我尚通の左大将拝賀について『親長卿記』同年九月一七日条に「今度左大将拝賀、被借請日野第有出立」と見えるように、陣家とは一般に他人から「借り請ける」ものであった。また拝賀以外でも陣家出仕の所見事例は多い。以下はその代表例である。

①直衣始（任関白後） 関白二条持基、「陣外菅侍従益長宿所」より参院（『建内記』応永三五年正月八日条）。

②践祚 洞院実夏、「自陣家参仕御寝殿」（『園太暦』文和元年《（一三五二）》八月一八日条）。

③即位式 即位により官司行幸。中原師茂ら、「相国陣外中御門大宮在登御宿所」へ赴く（『師守記』貞和五年《（一三四九）》一二月二六日条）。

④改元定 洞院実夏、「為参仕已罷移陣家候」。理由は「近来毎事不合期、仍於陣家出立営参也」（『園太暦』文和元年九月二七日条、同条所引二条良基宛洞院公賢書状）。

また中院通氏、「自陣家李部卿長綱卿事也、宿所立寄之由也、」参仕。理由は「毛車以下旁不具之間」（『通氏卿記』嘉慶三年（一三八九）二月九日条(3)）。

⑤県召除目　中原師茂、「陣外」（一条今出〔川脱カ〕小路付近）より出仕（『師守記』貞和五年二月一三日条頭書・一四日条・一五日条）。

⑥朔旦冬至叙位　洞院満季、土御門資家の第宅（陣家）より出仕（『砂巌』所引『後三縁院記』応永二九年一一月一三日条）。

⑦任大臣節会　洞院実夏、「儲陣家」（『園太暦』貞和三年九月一六日条）。

⑧仙洞三席御会　一条経嗣、「向陣家大蔵卿亭」（『荒暦』応永一九年一二月九日条(4)）。

⑨聖忌宸筆法華八講　一条経嗣、「向陣家正親町高倉宰相入道常永宿所」（『荒暦』応永一二年四月二六日条(5)。後円融院第一三回聖忌）。

⑩行幸供奉　朝観行幸供奉に、徳大寺公俊は「陣外正親町高倉里亭」で、また室町殿義持は「陣外三宝院鷹司万里小路」で装束を着す（『後野宮相国記』応永二四年七月二三日条(6)）。また義持、日野資教亭（東洞院亭）行幸供奉のため「陣家三宝院」より出立（『不知記』応永一九年八月二八日条(7)）。

⑪内裏舞御覧　二条持基の参仕で、「益長朝臣宿所為陣下」（『看聞日記』永享七年（一四三五）四月一七日条）。

⑫太元帥法　太元〔帥〕法道場とすべき官司が破損しており、前年道場とした禁裏東小御所は旧冬より東宮御所であるため、「准大膳職之例於陣家」てこれを行う（『玉英記抄』公事、暦応五年（一三四二）正月八日条）。

⑬貢馬御覧　西園寺公名、永享一〇年貢馬御覧に祗候せず「密々出陣家」て（同一一年は「於陣家」て）武家使者よりの毛付を伝奏中山定親に付し奏聞（『公名公記』永享一〇年一二月二七日条・同一

一年同日条)。

⑭着陣の儀　花山院定嗣、駒牽の上卿勤仕に先立ち着陣。「自庭田相公(政賢)亭有出立云々」(『康富記』宝徳三年八月一六日条)。

⑮天皇元服の儀　三条実冬、後小松天皇加冠の儀に出仕後、「自陣家駕八葉車退出帰畢」(『実冬公記』至徳四年(一三八七)正月六日条)。また西園寺公名、後花園天皇元服に際して「罷向陣家着束帯」し参内(『天皇元服部類』[8]所引『管見記(公名公記)』)。

⑯室町殿親族拝　西園寺公名、「為参室町殿親族拝申刻許向陣家、秉燭之程参室町亭云々(ママ)」(『後鑑』所引『公名公記』永享一〇年元日条)。

右に見える第宅で所在地の明らかなものは全て内裏土御門殿(土御門北・正親町南・東洞院東・高倉西)から一町以内の距離にあり、第四章で述べた通り「陣家」の語が直接的には〈陣中(=土御門内裏を中心とする三町四方)に存在する第宅〉を意味している事が確認される(なお⑫太元帥法挙行の事例は廷臣の朝儀出仕と無関係だが、類例が管見に触れないため特殊事例と判断して今回は考察対象から省く)。また陣家の使用は主に拝賀(奏慶)と朝廷行事に大別されるが、廷臣(特に公卿や弁官・蔵人)は任官後拝賀と着陣を遂げて初めて公式行事に参加できるという建前があり[9]、朝廷儀礼体系におけるその意義は出仕始——即ち公的活動の開始にほかならないから、全体としては様々な朝儀出仕の出立所が陣家の用法であったと見てよかろう。

　なお陣家出立形式の拝賀を行う官職は室町期には複数あったが、そこには一定度の限定性が見出される。即ち管見に触れた事例の大部分は関白・大臣・大中納言・参議・近衛大将等の拝賀であり[10]、拝賀時に他人の宿所を陣家としたのは官制上最上層の者に限られる可能性が高い。しかし拝賀から離れて陣家使用時の出仕目的全体を前掲の事例から概観すると、践祚・即位・改元定等の朝廷で最も重要な行事や、また除目・叙位等の朝廷秩序の根幹をなす行事、聖忌宸筆法華八講等の重要な臨時仏事が含まれている一方、仙洞三席御会・内裏舞御覧等といった比較的軽微な儀礼への出仕等も確認され、当該期には広範囲の行事で陣家出立が行われた事が確認されよう。さらに、室町殿を元旦に群臣が拝する室町殿親族拝に参じた西園寺公名が『公名公記』永享一〇年元日条（『後鑑』所引）に「為参室町殿（足利義教）親族拝、申刻向陣家、秉燭之程参室町亭云々」と記している事は、その出仕が参内であるか否かとは必ずしも関わりなく「陣家」と称する出立所が用いられた事をうかがわせる。類例としては、伏見宮貞成親王の室町殿義教への正月参賀について『満済准后日記』永享四年正月一六日条に「伏見二品親王今日令参賀室町殿給」「自安楽光院令出立給」と見える事例がある（後掲史料33によれば安楽光院は律院）。

（2）陣家で行われる行為

では陣家は如上の出仕機会において具体的にいかなる機能を果たしたのであろうか。

〔史料8〕『荒暦』応永一四年正月一日条(11)

十四年正月一日、丙辰、（中略）入夜子刻許著束帯、餝劔以下色目如恒、内々向陣家、高倉宰相入道亭也、如去年自公方所点賜也、（中略）経本路退出、於陣家暫休息、即乗車帰畢、（後略）

〔史料9〕『中院一品記』暦応四年正月一六日条(12)

正月十六日、（中略）踏歌節会以前、太相国可奏慶、下官依兼日之語可行向也、可為白昼之由雖被相触之、聊有風気、相扶之間、及戌剋著束帯、（中略）下官風気猶興盛之間、相扶為参節会、不及下車帰于陣家了、聊休息、相国参内之後予令参了、（後略）

〔史料10〕『久世相国具通公記』貞治五年（一三六六）正月一日条(13)

貞治五年正月一日、天晴、（中略）節会已前可奏慶之間、申次事可存知之由、仰蔵人右少弁藤仲光了、拝賀已後可遂著陣之間、中文并直弁事、仰蔵人右中弁藤嗣房、(中略)於門外乗車、八葉車、先入陣家和気邦成宿所、前駈・衛府長・参会輩等参儲此所、自是乗替毛車、懸下簾、不懸牛、依程近也、連雑色引轅、計置石程下車、(中略)自陣家乗改八葉車帰家、(後略)

史料8には関白一条経嗣が元日節会出仕後に陣家でしばし休息してから帰宅したと見え、また史料9には久我長通の太政大臣拝賀に際して参内した記主中院通冬が「風気」により陣家に帰り休息したと見える。これらに加え、応永一二年宸筆法華八講で経嗣に陣家を提供した高倉永行が「蓬屋為休廬之条、面目之由」を称した事例(14)をも参照すれば、参内時の休息所という陣家の一用法が導かれよう。また史料10によれば、久我具通は権大納言拝賀に際して陣家(和気邦成宿所)で毛車に乗り換えて参内し、帰路も陣家で八葉車に乗り換えて帰宅している。当時参内・退出時には尋常の車ではなく特別な車を用いるべきという認識が存在したと見られ(15)、右の具通の例はそれを陣家において実践(尋常の車から乗り換える)した例と見なし得る。ここから、参内時の装いを整え、また退出時にこれを解除するという陣家の一用法が推知されよう。

また多くの所見事例を占める拝賀での陣家使用については、一連の儀式中での具体的使用法の典型例を『康富記』嘉吉三年(一四四三)四月二六日条に求め得る。同条は洞院実煕の右大将拝賀について中原康富が記した地の文に続けて、洞院家の方で作成された当日の次第の写が挿入されたもので、やや長くなるが一部省略して次に掲げる。

〔史料11〕『康富記』嘉吉三年四月二六日条(①③は地の文、②は実煕筆の記録の写)

①廿六日辛亥、晴、朝間小雨灑、昼以後晴天、

今夜洞院大納言実煕卿被奏右大将慶、去年三月兼任幕下、自正親町宰相中将持季卿亭令出立給、陣外也、仍各歩儀也、出東洞院面大門北行、内裏々辻内南行、自左衛門陣有御参、令経床子座給、拝舞之後著御殿上、其後経本路御退出、

御随身六人前行、此内一人番長也、

殿上前駈少将源有俊朝臣、同藤原基有、同季春、同基保、同実右、同実仲、地下前駈三善量衡、西園寺殿より被召進之、

藤原親尚、高階経之、藤原懐兼、徳大寺殿より被召進之、

②嘉吉三年四月廿六日、天陰雨降、午後属晴、及晩聊有雷鳴即休、今日洞院殿右大将御拝賀也、自陣中正親町宰相中将亭有御出立、貞治二、後山階殿自日野亭御出、応永卅、内府禅円(閣カ)自此亭御出云々、為歩儀者也、候人遠江守経之為家司、仍自昼程賜御指図、参裏辻亭致室礼云々、此亭未被立宸(寝)殿、只廊屋也、南面為晴、設上達部座、殿上人等不及著座云々、庭上斑幔等如先例歟、（中略）自芝亭御乗車、八葉、御小直衣、令向裏辻亭給、御装束事、候人美作前司親尚奉仕之、（中略）日時勘文、陰陽頭在盛朝臣勘進之、不参、兵部省移文省丞和気秀国今夜下家司也、沙汰進之、此移文、家司経之請取之時、下逢地上取之、下家司秀国入筥、授之云々、其後刻限亥、令出東面門給、北行裏築地外、廻北端折右、裏築地内南行、自右(左)衛門陣御参内、行列、先殿上人、次前駈諸大夫、次随身、次大将殿、一座懸御裾於弓奉持之、持明院侍従基保奉相従、（中略）此間大将殿御拝舞也、（中略）其後於議定所有出御々対面、主上御引直衣、生御袴云々、（中略）其後経本路御退出、於本所裏辻殿有吉書、下家司用意之進之、加賀国年料米解文也、入筥、家司経之取之、覧申了、御覧之後返下成返抄云々、経之返抄ニ加判又返下云々、此後主客改御装束有盃飲御事、々畢後令還芝殿給云々、③以上今日之儀、美作守親尚後日相語之間、大概注付之、又今日之儀大将殿委細有御記録一巻被送下之、可清書進之由被仰下之間、清書進入了、件御草ハ幕下御自筆也、家司経之記入分なり、予高祖父康綱中園相国御時、致奉公申沙汰御家務以来、代々旧好異于他者也、仍細々如此之間事蒙仰之間、馳悪筆進之、今度之儀無一事之異越、珍重々々、（後略）

この時洞院実熈が陣家に用いた正親町持季亭は、右の記事の波線部からも明らかなように東洞院大路を挟む内裏土御門殿の西隣に所在した。①の傍線部に照応する記述が『看聞日記』同日条には「自陣下出仕、裏辻宰相中将家為陣下、」と

ある事と対照すれば、文中に「裏辻亭」「本所裏辻殿」（傍点部）等と見えるのもこの持季亭と知られる（内裏東洞院面の裏築地〔裏辻〕に面していたため「裏築地《裏辻》」が正親町家の称号・家名となった事は第八章・別稿で述べた通り(16)）。これを踏まえ、主に陣家に関する部分について時系列で拝賀の経緯を述べると次のようになる。

当日昼頃、実淵の候人（被官）高階経之が家司として「御指図」を実淵から受け取り、「陣家」裏辻亭の「室礼」を行う。この第宅は寝殿がないただの「廊屋」であったが、ともかくも経之は指図に従い、南面を晴として「上達部座」を設け（殿上人は着座に及ばずとして座を設けず）、また先例に従い庭上に斑幔が設けられた。この後実淵は自亭（芝亭。二つ目の二重傍線部では芝殿とも）から牛車（八葉車）で出発して持季の裏辻亭に赴き、ここで候人藤原親尚の用意した拝賀装束（束帯）を着する。そして同亭の庭上に家司経之が下り立ち、兵部丞和気秀国が下家司として用意した移（兵部省から右近衛府への実淵任右大将の通達(17)）が筥に入れて手渡される。以上の準備・手続きを経た後、あらかじめ陰陽寮に勘申させた刻限を待って実淵が徒歩で参内し、内裏で拝舞・天皇対面を済ませた後、同じ経路で「本所裏辻殿」へ帰り吉書を行う(18)。ここで先の移と同じく下家司秀国の用意した吉書（加賀国年料米解文）を家司経之が受け取り、実淵に見せた後、経之の加判した返抄が下家司に渡される。こうして一連の手続きが終わり、「主客」（実淵と着座公卿）が装束を改めて酒を交わし、実淵が自亭芝殿（芝亭）へ帰って終了する。

右の流れの中で、陣家は第一に参内前後の装束を着替える場として、第二に出立所として、第三に吉書・右大将任官手続きの一部を行う場として使われている。特に、形骸化した儀礼ながら武官の人事を掌る兵部省が実淵の右近衛大将任官を右近衛府に移をもって通達するのはこの拝賀時の陣家においてであり、また拝賀後の右大将としての初仕事（吉書＝解文一見と返抄発給）も陣家で行われている点に注目したい。実淵の候人高階経之が正親町（裏辻）亭で「室礼」を行い公卿の座を設けて吉書を行ったように、本来右大将家で行われるべき右近衛府の所管業務を（形式的ながら）行う場としても陣家は機能したのであり、文中に「本所裏辻殿」の語が見えるように、右大将拝賀時の陣家の機能は「（右大将家）本所」の一語に集約されると考えられるのである。

さらに以下の事例によれば、陣家は拝賀当日ばかりでなく拝賀以後の日常的な出仕拠点としても用いられた。

〔史料12〕『後愚昧記』応安三（一三七〇）年七月二日条

二日、（中略）今夜右大臣忠基公、左大将、兼申拝賀、（中略）抑右府今度行事上卿也、九条亭遼遠之間、拝賀已後宿陣家、左兵衛佐資教第、右府家人也、毎日出仕云々、

〔史料13〕『兼治宿禰記』応安三年七月六日条(19)

六日、癸巳、（中略）今日御八講五巻日也、（中略）此間予参右大臣殿、陣外左兵衛佐資教宿所也、御講間御座、御拝賀無為并御八講已無相違欲被遂行、目出之次第申上之処、故参仕珍重、御本意之由被仰之、

史料12によれば応安三年、右大臣九条忠基は自亭九条亭から内裏（土御門東洞院）までの遠距離を理由に、右大臣拝賀以後も日野東洞院資教亭を「陣家」として毎日出仕したという。この事は、四箇月後に法華八講参仕のため一旦忠基の許に参じた壬生兼治が、忠基の居所を「陣外（家）左兵衛佐資教宿所」と記す史料13によって裏づけられる。

また次の史料も注目される。

〔史料14〕『師郷記』文安五年正月二九日条

（前略）久我中納言被任大納言、翌朝被　奏慶云々、四条中納言雖任大納言、不被　奏慶云々、執筆中・竟夜借徳大寺宿被出立之、（後略）

ここに除目執筆が「出立」したと見える「徳大寺宿」は、『師郷記』享徳四年三月二五日条に右大臣洞院実凞の拝賀着陣に関して「自正親町万里小路徳大寺宿所出立云々」と見える徳大寺宿所と同一である可能性が高い（したがって内裏北東角から東に一町以内で陣家の条件を満たす）。とすれば陣家は、除目中夜・竟夜の執筆のような、「出立」の儀を伴う参内を短期間に繰り返す事があらかじめわかっている場合に逗留する出仕拠点であったと推測さ

れよう（史料12の九条忠基の場合なら、拝賀・行事上卿勤仕その他の出立を伴う出仕が「毎日」予定されていたため）。

（3） 陣家の継承と吉例化

洞院公賢は延文四年（一三五九）正月、息実夏の叙位出仕に関して「又自例、陣家可参云々、亥刻許渡彼家」と、また踏歌節会参仕に関して「実夏問例、新（自カ）大納言（正親町忠季）陣家出立参内云々」と日記に記した(20)。この史料は、陣家の使用が一時的・一回限りでなく、特定の者が特定の他人の第宅を継続して使用する場合があった事をうかがわせる。

かかる特定陣家の反復使用は他にも確認され、特に摂家における菅家（唐橋・東坊城）・高倉家第宅の継続的使用が顕著である。例えば、応永一九年に関白一条経嗣は「陣家大蔵卿亭」（東坊城長遠亭）から出立して仙洞三席御会に参仕し(21)、八年後の同二七年正月五日には息兼良も叙位執筆勤仕のため（原則として拝賀・著陣を遂げなければ執筆・上卿等を勤仕できない）(22)、「陣外菅宰相（東坊城）長遠亭」より「歩儀」で権大納言拝賀を済ませている（『康富記』同日条）。即ち父経嗣と同じく東坊城長遠亭を出立所としているのである。さらに下って同記文安元年三月二七日条にも兼良の息教房が県召除目執筆として「陣外菅左大丞（東坊城）益長卿亭」より出仕したと見えるから、一条家では三代にわたり東坊城亭を陣家として継続利用していた事になる。この東坊城亭の立地・構造は同条によれば「正親町万里小路北西角宿所、正親町面有門二」というもので、陣中に存在する（＝陣家の要件を満たす）宿所であった。

また文安四年には二条持通も「菅宰相益長卿正親町以北万里小路以西亭」から出立して右大臣拝賀を遂げたと『建内記』同年三月一五日条に見え、二条家も同所を陣家に利用していたと知られる。かかる東坊城亭の継続利用は、一条経嗣が応永三年正月五日の正月叙位で東坊城秀長亭から出立・出仕した事について、自ら「暫立入菅宰相宿所、陣外、如先々、」と日記に記した(23)事の具体的な現れと見られ、使われる陣家が各人あるいは各家において一定する傾向を示している。

なお、一条家では土御門内裏の東隣（高倉面）の高倉家宿所をも継続利用していたようで、一条経嗣は日記『荒暦』によれば応永一二年の後円融天皇第一三回聖忌宸筆法華八講に正親町高倉の高倉永行亭から出仕し、同一三年の叙位でも高倉永行亭より歩行して出仕、同一四年の小朝拝も同所から出仕する等、かなり頻繁な高倉亭の陣家利用が認められる。(24) また延文二年に関白九条経教が用いた「除目陣家時光（日野）卿宿所」（『園太暦』同年一二月九日条）は、貞治三年に除目執筆勤仕のため権大納言九条忠基が用いた「陣外宿所藤中納言時光卿亭、一条東洞院、彼亭宮御方有御座也、」（『貞治三年除目記』（忠基公記））(25)、また応安三年御八講参仕で右大臣九条忠基が用いた「陣外左兵衛佐資教（日野）宿所」（史料13）と同じ日野家嫡流（東洞院家）の居宅東洞院亭（一条南・東洞院西）と思われ(26)、九条家でも継続的な日野亭の陣家利用が観察される。『九条満家公引付』応永二九年一二月一八日条に(27)「此日被行朔旦冬至叙位、依雨為雨儀、執筆洞院大納言（満季）、余及晩向陣家、日野前大納言資家卿亭也」とある陣家日野（土御門）資家亭は、時光・資教の一条東洞院亭とは別亭と思われるが、日野家第宅の継続的利用の一例には数えられよう。経嗣が前述の応永一二年の八講参仕に際して歩行した理由を「依為陣中也」と記しているように、乗車通行が認められない陣中からの出仕は必然的に「歩儀」での参内となるが（第五章参照）、同一四年の小朝拝出仕について同じく「陣中歩行如例」と記している事は、特定の陣家からの出仕が恒例化していたニュアンスを含むものと見る事もできよう。

かかる同一陣家継続利用の理由は、一つには陣家たり得る第宅の数量的制限にあると考えられる。南北朝期以降、非常時を除いて恒久的に内裏として利用された土御門殿の陣中は、北は一条、西は烏丸、南は鷹司、東は万里小路を限りとする三町四方であり、内裏の占める一町四方（但し応永度修造以前は敷地の南半分が長講堂）を除くと八平方町に限られる。公卿に昇り得る人々の第宅で南北朝・室町期の当該範囲内に確認できるのは一条南・東洞院西(28)の日野亭、正親町南・東洞院西の正親町亭(29)、土御門北・烏丸東の北畠亭(30)、正親町北・万里小路西の東坊城亭(31)、土御門北・東洞院西の四条亭(32)、土御門南・高倉西の三条亭(33)、正親町南・高倉東の高倉亭(34)、一条南・高倉西の庭田亭[35]等、十指に満たない。しかも右のうち、理由は不明だが三条亭や庭田・田向亭が陣家として借りられた例は管見に入らず、数はさらに限られる。なお『宣胤卿記』永正四年(一五〇七)三月二六日条に、

今日菅宰相和長拝賀、則候御読云々、出御昼御座、御次第依仰一条前関白冬良公被書進云々、章長朝臣同候御読云々、菅宰相拝賀之後、以其装束、自同所正親町一位入道亭菅大納言長直卿、菅長者、今夜申拝賀云々、

とあり、摂家の拝賀時の陣家として頻繁に自亭が利用された東坊城家の和長・長直が、わざわざ正親町持季亭を陣家として借用した記事が見える。同じく陣中に第宅を持つ庭田家や北畠家では自亭から拝賀の出立を行っている事を参照すると、[36]東坊城家があえて他家の宿所を借りる理由・必然性は乏しく、この事例は同時期に東坊城家が何らかの事情で正親町万里小路の宿所に居住できなかった事を示している可能性がある。[37]かかる想定から、一つの陣家候補の第宅が何らかの原因で使用不可能になると、残された第宅にさらに陣家利用が集中した事が容易に連想されよう（ちなみに拝賀時に東洞院面四足門＝左衛門陣からの参入を原則とした土御門内裏では、東洞院大路中の裏築地を挟んで内裏四足門のほぼ真向かいにある正親町家からの出立・参内が最も近い）。

なお後掲史料35（傍点部）によれば、徳大寺実時が少将拝賀で利用した陣家は、父公清が除目執筆を勤めた時にも陣家として出立した「物吉き所」であったという。陣家はかかる理由でも選定され、吉例として継承された。

二　陣家の起源と遠路の煩

（1）陣家と直廬・休廬

他人の宿所を臨時的な出仕拠点等に利用する陣家の起源・沿革については、次の史料が参考となる。

〔史料15〕『荒暦』応永一二年(一四〇五)四月二六日条[38]

廿六日、辛卯、（中略）此日公家奉為先皇後円融院相当一十三回聖忌、供養三尊一部仏経、（中略）午刻向陣家、

正親町高倉宰相入道常永宿所、禁中直廬当時無其所之間、自此亭出仕可然之由、兼日自北山殿有御計所点給也者、（後略）

一条経嗣は後円融院一三回聖忌宸筆八講で、禁中に直廬の便宜がないため陣家より出仕するのがよろしいと北山殿（足利）義満から仰せを蒙ったという。ここから陣家と直廬の関係、つまり陣家は直廬の代替物としての機能を期待されるという関係が想定されよう。

〔史料16〕『荒暦』応永三年正月五日条(39)

五日、（中略）今日叙位也、入夜向直廬、但当時小御所以外荒涼、室礼已下有事煩之間、暫立入菅宰相宿所、陣外、如先々、（後略）

〔史料17〕『荒暦』応永二年正月一六日条(40)

十六日、辛亥、天晴、入夜月明、踏歌節会也、下官可勤内弁之間、先可有著陣之儀、（中略）酉剋許内々向菅宰相亭、陣外也、自里亭須出仕之処、於事不具、卒爾之間如此、直廬儀、当職以後日浅、宿侍始以下、全分未及沙汰、今度只尋問諸司、如形儲其所許也、小御所自元為直廬、仍以此亭為出立所、不可為後例矣、（後略）

史料16によれば、応永三年正月叙位出仕で経嗣は直廬に向かおうとしたが、直廬として用いるべき小御所がことのほか荒廃していたため、「煩ひ」を避けて「陣外（陣家）」に向かったという。また史料17によれば、経嗣は踏歌節会内弁の勤仕にあたり、「陣外（陣家）」菅宰相（東坊城秀長）亭から出仕しなければならなかった理由を、「本来は自亭から出仕すべきだが、急に出仕が決定したので全く用意が叶わず、また普段直廬として使われる禁中の小御所の使用も、任関白後まだ日が浅く、（関白としての日常的な直廬利用以前に必要な）宿侍始以下の儀式も行っていないため叶わず、仕方なく東坊城亭を『出立所』とした」と述べている。右の史料15〜17からは、陣家による直廬代替とともに、本来は直廬が使われるべき場合にやむを得ず陣家が用いられた事がうかがわれる。

直廬とは、辞書的には「皇親や摂政・関白・大臣・大納言等が宮廷内に与えられた個室。「ちょくろ」ともいう。休息・宿直、私的な会合に用いられたが、摂政の場合には、ここで官奏・礼服の閲覧、叙位・除目等の政務を行った」等と説明される施設である[41]（辞典類は「じきろ」の読みで立項するが、室町期には「ちよくろ」と読まれた[42]）。その機能は、一つには摂関・上級議政官等のために宮中に用意された休息等のための控所であり、また摂政の政務等、重要公的行事が遂行される儀式空間の一部であった。後者の用法は勿論の事、控所としての用法も公事出仕のため天皇から貸与されるものであるから、直廬は高官を優遇すると同時に彼の公務執行を円滑化する目的の公的空間であったと概括し得る。

南北朝・室町期の記録は、かかる直廬と照応する性質を陣家も有していた事を伝えている。

〔史料18〕『看聞日記』（別記院号事）宝徳二年（一四五〇）三月二七日条

廿七日、晴、除目、天明之後始、而執筆（一条教房）俄違例、癨乱云々、不及堪忍退出、関白（一条兼良）同退下、陣下（四条大納言家）、半時許之後帰参、無為ニ被執筆、希代之珍事也、政賢卿筥文参、昼之後事了云々、今夜無為執筆参云々、

〔史料19〕『師守記』貞和三年（一三四七）三月二八日条

廿八日、天晴、今日酉半剋、家君（中原師茂）参陣給、如昨日予・音儒已下参之、於内侍所下口調筥文、雖有御早参冷然也、家君先令向執筆陣外給、水無瀬三位（具兼）宿所也、転任事為被申也、（後略）

史料18に県召除目の執筆一条教房（権大納言・左大将）が俄かに体調を崩して退出したとあるが、同時に父関白兼良が「陣下（家）」に退出した事は、陣家が直廬的に用いられた事を示すものにほかなるまい。また史料19では、中原師茂が県召除目出仕のため弟師守らを伴って参陣し内侍所下口で筥文を調えた後、「転任事」を申請するため執筆の内大臣徳大寺公清の「陣外（家）」に向かっている。この時執筆公清は前日の除目初日から「陣外宿所」にあって師右らに先例勘進等の指示を与えており[43]、除目の際に陣家が直廬のように使われた事が明らかである。

用法と表記という側面から見ても、応永二一年宸筆八講で高倉永行が陣家となる自亭を「休廬」と表現した事例（『荒暦』同年四月二六日条。注14参照）、また『薩戒記』永享五年（一四三三）正月七日条（『後鑑』同日条所引）に「秉燭後、着束帯

参左大臣殿御宿廬、(日野中納言亭、)戌終刻相府令渡給、先有院参、(御直衣、御随身前行、)次更帰御宿廬、着束帯令参内給」と見え、左大臣の室町殿義教が院参・参内時に陣家のように使っている広橋兼郷亭[44]を「宿廬」と記している事例は、陣家が直廬的施設であった事を示唆している。そして特に注目されるのは、「予相伴左中将雅清朝臣参内大臣殿(足利義持)御直廬、(土御門万里小路、三宝院僧正房也、)(中略)未終許内大臣殿令参内給」と記す『薩戒記』応永二六年八月二一日条で、義持の陣家的な出立所(陣中の三宝院満済の住坊法身院)が「直廬」と明記されている。加えて『親長卿記』明応二年(一四九三)元日条に関白一条冬良の元日節会参仕に関して「関白殿自直廬(伯二位宿所)令参入給」とある事例、また『長興宿禰記』文明一二年(一四八〇)三月二七日条に関白近衛政家の除目中夜参仕について「殿下御参内、於御直廬(白川民部卿忠富卿休所也、依近臣構之、)令着御装束給」と、さらに二九日条にも竟夜出仕に関して「入御直廬(民部卿忠富休所)」とある事例等も、いずれも明らかに陣家として使われている伯(白川)忠富宿所を「直廬」と明記するものであり、〈陣家＝休所＝休廬≒直廬〉という関係の明証である。

なお前掲史料14の、除目執筆洞院実煕が「中・竟夜借徳大寺宿被出立之」れたという記事は、「徳大寺宿」が陣家であったとすれば、陣家から「出立」を伴って除目中夜・竟夜出仕を行った事になる。したがって除目期間中の執筆の陣家逗留は、直廬として事務・休憩・出仕準備の場とする事以外に、出仕自体(出立の儀)を円滑に遂げる目的があった事になろう。

このように当該期には陣家が直廬とほぼ同じ役割を果たす代替施設として機能していたが、直廬と陣家が同時に存在する場合では、両者の関係は明白に〈直廬が主、陣家が従〉であった。禁中法華八講に関する『兼治宿禰記』応安三年(一三七〇)七月六日条に「予参右大臣殿、(陣外左兵衛佐資教宿所也、御講間御坐、)」「参大殿御直廬(長橋之処)」云々とあり、また七日条に「大殿・々下、自初日至今日御祇候御直廬(長橋勾当御侍局云々、)也、右大臣殿自御拝賀、夜又御講間、被卜陣外御宿畢、(資教宿所、)」とあるように[45]、大殿(前関白二条良基)と殿下(良基息の関白師良)は禁中の長橋局に直廬を与えられているのに対し、右大臣九条忠基は「陣外(陣家)」から出仕しており、身分の序列と〈直廬→陣家〉の序列が対応している。忠基の陣家である日野東洞院資教宿所は一条東洞院であり勿論内裏外であるから、限られた直廬が配分される場合は高身分の者が内裏内の直廬を、低身分の者が内裏外の陣家を使ったと見られる。それでも陣家は一箇の第宅であったが、陣家を得られない者は内裏内の小規模な施設を代わりに利用せざるを得なかったらしい。

〔史料20〕『師守記』暦応四年(一三四一)正月六日条

六日甲寅、晴、(中略)酉刻家君(中原師右)御参殿下、被進叙位勘文、其後御参執筆、陣外景有宿所云々、為被見申也、其次被下硯・墨・筆也、其後家君御参陣、秉燭之後国子殿布衣・予布衣・二﨟外史師躬・菊若丸等各乗車、参内裏、依叙位也、無陣外御宿、内侍所下口被借召番殿、

右の叙位で執筆の権大納言中院通冬は「陣外景有宿所」に逗留したが、中原師右は「陣外御宿」を得られず「内侍所下口」の「番殿」を控所としたという。局務・官務クラスでは陣家を得る事さえ難しく、禁中の適当な空間を便宜的に利用せざるを得なかったのである。

(2)「外御直廬」から陣家へ——遠所の煩と出仕——

中世朝儀体系において、陣家が出仕・出立の拠点として南北朝期以降に定着を見た一つの理由は、右のような直廬の数量的制限——即ち狭少な里内裏土御門殿(応永九年に義満によって修造・拡張されるまで[46]、その面積は二分の一町に過ぎなかった)の本内裏としての定着に求め得る。それでは、そもそも陣家的な第宅利用法や「陣家」なる語彙はいつ頃から、いかなる背景の下に登場したのか。その背景として目を惹くのが朝儀における〈遠所出仕の煩い〉という発想である。貞和三年(一三四七)、洞院公賢が県召除目の執筆勤仕にあたって陣家を構えた理由を「遼遠之境、日々参退難治之間、仙洞祗候女房宰相局居所密々借請之」と記し[47]、また文明一二年(一四八〇)、近衛政家が関白拝賀のために日野裏松政資亭を出立所とした理由を「遠所歩行難治」と述べているように(後掲史料28)、陣家出立の直接的

理由の多くは「遼遠」「遠所」よりの長距離出仕の忌避であった。次の史料はこの事と関連するものと見られる。

〔史料21〕『玉葉』安元二年（一一七六）三月二五日条（部分）

廿五日、庚午、終日天陰、午後小雨、（中略）酉刻着束帯、（中略）参内、此間秉燭、皇居閑院第、於三条坊門西洞院陣口下自車、源中納言雅頼卿来逢此所、相伴参入、藤中納言及件卿可扈従也、而九条遼遠頗無心、仍可被来逢陣口之由、兼日所触示也、於藤中納言者、遅告之間未参也、（後略）

九条兼実は参内に際し、「（自亭のある）九条は（内裏から）遼遠なので、陣口で自分と合流する形で参内の扈従を勤めるように」と源雅頼・藤原実綱に指示した。本来は自亭九条殿から行粧を調えて参内すべきだが、九条から二条南・西洞院西の閑院内裏までは遠くて大変だからという理由で途中を省略し、陣口で行列を整えて参内しているのである。ここで示されているのは後世の陣家使用の事例と全く同じ理由であり（「遼遠」という文言も同じ）、陣家出仕慣行の萌芽が既に平安末期から見え始めている。また第五章でも言及したように、この記事は〈途中が省略されていても陣口の中（陣中）においてさえ威儀を整えておけば足りる〉という発想を伝える事例でもあった。かかる発想が、朝廷と公家社会自体の陣中への収縮を最終的にもたらしたであろう事は想像に難くない。

この九条亭の〝遠さ〟はたびたび史料上に現れ、『八幡行幸記』（九条忠家公記）(48)弘長二年（一二六二）三月二六日条に忠家息忠教の行幸供奉に関して「九条遼遠之間、自去夜所渡居二条前大納言（資季）方也、一条烏丸（注カ）、予密々同行向」と、『賀茂行幸記』（同前）同年四月二〇日条に「九条遼遠之間、去夜渡押小路京極前内府（三条公親）方」と、史料12に「九条亭遼遠之間、拝賀已後宿陣家」と見え、史料21も含め、九条家歴代当主自身が自覚している。また九条亭への参入者からも敬遠された事は、応永二八年に蔵人頭中山定親が関白九条満教に対して小除目内覧の事を直に参入せず消息で連絡し、その理由を「抑内覧事、依里亭遠所参入不可叶」と述べた事からうかがわれる（『薩戒記』同年一二月二一日条）。内裏近辺の第宅を借り請けて仮に本所とし、これを出立所・退出先として陣中で必要な事項全てを完結させる南北朝・室町期の一般的出仕形態は、まさにかかる発想に源を持つものと考えられるのである。

治承元年（一一七七）、兼実は公家宸筆八講願文等の清書を命ぜられたが、「依所悩出仕猶以不定」という理由から困難である旨を使者蔵人左少弁藤原兼光に伝え、同時に数箇条問答してどう切り抜けるかを相談した。次に掲げるのはその一箇条である。

〔史料22〕『玉葉』安元三年（一一七七）六月二一日条（部分）

一、依所悩自里第参入不可叶、近辺有可然之所哉、如何、
申云、於八条殿被行者、其所太多、早可沙汰進、閑院近辺悉遭火災、陣中陣外、無尋常之舎屋、内裏之内、
殿下御直廬可被申請歟、

「病気のため里第（自亭九条殿）からの参入は困難である。ついては内裏の近辺に『しかるべき所』はないか」という兼実の問いに対し、兼光は「八条殿で（八講を）行うのであれば適した場所は多くあるでしょうから、急ぎ手配します。閑院で行う場合、その近辺は悉く火災に遭ったため『陣中陣外』にはまともな舎屋がありません。その場合は禁中の『殿下御直廬』を借りられるのがよろしいかもしれません」と返答している。

右で兼実のいう「可然之所」が、後世の陣家のような用法を想定された第宅である事は明らかであろう。閑院内裏の近辺には火災のため「尋常之舎屋」がないと見えている事は、逆に「尋常之舎屋」があればそれを出仕の拠点に使いたいという事であるから、まさに陣家と同じである。また「尋常之舎屋」がないのであれば「殿下御直廬」を借りてはどうか、と提案されている事も、先に述べた陣家と直廬の関係を踏まえれば、前者が後世の陣家に相当する事を示していよう。

かかる共通点に加え、「尋常之舎屋」のあるべき場所が「陣中陣外」と表現されている事も注目される。「陣中陣外」の語は、〈内裏の門内と門外〉の意か、あるいは〈内裏門から陣口までの区域（＝准大内裏領域）としての「陣中」と、その外の周辺市街地〉の意の両様に解されるが[49]、内裏内の諸殿舎を「尋常之舎屋」とは呼ばないと

思われる事に加え、閑院内裏自体は同年四月二八日の大火では損傷を免れているから、(50)「悉遭火災」った「尋常之舎屋」のある「陣中陣外」はいずれも内裏の門外（即ち陣中とその外）を指すと考えられる。そうであればこの時兼実が出仕拠点として求めた舎屋は第四章や本章で話題にしている陣中もしくはその周辺の第宅であったと考えられ、まさにこれが後に陣家と呼ばれる第宅と同じものであった事がうかがわれるのである。

陣家が先に見たごとく直廬と同様の使途で用いられた事から見ても、このような出仕時の内裏近辺におけるごく短期的な第宅の借用・寄宿という行為が、直廬の用法から導かれた事は想像に難くない。陣中宿所の陣家的用法がいつ頃から始まったかは必ずしも記録上明らかでないが、次に挙げる平安末期の二点の史料は示唆に富む。

〔史料23〕『兵範記』仁平二年（一一五二）三月一六日条（部分）

十六日辛亥、天晴、今日三位少将殿、被申御慶賀於所々、早旦関白殿令退下自内御直廬給、勘解由小路烏丸御宿所、

〔史料24〕『兵範記』仁平二年四月一一日条（部分）

十一日乙亥、天晴、三位少将殿可令着陣給、仍着束帯、巳刻参勘解由小路南烏丸西殿、殿下外御直廬也、

いずれも藤原頼長息兼長の左少将拝賀・着陣に関する記事で、ここで問題にしたいのは関白藤原忠通の挙動である。史料23によれば、忠通は「内御直廬」から「勘解由小路烏丸御宿所」へ退出したが、史料24によればこの宿所は「殿下外御直廬」であった。即ち忠通は「内御直廬」と「外御直廬」を持っており、前者は禁中にある通常の直廬で、後者は内裏外の宿所を「外御直廬」と称している（三月一一日条に「御直廬雖里亭准之」とある）。しかも「勘解由小路南烏丸西」にあったこの宿所は、当時の皇居近衛殿（近衛北・烏丸西）の南隣、即ち陣中に所在しているから、直廬としての用法といい位置といい、後世であれば陣家と呼ぶに相応しい第宅であった。

右の史料22〜24を踏まえると、以下のような筋道が想定できよう。平安期、朝廷が高官に対して直廬を公的に割り当て、出仕拠点とさせる制度が存在した。その眼目は参仕すべき朝儀の場の至近に個室を用意し、公事勤

仕・出仕の便宜を与える点にあった事が明らかであるから、遠所出仕の煩いの解消を図る制度であったと換言する事ができる。ところが、恐らくは里内裏の空間的制約（狭少）のため、平安末期には内裏に近接する第宅を出仕拠点に利用する事が行われ始めていた。これが既存の直廬と目的を同じくし、かつ所在地が内裏外である事から「外直廬」と呼ばれる事になり、その結果これと対比して内裏内の直廬をことさらに「内直廬」と称する事も行われ、両者を併せて「直廬」と認識するようになった。但し兼実の事例から推測されるように、恐らく「外直廬」と称される出仕拠点は朝廷から公的・恒常的に割り当てられたものではなく、廷臣が出仕時に臨時的かつ個人的に一つの宿所を用いたものに過ぎないと考えられる。この点と、内裏に近接する（即ち陣中に所在する）第宅を用いる点は後世の陣家と全く共通するものであり、ここに陣家の淵源を見出す事が可能である。

但し右の諸史料からもうかがわれるように、この時期には未だかかる施設が「陣家」なる名称で呼ばれるには至っていない。『玉葉』承安四年（一一七四）七月二六日条には、相撲召合出仕に備えて九条兼実が前日に大納言五条（藤原）（土御門とも）邦綱の正親町亭に渡った事が見えるが、「明日出仕依遼遠也」とあるばかりで「陣家」の語は見えない。このような便宜的な陣中の出仕拠点を「陣家」と呼ぶ事は、仁平段階では未だ「外御直廬」の名称が見えている事と筆者の蒐集事例を総合すると、鎌倉期以降の現象と考えられる。『公衡公記』弘安一一年（一二八八）正月七日条に、西園寺公衡が大宮院御幸始に参仕するため白馬節会から退出した様子が「予逐電退出陣家、二条万里少（小）路、改着衣冠、今日大宮院御幸始也、予可候御車寄、而可有御入内之間、依為節会日着衣冠也、逐電参万里少路殿」と記されているのは、管見に及んだ「陣家」の初見である。公衡の「陣家」の位置として見える二条万里小路は、当時の内裏冷泉富小路殿（冷泉南・二条北・富小路東・京極西）(51)の陣口（陣中への入口）に当たっており、もし万里小路より東ならば同第宅は陣中であった。(52)即ち装束の着替えという用法の共通点とも併せ、全く後世の陣家と同じものと見なし得るのである。

同様に次の史料も注目される。

〔史料25〕『公衡公記』（伏見院御幸始記）永仁六年（一二九八）八月五日条（便宜丸数字を振った）

（前略）①予此間祗候二条烏丸宿所、院中事毎事細々可申沙汰之故也、（中略）②忩可被改御装束之由申入之、退下直廬、改着烏帽子直衣、（割注略）相具権大夫（割注略）参御所、（中略）③予直退出陣外、御幸始以後、直廬改装束也、於休息、暁更帰今出川、（後略）

公衡は伏見院御幸始で諸事申沙汰のため二条烏丸の宿所に祗候し（①）、院が御幸先の常磐井殿（後深草院御所）から二条殿へ還御した後、続いて同院の布衣始に参仕した。その際公衡は一旦「直廬」に退出して装束を改めたが（②）、この「直廬」は③の布衣始終了後に退出した「陣外」と、さらには①の二条烏丸宿所と同じ場所である可能性が高い。伏見は七月二二日に譲位したばかりであったが、譲位直前の皇居は右の御幸始で還御した二条殿であった。この二条殿は二条南・押小路北・高倉西・東洞院東に所在し(53)、二条烏丸はその内裏北西角から一町西にあたる陣口であった。したがって右の二条烏丸宿所が烏丸より東にあったならば、一〇日程前まで皇居であった二条殿の陣中領域内という事になる（但し後伏見天皇の当時の内裏は冷泉富小路殿で、その陣中には入らない）。これに、③に見える「陣外」が音通で「陣家」を示すという中世に一般的な表記の一事例である可能性と、そこで「休息」したという用法の共通点を加味すれば、これも後世の陣家と同様のものであったと推定できよう。しかもそれが「直廬」と表現されている点が、平安期の「外直廬」との継承関係を示唆している。

次の史料になると、陣家が史料上明瞭に現れる。

〔史料26〕『公衡公記』（後深草院崩御記）嘉元二年（一三〇四）七月一六日条

（前欠）巳剋許入道殿（西園寺実兼）令退出陣家給、予同退出、不経程帰参、（中略）御没以後条々可有御存知事等、委執申、已欲退出処、武家使来逢庭上、両六波羅只今可参云々、予可披露之由、示付為方卿、退出于陣家、（中略）抑今夜子剋両六波羅南方貞顕、北方時範、為御訪参上、于時予在陣家、先南方参二条京極京極以東、二条面、下馬、予陣家前也、敷床子祗候、北面、所相従

之者二百余騎云々、（後略）

後深草法皇の死去直前に西園寺実兼・公衡は一旦陣家に退出してから帰参し、法皇の死去直後、両六波羅探題が弔問のため法皇御所冷泉富小路殿（冷泉小路南・富小路東・二条大路北・京極大路西）に参上する直前に、西園寺公衡は御所から「陣家」に退去した。この時、故院御所に参上する六波羅南方金沢貞顕は二条大路の京極より東で下馬し、その地点がちょうど公衡の陣家の前にあたっていたという。この記事より公衡の陣家は富小路殿の東方、恐らく一町以内（御所から一町という下乗地点を有する内裏と比べ、院御所では薄礼にされ下乗地点が御所に近かった〔あるいは下乗義務がなかった〕事は、第九章第一節を参照）にあった事が知られる。この時の内裏は二条富小路殿（二条南・富小路西）で、院御所冷泉富小路殿の南西に隣接する区画にあり、問題の地点（京極以東・二条面）は内裏陣中の外部になる。しかしもしこの陣家が二条京極の陣口に接していたとすれば、陣中の範囲内でないという点で厳密には異なるものの、公衡の陣家は後世の陣家と同様のものであった事になり、出仕から一時退出する先という用法の面では、後の陣家と全く共通している。

　また詳細は不明だが、『実躬卿記』正応四年（一二九一）一一月一二日条に、吉田定房の「宿侍後朝」について「定房自陣下出立」とあり、「可被御覧訪之由」を定房の父経長が三条公貫に申し入れた事が見える。後世に「陣下」=「陣家」という用法が行われた事を想起すれば（第四章第一節（3）項）、これも陣家の所見事例である可能性があろう。さらに「陣外」=「陣家」という用法を考慮すると、『朔旦冬至部類記』（『群書類従』公事部所収）所引『大外記良枝記』正和五年（一三一六）一一月一日条に「予未明先向陣外宿所、不省宅、」とあるのも鎌倉期の陣家所見事例と見なし得る。

（3）陣家拝賀と乗車忌避

以上から、平安末期の「外直廬」とも称された臨時出仕拠点が、鎌倉後期までには「陣家」と呼ばれ始めた事が推測される。但し筆者が確認し得た範囲では、鎌倉期の陣家の所見は僅かに右の数例に過ぎず、少なからぬ事例が確認される南北朝期以降とは様相を異にしている。またその用法においても、実は南北朝期以降のそれとは大きな差異が認められる。それは未だ拝賀の出立所という用法が現れていない事と、乗車忌避という目的が全く見られない事である。本項ではこの点について考察を試みる。

南北朝・室町期には、陣家使用の理由が記録された事例が少なくない。例えば『園太暦』文和元年(一三五二)九月二七日条によれば、洞院実夏が改元定参仕に正親町忠季亭を陣家とした理由は「近来毎事不合期、仍於陣家出立営参也」というものであった。また前掲史料17でも、踏歌節会で陣家を使用した理由を一条経嗣が「自里亭須出仕之処、於事不具、卒爾之間如此」と記している。陣家出仕とは、里亭（自亭）からの出仕に困難（不合期・不具）が伴う場合に、やむを得ず行われる性質のものであった事が推知されよう。その困難の内実は、次の史料からうかがい知られる。

〔史料27〕『親長卿記』長享二年(一四八八)三月二六日条（便宜丸数字を付す）

　廿六日、雨下、今日内大臣（冬良公）拝賀也、（歩儀也、①無御第、如形雖有新造、一向半作、無門、②辻子奥也、乗車之儀不叶、③近来之風、仍予正親町宿所御借用、④雖荒屋左道、依内裏咫尺也、）

甘露寺親長は、一条冬良が内大臣拝賀で親長の正親町宿所を借りて陣家とした理由を以下のように列挙している。

①自亭が拝賀本所としての使用に耐えない事（新造とは名ばかりで一向に完成せず、門も備えていない）。
②乗車による参内が不可能である事（たとえ自亭が完成しても辻子の奥なので牛車が通行できない）。
③陣家を借りるのは近来の風潮である事。
④親長亭が（取るに足らぬ「荒屋」である事を差し引いても）内裏の至近であった事。

まず①の不備は、出立の準備や参内拝舞後の吉書等が行えない事、したがって拝賀の一連の手続きを完遂するための内大臣家本所としての機能を自亭に求め得ない事を意味する。中でも問題となるのは、「出立」の儀が行えない事であっただろう。

拝賀・朝儀参内時における出立の儀の重要性は、貞和六年（一三五〇）に徳大寺実時が左少将拝賀のために父公清とともにわざわざ「出京」（京外の第宅から洛中に入る）し、知音の仙洞女房宰相局宅の隣の正親町東洞院の宅に滞在して出立した（『園太暦』同年正月一六日条・後掲史料34）事からもうかがわれる。拝賀時に自亭から直接遠路参内せず、京中に出仕拠点を設けて改めて出立の儀を行う必要がなければ、そうした事は行われないはずだからである。この事がより鮮明なのは、『師郷記』康正二年（一四五六）七月一九日条の「今夜北畠中納言教具卿、伊勢国司、申拝賀、去月自勢州上洛云々、於宰相中将亭出立云々」という記事で、拝賀のため伊勢から上洛した北畠教具もやはり直接参内せず、同族北畠（木造）教親亭から改めて出立している。また『後法興院記』長享二年七月三日条によれば、足利義尚任内大臣節会の内弁勤仕を命ぜられた近衛尚通は、「一向出立無了簡」という理由で難渋した。応仁の乱がもたらした困窮が廷臣に恒常的な出立不能を強いたため、出立の儀を重視する朝廷儀礼秩序の発想が、節会の挙行自体を危うくしていたのである（義尚の任内大臣は九月一七日に実現）。

また前記①に「無門」である事が特記されている事は、拝賀出立が「出門」から始まる事――つまり門なくしては拝賀の路頭進行部分が遂行不可能と考えられた事を意味していよう。これについては、永徳二年（一三八二）の徳大寺実時内大臣拝賀で陣家安楽光院からの出立が「自安楽光院出門」と記録されている例（後掲史料33）や、あるいは万里小路春房の蔵人頭・右大弁拝賀について『親長卿記』文明二年九月二七日条に「出門之儀借用隣且出仕、依有門形地也、」とある例(54)、また中御門宣秀の参議拝賀について『元長卿記』文亀元年（一五〇一）二月二九日条に「今日右大弁宰相宣秀申拝賀云々、出門借請侍従大納言（三条西実隆）亭由兼日告之、（中略）予装束令持恵命院旅宿、下河原殿、依陣下也」と、高辻章長の従三位拝賀について同記永正九年（一五一二）正月二〇日条に「今日菅宰相可申拝賀、（中略）従此亭可出門云々」と、四条隆永の中納言拝賀・山科言綱の参議拝賀について同記大永二年（一五二二）正月六日条に「四条中納言・山科宰相申拝賀云々、従中御門亭出門」とある例等が参考となろう。特に『元長卿記』永正一一年正月二六日条に「徳大寺中納言(公胤)今日申慶云々、装束衣文事被相語、仍召具永家(高倉)詣出門所、左衛門督亭也、」と、また同一二年二月二四日条に「新大納言(飛鳥井雅俊)申拝賀、今朝遣樽也、及晩詣彼出門之第、姉小路宰相宿所也、」とある事例では、出立所の持明院基春亭・姉小路済継亭を「出門所」「出門之第」と明記している。前記②の記載も、辻子を出てから乗車すればよいというのではなく、「出門」から乗車していなければならないという、同じく参内時の儀礼的問題を述べたものであろう。

出立の儀における「出門」の重要性を示す徴証は多く、『園太暦』(貞和御即位記)貞和五年一二月二六日条に崇光天皇即位式出仕に関して「仍午斜出門、此亭大門未立之間、師織戸者見苦之間、対屋小門許有之、今日撤件師織戸、大門如形、令構成幔門也、」とあるのによれば、洞院公賢の自亭には大門がなく日常は「師織戸」(枝折戸《しおりど》)を代用していたが、参内にあたってわざわざこれを撤去し「幔門」を仮設したという。また『師郷記』文安五年(一四四八)正月二六日条には「今日先内府拝賀也、自右衛門督(正親町持季)宿所被出立、堅固狭少亭也、子剋出門、先被参仙洞、伏見殿、次参　内」とある。洞院実凞が内大臣拝賀にあたって敢えて「堅固狭少」な正親町持季亭から「出門」したのは、それでも同所がしかるべき門を具備しており問題なく「出門」できたからと推測されよう。

以上は自亭が出立所に適するか否かの問題だが、先の史料27の④では、陣家親長亭を用いる積極的理由が「内裏咫尺」という立地に求められている。この点は以下のように解釈可能であろう。即ち出立所が陣中であれば、陣中乗車不能原則・陣口下乗義務が出立時から適用される。すると参内行程は自ずから「歩儀」とならざるを得ず、乗車の行粧を用意する義務から解放される、と。「荒屋左道」である事に目を瞑ってでも親長亭が「御借用」される最大の理由は、ここにあったのではないか。かかる個別的事情に加えて陣家拝賀が「近来之風」として定着していた事が、冬良をして陣家拝賀形式の採用に踏み切らせたと考えられる。

『建内記』文安四年一二月三日条には、勘解由小路(九条、海住山)高清の権大納言拝賀について「自近衛以南東洞院以西宿所出立、（中略）称近所歩儀、頗数町也、不便々々、貧気無力之謂也」と見える。実際には数町もの距離があるのに（正親町北・東洞院東に所在した当時の伏見殿仮皇居まで、近衛南・東洞院西の高清亭から三町強）、高清は「内裏の近所だから」と称して徒歩で参内し、これに記主万里小路時房は「貧窮の無力とはこの事である」と同情している。参内・拝賀時に「歩儀」が選択される最大の理由の一つが、経済的困窮であった事を最も端的に伝える史料といえよう。なぜ困窮が徒歩の理由になるのかといえば、乗車すると牛車調達や車副・牛飼以下の僮僕（下級従者）雇用と彼らの装束を調達する必要が生じ（彼らの動員には「御訪」＝助成金が必要）、それが拝賀者に過度の経済的負担を強いていたからであった(55)。

右の高清の実例から、「陣家出仕を行わなくとも、多少遠くとも自亭から徒歩で参内すればよいではないか」という疑問が生ずるが、そこには実は「廷臣は軽率に路頭を歩行すべきではない」という身分的制限が関係すると推測される。文明三年に勧修寺教秀が甘露寺親長を超越して権大納言に昇任した際、親長は特にこれを無念とせず、その理由を「当時乱中歩行往反見苦之体也、高官無益也、其上乱中拝賀之儀不叶、公事又不被行」と記した（『親長卿記』同年四月二六日条）。洛中の治安悪化と政治情勢の混乱で拝賀も朝儀自体も行えない事を理由に「高官無益」と称する後半部も興味深いが、本章の関心に即しては前半部の「歩行して通行するのは見苦しい」という感想が重要である。これは火災による後土御門天皇の小川亭（足利義尚御所）行幸に関して、供奉の公卿殿上人を「歩儀供奉、見苦之体也」と評する同記文明八年一一月一三日条に通ずるものであり、「高位者はしかるべき乗物に乗り、しかるべき随従者を引率して、行粧を整えて路頭を進行すべきである」という通念の存在をうかがわせる。『実隆公記』享禄二年（一五二九）九月五日条に、鷹司忠冬の元服について「抑今日鷹司元服云々、叙品・禁色消息宣下云々、未曽有事也、入夜参内、歩儀云々、言語道断也、（中略）新冠参内云々、無益事也、歩儀云々、不可説々々々」と、「歩儀」である事が繰り返し非難されているのもこれと通じよう。

また室町殿義政の後花園院院司拝賀に関して、関白二条持通は広橋綱光宛書状で「歩儀」を「内々」の行為と認識している。[56]鎌倉後期の清原良枝置文に「一、出行事、（中略）雖為近々之所、於歩行者一向可停止之、遠所物詣者可乗輿、不可乗馬、但如日吉社・箕面寺参詣之時、洛中之外時々乗馬有何事哉」とある事は、[57]〈しかるべき立場にある者の振舞の問題〉として、歩行不可の発想が外記クラスにおいてさえ見られた事、また空間秩序（洛中・洛外）と出行形態（徒歩・馬・輿）の間の密接な相互関係を端的に示していよう。

徒歩が高位者に相応しからぬ卑しい行為であったとすると、廷臣は経済的困窮によって現実に徒歩せざるを得ないとしても、体面を保つために別の理由を必要としたに違いない。かかる状況の中で、陣中の第宅を出立所として参内する方式は、「陣中乗車制限のせいで乗車したくともできないため、やむを得ず歩儀とした」という絶好の口実を廷臣に与えたであろう。陣家出仕は現実の困窮に屈しながらも体面を保ち続ける便法として、そして恐らくその唯一の手法として、南北朝・室町期の公家社会に受け入れられたものと推測されるのである。かかる困窮に関連して、前掲史料27の①（自亭が出立所・本所たるに堪えない）にあたる状態も応仁の乱前後には珍しくなくなっている。

〔史料28〕『後法興院記』文明一二年三月二六日条

廿六日、丙午、天快晴、是日県召除目始也、余奏関白慶、借請日野政資朝臣亭、自彼亭所出立也、此亭狭小上、遠所歩行難治間令借用、（後略）

〔史料29〕『康富記』宝徳二年（一四五〇）八月一七日条

今夜内大臣実量公、右大将、殿被奏内府慶、土御門高倉西南宿所、自嘉吉三年為院御所、仍当時居住在所者土御門東洞院南東也、為狭少、正親町室町宿所為荒廃、可然之在所無之間、自帥大納言武者小路今出川北西、亭令参内給、

史料28では近衛政家が陣家（日野裏松政資亭）出仕で任関白拝賀を行った理由に、自亭の「狭小」が「遠所歩行難

治」とともに挙げられている。また史料29によれば、三条家では土御門高倉の宿所が嘉吉三年（一四四三）の禁闕の変以来伏見宮貞成親王の御所として提供されており、また土御門東洞院の仮宿所は狭小、正親町室町の宿所は荒廃のため、実量は内大臣拝賀の出立を自亭から行えず、正親町三条実雅亭より陣家出仕を行わざるを得なかったという。

そして史料27の②（乗車参内が困難）という状況に関連しては、

〔史料30〕『荒暦』応永三年正月一日条[58]

正月一日、庚申、（中略）亥刻許、内々向菅宰相亭陣外、乗車不具之間、自此所参内、（後略）

という、一条経嗣の「乗車不具」を理由とした「陣外（陣家）」（東坊城秀長亭）出立の例を確認できる。ここでいう「車」が牛車全般ではなく参内に相応しいしかるべき車（毛車等）であった事は、次掲史料31で中院通氏が、改元定に陣家から出仕した理由を「毛車以下色々と必要な物が揃わないので陣家から参じた」と記している事から明らかである。

〔史料31〕『通氏卿記』嘉慶三年（一三八九）二月九日条

嘉慶三年二月九日、改元定也、予依兼日催、秉燭之程着束帯、蒔絵釼、無文帯、紺地平緒等如常、毛車以下旁不具之間、自陣家李部卿長綱卿事也、宿所立寄之由也、参之、（後略）

久我具通が毛車（檳榔毛車）と八葉車を使い分けた事を伝える前掲史料10は右の記事を裏づけると思われるが、史料10では「陣家和気邦成宿所」から毛車に乗って「計置石程下車」したとある事から、具通は敢えて「陣中」の外に「陣家」を設定し、この「陣家」から僅かな距離ではあるけれども毛車に乗って威儀を整え、極力略儀でない事をアピールしたものと思われる[59]。本来参内時には陣口まで毛車等に乗って行くべきところ、それが用意できないために陣家から出仕している、という後ろめたさは、禁中で参議拝賀を遂げた西園寺公兼が引き続き仙洞崇光院へ向かうにあたり、「窃かに」八葉車に乗ったと記す次の史料からもうかがわれよう。

〔史料32〕『後愚昧記』応安四年正月一六日条

十六日、節会、（中略）新宰相中将公兼卿今日申拝賀、随身四人、非小随身、衛府長・掻副・諸大夫略之、侍二人下括、令申劔、召具之、自陣家資教家、一条東洞院、参仕、不用車、退出之後、自陣家窃乗八葉車、先来前右大将公直卿亭、菊亭、仙洞合壁、自彼所多行（歩カ）参仙洞拝賀、退出時、又駕八葉車還西園寺云々、

次に史料27の④（陣家が内裏至近）に関連しては、永徳二年徳大寺実時が安楽光院から出立して内大臣拝賀を遂げた事を述べた次の史料を挙げ得る。

〔史料33〕『後愚昧記』永徳二年四月一一日条

（前略）内府拝賀、自安楽光院出門也、律院為拝賀陣家之条、殆無先規歟、而中園辺更無陣家、自本所徳大寺於令出立者、車以下僮僕弥可有其煩、為省煩如此云々、無力之次第歟、

先例重視主義の公家社会で実時が先規稀な律院の陣家利用に踏み切ったのは、他に適当な陣家候補の第宅がないからであった。また陣家出立にこだわったのは、「本所徳大寺」から出立すれば必要となる車の用意や僮僕の調(60)達以下諸々の「煩」を避けるためであった。この時の拝賀について徳大寺実時本人は次のように記している。

〔史料34〕『永徳御譲位記』(61)所引『実記』（実時公記）永徳二年四月一一日条

（前略）今日御譲位也、可兼帯拝賀（左大将）、仍未剋密々詣安楽光院、（中略）抑扈従卿相雲客、尤兼日雖可有沙汰、今度拝賀頗以不思寄、窮家過法之処、慭顕職以後、数箇度大営巻微力之間、今日奏慶之条経思之処、大権在于今、承（丞）相（足利義満）事武家執申処、今度不申拝賀者、可違武（義満）命之条、無顧□、仍閣万事忘先規、結句拝賀殊可有斟酌、寺院隣家旁忘嘲哢令出立之間、扈従事不及沙汰、雖可謂無念、随時之習、無力者也、洞院大納言（公定）・三条大納言（実冬）等可来之由被命、尤以本望也、（後略）

実時は極端な経済的困窮に陥っていたが、何とか左大将等の拝賀を遂げてきており、既に経済的に限界を迎えて

いた（点線部）。しかし今回の内大臣昇進も足利義満の武家執奏で実現したため拝賀せずに義満の機嫌を損ねる事を恐れ（波線部）、他者の嘲哢覚悟で安楽光院から拝賀の出立を行い（傍線部）、公卿・殿上人に扈従依頼・命令を出す事もできなかった事を無念と歎き、時代の風潮に随わざるを得ない無力感を記している。ここには義満の執奏による朝廷高官任官という興味深い問題も現れているが、本章の関心に即しては、清華クラスの家にとってさえ拝賀が過大な負担となっていた事、行粧（扈従の公卿・殿上人以下の動員）を刷《かいつくろ》う(62)事が負担の大きな要因であった事、陣家（特に寺院を用いた陣家）出仕が不本意な略儀であった事、それが「時の習い」であった事等を確認しておきたい。

既に南北朝初期の文和元年、洞院実夏は釈奠上卿参仕に際して「如僮僕不合期之間、向在淳卿宿所著装束」（『園太暦』同年二月一三日条）と、あるいは前述のように改元定参仕に際して「近来毎事不合期、仍於陣家出立営参也」（同年九月二七日条）として僮僕の用意困難を理由に陣家を常用し、六位外記中原康隆も「云時服、云乗物、旁難治故障非一事候」と称して改元勘者としての出仕に難色を示している（『師守記』貞治六年（一三六七）六月二二日条）。応永二八年に伯（白川）雅兼が大原野祭出車の提供命令に対して難渋した理由も、彼自身の言によれば「大原野祭出車事、重被仰下候上者、尤可存知仕候処、下部等更無方便候」という、僮僕調達の困難さに他ならなかった（『薩戒記』同年二月三日条所引雅兼書状）。端的な例としては、三条実冬が「自陣家出頭、雖不可然、近来体、雖不具、車以下為省煩也」として後小松天皇元服儀参仕に陣家から出仕し（『実冬公記』至徳四年（一三八七）正月三日条）、また応永三二年には園基世が蔵人頭拝賀の作法を中山定親に相談する中で「依乗物有煩、自陣中可参内也」といい切っている（『薩戒記』同年七月五日条）。車・乗物での出行は「煩」にほかならなかったのである。

かかる「煩」（手間と費用）が伴うため、遠路の参内行程自体が「煩」である、という認識が次第に定着するに至る。史料27の例でいえば、そもそも自亭が「内裏咫尺」でない事自体が「煩」なのであった。『後法興院記』

長享二年（一四八八）九月一七日条によれば、足利義尚任内大臣節会で内弁を勤めた近衛尚通は当日自らの左大将拝賀を陣家出仕で行ったが、その理由は「此亭狭少之上程遠之間、出立所令借用頭弁政資（日野裏松）朝臣亭」というものであった。同記七月三日条で尚通がこの内弁勤仕を「一向出立無了簡」という理由で渋っていた事と対照すれば、「出立の目処が立たない」とは具体的には「自亭が狭くて内裏から遠い」事であったと知られよう。尚通の父政家も県召除目出仕時に付随して挙行した関白拝賀を陣家出仕で行っており、前掲史料28にその理由を「此亭狭少上、遠所歩行難治間令借用」と記している。自亭狭少と遠所難治は、陣家利用時の常套句ともいうべき理由づけであった。前掲史料33で三条公忠が「無力之次第歟」と記しているように、拝賀における陣家出立は経済的無力のなせるところにほかならなかったのである。

なお内裏までの「遼遠」な距離は、出仕者の年齢により陣家使用の理由としてはさらに補強された。前出の徳大寺実時が若年の頃左少将拝賀で父公清と同じく陣家を出立所とした事情について、公清は次のように記している。

〔史料35〕『公清公記』貞和六年正月一六日条(63)

十六日壬申、朝間風雨、未刻以後属晴、今日少将実時十三歳、左衛門督局腹也、以節会次奏羽林慶、公事之次拝賀常例也、相国公賢雲客初拝白馬節会日云々、予初拝又十二月神今食行幸之次也、佳例等不可記尽、去々年除夜任左少将、拝賀自然懈怠、旧冬欲果遂之処、有不具事等延引及今日、自仁和寺蓬屋可出門之間、雖支度遼遠間、少年之者有窮屈之恐、仍構陣家宿所、仙洞祗候女房宰相局居所借請之、先年予除目執筆之時借受之、物吉所也、（中略）此宿所前東洞院川也、（中略）路次陣外宿所一条東洞院西頬也、（後略）

実時は本来ならば仁和寺辺の「蓬屋」（自亭）から出立すべきであったが、「遼遠」なので「少年之者」では大変であろうとされて一条東洞院西頬の仙洞祗候女房宰相局の宅を借り請けて陣家としたという。同様の事例は、躬仁親王（後の称光天皇）が元服のため参内した際にも見出される。『兼宣公記』応永一八年一一月二八日条によれば、この時関白一条経嗣は「於童親王者、無牛車之宣下間、自陣頭雖可有下御、依為御年少、於陣頭税駕、以手引、於半陣可有下御之由」を計らい申した(64)。本来「陣頭」（陣口）で下車すべきところ躬仁が年少である事に配慮し、「陣頭」では牛車から牛を外すにとどめ、手で車を引いて「半陣」（陣口と最寄りの内裏四隅の中間地点。第九章第一節・第一〇章第一節参照）まで乗車させたのである。このように一般に年少である事が儀式で便宜的措置を優先させる理由となった事も、陣家使用を促進する積極的理由の一つとなり得たと考えられる。そしてこれらは全て、参内者（拝賀者）側の都合であった。

出立の儀自体は平安期まで遡る儀礼であり、したがって特定の第宅の出立所利用もまた平安期から多くの徴証がある。特に古代では、『小右記』長和三年（一〇一四）正月二九日条に春日祭使藤原資平の出立の儀ついて「然而小野宮（養父実資亭）寝屋造作之間、太無便宜、資平宅組入未作云々、仍従文佐（平）中御門宅可出立也」と、また同年四月一八日条に賀茂祭使源公成について「祭使少将公成於内大臣（藤原公季）弟（第）出立、内大臣先（者カ）左将軍、自左将軍弟（第）出立右将、有前例事也、」とあるごとく、祭使の出立の儀に関連して見える事が多いが、拝賀の出立所としての用法も一二世紀には確認できる。

〔史料36〕『法性寺殿御記』元永二年（一一一九）二月九日条(65)

九日、乙酉、午後雨降、此日所々申慶賀、自大宮出立也、（中略）康平五年（一〇六二）四月廿四日故大殿（藤原師実）令申慶賀於所々給、上達部不扈従、偏准彼例今日不招上達部、仍人々来出立所也、（後略）

右の藤原忠通左大将拝賀では祖父師実の例に倣って公卿を扈従させなかったが、公卿らはその代わりに出立所に来て出立の儀を見物した。この出立を行った「大宮」亭は六日条に「及亥時相具女房帰大宮」とあるように自亭であったが、拝賀時には自亭からであっても「出立所」から「出立」つと認識された事が右の史料から確認される。この点は室町期にも変わっておらず、『建内記』嘉吉元年一二月一二日条には中山定親の権中納言拝賀について「今夜於出立所彼亭在武者小路室町也、有盃酌」とあるように、拝賀者の自亭が「出立所」と呼ばれている。

ところで史料36と同じ拝賀を記録した『中右記』元永二年二月九日条には「参内大臣御出立所、（三条大宮、日者御所、）」と見え、「出立所」の三条大宮亭にわざわざ「日頃の御所である」と注記しており、裏返せば出立所が必ずしも日常の居所ではなかった事を示唆している。鎌倉前期の寛喜三年（一二三一）、西園寺実氏の内大臣拝賀について『民経記』同年五月四日条に「去任大臣節会日、於内裏申拝賀了、北白川院已下所々可被申拝賀云々、冷泉富小路亭為出立所」とあり、また翌五日条に「後聞、内府冷泉亭為出立所云々、富小路北行」云々とあるのも、同様に出立所が必ずしも実氏の冷泉富小路亭に限られる必要がなかった事を示している（四日条の傍点部は、表現も用法も陣家出立の拝賀と場合と全く共通）。『葉黄記』宝治二年（一二四八）三月一三日条に「長講堂御八講始有御幸、（中略）供奉人着束帯、巳刻参御所、右佐（堀川高雅）自此宿所出立」とあるのも、同様の事例であろう。

拝賀時に他人の第宅を借り請けて出立を行う手法は、鎌倉後期には既に行われていた可能性がある。

〔史料37〕『実躬卿記』永仁元年三月二日条

（前略）今夕関白（近衛家基）拝賀也、実仲朝臣供奉、自此蓬屋出立、当家未致家礼、更々非庶幾、又何事有之哉、当時風儀更不為難事、一身立意有何事乎、仍申合家君（父三条公貫）致礼、其上北政所（家基室）は禅林寺殿（亀山法皇）ノ宮也、故按察二品奉扶持き、以其由緒件御方奉公、仍先度摂禄（籙カ）之時渡度一所被相許歟、而為小所之上、摂政方之事雖一度不供奉、此儀太無益之間、於今者御共役可勤仕之由申入云々、（後略）

文意が不明瞭だが、二つ目の傍点部に「為小所之上」と、出立所提供を渋る理由として解釈可能な文言が見える。加えて最初の傍点部「自此蓬屋出立」が直前の「実仲朝臣供奉」ではなくその前の「関白拝賀也」に係る文であると見るならば（前駈実仲が「出立」の儀を行う事を疑問視するならば）、右の史料は近衛家基が関白拝賀にあたり三条実躬の家を出立所とした事を伝えている事になる。陣家拝賀のはしりとも思われる事例だが、三条実躬亭の正確な所在地は不明で、「陣家」と呼ばれるべき位置にあったかは確認できない（当時の内裏は冷泉富小路殿）。但し、引用書目より一一世紀末～一二世紀初頭の成立かと思われる(66)『参議要抄』（『群書類従』公事部所収）に、参議初任時に行うべき慶賀（拝賀）・着陣・着座以下の事を記した中で、「中慶賀事」について「近代未奏清書前退出、後日自里亭申之」と、また「着座事」について「又借内裏近辺人家為出立所、剋限参内」とある事を参照すると、拝賀その他の出仕時に「内裏近辺」の他亭を借り請ける手法は平安後期には確立していた可能性が高い。

拝賀時の他亭借り請けに関しては、次の史料も示唆に富む。

〔史料38〕『実躬卿記』正応四年四月二二日条

（前略）今日右幕下（三条実重）拝賀也、権中将実仲扈従、自東隣内府（洞院公守）亭出立、当時彼幕下聟也、予依所労加灸、又服薬之間、当時籠居、仍不扈従、（後略）

右によれば三条実重は右大将拝賀を、洞院公守亭からの出立で行った。この公守亭は、『園太暦』文和二年（一三五三）二月二二日条に「大炊御門旧宅事」について「両三代祖跡成他有之条、無念雖不能左右」云々と見え、『増鏡』（巻一三、秋のみ山）に「左大臣（洞院実泰）の大炊御門富小路の御家」と見える事を総合すれば、公守から息実泰・孫公賢へと伝領された大炊御門富小路亭と見られる(67)。一方、この時の内裏はもと西園寺実氏亭であった冷泉富小路殿で、その位置は冷泉南・富小路東であった(68)。洞院家の第宅が大炊御門富小路の交差点にどの方角から接していたかは不明とせざるを得ないが、この交差点は内裏冷泉富小路殿の北方の陣口にあたる。

とすると洞院亭が大炊御門南頬であれば陣中でありまさに陣家の要件を満たす事になるが、史料38の省略部分にある「富小路北行、中御門西行、東洞院南行、（アキママ）東行、至右衛門陣」という参内経路を参照すると、この公守亭出立が決して遠所参内・乗車の回避を目的としていない事が判明する。というのは、それが目的ならば公守亭を出た後に富小路を南下すれば一町ほどの距離で内裏に到達するにもかかわらず、逆に実重は公守亭から富小路を北上し、内裏と逆方向に進んでいるのである。実重は二町北行して中御門大路に至り、左折して同大路を三町西行してますます内裏から遠ざかり、東洞院大路に至ったところでこれを南行する。空白の東行部分は内裏の北辺冷泉小路または南辺二条大路であるはずだから、実重は東洞院を二～三町南行していずれかの通りに出、これを三町東行してようやく富小路面の内裏門（右衛門陣）に着くという行程になる。実重は敢えて迂回し、三町四方の区画を反時計回りに回って参内しているのである。これもまた陣家拝賀の祖型といえようが、その行程は一〇～一一町（一キロ以上）に及ぶから歩儀とは考えられない。迂回の目的は路頭進行の様子を儀礼の一部として重要視し、恐らくは行粧を見物者に誇示する事にあったであろうから（そもそも拝賀の路頭の儀自体、行粧の誇示を目的とする性質が濃い）、この点が後の陣家拝賀とは正反対である。

このような乗車忌避を目的としない他亭からの出立は、南北朝初期には未だ確認し得る。例えば康永三年（一三四四）、内大臣三条実忠の拝賀について『園太暦』同年三月二二日条所引『実継公記』（正親町三条）同日条には「借請菊第為本所」と見え、今出川家の菊亭を拝賀の「本所」とした事が知られる。拝賀時に「本所と為す」「借り請ける」という用法・文言も全く陣家と共通する利用法だが、一条以北にある菊亭は拝賀で最初に参上した土御門東洞院内裏の至近でない上、内裏参上後の「次乗車、（中略）先参仙洞、（中略）至持明院殿」という記事から乗車が確認されるので、明らかに乗車忌避目的ではない。『園太暦』貞和四年七月二〇日条の西園寺公重右大将拝賀も「故入道（今出川兼季）右府菊亭為出立所、今朝自竹林院可出京之旨有其聞、而遅々」とあるように故今出川兼季の菊亭を同じく「出立所」としているが、仙洞持明院殿へは「行路室町南行、武者小路東行、今出河北行、毘沙門堂大路西行」と遠回りしており、しかも「御牛又用御所御牛、号子日名物也」とあってやはり牛車乗用が明らかであった。

乗車回避・歩儀による陣家拝賀が確立・盛行するには、右の拝賀手法が廷臣の困窮という不可避的条件と結びつき、なおかつ陣家という直廬由来の施設を利用するという発想が現れなければならないのである。

おわりに

以上の考察を踏まえ、南北朝・室町期的な典型的陣家拝賀の成立・定着に至る歴史的経緯について、若干の推測を交えつつ結論を述べたい。

鎌倉後期〜南北朝初期には後の陣家拝賀とほとんど共通する拝賀時の他亭借り請けが散見されるが、盛大な出立の儀を行う便宜（準備等や見物者の便宜であろう）に主眼があったと見られる点、またその調達が拝賀者と第宅提供者との間の個人的関係・意思に依拠していたと目される点が、公事参仕の利便性を眼目とし朝廷から公的に貸与される直廬とは異なっている。そして目的のみについていえば、直廬由来の「外直廬」とも異なっている事になろう。しかし事実として、明白に経済的困窮に基づく乗車困難を理由とする陣家出仕（拝賀を含む）が南北朝期以降に出現・急増する事を踏まえれば、時系列的には次のような経緯が想定されよう。

即ち直廬由来の「外直廬」、そして「外直廬」由来の「陣家」を出仕拠点とする慣行が鎌倉後期までに存在していたのとは別個に、出立の便宜・誇示を目的として他亭を借り請けて拝賀する慣行が同時期までに独立して成立した。しかし南北朝期以降の廷臣の困窮の加速度的進行により、盛大な出立の儀を伴う拝賀は非常に困難となった。にもかかわらず、拝賀は廷臣として避け得ない責務であった。そこで恐らく南北朝期中頃までのある段階で、「陣家」から出仕する事の利点が公家社会に認識されたのではなかろうか。着陣の前提儀礼であり、多くは同時に着陣の儀をも伴った拝賀は出仕始にほかならない性質を持つから、出仕拠点たる「陣家」をその出立所に用いる事は論理的にさほど不整合ではない。そして拝賀時に出立所として他亭を借り請ける慣行もまた既に存在していたから、その他亭を陣中に求める事により、陣家出立での拝賀が成立する条件は簡単に整うのである。そして出立の儀・路頭出行の行粧誇示という拝賀時の他亭借り請けの目的を逆転させ、出立の儀を簡略化し乗車出行を忌避するために、先にも述べたように陣中乗車禁止原則を逆手に取って歩儀参内を正当化し得る陣家拝賀が行われ始めたのではなかろうか。不可逆的な公家社会の困窮進行は、その定着を助ける最も強力な要因の一つとなったであろう。

　陣家の史料上の所見は、南北朝中〜後期に爆発的に急増しているといってよい。それは当該期特有の不可避的な事情に起因する事を推測させ、その背後に右の経済的事情が存した事は確実である。それは根源的には六〇年に及ぶ内乱が公家社会に直接及ぼした影響と考えざるを得ないが、諸々の記録から、陣家出仕定着の趨勢は内乱終結の頃、室町殿義満の時代に一つの劃期を迎えたものと思しい。それは室町殿の公家社会支配と深く関わる別の問題と思われるので、章を改めて論ずる事としたい。

（1）桃崎有一郎ⓐ「中世里内裏の空間構造と「陣」——「陣」の多義性と「陣中」の範囲——」（『日本歴史』六八六、二〇〇五。本書第四章に改訂・再録）。
（2）『続群書類従』公事部所収。
（3）『歴代残闕日記』所収。
（4）『大日本史料』（以下『大史』）七—一七、一三一頁所載。
（5）『大史』七—七、一二二頁所載。
（6）『大史』七—二七、二五六頁所載。
（7）『柳原家記録』八（『大史』七—一六、五八九頁所載）。
（8）『群書類従』公事部所収。
（9）第四章注13参照。
（10）以下に代表的事例を示す。**鷹司房平関白拝賀**＝『康富記』享徳四年（一四五五）正月一六日条に「自陣外四条前大納言隆夏卿亭有御参内、亜相亭土御門東洞院北西角、」。**二条持基関白拝賀**＝『満済准后日記』応永三二年（一四二五）正月一日条に「自陣下出仕云々」。**二条持通

右大臣拝賀＝『建内記』文安四年（一四四七）三月一五日条に「自菅宰相益長卿正親町以北万里小路以西亭出立也」（陣家と明記されないが、陣中の他人の宿所からの出立で陣家と見なされる）。**徳大寺実時内大臣拝賀**＝『後愚昧記』永徳二年（一三八二）四月一一日条に、安楽光院より出立、律院が「拝賀陣家」となるのは先規なく、中園辺には陣家なしとあり。**北畠持康権大納言拝賀**＝『康富記』文安五年九月四日条に「在宿所陣外」（土御門烏丸東北角）。**一条教房権大納言拝賀**＝『康富記』文安元年三月二七日条に「自陣外菅左大丞益長卿亭、正親町万里小路北西角宿所、正親町面有門二、有御出、為歩儀」。**綾小路政賢参議拝賀**＝『康富記』宝徳元年（一四四九）八月二三日条に「宿所在陣外、一条高倉正親町間西頬也、当時内裏之東裏也、」。**洞院実夏左大将拝賀**＝『後愚昧記』貞治二年（一三六三）元日条に「自陣家藤中納言宅、一条東洞院西頬、禁裏咫尺也、出立」。**二条持基右大将拝賀**＝『看聞日記』応永二六年三月八日条に「自陣下被参云々」。**洞院実煕右大将拝賀**＝『看聞日記』嘉吉三年（一四四三）四月二六日条に「自陣下出仕」「裏辻宰相中将家為陣下」。

(11)　『大史』七―八、六八三頁所載。

(12)　『大史』六―六、六一九頁以下所載。

(13)　『大史』六―二七　二二五頁以下所載。

(14)　『荒暦』応永一二年四月二六日条（『大史』七―七、一二二頁所載）。

(15)　『春記脱漏』天喜二年（一〇五四）五月二日条。桃崎有一郎ⓑ「中世里内裏陣中の構造と空間的性質について――公家社会の意識と「宮中」の治安――」（『史学』七三―二・三、二〇〇四。本書第五章に改訂・再録）をも参照。

(16)　桃崎有一郎ⓒ「中世公家における複数称号の併用について――南北朝・室町期の正親町家を例に――」（『年報三田中世史研究』九、二〇〇二）。

(17)　同条次第記部分の省略した部分に「兵部省移　右近衛府／正二位行権大納言藤原朝臣実煕／右人嘉吉二年三月廿五日兼任大将畢、仍移送如件、移到任用、故移」という同日付の移の写が載せられている。京都大学文学部博物館所蔵の平松家文書にはこの時の兵部省移の写が残る（京都大学文学部博物館図録第五冊『公家と儀式』、思文閣出版、一九九一、二九頁図版三二）。平松家がこの拝賀に参加しておらず、また特にかかる文書が同家にのみ伝来する必然性がない事より、この時の右大将拝賀は一つの模範として（実煕自身による詳細な拝賀記が作成された事はそれと無関係ではなかろう）関係文書の写が流布していた可能性がある。

(18)　この吉書（年料米解文）と実煕（右大将家）の返抄の写も次第記に所載。

(19)『大史』六―三二、一九五頁所載。

(20)『園太暦』延文四年(一三五九)正月五日条・一六日条。

(21)『荒暦』応永一九年一二月九日条（『大史』七―一七、一三一頁所載）。

(22)第四章注13参照。

(23)『荒暦』同日条（『大史』七―一一、三三二頁所載）。

(24)以上、『荒暦』応永一二年四月二六日条（『大史』七―七、一二二頁所載）、同一三年正月六日条（同七五八頁）、同一四年元日条（同七―八、六八三頁）。

(25)宮内庁書陵部編『図書寮叢刊　九条家歴世記録』一（明治書院、一九八九）所収。

(26)所在地は『後愚昧記』貞治二年正月一日条に「藤中納言(日野時光)宅、一条東洞院西頰、禁裏咫尺也」とある。この地はその後日野東洞院資教・資親へと伝領され、かつ後小松院仙洞とされた（『看聞日記』応永二三年七月一日条に「仙洞東洞院日野一位禅門私宅也、御脱屣以後被成皇居了、」とある）。その後、後小松院の死後に伏見宮貞成親王の管領に属するに及び（殿舎が一町東隣の正親町北・東洞院東の伏見殿京御所に移築され）資親の手を離れている（『看聞日記』永享七年(一四三五)八月六日条に「旧院(後小松)御所被壊渡て一条東洞院内裏近所ニ可被立云々」、九日条に「一条東洞院在家等一昨日被触、家共壊渡云々、資親(日野)一品入道息在此地罷立」とある）。同地を貞成が諸人の宅地として頒ち与えた事に関して『看聞日記』永享八年四月二八日条に「仙洞御地支配、定直以指図頒之、先奉公男共頒給、（中略）此外御所奉公被官人也、東洞院面自辻子以東ニ面々頒給」、二九日条に「自辻子以西烏丸面・一条・正親町等外様人置之」とあるので、所在地は一条南・烏丸東・東洞院西・正親町北と判明する。

(27)宮内庁書陵部編『図書寮叢刊　九条家歴世記録』二（明治書院、一九九〇）所収。

(28)日野亭の位置推定の根拠は前掲注26参照。

(29)『門葉記』巻第五十一（長日如意輪法三）応安元年(一三六八)五月三日条に、正親町実綱亭について「新中納言実綱卿亭正親町東洞院」とあり、同一四日条所載の指図（第八章の図５）によって正親町南・東洞院西に所在した事が確認できる。

(30)『康富記』文安五年九月四日条。

(31)『康富記』文安元年三月二七日条。

(32)『康富記』享徳四年(一四五五)正月一六日条。

(33)『康富記』宝徳二年八月一七日条（禁闕の変の影響で伏見宮貞成親王が三条実量の土御門高倉西南の宿所に移住）。

(34)応安七年一〇月一一日後円融天皇綸旨（『柳原家記録』七七『勅裁口宣　仲光卿記』、『大史』六―四一、一八五頁所載）によれば、同日高倉永季が「正親町高倉敷地懐国管領跡 東西九丈五尺・南北十丈」を賜っている。また『兼宣公記』応永元年一一月二八日条に「陣中」の「正親町高倉永行朝臣宿所」が炎上した記事が見える。

(35)『建内記』文安元年四月一八日条によると、嘉吉三年九月の禁闕の変以降仮皇居とされた伏見殿御所（一条東洞院南東）の東面に「重賢《庭田》朝臣宿□《所カ》民屋等」があった。

(36)『康富記』宝徳元年八月二三日条、同文安五年九月四日条。

(37)『応仁記』三（『群書類従』合戦部所収）「洛中大焼之事」に、応仁の乱中に「菅家ノ人々」の邸宅が焼失したと見える。

(38)『大史』七―七、一二〇〜一二二頁所載。

(39)『大史』七―二、三三一〜三三二頁所載。

(40)『大史』七―一、九三三〜九三四頁所載。

(41)『平安時代史事典』（角川書店、一九九四）「直廬」の項（高橋秀樹氏執筆）。

(42)『群書類従』（釈家部所収）本の南北朝末〜室町初期の仮名日記『雲井の御法』（二条良基著）には、文亀二年《一五〇二》九月一日に自ら書写した経緯を東坊城和長が記した奥書があり、父祖秀長の日記を引いて「迎陽記にいはく、康暦二年《一三八〇》正月廿九日かのとのとり、（中略）今日より後光厳院七廻の御ついせん《追善》の御ために、きんちう《禁中》にをきて法花せんほう《懺法》をこなハるるなり、右幕下《足利義満》御参向、准后《二条良基》御共行あるへき由申さるる、よて御りやうしやう《領状》、先神木六てう《条》殿に御さん《参》、その後御さんたい《参内》、ちよくろ《直廬》にをきて御しやうそく《装束》あらためらる」とある。また室町殿義澄参内時の進退に関する『実隆公記』文亀二年六月一一日条所引三条西実隆消息に「なかはし《長橋》の御つほね《局》御ちよくろ《直廬》の時ハからもん《唐門》よりいらせおハしまして」云々と、同記紙背文書（文亀二年七月七日・同四日至六日裏）に「つねことくなかはし《長橋》を御ちよくろ《直廬》ニせられ候へきにて」云々と見える（実際の参内時の記事〔永正元年《一五〇四》閏三月四日条〕に「先入御御直廬勾当局」とある）。

(43)『師守記』貞和三年《一三四七》三月二七日条。

(44)引用文中の「日野中納言」が広橋兼郷である事は、『後鑑』所引『薩戒記』同年二月一日条に「日野中納言兼郷」とある事より確認される。

(45)『大史』六—三二、一九四頁以下所載。

(46)『福照院関白記』応永九年一一月一九日条（『大史』七—五、七三六頁以下所載）、『兼宣公記』同日条、『薩戒記』応永三二年八月一日条等。なお土御門内裏については川上貢「南北朝期の内裏土御門殿とその小御所」（『〔新訂〕日本中世住宅の研究』、中央公論美術出版、二〇〇二、初出一九五六）、藤岡通夫『京都御所〔新訂〕』（中央公論美術出版、一九八七）、藤田勝也「南北朝時代の土御門東洞院内裏について」（『日本建築学会計画系論文集』五四〇、二〇〇一）等をも参照。

(47)『園太暦』貞和三年三月二七日条。

(48)前掲注25に同じ。

(49)前掲注1桃崎論攷ⓐ（本書第四章）、中町美香子「平安時代中後期の里内裏空間」（『史林』八八—四、二〇〇五）。

(50)『玉葉』『百錬抄』『清獬眼抄』の各同日条。

(51)詫間直樹編『皇居行幸年表』（続群書類従完成会、一九九七）二三〇頁。また川上貢「鎌倉時代後半期における内裏と院御所の研究」（前掲注46著書）一五頁をも参照。

(52)但しどの方角から二条万里小路の交差点に接していたかは確証を得ない。

(53)前掲注51詫間氏編著書二一八頁。

(54)なお春房の右大弁・蔵人頭任官は同日（飯倉晴武編『弁官補任』〔続群書類従完成会、一九八二〕応仁三年（一四六九）条右大弁の項）。

(55)拝賀の経済的負担とその具体相については、桃崎有一郎ⓓ「中世後期における朝廷・公家社会秩序維持のコストについて——拝賀儀礼の分析と朝儀の経済構造——」（『史学』七六—一、二〇〇七）を参照。

(56)国立歴史民俗博物館所蔵「廣橋家旧蔵記録文書典籍類」『義政公院司拝賀雑事文書』（資料番号H—六三—五七八）所収二条持通書状。本文は以下の通り。

室町殿（義政）院司御拝賀事、来月相当御忌月候、然者今月中早々被勘日時、申沙汰可然候、内々御歩儀、何子細候哉、可得其意候也、謹言、

（寛正五年）七月十三日　（二条持通）（花押）
　　広橋中納言殿（綱光）

(57)「舟橋文書」（佐藤進一・百瀬今朝雄・笠松宏至編『中世法制史料集』〔第六巻、岩波書店、二〇〇五〕四〇二頁以下所載）。

(58)『大史』七―二、三三五頁所載。

(59)この例は、管見の限り「陣家」が「陣中」の外に設定された事が確実な唯一の事例である。『康富記』嘉吉二年五月二五日条に「和気保成朝臣宿所土御門烏丸南西角」とある宿所が邦成宿所と同一である可能性が高く（『尊卑分脈』によれば保成は邦成の孫）、土御門烏丸の陣口に接しているが南西角なので陣外であるから、この宿所の門から陣口まで、僅かな距離だけ乗車可能であった。

(60)「僮僕」の語義については、『弘安礼節』「僮僕員数事」に太上天皇以下が出向時に供奉させるべき随身（将曹・府生・番長・近衛）・車副の人数が列挙されていて、「僮僕」が具体的に彼らを指している事が知られる。桃崎有一郎ⓔ「中世公家社会における路頭礼秩序について」（『史学雑誌』一一四―七、二〇〇五。本書第一章に改訂・再録）注51（本書第一章では注38）をも参照。

(61)『群書類従』公事部所収。

(62)『宣胤卿記』永正一四年正月九日条に「一、刷《カイツクロフ》二衣裳一」とある。

(63)『大史』六―二二、二四三～二五〇頁所載。

(64)『兼宣公記』（義持公大臣拝賀并実仁親王御元服記）同日条。

(65)前掲注25に同じ。

(66)『群書解題』六（一九六〇、続群書類従完成会）『参議要抄』の項（岩橋小弥太氏執筆、五五頁）参照。

(67)洞院家の各第宅については高群逸枝「洞院公賢」（『平安鎌倉室町家族の研究』、国書刊行会、一九八五）をも参照。

(68)前掲注51詫間氏編著書二一〇頁。また前掲注46川上氏論攷一四頁以下・六三頁以下をも参照。

第七章　陣家出仕の盛行と南北朝・室町期朝儀体系の略儀化

――公家社会の経済的窮乏と室町殿義満の朝廷支配――

はじめに

前章では、陣中の概念と密接な関係にある廷臣の朝儀出仕拠点＝〝陣家〟の機能・起源・沿革について考察した。そして南北朝期の急速な普及の要因を、内乱がもたらす公家社会の加速度的な困窮に求めた。ところが内乱終熄後の室町期に至っても陣家出立は減少せず、むしろ本来の出仕形態（里第〔自亭〕出立）を駆逐して朝儀出仕の基本形態となってゆく。当該期の記録を瞥見すると、この頃二つの大きな要因が陣家出仕の定着を決定的にしたらしい事がうかがわれる。第一は公家社会の経済的困窮が進行し続けた点、第二はすぐれて政治的な要因――即ち室町殿義満の登場と彼の本格的廷臣活動の開始という、公家社会にとって未経験の事態の到来である。これらはいずれも、摂家一条家・二条家の朝儀出仕に関する史料から、当該期の両家において陣家出仕が不可欠・不可避となってゆく様相を追跡する作業によって確認される。

室町殿権力の確立過程と不可分の関係にある第二の要因に関して、筆者は本書第八・九章で陣中・裏築地という二つの概念・装置に着目し、当該期公家社会身分秩序における室町殿の超越的位置づけとその序列・身分的距離感の観察を試みた。そして義政期前半頃までにそれが、

王（天皇・上皇）→室町殿――→人臣一般

という構図（上下関係・相互距離感）で理解されるに至っていた事を明らかにしている。この構図は、明確に可視化される事がなかったとしても、実態としては恐らく義満期に既に一定度形成されていたと見られる。そのような仮説に立って観察すると、陣家を廷臣が使用する場面に義満が積極的に関与し、これを自らを（天皇・上皇を除く）最上位に位置づける公家社会の身分秩序再編成に利用していた様子が顕著に見出される。

そこで本章では、まず公家社会自体の基調ともいうべき朝儀略儀化の趨勢とその主要因たる経済的困窮との具体的関わりを跡づけ、これを踏まえて路頭礼的要素を内包する洛中空間秩序の室町殿義満による積極的利用・介入の様相を検討する。そして義満が支配・君臨確立のために行う公家社会身分秩序の改変・再編成（それは身分秩序最上部の改変であるから、身分秩序全体に影響を与える改変・再編成にほかならない）の手法の一端を明らかにし、前述の構図がどの程度まで実現されつつあったかを確認する事としたい。

一　摂家における朝儀出仕の略式化

応仁の乱後の長享二年（一四八八）頃、拝賀の陣家出立は既に「近来之風」として正当化されるほどに盛行していた[1]。遠距離の参内行程やそれに伴う牛車・僮僕（随身・車副等）の省略を目的とする陣家の多用（前章参照）は、明らかに儀式の略儀化である。勿論、八省や陣定が全く機能を失い、また上卿の存在が形骸化し朝廷の日常的政務文書が簡素な書札様文書（院宣・綸旨・伝奏奉書等）に収斂していったように[2]、朝廷のあり方自体が、平安期から継続的かつ長期的に略儀化するベクトルを持っていた。しかし略儀が当然とされてゆく「近来之風」は室町最初期において明確に加速度を増し、陣家出仕の定着をもたらしている。

そこで本節では摂家一条家・二条家に注目し、両家において陣家出仕が不可欠・不可避となってゆく様相を跡づけ、当該期における朝儀出仕略儀化の具体的な現れ方とその要因、そして公家社会のこれに対する認識を確認する事から始めたい。特にこの両家に注目するのは、公家社会の最上位に位置するため公家社会全体における一つの指標となり得、また比較的史料に恵まれ、しかも義満の介入が最も積極的に行われたと目されるからである。

既に南北朝初期の康永三年（一三四四）、洞院公賢の年始政吉書奏参仕は「殿上人少々雖相誘、面々故障之間不相伴、近来法也」という状況であった[3]。「殿上人が皆不都合と称して参仕したがらないのも近来の法なので仕方ない」という諦めは、陣家出仕もまた強い諦念・不満を伴いながら略儀と自覚されていた事と共通する、南北朝・室町期公家社会に通底する一つの達観であった。応永三年（一三九六）、元日節会参仕のため「陣外（家）」[4]とした東坊城秀長亭に参内前に向かう様子を関白一条経嗣が「内々向菅宰相亭陣外」と記した事は[5]、陣家使用が略儀であったという自覚をうかがわせる。同じ経嗣が同月五日の叙位のため内裏の直廬へ向かおうとした際、直廬とすべき禁中小御所が「以外荒涼」なので煩いを避けて「如先々」く「陣外」秀長亭に移ったのも[6]、本来使われるべき直廬が使われずに済まされたのであるから略儀にほかならない。

陣家使用に対する彼の否定的な意識は、その二年前の日記に既に表れている。

〔史料1〕『荒暦』応永元年六月二七日条[7]

廿七日、乙未、中山前中納言（親雅）来云、改元兼日事、未著陣大臣奉行、延文・康安両度之外無其例歟、而彼両度延文年中等持院贈左府有事、又改康安為貞治、々々年中宝篋院事等也、共以不快之間、聊懸意也、所詮来月五日改元定以前、忩可被遂御著陣之儀歟、就其無余日之上、近日儀以略儀可有其沙汰、里第出立可為事煩、自陣外菅宰相并言長朝臣以下両人宿所之間可然云々、出仕不可有子細歟、且二条家門以下所為、近代傍例等連綿之上者無巨難歟、定以前急速可遂其節之条、可為肝要之由、自室町殿（足利義満）可申旨云々、予答云、（中略）只可随御計、但於于今者無余日、陣外略儀猶以忽難事行、如此拝賀著陣、自陣外出立、於当家雖未聞其例、就権儀不可顧私放埒之条不能左右、此上事一向可計承也、何様御意之至、且恐悦之趣、可得其意之由示之、（後略）

足利義満は側近中山親雅を遣わし、未着陣の大臣による改元定奉行は二度の先例に照らして「不快」である（改元前後に尊氏・義詮が死去）として、一条経嗣に拝賀・着陣を迫った。ここで親雅が伝えた義満の指示が注目される。曰く、「時間的余裕もないし、最近は略儀で行うものだ。ついては里第《自亭》からの出立は煩わしいであろうから、東坊城秀長や同言長の宿所を『陣外《家》』として出仕すれば問題なかろう。二条家をはじめそのような近代の類例も連綿としてある事だし、とにかく改元定以前に急ぎ着陣を遂げるのが大事である」という。経嗣は要請に従わざるを得なかったが（『兼宣公記』応永元年七月一日条に「抑左大臣殿一条転任一ノ上給後、今夕令遂着陣給、（中略）自菅宰相《東坊城秀長》宿所、以歩儀令参内給云々」とある）、次のように不満を漏らしている。曰く、「仰せの通りにしますが、今からでは時間的余裕もなく『陣外略儀《家》』さえ困難です。しかも拝賀・着陣に『陣外』から出立する事は当家では未だ先例がないのですが、今回は便宜に従って当家の都合は度外視します。軽率なやり方ですがどうしようもありません。全て御指示に従います」と。陣家出仕の拝賀着陣は経嗣にとって不満な明白な「略儀」「権儀」であり、一条家の先例と抵触するものであった。

『兼宣公記』応永三三年七月二四日条に広橋宣光の任大臣節会参仕について「八座昇進以後相従公事初度也、尤雖可駕毛車、夜陰事也、陣中也、旁以略儀用葉車不及車副也」とあるように、一般に陣中からの出仕は略儀であり、晴の出行には本来相応しくないものと認識された。前章でも述べたように、陣中からの出仕は僮僕の行粧を伴わない。そして『実隆公記』（別記『御懺法講雑記』）永正三年《一五〇六》九月二三日条に懺法講について「其濫觴極而密儀也、依之先規強而不及僮僕之行粧歟」とあるように、僮僕の行粧を伴わない出行は密儀にほかならず、晴の出行の対極にあった。経嗣が不満を示し、また義満の意を承けた親雅が略儀に流れる近日の風潮とともに二条家以下の例まで持ち出して説得に努めた理由はそこにある。後年、九条経教の息大乗院（安位寺）経覚が同族一条教房の左大将拝賀が陣家出立で行われた事について、「陣下《家》拝賀可謂無念者哉」と端的に述べたように（『経覚私要抄』

宝徳二年《（一四五〇）》三月二八日条）、陣家からの拝賀は、拝賀者・関係者にとっては「無念」と悔やまれるものであった。

次の史料によれば二条家でも同じ頃、確かに拝賀の陣家出仕を余儀なくされていた。

〔史料2〕『迎陽記』応永五年一一月二五日条(8)

廿五日、丁酉、参執柄《（二条師嗣）》、御拝賀事昨日被申合室町殿《（足利義満）》、元三可然、明春興福寺供養大儀之間、於御拝賀者被省略、自陣外御沙汰可然之由被計申云々、

史料1から四年後の応永五年、二条師嗣は翌春の興福寺供養が「大儀」である事を理由に、関白還補の拝賀を「省略」し「陣外《（家）》」から行うように、と義満から指示された。これは「拝賀自体は行うが略儀化せよ」という指示と見られ、傍点部に明瞭なように、陣家出仕の拝賀は「省略」にほかならなかった。

先述の経嗣・親雅の問答（史料1）では、経嗣が一旦は「当家では前例なし」と反発し略儀への抵抗を示しながら、遂にこれを受諾して陣家出仕の拝賀の先例を作ってしまった事が注目される。この時期は摂家一条家が拝賀略式化の趨勢に飲み込まれてゆく転換点にあたっていたのであり、また同時期に二条家でもその趨勢を受け入れてしまっているのである。そして史料1傍点部に見えるように、里第出立（自亭からの出仕）は、改元定という重事の前には「事煩」でしかないという認識が明瞭であった。

親雅との問答の翌二年正月、踏歌節会内弁勤仕のため着陣を済ませる必要に迫られた経嗣が、「於事不具」であったためやむなく「陣外」東坊城秀長亭から出立した事について、「不可為後例矣」と子孫に釘を刺すのを忘れなかったように(9)、応永初年頃の経嗣は陣家出仕の略儀に抵抗する姿勢を見せていたが、その意思とは裏腹に摂家における朝儀出仕時の陣家使用は頻度を増してゆく。応永一四年、経嗣は元日小朝拝に「陣家」宰相入道高倉永行宿所から出仕したが（後掲史料7）、これに関して「此亭《（経嗣亭）》元正礼一向不及沙汰、近年式也」と日記に記し、陣家出仕の慣例化を認めざるを得なかった。

この傾向は一条家にとどまらず、他家にも及んでいる。応永三二年元旦の二条持基関白拝賀について、三宝院満済は「当関白二条今夜拝賀、自陣下出仕云々、今日内弁勤仕云々、関白拝賀自陣下出仕、当家今度初例歟、自普光園（院脱カ）以来陣下出仕例未聞其例、不便々々」と記した。(10)「陣下（家）からの関白拝賀は家祖良実以来先例がなく、可哀想である」という満済の認識は、先述のごとく既に応永五年段階で二条師嗣の関白拝賀が、翌春の「興福寺供養」を理由として「陣外より行うように」と義満の指示を受けていた事と齟齬するかに見える。しかし実際には師嗣の第二期関白在任中、関白拝賀は遂に行われなかったらしい。というのも、その興福寺金堂供養に際して師嗣と息満基が馬副を伴わなかった事が義満の「違時宜」い、恐れた師嗣が急遽出家してしまったからである。(12)

この時師嗣の跡を襲って図らずも関白に再任した一条経嗣の拝賀は、前例のない極端な略儀であったと伝えられている。

〔史料3〕『相国寺供養記』(13)

十五日（応永六年九月）、（中略）寅の時に関白殿ハ松明をとらせてまいらせ給ふ、まつ再任の拝賀を申さるへきためなり、関白の拝賀に、扈従の公卿・殿上の前駈なとなきことハ、先例もなく侍れとも、今度ハひたすらた丶早参を本とし給へるゆへにや、さやうのさたまてもおよはぬとそ奉る、

経嗣は扈従公卿も殿上前駈も伴わないという前例のない略儀で急ぎ拝賀を遂げたが（波線部）、それは早期の拝賀完遂を最優先したため（傍線部）であるという。そこまで拝賀が急がれた理由は、同時期の記録に師嗣の関白拝賀を伝える史料が見られない事をも考え併せれば、師嗣が拝賀を先送りしているうちに義満の機嫌を損ねて出家に追い込まれたのを目の当たりにした経嗣が、その二の舞を避けようとしたためと推定されよう。師嗣出家という不慮の事故によって結果的に関白拝賀陣家出立の初例成立を免れた二条家であったが、右に満済が述べているごとく、応永三二年には持基が遂に「当家今度初例」となってしまっている。関白という最高職の拝賀さえ陣家

から行われた事は略儀の極みといえるものであって、しかも持基は同家の初例となってしまったのであるから、満済が同情するのは十分に理由のある事であった（しかも満済は二条家庶流今小路家の出身）。

なお持基については『看聞日記』応永二六年三月八日条に「公卿一人も不扈従、自陣下被参云々、行粧微々」と見え、既に前述の関白拝賀の六年前に左大将拝賀で陣家出立を余儀なくされていた事が知られる。特に公卿が一人も扈従せず「行粧微々」といわれた事は、二条家が摂家の大将拝賀に相応しい大規模・華麗な出立の儀・路頭の儀を催行する力を保っておらず、六年後の関白拝賀の陣家出立が必然的帰結であった事をうかがわせよう。

かかる執柄陣家出仕の増加傾向は応永年中に急速に強まったと思われる。

〔史料４〕『満済准后日記』正長二年（一四二九）正月一日条

（前略）元日節会毎事無為、内弁久我右大将云々、摂政殿（二条持基）自家門直参云々、先々毎度自陣下被出仕キ、当年摂政之初之間如此被沙汰云々、（後略）

右史料によれば正長二年段階で既に、元日節会に摂政二条持基が家門（自亭）から出仕したのは特筆すべき事と認識されており、二条家においては毎度の陣家出仕が既成の慣例となっていた。そして自亭から行粧を整えて出仕するのは、任摂政後最初の元日といった特別な機会に限られていたのである。なお『二水記』大永元年（一五二一）正月二四日条に河鰭宰相中将実治の拝賀について「雑色四本、随身二人、如木布衣侍等如常、為極官之間行粧也」と見えるように、公家社会の困窮が一層進行していた戦国期には、もはや極官到達等の特別な機会しか行粧（供奉人を伴う、見せるための路頭行列）を伴う拝賀が行われなくなっている。

〔史料５〕『満済准后日記』正長二年正月五日条

（前略）自摂政殿（二条持基）賀札到来、祝言文章珍重、元日出仕自家門任旧儀出仕之由被申、尤珍重々々、予内々旧冬此儀献意見了、自室町殿（足利義教）御質物等被借遣之儀内々申沙汰了、但此質物以前摂政殿被借申了、旧冬可被返進之分

ヲ重被申請了、

また右によれば、摂政二条持基は三日後に「旧儀に任せて」元日節会に里第出仕する事を、わざわざ満済に伝えてともに喜び合っている。しかしこの特例的な「自家門《(自亭)》」の出仕は、実は満済の奔走を得て初めて可能であった事が後段から知られる。この時満済は持基に里第出仕を提案するとともに、室町殿義教に働きかけて「質物」貸与の許可を引き出し、持基はこの質物を換金してようやく里第出仕の威儀を整える資金を得たのであった。しかも持基はこれ以前の別の機会に質物を室町殿から借りており、前年末にはそれを返済すべきであったのに重ねて貸与を申し請けたとあるから、二条家は既に経済的窮乏によって自力で里第出仕を遂げる体力を失っていた事が明らかである。

なお一年前の応永三五年正月八日に持基は任左大臣後直衣始を行ったが、『建内記』同日条に「関白《二条殿》左大臣持基直衣始也、自陣外菅《(家)》侍従益長宿所参院云々」とあるように、これも陣家出仕であった。三年後の持基の摂政拝賀は『師郷記』永享四年《(一四三二)》一〇月二八日条に「今夜摂政殿御拝賀、自里第御参」とあって里第出仕が確認されるが、その一〇年後の持基息持通の左大将拝賀について『師郷記』嘉吉二年《(一四四二)》三月二六日条に「今日県召除目初夜也、執筆左大将殿令奏大将慶給自益長朝臣宿所御出立、」とある記事では、「陣家」の語は見えないものの割注により陣家出仕である事が明らかであり、二条家における陣家出仕の定着がうかがわれる。

しかも同じ拝賀について『公卿補任』同年二条持通の項に「左大将、三月廿六日奏大将慶、拝任之後五ヶ年、頗未曾有事歟」と見えるように、同家の経済的窮乏が拝賀自体の実現を任官後五年も遅らせていた。『建内記』文安四年《(一四四七)》三月一五日条に「今夜右大臣持拝賀也、任槐兼左大将之後于今遅引、除目執筆勤仕之間、被相企也、自菅宰相益長卿正親町以北万里小路以西亭出立也」、『師郷記』同日条に「県召除目始也、執筆右大臣殿今日御拝賀御着陣也、自新菅宰相益長卿宿所御出立、」とあるように、持通は右大臣拝賀も遅滞させた上に陣家出仕で遂げていた。また通常出仕においても享徳三年(一四五四)元日節会出仕に関して『康富記』同日条に「殿下有御参、自陣外菅中納言(益長)亭御出」とあるように、持通の代には全く陣家出仕が常態化している。

さらにその後の歴代について見ても、持通息政嗣の関白拝賀について『長興宿禰記』文明七年(一四七五)正月二五日条に「入夜関白政嗣公有御拝賀、御当職之後経六ヶ年、室町殿南馬場吉田神主三位兼倶卿宿所、殿下為御宿、彼第有諸神社、自鳥居内御出、路次歩儀、御参内」と、また同じ政嗣の除目入眼出仕に関して『実隆公記』同八年正月七日条に「執柄陣家兼倶卿宅」と見えるほか、政嗣孫（尚基男）尹房の関白拝賀についても『二水記』永正一六年一〇月一二日条に「参二条殿、依御奏慶事、近日令移陣下給、新大典侍里也、」（任関白は前年三月二九日）とあって、二条家では陣家出立とともに拝賀遅滞までが完全に定例化している事が確認される。

一方、一条家について見ると、『康富記』応永二七年正月五日条には除目執筆兼良の出仕について「先今夜執筆一条殿有御拝賀、自陣外(家)菅宰相長遠卿亭御参」とあるように、陣家拝賀が応永末年頃には定着しつつあった。文安四年の兼良関白拝賀に関して同記同年一二月一五日条にわざわざ「御行粧自本所有御出」と記されているのも、一条家でもこの頃「本所」（自亭＝里第）からの拝賀出仕が当然ではなくなっていた事を示している。

その後、兼良の息教房の拝賀歴を追跡すると、『経覚私要抄』宝徳二年三月二八日条（左大将拝賀）に「□(殿)下息左大将教房卿去廿六日大将拝賀、自陣下(家)四条大納言隆夏卿亭云々、陣下拝賀可謂無念者哉」、『師郷記』同月二六日条に「今夜左大将殿御拝賀也、自四条大納言亭土御門東洞院御出立」云々とあり、同記享徳四年三月二五日条（内大臣拝賀）に「今夜内府御拝賀也、自菅中納言(東坊城益長)亭御出立」、『尋尊大僧正記』同月二四日条に「一条殿御方内大臣御拝賀、菅坊城宿所ヨリ御出」とあり、また同記長禄三年(一四五九)正月一日条（関白拝賀）に「関白殿御拝賀今日也、陣外(家)御拝云々、巨細重而可記之」とある。即ち教房は左大将・内大臣・関白と、極官近くの拝賀を管見の限り全て陣家出仕で行っているのである。

さらに教房猶子（兼良次男）冬良については、『後法興院記』文明一二年三月二〇日条（左大将拝賀）に「今日（一条）左大将可奏慶由風聞之処、歩儀深泥依難事行、俄延引、来廿二日云々」と、『長興宿禰記』同月二二日条に「今日一条左大将殿権大納言冬良卿、近日転左給、御拝賀也、亜相并幕下御奏慶也、秉燭時分渡御日野侍従政資朝臣亭、着御朝衣、自彼亭御参内、路次歩行」と、『実隆公記』延徳二年（一四九〇）元日条（関白拝賀）に「関白今夜奏慶云々、（中略）自此亭（三条西実隆亭）出立」とあって左大将・関白拝賀における歩儀（＝陣家）出仕が確認される。また教房次男房家についても『二水記』永正一四年一〇月五日条に「土佐殿可被奏亜相之慶之由、（中略）子刻許令参内給、出門中御門亭云々」とあり、大納言拝賀を中御門宣秀亭から行った事が知られる。以上より、教房以降の一条家における陣家出立拝賀（＝歩行参内）の定着は明らかであろう。

右に挙げた諸事例から、摂家――特に一条・二条両家では応永初年頃から出仕・拝賀を陣家から行う方式が始められ、正長頃には定着し以後慣例化したものと結論される。一条兼良の息大乗院尋尊は『尋尊大僧正記』享徳四年正月一六日条において、鷹司房平の関白拝賀について「但陣外（家）御拝云々、以外珍事也云々」と否定的評価を記した。しかし長禄三年正月一日条では一条教房の関白拝賀について「関白殿御拝賀今日也、陣外（家）御拝云々、巨細重而可記之」と簡単に記すにとどまり、特に陣家出仕を歎く文言は見られない。この事は、両記事の間（四年間）に執柄の陣家拝賀の恒例化・常態化がますます進行していた事を示唆していよう。

もっとも、かかる趨勢は公家社会全体を必ずしも均一に覆ったのではなく、個別の家ごとに無視できない偏差が存在した。その顕著な事例の一つは、南北朝初期に早くも経済的困窮によって陣家拝賀を余儀なくされていた洞院家である。公賢の息実夏について見ると、貞和三年（一三四七）の任大臣節会参仕に関して『園太暦』同年九月一六日条に「儲陣家」とあり、また文和元年（一三五二）の釈奠上卿参仕に関して同年二月一三日条に「如僮僕不合期之間、向在淳卿宿所著装束」と、後光厳院践祚儀参仕に関して八月一八日条に「自陣家参仕御寝殿」と、さらには改元定参仕に関して九月二七日条に「近来毎事不合期、仍於陣家出立営参也」、同条所引公賢書状に「実夏卿為参仕已罷移陣家候」とあって、既に通常出仕時の陣家出仕が全く常態化していた。その上実夏は貞治二年(一三六三)の左大将拝賀では「拝賀料已全分不足」という経済的困窮状態に陥っており、持明院西大路の第宅を一五〇貫文で売却して「自陣家藤中納言(日野時光)宅、一条東洞院西頬、禁裏咫尺也、出立」し、ようやくこの拝賀を遂げたという(『後愚昧記』同年正月一日条。後日全額返済と引き替えに第宅は確保)。

実夏の息公定も同様で、同記永和四年(一三七八)正月七日条によれば公定は権大納言拝賀で「陣家医師家」より出立し、しかも拝賀自体が任官の二年後という、当時としては遅滞が目立つものであった。その拝賀では「車方ノ僮僕」等が省略されたと見えているから、拝賀遅滞・陣家出立ともやはり経済的事情に起因する事が明らかである。公定は二年後の康暦二年(一三八〇)正月二〇日の義満の任右大将後直衣始の際、扈従の公卿としてただ一人「御訪」五〇貫文を助成されており(14)、また嘉吉三年(一四四三)に公定の孫実凞が回顧したところによれば、洞院家は公賢以来、拝賀時には代々の将軍家より「御助成」数十貫文～二〇〇貫文を受け取っていたという(『康富記』嘉吉三年四月一二日条)。早く窮乏に見舞われた家ほど、陣家出仕の定着もまた早かった事が推知されよう。

このような早期に略儀化する家が認められる一方で、摂家鷹司家では前述の一条・二条両家とは対蹠的に、関白拝賀の陣家出仕が応仁の乱直前期まで確認されない。即ち『師郷記』享徳四年(一四五五)正月一六日条に「自四条前大納言隆夏卿大(炊脱)御門東洞院第御出立」と、『康富記』同日条に「殿下自陣外四条前大納言隆夏卿亭有御参内、亜相亭土御門東洞院北西角、」と、『尋尊大僧正記』同日条に「関白御拝賀、但陣外御拝云々、以外珍事也云々」とあるように、鷹司房平は四条隆夏亭を陣家として関白拝賀を遂げた。そして『大乗院日記目録』同日条に「関白殿御拝賀、陣下初例也」と見えるように、同家では前年七月一日に関白となった(『師郷記』同日条)房平のこの拝賀まで、陣家出仕を行わずに済んでいた事が知られるのである。

二条家における執柄拝賀の陣家出仕の初例が応永三二年である事と比べると、鷹司家のそれは三〇年ほども隔たっており、一見すると拝賀出仕に関して一条・二条家と全く異なる趨勢の中に鷹司家があったように見える。しかしこの違いは、実際には南北朝・室町期における鷹司家の摂家としての特殊性に起因している。即ち、鷹司家では応安二年（一三六九）に足掛け三年で関白を辞した冬通以来、享徳三年の房平任関白まで実に八五年もの間（後光厳朝～後花園朝、将軍の代でいうと義満～義政期にあたる）、摂関任官者を出していなかったのである。房平任関白の前年、二条持通関白宣下の翌日に房平が遁世を図った事が『師郷記』享徳二年四月二九日条に見えているから、房平の任関白自体、摂家からの脱落（房平の父で冬通息の冬家は遂に摂関に就けなかった）に危機感を募らせて自棄になった彼を慰留する目的の人事（摂家を摂家たらしめるためだけに行われた人事）であった可能性が高い。鷹司家はこの間、執柄拝賀を行う機会自体を持たなかったに過ぎないのである。

ちなみに応永二年（一三九五）の鷹司冬家の権大納言還任拝賀では、『荒暦』同年九月二六日条に[15]「殿上人季兼連車」と見えているので路頭の儀が乗車で行われた事は確実であり、したがって陣家出立（必ず歩儀）でなかった事が確実である。しかし鷹司政平の左大臣拝賀について『長興宿禰記』文明一一年（一四七九）三月二四日条に「今日鷹司左大臣殿政平公内覧御拝賀也、御転任之後、自広橋中納言（兼顕）亭御出、路次歩行御参内」と、同じく彼の関白太政大臣拝賀について『親長卿記』文明一七年三月二三日条に「今日関白太政大臣政平公拝賀也、有官・蔵人方吉書、里亭自右中弁政資朝臣許出仕、被借請云々」とあって、房平以後の鷹司家における拝賀での陣家出立の定着が明らかである。鷹司家においてもまた他の摂家と同様、応永初年以後、遅くとも享徳四年頃までに（執柄以外の官位による拝賀で）陣家出立が定着していたと見なされよう。

残る両家のうち、九条家では経教息教嗣の右大臣拝賀について『荒暦』応永三年九月二七日条に[16]「其後暫而右大将（九条教嗣）拝賀、前駈三人、番長在車前如恒、車副如木下﨟随身五人騎非尻乗、如木牛飼同乗馬在後陣、自九条長途之故歟」とあり、車副の存在や九条からの長距離移動が歩儀とは考えにくい事等の徴証（傍点部）から、それが乗車出行であり、したがって応永初年までは里第出立であったと知られる。その後も享徳三年の経教孫（満家息）政忠の権大納言拝賀では『康富記』同年正月一六日条に「自本所有御出」とあるので、本所（里第九条殿）から出仕し陣家を用いずに済んだケースが比較的遅くまで確認されるが、文明一一年の満家息（政忠弟）政基の関白拝賀では『晴富宿禰記』同年正月二五日条に「関白殿《九条殿政基公》御拝賀也、自陣外御出歩行」と、また『長興宿禰記』同日条に「今夜関白九条殿政基公有御拝賀、去々年為関白御拝賀分可延引、兼自九条御第御出、今夜自藤大納言資世《(日野武者小路)》卿旅店、北小路室町、亜相妹将軍被候上臈局里也、御出御参内、路次御歩行」と見えるので、応仁の乱後には陣家出仕が確認される。

九条家では延徳四年の政基息尚経右大将拝賀について『後慈眼院殿御記別記』[17]同年正月七日条に「先於家門着狩衣□陣下沙汰、家中ノ儀一向停止之、不可為後例」とあり、文亀二年《(一五〇二)》の尚経関白拝賀について『元長卿記』[18]同年元日条に「蓬屋《(甘露寺元長亭)》可被点由、自旧冬有御命」と、『後慈眼院殿雑筆』に「関白拝賀次第自陣下歩儀」とあるほか、明応九年《(一五〇〇)》の尚経関白拝賀・後柏原天皇践祚出仕について『後慈眼院殿御記』同年一一月一日条所引『俊通《(富小路)》朝臣記』同年一〇月二五日条に「入夜摂録《(籙)》自陣外令参給」「予参陣外御宿所之時」云々等とあり、さらに尚経息稙通の内大臣拝賀について『二水記』享禄四年《(一五三一)》一二月二日条に「内府拝賀也、（中略）戌刻許出門、逍遥院、《(三条西実隆亭)》」と見えるように、その後は陣家出仕が全く定着したものと思われる。

最後に近衛家では、永和二年《(一三七六)》の兼嗣の左大将兼任拝賀で『後愚昧記』同年一二月二四日条に「車前」「車副四人」の語が見え、南北朝末期における乗車での里第出仕堅持が確認される。康正元年《(一四五五)》の教基（房嗣息）の左大将拝賀が「近衛殿」よりの出立であったと『康富記』同年一二月二四日条に見える事から、近衛家もまた九条家と同様に里第出仕が可能な状態（恐らく経済的状態）を一定度維持していたと思われる。この事は、道嗣が「遺跡事」を義満に託して死去した至徳四年《(一三八七)》頃、近衛家が義満との良好な関係によって「室町准后《(義満)》昵近以来、得財産事雖多」云々（『実冬公記』同年三月一七日条）といわれる経済力を保っていたという著名な事実と無関係ではなかろう。

しかし文明一二年に復興・実現した県召除目の当日、近衛政家が行った関白拝賀について、彼の日記『後法興院記』同年三月二六日条に「借請日野政資朝臣亭、自彼亭所出立也、此亭狭少上、遠所歩行難治間令借用」とあるように、同家においてもまた応仁の乱後には陣家出立が避けられない状況となっている。この拝賀について『長興宿禰記』同日条に「殿下左大臣政家公(京カ)御参内、有御拝賀、御当職以後、秉燭後、渡御日野侍従政資朝臣亭、着御装束給、当時無御所、乱中御座南都、近年御出家、僕進藤長泰宿所為御座所、然間自侍従亭有御出者也」とある事は、近衛家が応仁の乱に伴う疎開でそもそも京中に第宅を維持できなくなっていた事、さらにその事が不可避的に陣家出立を促進していた事を伝えている。なお一条・二条家が拝賀出仕の略式化を余儀なくされる傾向の強まる応永期以降、鷹司房平の任関白までの間に、近衛家では応永一五年四月二〇日に忠嗣が、また文安二年に房嗣が関白となっているが、いずれもどのような拝賀が行われたかは不明である(19)。

以上から、当該期の摂家においては、時に自亭から出立する事はあっても、全般的に見て陣家出立が主流の出仕形態として定着していたと見て大過ない。特に一条・二条両家の当該期における執柄在任機会の飛び抜けた多さを鑑みれば、両家の状況がほぼ当該期の摂関の状況を表しているといってよい。試みに南北朝合一時点(明徳三年(一三九二))から応仁の乱が終結する文明九年までの間の五摂家の執柄(摂政・関白)補任状況を、『公卿補任』によって示すと表6の通りとなる。

これを集計して家ごとの回数と足掛け年数の合計、そして足掛け年数の総和(一〇六年)に対する各家の足掛け在任年数合計の割合を示せば次のようになる。

近衛＝2回(5年、5%)　鷹司＝1回(2年、2%)
九条＝2回(9年、8%)　一条＝7回(42年、40%)　二条＝9回(48年、45%)

一条・二条両家の足掛け在任年数だけで八五%に達しており(内訳はほぼ半々だが二条がやや多い)、回数・年数ともに一条・二条家に圧倒的に偏っているのが明らかであろう。一度の任期あたりの在任年数もまた同様に両家に偏っており、室町時代は摂家に関する限り全く一条家と二条家の時代であったといってよい。近衛・九条・鷹司の三家は影が薄く、室町殿全盛期には執柄となる機会自体がほとんどなかったし、特に八五年間執柄に就任できなかった鷹司家は摂家としてはほとんど存在していないに等しい。以上により、先述の一条・二条両家のあり方に関する検討を当該期摂家一般に敷衍できるものと考え、摂家の陣家拝賀は応永初年頃から始まって急速に定着したものと概括しておきたい。

かかる陣家拝賀の恒例化をもたらした大きな原因の一つは、先の二条持基の例に明らかなごとく、拝賀に要す

表６　摂関就任者と足掛け在任年数

在任年	摂関就任者(足掛け在任年数)				
	近衛	鷹司	九条	一条	二条
明徳３～応永元(1392～1394)					師嗣(３)
応永元～応永５(1394～1398)				経嗣(５)	
応永５～応永６(1398～1399)					師嗣(２)
応永６～応永15(1399～1408)				経嗣(10)	
応永15～応永16(1408～1409)	忠嗣(２)				
応永16～応永17(1409～1410)					満基(２)
応永17～応永25(1410～1418)				経嗣(９)	
応永25～応永31(1418～1424)			満教(７)		
応永31～永享４(1424～1432)					持基(９)
永享４(1432)				兼良(１)	
永享４～文安２(1432～1445)					持基(14)
文安２～文安４(1445～1447)	房嗣(３)				
文安４～享徳２(1447～1453)				兼良(７)	
享徳２～享徳３(1453～1454)					持通(２)
享徳３～享徳４(1454～1455)		房平(２)			
享徳４～長禄２(1455～1458)					持通(４)
長禄２～寛正４(1458～1463)				教房(６)	
寛正４～応仁元(1463～1467)					持通(５)
応仁元～文明２(1467～1470)				兼良(４)	
文明２～文明８(1470～1476)					政嗣(７)
文明８～文明９(1476～1477)			政基(２)		
各家の合計在任年数(割合)	５年(５％)	２年(２％)	９年(８％)	42年(40％)	48年(45％)

る費用の拠出不能――即ち廷臣の経済的困窮の恒常化であったと思われる。別稿で詳述したように[20]、自亭から陣口まで乗車すべき毛車の用意に始まり、道中の行粧や縁戚・家礼の公卿・殿上人への扈従・前駈勤仕の依頼、僮僕の召集、吉書以下の儀式を行うべき本所の室礼等、様々な人員と物資の調達を必要とする拝賀は、一〇〇〜二〇〇貫文単位での出費を強いられる行為であった（洞院実夏が拝賀のために自宅を一五〇貫文で売り払い、また洞院家が代々五〇〜二〇〇貫文の助成を受けた事例を想起されたい）。

そして文明六年に「窮困之間拝賀等不可叶之故」に三条公敦が右大将を、また同八年に同じく「大将拝賀不叶之故」に公敦が左大将を辞した事に象徴的なように（『親長卿記』文明六年元日条・同九年正月一九日条）、応仁の乱以降の混乱期にはかつて「執柄の息、英才のともがらも、此職をもつて先途とす[21]」といわれた顕職の近衛大将が拝賀挙行不能を理由に辞されるようになり、闕官となっても摂家・清華ともに理運の人がありながら誰もこれを競望しないという状況を迎えるに至る[22]（公敦は文明九年正月一九日、「陣家之間人々歩儀」ながらも何とか内大臣拝賀を遂げている〔『実隆公記』同日条〕）。特に後土御門朝以後には廷臣の相当数（場合によっては過半数）が未拝賀である状況や、あるいは大臣全員が未拝賀のまま任を終えるという事態が珍しくなくなり、さらに昇進の過程で何度も経なければならない拝賀（の費用）を省略・節約しようとした例も枚挙に遑がない[23]。

大まかに見て南北朝最初期までの陣家出仕の発生、そして応永初年頃以降の急速な定着傾向を指摘し得るとはいえ、同じ廷臣でも家ごとに貧富の度合いは異なっていたから、各家で陣家出立の頻度が増し定着するに至るタイミングは異なってくる。この漸進的浸透という素地があったところに、公家社会全体の一律な陣家出立を最終的に決定づけたのが応仁の乱である。先の五摂家に関する検討で挙げた史料からも看取されるように、摂家では乱以降における公事出仕・拝賀時の出立所がほとんど例外なく陣家であった。かかる傾向を明記するのが、室町殿年始参賀に関する『宣胤卿記』文明一二年正月一〇日条の「一条殿・鷹司殿無御参之条不審、乱後依窮廻（追カ）各不参、無人以外也、摂家清華乱前悉乗車也、今悉板輿也、不可説之為体、末世至極、無力者哉」という記事である。摂家・清華クラスは乱前は悉く乗車していたのに、彼らでさえ乱後は皆板輿に乗るようになったといい、その「不可説の体たらく」のために室町殿参賀にも不参せざるを得ないという。これは当時〈しかるべき身分の者はしかるべき乗物＝車に乗るべき〉と考えられたため（前章第二節(3)項参照）、摂家・清華という家格に生まれながらも乗車できないのでは（板輿等に乗っては）、日常の外出はまだしも儀礼等には恥ずかしくて参仕できない、という事であろう。

『親長卿記』文明一八年七月二九日条には室町殿義尚の右大将拝賀供奉に関して「参会扈従公卿殿上人、今度初度歟、乗車馬事不事行（但御訪装束等少々下行云々）、故歟、不便」とあって、扈従の公卿・殿上人が乗車・乗馬出行の行粧を調達不能であるため、室町殿右大将拝賀の扈従者が（本所からの路頭供奉をせず）内裏で参会（合流）するという前代未聞の略儀となり、記主甘露寺親長の同情を買っている。特に御訪（助成金）支給を伝える割注部分は、乗車馬がままならない最大の理由が経済的困窮であった事の端的な証左である。三年後の東山殿義政参賀に関する『宣胤卿記』長享三年正月一〇日条にも「今日東山殿諸家参賀也、予故障不参、近年参人最小也、自殿下（一条冬良）、今日御参賀為御乗用、予輿被借召之間、皆具進了、乱来摂家清華皆以乗板輿、不及車之沙汰、輿所持方尚以希也、末代作法可悲之」と同様の記事が見えるが、この記事はより詳しく、輿さえも所持する家は少なく、関白一条冬良が中御門宣胤から輿を借用してようやく参賀出仕を遂げる有様であったという。乱中の文明三年、権大納言昇進を勧修寺教秀に超越された甘露寺親長は「更非所痛」と意に介さなかったが、『親長卿記』同年四月二六日条でその理由を「当時乱中、歩行往反見苦之体也、高官無益也、其上乱中拝賀之儀不叶、公事又不被行、可随何役哉、無詮事也」と述べているのは、前述の貴人徒歩出行制限の発想を示すものと見られる[24]。廷臣の経済的困窮とともに、戦場化と治安低下という洛中の荒廃が、平時を前提とする乗車行為の可能性を全く封じてしまったと思われるのである。

二木謙一氏は、将軍家では一〇代義材以降乗車出行の慣行が見られない事を指摘しているが[25]、それは当然社会全体の乗車慣行の廃絶と一体の事象と見るべきであろう。『十輪院内府記』文明一八年七月二九日条に「今日室町殿（足利義尚）右大将御拝賀也、通世朝臣殿上前駈、大臣現息尤厳重之事也、酉刻計参入、自此第土御門堀川、乗馬参入、先須乗車也、然而此事不合期、仍無力事也」とあるように、この頃は大臣家でも乗車出行が困難で（「合期せず」とあるので経済的理由によるのであろう）、代替行為として乗馬出行が洛中でも行われていた。また遡って応永三一年には、牛飼として伏見宮奉公を望んだ故虎石丸男に対し、伏見宮貞成親王が「今は牛飼の御用はないので必要な時のみ召すが、常勤は不可」と仰せている（『看聞日記』同年七月八日条）。これは同宮家の財政的な問題もあろうが、当時既に牛飼には仕事がなくなりつつあった事――即ち乗車慣行・乗車機会の減少を示唆する記事でもあろう。そして前掲（三一六～七頁）の『宣胤卿記』文明一二年正月一〇日条の記事は、応仁の乱を最大の契機として乗車慣行が社会全体で廃絶した事を示す端的な史料と見なし得る。乗車慣行が廃絶すれば、拝賀時の正式な行粧は不可能となるのであるから、歩儀での拝賀・出仕作法たる陣家出仕が主流となるのは必然的なのである。

乱以前について見れば、経済的困窮が陣家出立の盛行を促したのは、前章で述べたように乗車の煩いを避けるためであった。『園太暦』正平七年（一三五二）二月一三日条には、洞院実夏の釈奠上卿勤仕に関連して「但如僮僕不合期之間、向在淳卿宿所著装束、近所也」とある。出仕前に他人の第宅で装束を着すのは陣家出仕に他ならないが（前章参照）、「僮僕等が間に合わない（調達できない）ので在淳宅（陣家）で装束を着した」とある点に注目すれば、「僮僕」とは乗車出向時の身分の低い随従者であるから[26]、つまりは乗車出行ができないから陣家を利用したという事になる。この事例を考慮すれば、牛車や路頭行粧（威儀を整える用具や人員の具備）の省略によっていくらかでも費用が節約できる事が、南北朝期以降の陣家出仕の普及と、それが最終的に定着し旧に復さなかった事の、最も現実的かつ直接的な理由であったと推測されよう。この見通しを裏づける史料として、『薩戒記』応永三二年七月五日条に見える、より端的な「貫首（園基世）談曰、依乗物有煩、自陣中可参内也」という事例を挙げ得る。蔵人頭園基世は拝賀に際して、乗車出行が「煩」である事を理由に陣中から参内＝陣家出仕を行うと明言しているのである。

乗車不能の最大の原因が経済的困窮にあったという事情を、〈乗車出行は大変なので陣家から出仕する〉という論理と併せて拝賀にも適用すると、〈経済的逼迫が乗車出行不能をもたらし、それが陣家出仕をもたらす〉という図式が想定できよう。乗車出行不能がなぜ陣家出仕をもたらすかといえば、それは陣家出仕が原則として歩儀であったためである。陣家出仕が歩儀であるのは、その行程が必ず〈陣中に所在する第宅→内裏〉となるから——即ち必ず全行程が陣中の領域内であるからであって、陣中では臣下一般が必ず車馬から降りて通行しなければならない規則であったからである(27)。

朝儀出仕の略儀化が経済的事情に非常に依拠する問題であったとすれば、陣家出立の頻度や定着度は同じ廷臣でも家の貧富に相当度左右される事になる。前述の洞院家の事例は、南北朝期より既に窮困の度合いが甚だしかったため早くより陣家出立せざるを得なかった典型例であった。逆に富裕な家の典型例としては将軍家外戚の日野裏松家を挙げ得る。同家では勝光が義政の室富子の兄として権勢を振るい、「室町殿御世務之儀、為御代官被成敗、権威無類、和漢重宝如山岳被集置」（『長興宿禰記』文明八年六月一五日条）といわれた。『実隆公記』文明一八年九月三〇日条によれば、頭左中弁日野裏松政資（勝光息）の拝賀は「乗車」で行われたという。政資は乗車・里第出仕不能であった摂家近衛家等に自亭を出立所として提供する一方（嘉吉三年（一四四三）の禁闕の変の主謀者として日野東洞院資教の息有光とその息資親が誅殺された後、彼らの一条東洞院亭（第六章注26参照）を入手したか）、自らは応仁の乱後に至ってもなお自亭（『晴富宿禰記』明応四年七月二一日条に「本第一条室町面武者小路間」、『長興宿禰記』文明一一年七月一一日条に「日野侍従（政資）亭一条北室町西頬為東晴」とある第宅か。土御門内裏まで三町の距離）から乗車の行粧を整えて出仕する財力を保持したのである（叔母富子の著名な蓄財がこれに資している可能性が高い）。陣家出仕ではなく乗車で拝賀を行っている事は、そのままその家の羽振りのよさを計る指標という事ができよう。大永四年（一五一四）の日野内光の権中納言拝賀には頭弁柳原資定・権弁広橋兼秀・内蔵頭山科言継以下の殿上人が扈従し、『実隆卿記』同年七月一六日条に「扈従殿上人歴々未曽有歟」と記された。同時期に清華の久我や西園寺が一人の殿上前駈も随従させられなかった事と比較すれば（同記大永四年七月一二日条）、名家日野家の突出した権勢を物語るものに他ならないであろう。

なお唐橋在豊の文安元年二月四日の参議拝賀について「自九条出立云々、先参聖廟歟、菅氏例也」と『建内記』同日条に見え、また康正元年（一四五五）一二月二五日の権中納言拝賀についても「自九条出立云々」と『師郷記』同日条に見えている。九条の自亭より出立している点、また聖廟（北野社か）[28]に参じている点より乗車での出行であったと見られるが、これも唐橋家の富裕さを物語っている可能性がある。同家は九条家の家僕として主家の家政経済を司り、後に在豊の孫在数が九条政基・尚経父子に殺害された時も、その理由は主家を蔑ろにして家領を自専したためといわれたから[29]、同家は九条家の家領収入を背景に文安頃から財力を有していたのかも知れない。

ただ、公家社会は全体としては財政的逼迫の度合いを強め、陣家使用が全く主流を占めるようになってゆく。『後法興院記』明応六年三月二三日条によれば、関白近衛尚通の左大臣転任拝賀は「伯卿亭」（伯忠富王）よりの出立で行われたが、「為里第分、仍有召仰事」とある。「〜分」とは「〜という事（にする）」という意味であるから[30]、他人の第宅を陣家としつつ里第（自宅）という事にして召仰を行う便法が考案されるに至ったと考えられよう。

二　室町殿義満による陣家出仕の強制

ところで一条・二条両家において陣家出仕が定着した時期を武家側の視点から見ると、起点は義満が将軍職を義持に譲り「北山殿」権力の完成へと向かう時に、また終点は義持から義教への代替わり直後にあたっている。そして右の公家社会の困窮とは別に、足利義満の権力が朝廷をも包摂して盤石となった応永年間前半頃、義満によって人為的に陣家出仕が誘導・強制された痕跡が史料上に見出される。

応永元年（一三九四）六月二七日に、中山親雅を遣わして改元定以前に一条経嗣に拝賀・着陣を迫ったのが義満であった事を伝える史料1はその第一である。「略儀」「権儀」を嫌う経嗣に対して、あらゆる理由を並べてとにかく「急速」に着陣を遂げるのが「肝要」という「自室町殿可申旨」からは、摂家の権威を犠牲にしてでも自らの予定する朝儀遂行の日程を優先させようとする義満の強い意志が読み取られよう。かかる意志は同五年に計画された二条師嗣の関白拝賀においても露骨に現れている。前掲史料2に明らかなように、師嗣の関白拝賀を「省略」させ「自陣外」の沙汰とするよう指示しているのは義満であり、しかも当時関白拝賀は元旦に行われる例であったにもかかわらず遅らせて三日に行わせている。その理由は「明春興福寺供養」という大儀を優先して妨げないためであって、ここでも義満の企画する重要行事の前に摂家の権威は「省略」させられているのである。

このように応永初年にはただ「陣家から出仕するように」とのみ定めていた義満の指示が、同一〇年を過ぎる頃になるとさらに具体性を増すようになる。

〔史料6〕『荒暦』応永一二年四月二六日条[31]

廿六日、辛卯、（中略）此日公家奉為先皇後円融院、相当一十三回聖忌、供養三尊一部仏経、（中略）午刻向陣家、正親町高倉宰相入道常永宿所、禁中直廬当時無其所之間、自此亭出仕可然之由、兼日自北山殿有御計所点給也者、（後略）

後円融院第一三回聖忌の宸筆法華八講の際、禁中で直廬に使用すべき便宜の場所が得られないため、例によって義満は経嗣に陣家出仕の指示を与えているが、この時義満は「正親町高倉の高倉永行の宿所を使うのがよろしかろう」と自ら計らって出仕所（陣家）を定めたという。

〔史料7〕『荒暦』応永一四年正月一日条[32]

十四年正月一日、丙辰、朝間雨降、午後天晴、此亭元正礼一向不及沙汰、近年式也、入夜子刻許著束帯、餝剱以下色目

（如恒、）内々向陣家、（高倉宰相入道亭也、如去年自公方所点賜（給カ）也、）（中略）次有小朝拝、更出御、暫於台盤所、旧冬条々御沙汰之次第并四方拝・淵酔被停止叶道理事等、粗奏之、叡慮同前歟、毎事随北山殿形勢所申沙汰也、其趣申入了、（後略）

また右によれば、翌々年の元日小朝拝でも経嗣は「公方（義満）」の指定した高倉永行亭を陣家として出仕している。しかも「去年の如く」というから、既に前年から義満による陣家指定が恒例化していた事になる。この年は前年の通陽門院崩御を承けて四方拝・淵酔が停止されたが、それらは「毎事」「北山殿」義満の立案に随って決定・実行された事が後段に見えており、摂家一条家の用いるべき陣家までが全て義満によって決定された事は、かかる朝廷の「毎事」を義満が取り仕切る体制と軌を一にするものと思われる。

ところで、洞院実夏の左大将拝賀について『後愚昧記』貞治二年（一三六三）正月一日条に「左大将拝賀、自陣家（藤中納言宅、一条東洞院西頬、禁裏咫尺也、）出立、幕下息前中納言公定卿嫁藤黄門息女、依彼由緒也」とあり、子息公定と日野時光女の婚姻関係という由緒によって時光亭を「陣家」として借り請けた事が知られるように、陣家は縁故によって求められるのが通例であったが、一般に陣家の使用者はその提供者よりも上位の存在であった傾向が看取される。前章に掲げた陣家使用の諸例をはじめとして、前章・本章で見た史料からは一条・二条家における東坊城亭・高倉亭の頻繁な利用、また洞院実凞の正親町亭利用等にそれが顕著に表れている。

高倉（冷泉）家は鎌倉中期まで五位止まりの諸大夫クラスであったが、南北朝末期の永季の代に初めて従二位参議に昇り、義満の家司を務め「専一物」と称された息永行以降、室町殿に密着して先途を正二位権中納言にまで高めた新興の家で[33]、また東坊城家（菅家）は摂家二条家の家礼で参議を先途とする家であった。正親町家は洞院家の庶流で、宰相中将を経て権大納言を極官とする羽林家であり、大臣大将まで昇り得る清華の洞院家に対してやや家格が劣っている。九条忠基が右大臣拝賀以後も陣家に滞在した理由について『後愚昧記』応安三年（一三七〇）七月二日条に「九条亭遼遠之間、拝賀已後宿陣家、（左兵衛佐資教亭、右府家人也、）毎日出仕云々」と記されるように、たびたび摂家に陣家を提供している日野家は摂家の「家人」（＝家僕〈家礼の部分集合〉）であった。特に『長興宿禰記』文明一二年（一四八〇）三月二七日条に「殿下（近衛政家）御参内、於御直廬白川民部卿忠富卿休所也、依近臣構之、令着後装束給」とある事は、陣家使用者と陣家提供者の上下関係を端的に示している（当該期に陣家と直廬がほぼ同義であった事は、前章第二節(1)項を参照）。

ほかにも関白一条経嗣が小朝拝に「陣中結城越後守満藤入道宅」より出仕した例、久我具通が除目に「陣家和気邦成宿所」から出仕した例、中院通冬が除目に「陣外景有宿所」から出仕した例、関白一条経通が叙位執筆として「陣外景有宿所」を用いた例等(34)、家僕・家礼である事が確認できなくとも明らかに（特に家格の面で）下位である者の宿所を「陣家」としている例は枚挙に遑がない。

管見の限りでは、上位者が拝賀に際して陣家を提供していると思しい事例は次の一例のみである。

〔史料8〕『諸仲卿蔵人奏慶記』(35)

明応九年（一五〇〇）八月廿六日戊申、陰雨相交、今夜五辻蔵人諸仲名字予撰之、自此亭奏侍中之慶、雖華門、依陣外懇望之間、強不及恪惜者也、秉燭之時分、三献終而出門、路次一条東行、歩行也、東洞院南行、入四足門、（後略）

先行研究や本文中の情報からも本書の著者は明らかでないが(36)、全く同文である事から実は東坊城和長の日記『和長卿記』同日条であると知られる。この例では和長が自分よりも出自の低い諸仲に蔵人奏慶の出立所として宿所を貸し与えているが、これは文中にあるように五辻諸仲の名字（実名）を自身が撰び与えるような縁故がもともとあり、その縁故を頼って諸仲が懇望したという個人的関係による例外的事例と考えられる（この場合、和長の立場は諸仲の後見者的立場である）。

このような陣家の使用者と提供者の上下関係を考慮する時、義満が室町殿としては珍しく陣家を利用した事を伝える史料にも、自ずから積極的な意義が見出されるように思われる。先述のごとく摂家に略儀を強いた義満ではあるが、応永一二年の宸筆八講に際しては実は義満自身も陣家を使用している。

〔史料9〕『荒暦』応永一二年四月二八日条(37)

廿八日、癸巳、陰晴不定、此日御八講五巻日也、准三后(義満)自通陽門院御所、土御門高倉陣中也、此間号御里、今日為御出立所、兼被申請歟、可有御入内儀者、(中略)良久北山殿(義満)已渡御陣家、女院御所、(後略)

右によれば、義満が陣家として使用したのは「土御門高倉陣中」の通陽門院(後円融院室・後小松生母の三条厳子)御所であった。南北朝・室町期の記録による限り、女院御所は勿論、天皇生母の御所が陣家とされた例は他に全く見る事ができない。加えて一般に陣家の使用者が提供者よりも上位であったという前述の推測を考え併せると、この時の義満(北山殿)の地位が天皇生母の女院よりも上位に位置づけられていた事が、この通陽門院御所の陣家利用によって周知されたと考えられるのである。

なお同条後半部に「次花山院大納言、取御三衣筥置御座前、此事於禁中儀更不可有先規、雖然朝覲行幸之時、太上法皇御出座之時、可然人置三衣筥、以彼等准拠、今度有此儀、且先日予申出此趣了、是只為備厳儀也、以始為例如此事歟、当時何人可成嘲哉、勿論々々、」とあるように、この日は義満の上皇待遇の徴証とされる「三衣筥」が、一条経嗣の提案によって義満の「御座前」に置かれた時でもあり、今谷明氏によれば、義満の上皇待遇が禁中において行われたのはこの時が初めてであるという(38)。天皇生母の女院御所を陣家に提供させるという前代未聞の行為がこの時と重なっている事は、この時が「北山殿」権力を禁中で明示する一つの契機であり、この陣家設定もまたその手段の一部として行われた事を示すと考えられる。同じ宸筆八講で経嗣が義満の「御計」で高倉永行亭を陣家としているが、永行が経嗣を歓待して酒盃を勧め、「蓬屋為休廬之条、面目之由」を称して喜んでいる事は(39)、陣家の使用者と提供者の関係を端的に示すものといえよう。

なお義満の没後、室町殿の陣家が専ら醍醐寺三宝院門跡の洛中の住坊法身院(40)(土御門南・高倉西・鷹司北・万里小路西。土御門内裏の南東に接する区画)に固定化したらしい事は、『柳原家記録』に収める『不知記』応永一九年八月二八日条(41)に、

八月廿八日、是日行幸一条東洞院亭、入道一位資教卿宿所被点之、内大臣殿（足利義持）已下御供奉、（中略）

一、内大臣殿陣家自三宝院御出、（後略）

と、また『後野宮相国記』応永二四年七月二三日条に、(42)

応永廿四年七月廿三日、天陰、時々雨灑、主上朝覲行幸也、（中略）室町殿（義持）内大臣於陣外三宝院鷹司万里小路有御装束之間、先参彼御出立所、秉燭時分御参内、

と、さらに『薩戒記』応永二六年八月二一日条に、

（前略）今日可有行幸院東洞院殿也、（中略）予相伴左中将雅清朝臣、参内大臣殿（義持）御直廬、土御門万里小路、三宝院僧正房也、（後略）

と見える事によって確認される。女院御所を陣家（直廬）に使うような行為を、義持は踏襲しなかったのである。太政大臣・准三后と位人臣を極め、法皇待遇をも獲得して公家・武家を包摂する「北山殿」権力を築こうとした義満に対し、義持は官は内大臣にとどまり、また治天後小松院を立てて自らは治天のようには振る舞わない「室町殿」にとどまった(43)。右のような陣家使用に関する義満と義持の相違も、このような彼らの権力体としての自己規定と対応している可能性が十分に考えられる。

また義教期には必ずしも三宝院京坊に限らず、『建内記』永享三年（一四三一）一二月三日条に「室町殿御参内也、（中略）今日先渡御山名許、渡御新藤中納言兼郷鷹司烏丸亭、着御々直衣」と、また『看聞日記』永享七年一二月二九日条に「晩頭室町殿ふと光臨、三条中納言一人御共、不存寄令仰天、先東御方参、彼局へ入御、為御直廬御装束御狩衣、被改、永豊朝臣御共、令着御装束、」とあるように、広橋兼郷の鷹司烏丸亭や伏見殿京御所（土御門内裏北隣の伏見宮貞成親王亭）が直廬・陣家として使われる事が時々あった。特に予告なく訪ねて自由に参内の直廬として伏見殿を使うあたりに、義教と貞成の関係が如実に表れている。

もっとも『実隆公記』延徳三年（一四九一）六月二六日条には、一〇代義材の参内始について「今日室町殿御参内始也、外

様、之儀大営之間、堅固内々、、自御直盧勾当局御参」とある。義材の頃には、室町殿自身が「外様」の参内・出行（非正式・晴の、行粧を刷《かいつくろ》った出行）を過度の負担と感じ、陣家（直盧）から内々に参内せざるを得なくなっているのが興味深い。室町殿は自らもまた経済的窮乏に苦しみ、かつて義満が廷臣に強いた略儀出仕を余儀なくされる道をたどってゆくのである。

義満による「陣家」出仕の慣例化について、もう一つ指摘できる事がある。それは義満自身の権威を相対的に高めるため、敢えて儀式における摂家の格式を低下させようとしたのではないか、という事である。応永元年末に太政大臣となった義満が翌二年正月七日に拝賀を遂げた際、関白以下廷臣が残らず義満の室町第（花御所）に参上して扈従を勤めた例をはじめとして[44]、義満を含めた歴代室町殿は拝賀の出立所に一度として陣家を用いる事がなかった。自身が公卿以下を悉く従えて里第から出仕する方式を決して崩さない一方で、摂家に対してその拝賀の「略儀」「権儀」「省略」を半ば強制的に「御計」する事には、義満の摂家に対する優越性を儀式の場で繰り返し明示する効果が期待されたのではないかと考えられる。前章第二節（1）項において〈直盧→陣家〉の序列が身分秩序の序列と対応している事を述べたが、応永二年正月の踏歌節会の折、関白一条経嗣が陣家から出仕したのに対して義満が禁中の直盧（勾当局）を控室としていた事[45]はまさにこれと対応していよう。

特に応永二年の義満の太政大臣拝賀が扈従の公卿三一人、殿上人の前駈は「都合五十八人、先代未聞事也」といわれる空前の規模であったのに対し[46]、同六年に還補された一条経嗣の関白拝賀が扈従公卿・殿上前駈ともに無人で、義満の拝賀とは全く逆の意味で「先例もなく侍れとも」と称された事は（史料3）、そのような状況を端的かつ極端に示すものである。義満の勘気を蒙った前関白二条師嗣が未拝賀のまま失脚するのを見た経嗣が、恐惶を来してかかる極小規模の拝賀を行わざるを得なかった事は、しかるべき手続きを経た官途昇進が義満の「時宜」によって妨げられる事を恐れた廷臣によって、摂家以下の拝賀略式化の傾向が自ら加速されていった事をうかがわせる。

周知のように、義満は永和四年（一三七八）の右大将任官から自家を摂家に模し[47]、また応永元年（一三九四）の任太政大臣以後は、翌年正月の太政大臣拝賀で「院拝礼」の儀に准じた進退を関白一条経嗣が取った事をはじめ[48]、同三年の延暦寺大講堂落慶供養では自身の登山を「准御幸」じてその受戒を「法皇御受戒之儀」に准ずる等[49]、自らを院に准じて振る舞うようになった。義満の摂家に対する陣家出仕の強要が行われ、一条経嗣らがこれに屈し始めたのはちょうど彼の院待遇が定着してゆく時期と重なっている。つまり義満はそれまで自らを摂家に准ずる格式に高めながら、その段階が終わるのとほとんど同時に、摂家の儀式における格式を意識的に低下させているのである。

自らの権威を高めるのはよいとして、なぜ既存の廷臣の権威を低下させる必要があったのか。筆者はそこに、室町殿とそれ以外の人臣の間の圧倒的な距離感――換言すれば、室町殿の超越性の演出を義満が必要としていた可能性を推測する。第九章で詳述するように、後年宝徳二年（一四五〇）の義政直衣始参内の際に右大臣二条持通の演出により、室町殿義政が摂家以下の人臣全般とは明確に異なる、より上位の（天皇と人身の間の、天皇により近い位置に）位置を占める事――即ち〈天皇→室町殿――→人臣一般〉とでも表現すべき身分的位置関係・距離感が可視的に示された。義満が必要としていたのも、右の室町殿と人臣一般との隔絶感ではなかっただろうか。人臣一般との間に決して超えられない身分的な壁が存在する事を決定づけるためには、朝廷の官位・身分秩序上で（天皇・上皇を除く）最上位に位置するだけでは（彼らとの距離感が）足りず、かといって既存の制度的身分秩序では義満の上にはそれ以上昇るべき階梯が存在しない。そこで既存の廷臣・公家社会を、その構造を保ったまま全体的に下方に押し下げる事によって、その距離感を公家社会に実感させる事を企図したのではなかろうか。義満が特に摂家に対して儀礼略儀化を強要したのは、公家社会身分秩序の最上位構成要素たる摂家の身分的位置を相対的に低下させる事が、自ずと公家社会全体を沈下させる事を意味したからと考えられよう。

おわりに

前章での結論に以上の検討を加えれば、陣家の普及・定着は以下のような流れで進行したと概括し得る。即ち前章で結論したように、本来「歩儀」の「略儀」とは無関係であった拝賀時の他亭借り請け慣行や、あるいは「陣家」といわれる陣中の出仕拠点の利用慣行が鎌倉末期までにはもともと存在していた。ところが継続的な南北朝期の内乱によって経済的な打撃を受けた公家社会は、〈陣中乗車通行不可〉という原則に自ら進んで拘束される利点に着目し、「陣家」にヒントを得て、拝賀の出立所にも陣中の他亭を借り請ける事を始めた（この段階でそれも「陣家」と呼ばれ始める）。しかし内乱終熄後も経済力の悪化には歯止めがかからず、応仁の乱の直撃によって廷臣の困窮は極大化する。この間、経済力の悪化に起因する便宜的手法たる陣家出仕は継続的に普及し、乱後には（日野裏松家等一部の富裕な家を除き）全く公家社会に定着するに至る。

但し摂家一条・二条両家に即して見た場合、陣家出仕の定着には室町最初期にもたらされた室町殿義満による積極的関与の影響が大きい。その関与が、この頃に陣家出仕普及の第二段階をもたらしたものと推測される。義満の目的は第一に朝儀停滞の回避であり、そこに単なる強権濫用というよりも朝儀興行の意思が見られる事は見逃せないが、第二の目的はより室町殿の都合に左右されている側面が強い。即ちそれは、〈王（天皇・上皇）・室町殿・人臣一般〉という三者の関係と相互の相対的距離感を実感させ、室町殿の超越性を演出する役割を果たしたと見られるのである。

但しそれを含む個々の演出は、義満の強大な権力が否定できないものとして公家社会を覆う大きな流れの中で、個別的に、ある意味では無原則になされたと見ざるを得ない点を強調しておきたい。一条経嗣がしばしば日記で告白したように、義満の意を迎えんとして自ら超越的地位の演出に力を貸す摂家のあり方は[50]、宝徳二年（一四五〇）の義政直衣始において、他の公卿を陣口より手前で下車させつつ義政のみ陣中まで乗車する事を提案したのが二条持通であった事実と共通する[51]（本書第九章）。室町期公家社会では、本来天皇の権威を可視的に表示する装置・概念であったはずの陣中や、路頭礼秩序・儀礼秩序そのものが室町殿の超越的権威の演出に利用され、しかも多くの場合、その演出は摂家をはじめとする公家社会側から自発的・積極的に行われた。

しかしそれらは室町殿の希望、あるいはそれを忖度する廷臣の当座の発案によって個別に実現されたものに過ぎず、彼らはそれらと朝儀体系や既存の制度的身分秩序との間の一貫性・整合性には、必ずしも意を用いていない。応永二年（一三九五）の太政大臣拝賀において義満が四〇歳未満ながら牛車で参内した事を経嗣が「但当時毎事別儀也」と記し[52]、息兼良が『桃花蘂葉』「衛府具足事」で「至大臣大将者、雖令持胡簶不老懸、昔雷鳴陣の時大臣大将帯胡簶、而不懸緌云々、爰鹿苑院入道相国（義満）永徳二年（一三八二）左大臣大将の時、行幸供奉被称別勅之由、懸緌帯胡簶有供奉、別段事也」と記したように、それらは原則からの逸脱を認めながらも例外化するというレベルで処理されているに過ぎない。義満の超越性とは、儀式のたびに着実に、しかし厳密にはどのような構造・論理であるのかも当事者によく理解されないまま、何となくなし崩し的に進行したに過ぎないのである。

その過程・結果を総合した時、〈義満は天皇に代わる王として振る舞おうとしたか、院であったのか、あるいは治天となろうとしたのか、制度的に治天となり得ていたのか〉といったような、画然とした問題設定はそもそも可能・妥当であり続けるだろうか。室町殿に関する上述の個別分散的な既成事実を整理・総合し、室町殿を明確に社会の中に位置づけ直す作業は、室町殿の支配とともに生きる以外に選択肢を持たなかった当時の公家社会にとってこそ必須であり、かつ困難な仕事であっただろう。室町殿が代替わりごとに性質を変え、しかも室町殿を取り巻く社会的環境が常に大きく変動していた事は、その困難さに拍車をかけたに違いない。

歴代室町殿――特に義持・義教は、強大な権力を存分に振るいながら、自らを成文法等で制度上に明確に位置づける積極的意思も、またその必要性を認める事もほとんどなかった権力体であったという印象が強い。本書第九章で詳述する宝徳二年の義政直衣始における身分秩序の可視的表示が、室町殿の歴史全体の中ではむしろ異例に属するケースであった事に注意すべきである。この直衣始の劃期性は、全く同じ場面・時・場において、室町殿と廷臣が視覚的に一つの構図に収まり、人臣より遥かに隔たるが王ではないという、それまでの室町殿の歴史から導かれる最大公約数的理解が一目瞭然に可視化された点にある。それは政治的な意思発現が未だ不可能な室町殿義政の少年期にあって、全く他律的に公家社会によって示された室町殿観の整理作業の結果・結論であったといえるだろう。

　実態としてその状態が義満期に実現されていたとしても、それを整理・検討・理解した結果を示すのに、公家社会は五〇年の時間を要した。しかもそれは、室町殿上意不在期だからこそ実現した公家社会の理解提示と見るべきであり[53]、したがって問題は、室町殿自身が自らの権力のあり方を既存の正当化論理体系をもって説明する意思が希薄であった点、そしてその背後にある、〈室町殿が強権を振るうのは、室町殿なのだから当然〉とでもいうべき、室町殿権力の自明性にある。そのようなプリミティブな論理の背後に徐々に醸成されていった、室町殿としては初めての論理らしい論理が、〈室町殿は公方（様）だから最高権力者なのである〉という理解の創出であると筆者は推測しているが[54]、その発生・展開の具体的過程については今後の課題とせざるを得ない。またかかる権力のあり方、そしてそのあり方が数十年も社会を律する事が受容された社会的素地を考える時、やはり六〇年に及ぶ南北朝内乱期という前段階の社会が明らかにされなければならないと考えられるのである。

（1）『親長卿記』長享二年（一四八八）三月二六日条。
（2）本郷和人「中世古文書学再考」（石上英一編『日本の時代史30　歴史と素材』、吉川弘文館、二〇〇四）。

(3) 『園太暦』康永三年（一三四四）二月一六日条。
(4) 「陣外」が「陣家」と同一である事は桃崎有一郎ⓐ「中世里内裏の空間構造と「陣」――「陣」の多義性と「陣中」の範囲――」（『日本歴史』六八六、二〇〇五。本書第四章に改訂・再録）を参照。
(5) 『荒暦』応永三年（一三九六）元日条（『大日本史料』〔以下『大史』〕七―二、三二五頁所載）。
(6) 『荒暦』応永三年正月五日条（『大史』七―二、三三二頁所載）。
(7) 『大史』七―一、五五二～五五三頁所載。
(8) 『大史』七―三、二二二～二二三頁所載。
(9) 『荒暦』応永二年正月一六日条（『大史』七―一、九三四頁所載）。
(10) 『満済准后日記』同日条。
(11) 「陣下」が「陣家」と同義である事も前掲注4桃崎論攷ⓐを参照。
(12) 『迎陽記』応永六年四月一〇日条・一七日条・二二日条（『大史』七―三、九一四頁以下所載）。
(13) 『大史』七―三、九一八頁所載。
(14) 『鹿苑院殿御直衣始記』（『群書類従』武家部所収）。
(15) 『大史』七―二、四六頁所載。
(16) 『大史』七―二、四二二頁所載。
(17) 宮内庁書陵部編『図書寮叢刊　九条家歴世記録』二（明治書院、一九九〇）所収。
(18) 宮内庁書陵部編『図書寮叢刊　九条家歴世記録』三（明治書院、一九九三）八八頁。
(19) 忠嗣は任関白から一年足らずの応永一六年二月二〇日に早くも辞任。関係史料を収める『大史』七―九、同七―一一の任官日・辞官日の条には拝賀関係の記事が見えない。房嗣も任官二年後の文安四年（一四四七）六月に政敵一条兼良の働きかけで「不及上表、自上被召上」る形で罷免されてしまう（『公卿補任』同年条近衛房嗣の項）。既に拝賀が行われていた可能性が高いが、房嗣が関白となった文安二年は『建内記』や『康富記』等の記録の欠年にあたり詳細不明。
(20) 桃崎有一郎ⓑ「中世後期における朝廷・公家社会秩序維持のコストについて――拝賀儀礼の分析と朝儀の経済構造――」（『史学』七六―一、二〇〇七）。

(21)『平治物語』(上、信頼・信西不快の事)。

(22)『親長卿記』文明六年(一四七四)正月一日条。

(23)前掲注20桃崎論攷ⓑ。なお未拝賀の常態化と後土御門・後柏原朝におけるその改善への取り組みについては、別の機会を得て考察する用意がある。

(24)『親長卿記』文明八年一一月一三日条でも親長は「歩儀供奉」を「見苦之体」と評している。

(25)二木謙一「足利将軍の出行と乗物」(『武家儀礼格式の研究』、吉川弘文館、二〇〇三、初出一九九一)。

(26)本書第一章注38参照。

(27)飯淵康一「平安時代里内裏住宅の空間的秩序」(『平安時代貴族住宅の研究』、中央公論美術出版、二〇〇四、初出一九八四)、中町美香子「平安時代中後期の里内裏空間」(『史林』八八—四、二〇〇五)、野口孝子「閑院内裏の空間領域」(『日本歴史』六七四、二〇〇四)、桃崎有一郎ⓒ「中世里内裏陣中の構造と空間的性質について——公家社会の意識と「宮中」の治安——」(『史学』七三—二・三、二〇〇四。本書第五章に改訂・再録)等を参照。

(28)『元長卿記』永正四年(一五〇七)三月二六日条に「今日菅宰相(東坊城和長)・章長(高辻)朝臣等可候御読由兼日経営、(中略)先参北野社、車当時不合期歟、用四方輿、(中略)従正親町亭出門、平生依知音借請云々、(中略)帰宅之後奏慶」、『実隆公記』同日条に「未刻許菅宰相出門、(中略)経伏見殿裏辻、於庭田前辺乗輿(割注略)、詣北野社奉幣云々、(中略)酉刻計又出行、参内、舞踏等如例歟」、『二水記』享禄三年(一五三〇)九月一三日条に「菅中納言為学今日拝堂(吉祥院)云々、戌刻許参内拝賀」等とあるように、菅原氏は拝賀に先立って北野社・吉祥院等の天満宮に参詣する慣習があった。

(29)この事件については、湯川敏治「唐橋在数事件顛末」(『戦国期公家社会と荘園経済』、続群書類従完成会、二〇〇五、初出一九八九)等を参照。

(30)「~分」が「(実態とは関係なく)~という事(とする・見なす)」意味であった事を示す用例を以下に示しておく(第四章注7・第九章注9をも参照)。

①『康富記』嘉吉三年(一四四三)四月二六日条に、洞院実熈の右大将拝賀記録について「今日之儀大将殿委細有御記録一巻」とあり、また「件御草ハ幕下御自筆也、家司経之記入分なり」とある。これは「実際には実熈自身の自筆記録であったが、家司経之が記入した事にしてある」という意味と解釈される。この事は、『相国拝賀部類記』(『続群書類従』公

事部）所引の洞院公賢太政大臣拝賀の次第を記す『家司記』冒頭に「当家例、拝賀著陣等之時、毎度奉行家司記之、以彼記加主人暦記也、但今度代家司、春宮大夫殿（洞院実夏）内々令記之給」とあり、また公賢太政大臣兼宣旨の次第を記す『園太暦』貞和四年（一三四八）一〇月二〇日条所載の『奉行家司記』にも「奉行家司記、按察入道（洞院公敏）相替書之」とあって、『（奉行）家司記』を当主の子弟が家司に成り代わって記録する事が洞院家で行われていた実例を確認できる事から裏づけられる。

②『満済准后日記』永享六年（一四三四）一〇月六日条に「所詮神輿不越河原者、非奉振儀云々、先例如此云々、仍今度モ非奉振分歟、但諸家意見不同、多分儀、不越河者非奉振儀云々」とある事例は、「河を越えなければ神輿を振り奉った事にならない（嗷訴の洛中侵入とは見なさない）」と解釈される。

(31)『大史』七—七、一二〇～一二二頁所載。

(32)『大史』七—八、六八三頁所載。

(33)『尊卑分脈』長良卿孫（高倉）の項。衣紋道をもって朝廷に奉仕した高倉家は義満期以降家格を上昇させるとともに、永行の代に義満の権力との密着によって同じ衣紋道の大炊御門家に取って代わっている（池田美千子「衣紋にみる高倉家」、『史学雑誌』一一一—一一、二〇〇二）。

(34)以上、『吉田家日次記』応永九年正月一日条（『大史』七—五、三一七頁所載）、『久世相国具通公記』貞治五年（一三六六）正月一日条（同六—二七、二二六頁所載）、『通冬卿記』康永元年三月二七日条（同六—七、九七頁所載）、『師守記』暦応四年（一三四二）正月六日条。

(35)『続群書類従』公事部所収。本文は国立公文書館内閣文庫所蔵の写本（請求番号二一六—〇〇〇一）に拠った。

(36)『群書解題』五に収める同書の解題（一八〇頁、岩橋小弥太氏執筆、続群書類従完成会、一九六〇）も、筆者を不明としている。

(37)『大史』七—七、一三二～一三三頁所載。

(38)同前一三五頁、今谷明『室町の王権——足利義満の王権簒奪計画——』（中央公論社、一九九〇）一三九頁以下。

(39)『荒暦』応永一二年四月二六日条（『大史』七—七、一二二頁所載）。

(40)法身院は『建内記』永享一一年六月九日条に「今日室町殿渡御三宝院京坊也」とある。

(41)『柳原家記録』八（『大史』七―一六、五八八頁所載）。

(42)『大史』七―二七、二五六頁以下所載。

(43) 義持が〈准現任摂関〉に自らを准えようとしたという近年の石原比伊呂氏の研究（「准摂関家としての足利将軍家」、『史学雑誌』一一五―二、二〇〇六）は、彼が治天として振る舞おうとしなかった証左として注目されるものである。なお義満後の義持政権の特質については、『歴史学研究』八五二号（二〇〇九）小特集「室町殿論――新しい国家像を目指して――」所載の諸論攷（義持による室町殿の第二次確立に関する桃崎有一郎ⓓ「足利義持の室町殿第二次確立過程に関する試論――室町殿の同時代的・歴史的認識再考――」、大田壮一郎「室町殿権力の宗教政策」、石原比伊呂「足利義教と義満・義持」、清水克行「室町殿権力と広域逃散」、家永遵嗣「足利義満・義持と崇賢門院」、丸山裕之「伊藤喜良『足利義持』」）をも参照。

(44)『実冬公記』応永二年正月二日条。

(45)『荒暦』応永二年正月一六日条（『大史』七―一、九三四頁所載）。

(46)『荒暦』応永二年正月七日条（『大史』七―一、九一六頁所載）。

(47) 菊亭本『建内記』応永三五年三月記に「執柄云、鹿苑院殿以来御昇進等是被模摂家之儀」（『大日本古記録　建内記』一、八一頁）、「番頭事□（ハカ）、鹿苑院殿已来被模摂家被召渡之」（同九七頁）、正長元年（一四二八）六月一四日条に「鹿苑院殿大将御拝賀已来、被准摂家、被申請番頭被召具」、『満済准后日記』正長二年二月二七日条に「鹿苑院殿大将御拝賀之時、於京門跡故二条摂政御参会有テ御出仕以下被申談、以来ハ一向御出仕等毎事被移摂家之儀御沙汰也、其以後故勝定院殿御出仕等又以同前也」等とある。なお家永遵嗣「足利義満における公家支配の展開と「室町殿家司」」（『室町幕府将軍権力の研究』、東京大学日本史学研究室、一九九五）八九頁をも参照。

(48)『荒暦』応永二年正月七日条（『大史』七―一、九一四頁所載）。

(49)『足利家官位記』義満の項の応永三年九月一七日条、『続史愚抄』同月二一日条（『大史』七―二、五四一～三頁所載）。

(50) 義満への阿諛追従に対する経嗣の自覚は、例えば応永二年踏歌節会の際に進んで義満の裾に候じた事について「人以莫嘲」と記し（『荒暦』同年正月一六日条〔『大史』七―一、九三七頁〕）、また同一二年宸筆八講の際に、「朝覲行幸之時、太上法皇御出座之時」に准じて三衣筥を義満の御前に置く事を提案した事について「是只為備厳儀也」「当時何人可成嘲哉、勿論々々」と記し（同年四月二八日条（同七―七、一二三五頁））、また同一三年に義満室日野裏松康子の准母冊立と准三后宣下を自ら提案した事について「愚身偏以諂諛為先、於戯悲哉々々」（同年一二月二七日条（同七―八、三一六頁））と記す等、枚挙に遑がない。

(51)『義政公直衣始記』（『大日本古記録　建内記』十、一六五頁所収）宝徳二年（一四五〇）七月五日条。

(52)『荒暦』応永二年正月七日条（『大史』七―一、九一八頁所載）。

(53) 義教死後、義政が「上意」を積極的に発現し始める文安末～宝徳年間頃まで、幕府政治においても管領が将軍権力を全面的に代行し上意不在というべき状況にあった事については、百瀬今朝雄「応仁・文明の乱」（『岩波講座日本歴史』7〈中世3〉、岩波書店、一九七六）、鳥居和之「嘉吉の乱後の管領政治」（『年報中世史研究』五、一九八〇）、川岡勉「室町幕府―守護体制の変質と地域権力――」（『室町幕府と守護権力』、吉川弘文館、二〇〇二、初出二〇〇一）等に詳しい。

(54) この仮説については、桃崎有一郎ⓔ「足利義満の公家社会支配と「公方様」の誕生」（『ZEAMI』四、二〇〇七）で詳述した事がある。

第八章　「裏築地」に見る室町期公武社会の身分秩序
——治天・室町殿と名家の消長——

はじめに

室町前期の応永三二（一四二五）年、広橋兼宣が自らの准大臣宣下を機に「裏築地《うらついじ》」なる建造物を自亭に構築し、これが公家社会で問題とされて自主的な撤去に追い込まれるという騒動が発生した。裏築地は従来漠然と治安上の防壁と考えられてきたが、この騒動の顛末と関連史料から、本来は中世洛中の路頭礼秩序における役割を担っていたばかりでなく、当時の公家社会に特有の身分秩序や政治情勢、さらに室町殿の位置づけにも大きく関わるものであった事がうかがわれ、改めて考察する余地があると考えられる。そこで本章ではこの建造物の形態・機能・性質について基礎的な事実を明らかにし、またこの騒動に関する一連の史料から、裏築地を通して俯瞰される当該期公武社会の身分秩序のあり方とそれに対する諸人の意識を探ってみたい。

一　応永三二年の広橋兼宣亭裏築地撤去騒動

初めに騒動の全容を伝える『薩戒記』応永三二（一四二五）年六月二日条を掲げる（適宜丸数字を振った）。

〔史料1〕

二日、庚子、陰晴不定、未之後晴、今日又入道内相府（足利義持）令参院（後小松）給、有猿楽云々、①或下人云、広橋入道（兼宣）一位家裏築地壊之、而武家管領畠山入道(満家)之郎等中間等令壊之云々、後聞、此事浮言、若此事入道内相府御命歟、子細可尋注之、②後日大内記為清朝臣(五条)談曰、③最初欲築彼築地之時、一位入道参入道殿(義持)申云、日来皆乗車過我家前、而今度三条大納言(正親町三条)公雅参等持寺御八講之時、不経我前用他路、相尋子細之処、依准槐事成恐云々、然者為諸人之違乱歟、仍可構裏築地之由所存也者、入道殿頻令奇傾給、④又日野入道(日野東洞院資教)同如此称之由、又於院新一位入道(日野東洞院)有光卿申入之、⑤四辻宰相中将季保卿聞之、告三条大納言公雅、⑥々々々曰、全無其儀、摂家并丞相・儀同三司之前成恐者、洛中可経何路哉、我依此事用他路之由不存也云々、⑦其後諸人称此事、仍三条大納言我所存不然之由申入院、々被仰以此旨可示広橋之由、⑧然而大納言不及示之、以日野中納言(烏丸豊光)入道申入道殿、⑨其後入道殿院参之時、上皇被仰出此事、大臣裏築地頗無先規、過分所為歟、殊当時執政・大臣之家、又法親王・准后等之坊無其儀、築裏築地之所、内裏・院御所・入道殿号室町殿、三条北、万里小路東、已上三ヶ所也、今准之条尤以不便之(快カ)(1)由被仰之、然者可被令壊歟之由入道殿令申給云々、是朔日事歟、⑩翌日入道内相府以広橋入道之妹尼号御庵、被仰遣云、裏築地事院御気色不快、定自院可被令懐(壊カ)之歟、不然者又可被仰付我歟、及其儀頗不穏便、只為私急令懐(壊カ)之可宜歟者、⑪仍令懐(壊カ)之畢、老後耻辱何事如之哉、雖有遁世隠居志、宣光朝臣(広橋)拝趨不可有正躰、偏為其思留之由彼禅門称之云々、⑫末代之作法不可限之、遠慮尤可然、於裏築地事者今少可有思慮、楚忽所為、後悔尤無術者歟、所察也、⑬雖大臣不築裏築地之由、三条大納言申入院云々、⑭退案此事、仁安三年八月十日中山内大臣(忠親)殿御記曰、今日有任大臣事、雅通卿(源)任内大臣、諸卿向件饗所、花山院東面之儀一如去年、兼日大相国(花山院忠雅)花山被仰云、同宿可無便宜、渡居中御門東洞院権中納言成親(藤原)亭之由欲披露者、実者坐簾中給也、其事又不披露歟、向饗所之人皆渡権中納言門前、太相国第二女為少将通親(源)朝臣室、以彼好借与花山院也、⑮以之思之、於大臣家前者顕露不可経過之条勿論歟、⑯但大臣家裏築地有無未勘得、当時親王・准后并摂家・大臣等家坊皆無之、各有袖築地、而花山院西面有裏築地之跡、不知之人是度々皇居故歟云々、而於彼家者代々構之、又同北面東西構馬防、乗物之輩不令通件所云々、⑰或人曰、右府（一条兼良）被命曰、裏築地有無、於于今言而無益、謂可有者、可違院仰、謂可無者、彼入道不覚露顕、殊可含其恨、不如閉口云々、但蜜（密）談曰、昔我亭前、自町面至一条面築廻之、通路有東一方、一条面也、於町方無之、是非裏築地之躰、袖築地也、故成恩寺関白（一条経嗣）所為也云々、以之思之、右府御所存不可有裏築地歟云々、⑱又曰、儀同三司偏用丞相礼之事不可然、第一脇壁事殊可有沙汰事也、其故雖根本為槐門家之輩、至極官之時可構之、未登其位者不打任、非譜代之輩雖昇三公、不可然事歟、又曰、当時日野・勧修寺之輩極一位之後偏存大臣之礼、甚不可然、故万里小路一位仲房准大臣以前所申行也、頗奇傾之輩多之云々、而当時関白（二条持基）被遣一位之状、恐々謹言名字也、傍家甚被難之、於摂籙人者其身雖納言、遣名家之状、謹言判也、名家輩根本為摂家々僕之間、当時雖不家礼、猶被存其儀云々、如此之礼儀於今如無、可悲可悲、摂家猶如此、況於凡人哉、但不可為例云々、

記事の内容を順を追って整理すると次のようになる（丸数字は史料1と対応）。

①六月二日、ある下人が中山定親に、「広橋兼宣亭の裏築地が破却されたが、それは管領畠山満家が郎党・中間にやらせた事らしい」と告げる（後日、畠山の事は虚説と判明）。

②定親、五条為清から後日事件の詳細を聞く（次掲③～⑩が為清の説）。

③兼宣は裏築地を築くにあたり、足利義持に「日頃は皆乗車して我が家の前を通り過ぎるのに、今度の等持寺御八講の時、正親町三条公雅が我が家の前を避けて他路を用いました。そこで理由を訊ねたところ、『准大臣家の前なので恐縮したのだ』といっています。そこで皆の日常に支障が出ると思い、裏築地を構えようと思います」と語ったが、義持は得心しなかった。④また「日野（東洞院）資教も同じような事を称しています」と資教息有光が後小松院に申し入れた。⑤四辻季保はこれを聞き、公雅にその事を告げた。⑥これに対し、公雅は「全くそうではない。大体摂家・大臣や儀同三司（准大臣）[2]の第宅の前を恐縮していたら、洛中の

どこを通ればいいのか。そのような理由で他路を用いたわけではない」と反論。⑦それにも関わらず諸人がこれを話題にするので、公雅が反論を後小松院に申し入れると、「兼宣本人にそう伝えよ」と仰せられた。⑧しかし公雅は兼宣に伝えず、かわりに日野（烏丸、北小路とも）豊光を通じて義持にその旨を申し入れた。⑨その後、義持が院参した時、院が義持に「大臣の裏築地は頗る先規がなく過分で、特に今は執政・大臣の家や法親王・准后らの坊にも裏築地を構えない。裏築地を築くのは『内裏・院御所・入道殿（義持）』の三箇所だけで、これに自亭を准えるのは怪しからぬ」と仰せられたので、義持は破却を提案（定親は以上のやりとりを六月一日の事と推測）。

⑩翌日義持は兼宣の妹尼御庵を兼宣に遣わし、「裏築地の件について院は御不興である。きっと院が兼宣に破却を命じるか自分（義持）に破却させるだろう。そうなっては頗る穏やかでないから、ここは自ら急ぎ撤去するのがよかろう」と伝えさせた。⑪そこで兼宣は裏築地を破却したが、「これに過ぎる老後の恥辱はない。自分は隠居遁世の志があるが、宣光朝臣（兼宣男、後の親光・兼郷）一人で朝廷に奉公させては甚だ心許ないので思い留まっているのだ」と語っているという（以上が為清の談話に対応する。以下は定親の感想・考証）。

⑫兼宣の（裏築地構築という）行為は軽率だったといえる（定親の感想）。⑬公雅は「大臣でも裏築地を築く事はありません」と院に申し入れたらしい。⑭『山槐記』仁安三年（一一六八）八月一〇日条に「源雅通の任内大臣饗宴が去年の花山院忠雅のそれと同じく花山院東面で行われた。会場を提供する忠雅は『会場に自分が同宿しては不便であろうから、中御門東洞院の藤原成親亭に行くと皆に披露したい』と述べたが、実は自亭の簾中にいた。しかし成親亭逗留の事は周知されなかったのか、饗宴に向かう人々は皆、成親亭の門前を通った。忠雅は次女が源通親（雅通息）に嫁いでいる縁で雅通に自亭を貸したのである」とある。⑮対応するこの故事から、定親は「大臣の家の前を遠慮なく乗車通過してはいけないのは勿論である」と結論。⑯ただ、大臣の家に裏築

地を構える事の是非は判然としない。現在、親王・准后・摂家・大臣の家には裏築地は皆無で袖築地がある。但し花山院の西面には裏築地の跡がある。たびたび皇居となったからであろうかといい、同家は代々これを構えている。また同家の北面には東西方向に馬防《うまふせぎ》を構え、乗物の輩を通らせないという。

⑰ある人の説に、右大臣一条兼良が「今においては裏築地構築の可否についていい立てるのは無益だ。可といえば院の仰せに違い、否といえば兼宣の不覚が露呈して彼が深く恨みを含む事になる。黙して語らないに越した事はない」と語ったという。但し兼良が密かに語っていうには、「昔自亭（一条家）の前に、町面から一条面に至るまでこれ（裏築地のようなもの）を築き廻らしていて、通路は東の一方（一条面）にだけあって町小路の方にはなかった。これは裏築地の形態ではなく袖築地で、父の故一条経嗣が構えたものである」という事であった。定親は「この談話から推すに、裏築地は不可というのが兼良の意見か」と推測。

⑱また兼良曰く、「儀同三司（准大臣）が大臣の礼を用いるのは不可である。同様に、脇壁も槐門の家に生まれた者でも極官に至って初めて構えるべきで、まして『譜代の輩』でなければ三公に昇ってもその礼を用いるべきではない」との事で、また「今では日野・勧修寺の輩は一位昇進の後に大臣の礼を用いているが、これも容認できない。故万里小路一位仲房が准大臣以前から行っていた事だが、頗る首を傾げる者が多かった。しかも今、関白が一位に遣わす状（の書止）は『恐々謹言、名字』だが、皆これを非難している。摂家の人はたとえ未だその身が納言であっても、名家に遣わす状（の書止）は『謹言、判』である。名家の輩は本来摂家の家僕であるにもかかわらず最近では家礼しないが、それでも自分は家僕と考えている。このような（本来あるべき）礼節は今では有名無実で、悲しい事である。摂家がこの有様なら、凡人ではいうに及ばないであろう。但し（名家の主張によって通用している礼節は）先例としてはならない」という事であった。

非常に内容の豊富な記事で、事件の全容は右の史料に尽くされているといってよいが、この史料の理解と事件の意義の考察にあたっては、裏築地がそもそもいかなる形態・機能を持つ構築物であったのかを、他の史料から明らかにしておく必要があろう。

二　裏築地の形態と名称・表記・機能

裏築地に関しては、管見の限りでは川上貢氏・髙橋康夫氏の論攷で里内裏のものについて多少触れているのみで、〔補注1〕辞典類でこれを立項しているのは『日本国語大辞典』（第二版、小学館）だけである。川上氏は裏築地について、御所四壁を防禦する二重の築地の外壁を構成するもので、諸門が直接街路に向かって開かれる不備を防ぐ目的の構築物であり、またかかる裏築地のあり方は後世の城郭において城内への直進を防いだ「枡形」の先駆的形態であるとする。(3)また髙橋氏も南北朝動乱期の京都の戦場化に関連して、土御門内裏の西面に構築された裏築地が要害の機能を持っていたと推測し、(4)両氏とも裏築地を主に治安・防犯上の防禦施設と見なした点で共通している。

しかし、裏築地が実際にそのような機能を果たした事を示す史料が全く見られない上、むしろ恒常的な治安悪化に伴って洛中各所の城塞化が進行する一五世紀末以降に裏築地の史料上の所見が途絶える事を考慮すれば（章末の表7参照）、両氏の見解は再検討を要するものと考えられよう。

一方、『日本国語大辞典』の「裏築地」の項は「家の裏側に設けた土手のような垣、また、土塀（どべい）」と説明し、裏築地の「裏」を家の裏と解している。しかし土御門内裏の正門ともいうべき四足門（左衛門陣）の前に構築されていた事を考えれば、この説明も採り難い事が明らかである。飯淵康一氏は平安期の里内裏を中心とする三町四方の領域が「陣中」と呼ばれ、平安宮大内裏に擬せられて臣下の下車・下馬が求められた事を明らかにしているが、(5)そのような指摘を踏まえれば裏築地もまた内裏（第宅）を中心とする空間秩序・礼節秩序の中で捉え直すべきではないかと思われるのである。

（1）形状と名称

図7は応安年間の里内裏土御門殿周辺の指図で、管見の限り裏築地を記した唯一〔補注2〕の図面である（『門葉記』〔巻第五十一、長日如意輪法〕応安元年（一三六八）五月一四日条所載）(6)。これによれば第宅の面する街路の中央に、街路と平行して設けられている築地が裏築地であった。図7による限り裏築地自体は単純な築地と変わりがないと思われるが、これは第宅を囲む築地の一部ではなく、その築地の外側に今日の中央分離帯のように設けられている。

その規模については、後述のように裏築地が「裏辻」と表記された事を踏まえると、『実隆公記』文亀二年（一五〇二）五月二六日条の「今日西面築地新造之、二間余出之、此地元来如此、快楽院儀同三司（日野東洞院資教）為宿所之時、西面莫太広云々、然而後崇光院（伏見宮貞成親王）御出京之後、為築裏辻被広小路云々」という記事が参考となる。これは後小松院仙洞として用いられた一条南・東洞院西の日野（東洞院）資教・資親亭（一条東洞院殿）が、永享五年（一四三三）の後小松院死後に室町殿義教の計らいで伏見宮貞成親王（後の後崇光院）の管領に属し、同七年に同所の建物を東隣の地に移築して貞成の京御所が造営された事に関する話題と見られる(7)。詳細は不明だが、その際に「裏辻」＝裏築地を築くために小路（西面の烏丸小路）の幅を広げたとあるから、（拡幅しなければ）小路への裏築地設置は難しく、通常は大路の幅を必要とする構築物であった事がうかがわれる。

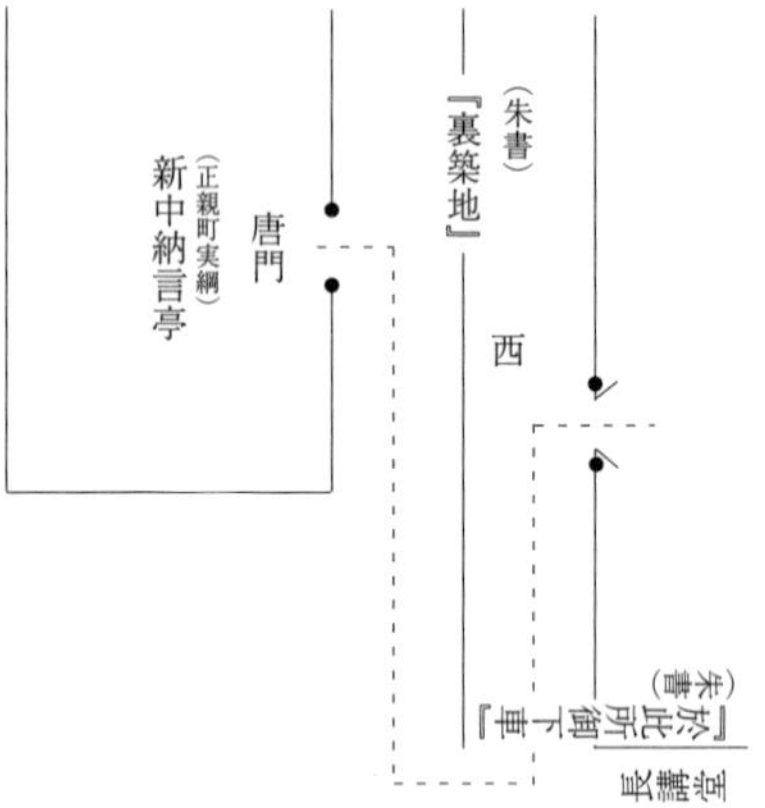

図7　土御門内裏指図（部分）

平安後期～末期成立の『類聚名義抄』（六、土）や『伊呂波字類抄』（都、地儀）等によれば(8)、もともと築地は築垣・築墻と記され「ツイカキ」「ツイヒチ」と訓まれていた。両書に「築地」の表記が見られないように、「築地」は比較的新しい表記であったと思われ、古記録を通覧した印象では、鎌倉時代以降「築地」の使用頻度が増して

「築垣」と併存し、南北朝期以降は「築垣」「築墻」の表記はほとんど行われなくなったようである。したがって裏築地も鎌倉期には「裏築垣」として史料上に現れる事が多い。

　管見に触れた諸記録中の「裏築地」の所見を一覧表化した本章末の表7によると、史料上には「裏築垣」「裏築地」「裏辻」「裏辻子」等様々な表記で現れ、特に室町期には「裏辻」と記される例が増えているが、全て本来的な意味からすれば「裏築地（垣）」と表記されるべき同一の実体を指していると考えられる。「裏辻」が裏築地である事は、洞院実煕の右大将奏慶（拝賀）について、記録された経緯の異なる二史料を同時に掲げる『康富記』嘉吉三年（一四四三）四月二六日条が、同一の対象を両様に記している事から知られる。このうち、一方は中原康富が記した地の文で、正親町持季亭より参内した実煕の行程を「出東洞院面大門北行、内裏々辻内南行、自左衛門陣有御参」と記している。いま一方は実煕自身の作成にかかる「御記録」の写と見られる当日の次第記が張り継がれたもので[9]、こちらでは同じ行程が「令出東面門給、北行裏築地外、廻北端折右、裏築地内南行、自右（左）衛門陣御参内」とあるから、両者の比較により前者の「内裏々辻」即ち「裏辻」が後者の「裏築地」を指している事が明らかである。

　また右の右大将拝賀で実煕が出立所とした正親町持季亭は、東洞院大路を挟んで東隣の土御門内裏の裏築地に面していた事から「裏築地殿」と呼ばれた[10]。長いので引用を避けたが、前掲の『康富記』同日条の他の部分（第四章で史料1として、また第六章で史料11として掲出）で、持季亭が「裏辻亭」「裏辻殿」と記されているのはこれと一致する（なお、同記文安五年（一四四八）八月二一日条には「向殿裏築地亭」ともある。宝徳二年（一四五〇）七月一一日条に「向殿正親町殿」とあるのに代表されるように、持季は第宅が中原康富亭〔正親町北・東洞院西〕[11]の向かいにあったため、同記では多く「向殿」と呼ばれている）[12]。また同家は南北朝期の忠季以降、その子実綱を除いて近世初期に至るまで「正親町」と「裏築地」の両称号を併用したが、後者では「裏築地」「裏辻」「裏辻子」「裏辻地」の各表記が行われた[13]。特に「裏辻地」の表記は「裏辻」あるいは「裏辻子」と書こうとして「裏築地」の表記に引きずられたものと見られ、「裏辻」が「裏築地」

と同義であった事を傍証している。近世編纂の『裏辻家譜』冒頭には「裏築地系譜今専用裏辻ノ字ニ候得共、本字如此、」とあって「裏辻」が「裏築地」を本字とした事が知られ、[14]また永和元年（一三七五）九月五日に大嘗会主基大嘗宮の資材負担を命じた伝奏広橋仲光奉書が宛所を「謹上　裏辻僧正御坊」とした後、「辻」を見せ消ちにして「築地」と書き直している事も、[15]両者が同義で「裏築地」が本字であった事を裏づけていよう。

なお『宣胤卿記』文明一二年（一四八〇）二月一一日条の「東北芝辻、至今日終功」という記事に見える「芝辻」は、正月二五日条の「今日終日東壇外令堀（掘）小堀、其上為築芝築地也」という記事に見える「芝築地」と同じものを指すと見られ、また『後法成寺関白記』永正五年（一五〇八）一一月三日条に「晴、辻築之」とある「辻」も、「築く」という動詞の目的語である事から「築地」を意味する可能性が高い。普通名詞としての「築地」が、しばしば「辻」に転化していた事が推察されよう。また『祇園社記』（雑纂第五）所収観応元年（一三五〇）八月七日源氏女譲状に「ゆつりわたすちの事、たかついいしひんかしのとうゐん（東洞院）ひんかしのつら（東頬）」云々とある中の「たかついし」は「高辻」と思われ、芝築地の事例とは逆に「辻」が「築地」に転化している。これらの事例より、両者が一般に相互通用していた事がうかがわれる。

また通常「辻子《ずし》《ずじ》」といえば、平安京の本来の町割りとは別に新たに開発された通路が想定され、[16]「裏辻子」も何かの裏に当たる「辻子」かとも考える余地があるが、康安元年（一三六一）に禁中熾盛光法勤修のため参内した尊道法親王の下車地点について「於置石辺出御、御牛手引ニテ、裏辻子端道ニ立御車御下車」と記されている例等では、同じ史料の別部分で同内容が「於裏築地際下車」と記されている事からも、明らかに「辻子」ではなく裏築地を指しており[17]（『看聞日記』永享八年四月二五日条に「自内裏出車給、（割注略）御所御所（宮御方）・南御方以下女中乗之、裏辻際ニ立車」と類似表現が見え、これも裏築地を指すと見られる）、また正親町実秀が「裏辻（裏築地）子権大納言」と記された事からも、[18]「裏辻子」が「ウラツジ」と訓まれ、裏築地を意味する用法があった事が認められる。「辻子」と書いて「辻」と通用させる用法が行われた事は、鎌倉〜室町期の記録・文書に、「当時蓬屋高辻子西洞院」「五辻子宰相入道俗名俊氏」「在所高辻子与東洞院間北頬地也」「四辻子新中納言源善成」「高辻子室町辺炎上」「五条坊門以南高辻子以北東洞院東頬敷地南北肆丈東西弐拾丈事」等の表記が散見する事から確認される[19]。このような築地・辻・辻子の相互通用は、「築子ヲツカス」(『後法成寺関白記』永正九年一〇月二四日条)のごとき混淆した表記を生むに至っている。

なお、史料上稀に「裏築」なる語が見られるが、これも裏築地を指していた可能性が高い。『教言卿記』応永一二年(一四〇五)七月二六日条には「土倉裏築蔵ニ予皮籠ノ料足十貫文預之使女大宮」とあり、この「土倉裏築蔵」が同記同年八月七日条に「裏松殿ヨリ質物盆大小四、香箱一、直垂上ソウ卅貫ニ取之、花山院裏築土倉使大宮女新御所へ点心料足為云々」と見える「花山院裏築土倉」と同じものと考えられる。そして『後深心院関白記』応安六年(一三七三)三月二三日条に「亥刻有火事、花山院裏築地之在家也」とあり、また史料1⑯や後掲史料2からも花山院亭に裏築地のあった事が確認される事から、「花山院裏築土倉」の「裏築」が裏築地を指している可能性が高いと考えられるのである(『教言卿記』には「裏築伊勢入道」なる人物も見える)[20]。

なお『大日本史料』所収本の『応仁記』が一色義直の宿所抛棄の場面を「其夜花ノ御所ノ裏築地ノ館ヲ捨テ」と記すのに対し[21]、室町末期写の宮内庁書陵部蔵本『応仁記』が同じ場面を「其夜花御所ノ裏築ノ捨館テ」と記している事も[22]、この可能性を裏づけている。『群書類従』本の『応仁記』「洛中大焼事」に列挙される廷臣の第宅のうち、「高築」は「高辻」を意味すると思われ、「築」と書いて「ツジ」と訓ませる用法があったようである。

裏築地は頻繁に「裏辻」と表記された事から「うらつじ」とも訓まれたようだが、文明四年(一四七二)末に定められた禁裏小番の交名に裏築地公兼(正親町)を指して「うらついち殿」、裏築地西実澄(正親町西)を指して「うらついし西殿」と書かれている事から、「うらついじ」の訓も併存して一定しなかったらしく[23]、『御湯殿上日記』でも両訓が混在している。

（2）機能

近年高橋慎一朗氏は都市の性質を規定する物理的構造としての〝塀〟に注目し、上杉本『洛中洛外図屏風』に見える多数の塀や、現在も残る室町末〜近世初期築造の築地塀——特に兵庫県西宮市の西宮神社の室町期築造が確実な築地（大練塀）を取り上げ、その存在感・威圧感（下方の厚さ約一・五メートル、高さ約三・八メートル）等について検討した。そしてヨーロッパ中世都市とは異なり市壁を持たない戦国期京都も、その内部では視線を遮り威圧感を与える塀が多数張り巡らされ、その塀の内部は、それぞれが公家・武家・寺社等が「地主」という核となって求心性を有し形成する小都市というべきものであった事、かつそのような諸権門の分割支配を超えて地域的なまとまりを持ち始めた町・近郊集落もまた、構という物理的な塀で小都市を形成し、それら新旧の原理に基づく小都市的区画が複合して京都を構成していたという、興味深い京都論を展開している[24]。

中世末期京都の〝塀〟一般が右のように都市の一定領域を区画し、外部に対する物理的防備と独立性の主張を機能として有していたとすると、その中で特に「裏築地」と名づけられた塀はいかなる機能・役割を期待され、また現実に果たしていたのであろうか。

前掲史料1③は、裏築地が路頭礼秩序の中で何らかの役割を果たした事を直接示す史料の一つである。その中で広橋兼宣は足利義持に対して、裏築地を築いた理由を「准大臣である自分に恐縮して通路を変更する諸人の煩いを防ぐため」と語り、これに対して正親町三条公雅が「摂家や丞相（大臣）・儀同三司（准大臣）の第宅の前で恐縮していたら洛中のどこを通ればいいのか」と否定している。大臣家の門前通行については『小右記』治安四年（一〇二四）四月一三日条に見える「大臣家門又大臣不渡」という原則が室町期にも生きており[25]、兼宣亭前の通過の問題は大臣家門前通行の問題である可能性が高い。とすれば、この問題が造築の契機となった裏築地に期待された機能は、門前下乗の路頭礼と関連づけられた〝門の遮蔽〟であり、それによって下乗の手間を諸人に取らせない事——即ち礼節と交通の便の両立にあった事になる。応永三二年（一四二五）という年が（少なくとも京都では）室町期屈指の軍事・治安上の安定期であった事に加え、後述のように裏築地造築の可否に関する相論において、造築の契機が終始身分の問題と関連してのみ語られている事からも、裏築地が治安・防犯目的の建造物であったとは思われない。

貴人の門前を通過する無礼の度合いが、築地を隔てる事によって緩和され得ると考えられた事は他の史料からも傍証される。たとえば『吉記』仁安元年（一一六六）九月五日条によれば、内裏での蔵人頭拝賀の後中宮御方（藤原育子）にも参上した吉田経房は、その経路を「次予参中宮御方、経築垣之外、其中狼藉之故也、」と記している。これは築垣の外を通る事によって、その内側の中宮に対する「狼藉」を回避したものと解し得る。また時代が遡るが、平安中期の長和二年（一〇一三）に権大納言藤原公任が参内の途次、「度斎宮南小路之間、如雨飛礰（礫）」という目に遭い、公任が「縦度門前猶不可被打歟、況無門之所、何有其制乎」と主張した事例が西山良平氏によって指摘されている[26]。「自分の身分ならその第宅の門前を渡っても打たれる理由はない。まして門がないのにどうしてそのような制限があろうか」という公任の主張に、〈門がある場合は当然なされるべき通行時の礼節上の配慮も、門がなければ行われなくてもよいはず〉という、無門の築地が持つ礼節上の遮蔽効果が端的に認められる。また院政期の源師時は保延元年（一一三五）の賀茂祭当日の天皇の他所行幸について「主上先後一条院御一条院時、賀茂祭有被免自一条東行、主上他所不渡御、是者北面ニ依無門也」と記している[27]。神（神体）や神事奉仕者が里内裏の周囲を通る場合は天皇が謙譲して他所に行幸する事があったが[28]、一条院は北面（一条面）が無門、即ち築地で完全に隔てられていたため、賀茂祭使が一条大路を通行しても天皇は退去しなかったのである。

これらの事例を踏まえれば、路頭礼秩序や居所—路頭間礼節において、築地には〈上位者と下位者の間を完全に遮蔽し、本来両者間に要求されるはずの礼節を不要にする〉という機能があったと推測されよう（居所—路頭間礼節の定義・詳細については第三章参照）。かかる遮蔽機能は、洛中において墻（垣）・塀が持った根源的な区画機能に由来するものと見られる。『資益王記』文明一四年二月一八日条に「自産所中将方へ北向移住、隔墻別門故也」とある記事では、墻を隔て門を別にする（門を共有しない）区画ならば出産に伴う穢が及ばないという発想が見出される。墻・塀の遮蔽性とともに、門の有無がその遮蔽性の有無を決定していた事がよく観察されよう。如上の築地の機能に着目し、門を持つ築地の前面にさらに築地を構える事によって、第宅のその面が無門であるのと同じ状態にしたのが裏築地であり、その最も直接的な機能は路頭礼秩序の中で果たされたものと考えられる。

このように裏築地はその外側での下乗省略を認めるものと推測される一方、その内側（第宅側、つまり第宅外周の築地と裏築地に挟まれた細長い空間）では必ず下馬・下車が求められたようである。裏築地内側にそのような乗物通行が可能な空間的広がりがどの程度あったかという点については、足利義教の右大将拝賀に関する『普広院殿御元服記』（『群書類従』武家部所収）永享二年七月二五日条の次の記事が参考となる。

一、御車ハ四足門ノ外、北腋ニ被立、仮令御門右脇也、
一、御出時於庭上蹲居事、
公家人達、日（月イ）花門与四足門間一列南面、一騎打大名、同庭上北面、官人四足門左脇西面、御衛府侍ハ裏築地傍官人向東面、帯刀四足門外与唐門外間、東西著也、二行、

これは禁裏拝賀後の退出の場面で、義教に供奉する官人（検非違使在任者）が内裏四足門の（内裏内部から見て）左脇に西を向いて整列し、同じく供奉の衛府侍が裏築地の傍らに、右の官人の方を向くように東を向いて整列、帯刀が四足門と唐門（内裏西面・四足門北の門）の間に整列したとある。この記事は供奉人が内裏内部の月華門から[29]西面四足門を経て東洞院大路に連なる様子を描写したものであるから、それぞれ個別にも供奉人を引き連れた官人（同記によれば佐々木大原持綱以下三騎）・衛府侍（千秋刑部少輔以下一〇騎、一行）・帯刀（赤松三郎以下二四騎、二行）が内裏土御門殿の裏築地の内側に整列できるだけの空間的余裕があった事が知られる。

そのような裏築地内部の通行に関して、史料１（⑯）で花山院亭の「馬防」なる施設の存在が言及され、これによって同亭の前において「乗物之輩」の通行が防止されていた事が見えており、裏築地が馬防の類似施設として捉えられていた事がうかがわれる。事実、一六世紀前半成立の『蒙求抄』[31]は「行馬」という語を「行馬ハ馬フセキソ、裏ツイチソ」と説明しており[32]、馬防と裏築地は同じ機能を果たしているという室町時代の一認識が端的に示されている。

それでは裏築地が〝馬を防ぐ〟とはいかなる意味であろうか。次に掲げる『吉田家日次記』貞治五年（一三六六）七月五日条[33]には、その端的な実例が見出される。

〔史料２〕

五日、乙酉、天晴、今日酉剋四条中将顕保参伏見殿、(乗馬、)相具青侍、(乗馬、直垂、)通花山院東洞院面(裏築地内、)之処、自本所青侍出対、引下青侍云々、仍中将馳返、種々懇望之間、青侍無為返了云々、

右によれば四条顕保は伏見殿に参上する途上、供の青侍が乗馬のまま「花山院東洞院面」の「裏築地内」を通行したため、花山院兼定の青侍に見咎められ引きずり下ろされてしまった。最終的には顕保が「種々懇望」したため青侍は無事に解放されたが、この記事から、裏築地の内側を下乗せずに通行する事を不可とするルールが存在した（このルールを破れば暴力的闘乱が発生してもおかしくなかった）事が読み取られよう。

なお、馬防の類例として「犬防」という施設も記録上に見られる。『山槐記』仁安二年二月一四日条は、吉田経房が行った任右衛門権佐の畏申（御礼言上）に関する記事で、経房が後白河院から検非違使別当藤原隆季に至る九箇所に参じた事と併せて、院への参上に関して次のようにある。

自去十三日令入熊野御精進屋、（給脱カ）有犬防、可准門外歟、又御物忌之時不拝、先人任弁官拝賀之時、御坐御精進屋、仍不拝之由被記置、而雖有犬防、近代人々拝之、就中御坐御桟敷之間、当御眼路、尤可拝之由人々諷諫、

今度拝云々、

この時たまたま後白河は熊野参詣のための精進屋にあり、経房が参上したところ犬防があった。そこでこれは門外に准じて考えるべきでもあろうし、また物忌中の人を拝さないと一般にもいわれ、先人（父光房）も同様の時に拝さなかったと記録している。しかし最近の人々は犬防があっても相手を拝するし、今回は院が桟敷にいて経房の行路（所々の拝のための出行）が院の視界に直に入るのだから拝するのが理に叶うという人々の教示を得て、経房は結局院を拝した。

右の経緯から、①犬防は居宅に滞在する貴人に対する通行者の拝（つまり礼節）を不要にする、②後段で「直に院の目に触れるか」が問題とされている点から、犬防は貴人と通行者の間を視覚的・物理的に遮蔽する事で礼節を不要にする、という機能が読み取られよう。文中の「門外に准ず」を「門前ではない（門前の外）と見なす」と解釈して大過なければ、当事者間の物理的遮蔽による礼節の省略化機能といい、「動物名＋防」という名称といい、犬防は馬防と同類型の構築物であった事が推定される。これらの名称でいう「防ぐ」とは、具体的には通行を物理的に阻止する事と解釈されよう。馬の通行阻止は人の騎馬通行阻止に通ずるので判りやすいが、犬の通行防止は直接礼節に関わるとは考えにくい。恐らく犬防の「犬」とは、犬は防げるが馬は防げない程度の規模（高さ・大きさ）である事の謂であり（馬防は裏築地、即ち築地塀と同じものなので相当高かったはず）(34)、したがって馬防・犬防の差は構築物として重厚・本格的か軽便・簡易的かという点にあるのではないかと推測される。

話を馬防・裏築地に戻せば、応永二七年（一四二〇）成立の『海人藻芥』(35)に「執柄大臣ノ門前、乗物ヨリ下テ可通、不然者通裏築地外也、別当ノ門前、通裡檜垣外也、法親王門跡ノ前へ不可乗打也」とある事は、前述のルール（裏築地内は乗馬通行不可）の存在を端的に裏づけている。里内裏においては裏築地の内側を乗馬・乗車のまま通行した例は管見の限り一例も見出されない上、臣下の第宅でもその内側を下乗せずに通ったと見なせる例は史料2の四条顕保の例と次に挙げる『満済准后日記』応永三〇年正月七日条の二例しか見られず、しかもいずれも通行者がトラブルに見舞われている。

〔史料３〕

七日（中略）一昨日五日舎弟赤松出羽守死去、去四日渡御管領亭時供奉、沈酔中落馬、頭ヲ被踏馬、其外急所ヲ打損ト云々、翌日五日朝逝去、希代事也、或者語云、自管領御所様還御時、御共無為ニ仕、其後宿所へ罷帰時、御所裏辻ヲ乍乗罷透、則三条八幡東也、不幾大館宿所前ニテ令落馬、則召具者共扶乗、罷帰後ハ更無正体失本心云々、

義持の管領畠山満家亭渡御に供奉した赤松満祐の弟出羽守則友[36]は還御まで無事に供を勤めた後、宿所に帰る途中三条八幡東に当たる「御所裏辻」を乗馬のまま通過し、大館宿所の前で落馬して正気を失い、翌朝に逝去したという（『看聞日記』五日条にも「抑今日赤松出羽守自室町殿退出之時落馬、忽堕命云々」とある）。ここに見える「御所裏辻」は前後の文脈からも、また三条八幡東という位置（『兼宣公記』応永三三年八月二六日条に「三条坊門高倉八幡宮」とある）からも義持の下御所の裏築地であると考えられる（下御所＝三条坊門〔万里小路〕殿は三条坊門南・万里小路東。第一〇章注69参照）。ここで落馬の経緯とは直接関係のない「御所裏辻ヲ乍乗罷透」という記述が帰宅の路次の記述に挿入されている事は、室町殿御所の裏築地（の恐らく内側）を乗馬通行する事が極めて無礼であるという発想を前提とするものと思われ、満済のような幕府関係者にとっても、裏築地の意義が明確に意識されていた事がうかがわれる。

また次の史料も、裏築地内通行に関わるものである。

〔史料４〕『兼宣公記』応永三一年三月六日条[37]

六日壬午、晴、

為室町殿（足利義持）御使吉阿弥入来、被進御書於　仙洞（後小松院）也、前管領右京大夫（細川満元）入道送使者云、庭前被栽置松樹、依室町殿仰、渡進　仙洞御庭、可通内裏西面之裏築地之内、其子細内々可得其意也、且依室町殿仰如此（アキママ）案内云々、余対面使者、示可申入　内裏由返答者也、（後略）

右史料は、室町殿義持の御所（下御所）庭前に植えてあった松の木を義持の命で後小松院仙洞（一条東洞院御所）の庭に植え替えるにあたって、内裏西面の裏築地の内側を通って搬入する旨を事前に称光天皇に伝達し承知しておいてもらうよう、義持が広橋兼宣に命じた事を伝えるものである。わざわざ事前に断っておく必要があるという事は、裏を返せば事前通知なく通行するとトラブルを惹起する可能性が想定されていた事を示しており、上皇・天皇・室町殿の間でさえ、裏築地内通行に関しては相互にかかる配慮を必要とした点が注意されよう。

上述のように、裏築地は下位の人間が自らに礼節を尽くす事を前提として上位の人間が構えたものであったから、派生的に室町期には居住者が高貴である事を示す身分表示の機能を持つようになったと考えられる。史料1⑨で後小松院が義持に対して、「裏築地を備えているのは禁裏・院御所・室町殿御所のみで、執政（摂関）・大臣・法親王・准后の御所さえもこれを持たない」と語っている事からも、裏築地の有無が公武社会最上層の身分・尊貴性と直結している事がうかがわれるのである。自亭に裏築地を持つ事が尊貴性の獲得たり得る事は、『日本紀略』長元三年（一〇三〇）四月二三日条に「六位以下築垣并檜皮葺宅可停止者」とあって、本来的に築垣（築地）の構築自体が通貴・諸大夫以上という身分的制限を伴う尊貴性の象徴であった事から肯かれよう。

兼宣による裏築地構築はまさに彼がそのような尊貴性の標識を欲した事の現れと考えられるが、後小松がこれを拒否した事は、裏築地具備の資格たる尊貴性について両者の考え方に相違があった事を示している。室町殿に密着して権勢を極めながらも本来出自の低い名家出身の兼宣は、この尊貴性が（出自を問わぬ現有の）権勢・権力を含むと解していたと思われる。これに対して、当時既に統治者としての実質的権力を失っていた事が指摘され[38]、また当事者もそれを自覚していた天皇・上皇（治天）を裏築地具備の有資格者と明言し、かつ兼宣による構築を拒否した後小松は、この尊貴性を出自の貴種性に限ると捉えていたと考えられるのである。後述のように、この騒動の結果、裏築地具備の資格の曖昧さは解消されたと考えられるが、兼宣が事前に騒動の惹起を予期できなかった事は、それまで裏築地が漠然とした権威の象徴と考えられていた事の反映にほかならないであろう。

三　室町期公家社会の礼節・家格・身分秩序と裏築地

以上に述べた裏築地の基本的な性質を踏まえ、応永三二（一四二五）年の広橋亭裏築地撤去騒動の意義を考えてみたい。騒動の経緯からまず看取されるのは広橋兼宣の権勢とその自覚、そしてこれに対する公家社会上層部の反発であり、この一件が当時の公家社会身分秩序を揺さぶる問題であった事である。史料1の③⑥によれば、「儀同三司（准大臣）（自分）に配慮せねばならない公雅ら諸人の煩いを軽減する目的で裏築地を設ける」という兼宣の主張に対して義持は疑問を持っており、また公雅はそのような意図をもって兼宣亭を避けた事を頑なに否定し兼宣と全面的に対立している。このような義持の疑問・公雅の否定は、兼宣の主張がそれまでの身分秩序に関する通念にそぐわないものであった事を示している。

兼宣の義持に対する右の主張は、裏を返せば、公雅が准大臣である自分の門前を憚るのは理由のある事である——さらにいえば当然であると兼宣が考えていた事を示していよう。これに対して公雅は話を伝えた四辻季保に対してその事を否定するとともに、彼自身の否定にもかかわらず止まない諸人の風評を憂慮してわざわざ治天後小松院に本意ではない旨を申し入れている。さらに公雅は兼宣に直接本意を伝えようという院の意向を無視し、かわりに義持に対して同じ旨を申し送った。これは、兼宣に直接伝えても事態の解決にはならないと公雅が考えたからであり、また同様に義持に伝える事を選んだのはそれが最も効果的であると考えたからであろう。

そこまで躍起になって公雅が風評を否定しようとした理由として最も考えられるのは、本来の身分秩序の改変に対する危機感である。そもそも正親町三条家は近衛大将を兼ねられないものの左右大臣まで昇り得る家格であったのに対し、広橋家を含む日野流藤原氏は名家といわれ、侍従・弁官を経て蔵人頭を兼任する、本来はせいぜい納言止まりの家柄であった。文和二年《（一三五三）》に前権大納言日野柳原資明が死去した際、洞院公賢が日記に「事奉行随分練事之仁也」とその死を惜しみながらも「非成業昇亜相《（大納言）》極官、至特進《（正二位）》崇班、頗過分栄運也」と記しているのは[39]、彼らが本来ならば特進（正二位）[40]・亜相（大納言）さえ「過分」といわれる出自であった事を示している。

両家の間には本来このような家格の隔たりが厳然としてあったはずであり、兼宣が准大臣として官職上は上位にあるとしても、公雅からすればその兼宣に対して「恐れを成した」とする風評を否定するのは当然の事であった。康安元年《（一三六一）》の最勝講で中納言久我具通（清華）は「仲房卿ハ名家輩也、仍雖為上首、可著下」として上﨟万里小路仲房の上座に著かんとし、同じ清華の三条家からさえも非難されたが[41]、兼宣に対して公雅が抱いたのはこれに通ずる発想であったと思われる。ここにおいて、兼宣は本来の家柄を顧みず一時的な権勢をもって裏築地を築く事は不可とする、家格の論理に直面するのである。

ところが周知のように、後醍醐天皇の治世以降、足利義満の時代を経て名家の社会的地位は飛躍的に上昇していた。その経緯を跡づけた百瀬今朝雄氏の研究に拠って略述すると[42]、まず建武政権期に勧修寺流の吉田定房が准大臣宣下を蒙り、次いで僅か三箇月後に内大臣に任ぜられたのを皮切りに、名家は大臣を輩出するまでに地位を高める事に成功する[43]。さらに万里小路仲房・嗣房父子、広橋仲光・兼宣父子、日野裏松重光が義満に仕えると同時に伝奏を勤め、いずれも大臣・准大臣または一位に昇って名家の地位上昇を決定的とした[44]。

応永初期の嗣房・仲光が出家後も「鹿苑院殿《（義満）》御法体之故」に「以別儀」て伝奏を勤めたとされるように[45]、一部の名家は義満に対する徹底した奉仕によって義満の権力を支え、また例えば万里小路家では嗣房が「自永和至応

永五年　室町殿御事毎事申沙汰」した功績を認められ、義満から「故内府（万里小路嗣房）忠功異于他、於子孫殊被加扶持之様、可得其意之由示置」かれているように、[46] 武家（義満）に対する忠節の反対給付として武家の庇護と高位高官を得る道を拓いた。既に鎌倉末期、亀山・後宇多両上皇の院執権として勢威を振るった吉田定房が嘉元二年（一三〇四）に関白二条兼基への家礼を拒否して最終的に認められたように、[47] 従来摂関家に従者として奉公する対価として家恩の知行地を与えられていた名家は、[48] このように摂家に代わる強力な権力と密着する事により摂家から経済的に独立（＝主従関係を解消）する傾向を強め、最終的には室町殿権力との結合によって一つの到達点に達したと考えられる。

応永二年の万里小路嗣房の任内大臣を一条経嗣が「希代勝事」と評したばかりでなく、同時に日野裏松重光が数輩の上首を超越して二七歳で大納言に任じた事を「殆勝柄臣家嫡歟」と述べ、花山院忠俊の中納言昇進と合わせて「是又不異摂家歟」と日記に記した事は、[49] そのような、昇進速度が摂家並みに上昇していた一部名家の状況を端的に表したものである。また九条経教が翌年に子孫宛ての置文の中でこの趨勢を「日野、自月輪禅閤（九条兼実）以来代々家僕、世以知之、当時無家礼儀、雖不及是非、為権門之間不及問答」と述べ、[50] また一条兼良が史料1の⑱で「名家の輩は本来摂家の家僕なのに最近では家礼しない」と述べているように、この時期の名家（特に日野流）は異例の昇進を重ね、もはやかつての主家であった（と主張する）摂家には手の出せない「権門」へと成長していた。『海人藻芥』「名家以下月卿雲客ノ亭ノ事」の次の記事は、このような名家の（摂家等から見た）「過分」の様子を、第宅と身分表示の関係という観点から端的に伝えている。

〔史料5〕

四足不可有之、（中略）但勧修寺ノ経顕公、任大臣ノ後造改宿所ノ間、悉以大臣家也、経顕公子息大納言経重・其子中納言経豊以下雖不任大臣、父祖旧亭ニ令居住之間、譜代ノ諸亭ニ不相替、又裏松一位大納言（重光）宿所、一向大臣家ノ如シ、近代両名家如此、

裏築地撤却事件の五年前という極めて近い時期の同時代史料である同書によれば、この頃勧修寺家では経重・経豊の二代が納言で終わったにもかかわらず、経重の父経顕が任大臣の後に造り替えた大臣相当の第宅にそのまま居住し、勧修寺亭はあたかも譜代の大臣家のようであったといい、また先に「摂家の家嫡に勝る昇進」と評された日野裏松重光も、一位大納言でありながらその宿所は「一向大臣家」のようであったという。

右の史料から、大臣未満の身でありながら大臣家のごとき四足門を備えた過分の第宅に日野・勧修寺の輩が居住する風潮が「近代」行われていた事が知られるが、広橋兼宣による裏築地築造はまさにその延長線上にあるといってよい（もっとも、「大路面に門屋を持つ居宅への居住資格を有する父（三位以上）の死後も、子孫は居住してよい」とする規定が『延喜式』(51)にあり、建造物に係る身分的制限が一般にこのような例外を許容すると諒解されていた可能性があるので、勧修寺・裏松らに一定の正当性はあったと見る事も可能であろう）。もっとも義持期には名家の地位は必ずしも安定的ではなく、応永二七年一〇月にはそれまで義持の「近習之人数」であった日野東洞院有光(52)（資教息）が義持の室町第より追い出され、九月頃から義持より「有御突鼻事不参」であった(53)広橋兼宣が一一月に「御気色以外不快」により「籠居」、日野烏丸豊光・勧修寺経興も「追籠」められるという事があった(54)。

とはいえ、それらは個別の契機によって一時的に蒙った勘気にすぎず、室町初期に全体として名家が飛躍的に擡頭する趨勢の中にあった事は間違いない。特に応永三二年という年は、兼宣自身が個人的にもまさに権勢を極めようとする時期にあたっている。兼宣は後述のように資教との対立に絡んで応永二八年にも義持の勘気を蒙り失脚したが、翌年正月に出仕を許されて復帰し(55)、同三二年には従一位に昇った。『薩戒記』同年一〇月一日条によれば、この頃兼宣は「祖父兼綱以来、当家は叙一位の後に人々から丞相（大臣）に対する書札礼を用いられてきたが、花頂（定助）僧正の状は二位大納言に対する礼である。この事についてどう思うわけでもないが、近代では大体皆大臣の礼を用いている」と語り、証拠として人々の書札を見せたという。「どう思うわけでもない（此事雖無所存……）」

とはいっているものの、兼宣は明らかに花頂僧正も含めた諸人に大臣の礼を要求しているのである。これは史料1⑱の「准大臣による大臣の礼の要求は不可」、あるいは「最近日野・勧修寺の輩が一位昇進後に大臣の礼を求めるのも不可」という兼良の非難と照応しているが、続けて兼良が述べるごとく、故万里小路一位仲房に倣っての事であった[56]。

兼宣は復帰後順調に出世を重ね、翌三二年四月に至って准大臣宣下を蒙る。『薩戒記』同月二七日条はその事情を次のように記している。

〔史料6〕

廿七日丁卯天晴（中略）今日戌剋、前大納言従一位藤原兼宣卿出家、年六十、先是准大臣之由被宣下之、蔵人右中弁房長（甘露寺）書宣旨、下権大納言実秀（正親町）云々、此事且擬祖父贈左大臣（勘解由小路兼綱）并故万里小路一位仲房等之例、且奉公異于他之由、立種々理申入道相府（義持）、仍令執奏給、上皇（後小松）雖有被仰之旨、依禅門重被申、遂以被宣下云々、於祖父贈左府事者、為帝（後円融）外祖難為例歟、件宣旨書様後日尋取之注之、

応永卅二年四月廿七日　宣旨

従一位藤原朝臣

宜准大臣預朝参、

蔵人右中弁藤原房長奉

後聞、日野入道一位資教卿参院申云、雖法躰近日常参候内（称光）・院、為一家嫡流、為一門宿老、忽為彼儀同三司被超越、老後恥辱不可過之、奉公旧労又不可劣他人、枉而因准法躰已後准后例、同欲被宣下云々、此事自院被仰合入道内府（義持）、有再往問答、遂又被宣下之、以彼人出家以前日次、応永十二年七月云々、其時職事吉田前中納言家俊卿書宣旨、件比上卿広橋入道一位之外不現存、仍下其人、藤中納言云々、而局務依為故少納言頼季（清原）真人、不及施行云々、

此事傾申之輩多之歟、或人云、後醍醐院臣北畠大納言親房卿也、入道之後、先准大臣、次為准后、（中略）若准此例可為当時宣下歟云々、然而経数年賜同日位記有例、何不准哉之由有院仰云々、

兼宣は二七日の出家に先立ち准大臣宣下を蒙ったが、その際祖父贈左大臣兼綱・万里小路仲房らの例を挙げ、さらに「奉公異于他」なる等の種々の理由を義持に申し立てて宣下を求めたため、義持が院に執奏したという。これに対して治天後小松院は難色を示したが、義持の強い推薦によって宣下が実現する。ところがこれを聞いた日野東洞院資教は院に参上し、「自分は法体だが常に禁裏・院に祇候している上、一家の嫡流・一門の宿老として兼宣に超越される事は恥辱の限りである」と主張した。そして「奉公旧労」ならば自分も他人に劣る事はなく、兼宣の論理が通るならば、自分も無理を承知の上で「法躰已後准后例」を準用して同じく准大臣宣下を蒙りたいと強硬に望んだのである。後小松はこれを容れて義持に諮るが今度は義持が難色を示したらしく、「再往問答」に及んだ末、結局資教にも宣下が下されるに至る。このように兼宣・資教の准大臣宣下は日野流内部の勢力争いの様相を呈している上、いずれも当人の半ば強引な希望によって（しかも資教は「毎事物狂沙汰」といわれ先例として無価値とされていた後醍醐朝〔『後愚昧記』応安三年（一三七〇）三月一六日条〕の北畠親房の例を追うという無理をして）実現したものであった。

実はこれに先立つ四年前の応永二八年にも両者は鋭く対立しており、その時には兼宣が一旦敗北している。即ち日野東洞院有光の任大納言拝賀への扈従を兼宣の息宣光が直前になって取りやめたため、有光の父資教が怒って後小松院・義持に訴え、以前から義持の機嫌を損ねていた兼宣は籠居を強いられ所領を没収されたのである[57]。四年後に准大臣宣下をめぐって争う資教と兼宣の対立はこの頃より先鋭化しており、特に資教は兼宣に対して攻撃的であった。かかる日野嫡流と庶流の対立があった上に、兼宣籠居の際に揃って資教の主張を是とした公武の最高権力者が今回もそれぞれの思惑から対立に干渉した結果、名家の、しかも同じ日野一門から同日に二人の准

大臣が出るという異常な人事が行われたのである（もっとも史料6によれば、兼宣による超越が発生しないよう、資教の宣下は出家以前の日付に遡及されている）。

そして次に掲げる『薩戒記』同年五月九日条によれば、准大臣となった両人は権勢を誇示すべく次の行動に移っている。

〔史料7〕

九日、戊寅、天晴、依当番早旦参院、入道内相府（義持）令参給、大領（飲）如常、今日左少弁資親（日野東洞院）被聴禁色、是祖父禅門（資教）依准大臣、以謂大臣孫所望申也、仍被宣下云々、又広橋一位入道（兼宣）家前築裏築地、是又依大臣云々、此事等太不可然之由有沙汰、

右によると、資教は自身の准大臣宣下を理由に孫（有光息）資親の禁色を所望して聴され、また兼宣は自亭で裏築地の築造を始め、いずれも「太不可然」と院中で話題になった。この記事により、兼宣が准大臣宣下後、直ちに（五月九日以前）裏築地の築造を始め、ほぼ同時に非難の声が挙がった事が知られる。また同記同月二八日条に、

〔史料8〕

廿八日、丁酉、（中略）未終許参花頂僧正（定助）房、則対面有種々言談、当時儀同三司事、又件等輩裏築地・脇壁事不可然、資親禁色又以不足言事也云々、

とあるように、この頃定親が花頂僧正定助を訪問した際にも、定助は兼宣の裏築地造築を不可とし、また資親の禁色を話にならないと非難している。ここで定助は「当時儀同三司事」即ち兼宣・資教の准大臣宣下そのものを「不可然」として批判しているから、両人の宣下自体がそもそも非難の的であった上に、両人はさらに裏築地築造・孫の禁色所望等、非難に拍車をかける行為を重ねたのである。一方、五月一二日には兼宣が自身の日記に「裏築地今日終功、自愛々々」と記しており[58]、この日に鷹司烏丸の広橋亭[59]に裏築地が完成した事が知られる。

このような中で、六月一日になると兼宣亭の裏築地の事について「公家武家之御沙汰」に及んだという情報が兼宣自身の日記に現れる。即ち『兼宣公記』同日条には、

〔史料9〕

一日、（前略）抑此第南面構裏築地之処、此築地事々敷由及公家武家之御沙汰云々、槐門一面礼有限事也、仍雖致沙汰及御沙汰之上者可撤却之由存定者也、為之如何、莫言々々、

とあり、裏築地が「事々しい」（大袈裟、ものものしい）として公武（後小松・義持）の意見が一致したらしい事が兼宣まで聞こえて来たのである。ここに及んで兼宣はやりすぎた事を悟り、「御沙汰に及ぶの上は」（問題視されたならば）仕方ないとして裏築地の撤却を決意せざるを得なくなった。同記翌六月二日条に、

〔史料10〕

二日、晴、今日又可有御　院参云々、欲参之処、為室町殿御使御菴（庵）入来給、是裏築地事可撤之由也、已以令撤之由申御返事者也、次同道頭弁（宣光）参仕、頃之室町殿御参、次有猿楽、

とあるように、兼宣の妹御庵（素玉）(60)が「裏築地を撤却せよ」との旨を伝える「室町殿御使」として彼を訪問し、これに対して既に撤却を始めている旨を兼宣が返答している。史料1の示す経緯は以上によって概ね裏づけられ、二日後の六月四日条に、

〔史料11〕

四日、風雨雷鳴、招寄四辻宰相中将（季保）、有申入院旨、是裏築地事也(61)、

とあるのを最後にこの騒動に関する記事が同記に見られなくなる。この事から、四日に兼宣が四辻季保を介して後小松院に裏築地撤去の事実を報告し、恐らくは同時に陳謝もしくは弁明を行う事によって、この一件は最終的に落着したものと見られる。

以上に見たごとく、広橋亭の裏築地撤去に至る経緯は、短期的には治天・室町殿を巻き込んだ兼宣と資教の出世競争の上に、また長期的には名家の勢力伸長過程の上に位置づけられるものである。「奉公異于他」なるという言葉が義持に対して兼宣から語られた事は、彼が自らの権勢の拠って立つところを明確に自覚していた事を示すものにほかならない。義満期以来の広橋家の室町殿家礼としての武家奉公の実績を考えれば、兼宣の言葉は「当代における武家奉公の労が平安期以来の家格秩序に優越する」という意味合いを含んでいる事がうかがわれるのである。

そしてそれが許容されて結果的に名家から二人の准大臣が同日に出た事は、公雅らから見れば公家社会身分秩序に対する名家日野流の猛烈な攻勢であり、大変な脅威と映ったであろう。このようにして公雅が危機感を強めたところに、兼宣が「公雅が自分に対して恐縮した」と広言してその攻勢が直接自らに及ぶに至り、公雅は断固としてこれを拒んだという事ができよう。裏築地築造に関する兼宣の主張を受け入れれば、正親町三条家の納言が広橋家の准大臣の門前で下車もしくは通路変更を行うという礼節の先例が成立してしまい、両家の本来の家格の上下関係が崩れるばかりか最終的には逆転するきっかけを作ってしまいかねないからである。事実、『看聞日記』永享五年（一四三三）八月一一日条に公雅の七回忌に関連して「去六日贈官内大臣一品被宣下、両代（実豊卿、公雅卿）任槐中絶了、而贈官興家、為子孫珍重也」とあるように、正親町三条家では実豊・公雅の二代が遂に生前大臣に昇れず、公雅は辛うじて没後七年も経て内大臣・従一位を追贈された。日野東洞院資教や広橋兼宣が生前に准大臣・従一位まで昇っていた（史料6）事と較べ、公雅の劣勢は明白であろう。

史料1の⑰以下で摂家と名家の書札礼について述べた一条兼良の談話を定親が載せている事は[62]、この事件の本質がまさにそのような家格秩序改変の危機を象徴しているという定親の認識を示している。兼良の主張は、当時関白が一位に遣わす時の「恐々謹言、名字」という文言の書札礼は非難されるべきものである事、摂家の人は未だ納言であっても名家に遣わす状は「謹言、判」という書止にすべき事、である。一般に「恐々謹言」が対等の礼である事を参照すれば、関白が（本来下位の）従一位の者を対等視する（させられる）事が非難の対象であった事になる。また弘安書札礼を参照すると、「謹言」は「恐々謹言」より薄礼（即ち下位の相手に対する上意下達を示す書止）で、例えば大臣が大・中納言に「遣」わす状の書止が「謹言、官判」であった（上位者への状は「奉執柄」等と「奉」字を冠して立項されている）。つまり兼良は、摂家の者は納言であっても、名家に対しては彼の現有の地位にかかわらず〈上から下す（遣わす）〉という立場で書札礼を実践すべきだと主張しているのである。

以上を踏まえ、兼良はさらに建造物構築資格に説き及ぶ。即ち准大臣が大臣の礼を用いるのは不可で、そもそも「脇壁」は「槐門家之輩」即ち大臣を先途とする大臣家以上であっても極官に至って初めて構えるものであるのに、まして「非譜代之輩」即ち名家程度の出身の者がたまたま幸運にも大臣に昇ったからといって構えてよいものではない、という。この「脇壁」は史料上の所見が乏しいが、裏築地と同様身分表示（大臣以上）の機能を果たす第宅付随物と考えられる。(63) ここで兼良は、礼節・身分に直結する建造物具備の可否を、官職（現有のポスト）ではなく家格（血統）によって判断すべきという認識を示している。

この問題に関連して想起されるのが、百瀬今朝雄氏の弘安書札礼についての考察である。即ち、百瀬氏によれば、原則として官職のみで割り切った弘安書札礼の規定が名家等の中級貴族によって推進されたと思われるのに対し、その末尾に「家之勝劣」を斟酌すべきとする付則を加えさせた勢力が摂家等の上級貴族ではなかったか、という。(64) この事は、前述の一条兼良が後に次のように書いている事から裏づけられよう。

〔史料12〕『桃花蘂葉』（私書札礼節事）

（前略）摂家丞相之時、名家大納言以下状、宛家司、可得御意之由書之、多分之儀なり、然而依人如弘安礼、恐惶謹言と書之人あり、其時ニ不及返事、以使者可返答之由、故殿《経嗣》被仰也、又摂関時猶如弘安礼書之人あり、沙汰之外事也、葉室中納言宗顕卿進故殿書状如弘安礼、某恐惶謹言と書之、鹿苑院殿《義満》令聞及給、被仰緩怠之由、可被召職之趣被仰之、委細見故殿御記、其時分名家大納言以下一人も以書状申入たる人無之、及末代者歟、弥以可有過分義也、計時宜無巨難之様可被進退也、（後略）

兼良の書札に対する立場は明瞭で、名家が摂関家に対して弘安書札礼の定める礼節で書札を記すのは返信に値せず（使者の口頭で返答）、特に摂関在任時に弘安礼の文言によって書札を送ってくるのは問題外であるという（兼良は父経嗣の日記から、名家の葉室宗顕が実際にその挙に及び、義満がその過失を責めて所領を没収せんとした実例を引いている）。弘安書札礼が摂家に不利益、名家に有利であり、故に摂家を含めた家格秩序に対して不備があると兼良が公言した事は、制定時から弘安礼に対して否定的な摂家の姿勢を類推させるに十分であろう。鎌倉後期の礼節公定過程に見られたかかる両勢力対立の構図は、百数十年を経て名家日野流の全盛期に治天・室町殿をも巻き込む直接的対立として表面化したのである。

ここで、兼良が名家の過分な要求を難ずるにあたり万里小路仲房の名を挙げている事は、名家（日野・勧修寺流）の専横の起点が義満期の彼らにあり、かつその傾向がエスカレートした一つの頂点がこの裏築地撤去騒動であったと兼良が認識していた事を示している。史料1⑱の兼良の談話のように、当時の名家の礼節秩序内における地位の上昇は、本来その秩序の中で最上位にいる事が保証されていた兼良等から見れば「礼儀」の喪失に他ならず、またそれらの風潮が先例として将来を規定する事は到底容認できなかったのである。

この騒動から一六年経った嘉吉元年《一四四一》、西園寺公名の辞退によって空席になった内大臣を万里小路時房が望んだ事に対して、大納言三条実量は強硬に反対した。『建内記』同年一一月一七日条によればその理由は「予《時房》極望事、名家無其謂」という、家格の論理に沿った明快なものであった。これに対し、時房は「一代興家之時、子孫相続昇進、通尊卑也」とし、また「於名家必不可相続之理、不可在之事也、興家者被賞其人別儀也、其子之相続者雖不及其賞、連綿事歟」と反論している。つまり一旦祖父仲房が功あって賞せられ家を興した以上、子孫が続くのは不可とするにあたらず、名家だからといって子孫の出世が続いてはいけない道理はない、というのである。その上で、吉田定房・勧修寺経顕の家格を超えた出世が子孫まで続かなかったのは、定房の子孫が南朝に祗候し、また経顕の子が早世したため——つまり「不得其時」る故に過ぎないとし、彼らと万里小路家の違いは「幸与不幸、時到与時不到」の差に過ぎないとした。ここでは功あって時を得れば破格の昇進・興家も当然という論理と、家格を超える昇進は基本的に不可とする論理が明確に対立しているが、応永三二年の騒動における兼宣と公雅・兼良らの拠って立つ論理の対立構造も、まさにこれと同じであったといえよう。

史料1⑨で後小松が述べているように、当時裏築地を構えていたのは禁裏・仙洞御所・室町殿御所の三者だけであった。この三者——天皇・上皇（治天）・室町殿は血統を不可欠の条件とする統治者（この用語の定義は「はじめに」末尾を参照）であって、親王以下の皇族や摂関以下の人々とは越え難い溝によって分かたれ、隔絶した存在であった。南北朝期まで花山院亭等が裏築地を備えていた事を考えれば、当時この三所以外に裏築地がなかったのは恐らく偶然の結果に過ぎないはずだが、この時点だけを切り取ってみれば、兼宣の行為はそのような三者に並ぼうとするものと映ったであろう。義持が院の命令による強制撤去を想定し自発的な撤去を勧めたほどの強い院の「不快」は、出自に基づく身分秩序の中では絶対に越えてはならないはずの壁を、兼宣が権勢に任せて越えようとしたと見なされた事に対して向けられたものであり、またこれに義持が同意した事は、兼宣らの行き過ぎた家格秩序の破壊が容認できる限度を超えたと、統治者集団が判断・合意した事を意味すると考えられる。

そして室町殿を除く人臣最上位の家柄である摂家でさえ遠慮し、かつ「時宜」を味方とした権勢家もその構築が認められない事が公家社会に明示された裏築地は、この事件を境に先の三者以外に築こうとする者が全く現れなくなる（本章末表7参照）。治天の意思と室町殿の同意によって、それが公家社会におけるルールとして確立したと考えられるのである。先述のごとく、後小松以後の天皇・院は後円融以前と比べて治天としての実権を喪失したと評価されているが、この時の後小松の反応は、少なくともこの時期において治天が公家社会の秩序を統制する意志を抛棄していなかった事を示していると考えられよう。

以上のように考えれば、この事件の本質は、一つには摂家・清華家・大臣家を脅かす名家日野流の露骨な挑戦とそれに対する摂家以下の抵抗であり、また一つには公武双方の統治者が（自ら騒動の発端に深く関与しながらも）名家の行き過ぎた僭上と礼節・身分秩序の過度の改変・紊乱を望まず、日野流の勢いに釘を刺したもの、という事になろう。

ところで百瀬今朝雄氏は、永享一一年正月の殿上淵酔で二人の蔵人頭のうち下﨟の管領頭清閑寺幸房（頭弁）が上﨟の正親町持季（頭中将）と座次を争った際の、幸房の管領頭更迭と所領没収という義教の苛烈な処置と、斎木一馬氏が紹介した『薩戒記』永享六年六月一二日条に載せる義教治世下の被罰者リストにおける家ごとの偏りから、義教が義満・義持の代に勢力を著しく伸張した名家（勧修寺・日野両流）を抑制する意図を持っていた事を指摘した(65)。名家の幸房が羽林家の持季に敗れた様子を、同氏は端的に「弁官の羽林に対する敗北」と表現している(66)。義教のこの方針は尾を引いたと見え、文安年中（義政期）の記録にも「羽林□揚蘭台（弁官）零落之時分也」といった表現が見られ(67)、名家の凋落は明らかに一つの趨勢であった。

これを踏まえて広橋亭裏築地撤去騒動を見ると、この騒動が義持治世下で栄達を極めんとしていたまさにその時に、日野流に加えられた掣肘であると評価し得る上、その僅か三年後の応永三五年に義持が死去して義教の治世が到来している事が注意されよう。義教が名家に代わって引き立てようとしたグループと百瀬氏が指摘した人々の筆頭に、正親町三条公雅の子実雅がある。実雅は義教室尹子の兄として「当時権門、上様（尹子）親昵、室町殿（義教）寵愛無双、傍若無人也」と評され(68)、嘉吉の変にも居合わせて負傷したほどの義教側近であったが（近年、水野智之氏が義教期における彼の擡頭と義政期の失脚を跡づけている)[69]、その実雅の父公雅が裏築地撤去騒動で兼宣と正面から対立している構図は、来るべき名家(弁方)受難の時代と羽林方出頭の趨勢の前兆として象徴的である。

本節の最後にこの騒動から看取される室町期公家社会の礼節への意識について述べておきたい。というのは、治天後小松はさておき、彼を除く公家社会の上層部に、礼節を云々して現実の衝突を惹起する事を避けたいと明言する風潮が見られるからである。定親は准大臣の裏築地建造の可否自体については判断を保留したまま、公家社会の非難を惹起する可能性が容易に想像される裏築地の築造に及んだ兼宣の軽率な行為そのものを否定的に捉えている(史料1の⑫)。この頃の定親の礼節観は、前年に書札礼に関して述べた「須守多分儀可無巨難歟」(多数派の所為に随えば大過ないのではないか)という『薩戒記』応永三一年一〇月一日条の記事によく顕れており、彼は個別的所作の是非の判断にはなかなか踏み込もうとしていない。

また、一条兼良も結局この相論における可否の判断を直接には示しておらず、名家の僭越を数え上げ難ずる事で婉曲的に仄めかしているに過ぎない。しかも兼良の立場は彼自身の言によれば明瞭で、「准大臣裏築地の可否を明らかにする事は、院か兼宣のどちらかの主張が誤っていると指摘する事に繋がってしまうので、口をつぐんでどちらにも与さないのが得策である」といい切っている(同⑰)。後に室町期有数の故実家として名望を得た兼良においてさえ、実際には政治的対立への巻き添えの回避(自身の処世)が故実に優先しているのである。

この事は、まさに礼節が本来個人対個人の人間関係に淵源を持っていた事——つまり身分制社会において無用な軋轢を回避し円滑な人間関係を維持するための仕組みであったと考えられる事を改めて想起させる。つまり、礼節にこだわって対立を惹き起こしたり恨みを買うのは本末転倒という発想が看取されるのである。しかし、一方でこのような状況は、まさに桜井英治氏が指摘したこの時期に特徴的な「無為」と「外聞」の政治学——混乱回避を最優先し真相究明を敢えて抛棄するうやむやの政治学そのものでもあろう[70]。騒動自体も、穏便に片付く事を望んだ義持によって自主的な撤却が提案され、また実際にはそれ以前に兼宣自身によって自主的に壊されて何事もなかったかのように終結している（伏見宮貞成親王や満済はこの騒動を記録していない）。兼宣の顔が立たないという事が、治天の逆鱗と同列に語られている事——即ち公家社会における旧来の礼節秩序が、権勢や極めて個別的な人間関係への遠慮からうやむやのまま変質させられる趨勢にあった事が、この騒動によって改めて示されたと考えられるのである。

四　室町殿御所における裏築地構築の意義

本章の最後に、裏築地という路頭礼上の装置（厳密にいえば、本書第三章で定義したところの〝居所—路頭間礼節〟上の装置）からうかがわれる、当該期公家社会の礼節秩序における室町殿（幕府首長）の位置づけについて考えてみたい。恒常的な室町殿御所には上御所と下御所の二箇所があり、このうち上御所は幕府首長の称号「室町殿」の元となり花御所・花亭の異名を持った室町東・北小路北・毘沙門堂大路南の第宅（室町第）である(71)。また下御所は足利直義の三条坊門万里小路殿に淵源を持ち、後に義詮が改修して居住し、また義満の死後に義持が専ら居住した三条坊門万里小路殿を指す。それぞれの室町殿御所における裏築地の初見は下御所の方が早く、先に見た赤松則友の落馬死を伝える史料３（応永三〇年〈一四二三〉）からその存在が確認できる。一方、上御所で裏築地が確認されるのは『康富記』嘉吉二年（一四四二）一一月二八日条まで下り、「故一色義貫被官人延永等余党」が攻め寄せるという風聞が立った一色氏宿所について、「一色左京大夫宿所室町殿裏辻内也」と記されているのが初見である。それぞれの裏築地は、下御所では義持の応永一六年（一四〇九）の三条坊門亭移徙まで、上御所では義教の永享三年（一四三一）の新造室町第移徙まで遡る可能性が十分にあろう。

裏築地が義持期から室町殿御所に見える事は、尊氏～義満期と比べ幕府首長の地位が向上した事を反映していると見られる。周知のごとく、将軍家家父長は義満に至って公武を併せ従える地位を獲得し、それまでの尊氏・義詮期とは質を異にする権力へと成長した(72)。義満によって「室町殿」の称号が独占的に称されるようになるのはその一つの徴証であるが、義満は右の成長達成後一〇年あまりで室町第・幕府首長の地位と「室町殿」称号を義持に譲り、自身はさらに「北山殿」という「室町殿」を越える権力を創出してその地位に就いた。

伊藤喜良氏が指摘したごとく、北山殿で義満が主催する「御前沙汰」によって守護の補任・侍所の更迭等が行われ、また御家人の所領安堵が義満の判形のもとに行われる等、義満の生前は幕府における最終的意思決定が義持ではなく義満によって行われた(73)。このように義満生前は武家（幕府）における権力も「室町殿」にではなく「北山殿」にあったから、「室町殿」が義満の「北山殿」の地位をも選択的に継承して最高権力者の地位として完成するのは義満の死後、義持期であるといえよう(74)。義満の居住した室町第や北山第にも見えなかった裏築地が義持期の三条坊門殿から現れるという事は、このような室町殿の地位の向上・完成と無関係ではないと思われるのである。

義持は応永一六年の移徙より同三五年の死去まで生涯下御所にあり、その間室町第を使用する事はなかったから、義持期の上御所に裏築地があったと考える必要はなかろう。逆に義持の地位を継承しさらに専制の度合いを強めた義教は、義持とは対蹠的に下御所には一切居住せず、嘉吉元年に殺害されるまで上御所で過ごした。史料上の所見にこれらの事情を考え併せると、上御所（花御所、室町第）に裏築地が設けられたのは義教の時期と考えられる。

金子拓氏によれば、室町殿への正月参賀は義満死去（義持の家督継承）の二年後の応永一七年に恒例化され、また将軍宣下等臨時の慶事への「御礼」参賀は、義持の晩年（応永三〇年頃）から義教期にかけて徐々に固定化が進んだという(75)。義持・義教期から室町殿御所における裏築地構築が確認される事は、室町殿がそれら贈与交換儀礼

（と一般に呼ばれているが、その儀礼的本質はあくまでも贈与交換ではなく参上し祝意表明するという行為にあると筆者は考えている）によって身分秩序を確認させ、また自らの権威を荘厳し、室町殿を頂点とする新たな身分秩序の形成を図ったという、金子氏の指摘した趨勢と軌を一にするものと考えられる。

裏築地の構築は内裏・仙洞・室町殿御所の三箇所に限る、という史料1⑨に見た治天後小松院の宣言は、このような流れの中にも位置づけられよう。後醍醐天皇の幽閉時以外に皇居として使われた事がない花山院亭にも裏築地が存在したように（史料2）、裏築地の建造が本来右の三箇所に限られるものではなかった事は明らかだが、そのような本来の起源や沿革がどうであったにせよ、応永三二年という義持政権末期に、この裏築地の築造が事実上右の三者以外に認められない事を示唆する発言が治天から示された事には、一つの意義が認められよう。この三者が、形式上は天皇を最上位としながらも一つのグループとして示された事は、室町殿が名実ともに国家の統治者として天皇・院（治天）に並び立つ存在である事が、治天から承認され人々一般に示された（事実上の統治者であった事は明らかだが、名分上も定位された）事を意味すると評価できるのではなかろうか。そして同時にこの騒動によって裏築地は単なる路頭礼上の装置、あるいは漠然たる高位・尊貴性の象徴から、国家の統治体構成員（国家を統治する権能の分有者。この語の定義は序論末尾参照）の象徴へと変質したと評価し得るのである。

なお、万里小路時房の『義政公直衣始記』宝徳二年（一四五〇）七月五日条は、室町殿（義政）御所の「門外番屋」（西面四足門）について「此門役番屋事、禁裏・仙洞在門外、将軍家者在門内事也、至勝定院（義持）殿御時、如然也、彼御代之末歟、普広院（義教）殿御代之始、自其以来在門前也」と記している[76]。これによれば、門衛（大番役）の詰所である番屋は禁裏・仙洞では門外にあったが、室町殿御所では義持の頃まで門内にあった[77]。それが義持期の末か義教期の始め頃に門外に作られるようになったという。時期的に考えて、これも室町殿御所が禁裏・仙洞に並ぶものとされ、その構造を模した事例と評価できる可能性があろう。

以上に関連して想起されるのが、義教政権期には室町殿は「凡人《はんじん》《ぼんにん》」[78]ではないとする見解が公家社会に存在したという、金子拓氏の指摘である。[79] 金子氏の引く、永享二年に室町殿と高位の人々の間の書札礼が問題とされた際の、「公方御事自御出生之日異于凡人、争以以（衍カ）弘安之礼如凡人可計申哉」という広橋親光（兼宣息。後の兼郷）の発言は、そのような認識を最も端的に示している。[80] 親光はまた前年に別の場で「但公儀異他、縦雖浅官浅﨟何可守礼儀哉」とも述べており、一貫して室町殿が「凡人」のように弘安礼節その他の既存の礼節に縛られる事はないと主張している。[81] もっとも室町殿への一貫した奉仕に依存して権勢を築いた広橋家特有の事情を考慮すれば、これが必ずしも公家社会全般に共通した態度ではなかった可能性は否定できないが、しかし一方で永享二年に書札礼の沙汰があった際には、「公方異于他御事也」という理由で最終的な決定を「面々被計申」ているから、[82] 義教期にはある程度そのような認識が公家社会一般に定着していたと見てよいであろう。

「凡人」の語が指す範囲は、中世では必ずしも一定しない。「ただ者ではない」という用法[83]が原義であった事は間違いなかろうが、中世では主に二つの具体的対象を指す用法に絞られてゆく。第一は「天皇（あるいは皇胤）でない人」を指す用法で、『公衡公記』（『広義門院御産愚記』）延慶四年（一三一一）二月二三日条に「親王与凡人雖有差別」云々と見える事例等は、この用法に属する。また足利義満の死去直後に太上天皇尊号宣下の可否が問題とされた際、中原師胤が山階教言に「凡人無其例」と語った例では、義満さえも「凡人」と表現され、[84] 天皇の臣下という形を取る全ての人々を指して用いられている。管見に及んだ印象では中世前期に多いこれらの用法に対し、第二に、摂家出身者の対義語——つまり摂家出身者以外全般を指す用法があり、中世前期～後期を通じて見られる[85]（史料1の⑱で一条兼良が「摂家猶如此、況於凡人哉」と述べているのもその一例）。

以上を踏まえて前述の広橋親光の用語法を考えると、礼節・ルールに関する話題でそれに縛られないのが「凡人」でない室町殿であると述べているのであるから、親光は「何らかの形で支配される側にいる人」を指して

「凡人」と称しており、したがって公方が「凡人」でないとは「支配する側の最上位（〈支配者―被支配者〉という個別支配関係の連鎖の最上位）におり、他人から支配されない」事を表していると考えられる。弘安書札礼諸本間の異同に関して義持の「尊覧」を経た本を「証本」と認定する事が行われた例等も考え合わせると、(86)義教期以降に室町殿が既存の礼節を超越した存在――つまり礼節に規定される側ではなく、礼節を規定する側である事が明示されつつあった事は疑いない。

（人臣で唯一の）裏築地具備の容認によって室町殿が天皇・治天に並び、かつそれ以下とは（摂家・親王とさえ）断絶した地位にいる事を間接的に認める治天の言葉が裏築地撤去騒動の経緯で引き出された事は、そのような国家の統治体構成員（の一人）という室町殿の地位が義持政権最末期に形成されつつあり、少なくとも（京都の）政界上層部において、（親光が右に述べたような意味で）室町殿が「凡人」ではない事が示された一つの劃期と評価できるのではなかろうか。そして路頭礼の世界におけるこのような流れは、金子氏が室町殿御礼参賀成立の考察を通じて得た結論――即ち義持政権末期には室町殿の超越的権威を明示的な形で誇示し定着させる動きが顕著になる、とする説(87)を裏づけるものと考えられるのである。

おわりに

広橋亭裏築地撤去騒動は家格とのバランスを超えた名家日野流の権勢が抑制されはじめる分岐点であったと同時に、裏築地そのものの位置づけの変質という副産物をもたらした。兼宣が准大臣宣下後に平然と裏築地を設けようとした事からも明らかなごとく、それまで裏築地を構える者に厳密にその資格が問われる事はなかったと考えられる。それは、裏築地が本来貴人一般の第宅における路頭礼上の（厳密には〝居所―路頭間礼節〟上の）装置であった事を考えれば当然ともいえよう。しかし応永三二年《一四二五》の騒動を境に、それまで曖昧であった裏築地を構える資格が治天と室町殿の合意によって確定されるに至り、裏築地は単なる尊貴性の象徴から国家統治権能の分有者の象徴へと変質を遂げたと評価される。また、そのような変質は義持政権末期から義教期にかけて進行した室町殿への明示的な（名分上の）権威の付与、廷臣一般とは隔絶した国家統治権能の分有者たる地位の（実質に名分を兼ね備えた）完成という趨勢の中に位置づけられるものであり、室町殿が形式的にも天皇・治天と並ぶ統治者として確立する過程における一つの劃期ではなかったかと考えられるのである。本章では裏築地の起源・沿革・存続期間や類似の構築物と見られる袖築地等について論じ残した問題が少なくないが(88)、それらについては章を改めて考察する事としたい（第一〇章参照）。

（1）文脈と⑩に「裏築地事院御気色不快」とある事による。

（2）堀川基具が位署を「儀同三司基具」と書いた事を、『公衡公記』弘安一一年（一二八八）正月二六日条が「此位署珍重々々、去弘安八北山賀和哥序書之、其時世上之口遊只在此事、本朝ニ儲置新官、不被宣下、不被仰下、只自専号儀同三司、書消息之署之条、併狂乱之甚也、軽忽朝議之所致歟、誠佞也」と非難している事から、儀同三司は当初必ずしも准大臣の異称として認められてはいなかったようだが、本条⑱で一条兼良が「儀同三司」の語を用いている事から見て、この頃には准大臣の異称として定着していたと見られる。なお准大臣に関しては最近、樋口健太郎氏が専論「准大臣制の成立と貴族社会――鎌倉後期の家格再編と南北朝・室町期への展開――」（『年報中世史研究』三四、二〇〇九）で鎌倉後期の准大臣創始以来の経緯を詳述し、本章で述べた名家の勢力伸長とパラレルな、名家を旧来の家格秩序内で処遇せんとする妥協の産物として現れた准大臣・従一位大納言の価値拡大の問題として分析しているので、参照されたい。

（3）川上貢『〔新訂〕日本中世住宅の研究』（中央公論美術出版、二〇〇二、初出一九六七）第五章―二、八四～八五頁。

（4）髙橋康夫「室町期京都の空間構造と社会」（『日本史研究』四三六、一九九八）一八頁。

（5）飯淵康一「平安時代里内裏住宅の空間的秩序」（『平安時代貴族住宅の研究』、中央公論美術出版、二〇〇四、初出一九八四）。

(6)『大日本史料』（以下『大史』）六―二九、二八七頁所載の指図を部分的にトレースしたもの。

(7) この一条東洞院仙洞については、第六章注26をも参照。

(8)『国史大辞典』（吉川弘文館、一九七九〜一九九七）によれば、『類聚名義抄』は一一世紀末頃、『伊呂波字類抄（色葉字類抄）』）は一二世紀中頃から末頃の成立とされる（それぞれ築島裕氏・峰岸明氏執筆）。

(9) この拝賀で「件御草ハ幕下御自筆也」とされる「御記録一巻」の清書を康富が命じられたと『康富記』本条に見える。

(10) 桃崎有一郎ⓐ「中世公家における複数称号の併用について――南北朝・室町殿の正親町家を例に――」（『年報三田中世史研究』九、二〇〇二）を参照。

(11)『康富記』嘉吉二年（一四四二）一〇月記裏書（『史料大成』本第一巻三二〇頁）。

(12)『康富記』における正親町持季の所見・表記については桃崎有一郎ⓑ『康富記人名索引』（日本史史料研究会、二〇〇八）「持季」（正親町）の項を参照。

(13) 前掲注10桃崎論攷ⓐ参照。

(14)『裏辻家譜』（東京大学史料編纂所架蔵、請求番号四一七五―一七五）。前掲注10桃崎論攷ⓐ注20で部分的に翻刻。

(15)『仲光卿記大祀御教書案』同日条（『大史』六―四四、一五八頁所載）。

(16) 一般に通路としての辻子は図子・通子・厨子等とも書かれ「ずじ」「ずし」と発音された（高橋康夫「辻子　その発生と展開」、『京都中世都市史研究』、思文閣出版、一九八三、初出一九七七）。

(17)『門葉記』（巻五、熾盛光九）康安元年（一三六一）八月一三日条（『大史』六―二三、六九五・六七六頁所載）。

(18)『看聞日記』応永三二年（一四二五）四月一〇日条等。

(19) それぞれ『吉続記』文永七年（一二七〇）八月二一日条、『師守記』貞治五年（一三六六）一一月一七日条、同貞治六年五月一六日条、同年八月一八日条、『山科家礼記』応永一九年五月一六日条、「八坂神社文書」（八坂神社文書編纂委員会編『新修八坂神社文書（中世編）』、臨川書店、二〇〇二）四二号「応永二四年月日檀那院相厳御教書」。なお『尋尊大僧正記』文明三年（一四七一）一二月晦日条では、同一の対象を「辻坊」「辻子坊」と両様に表記している。

(20)『教言卿記』応永一五年六月二四日条。

(21)『大史』八―一、二五二頁所載。

（22）『応仁記・応仁別記』（和田英道編、古典文庫三八一、一九七八）。

（23）『山科家礼記』文明四年一二月一六日条。『親長卿記』明応四年（一四九五）九月一一日条所引の後土御門天皇女房奉書にも「旧院（後花園）の御代うらついいちの上臈の事さ様に御いり候しと存候」云々と見える。

（24）高橋慎一朗「都市の塀――洛中洛外図屏風にみる京都――」（高橋慎一朗・千葉敏之編『中世の都市――史料の魅力、日本とヨーロッパ――』、東京大学出版会、二〇〇九）。

（25）第三章史料5（万里小路冬房書状）参照。

（26）『小右記』長和二年（一〇一三）七月三日条、西山良平「平安京の門前と〈飛礫〉」（『都市平安京』、京都大学学術出版会、二〇〇四、初出一九九九・二〇〇〇）二八四頁。

（27）『長秋記』保延元年（一一三五）六月七日条。

（28）前掲注5飯淵氏論攷二七六〜二七七頁。

（29）『福照院関白記』応永九年一一月一九日条所載土御門内裏指図（『大史』七―五、七五〇頁に続けて所載）により、日華門の位置は内裏東側、月華門の位置は西側と確認されるので、異本の通り「月花門」を採るべきであろう。

（30）花山院亭については太田静六「花山院第（東一条第）の考察」（『寝殿造の研究』、吉川弘文館、一九八七）等を参照。

（31）鈴木博「蒙求抄について」（岡見正雄・大塚光信編『抄物資料集成　第七巻　毛詩抄・蒙求抄』解説索引編、清文堂出版、一九七六）。

（32）『蒙求抄』二（前掲注31翻刻）。

（33）『大史』六―二七、六九〇頁所載。

（34）現在残る室町期築造の確実な築地は、三・八メートルの高さに及ぶ事がある（前掲注24高橋氏論攷参照）。

（35）『群書類従』雑部所収。同書「僧俗重服事」の直前に「応永廿七庚子五月廿三日　宣守判」とあり、また最末尾に「同七月日重テ書加畢」とある。

（36）赤松出羽守については、『八幡社参記』（『群書類従』神祇部所収）応永一九年八月一五日条に義持供奉の「帯刀侍」として「赤松出羽守則友」と見える。

（37）本文は東京大学史料編纂所架蔵謄写本『兼宣公記』（請求番号二〇七三―二〇四―七―六）に拠った。

(38) 富田正弘「室町殿と天皇」（久留島典子・榎原雅治編『展望日本歴史11　室町の社会』、東京堂出版、二〇〇六、初出一九八九）。
(39) 『園太暦』文和二年（一三五三）七月二七日条。
(40) 「特進」は『拾介抄』（中、位階部第二、官位唐名部第三）に、正二位の唐名として見える（前田育徳会『尊経閣善本影印集成17　拾介抄』、八木書店、一九九八。天正一七年（一五八九）梵舜書写本）。
(41) 『後愚昧記』康安元年七月二七日条。
(42) 百瀬今朝雄「管領頭に関する一考察」（『弘安書札礼の研究』東京大学出版会、二〇〇〇、初出一九八三）。
(43) 吉田定房の准大臣宣下は建武元年（一三三四）六月二六日、任内大臣は同年九月九日（『公卿補任』）。
(44) 万里小路仲房は永和二年（一三七六）に叙従一位、永徳二年（一三八二）に准大臣宣下、（死後贈左大臣）。同嗣房は応永二年に叙従一位、翌年任内大臣。広橋仲光は応永三年に叙従一位（いずれも『公卿補任』）。
(45) 『建内記』嘉吉元年（一四四一）一〇月一九日条。
(46) 『建内記』嘉吉元年九月二三日条。
(47) 『吉口伝』「光明照院禅閣于時関白家礼相論事」。この相論の経緯は平田俊春「吉田定房（一）」（『吉野時代の研究』、山一書房、一九四三）三五二頁以下、松本周二・村田正志『吉田定房事蹟』（吉田定房事蹟顕彰会、一九四〇）三四頁以下、百瀬今朝雄「弘安書札礼の意義」（『弘安書札礼の研究』、東京大学出版会、二〇〇〇）八三頁以下に詳しい。
(48) 家永遵嗣「足利義満と伝奏との関係の再検討」（『古文書研究』四一・四二合併号、一九九五）八二頁等を参照。
(49) 『荒暦』応永二年七月二四日条（『大史』七―二、四八〇頁所載）。
(50) 応永三年一二月二五日付「九条経教遺誡」（宮内庁書陵部編『図書寮叢刊　九条家文書一』、明治書院、一九七一、二八号文書）。
(51) 延喜弾正式の一四七条、また延喜左右京職式の大路門屋条。
(52) 『看聞日記』応永二七年一〇月二四日条。九月一四日条にも「室町殿昼夜祗候人々、豊光卿（日野烏丸）、有光卿、義資卿（日野裏松）、永藤朝臣（高倉）、常宗（清原良賢）等也」と見える。
(53) 『看聞日記』応永二七年九月一四日条。

(54)『看聞日記』応永二七年一一月一日条、『康富記』同年一〇月二三日条。

(55)『看聞日記』応永二八年九月一四日条、『康富記』応永二九年正月二九日条。

(56)『薩戒記』応永三三年正月一六日条によれば、万里小路仲房は准大臣以前は「可致一位礼之由」宣下を蒙っており、さらに一位に昇った後は「可致大臣礼之由」を両局（外記・史）が称したという。仲房が大臣の礼を要求した事については『吉田家日次記』応永一〇年正月二八日条（『大史』七―六、三〇頁以下所載）をも参照。

(57)前掲注55所掲諸史料を参照。

(58)『兼宣公記』応永三三年五月一二日条。以下、同記応永三三年記の本文は東京大学史料編纂所架蔵の次の四つの写本・写真帳を元に校訂した（補入・訂正は指示に従い逐一その旨を記す事は避け、また欠字の有無等の異同も略した）。各本については次の通り。押小路家本『兼宣公記』（写本〔特殊蒐書〕、請求番号押小路家本―お―一〔応永三十三年記〕）、略号オ。広橋賢光氏旧蔵本『兼宣公記』巻九（謄写本、請求番号二〇七三―二〇四―七）、略号ヒ。柳原義光氏旧蔵『柳原家記録』五所収『兼宣公記』（写真帳、請求番号六一七三―二七四―五）、略号ヤ。東洋文庫旧蔵『兼宣公記』（写真帳、請求番号六一七三―一七―一〇―七）、略号ト。

(59)なお広橋亭の位置については『建内記』文安元年(一四四四)四月三日条に「広橋亭、鷹司西、烏丸以東」とあるが、鷹司は東西方向の小路であるから、「鷹司西」は同「南」または「北」の誤記と思われる。

(60)兼宣妹御庵は、『看聞日記』応永三三年八月一六日条に「此事室町殿為伺御意、御菴ニ申談、〔崇賢門院祇候、広橋亜相妹、〕」とあるように、崇賢門院（広橋仲光妹仲子）に祇候しつつ兼宣と義持の間の連絡役をしばしば務めた。実名は兼宣弟周鳳の死没に関して『兼宣公記』応永三三年五月一二日条に「抑周鳳竹渓西堂今日午剋遂以円寂、（中略）没後仏事等於嵯峨法成院致沙汰、自兼日申談御菴素玉御房沙汰遣用脚也」と見え、『尊卑分脈』兼宣妹女子の項に「素玉、道号光庵、／恵聖院開山」とある。

(61)「裏築地事」、ヒは前三字分親本破損の旨注記。トは四字分の残画あり。ヤは前三字を空白に朱で後補。

(62)定親が特に兼良の談話を詳細に記し得たのは、定親が兼良に家礼していたためと思われる（『薩戒記』応永三三年三月二九日条）。

(63)脇壁については本書第一〇章第三節(3)項で踏み込んで考察している。

(64) 前掲注47百瀬氏論攷。
(65) 前掲注42百瀬氏論攷。
(66) 同前二〇七頁。
(67) 『建内記』文安四年正月五日条。
(68) 『看聞日記』永享五年（一四三三）一二月二八日条。
(69) 水野智之「室町時代における公家勢力の政治的動向」（『室町時代公武関係の研究』、吉川弘文館、二〇〇五、初出二〇〇三）二〇七頁以下。
(70) 桜井英治『日本の歴史12　室町人の精神』（講談社、二〇〇一）八二～八四、一四四～一四六頁。
(71) 室町第の位置・規模の変遷については髙橋康夫「室町期京都の都市空間」（中世都市研究会編『中世都市研究9　政権都市』、新人物往来社、二〇〇四）をも参照。
(72) 前掲注38富田氏論攷、家永遵嗣『室町幕府将軍権力の研究』（東京大学日本史学研究室、一九九五）第三・四章、同氏前掲注48論攷等。
(73) 伊藤喜良「応永初期における王朝勢力の動向」（『日本中世の王権と権威』第二章、思文閣出版、一九九三）。
(74) この問題については、『歴史学研究』八五二号（二〇〇九）の小特集「室町殿論――新しい国家像を目指して――」所収の桃崎有一郎ⓒ「足利義持の室町殿第二次確立過程に関する試論――室町殿の同時代的・歴史的認識再考――」で踏み込んで論じている。同特集所収の諸論攷（大田壮一郎「室町殿権力の宗教政策」、石原比伊呂「足利義教と義満・義持」、清水克行「室町殿権力と広域逃散」、家永遵嗣「足利義満・義持と崇賢門院」、丸山裕之「伊藤喜良『足利義持』」）と併せ、参照されたい。
(75) 金子拓「室町殿をめぐる「御礼」参賀の成立」（『中世武家政権と政治秩序』、吉川弘文館、一九九八。初出一九九七）。
(76) 『大日本古記録　建内記』十、一六六頁以下。
(77) なお、幕府による禁裏門役については近年吉田賢司氏の専論（「室町幕府の内裏門役」、『歴史評論』七〇〇、二〇〇八）が発表されたので、参照されたい。
(78) 『名目抄』人躰篇（『群書類従』雑部所収）等は「はんじん」、『日葡辞書』等は「ぼんにん」の訓みを挙げる。両様に訓まれたようだが、時期による差があるか。なお『名目抄』が洞院実凞の編著である事を考慮すると、「はんじん」の訓は『十輪院内府記』文明一八年五月二一日条に「更任カウニン尋常説、キヨウニン洞院説、」と書かれたような、「尋常説」とは異なる「洞院説」であった可能性もあるが、『宣胤卿記』永正一四年（一五一七）一〇月五日条は「凡人《ハンシン》拝賀ハ雖有衛府長、如木雑色追前勿論也、摂家近代不被具小雑色如木衣冠」と、摂家と対比される凡人を「はんじん」と訓ませており、この訓みにも一定の根拠が認められる。

(79) 金子拓「室町期における弘安書札礼の運用と室町殿の立場」（『日本歴史』六〇二、一九九八）。

(80) 『大日本古記録　建内記』二、一九三頁『建内記』断簡（永享二年のものと推定されている）。

(81) 『建内記』永享元年七月二九日条。

(82) 前掲注80に同じ。

(83) 例えば『源平盛衰記』「役行者事」に「天皇此事を聞召て、是凡人に非ず、定て聖人ならん、速に供養を演ぶべしとて都に被召返」とある。『小右記』長保元年（九九九）一一月二日条の、藤原道長女彰子の入内に大納言源時中以下の「上達部」が多く随従した事に関する「末代公卿不異凡人」という非難もこの用例であろう。

(84) 『教言卿記』応永一五年六月五日条。

「天皇以外の人」の用例としては、『玉葉』安元二年（一一七六）一一月一二日条の「法家博士等、内々令申云、今度事猶可有思慮歟、帝者凡人之所着之服、尚以絶之、（中略）然者於凡人者、尚不可着、以之思之、凡人不可着之服、帝者何強着之云々」、建久三年（一一九二）正月五日条の後白河法皇の灸治に関する「凡人之所用也、人君御事、今一重可用心」という記事、『明月記』寛喜二年（一二三〇）六月二九日条の「於天子御総角は家所習伝也、於凡人作法、故入道不知之、仍不及習云々」という記事や、『源平盛衰記』の「平家は凡人と申ながら、家を興し世を取て天下を我儘にして、二十余年の栄耀にほこるといへ共、何事も限あり、彼等は臣下也、君は国主に御座」（静鳥羽殿参事）、「十善の君はかりなく被思食女を、凡人争か申よるべかりける」（菖蒲前事）、「一天の君萬乗の主、猶御心に任給はず、凡人の身として輙も思企給けるこそ浅猿けれ」（遷都附将軍塚附司天台事）等を挙げ得る。

また「王胤でない人」の用例には、『愚管抄』（第四）に「俊賢コソ西宮左大臣、延喜御子一世ノ源氏ニテ凡人ニナリテユ、シキ人ナリケル、ソノ子ニテ侍ケレバ」云々と見えて皇籍離脱・臣籍降下を「『凡人』になる」と表現しており、また『今昔物語集』「広沢寛朝僧正強力語第廿」冒頭に「今昔、広沢ト云所ニ寛朝僧正ト申人御ケリ、此ノ人凡人ニ非ズ、式部卿ノ宮ト申ケル人ノ御子也」と、『公衡公記』（広義門院御産愚記）延慶四年（一三一一）二月二三日条に「親王与凡人雖有差別」云々と見える。

(85)　中世前期の事例には、中納言源実朝の中将兼帯に関する『吾妻鏡』建保四年（一二一六）九月一八日条の「昇中納言中将御、非摂関御息子者、於凡人不可有此儀」、『平家物語』の「大同四年に中衛を近衛に改められしより以来、兄弟左右に相並ぶ事、わづかに三四か度なり、（中略）これ皆摂籙の臣の御子息、凡人に取つてはその例なし」（我身の栄花の事）、「（治承四年（一一八〇）六月）四日の日、頼盛家の賞とて正二位し給ふ、九条殿の御子右大将良通の卿、加階越えられさせ給ひけり、摂籙の臣の御子息、凡人の次男に加階越えられさせ給ふ事、これ始めとぞ承る」（都遷の事）、『公衡公記』弘安六年七月五日条の「此事於凡人者、大臣・大将拝賀之時猶用六位事歟、於執柄之家者未存知」等がある。また南北朝末期に二条良基が足利義満の需めに応じて著した『百寮訓要抄』（『群書類従』官職部所収）「太政大臣」の項は、太政大臣を「凡人の極官也、当時久我土御門・堀川・中院・三条坊門など也、・、閑院三条・西園寺・徳大寺・洞院、などなる也、花山・大炊御門などの一流の人々、賢才により宿老の後なる也、人臣の極官にて有也、中院・閑院・花山を三家と云」と説明する。摂家に次ぐ家格の清華諸家を指して「凡人」としている事から、これも「摂家未満」の用例であろう。

(86)　前掲注80『建内記』断簡。

(87)　前掲注75金子氏論攷。

(88)　袖築地は一条亭のほかに相国寺等が具備した事が知られ（『蔭涼軒日録』文正元年（一四六六）四月五日条等）、裏築地同様の路頭礼上の機能を果たしながら裏築地の具備資格を持たない者が建造を認められたものと考えられ、本書第一〇章で考察を試みているので、参照されたい。

〔補注1〕　本章の補訂成稿直前に、旧稿初出時に溝口正人氏の「里内裏の裏築地について」（『日本建築学会大会学術講演梗概集（九州）』、一九九八・九）の存在を見落としていた事に気づいた。当該論攷は複数の中世里内裏（土御門東洞院殿・二条高倉殿・建長度造営閑院・冷泉万里小路殿・平安期閑院）や伏見宮京御所の一条東洞院殿に裏築地・裏檜垣が見出される事を示し、裏築地には実質的な防禦機能を期待できない事、大内裏の重郭構造の再現というべき領域設定が裏築地の造営意図であった事を論じている（この点、私見と異なる）。また筆者の調査では発見できなかった「文安二年踏歌節会記」（『久我家文書』第一巻、國學院大學、一九八二、一九七号文書）の所見例（一条東洞院殿）を教えられた。先行研究調査の不備により初出時にかかる問題提起を踏まえられなかった事を溝口氏にお詫びするとともに、本書では可能な限り踏まえて考察したい。

〔補注2〕　旧稿発表後、野口孝子氏によって仁和寺本『系図』所収閑院内裏周辺図が紹介された（「仁和寺本『系図』に描かれた閑院内裏の陣中」、『仁和寺研究』五、二〇〇五）。同図には閑院内裏の裏築地が記入されており、裏築地が描かれた学界既知の第二の図面という事になる。なお同氏の別の論攷に同図を元にした鎌倉期閑院内裏陣中の概略図が掲載されているので（「「花御所」室町殿と裏築地」〔『学生会館・寒梅館地点発掘調査報告書』、同志社大学歴史資料館、二〇〇五〕三三二頁図3、同「閑院内裏の空間構造」〔髙橋昌明編『院政期の内裏・大内裏と院御所』、文理閣、二〇〇六〕一〇九頁図2）、併せて参照されたい。

表７ 裏築地所見一覧表

No.	出典	出典詳細	記事	場所	種別	備考
1	兵範記	仁安２(1167)．９．27	皇居焼亡。内侍所を西裏檜垣中に運び出す。	五条殿	内裏	裏檜垣
2	玉葉	安元元(1175)．11．20	閑院内裏の西裏檜焼失(安元２．２．11に閑院修理のため高倉天皇三条室町殿へ行幸)。	閑院内裏	内裏	裏檜
3	清獬眼抄所引後清録記	安元元(1175)．11．20	閑院内裏罹災、延焼防止のため油小路面西辺の「裏北垣南小屋等」を破却。	閑院内裏	内裏	裏北垣
4	長門本平家物語	源三位入道馳参三井寺事	源競の宿所、平宗盛宿所の「うらついちの中」にあり。	六波羅宿所	廷臣宅	
5	源平盛衰記	三位入道入寺の事	源競の宿所、平宗盛宿所の裏築地にあり。	六波羅宿所	廷臣宅	
6	吉記	養和元(1181)．４．10	高倉治世の末、二条面西洞院以東裏檜垣を撤却。	閑院内裏	内裏	裏檜垣
7	明月記	建暦２(1212)．10．４	岡崎殿行幸。藤原定家「裏築垣内小屋寺」に入る。	岡崎殿カ	内裏カ	
8	明月記	建暦２(1212)．10．24	藤原定家、高陽院殿(後鳥羽院御所)に参上し春日面(裏築垣の外、町西半町許)で下車。	高陽院殿	院御所	
9	民経記	安貞２(1228)．10．８	閑院内裏の裏築垣、大風で吹き落ちる。	閑院内裏	内裏	
10	民経記	寛喜３(1231)．２．28	北白川院、中宮(九条道家女竴子)御所に御幸。出車は中宮御所(一条殿)の裏築垣前に立てよと藤原経光が指示。	一条殿	中宮御所	
11	明月記	嘉禎元(1235)．11．27	冷泉東黄門(持明院基保カ)、家の門前(閑院内裏北隣カ)に七丈の裏築垣を築き、棟門を四脚門とし(朝覲行幸料)賢寂宅西に裏築垣を築く予定と藤原定家に語る。	(閑院内裏カ)	内裏	
12	明月記	嘉禎元(1235).11.26・29	藤原経俊、后宮淵酔の後姫宮(一条殿)に推参し退出の時、少将雅継の牛童に車を裏築垣に懸け破られ破壊される。	東三条殿	摂家宅	
13	玉蘂	嘉禎４(1238)．１．６	裏築地修造の諸国所課を九条道家と西園寺公経が相談。	閑院内裏	内裏	
14	玉蘂	嘉禎４(1238)．１．９	裏築地２町を越中国に仰せて造築させる事につき議定。	閑院内裏	内裏	
15	玉蘂	嘉禎４(1238)．２．17	西園寺公経の将軍頼経入洛見物の桟敷に裏檜垣あり。	廷臣の桟敷		裏檜垣

16	葉黄記	仁治3(1242). 3. 18	後嵯峨天皇即位。左衛門権佐吉田経俊、左衛門陣付近の東裏築地下で列を引く。	冷泉万里小路殿	内裏	
17	民経記	寛元元(1243). 12. 22	鷹司室町の近衛兼経亭の裏築地の内、侍行貞宅焼亡。	近衛殿	摂家宅	
18	妙槐記	寛元2(1244). 1. 4	7日白馬節会の北陣の儀が晴であるにより内裏冷泉万里小路殿の大炊御門面裏檜垣を修造せしむ。	冷泉万里小路殿	内裏	裏檜垣
19	葉黄記	寛元4(1246). ④. 2	(内裏の)裏築地覆、火災のため焼失。	閑院内裏	内裏	
20	民経記	寛元4(1246). ④. 16	罹災した内裏裏築地に修理職が仮覆を構える。	閑院内裏	内裏	
21	葉黄記所引顕雅記	寛元4(1246). 10. 24	大嘗会御禊。後嵯峨上皇の見物のための桟敷に裏檜垣を構え、人々裏檜垣西頭で下馬。	閑院内裏	内裏	裏檜垣
22	葉黄記	宝治2(1248). 8. 29	後嵯峨院、新造鳥羽殿御幸。鳥羽殿に裏檜垣あり。	鳥羽殿	院御所	裏檜垣
23	吾妻鏡	建長2(1250).`3. 1	閑院内裏修造の御家人役注文に裏築地192本所見。	閑院内裏	内裏	
24	門葉記83、如法経5所引隆瑜僧正記	弘長元(1261). 6. 10	亀山院御願の如法経を宸筆の写一品をもって修む。経登山(延暦寺)に際し大原宮(土御門皇子尊助)并に不登山の人々西裏築地の南鼻まで御経の供を勤む。	青蓮院三条白川坊	門跡	
25	門葉記101、入室出家受戒記2	文永2(1265). 12. 2	若宮(後嵯峨皇子慈助)受戒。前権僧正澄覚、定雅右府禅門亭花山院前(近衛東洞院)裏築地内南端に車を立てる。	花山院	清華宅	
26	勘仲記	弘安6(1283). 10. 10	内裏二条殿造営の人々所課に四面の裏築地(高倉・二条・東洞院・押小路)所見。	閑院内裏	内裏	
27	勘仲記	弘安7(1284). 4. 11	内裏二条殿東洞院面北対西妻を御方違行幸本所とする事につき、勘解由小路兼仲、二条面裏築地内堀が埋められているが憚りあるべからずと奏聞。	閑院内裏	内裏	
28	門葉記144、雑決補1、准后(十楽院)	正応元(1288). 12. 19	二間初参に際し、列を三条白川坊の門外(裏築地、御下車所)に儲ける。	青蓮院三条白川坊	門跡	
29	三鳥居建立記(祇園社記9)	元徳2(1330)	祇園社の裏築地、元徳2年に築造。	祇園社	神社	
30	智真夢記	暦応元(正確には建武5、1338). 2. 11	北畠顕家軍通過に際し狼藉過法のため「裏築地ノ路ヲ瓜谷ヨリ山越ニケワイ坂へ」付け替えんと試み、「裏築地ノ菜園畠ノ山」を掘り崩さんとするも夢想により中止。	円覚寺瓜谷菜薗付近	得宗宅カ	

31	(祇園)社家記録1	康永2(1343).10.20	西大路亜相月次茶会参列者に「裏築地法印」。			(人名)
32	氏名未詳紛失状(八坂神社文書)	貞和2(1346).8.29	「祇園裏築地南頰」所見。	祇園社カ		(地名的)
33	祇園執行日記	観応元(1350).5.9	浦築地児、初めて見参。	祇園社カ		(地名的)
34	祇園執行日記	観応元(1350).5.12	裏築地児、見参。	祇園社カ		(地名的)
35	祇園執行日記	観応元(1350).5.18	裏築地児、見参。	祇園社カ		(地名的)
36	園太暦	観応2(1351).1.14	義詮、須賀壱岐守清秀の南方降参を聞きその宿所(内裏裏築地、)攻撃を指示。		内裏	
37	嘉元記	観応2(1351).3.20	幸前九郎、幸隆寺北浦辻において孫太郎を殺害。			
38	園太暦	観応2(1351).3.29	直義の院参に際し、一条前関白(経通)家裏築地の外を通る路次を変更するよう公賢から指南。	一条殿	摂家宅	
39	祇園執行日記	正平7(1352).10.24	裏築地屋、角房安芸法眼の請文提出を受けて壊し渡す。	祇園社	神社	(地名的)
40	門葉記9、熾盛光法9	康安元(1361).8.13	天台座主尊道法親王、参内し裏築地際(裏辻子端)で下車。	土御門殿	内裏	
41	三鳥居建立記(祇園社記9)	貞治4(1365).6.11	鳥居の笠木・雨覆大木を社僧坊下人并に専当・宮仕・宮籠・百度大路・今路・裏築地・四条面在地人らをして引かしむ。	祇園社	神社	(地名的)
42	吉田家日次記	貞治5(1366).7.5	四条顕保とその青侍、伏見殿参上の途次、花山院東洞院面裏築地の内を乗馬して通らんとしたところ、花山院の青侍が顕保の青侍を引き下ろし身柄を拘束。	花山院	清華宅	
43	門葉記159、勤行法7、除目歳末御修法、入道親王	貞治6(1367).2.7	前大僧正尊什、「裏築地僧正」と称す。	青蓮院三条白川坊	門跡	(人名)
44	門葉記51、長日如意輪法3所引尊玄僧正記	応安元(1368).5.3	尊道法親王、参内し車を裏築地際に立つ。	土御門殿	内裏	

45	柳原第行幸親王宣下記	応安４(1371)．３．21	広橋仲光、東洞院面裏築地北辺で騎馬。	土御門殿	内裏	
46	後深心院関白記	応安６(1373)．３．23	花山院裏築地の在家から出火。	花山院	清華宅	
47	仲光卿記	永和元(1375)．９．５	前大僧正尊什、「裏築地(裏辻)僧正」と称す。	青蓮院三条白川坊	門跡	(人名)
48	至徳二年丑歳九月十一日社辺下地秋地子納帳 ((祇園)社家記録６)	至徳２(1385)．９．20	彦次郎・徳有・教善・越中法橋ら、裏築地南頰敷地の地子を祇園社に納入。	祇園社		(地名的)
49	迎陽記	応永８(1401)．３．４	東坊城秀長、日野資教亭で「若公裏辻子」に読書を教授。			(地名的)
50	教言卿記	応永12(1405)．７．26	山科教言、土倉(裏築蔵)に皮籠の料足10貫文を預ける。			(地名的)
51	教言卿記	応永12(1405)．８．７	裏松重光、花山院裏築土倉に盆大小４・香箱１・直垂等を質入れし30貫文の料足を調達。	花山院	清華宅	(地名的)
52	益直記(応永廿二年御幸記)	応永22(1415)．10．29	御禊行幸見物の為の後小松上皇の桟敷に裏檜垣を設ける。	治天の桟敷		裏檜垣
53	東寺王代記	応永23(1416)．７．１	一条東洞院仙洞炎上、この時「万里小路裡築地」も炎上。			(人名)
54	満済准后日記	応永24(1417)．12．13	義量元服後参内始。現任公卿皆扈従し裏築地辺に祇候。	土御門殿	内裏	
55	薩戒記	応永26(1419)．８．21	称光天皇の朝覲行幸に際し扈従の二条持基以下院御所(後小松院)西面の裏築地南端で下馬。	一条東洞院殿	院御所	
56	海人藻芥	応永27(1420)	執柄大臣の門前では下車するか裏築地外を通るべし、との規定所見。	執柄・大臣家	摂関宅・大臣宅	
57	元承請文 (八坂神社文書)	応永28(1421)．７．２	「祇園社領裏築地西頰」(崇徳院馬場の北)の敷地所見。	祇園社	神社	(地名的)
58	満済准后日記	応永30(1423)．１．７	赤松則友、椀飯出仕の後帰路御所裏辻(三条八幡東)を乗馬のまま通過し大館宿所の前で落馬・死去。	下御所(三条坊門殿)	室町殿	

59	兼宣公記	応永31(1424). 3. 6	義持、広橋兼宣をして、三条坊門殿(下御所)の松を後小松院仙洞御所に植え替えるにあたり搬入路が内裏裏築地内となる事を称光天皇に事前通知せしむ。	土御門殿	内裏	
60	薩戒記	応永32(1425). 5. 9	広橋兼宣、准大臣により自邸に裏築地を構えたことにつき、しかるべからずと(治天または義持の)沙汰あり。	広橋兼宣亭	名家宅	
61	兼宣公記	応永32(1425). 5. 12	広橋亭の裏築地竣功。	広橋兼宣亭	名家宅	
62	薩戒記	応永32(1425). 5. 28	中山定親、花頂僧正定助と対談。定助、広橋亭の裏築地を難ず。	広橋兼宣亭	名家宅	
63	兼宣公記	応永32(1425). 6. 1	広橋亭の裏築地、公家武家の御沙汰に及ぶにより、兼宣これを撤却。	広橋兼宣亭	名家宅	
64	兼宣公記	応永32(1425). 6. 2	兼宣妹尼御菴(素玉)、義持の使として裏築地を撤却すべき旨兼宣に伝える。兼宣、既に撤却の由を返答。	広橋兼宣亭	名家宅	
65	薩戒記	応永32(1425). 6. 2	広橋兼宣亭の裏築地、治天後小松の意向と義持の示唆で自ら撤去。裏築地を構えるのは内裏・院御所・室町殿(下御所)のみという原則を治天後小松院が明示。花山院に裏築地跡、一条亭に袖築地あり(裏築地に類似)。	広橋兼宣亭・内裏・院御所・下御所(・花山院亭・一条亭)	内裏・院御所・室町殿・摂家宅・清華宅・名家宅	
66	兼宣公記	応永32(1425). 6. 4	広橋兼宣、四辻季保を介して、自亭裏築地の件につき後小松院に申し入れ(No.56～61の騒動終熄か)。	広橋兼宣亭	名家宅	
67	兼宣公記	応永33(1426). 6. 14	広橋兼宣、禁裏の「裏築地辺」に桟敷を構え祇園祭礼の風流桙を見物。	土御門殿	内裏	
68	建内記	正長元(1428). 5. 17	姫宮御乳人、紫宸殿棟上に折烏帽子を着けて臥せる大男を裏築地より目撃。	土御門殿	内裏	
69	普広院殿御元服記	永享2(1430). 7. 25	足利義教右大将拝賀。参内出立に際し供奉の衛府侍、下御所裏築地傍で蹲居。	下御所	室町殿	
70	看聞日記	永享8(1436). 4. 25	賀茂祭に際し、宮御方ら(内裏の)裏辻の際に立車。	土御門殿	内裏	

71	看聞日記	嘉吉元(1441).6.22	貞成親王、御所の高倉面の裏築地を築かしむ。	伏見殿	伏見宮御所	
72	康富記	嘉吉2(1442).11.28	故一色義貫被官人、一色左京大夫宿所(室町殿裏辻内)に押し寄せる。	上御所(花御所)	室町殿	
73	看聞日記	嘉吉3(1443).1.20	吹雪で内裏の裏築地、吹き落ちる。	土御門殿	内裏	
74	康富記	嘉吉3(1443).4.26	洞院実煕、右大将拝賀。内裏裏辻の内を南行して参内。	土御門殿	内裏	
75	康富記所収洞院実煕自筆御記録	嘉吉3(1443).4.26	洞院実煕、右大将拝賀。裏築地外を北行、裏築地内を南行して参内。	土御門殿	内裏	
76	建内記	文安元(1444).4.8	賀茂祭近衛使参内後帰路の事につき、東洞院面棟門を北陣御覧所とすれば東洞院裏築地内を北行し帰るのは不可とし、内裏北面(一条面)より裏築地外を経て東洞院を南行すべきかという意見あり。	伏見殿仮皇居	内裏	
77	建内記	文安元(1444).4.18	賀茂祭近衛使、裏築地外を通る。伏見殿仮皇居の東洞院面四足門の前に裏築地あり。	伏見殿仮皇居	内裏	
78	建内記	文安元(1444).4.21	左少弁万里小路成房、吉田祭に先立ち拝賀。(旧内裏の)「裏築地内并正親町」を経て北行し内裏四足門に参入。	土御門殿	旧内裏	
79	基恒日記	文安元(1444).⑥.29	諸大名、内裏四方并に裏築地等を築き進す。	土御門殿	旧内裏	
80	文安二年踏歌節会記	文安2(1445).1.16	久我通尚、踏歌節会に先立って拝賀し、外弁を勤め着陣。節会後「裏築地外」に八葉車を召し退出。	伏見殿仮皇居	内裏	國學院大學久我家文書編纂委員会編『久我家文書』1(続群書類従完成会、1982)197号
81	康富記	文安5(1448).8.10	四条隆夏大納言拝賀。宿所は裏築地内。	土御門殿	旧内裏	
82	(祇園)社務執行宝寿院顕宥寄進状案	宝徳3(1451).2.25	顕宥、裏築地の地を寄進。	祇園社	神社	(地名的)

83	応仁記 (大日本史料所収本)	応仁元(1467).５.26	一色左京大夫、「花ノ御所ノ裏築地ノ舘」を放棄し西陣に退却。	上御所(室町第・花御所)	室町殿	
84	応仁記 (宮内庁書陵部本)	応仁元(1467).５.26	一色左京大夫、「花ノ御所ノ裏築ノ館」を放棄し西陣に退却。	上御所	室町殿	
85	親長卿記	文明２(1470).12.23	甘露寺親長買得の小屋(裏築地外、一色地内)に女房移住。	上御所	室町殿	
86	親長卿記	文明２(1470).12.26	甘露寺親長買得の小屋(一色敷地の内、裏築地の辺)に親長移住。	上御所	室町殿	
87	実隆公記	文明７(1475).１.23	裏辻の北辺で山形三郎兵衛(前内府青侍)殺害せらる。	花山院カ		
88	実隆公記	文明８(1476).11.13	裏辻小家(土倉)より失火。	花山院カ		
89	晴富宿禰記	文明11(1479).１.25	九条政基関白拝賀。裏築地南に幔門(陽明門代)を引く。	北小路殿仮皇居		
90	晴富宿禰記	文明11(1479).３.15	室町第(花御所)裏築地在家を皆撤却。	上御所	室町殿	(地名的)
91	山科家礼記	文明12(1480).１.14	「ウラツイチノ四条殿」所見。	土御門殿	内裏	(人名)
92	実隆公記	文亀２(1502).５.26	三条西実隆、西面築地を新造。同地西面は快楽院儀同三司(日野東洞院資教)宿所の時莫大に広かったが、後崇光院(貞成親王)京御所となった後に「裏辻を築かんが為」に小路(烏丸か)を広げたという。	伏見殿	伏見宮御所	
93	実隆公記	永正４(1507).３.26	東坊城和長、伏見殿裏辻を経て北野社へ参詣。	伏見殿	伏見宮御所	

第九章　中世後期身分秩序における天皇と上皇・室町殿

——身分尺度としての陣中・洛中の分析から——

はじめに

筆者は先に、裏築地の建造資格に関する治天後小松院の発言から、応永三二年（一四二五）段階で室町殿（義持）が天皇・上皇と並ぶ最上位身分に位置づけられたと結論した(1)。次に問題となるのは、その三者間の位置関係である。「内裏・院御所・入道殿（義持）」というその後小松の発言（『薩戒記』応永三二年六月二日条）より、少なくとも建前上の身分的序列が〈天皇→上皇→室町殿〉であった事は疑いない。しかし実態的側面においては、天皇を中心とする家秩序では治天たる上皇が家父長的な最高権力者であったと一般に考えられている(2)。とすると、そのような実態がどこまで建前を侵蝕して自ら建前化してゆき、また実態と建前のバランスがどこに、いかなる理由で保たれたか。この問題は、公武を含む当該期社会秩序全体においては武家（室町殿）が、また朝廷においては治天たる上皇が最高権力を握る形が定着する中で、天皇位にはいかなる存在意義が与えられ、いかなる意味で社会秩序中の核としての役割を果たし得たのか、という問題とも関わってこよう。さらに統治者というべき地位であった室町殿（『海東諸国紀』国王代序は、この地位を天皇が関知しない「国政及聘問隣国」を掌る「国王」と表現）は、複雑な関係にある天皇・上皇に対していかなる身分的位置を占めたか。本章では「陣中」という礼節上の空間的概念に着目して、この三者の身分的・社会的な位置関係と相互間の距離を探りたい。

一　「陣中」「東宮陣」と天皇・上皇・皇太子

「陣中」とは飯淵康一氏が指摘した里内裏周囲の仮想的大内裏空間で、臣下の車・輿・馬乗用が原則禁止された空間である[3]。近年、中町美香子氏は内裏内の空間を指す別の用法の「陣中」との弁別に留意しつつ、その発生を一一世紀末と推定し、また野口孝子氏が鎌倉期閑院内裏の陣中の景観復原を試みている[4]。一方、筆者は南北朝・室町期の固定的・恒常的里内裏たる土御門殿を考察対象として、以下の点を明らかにした[5]。即ち①平安・鎌倉期と同様、〈里内裏から一町以内の範囲＝三町四方〉の陣中が中世末期まで存続した点、②牛車宣旨（宮中牛車通行の特権賜与）における「宮中」の文言が実際上は陣中と全く対応し、大内裏廃絶後は陣中が明白に「宮中」と認識された点、③したがって周囲の洛中一般市街地と比べて特に清浄性が要求され、風紀紊乱・武器携帯等の制限が建武政権の法令で布告された点、④それにもかかわらず外部空間と陣中を物理的に隔てる設備がなく、実際には風紀・治安ともに乱れがちであったと推測される点、等である。

ところで先学諸氏と管見による限り、内裏以外の第宅が陣中を備えた形跡は平安〜鎌倉期に見出されない。ところが南北朝期には、それに該当する事例を僅かに見出し得る。次に関係史料を（必要部分のみ）列挙する。

〔史料1〕『園太暦』貞和六年（一三五〇）正月一日条

且予牛車慶、於禁中者御即位日於官司奏了、仙洞未奏之、以今日次可奏之由兼所案、且申談一条前博陸（経通）了、

（中略）経御所北面、柳原南行、入南総門至四足南脇、依牛車、雖東宮陣至門下也、

〔史料2〕『園太暦』貞和四年一二月二三日条

今日予任太相国後直衣始也、（中略）入仙洞北総門未至棟門下車、是為東宮御所儀、仍於半町下車之由也、

〔史料3〕『園太暦』貞和四年一一月一〇日条

今日予可奏太相国慶也、（中略）次参持明院殿、路次今出川北行、毗沙門堂大路西行、入惣門、於東面四足門以南、半町許、是依為春宮陣也、税駕立車、

〔史料4〕『玉英記抄』（拝賀部）建武五年（一三三八）八月二五日条(6)

建武五八廿五　銀漢晴金風静、此日蒙関白詔之後奏慶、偏追文永二旧貫、（中略）先参院、持明院殿、於半陣依春宮御同居也、已雖蒙牛車宣旨、壮年之間猶如此、税駕垂簾、公卿下車之後自巻簾下車、

史料1は牛車宣旨を蒙った洞院公賢の拝賀記事で、仙洞四足門まで乗車のまま接近した理由（割書部分）が、「自分は牛車宣旨を蒙っているので、『東宮陣』であるにもかかわらず門下まで乗車した」と解釈できる点が注目される。仙洞持明院殿に東宮益仁親王が同居している事を前提とする記事で、ここから以下の情報を引き出せよう。

①東宮（皇太子）御所には「東宮陣」と称される領域が設定されていた事。

②牛車宣旨がなければ「東宮陣」の乗車通行が憚られ（恐らく禁止され）た事。

③牛車宣旨は内裏の陣中だけでなく「東宮陣」に対しても効力を発揮した事。

②と③より、この「東宮陣」が内裏の陣中と同種の領域であった事が直ちに類推されよう。

史料2（公賢の任太政大臣後直衣始）では「東宮御所なので半町で下車した」という記述が注目される。これを「仙洞持明院殿の東面四足門から半町ほど南で駕を税《と》き車を立てた（『春宮陣』であるため）」という史料3と総合すると、東宮（春宮）陣が東宮御所から半町までの範囲であった事が導かれる。「税駕」は牛車から牛を外す事、「立車」は駐車を意味するから（つまりその後は徒歩。第一章第三節（1）項参照）、東宮御所への参上時は半町手前の東宮陣の入口で下車し、御所までは歩行すべきであった事になる。この点、参内時における内裏陣中入口（陣口）での下車強制との共通性が明らかであろう。史料4は一条経通の任関白拝賀の記録で、光厳院の御所持明院殿への参上途上に「半陣」で税駕・下車した理由を、「春宮が院と同居しているため」としている。「既に自分は牛車宣

旨を蒙っているが、壮年なので敢えてそうした」とあるのは、牛車宣旨を蒙っても四〇歳未満では通常通り宮中では下車の礼を取るという年齢制限と符合するものだが(7)（経通は当時二二歳）、牛車聴許の宣下が東宮陣中の乗車通行をも免許する慣行であったと明記されており、前述の理解が裏づけられる。なお「半陣」と呼ばれるのは、御所から半町以内（内裏陣中の半分）であった事によるのであろう。

管見に触れた「東宮陣」関係史料は僅かに右の四点に過ぎず(8)、その存在がいつまで遡るものかも現段階では不明とせざるを得ないが、東宮御所と里内裏以外で陣中を備えた第宅は中世の史料上には見出されない。また「仙洞が東宮御所を兼ねていたので『半陣』で下車した」と史料４にある事から、東宮御所を兼ねない単なる仙洞御所では陣中に関連する路頭礼的手続きは取られなかった――即ち仙洞御所は基本的に陣中を備えていなかった事がうかがわれる。この点は次の史料が裏づけていよう。

〔史料５〕『相国拝賀部類記』所引『家司記』貞和四年一一月一〇日条（実は洞院公賢息実夏の日記(9)）

（前略）洞院東大路南行、至押小路、

此時皇居、先日譲国以後、新主御関白良基（二条）公里第、仍先御参此内裏也、

於陣外税駕按車、（中略）次御参土御門殿、日来内裏未為旧主御所也、於此御所下車、在所事此間兼日内々被経沙汰、先例不同歟、但御当家御所為分、脱履（屣）以後御所、暫者於陣口辺可有下車歟云々、仍今度可為此分哉、聊被尋申人々、諸家所為不同也、其後内々承及、即今度御対面之次、新院被仰出此事、中山内府又実房公等至門下、摂家之輩不然歟之由、有勅語云々、其路東洞院北行、於陣口税駕立車、（後略）

洞院公賢は太政大臣拝賀でまず新主崇光天皇を二条良基の押小路亭に拝し、次いで旧主光明院の滞在する土御門殿に向かった。前月の一〇月二七日に光明は崇光に譲位したが土御門殿内裏から退去しておらず、一時的に同所が仙洞御所となっていた。この時、公賢は皇居押小路亭では慣行通り「陣外」で税駕したものの、光明院御所土御門殿での下車所が問題となった。「脱履（屣）」（譲位）直後も依然として旧主が滞在している場合、ほぼ内裏専用第宅というべき土御門殿の性質に即して陣口で下車するか、それとも居住者が天皇でない事実を重視して下車の礼

を不要とするか、判断を迷ったのである。この事について兼日公賢は諸方へ問い合わせたが、結果は「先例不同」「諸家所為不同」であった。但し記主実夏（公賢息）によれば、譲位以後の御所ではしばらく「陣口」の辺りで下車すべき、という洞院家代々の先例に今回は従ったという。また公賢に対面した光明院からは、「中山忠親や三条実房は（陣口で下車せずに）御所の門下まで至ったが、摂家はそうしていないと思う」と「勅語」があった。

このように判断が分かれた事は、陣口下車義務の原則が平安期に確立していた内裏とは異なり、仙洞御所には陣中の概念が確立していなかった事を示している。三条公房が舅中山忠親・父実房の有職故実の口伝を筆録した『三条中山口伝』[10]が遺されているように、光明院の言及した忠親・実房は平安末〜鎌倉初期に一定度の権威を有した故実家だが、院の「勅語」から判断する限り、彼らの時代にもまたかかる慣行は存在しなかったと推測される。特にここで院自身が相反する忠親・実房と摂家の説を挙げつつ是非の判定をしていない事は、院御所における陣口下車慣行の不成立を端的に示していよう。

また興味深いのは前述の洞院家の故実（「御当家御所為分」以下）で、該当部分は〈先帝の治世の余韻が残る間は、しばらく先帝御所の陣口に相当する地点で下車している〉と解釈され、やはり先帝御所での陣口下車慣行が明確に義務化されていなかった事を踏まえている。『園太暦』貞和五年正月二日条には、仙洞御薬陪膳のため光明院御所持明院殿へ院参した公賢の行程が「柳原南行、入南惣門、於四足以南半町許下車」と見え、彼が仙洞御所の四足門から半町を隔てて下車した実例が確認される（但し東宮直仁親王が同居中であった可能性があり、前述の東宮陣での下車であった可能性も否定できない）。しかし一方で、同じ公賢が同二年に勅撰竟宴のため同所（光厳院御所）へ参上した際には「於四足門下車」しており、半陣下車を行っていない（同記一一月九日条）。光明の譲位は貞和四年一〇月二七日であるから前者の事例は譲位後二箇月程度となり、史料5でいう「脱屣以後」「暫」くに該当する。一方、後者の貞和二年は光明が践祚した建武三年八月一五日から既に一〇年を経ている。先帝光厳院が鎌倉幕府滅亡・建武政権成立期の混乱のため複雑な登極・廃位・太上天皇尊号宣下の過程をたどった事を考慮して、その「脱屣」を正慶二年（一三三三）（元弘三年）の廃位・尊号宣下、建武三年の光明天皇践祚のいずれの時点と見るとしても、相当の年数が経過している点は変わらない。したがって、その時点で公賢が半陣下車を行っていない事を前者の事例と総合すれば、実夏のいう譲位直後の陣口下車礼が実践されていた事が確認されよう。

なお、永仁六年（一二九八）七月二二日に譲位した伏見院の仙洞に関して、『御譲位部類記』（『群書類従』公事部所収）所引『安（実）任卿記』（継塵記）同月二四日条に「未刻着束帯（割注略）参新仙洞、二条殿、於陣外下車、尊号詔以前事如在位、」とある事も注意される。記主三条実任が、新院伏見院の御所二条殿参上時に「陣外」で下車した理由を「（譲位後も）太上天皇尊号宣下以前は、諸事在位中と同様にする」と述べている事は、前述の発想（譲位直後の前天皇と帝位の連続性）が鎌倉期から洞院家に限らず行われた事の明証である。またかかる連続性が尊号宣下を境として失われると明記する点でも右史料は重要だが、光明院御所参上時に公賢が半陣下車した貞和五年正月二日は光明の尊号宣下（前年一一月二五日）以後であり、尊号宣下を境とする発想は必ずしも鞏固に定着していなかった事がうかがわれる。

さらに第五章第二節で、火災等の陣中危急時には武官が巻纓・柏夾・帯剣して「衛府に作る」事を述べたが、その事と本章の関心に関連して『山槐記』治承四年（一一八〇）五月二六日条に「左大将（徳大寺実定）早出、不巻纓、右兵衛督（藤原家通）垂纓、依非禁裏歟、但院御所為陣中、已非常、柏挟何事之有哉、人々案区分歟、近衛司等不帯弓箭、右衛門権佐親雅垂纓、候殿上、」とある記事は注目される。これは以仁王の乱の際に以仁の自害が高倉上皇の院中に報告された日の記事で、乱という非常事態によって武官が「衛府に作る」か否か、人によって判断が分かれた事を伝える。ここで注意されるのは、その場が仙洞であり禁中でなかったため徳大寺実定・藤原家通が巻纓しなかった事に対して、記主中山忠親が「しかし院御所は陣中にあり、[11] しかも非常時なのだから柏挟（夾）して問題があろうか」と述べている点である。即ちいずれの意見も、院御所やその近辺である事は非常時に武装する理由とならないという認識を前提としており、問題はそこが院御所であるか否かではなく内裏陣中か否かにある、と認識されている点である。これは院御所が陣中を持たなかった明証であり、また陣中に准じて武官が武装するという発想も存在しなかった事をよく示している。

如上の検討から明らかなように、陣中は上皇の御所においてさえも適用されず、あくまでも天皇とその世子の御所のみが持つ空間的礼節秩序の概念であった。

遡って院政期、崇徳天皇の鳥羽院御所（故藤原長実亭）行幸に内侍所（神鏡）を伴わなかった事に関する議論は（『長秋記』長承三年〈一一三四〉六月七日条）、右の理解を傍証する可能性がある。この時、源師頼[12]は「前年当院在位時、御霊会日主上行幸他所、於内侍所不奉渡」と前年の祇園御霊会の先例を指摘し、当時の左大臣藤原家忠の「内侍所共奉渡也、自内侍所御所前、雑人騎馬条、不被甘心」という意見に言及している。一般に天皇の他所行幸の時、供奉の人々は内裏の門前から騎馬した。しかし御霊会の日に内侍所を残して天皇が内裏を発ってしまうと供奉人は内侍所の在所（里内裏）の前で騎馬する事になってしまうので感心できない、と家忠はいう。神体たる内侍所が安置される第宅の門前で雑人が騎馬するのはまずいという意見は、上位者の居所（門前）では下乗すべきとする当時の通念（第三章参照）から肯かれるが、右の内侍所と路頭礼に関する問題の議論で出された次の意見は注目に値する。

〔史料6〕『長秋記』長承三年六月七日条

（前略）如此説々中、去皇居一町下乗事者、依内侍所御也、非主上御為云々、愚案、於此事専不可然、（後略）

「そもそも皇居から一町の地点（＝陣口）で臣下が下乗する事は、皇居に内侍所（神鏡）がある事によるのであって、天皇がいるからではない」という右の説を、便宜上〝陣中内侍所由来説〟と呼んでおこう。記主源師時はこれを個人的かつ明確に否定しているから、同説は必ずしも一般的な説ではなかったようだが、その真偽や受容度はともかく、重要なのはかかる論理がどこからか導かれて朝廷の議論の場に出された、という事である。その淵源が内侍所（神器）というレガリアに求められ、天皇が内侍所との対比関係において問題とされている事は、陣中下乗慣行が単なる天皇の尊貴性ではなく、建前上唯一かつ正統な最上位の君臨者・統治者（日本では建前上一貫して天皇と同義であったこの地位を、以下〝君主〟と仮称する）である事と関連づけられて理解された事を意味しよう。

　同じ議論は翌年の祇園会でも繰り返された。『長秋記』[13]保延元年（一一三五）六月七日条では、内侍所が携帯されず天皇が六条院に行幸した時（前年正月五日の朝覲行幸を指すか）、「自内侍所御所、騎馬雑人渡」った事を世人が非とした例が挙げられている。そしてその際にも「主上御所乗車馬不進者、依内侍所御也」と、内侍所由来説が唱えられたという。師時はこの時、「予案此事、行幸時、諸卿於左衛門陣前騎馬、若奉敬内侍所不可乗者、此時尚於城外可乗歟」と私案を日記に記した。「雑人」らは陣中が内侍所ではなく天皇に連動するものと考えて騎馬したと見られ、師時も「行幸時に諸卿は左衛門陣前（内裏門外）で騎馬するが、もし内侍所を敬って騎馬すべきでないならば、城外（平安京外）で騎馬すべき事になってしまう（それは現実的でない）」と内侍所由来説に反論しているが、陣中下乗の原則が根源的に内侍所という神器への敬信に由来するという考え方は、平安後期には一定度の説得性をもって語られていたと思われる。

　但し最も注意すべきは、同条に「依此事人々被問処、被申旨区々相分、関白被申行御卜之由云々」とあるように、議論を重ねた末、同説の是非を判断する決定的根拠がないとの結論に達し、結局卜占による神慮の判断に委ねられた事である。〈神器によって保証される君臨の正統性が、陣中の本質を最も合理的に説明する〉という認識は、ここでは共有されるに至っていない。この時の卜占の結果は（行われたかどうかも）不明だが、その後内侍所由来説が主張された形跡が見られない事を勘案すれば、この時に、むしろ陣中は天皇の在所によって決定されるという、天皇の身体との不可分性が認められたものと見受けられる。

如上の陣中と天皇の不可分性は、中世の天皇・上皇のいかなる位置づけ・関係を示すであろうか。

天皇・上皇（太上天皇）は天皇位を経験し、その意思が「勅」と呼ばれ、中世では社会慣行上世襲的に治天たり得る存在として、身分秩序の最上位に他と隔絶した位置を占めた。この両者の上下関係は、しかし古代・中世を通じて常に決め手を欠き、絶えず変動してきた。春名宏昭氏によれば、譲位後も自動的に太上天皇が天皇と同質・同等の大権（権能）を有する不安定性が孝謙・淳仁や平城・嵯峨の対立を経て反省された結果、嵯峨譲位以降は太上天皇尊号宣下制で上皇の地位に天皇からの奉呈という他律性が与えられ、大権が天皇に一本化されたという。[14] また仁藤敦史氏は権威・権力を分掌する相互補完的な天皇・上皇の同質化が「二所朝廷」状態や薬子の変を招いたと見て、尊号宣下制や朝覲行幸の創出により、上皇は「臣」と自称する天皇から尊為される一方、政務不介入の制約を課されるという秩序が定められたとする。[15]

両説には対立点があるが、天皇・上皇を単純な上下関係に帰する事は根源的に不可能、という理解は共通している。確かに平安初期には嵯峨・平城両上皇が淳和天皇に「臣」と自称する一方、逆に淳和天皇も嵯峨上皇に対して「臣」と自称した上、平城上皇の「臣」という自称を理由に平城の書を受理しなかった。[16] この事は、君臣の論理においていずれを「臣」とも解釈し得た両者間関係の曖昧性を端的に示す。その後も陽成天皇が清和上皇に、白河天皇が後三条上皇に、また順徳天皇が土御門上皇に「臣」と自称した事例が存する一方、[17] 醍醐天皇が宇多上皇の尊号辞退への報書に「臣字・頓首死罪之文」を記さなかった例がある等区々で、しかも醍醐天皇の例に依拠して高倉天皇が六条上皇への報書で「臣」と称さなかった際には、「それは穏便ではない」といった程度の批判しか出ていない（『兵範記』仁安三年（一一六八）七月一一日条）。両者の上下関係を制度的・一律に定めようという意思は、朝廷において常に希薄であった。尊号宣下制により先帝が臣でも君主でもない——即ち君臣の序列に位置づける事が不可能な存在となったという春名氏の指摘[18]は、この事と照応していよう。

他方、そもそも天皇制では先帝の禅譲あってこその現天皇という性質が強く、また筧敏生氏の指摘のように、院政期以降は家父長的秩序が、治天・天皇父子を軸とする一家の構成員を律する最も強力な原理として現れてくる[19]。そこでは前（元）天皇と現天皇の多くが家父長と子・孫という関係（擬制的でもよい）に基づいて皇位を授受しており、結局は上皇が家父長的秩序から天皇の上位に位置する属性を確立させた。この実態は「太上天皇与正帝無別、庁御下文豈異詔勅哉」（『長寛勘文』所収長寛元年《（一一六三）》四月七日中原業倫勘文）、あるいは「天子ハ如春宮也」（『玉葉』建久元年《（一一九〇）》一一月九日条）のような表現を生むに至るが、しかしそれでも前述のように、建前上の序列が〈天皇→上皇〉であった事は中世を通じて動いていない[20]。即ち両者間の関係は、評価者が着目する論理・側面次第でどちらが上位にも評価され得る曖昧性を根底に持ち続け、当事者または第三者が必要と認めた場合に限り、当事者の意思とパワー・バランスに大きく依存して、特定の論理・側面が強調されて上下関係が適宜示されたと見られる。後醍醐天皇の「以院宣背綸旨之条不可然」という表明（『花園院宸記』元亨二年《（一三二二）》閏五月一七日条）はその好例である。

右に加え、ある問題が無視できないほどに顕在化・大規模化した時に初めてルールを制定・明文化するという、中世公武社会の〝規範〟に対する思考法（公家法・幕府法に顕著である）を考慮すれば、原則として、天皇・上皇の関係が円滑な時には、必ずしもその上下関係が明確にされる必要性が認められていなかったと理解せざるを得ない。白河法皇が家父長たる自身を含む小規模な一家（王家）の氏寺を想定して法勝寺を「国王ノ氏寺」と称した事に代表されるように（『愚管抄』巻第四）、天皇・上皇に関するあらゆる側面や理解・解釈の相違を柔軟に吸収する「国王」なる非制度的呼称が多用された事実は、これに対応するものと思われる。

特に富田正弘氏の指摘のように、伝奏が親政時も常置される基点となった後醍醐親政以降、治天・伝奏間の奏事・裁可手続きで行われた意思決定を太政官機構が執行する形を朝廷政務一般が採った事により、親政（天皇）と院政（上皇）の差異は伝奏というクッションによって全く吸収され、両者は極大まで同質化する[21]。中世では天皇・上皇いずれの意思も「勅」（勅勘・勅定・勅旨・勅語等）と表現され（前掲史料5も光明院の発言を「勅語」と記す）、「禁裏勅勘」「仙洞勅勘」「法皇勅定」等のように、[22]その主体が天皇・院である事をわざわざ示さなければならない事例が少なくない。かかる天皇との部分的な同質性や中世朝廷の最高権力者としての院のあり方を踏まえれば、上皇の御所にもまた内裏を模して陣中が設定されてもよさそうだが、現実にはそうならなかった。

　これは居所としての内裏と院御所の性質の相違とも関わる問題である。中世を通じて「宮中」という性質を一貫して保持した陣中、そしてこれを備える里内裏は、明白に平安宮大内裏起源のものと認識され続けた。これに対して院御所は、上皇が内裏を出て「院」に退去する嵯峨天皇以来の慣行（嵯峨天皇の冷然院、淳和天皇の淳和院、清和天皇の染殿院・清和院、陽成天皇の二条院、宇多・朱雀天皇の朱雀院等）と後院制度に淵源を持つ。[23]この慣行は春名氏によれば、太上天皇が統治権の総攬者として内裏で天皇と同居する状態を避ける事を目的とし、「院」は私人たる太上天皇の私宅としての性質を色濃く持ったという（院への出仕は原則として上日＝官人の出勤日数に数えられない）。[24]

　かかる性質が上皇居所に敢えて持たされ、また「宮」でなく敢えて「院」なる新語を持ち出して定義された事を総合すれば、「院」とは本質的に決して内裏と同質にはなり得ない居所と見なければならない。室町期の永享二年（一四三〇）、四位・五位雲客の役送の事が議論された際、場の違いを重視して「院中・宮中差別勿論」といわれた事は（『看聞日記』同年閏一一月一三日条）、かかる両者の異質性が、日常的に様々な場面で何かと意識・認識された事を示唆している。

　「内裏（禁裏）」「院」「宮」「殿」等、日本では居所の名称はしばしば居住者を指す呼称となり、居住者の性質・地位・身分と緊密に結びつけられて秩序を表現していた。その事は、太上天皇に准ずる待遇・身位を捧呈された敦明親王が「小一条院」と呼ばれ、また同様の女性達が「女院」号を宣下された事に明らかであろう。[25]そもそも「オホヤケ」（大宅・大家）という建造物指示呼称が天皇（公）を指した事はその最たるものであり、また僧侶に対する二人称を

「御房《坊》」といい、あるいは南北朝・室町期に将軍（室町殿）を世人が主に「御所」と呼び(26)、室町後期に守護クラスの大名やその居所を（主に被官が）「（御）屋形（様）」と呼んだ事例等も(27)、明らかに前述の手法から居住者を居所名で表現・尊称したもので、それが古代・中世日本を通じての根強い慣行・発想法であった事をうかがわせる。とすれば、上皇やその御所は「院」と呼ばれる限り、居所名に基づく身分秩序内においては決して「禁裏（様）」にはなれないという制約を負っていた事になろう（なお、宇多天皇は譲位後の尊号辞退で「専除太上皇、直被喚朱雀院」と、自らを「太上皇」ではなく「朱雀院」と呼ぶように醍醐天皇に求めており(28)、上皇と院も呼称体系上画然とした区別を有するという自覚が天皇にあった事が知られる）。

　陣中が決して院御所に設定されなかった事は、古代〜中世にかけて上皇の権力がどれほど強大化しようとも、それが「内裏」「禁裏（様）」とは等価でない事——即ち君主を後見する前君主ではあっても彼自身は君主ではないという限界を決して脱却し得ないという右の建前上の構造（春名氏によれば、それが嵯峨上皇の意図であった）を、実際の即物的居所の側面から表現したものと評価できる。

　なお陣中と上皇・治天の関係を示すものとして最後に、鳥羽天皇治世における白河院政の態様を伝える史料を示しておきたい。

〔史料7〕『愚管抄』（第四、部分）

堀川ノ院ウセ給テケル時ハ重祚ノ御心ザシモアリヌベカリケルヲ、御出家ノ後ニテアリケレバ、鳥羽院ヲツケ参ラセテ、陣ノ内ニ仙洞ヲシメテ世ヲバ行ハセ給ヒニケリ、

（中略）法性寺ドノハ白河院陣中ニ人ノ家ヲメシテヲハシマシケルウへ、カナラズ参内ニハ先マイラレケルニ、世ノ中ノコト先例ヲホセアハセラレケルニ、一度モ滞ルコトナク、鏡ニムカウヤウニ申沙汰シテヲハシケレバ、カバカリノ人ナシト思召テスギケルホドニ、（後略）

右の前半部によれば、堀河天皇の死後、重祚せんとする意図がありながらも既に出家後のため果たせなかった白河院が鳥羽天皇を位に就け、自らは「陣ノ内」に仙洞を占めて政務を行ったといい（傍線部）、後半部は、藤原忠通が参内時には必ず、「陣中」の臣下宅を占有していた白河院（傍線部）の許に内裏より先に参上し、政務・先例に関する院の諮問に滞りなく答えて政務を潤滑ならしめた事を伝えている。前半と後半の対比により、白河院御所について両者が同内容を述べている事――即ち前者の「陣ノ内」が後者の「陣中」に該当する事が明らかであろう。そして白河が内裏陣中に仙洞を定めた事が、重祚が叶わないための代替措置であったという事は、それが元天皇としての君臨・統治・執政意欲の物理的側面における表象に他ならなかった事を示している。

但しそれでも前述のように、上皇と天皇の禁中同居は平安初期から憚られており、白河は禁中で幼帝を擁して執政する事はできなかった。鎌倉初期、後鳥羽院が順徳天皇の行幸を仙洞に迎えるにあたって仙洞高陽院に「中築垣」を設け、順徳の滞在中に中築垣に設けられた戸を通って後鳥羽・順徳が「朝夕」「御会合」していた事に関して、『明月記』建暦三年《（一二一三）》四月二一日条は「上皇不可入御禁中、行幸仙洞之時、御覧公事不可憚」という「当世之古老」達の阿諛の弁を非難している。ここには〈仙洞内の上皇・天皇居所を中築垣で区画すれば「上皇は禁中に入ってはいけない」という制限を回避できる〉という論理が介在していたと思われ、記主藤原定家は同条で「陣座・殿上・内侍所以下が仙洞内にあるのに、どうして禁中でないといえようか」と非難しているが、上皇の禁中同居不可という論理自体は非難されておらず、古代以来かかる制限が存続した事は認められよう。

かかる制限が上皇執政の物理的限界をもたらし、そこに鎌倉後期以降の治世院が仙洞に文殿以下の政務庁舎を整備する必然性が認められるが、陣中が大内裏＝宮中と同義であった事（第五章第二節）を勘案すれば、白河院による陣中居住は、禁中同居不可の制約に可能な限り立ち向かったものと評価可能であり、院が天皇の宮中で政務を執った事例（里内裏の陣中は宮中と見なされた。第五章参照）と評価する事ができよう。

また天皇と東宮の居所のみが陣中を具備した事実は、上皇を天皇より上位の存在と解釈する余地が実態上存したとしても、なお天皇を最上位とする建前が恒常的に示され廷臣以下の人々に実感される仕組みが必要とされていた事を示していよう。〈上皇御所では譲位後時間の経過とともに陣口下車礼が次第に不要とされてゆく〉と南北朝初期の洞院家が理解した礼節構造は、上皇側・臣下側のいずれにも、上皇の尊貴性が在位中より下落した事を実感させる仕組みに他ならない。治世院（治天たる上皇）が朝廷の最終決定を行う力を仮に〝治世院権力〟と呼ぶとすれば、臣下の自らに対する礼節が目に見えて薄礼化される右の仕組みが改められなかった事は、それが治世院権力に悪影響を及ぼさないと考えられた事――さらにいえば、それがむしろ治世院権力にとっても望ましい状態であった事を示しているという積極的評価が可能ではなかろうか（この点は次節の検討も踏まえて後述）。

なお〈陣中は天皇その人に伴って移動し、内侍所携帯の有無に左右されない〉という合意が院政期に確立・定着した事は、朝廷という組織自体の持つ性質変化のベクトルの中にも位置づけ得る。筆者は現在、中世朝廷は次の方向性に従って再構成されてゆくと展望している。即ち①朝廷の意思・指向性決定の、執政担当者（治天、またその輔佐・後見者たる摂関・室町殿）の人格への依存化、②一定度の社会的認知に基づく、支配者の支配者たる事を自明とする認識の共有、③個別の当事者間の諒解とそれに対する社会的認知へと、社会構造の立脚点が収斂してゆく点、④儀礼と実際の政務執行システムをそれぞれの目的に特化する、割り切った二分化（朝廷の即位・除目や幕府の評定等、実際的意義が乏しい儀礼・手続きが純粋に儀礼と割り切られて存続する一方、実際的意義・役割を求められる手続きからは大幅に儀礼的性質・儀式・手続きが削ぎ落とされてスリム化される傾向。近年本郷和人氏は、特に後者を「はぶく」という中世朝廷政務機構のキーワードに要約している）[29]、等である。

陣中内侍所由来説が排除され、天皇自身の身体との不可分性を想定する理解が定着した事を右のベクトルの中に位置づけるならば、象徴的意味以上のものを持たないレガリア等の物体や、あるいは多くの場合真の由来・所以・本義が忘却されている不確実な由緒・理屈を廃して、よりシンプルに天皇その人が現に君主であるという事実に即して物事を考えようとする社会的趨勢の一つの徴証と評価できよう。かかる発想法の下では、天皇はレガリアを持つから君主なのではなく、レガリアは天皇が別の論理に基づいて既に有する〝君主たる正当性〟を可視化する装飾品に過ぎない。

二　天皇を束縛する陣中――嗷訴と洛中空間秩序――

臣下に一律に下乗を強制した点から、諸先学や拙稿は、陣中を専ら〝天皇が臣下を制約する装置〟と評価してきたが、実は陣中は天皇の中世特有の側面・限界を如実に示す、〝天皇を制約する装置〟としても機能した。南北朝期に入っても衰えなかった嗷訴で大衆・神人が戦術上直接目標としたのは、神輿を担いで内裏に押し寄せる事それ自体であった。周知のように、彼らは要求が容れられないと見るや、しばしば神輿を洛中に放置する挙に及んだが、かかる場面で神輿の放置場所として陣中が選ばれた事例は多い。例えば康永三年（一三四四）に中原師右が勘進した「東大寺八幡宮神輿御入洛例」には、「陣中」に神輿が放置された先例として次の二例が挙げられている。[30]

〔史料8〕

（前略）延慶二年（一三〇九）二月廿九日巳剋許、東大寺神輿三基奉振弃陣中二条万里小路、仍武士馳走、神人・宮仕等為武士被打擲云々、

（中略）正和四年（一三一五）十二月十八日、今暁寅斜、東大寺八幡宮神輿二基奉振弃陣中二条面、一基縫殿陣前、一基東大門前云々、酉剋神輿奉入東寺灌頂堂、（後略）

両者は別の時期のそれぞれ独立した嗷訴だが、いずれも大衆らが東大寺八幡宮の神輿を陣中に振り棄てており、同じ洛中でも特に陣中に放置する事に意味が見出されていた事が示唆されている。これに関しては『長秋記』

永久元年（一一一三）九月三〇日条に「今夜山大衆群降祇園、舁神輿欲参陣頭、座主可被成替之由、無動寺衆訴申云々、」とあるのが参考となる。これまで考証されてきた通り(31)、平安期以降「陣」の語が内裏に関係する複数の場所（陣中、陣口、内裏門、内裏中の諸司の詰所等）を指したため、「陣」に基づく「陣中」「陣外」等の語彙も派生的に多義性を有した。右で山門大衆が神輿を舁いて「欲参」したという「陣頭」は、「右兵衛陣」「左衛門陣」等の名称で呼ばれた内裏門の前と捉えて文脈上矛盾せず、嗷訴は内裏門を目指したと推定される。鎌倉期の弘安六年（一二八三）、天王寺別当問題が日吉神輿の入洛に発展した際、『実躬卿記』同年別記正月六日条に「先祇園・京極寺神輿、禁裏万里小路殿四足前奉振」と記録された事は、内裏門を目指す嗷訴の行動パターンを裏づけていよう。

さらに南北朝期の応安二年（一三六九）の嗷訴を記録した次の史料はより具体的である。

〔史料９〕『日吉神輿御入洛見聞略記』(32)（便宜上丸数字を付した）

同（応安）二年己酉四月廿日甲申、酉刻山門大衆数千人帯甲冑、頂戴神輿入洛之間、貴賤上下皷動、東西南北馳違、①於今度善悪可奉振入神輿於内裏之門内之由、兼日有其聞之間、武家殊驚存、以武士奉守護内裏、西北両門佐々木六角判官入道、東門黒田判官警固之云々、其外就当職侍所土岐宮内少輔率軍兵馳向河原辺、②但大衆雲霞之上、恐神威歟之間、不及防之引退之間、③大衆自元如相企奉振陣頭、欲奉振入門内、④爰守武士不惜命防戦、神人多被疵歟、衆徒一両於陣頭命隕、武士一人（六角判官手者）討死云々、凡其間猥雑、上下人消肝迷魂云々、数刻雖相戦、堅閉門戸之間、不及奉振入神輿、振寄陣頭而大衆退散了、（後略）

南禅寺楼門破却を主張する今次の嗷訴では、「山門大衆は、今度の裁定次第では神輿を内裏の門内に振り入れ奉るつもりである」との風聞が既に流れており（①）、実際に大衆は始めから（「自元」）神輿を「奉振入門内」る計画で「陣頭」（内裏門前）に押し寄せた（③）。前掲『長秋記』の「舁神輿欲参陣頭」という文言を「内裏門を目指した」と解釈する理解は、右の史料９で「奉振入神輿於内裏之門内」る事が「奉振陣頭、欲奉振入門内」とも記されている事からも支持されよう。内裏門内に神輿が進入する事態が天皇にとってどれほどの圧力となったかは後に触れる光明天皇の感想から容易に想像されるが、ここでは鴨川の「河原辺」においては容易に嗷訴の進入を許した幕府軍（②）が、「陣頭」（内裏門前）では「不惜命防戦」した事（④）に注意しておきたい。

次の史料は同じ嗷訴の記録である。

〔史料10〕『後愚昧記』応安二年四月二〇日条

廿日申、（中略）日吉神輿入洛事、此間雖風聞度々延引、今日遂以有入洛之儀、（中略）先陣既及内裏陣辺之時、（一条東洞院、）後陣尚及富小路以東、不可説也、山門威勢猶不恥往昔歟、無止事也、（中略）後聞、内裏陣外車逆毛木引之、是可奉禦神輿之料也、武士等在逆毛木内、而衆徒等不拘防禦打破逆毛木而乱入陣中、於内裏西面唐門前及合戦、

（後略）

幕府軍が車逆毛木（可動バリケード）を構えて抵抗した「内裏陣外」が突破されて衆徒が「陣中に乱入」したとあるので、ここでいう「陣外」は陣口（陣中への入口）を指している。陣口は皇居最外郭の門と同義であり、そこから先は「宮中」と見なされる陣中であるから、(33) そこに神輿を放置する事で嗷訴側は内裏門内に放り込むという目的を半ば達成する事になり、逆にそれ故に幕府軍は陣口にバリケードを特に構築して防禦したと理解されよう。

陣中への神輿放置は後述のように天皇を恐懼させ、地上へ降ろす強制力を持った。その圧力を避けるため、前年の日吉神輿入洛時には実際に天皇の内裏退去が検討されている。

〔史料11〕『後愚昧記』応安元年八月二九日条

（前略）兼日可幸他所之由、有其沙汰、如腰輿雖寄階前、臨期而無行幸之儀、依非陣中歟、如何、先規可尋之、

（後略）

天皇退去のため腰輿が殿舎の階前に準備されたものの、神輿の放置場所が陣中ではなかったため（同条によれば

「一条東洞院陣置石外」）、天皇が輿に乗る直前に行幸が取り止めになったと見える。永享五年（一四三三）の山門騒動の際も室町殿義教が後花園天皇へ「若陣中神輿奉振入者、他所へ急可成行幸」と申し入れており（『看聞日記』同年七月二七日条）、陣中神輿進入時における天皇の内裏退去慣行の一般性が確認できる。

内裏を目指す嗷訴を防ぎきれなかった場合、最終的にいかなる事態を招くか。『勘仲記』弘安六年正月六日条によれば、この日「内裏門々守護武士、全分無人」であったため神人らが「任意奉振、一基紫宸殿上奉安之」るという前代未聞の事件が起こった。この時宮仕・法師以下の雑人数千人は内裏四足門を打ち破って常御所に濫入し、台盤所に馳せ入って「御服御物等」を引き落とし、所々の妻戸障子を切り破り、南殿の御簾を引き落として「狼藉之体、超過先例、絶常篇歟」と狼藉の限りを尽くした。このため後宇多天皇は亀山上皇の御所近衛殿へ避難せざるを得ず、「神輿御坐禁中無先規、忩可奉帰座」と命じた上、「猶及子細者可有後悔之由、厳密被仰下了」と脅迫に近い厳命を山徒に下している。嗷訴の内裏門突破は内裏における救い難い狼藉と破壊を意味する上、天皇自身に危害が及ぶ万一の可能性と、天皇が禁中から放逐される屈辱をもたらした（神輿の坐す紫宸殿での同居不可という理由から）。かかる屈服を天皇に強い得たからこそ、嗷訴は始めから陣頭（内裏門）を目指し、また幕府軍はそこを最後の防衛線として死守したのであった。

また内裏門内への神輿放置まで至らずとも、陣中まで侵入されるだけで天皇は地上に降りて神輿に敬意を表さなければならなかった。この事は順徳天皇編『禁秘抄』（上、奉振神輿）[34]に「仰諸陣被禦、又閉諸門、正神輿進給之時、天子下地暫不復本座」と明瞭に述べられており、その実例としては例えば康永三年に左大史大宮清澄が注進した「東大寺八幡宮神輿入洛例[35]」に「延慶二年二月廿九日、辰時、同寺八幡宮神輿三基入洛、奉振棄内裏陣中、二条万里小路、（中略）同日、酉刻、東寺所司二人相具鎮守八幡宮神人等参内、奉渡神輿於彼鎮守、于時主上御座于清涼殿東面廂御妻戸内、神輿令起陣中給之時、有下御庭上云々」とあり、延慶二年に陣中に放置された東大寺八幡宮神輿が鎮守八幡宮神人らの手で持ち帰られた時、花園天皇が清涼殿から庭上に降りた事例がある。神輿の陣口突破が天皇に与えた圧力については、光厳院の天竜寺供養臨幸中止を山門嗷訴が迫った際、天皇自身（光明）の言葉で端的に語られている。

〔史料12〕『光明院宸記』貞和元年（一三四五）八月一三日条裏書(36)

抑神輿日吉、入洛、奉振弃于陣中之時、主上設御座於地上座之流例也、而依官兵防禦、不及咫尺宮城、或於川原辺奉振弃之時、進退先規不詳、於石清水神輿東大寺八幡宮同之、者、雖非近辺、已入京内奉弃置之時、必坐地上例也、去年八月即如然、但是宗廟例也、於社稷神者、若可有崇敬之浅深歟、於日吉神輿未見先例之間、心中不決、仍今日使春宮大夫（洞院実夏）申院、帰来伝報命云、此事於先規者不詳、然而正於京内奉弃置地上者、猶可降地、雖為河原辺、自川以西者已可為洛中也、自鴨川以東者可為洛外也、以此分可進止也、是偏御今案也、于時左大臣候御前、即被仰合計申之旨如此者、

右によると、日吉神輿が入洛し陣中に放置された時は、天皇は地上に設けた座に下りるのが古来の例であった。ところが今回は官軍の防禦により内裏至近に至る以前に嗷訴を退治できた。しかしこのような、例えば神輿が内裏から少し離れて「（鴨）川原辺」に振り捨てられた時に天皇（自分）はどうすべきか、その進退は先規不詳であった。ただ、それが石清水八幡と東大寺八幡の神輿であった場合は、放置場所が内裏近辺でなくとも「京内」ならば必ず地上に下りる例であり、実際に前年八月にはそうされたという。但し、それは八幡社が王家の「宗廟」（祖先神）だからであり、「社稷神」（国の在来神）が相手である場合は天皇の崇敬度合いによって地上に下りるかどうか決める事になろうか、というのである。しかし今回の相手である日吉神輿については先例が見あたらず、光明天皇は進退に悩み「心中不決」であった。そこで洞院実夏を使者として光厳院の意向をうかがうと、次の返事があった。曰く、「日吉神輿入洛については先規不詳だが、『京内』で『地上』に神輿が捨て置かれたのならば、天

皇も地上に下りるべきであろう。例えその場所が内裏近辺ではなく鴨川の河原であっても、川より西は『洛中』、川より東は『洛外』であるから、その区分に従って、『洛中』にある時は下りるべきである」と。

陣中臣下下乗のルールは、根源的には天皇と臣下の一対一の上下関係に基づく礼節によるものである。先に筆者は個々人間の関係に基づく路頭礼の基本的な発想とその具体的な現れ方について論じたが（第一章）、陣中こそは路頭における上下関係が最も大規模に、かつ明示的に現れる場と考え得る。陣中がそのように礼節を具現化させる媒介物として機能していたならば、それは論理上、天皇と、より上位の存在との礼節をも媒介し得る。右の光明天皇・光厳院の問答はその実例といえるであろう。陣中に至れば臣下は無条件で乗物を下りなければならなかったのと同様、神輿が陣中にあれば天皇は無条件で地上に降りなければならなかった。この場合、光厳院の返答に「於京内奉弃置地上者」云々とあるように、正確には衆徒が神輿を担いだ状態ではなく、地面にある神輿を天皇が殿舎から見下ろす状態が問題とされている。一般に地上に置かれた神体が関係者を地上に引き下ろした事は、嘉吉三年（一四四三）の禁闕の変で内裏が急襲された際、内侍所（神器）を庭上の高御座に据えるにあたって後花園天皇・貞成親王が庭に降りてこれを拝した事例等からうかがわれ（『看聞日記』同年九月二三日条に「而内侍所渡御之由申、（中略）庭上奉居、恐之間構高御座奉居、予下庭上奉拝」と、『康富記』二六日条に「内侍所入御之時、主上下御庭上御敷」とある）、また順徳天皇編『禁秘抄』（下、奉振神輿）に「仰諸陣被禦、又閇諸門、正神輿進給之時、天子下地、暫不復本座、諸卿已下作法、大略同内裏焼亡之儀」とある事から裏づけられる。

神輿の放置場所が陣中の外である場合は、天皇の下殿は条件次第で強制されるというレベルまで緩和された。それについて治天光厳院が定めたルールは明快で、「少なくとも日吉神輿については、その放置された場所が洛中か洛外かで判断せよ」といい、「洛中か洛外かの判断は、問題の場所が鴨川の東西いずれであるかによれ」という。光明天皇が判断に迷った事からもうかがわれるように、これらのルールは必ずしも古来厳密に適用されてきたというわけではないだろう。しかし少なくとも、右の光厳院の認識では「陣中」は「洛中」「洛外」と同次元の空間秩序として語られ、当時の京都・周辺市街地に関して公家社会では、

内裏→陣中→洛中→洛外

という同心円がイメージされていた事が知られるのである。

この同心円イメージは、永享の山門騒動の嗷訴でも想起された。『満済准后日記』永享六年(一四三四)一〇月五日条によれば、神輿が「西阪本辺」に放置された事を知った室町殿義教が、「神輿不越河者、非奉振儀」という説の存在に言及しており、翌六日条で義教の見解が「不越河原間、為公方ハ依非奉振儀、如先例神輿御沙汰無之歟」、山門の見解が「為山門ハ又奉振心中間、不及奉帰座」と対立していた事が記されている。「神輿動座が行われた」と見なす条件が、洛中に神輿が進入したか否か、あるいは河東をも洛中と見なすか否か、といった空間認識の見解と直結して語られている事に加え、義教が前述の説を採用し「神輿動座自体が発生していない」と解釈して放置しようとしている点が興味深い。ここに至って嗷訴はもはや、解釈次第でその発生自体が認知されないというレベルの問題に矮小化されたのである。

先例を踏まえて満済が記した「所詮神輿不越河原者、非奉振儀云々、先例如此云々、仍今度モ非奉振分歟、但諸家意見不同、多分儀、不越河者非奉振儀云々」という六日条の記事は、「河を越えなければ振り奉ったとは見なされない」という説が、満場一致ではないものの多数意見であった事を伝えている。特に傍点部の「分」は、「〜であるという事にする(なる)」というニュアンスの中世特有の語であり[37]、この嗷訴が〝見なし〟の問題であった事を端的に示す。さらに七日条には「不越河原者、依為洛外、神輿御請取之儀無之由世俗申習歟」と見え、世間一般で「河を越えなければ洛外」と考えられたらしい事が知られる。河の東西がここで明確に「洛中」「洛外」の空間認識と結びつき、しかも神輿動座の重要な問題が洛中・洛外を要素とする空間構造に依拠していた事が明ら

かである。神輿放置場所が陣中か否かを問題とする前述の史料と総合すれば、やはり〈内裏↓陣中↓洛中↓洛外〉の同心円構造を導き得るであろう。

かかる構造の背後には、天皇の宮城という側面を最大限に強調して京都を捉えようとする思想が見出される。京都が「平安宮」「平安城」「洛陽城」と表現され、また京外を「城外」と呼び[38]鳥羽・伏見を「城南」と称する記法が古記録上に少なくないように、実態がどうであれ、京都・洛中は天皇の「宮城」であるという理念が中世公家社会においては鞏固であった。九条・七条・朱雀大路や東京極大路、その東の東朱雀大路等の平安京・京都の領域的メルクマールが全く捨象され、天皇を束縛する前述の空間秩序が内裏・陣中・洛中・洛外という要素のみに単純化された上で構成された事は、公家社会の一定の場面において京都が〈宮城としての内郭・中郭・外郭〉という観点からのみ認識されようとしていた事を意味している。とすれば、逆にそこに現れる「洛中」という空間自体が、いかなる実態を持っていようとも建前上〈宮城〉であると認識され続けたと見なす事ができよう。

永徳元年（一三八一）、洛中敷地の獲得を図る三条公忠に対して治天後円融天皇が激怒したのは、「公家御計」（天皇の専権事項）の洛中敷地を公忠が武家執奏で得ようとしたからであった（『後愚昧記』永徳元年八月二四日条）。洛中が「公家御計」なのはそこが宮城（いわば広義の皇居）であるから、つまり天皇が自宅敷地内の進止を専権するのは当然だからと考えるべきであろう（この洛中敷地が、律令制下平安京の宅地班給に淵源を持つ事は疑いない）[39]。いかに武家が強大な軍事力・強制力を背景に洛中を実効支配下に収めていたとしても[40]、洛中は本質的に全域が宮城であるという一種のフィクションを、天皇・上皇と直属の臣たる廷臣は現実であると主張し続けるべき立場にあった。

南北朝末期には、室町殿義満が武家執奏や所領保全・没収の強制力を武器に、既存の論理を露骨に軽視して公家社会の従属化を進めていたが、そのような中で天皇・上皇と廷臣は、かかるフィクションをあくまでもノンフィクションと主張する立場を堅持するか、あるいは実態を追認し新たな自らの位置づけを模索すべきか、二者択一の選択を突きつけられていた。そして南北朝初期の貞和元年と、既に室町殿権力の完成を見ている永享六年の二つの時点で〈内裏→陣中→洛中→洛外〉という同じ構造認識が示された事からすれば、やはり右のフィクションは仮想的・観念的ながらもあくまでノンフィクションとして堅持される方向で推移していたものと推測されよう。公忠は現実に即応せんとするあまりその方向性を見失い、治天の逆鱗を買ったのである。

右の空間構造は特に〈天皇と神との間の礼節〉という問題と結びついて天皇に強く意識されたが、しかしそれは嗷訴との不可避的な対峙という現実によって否応なく強いられた側面が強い。院政期には祇園神輿の通り道に面した第宅を天皇が一時的に退去する事が行われた。その理由については、神輿の陣中通過を避けるためという空間的礼節秩序を重視する飯淵康一氏の見解や、神輿の内裏近傍通過の直後に白河天皇中宮が死去したため以後忌まれたとする五味文彦氏の見解、また単に神輿通過・祭礼に伴う雑踏・混乱の回避以上の意味はないとする福眞睦城氏の見解が対立しているが[41]、いずれにしても祇園会の場合、相手の神は敵対的ではないので天皇側か神輿(神)側が相手を避けるだけで済んだ。しかし嗷訴は初めから陣中神輿放置という敵対的手段に訴えるものであったから、天皇は院政期ならば「源平之輩」等と呼ばれる武士を、鎌倉期ならば六波羅探題指揮下の在京御家人を、南北朝期以降ならば侍所・在京守護大名を含む幕府軍を動員して内裏を厳重に守護させ、自身は内裏に立て籠もるという手段を採らざるを得なかった。

陣中の発生期を飯淵氏は里内裏発生と同時と、中町氏は一一世紀半ば(一町という距離の確立は一一世紀末)と推測するが、いずれにしても陣中概念の考案は、嗷訴という大寺社の意思表示手段の案出以前と見なし得る[42]。とすれば大内裏(あるいはそれに相当する領域)に下級僧徒が殺到して神輿・神木を放置し、天皇が自分の宮城内で敵対的な神と直接対峙するような事態、そして陣中がかかる場面で天皇の行動を神との関係において規制するような事は、陣中概念の考案時に想定されていなかった事になろう。全く観念的な空間に過ぎない陣中は外部空間を物理的に遮蔽する設備を持たず[43]、防備が非常に困難な（嗷訴側に有利な）構造であった。その内部に天皇より上位の存在が進入・存在しないという前提で考案された故に、陣中は神という上位者の進入が珍しくなくなる時代の到来によって大きな弱点を晒したと考えられる。

そしてかかる社会的変化にもかかわらず里内裏がこの構造を中世を通じて抛棄しなかった結果、中世では、天皇が自らの権威・超越性を他者に知らしめる装置として考案したはずの陣中のために、上位者（＝神）との頻繁な対峙、そしてその結果当然もたらされる上位者への屈服を強いられるという、いわば自縄自縛のごとき状態が（室町期の嗷訴衰退まで）続いた。これは敬神・崇仏の姿勢を建前上抛棄できない天皇が、神慮を奉戴し実力行使を厭わない大勢力と正面から対決できない根本的構造によるのであり、そして古代的要素の濃い陣中という装置・概念を抛棄できない天皇という地位が、神威を戴く中世的暴力の前では全く無力であったという構図に、中世天皇の限界が浮かび上がるのである。

南北朝期以降、陣中によって現実に行動が制約されるのは、〈〝建前を遵守する〟という建前〉を採る廷臣や秩序と親和的に生きる洛中居住・滞在者、また何らかの意味で武家・室町殿の統制に服する人々に過ぎない。しかしそれでもなお、建前の世界では陣中下乗原則が依然効力を保った点を、筆者は積極的に評価したい。中世天皇がもはや権力・軍事力・動員力等の実際的な力とは無関係に、実世界を超越して建前上のみに生き、裏返せば建前上の世界においてこそその存在意義を有し価値を発揮する存在であった事を端的に示していると思われるからである。前節でその意義づけを保留した、〝治世院権力〟の秩序において天皇という存在が果たした積極的役割、またそれを恒常的に明示し続ける陣中下乗慣行というシステムの役割もまた、如上の建前・フィクションを堅持する点にあったものと考えられる。

これを敷衍すれば、治世院権力が現実の統治や朝廷の最高意思としての権力行使を担当する一方、天皇は建前を堅持してその治世院権力の拠って立つ（尊卑の）秩序を支えるという分業が、中世では自覚的に行われていたのではないかという展望が導かれよう。天皇と上皇は一律に上下関係を見出し難い複雑な関係にありつつ、社会的には右の分業を行ったと理解し得る。陣中の諸様相から導かれる右の推論は、天皇（律令的天皇）と治天の相互依存的関係という富田正弘氏の指摘(44)とも、（そこに現れる天皇を〝律令的〟と評価する事が適切かどうか等の細部は別として）通ずる点があるものと考えられる。そして建前だけの世界に存在意義を見出すあり方を選択した故に、実態が単なる無法者の集団であっても「神慮を奉ずる」という建前を主張する大衆の前には、天皇は究極的には為す術もなく逃避するか膝を地に屈するしかなかった。嗷訴等の場面において、建前という自縄自縛から原理的に逃れ得ない中世天皇の特色を明瞭に示している点もまた、中世里内裏陣中の特色と評価する事ができよう。

三　室町殿の位置——君と臣の狭間——

最後に、天皇・上皇と室町殿（足利義満以降の室町幕府の首長）との身分的距離を表現・計測する装置としての陣中に注目したい。『親長卿記』文明一二年（一四八〇）正月一〇日条によれば、同年の年始参内の際、室町殿義政が内裏土御門殿の「唐門北、於正親町通辺」て下車したのに対して、息義尚は「自一条聊於南方東洞院通也、」て下車した。この時義政が乗車で陣中に進入した事は、既に彼が寛正元年（一四六〇）に蒙った牛車宣旨（『公卿補任』）の特権から理解可能である(45)。ところが未だ牛車宣旨を蒙っていない義尚も、東洞院大路の一条より聊か南方——つまり一条東洞院の陣口からやや内側まで乗車のまま入り込んできている。

類例として、貞和五年（一三四九）一二月二五日に牛車宣旨を蒙った洞院公賢（『公卿補任』）が、それ以前の康永三年（一三四四）二月一六日に年始政吉書奏で「於東洞院一条以南下車、直入右衛門陣代」ったと『園太暦』同日条に見える。これは傍点部より陣口＝一条東洞院よりやや南（陣中の領域内）で下車したと解釈可能だが、一条大路との交差点の中心よ

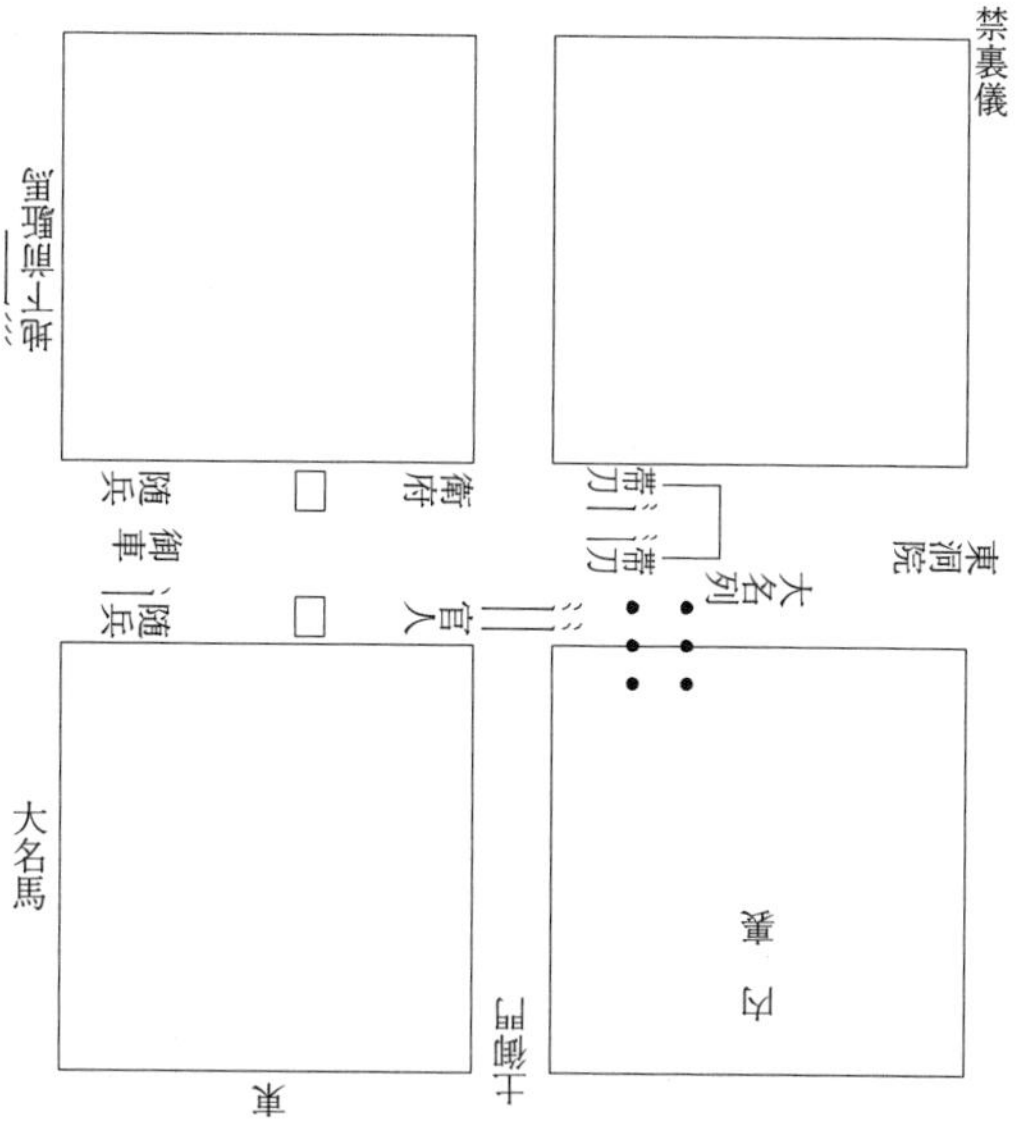

図8　土御門内裏周辺図
（『建内記』永享2年3月25日条所載）

りも南で下車したとも解釈する余地があり（『建内記』永享二年（一四三〇）七月二五日条所載の内裏周辺指図〔図8〕では、「置石」は陣口である交差点の鷹司小路北頬の中心より若干東寄りに描かれている）、陣口たる交差点が持つ一定度の空間的広がりを考慮すると通例と矛盾しなくなる。これに対し、「一条より聊か南方」という先の義尚の例は、一条の陣口と下車地点の間の距離をイメージさせ、室町殿の後継者が何らかの特権的行動を認められていた事を示唆している。

また宝徳元年（一四四九）の足利義政（当時は義成）の参内始を記録した『康富記』同年八月二八日条は、義政の下車地点を「於正親町東洞院与土御門間中程打門代歟、有御下車」と記す。当時の内裏は嘉吉三年（一四四三）の禁闕の変で土御門殿が焼失したため北隣（一条東洞院南東角）の伏見殿（伏見宮御所）に遷っており（後掲図9参照）、「正親町東洞院と土御門の間」はこの仮皇居の南方の陣中で、「打門代歟」とはそこに臨時に陽明門代を設けた事を示している。わざわざ臨時に設けた陽明門（宮城門）代を重視する限り義政は確かに大内裏宮城門で下車した事になるが、陣中の領域内という意味ではそこは宮城門内であった。義政は当時参議左中将で[46]、室町殿であり将軍ではあっても、未だ牛車宣旨を蒙っていない。にもかかわらず土御門東洞院の陣口からさらに乗車進入しているのはなぜであろうか。

ここで、陣口が宮城門相当地点として常に設定されている（「置石」という標識の存在はその明証(47)）にもかかわらず、その内側に改めて門代を打って宮城門が設定された事がヒントとなろう。ここに、それは陣口下乗原則の維持と、義政（室町殿）を陣口の内側まで乗車させる優遇措置を両立させる便宜的手法ではないか、という推測が生ずる。翌二年の義政直衣始参内でもやはり正親町と土御門の中間——即ち陣口の内側に陽明門代が設置され下車所とされた事は、「奉行家司」としてこの儀式全般を申沙汰した広橋綱光自筆の記録『義政公直衣始参仕記(48)』に「御路一条東行、万里少路南行、中御門西行、東洞院北行、於陽明門代、正親町以南、土御門以北、主殿寮開幔門、御下車、御沓役人以下如初、自左衛門陣御参　内」とある事より明らかで、問題の陣口乗車通過がこの頃慣例化されようとしていた事は疑いない。

次掲の万里小路時房による同じ直衣始の記録によれば、参内時の路頭礼上の義政優遇は明白な形で行われた。

〔史料13〕『義政公直衣始記』宝徳二年七月五日条(49)（部分）

一、御路、四足門外南行、一条東行、万里小路南行、中御門西行、東洞院北行、於土御門殿如元可為皇居之間、御殿一宇新造、未及周備、仍無遷幸也、西辺元在四足門以北辺云々、御下車、公卿者、於元之置石鷹司以北也、辺可下車之由、右府内々同被相計云々、猶可進北事歟、

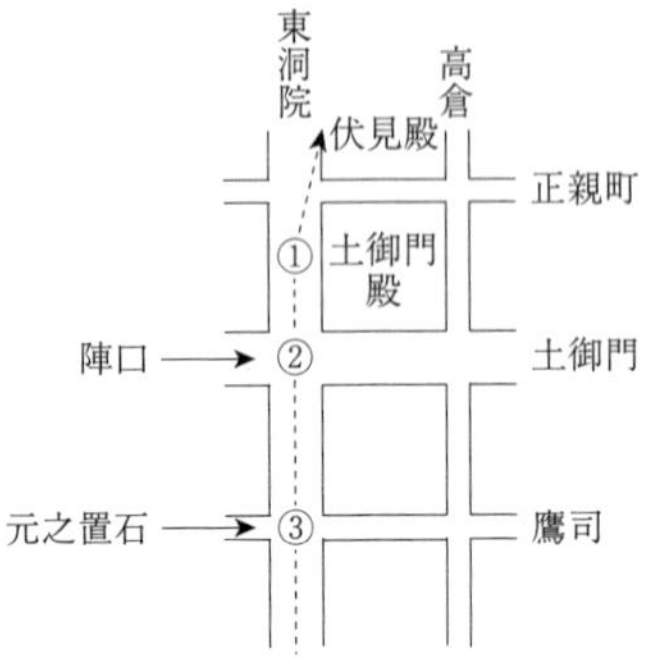

①＝義政の下車地点
②＝本来の下車地点
③＝扈従公卿の下車地点

図9　義政直衣始の下車地点

義政は室町殿（上御所＝花御所）から迂回して伏見殿仮皇居へ向かい、土御門殿本内裏跡の西辺の、かつての四足門の辺りで下車したのである。これは仮皇居の南西角（正親町東洞院）から南に半町ほどの地点であり、義政は陣口＝土御門東洞院を乗車のまま通過し、半町ほど内側（北側）まで進んでしまっている（図9の①）。一方、皇居が一町北へ移動すれば「陣口」もまた同じだけ移動するはずだから、傍線部で時房が記すように扈従の公卿は本来もう一町乗車進行してから下車すればよかったにもかかわらず、「元之置石」（「元の皇居土

御門殿の陣口の置石」の意であろう）のあった鷹司東洞院（正親町東洞院の二町南）付近で下車していた（図9の③）。換言すれば本来は義政も他の公卿も等しく土御門東洞院の陣口（図9の②）で下車すべきなのに、義政は陣口からかなり内側まで進んだ一方、扈従公卿は陣口から一町も外側で下車させられているのである。これを図示すると、下車位置の差に基づく両者の身分差が一目瞭然であろう。そしてこの時期には室町殿の地位がはっきりと陣口下乗義務の原則を超越するに至っていた事が明らかである。

義教期、摂政二条持基宛の室町殿からの書札礼について広橋親光と時房がそれぞれ内容の異なる弘安書札礼の所持本を根拠に紛議を起こした際、義持の「尊覧」を経た親光所持本が採用された。金子拓氏はこの事実から、室町殿の「尊覧」を経た本が「正本」「証本」とされる発想の存在を指摘し、また同じ時に親光が「公方は『御出生』からして『凡人』とは異なるから、『弘安礼節』をもって『凡人』がするように計らう事ができようか」と主張した事にも注意を向けている。[50]『弘安礼節』は、書札礼に関しては既に百瀬今朝雄氏の研究があり、[51]また路頭礼に関しては本書第一章で論じた通り、位階官職によって臣下の礼節秩序を整然と体系化・整理し定めたものであった。しかし、金子氏の指摘は、かかる秩序が所詮「凡人」を対象としたものでしかなく、「凡人」を超える「御出生」の室町殿はそれに縛られないという発想が公然と語られた事を明らかにしている。しかも室町殿が一見した本に正本たる認証を与える発想があった事は、室町殿が礼節を規定する側——つまり礼節を超越した存在であった事を示していよう。弘安書札礼が「凡人」を対象とした規定に過ぎないならば、陣中下乗の原則を含む路頭礼もまた同様という事になろう。室町殿が平然と陣口を乗車通過して半町まで内裏に近づいた事は、路頭礼の世界においてもまた室町殿が「凡人」とは異なる超越的な位置づけを与えられつつあった事を示している（この問題については第八章第四節をも参照）。

但し管見の限り、かかる室町殿の陣口下乗原則からの逸脱（以下〝陣口超越〟と仮称）がなされた形跡は、前述の事例以外に見出されない。嘉吉の変以後、室町殿の幼少のため事実上の上意不在期というべき時期が（義政の成人と積極的意思発現開始まで）一〇年ほど続き、義教の死を境に、室町殿は恐怖政治を辞さない専制的君臨者から一転して、管領以下諸大名の後見を必須とする政治的に無意思の存在となった[52]。にもかかわらず、最も専制的な義教期にさえ行われなかった陣口超越が、その専制的君臨者の死から九年も後に、しかも未だ政治的な意思発現を行っていない義政少年期に初めて実現している事には、公家社会の室町殿に対する認識・対処方針の本質的部分が現れているように思われる。特に史料13に、義政と扈従公卿の下車所改変が右大臣二条持通の指示で行われたと見えるのは注目すべきであろう。当該記事と室町殿上意不在という状況を総合すれば、古代・中世の洛中空間礼節秩序において数百年堅持された原則を克服した劃期的な陣口超越が、全く公家社会側からの積極性によってのみ実現された事が明らかだからである。

持通は永享六年、洞院満季女西御方による義教側室正親町三条尹子の呪詛嫌疑に絡み、義教から強制的に西御方を娶らされた[53]。かかる室町殿の強権の記憶に基づく、「全力で室町殿の意を迎えなければならない」という（義教期までの廷臣には一般的な）教訓が彼にあった事は確かだろう。だが問題は、右の陣口超越の指示が義教期ではなく義政少年期に行われた事である。そこには室町殿が自己の権威誇示のため採用・恒例化させた室町殿公家儀礼体系に特有の理由と、室町殿権力の確立過程という歴史的理由の二つが考えられよう。

まず前者は、当該体系で二条家が独占的に果たしてきた役割の問題である。将軍家の「室町殿」への脱皮と公家社会構成員化という二つの意味で劃期となった康暦元年（一三七九）の義満右大将拝賀に、当時朝廷の宿老筆頭であった前関白左大臣二条良基は全面的に協力した。その良基の協力とは、儀礼上の故実的知識の提供もさる事ながら、先例重視主義の公家社会において異例づくめの義満の拝賀を正当化するため、先例のない個々の部分を正当化する論理や准拠可能な類似の先例を用意し、また廷臣代表として義満の行動に承認を与える事に他ならなかった[54]。

かかる二条家の役割が子孫に継承された事は、永享二年の義教右大将拝賀で持基（良基孫、持通父）が果たした役割にも明らかである。『薩戒記』同年七月一六日条には「今日室町殿於三宝院僧正房有御拝賀御習礼、摂政被参会、是康暦御例也」と見え、義満の例の忠実な再現を目指して康暦度と同じ日に三宝院の洛中住坊法身院で拝賀習礼が行われ、康暦度の祖父良基に倣って指南役を持基が務めたと明記されている。[55] この義教拝賀で特に注目されるのは、『薩戒記抄』同月二五日条[56]（拝賀当日）の二つの記事である。第一は義教の室町第出立時に関する「別当（日野東洞院秀光）離列入中門、為献御沓、康暦・応永皆参議也、今度依摂政被計申為納言、主人頗令固辞給云々」という記事で、義満・義持の右大将拝賀では参議の役であった沓役を、摂政持基の提案で（義教が固辞したにもかかわらず）納言（権中納言日野東洞院秀光）の役とさせたという。第二は続く乗車時に関する「於門外御乗車、鷹司大納言被褰御簾歟、此役頻被申請主人、雖有御辞退、依摂政被計申有御許諾云々」という記事で、本来は摂家の大納言が勤めるような役ではない乗車時の車簾役を鷹司房平が頻りに所望し、これも義教の固辞にかかわらず持基の主張で実現したとある。両記事に共通するのは、いずれも持基が所役勤仕の担当廷臣を官位・家柄の両側面で格上の者に変更させている事――即ち儀式の主役たる室町殿の格を上げている事であり、そして廷臣総動員と壮大華麗な行粧（行列）により室町殿の権勢誇示を目的とした室町殿昇進拝賀において、当の義教自身が謙退・固辞するのを押し切って、持基が強く主張し実現させている点である。

永徳元年（一三八一）八月三日の義満の任内大臣後直衣始の参内時にも、義満自身の強い希望である事をわざわざ確認した上で権大納言三条実冬が渋々勤めたほど、大納言の車簾役は異例であった（『後愚昧記』同日条）。しかも下位者が所役を勤める原則に照らして、そもそも大納言在任者の拝賀で別の大納言が所役を勤める事は本来あり得ないのである。[57] 義教は恐らくそれを考慮して納言の沓役や房平（摂家出身の大納言）の奉仕を辞退したものと思われるが、右の二点の記事を見る限り、〈朝廷儀礼秩序の慣例・原則や本義・本質からの逸脱を犯し、また室町殿自身の遠慮を押し切ってでも、室町殿を主役とする公家儀礼で室町殿の威儀を最大限に演出する事〉を、持基は自らの役割と認識していたと考えざるを得ない。特に室町殿自身の意思の反映ではないという点において、先述の宝徳二年の陣口超越における持通の提案・指示が、全く義教時代の父持基のそれと共通している事は明らかであろう。

かかる持通と二条家の指向性は、室町殿の「凡人」に対する優越性が広橋家の親光から語られた事にも通ずる。この親光の行動は伝奏として公武間を「申次」ぎ（『看聞日記』永享八年一〇月一七日条）、室町殿の股肱として権勢を得た広橋家の立場を強く反映したものと見られよう。平安・鎌倉期以来の伝統的礼節秩序を室町殿が超越してゆく傾向は、室町殿の庇護と容認にその存続・権勢を強く依存する廷臣達が、自らの存続のために自発的に室町殿の意を迎える事で、公家社会側から率先して推進させられたものと考えられる。

次に室町殿権力確立過程に目を向ければ、室町殿が自分の意思を発現しない義政期前半に、陣口超越が公家社会側から企図・実現された事には大きな意義があろう。義教の死に伴う室町殿上意不在期の到来は、〈それまで歴代室町殿が種々の強制力を背景に、彼ら自身の人格と意思によって積み重ねてきた公家社会支配の形態が、室町殿の人格と意思抜きにどれだけ自動的に実現するようシステム化されていたか〉が試される時期の到来を意味している。〈人臣を例外なく拘束するはずの原則も、室町殿の超越性を示すためならば逸脱・改変されてもやむを得ないし、むしろ公家社会側から自発的にその超越性を認め、その君臨を自明のものとして受け入れるという認識を示すべきである〉という発想が公家社会に定着するレベルにまで室町殿権力は到達し、自律的に稼働するシステムとして確立していたと判断されるのである。義教自身が自覚していたかは別として、彼は横死するまでにそこまで（公家社会における）室町殿権力を完成させていたと評価できよう。

おわりに

室町殿御所に決して陣中が設けられなかった事は、義満が「日本国王」を自称し治天に類する権力や法皇的待遇を獲得したにもかかわらず、〈室町殿が日本の君主である〉あるいは〈君主として天皇に並んだ〉という建前を遂に確立しなかった事を示している。院御所に陣中が存在しない事の意義もまた同様だが、当該期社会での天皇の積極的役割が、社会の様々な論理・秩序と連絡しそれらの結節点として一定の求心性を有する、天皇中心の〝建前〟の堅持にあったと見られる点からすれば、それは当然ともいえよう。陣口の標識たる「置石」は、国内的な建前上は天皇が君主であり続けた事を最も可視的かつ恒常的に示す物体であった、という事もできよう。

室町殿はその求心点たる天皇の役割を認め、自ら取って代わる事を欲さなかった事になるが、それはそもそも社会的建前の構築者・維持者たる事に自ら立脚する意思も可能性も乏しい、室町殿の特徴的な支配体制とその成立経緯に規定されたものであろう（義満以降、室町殿の意思が実現されるべき社会的根拠は、ほとんど「室町殿（公方）の意思だから」という一点に単純化されてゆく(58)。また観応擾乱・正平一統や反抗する大名との妥協・懐柔等、尊氏・義詮期の幕府・将軍が、非常時に公然・平然と建前を軽視する指向性を有した事は明らかである）。

宝徳元年（一四四九）〜二年にかけて、室町殿が人臣一般と同列ではない事が二条持通の企図によりなし崩し的に、（恐らく史上初の）陣口超越によって可視的に示されたが、義政が内裏門前まで乗車せず陣口との中間で下車した事は、やはり彼が身分上天皇未満に甘んじた事を同時に示している。史料13から導かれる〈内裏門―室町殿下車地点―廷臣一般下車地点〉の三地点間の距離の比は、およそ一対三であった（前掲図9参照）。これを天皇・室町殿と人臣一般の身分秩序上の相対的距離に敷衍すれば、次のように図示できよう。

天皇→室町殿――――→人臣一般

身分秩序上、天皇未満だが人臣一般からは遙か上位にある室町殿の位置づけが、ここに可視的に明示された。そしてかつて（上皇を除き）天皇とそれ以外（人臣一般）に大きく二分された身分構造が、室町中期には〈天皇・室町殿・それ以外〉に三分される構造に変わっている事が示されたのである（当該期は後花園親政期で上皇不在）。それを自発的・積極的に演出した二条持通に代表される公家社会は、かかる新規の、しかも不可逆的に定着した社会構造を積極的に受け入れる姿勢を示す事によって、武家権力が公家社会の存続を直接には脅かさず、むしろその外護者となって公家社会全体を庇護してくれるあり方の実現を指向したものと評価できよう。なお上皇を右の構図に位置づけるとすれば、歴史的な上皇の天皇に対する不明瞭な位置づけ（建前的序列では下位、父子の論理では上位、君臣の論理では確定不能）から見て、上皇は室町殿以上のどこかには位置するが、その位置は（あたかも天皇の周囲を上下しながら浮遊するように）不確定であったというしかない。

宝徳二年の義政直衣始参内の劃期性は、上記の身分構造が同じ時と場において、当人達と見物者の視線から見て視覚的に一つの構図に収まる景観として現出した点——即ち可視化された点にある。しかし一〇年後の長禄四年（一四六〇）には義政は左大臣拝賀と同日に牛車宣旨を蒙り（『公卿補任』）、参内時に陣口下乗原則を逸脱する必要性は消滅する。そしてその七年後から一一年に及んだ応仁の乱が公武社会を直撃し洛中が急速に荒廃した結果、乗車という行為自体が衰退し行われなくなった。二木謙一氏によれば、一〇代義稙（義材・義尹）以降、将軍の乗車出行は確認できないという[59]。とすれば、延徳二年（一四九〇）の義政の死去をもって、室町殿家は乗車慣行自体を棄てた事になる（九代義尚は既に前年に死去）。しかも永正六年（一五〇九）に「年来御本望」の禁裏小番を勤仕した義稙（当時は義尹）は、天皇の下で全社会を覆う官位秩序に自らも服する姿勢を明示し[60]、かつて広橋親光が「浅官浅﨟でも室町殿の礼節は官位に拘束されない」と述べたような超越的特権を自ら放棄しているし、また『二水記』によれば、一一代義澄は年始参内で毎年「置石」で下輿していた事が確認され[61]、陣口超越という前例のない特権の放棄が確認される。路頭礼秩序自体の喪失直前期であった事に加え、超越性を顕示する意思を室町殿側が失った事も相俟って、義政期にようやく成し遂げられた特権は時を経ずに忘却されていったのである。

（1）桃崎有一郎ⓐ「「裏築地」に見る室町期公家社会の身分秩序——治天・室町殿と名家の消長——」（『日本史研究』五〇八、二〇〇四。本書第八章に改訂・再録）。

（2）筧敏生「中世の太上天皇について」（『年報中世史研究』一七、一九九二）、富田正弘「室町殿と天皇」（久留島典子・榎原雅治編『展望日本歴史11　室町の社会』、東京堂出版、二〇〇六、初出一九八九）等。

（3）飯淵康一「平安時代里内裏住宅の空間的秩序——陣口、陣中及び門の用法——」（『平安時代貴族住宅の研究』、中央公論美術出版、二〇〇四、初出一九八四。以下、飯淵説は同論攷に拠る）。

（4）中町美香子「平安時代中後期の里内裏空間」（『史林』八八—四、二〇〇五。以下、中町説は同論攷に拠る）、野口孝子「閑院内裏の空間領域——領域と諸門の機能——」（『日本歴史』六七四、二〇〇四）、同「「花の御所」室町殿と裏築地」（『学生会館・寒梅館地点発掘調査報告書』、同志社大学歴史資料館、二〇〇五）、同「閑院内裏の空間構造——王家の内裏——」（高橋昌明編『院政期の内裏・大内裏と院御所』、文理閣、二〇〇六）。

（5）桃崎有一郎ⓑ「中世里内裏陣中の構造と空間的性質について——公家社会の意識と「宮中」の治安——」（『史学』七三—二・三、二〇〇四。本書第五章に改訂・再録）、同ⓒ「中世里内裏の空間構造と「陣」——「陣」の多義性と「陣中」の範囲——」（『日本歴史』六八六、二〇〇五。本書第四章に改訂・再録）。

（6）『大日本史料』（以下『大史』）六—四、八〇五頁所載。

（7）前掲注5桃崎論攷ⓑ。

（8）なお「半陣」に関しては『玉英記抄』（雑類部）康永二年（一三四三）二月一四日条に「頭卿定親朝臣来伝内勅云、当時内裏陣可為半陣之由、先実継卿貫首時有諸卿勅問被治定了、云例云義、定有所歟如何云々、予申云、実継卿勅問事不覚悟、為治卿蔵人頭之時有彼勅問、其時半陣何故哉、不可然、可為普通陣之由計申了云々」と、内裏の陣を半陣にするか普通の陣にするか議論された事が伝えられている（『大史』六—七、五六四頁所載。正親町実継の蔵人頭在任は光厳朝の元弘元年（一三三一）九月～正慶元年（一三三二）一〇月〔『職事補任』〕、中御門為治の蔵人頭在任は光明朝の暦応二年二月～三年七月〔『公卿補任』〕）。これは『師守記』康永元年七月一日条の「（前欠）被尋申云、里内於半陣下車□之由、内々被仰下候也云々、御請文云、於半陣□初只今不詳候、非本□臨時之儀候乎、内々可令得其御意給候云々」という記事と関係すると思われる。また『門葉記』巻第五十一（長日如意輪法三）所引『尊玄僧正記』応安元年（一三六八）五月一四日条に、長日御修法の阿闍梨尊道法親王の下車所について「先大内之時、自待賢門下車、而令参之人蒙宣之後、入彼門、於壬生下車、是故実也、是相当中部之融故歟、而里内者半陣也、仍以彼准例、仮令於今可参入之門築地廉下車之条定例也云々」とあり（『大史』六―二九、二六六頁所載）、「大内裏では牛車宣旨以前は待賢門、宣旨以後は建春門で下車するが、里内裏は半陣なので、土御門内裏の築地の端で下車した」と解釈されるが（第一〇章第一節参照）、「里内裏は半陣である（べき）」という事の意味は現段階では不詳とせざるを得ず、後考を期したい。

（9）『続群書類従』公事部所収（『園太暦』同日条に同様の記事あり）。冒頭に「当家例、拝賀着陣等之時、毎度奉行家司記之、以彼記加主人暦記也、但今度代家司、春宮大夫殿内々令記之給、」とあるのによれば、本来は奉行家司が記録する例であったが、この時は公賢息春宮大夫実夏が代わって記録していたと知られる。実夏曽孫実凞の右大将拝賀記録に関して『康富記』嘉吉三年(一四四三)四月二六日条に「又今日之儀大将殿委細有御記録一巻被送下之、可清書進之由被仰下之間、清書進入了、件御草八幕下御自筆也、家司経之記入分なり」とあるのは、同様に家司が記入した事にしながら実は実凞自身が記録していた事を伝えていよう。「〜分」の語義については第四章注7・第七章注30をも参照。

（10）『続群書類従』雑部所収。

（11）この時の内裏は『山槐記』治承四年(一一八〇)三月一七日条に「八条二品亭、八条坊門南、櫛笥西、(後略)」、五月二二日条に「八条坊門櫛笥二品亭」とあり、高倉院御所は五月二四日条によれば「八条坊門大宮」（『園太暦』観応元年(一三五〇)一二月二四日条によれば「八条大宮第」）で、櫛笥小路と大宮大路は東西に隣接するから院御所は確かに陣中にあった。

（12）本文では「源大納言」。同記同年二月一七日条に「源大納言師頼」とある事より大納言源顕雅ではなく師頼と推定。

（13）詫間直樹『皇居行幸年表』（続群書類従完成会、一九九七）を参照。

（14）春名宏昭「太上天皇制の成立」（『史学雑誌』九九―二、一九九〇。以下春名氏論攷ⓐ）、同「平安期太上天皇の公と私」（『史学雑誌』一〇〇―三、一九九一。以下同ⓑ）。

（15）仁藤敦史「律令制成立期における太上天皇と天皇」（『古代王権と官僚制』、臨川書店、二〇〇〇、初出一九九〇）、同「太上天皇制の展開」（同、初出一九九六）。

（16）それぞれ『類聚国史』帝王部五（太上天皇、平城天皇）弘仁一四年(八二三)四月辛亥(二七日)条・五月甲子(一一日)条、同（嵯峨天皇）同年四月己酉(二五日)条、同（平城天皇）同年五月甲子条。

(17) それぞれ『三代実録』元慶元年（八七七）三月二九日条、『為房卿記』延久五年（一〇七三）正月一七日条、『猪隈関白記』承元五年（一二一一）正月二九日条。

(18) 前掲注14春名氏論攷ⓑ五四〜五五頁。

(19) 前掲注2筧氏論攷。

(20) もっとも近世の東山天皇の時に改めて「主上・仙洞・東宮・女院・中宮・大准后」と各者の序列が定められた（『通誠公記』宝永五年（一七〇八）二月三日条）。当時に至ってさえ敢えて定める必要があるほど、判断に迷う問題であったといえよう。

(21) 富田正弘「室町時代における祈禱と公武統一政権」（日本史研究会史料研究部会編『中世日本の歴史像』、創元社、一九七八）三二九頁、同「中世公家政治文書の再検討③「奉書」―伝奏奉書」（日本古文書学会編『日本古文書学論集7中世Ⅲ』、吉川弘文館、一九八六、初出一九七八）二二四頁、前掲注2富田氏論攷二二頁等。

(22) 例えば『勘仲記』正応五年（一二九二）九月一一日条に「即参内、奏聞法皇勅定」、『看聞日記』応永二八年（一四二一）一〇月一一日条に「隆盛朝臣自禁仙有勅勘被止出仕」「季保朝臣仙洞勅勘止出仕云々」、同三〇年六月二日条に「隆盛朝臣此両三年禁裏勅勘、有御免加番衆云々」、『満済准后日記』同三四年八月二四日条に「自仙洞勅問執柄事在之」等と見える。

(23) 橋本義彦「後院について」（『平安貴族社会の研究』、吉川弘文館、一九七六、初出一九六六）、山本崇「淳和院考」（『立命館史学』二〇、一九九九）等をも参照。

(24) 前掲注14春名氏論攷ⓑ。

(25) 小一条院については『日本紀略』寛仁元年（一〇一七）八月二五日条に「以前皇太子為小一条院、准太上天皇賜年爵・年官・受領史等、停進・属為判官代・主典代」云々とある。また初代女院の東三条院詮子について、『大鏡』（東洋文庫本、太政大臣兼家。『皇室制度史料』后妃五、八頁所載）に「大上天皇とひとしきくらゐにて、東三条の院ときこえさせ給き」云々と、『栄華物語』（四、みはてぬゆめ）に「おりゐのみかとになそらへて女院ときこえさす」云々と見える。

(26) 最も典型的なのは、『海東諸国紀』が「国王代序」の条（将軍の列挙）で「義成死又立其弟義政、即今所謂国王也、於其国中不敢称王、只称御所」と記す箇所（田中健夫訳注『海東諸国紀』、岩波書店、一九九一、三二八頁所収影印本文）、また「八道六十六州」の条「国王殿」の項に「在天皇宮西北、亦有土垣、軍士十余把守其門、大臣等率麾下兵、輪番入直、謂之御所」と記す箇所（同前三二九頁）である。朝鮮からは「国王」と称される将軍が、日本国内では「御所」と呼ばれていた事を端的に伝えていよう（国内的には「王」と称されなかったという点も重要）。なお観応二年（一三五一）八月日得江石王丸代長野光信著到状（『大史』六―一五、二二二頁所載）に「次同八月十八日両御所御下向江州之間、令供奉候訖」と見えており、既に尊氏・義詮を指して「両御所」の称が用いられていた事も注意される。

(27) 例えば早い事例として、『康富記』享徳二年（一四五三）八月二日条に、「向小鴨安芸守（之基）許、（中略）語云、自屋形（山名兵部）、備前守護代職事被申付之間、今月十日比可罷下之分也云々」と見え、また同三年九月一六日条に「畠山被官人贄河、自屋形被誅之」等と見える。「屋形」の語自体は、『実躬卿記』正応四年一二月一三日条に、上賀茂社御幸で後深草法皇が外鳥居で「御輿御屋形」を外した事例等が見えるが、武士の第宅を「屋形」と呼ぶ事例は、正和四年（一三一五）の「関東大焼亡」で「将軍御所・左馬権頭（北条高時）屋形以下」「御所近隣のやかた」が焼けたという『公衡公記』の記事（同年三月一五日条・同月一六日条所収丹波長周注進状）により鎌倉末期には確認される。

(28) 『菅家文草』八、奉朱雀院太上皇勅重請停尊号状。

(29) 本郷和人「中世古文書学再考」（石上英一編『日本の時代史30　歴史と素材』、吉川弘文館、二〇〇四）。

(30) 『師守記』康永三年八月一五日条所引。

(31) 前掲注5桃崎論攷ⓒ、注4中町氏論攷。

(32) 『大史』六―三〇、四二〇頁以下所載。

(33) 前掲注5桃崎論攷ⓑ。

(34) 本文は『新訂増補故実叢書　禁秘抄考註　拾介抄』（明治図書出版・吉川弘文館、一九五二）に拠る。

(35) 『園太暦』康永三年八月一五日条所引。

(36) 『大史』六―九、二〇四頁以下所載。

(37) 注9参照。

(38) 「城外」は持明院殿等の一条以北を指す事例が多いが、『葉黄記』宝治二年（一二四八）一〇月二一日条では宇治を「城外也」と記す。また『勘仲記』弘安七年（一二八四）四月一三日条所引同日付宣旨では殺生禁断令の対象を「洛中城外五畿七道」とし、同二五日条・二六日条では「漁人」が禁令を破り「辺土」で漁獲物を売買したと見えるから、「城外」≒「辺土」でいずれも「洛中」の対義語であったと見られる（本書序論第五節も参照）。

(39) 平安京の宅地班給については藤本孝一「平安京の制宅法――班給及び東山の景観保持――」(『中世史料学叢論』、思文閣出版、二〇〇九、初出一九九〇) 等を参照。

(40) 佐藤進一「室町幕府論」(『日本中世史論集』、岩波書店、一九九〇、初出一九六三)、同『日本の歴史９　南北朝の動乱』(中央公論社、二〇〇五、初出一九六五)。

(41) 前掲注３飯淵氏論攷、五味文彦「馬長と馬上」(『院政期社会の研究』、山川出版社、一九八四)、福眞睦城「祇園御霊会と行幸」(『史観』一四六、二〇〇二)。

(42) 鎌倉最末～南北朝期成立と見られる『濫觴抄』(下、『群書類従』雑部所収) に「神輿入洛、／同年(嘉保二)七月廿四日丙戌叡山大衆引率神人等、乱入京中之間、仰中務丞頼治令射乱之、廿五日丁亥奉上神輿於中堂」と見え、神輿入洛の始まりは嘉保二年(一〇九五)とされている。

(43) 前掲注５桃崎論攷ⓑ。

(44) 前掲注２富田氏論攷一二頁。

(45) 前掲注５桃崎論攷ⓑ。

(46) 『公卿補任』宝徳二年(一四五〇)条足利義政の項は右中将とするが『康富記』宝徳元年八月二七日条に従う。

(47) 前掲注５桃崎論攷ⓑ。

(48) 国立歴史民俗博物館所蔵「廣橋家旧蔵記録文書典籍類」(以下「歴博広橋本」)、架番号Ｈ―六三―三五七。

(49) 『大日本古記録　建内記』一〇、一六五頁以下所収。

(50) 金子拓「室町期における弘安書札礼の運用と室町殿の立場」(『日本歴史』六〇二、一九九八) 一九頁・二九頁。

(51) 百瀬今朝雄「弘安書札礼の意義」(『弘安書札礼の研究――中世公家社会における家格の桎梏――』、東京大学出版会、二〇〇〇)。

(52) 義教死後、義政が「上意」を積極的に発現し始める文安末～宝徳年間頃まで、管領が将軍権力を全面的に代行する上意不在期であった事は、鳥居和之「嘉吉の乱後の管領政治」(『年報中世史研究』五、一九八〇) 等を参照。将軍権力自体は喪失されていないが将軍 (室町殿) が政治的意思を発現できない当該期を、川岡勉氏が「上意不在」と表現した事は適切であろう (「室町幕府――守護体制の変質と地域権力――」、『室町幕府と守護権力』、吉川弘文館、二〇〇二、初出二〇〇一、一〇三頁以下)。

(53)『看聞日記』永享六年二月一六日条等。斎木一馬「二条持通の結婚」(『斎木一馬著作集二　古記録の研究　下』、吉川弘文館、一九八九、初出一九六八)をも参照。

(54) 小川剛生「伝記考証」(『二条良基研究』、笠間書院、二〇〇五)第五章。

(55) 康暦元年《一三七九》七月一六日の義満と良基による拝賀習礼は『後深心院関白記(愚管記)』同日条を参照。

(56) 歴博広橋本、架番号H―六三―八五。

(57) 義満の右大将拝賀で同官・上首の大納言が扈従した事も、拝賀・行粧の原則に照らして本来あり得ない事であった(高橋典幸「将軍の任右大将と『吾妻鏡』」(『年報三田中世史研究』一二、二〇〇五)史料2・3、また三九頁以下参照)。

(58) 桃崎有一郎ⓔ「足利義満の公家社会支配と「公方様」の誕生」(『ＺＥＡＭＩ』四、二〇〇七)。

(59) 二木謙一「足利将軍の出行と乗物」(『武家儀礼格式の研究』、吉川弘文館、二〇〇三、初出一九九一)。

(60)『実隆公記』永正六年《一五〇九》六月一三日条所引三条西実隆書状(阿野季綱宛)に、「王官ハ公界の事候間、不可依賢不肖被執思食」と室町殿義尹《義稙》が考えていたとあり、彼が官位秩序尊重思想を有していた事が確認される。

(61) 文亀四年《一五〇四》・永正二年・同一五年の正月一〇日条、同一六年の正月一一日条等。

第一〇章　裏築地の起源・沿革・終焉と中世の里内裏

はじめに

第八章では、「裏築地《うらついじ》」と称する建造物が室町期の公家社会において、当該期特有の身分的秩序形成とその変質過程に深く関わる機能を果たしていた事を論じた。しかし応永年間になぜ裏築地がそのような位置づけを与えられるに至ったか、という点を理解するためには、裏築地が本来どのような淵源を持ち、また応永年間以後いつ頃まで右の機能を果たしたか、さらに裏築地そのものはいつ頃までその存在が確認でき、それまでいかなる形で存続するのか、等といった前後の歴史的経緯・変遷が明らかにされる必要がある。また陣中等の特殊な領域の設定によって大内裏の空間構造を反映・模倣した里内裏特有の空間秩序の中へ、裏築地がどのようにして取り込まれ位置づけられたかも明らかにされる必要があろう。そこで本章では右の諸点について、主に南北朝・室町期の里内裏土御門殿を素材として考察し、併せて裏築地と関連建造物の起源・沿革と終焉について論ずる事としたい。

一　大内裏・里内裏の境界の対応関係と裏築地

本節では南北朝・室町期の内裏土御門殿における裏築地が、平安宮大内裏の構造とどのように対応づけられていたかを検討する。その前提として、先学に拠りながら土御門殿の沿革に簡単に触れておく。

正親町南・東洞院東・土御門北・高倉西という一町四方の区域が内裏として用いられる事の淵源は、平安後期の高陽院御所にまで遡るようである。長承二年（一一三三）に藤原忠実の女泰子（高陽院）が鳥羽上皇の後宮に入るため、上皇は忠実および近習受領らに命じてこの区画を彼女の御所として修造させた。泰子は翌年上皇の「夫人」として皇后に立后され、その御所は土御門殿あるいは正親町殿と呼ばれた。[1]またやや下ってこの区域には藤原（土御門、また五条と称す）邦綱の第宅が営まれ、仁安元年（一一六六）と治承元年（一一七七）にそれぞれ六条天皇・高倉天皇の里内裏として使用されている。[2]

その後鎌倉時代にこの地は長講堂領に含まれ、これを宣陽門院（後白河皇女覲子内親王）が後白河院から伝領した。以下川上貢氏の研究によって略述すると、[3]長講堂は後白河院の御所六条殿に営まれ、宣陽門院はここに居住したようだが、承元元年（一二〇七）に六条長講堂が焼失した際にはこの土御門東洞院御所に御幸し、同年の長講堂供花もこの御所で行われた。このように土御門東洞院御所の地はしばしば罹災した六条長講堂の代替地としての役割を果たし、遂には六条長講堂の予備的な役割を果たす新長講堂と呼ばれる堂舎が同地に創立されるに至る。寛元三年（一二四五）に土御門東洞院長講堂の供養が行われた事から、新長講堂の成立を川上氏はこの年と推定している。この時から宣陽門院の御所（後の土御門内裏に繋がる堂舎群）と長講堂の堂舎が同じ区域内（正親町南・東洞院東・土御門北・高倉西）に併存するようになった（『実躬卿記』正安四年（一三〇二）七月二三日条に「参土御門殿、東洞院東、正親町南、長講堂北裏也、」と見える）。

同所は宣陽門院の崩後に後深草院の管領とされ、後深草院は自身崩後の事として妾藤原相子へ、次いで院と相子の子陽徳門院（瑛子内親王）への伝領を認めたが、新長講堂を含む同地は六条長講堂が罹災した場合に皇室の仏事を行う重要な地であったため陽徳門院への伝領は一期に限定され、その死後は時の治天の管領下に戻すよう規定された。その後、両統迭立期に長講堂領が持明院統の相伝となった事が、北朝の恒久的内裏としての同所の直接の淵源となる。そして伏見天皇が永仁五年（一二九七）四月に一〇日ほど逗留したのを皮切りに持明院統の天皇との関係が強まり、後には同統の花園天皇がこの土御門殿で受禅するに至る。花園はまたしばしば方違行幸にこの御所を訪れ、後醍醐への譲位も同所で行う等して同所を重用し[4]、後に北朝の恒久的里内裏となる素地を一段と形成する事となった。建武三年（一三三六）に里内裏二条富小路殿が焼失した時、土御門殿が光明天皇の内裏となったのはかかる由緒・経緯を踏まえての事である。この時に従来の陽徳門院御所としての殿舎が内裏に流用され、また新長講堂が内裏と切り離された。後に見る史料1に附載の指図（図10）では、内裏と長講堂の間に築地が見える（但し『後愚昧記』永徳二年（一三八二）八月二五日条には「正親町長講堂内裏南隔築地、自内裏為通路、件築地皆以破、」とあり、同年段階でその築地はほぼ失われていた）。

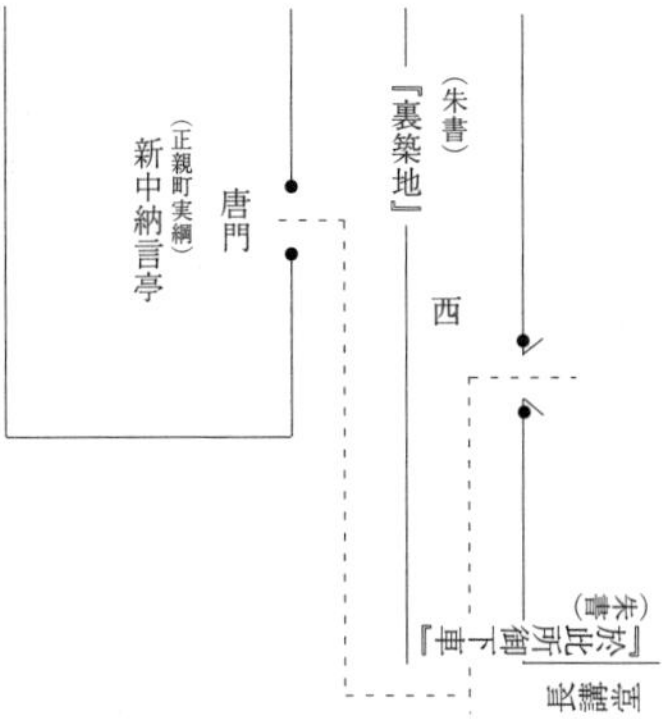

図10　土御門内裏指図(部分)

土御門内裏が方一町に満たない理由は、川上氏によれば以上のようであった。なお、この内裏を含む方一町区画の南半分が長講堂であったため、土御門殿は厳密には土御門大路に面しておらず、後光厳の践祚・元服がこの内裏で行われた事を伝える『祇園執行日記』正平七年（一三五二）八月一七日条には「正親町東洞院内裏」と記されている。

この内裏は貞和・貞治年中に何度か造内裏地の僉議を経ながらも結局他所に変更されず、また暦応二年（一三三九）・康安二年（一三六二）・貞治五年（一三六六）の三度に及ぶ修造を経て、むしろ「始終皇居」たるべしとする認識が強まって恒久的な里内裏という性格を強めていた[5]（『大乗院日記目録』建武四年某月某日条に「土御門殿為内裏、自此永例」とある）。管見の限りでは、観応二年（一三五一）に足利義詮が「内裏々築地、（地カ）」にあった須賀清秀宿所の攻撃を指示したという『園太暦』同年正月一四日条の記事が、この土御門内裏における裏築地の初見である。そして同所が応永八年（一四〇一）に焼失すると、翌年足利義満がかつての大内を模して「人臣の家」とは異なる本格的内裏として新造し[6]（但しあくまでも里内裏という性質は失われなかったらしい[7]）、内裏として確定するに至る。この時に南半分の長講堂の敷地が接収され、土御門殿はようやく方一町の規模を持つに至った（本章では行論の便宜上、この応永度修造以前の半町規模の内裏を前期土御門内裏〔殿〕、以後の方一町の内裏を後期土御門内裏〔殿〕と呼ぶ）。この内裏は嘉吉三年（一四四三）に南朝残党の焼き討ち（禁闕の変）でほぼ全焼し、康正二年（一四五六）に再建されるまでは北隣（一条東洞院南東）の伏見殿（伏見宮御所）が内裏として使われている。

このような内裏の規模と位置の変遷を念頭に置き、裏築地を内裏の一部と見なした場合、それが平安宮大内裏のどの部分とどのように対応づけられていたかを考えてみよう。第五章で筆者は、里内裏において大内裏に準ぜられた領域＝陣中について考察し、通常は乗車での進入が不可とされた陣中でも、大内裏と同様に牛車宣下によって乗り入れる例があった事を述べた。ここでは大内裏における牛車宣下の有効範囲と土御門内裏におけるそれを比較する事で、大内裏の各所の境界がどのように当該期の里内裏に継承され、対応づけられたかを考察する。

〔史料1〕『門葉記』巻第五十一（長日如意輪法三）応安元年（一三六八）五月三日・一四日条（必要部分以外は略し、便宜上丸数字を付した。また傍に亀甲括弧で『大日本史料』所収本〔六―二九、二五七頁以下所載〕との異同を注記）

応安元年五月三日、被渡修長日御修法、尊什大僧正辞退替、

尊玄僧正記委悉也、仍続加之、彼記云、

（中略）

①応安元年五月十四日、天台座主入道無品（尊道法親王）親王、蒙綸旨為彗星等御祈、於禁中始修七仏薬師法、

（中略）

上卿三条大納言

応安元年五月十四日　宣旨

無品尊道法親王

宜聴乗牛車出入宮中、

蔵人右中弁宣方奉

（中略）

②先（参カ）大内之時、自待賢門下車、而令参之人蒙宣之後、入彼門、於壬生下車、是故実也、是相当中部之融故歟、而里内者半陣也、仍以彼准例、仮令於今可参入之門築地広〔廉〕下車之条定例也云々、

（中略）

次御路、御車副警蹕如例、雑那等同可有警蹕也、

③御出門之後南行、入裏築地内北〔同〕行、可令到四足御、

次到築垣坤角、扣御車脱〔税〕駕出御牛、此時御力者等参進可付轅、

（中略）

④次可立直御車於裏築地際、東西行、以轅為東、可向門、置軛於御榻上如例、（後略）

南北朝後期の応安元年、阿闍梨尊道入道親王は牛車聴許の宣下を蒙って牛車で参内し（①）、裏築地の南端で下車した（③④）。その際に「牛車宣下以前は待賢門で下車、以後は壬生（建春門）で下車する」という大内裏における原則が踏まえられている（②）事を考慮すると、この時には裏築地南端がかつての大内裏の建春門に当たると考えられたようである。本条附載の指図（図10）によれば、この地点は内裏の南西角にあたっている。

また『建内記』嘉吉元年三月二七日条は、参内後に「乗牛車可令出入宮中事」の宣下を蒙った阿闍梨二品承道法親王の退出時の様子を次のように記している。

次引寄御車於置石内、依牛車　宣下也、阿闍梨出四足門、経左衛門陣大番衆之番屋辺事也、於土御門東洞院御乗車御退出也、

承道は牛車宣下によって車を「置石」（陣口）の内側に引き入れ、土御門東洞院で乗車した。この時期は応永度修造による南方拡張以後（後期土御門内裏）であるから、土御門東洞院は内裏の南西角に該当する。後期土御門内裏

にも裏築地が存在した事は『康富記』嘉吉三年四月二六日条等から明らかだが、次に述べる理由から応永度修造の際に内裏敷地の南方への拡張とともに裏築地も南方に延長されたものと考えられるから、承道が乗車した内裏南西角も裏築地南端であった可能性が高い。

裏築地が延長されたと考える根拠は、第一に前述の『門葉記』附図（図10）で内裏南端が裏築地南端と南北方向に一致している事から、内裏の角と裏築地の両端は一般に一致していたのではないかと考えられる事である。また第二に、内裏の一面より裏築地が短いと仮定すると、裏築地の端で乗降する場合、内裏の角と裏築地の間では剝き出しの内裏の築地に沿って乗車（乗馬）で通行する事になるが、内裏の四面に沿った乗車（乗馬）通行が基本的に（神への使者等の例外を除き）認められていなかった事は、第三章で論じた通りである。したがって裏築地は内裏の一面を完全にカバーしていなければ、期待された路頭礼上の機能を果たすには不十分と考えられる。第三に、祭事や御禊行幸等の見物の際に建造される上皇の桟敷に存在した、裏築地と共通の機能を持つと推測される「裏檜垣《うらひがき》」との関連性がある。次に裏檜垣に関する史料を三点掲げる。

〔史料2〕『葉黄記』寛元四年（一二四六）一〇月二四日条所引『頭雅記』同日条

廿四日己酉、大嘗会御禊也、上皇（後嵯峨）御幸御桟敷、為土御門前内府沙汰造進之、東洞院以東二条以南、五間四面、有廂等、御所東西之妻有透垣、東透垣東有殿上人幄、三ヶ間敷満莚、敷紫端畳、御所後方有板葺対屋等、殿上人幄後并御所北方所々結木柴、御桟敷地大略在町之中央歟、洞院并高倉角々小屋不令置、避傍之、皆踏廻檜垣也、去件檜垣三四許尺引幔、殿上人幄東南西同引幔、件幔東方去四五許尺、幔際東西一行、兼敷紫端畳、下北面輩候所也、二条北有裏檜垣一町、傍之引幔、但幔不満町、

（中略）

辰剋人々参集、巳剋出御、其儀如常、（中略）其路、出御東門、万里小路北行、大炊御門西行、東洞院南行、到御桟敷折西、裏檜垣西頭人々下馬、（中略）移馬六疋引立裏檜垣西辺、北幔西頭也、（後略）

〔史料3〕『葉黄記』宝治二年（一二四八）八月二九日条

廿九日癸卯、晴、今日御幸(後嵯峨院)鳥羽殿、脱屣以後初度也、前太相国年来知行此御領令修造南殿并御厩已下、有裏檜垣、新造也、（後略）

〔史料4〕『益直記』応永二二年一〇月二九日条(8)

応永廿二年十月廿九日、癸巳、御禊行幸(称光)也、可為去廿六日之由兼日有沙汰、而俄被延引畢、院(後小松院)御方為御見物有御幸御桟敷、管領右京大夫入道々歓以知行分国大嘗会米被造進之、但室町殿御造進之儀也、二条東洞院以東高倉以西大路中央南際北向也、面東西五个間、北面中央階在之、奥南北三个間、檜皮葺、唐紙障子、御所東西之妻有透垣、東西行、東透垣東有面五个間奥三个間幄、仮板葺、敷紫縁畳、幔引之如常、為殿上人座、当御所之巽角構仮屋為進物所、御所西妻搆木柴、南北行、裏檜垣組副之、其面去五丈許引縵(幔)、南北行、殿上人幄後方有檜垣、南北行、二条北頬裏檜垣有之、但御桟敷所許也、副彼裏檜垣所々植松引縵(幔)、御所北向階以東以西菊紫黄相交各三本以上六本一巡栽之、（後略）

ここでは右の記事に見える桟敷の詳細な構造を復原する余裕を持たないが、問題としたいのは史料4傍点部の「二条北頬裏檜垣有之、但御桟敷所許也、」という記述である。これによれば、上皇の桟敷は上皇自身の御所とともに殿上人座や進物所等を備え、ある程度の規模を持っていたが、裏檜垣は東西五間・南北三間の上皇の座す建物の前のみをカバーしていた（割注部分）。

以上のような記述からは、裏築地や裏檜垣が上皇・天皇の御座所（御所）の一面を、その一面の長さ分だけ過不足なく覆い隠していた様子がうかがわれる。したがって、後期土御門内裏では土御門東洞院辻まで裏築地の南端が延長されていた可能性が補強され、先に見た牛車宣下後の承道法親王が乗車した地点は、裏築地南端と同地点であると推測される。そうであれば、前期・後期土御門内裏においては、牛車宣下後の乗車・下車地点とされた裏築地南端が、平安宮大内裏の建春門に擬されていた事になろう。応安四年三月二一日の後光厳天皇行幸に供奉した広橋仲光らが「東洞院面裏築地北辺」で騎馬した事をも考え合わせると(9)、裏築地の南北両端が建春門（内裏門）に擬されていたと考える事もできよう。

ところで『兼宣公記』によれば、応永一八年一一月二八日に躬仁親王（後の称光天皇）の元服が内裏で執り行われた際、参内した躬仁親王は鷹司を東行し、東洞院を北行して左衛門陣（内裏四足門）に至った。この時、関白一条経嗣は「於童親王者、無牛車之宣下間、自陣頭雖可有下御、依為御年少、於陣頭税駕、以手引、於半陣可有下御之由」を計らい申したという。[10]本来童（元服前の）親王は牛車宣下を蒙っていなければ「陣頭」＝陣口で下車すべきであるが、躬仁が年少であるので、陣頭では税駕し（牛車から牛を外し）、手で車を引いて——つまり輦車《れんしゃ》《てぐるま》にして「半陣」にて下車されるのがよいだろう、というのである。[11]この時実際に下車した地点を同記は「土御門東洞院」と記しているから、後期土御門内裏において「半陣」とは土御門東洞院（内裏南西角）を指していた事になる。

以上をまとめると、

裏築地南端＝内裏南西角＝半陣＝大内裏建春門（内裏門）

という関係が導かれよう。本来土御門内裏では左衛門陣が平安宮大内裏の内裏門（建春門）に擬されるはずであるが、「半陣」という裏築地両端の地点が同じく内裏門に擬された一見奇妙な事実には、次のような事情が推測される。第八章で述べたように、裏築地の内側では決して第宅居住者より下位の者の乗車通行を認めないという原則があったと考えられる事から、実際には里内裏では牛車宣下を蒙った臣下の下車すべき地点が裏築地の両端とならざるを得ず、左衛門陣（四足門）まで到達させる事は不可能であった。例えば既に貞和五年一二月二五日に牛車宣旨を蒙っている洞院公賢が翌貞和六年元日の参内で「於正親町東洞院通下車」している事例等は、[12]この事と対応しているものと思われる（正親町東洞院は陣中ではあるが内裏門前ではなく、内裏土御門殿の北西角＝裏築地北端にあたる）。しかし伝統的特権賜与として既に朝廷で確立している牛車宣旨との兼ね合いが問題となり、牛車宣旨が内裏門（本来は左衛門陣）までの乗車を聴許する機能を持つ事と整合性を持たせる必要があったため、「半陣」という地点を考案して（左衛門陣と「陣口」の中間＝半ばである事からの呼称か）裏築地両端をこれに充て、少なくとも牛車聴許の宣旨を蒙った人物の参内という場面ではここを事実上の内裏門として機能させていたのではないかと思われるのである（但し、この地点は第九章で東宮陣の境界として言及した「半陣」〔東宮御所から半町の距離〕とは厳密には位置が異なり、両者の整合性については今後の課題とせざるを得ない）。

このように、裏築地の両端が事実上の内裏門として機能する場面が存在した事を考えると、裏築地まで含めた領域全体を内裏として捉えるべきであり、実態上は裏築地が居宅の区画内ではなく街路中に設けられていたとしても、理念上・観念上は〈内裏の外に構えられた築地〉ではなく〈内裏の最外郭を構成する内裏の一部〉というイメージで捉えるべきであろう。

二　裏築地の起源――陣中との比較から見た大内裏起源の可能性――

前節で考察したように、少なくとも南北朝・室町期の土御門内裏においては、裏築地は旧大内裏の一部分と対応づけられ、内裏の一部分として機能する場合があった。裏築地の南端に、内裏特有の「陣」の字を用いた「半陣」という名称が与えられ、事実上の内裏門として機能していた事は最も明快にその事を示していよう。しかし、裏築地という建造物がその起源を大内裏に持っていたかどうかは検討の余地がある（この論点については、本書補論でも踏み込んで言及している）。

第五章で述べたように、里内裏では陣中の概念が天文一六年（一五四七）までは確実に存続していた。南北朝・室町期において陣中と裏築地は同じ里内裏空間秩序内で路頭礼秩序を媒介する装置として存在しており、両者は密接に連関して機能していたと思われる。そこで本節では明らかに大内裏起源と考えられる陣中を比較対象とし、裏築地が大内裏起源と評価し得るかどうかを考えてみたい。

（1）発生時期・史料上の初見から

まずは史料上の初見について考えてみよう。飯淵康一氏・中町美香子氏が明らかにしたように、[13] 陣中の存在は平安時代まで遡り得るものであり、特に飯淵氏はこの概念を里内裏の発生と同時に起こったものではないかと推測している。[14] これに対し、第八章末尾に付した裏築地・裏檜垣所見一覧表（表7）によれば、裏築地（裏築垣）の確実な初見は鎌倉時代初期であり、それ以上に遡った所見事例は管見の限り古記録上に得られない。同じ里内裏周辺空間でいずれも臣下の下乗に関わる機能を果たしていた点から見て、陣中と裏築地には密接な関係が想定され、場合によっては一体のものとしてあった可能性も考えられるが、陣中と異なり裏築地（裏築垣）の所見は平安時代まで遡らないのである。この事は、両者の発生時期――さらには発生源が異なっていた可能性を示唆する。

（2）施設別の初見から

裏築地がどのような第宅に付随して現れるかを探ると、所属する第宅が明らかで最初に同時代史料上に現れるのは後鳥羽院御所の高陽院殿である。『明月記』建暦二年（一二一二）一〇月二四日条には「午時許束帯（割注略）、相具少将（割注略）、参高陽院殿、於春日面（裏築垣之外、町西半町許）下車参入」とあり、藤原定家が春日面の裏築垣の外、町小路の西半町ほどの地点で下車し参院した事が見える。これが裏築地（裏築垣）の初見である。[15]

高陽院（賀陽院）は中御門南・堀河東・大炊御門北・西洞院西に所在し、関白藤原基経の時期には冷然院以外で唯一「方四町にて四面に大路ある京中の家」であったが（『大鏡』上、太政大臣基経）、春日小路は中御門大路と大炊御門大路の間の小路であり、右の史料による限り、この頃には南北方向に半分の規模に縮小していたか、高陽院殿の中心を春日小路が東西に貫通する造りになっていた事になる。この春日小路と町小路の交差点の西に裏築垣が存在したが、当時の内裏三条烏丸殿やこの直後に新造落成する閑院内裏はいずれも高陽院殿から数町の距離にあるので、この裏築垣はそれら内裏のものとは考えられず、仙洞御所高陽院殿のものと見なければならない。次いで記録上に現れるのは『民経記』安貞二年(一二二八)一〇月八日条で、大風により閑院内裏で「裏築垣覆少々落々」とある。その次が同記寛喜三年(一二三一)二月二八日条で、北白河院(後高倉院妃、藤原基家女陳子)が中宮(後堀河天皇中宮、九条道家女竴子)御所に御幸した際、「出車於中宮可立裏築垣前之由」を記主平経高が下知した旨が見える。このように、同時代史料に見える所在の明らかな裏築地の所見は最も古い順に上皇御所・内裏・中宮御所であった。閑院内裏については、『玉蘂』嘉禎四年(一二三八)正月六日条に次のようにある(16)。

〔史料5〕

六日、(中略)藤宰相親俊卿、為前博陸《家実》使来、召簾前謁之、閑院修理間事也、裏築地被充諸国条、先規未詳、与入道相国《公経》計申云、於今者他沙汰不可叶、二丁(町、下同じ)九条大殿《道家》、一丁近衛大殿《家実》、一丁前右府《実氏》、今一丁可被□歟云々、此条尤可然歟、但今一丁可被充諸国重任歟、(後略)

この時、閑院内裏修造に伴う裏築地造築の費用を誰に負担させるかが近衛家実と西園寺公経の間で議論され、「裏築地造営を諸国に賦課する先例は知られておらず、この期に及んでは他に選択肢もない」として九条道家が二町分、家実と公経息西園寺実氏が一町分ずつ負担し、(一部文章が欠けていて明らかでないものの)残る一町を諸国重任の功(国守再任の任料)によって賄う方向で議論されていた(九日条によれば、「裏築地二町」が最終的に越中国重任功に割り振られたようである)。

四条天皇が前年七月頃に修造のため閑院から冷泉万里小路殿へ居を移しているように(17)、今次の修造は焼亡等によるゼロからの新造ではなく、順徳天皇建保元年(一二一三)の新造(18)から仲恭・後堀河・四条の四代にわたって継続使用された閑院を大規模に改修するというものであった。したがって、右の『玉蘂』で裏築地の修造が当然のように語られている事からしても、また前掲『民経記』を考慮しても、建保元年の新造時点で閑院内裏が裏築地を備えていた可能性は高いが、そこまで遡ると仮定しても後鳥羽院御所高陽院殿の建暦二年の所見よりは一年遅くなる。このように、内裏での裏築地の初見が院御所での初見よりも遅れる事は、裏築地が内裏起源ではない事を示唆しており、逆に内裏よりも先に治天の御所に造られた可能性をも想起させる。

なお史料を同時代の記録に限定しなければ、裏築地の初見は治承四年《一一八〇》頃の六波羅の平宗盛の宿所まで遡る事ができる。即ち『源平盛衰記』は源頼政郎党の渡辺競について「渡辺党に箕田源次綱が末葉昇滝口子息に競滝口といふ者あり、（中略）宿所は平家の右大将《平宗盛》の六波羅の宿所の裏築地なり」と記し[19]、長門本『平家物語』は「右大将のしゆく《宿》所は六条なり、かのしゆく所のうらついち《裏築地》の中にきほふ《競》か家はありけるに」云々、また「きほふは、わたなへ党のその一、王城第一の美男なり、右大将のうらついち《裏築地》のうちより朝夕出入する、『ほしゝ〱《宗盛が競を》』とおもはれける間」云々と述べているのである[20]。これらの記述を証する同時代史料を現段階では見出し得ないが、事実であれば裏築地の初見は平家の六波羅宿所となり、当該期の天皇（高倉・安徳）が皇居として用いた事のない六波羅宿所が独自に裏築地を備えていた事になる。この事も裏築地が必ずしも内裏由来のものではなかった可能性を示していよう。

(3) 語義の由来から

裏築地・陣中の語そのものの由来から考えるとどうであろうか。第四章で述べたように、陣中の「陣」は、陣口が平安宮大内裏宮城門に擬せられている事から見て、内裏諸門を左右兵衛・衛門陣等と称した事に関連する用字と思われる。「陣」が門を意味するのは内裏独特の用法であり、他には（第九章で言及した東宮陣を除き）いかに高貴な人物の第宅であろうともその門を「陣」と称する例は見られない。このように、陣中の語が明らかに内裏起源と考えられるのに対して、裏築地は語源的にその起源と見られる建造物・施設を内裏に見出す事は難しい。

野口孝子氏のようにこの「裏」を「内裏」の「裏」と解する事も不可能ではないが[21]、そうすると里内裏における全ての築地を裏築地と称し得るにもかかわらず、四面の築地の外側に、しかも街路の中に設けられた築地のみが裏築地と称される事の説明が困難である。また次に見るように内裏以外の場所に構築された裏築地が史料上にかなり見出される事から、裏築地の「裏」を「内裏特有の」という意味に解する事も難しく、裏築地が内裏起源であった可能性を積極的に支持する材料は見出されない。

（4）　裏築地・陣中の設定された場所から

第八章で史料1として引いた『薩戒記』応永三二（一四二五）年六月二日条によれば、同年の広橋兼宣亭裏築地撤去騒動において、治天後小松院は「裏築地の構築は内裏・院御所・室町殿の三箇所に限る」という原則を明示した。仮にかかる原則が裏築地発生時から存在したと見てよければ、院御所・室町殿の裏築地は内裏のそれから派生的に発生したと考える事も可能だが、中世の記録等からはこの三者に限定されない第宅が裏築地を具備していた事が判明する。そのうち二つは、同条でも言及されている一条亭と花山院亭である。

（4）-Ⅰ　一条亭（一条室町殿）

第八章で見た通り、応永三二年の時点で一条兼良は自第の裏築地に類似する建造物について、これが裏築地である事を否定し「袖築地《そでついじ》」であると主張した。その袖築地に関する部分のみを『薩戒記』応永三二年六月二日条から掲げておく。

〔史料6〕

或人曰、右府被命曰、（中略）但密談曰、昔我亭前、自町面至一条面築廻之、通路有東一方、一条面也、於町方無之、是非裏築地之躰、袖築地也、故成恩寺（一条経嗣）関白所為也云々、

兼良によれば、「かつて自第の前の町面から一条面にかけてそういったものを築き廻らしていて、通路は東の一方（一条面）のみにあって町小路側にはなかった。これは裏築地の形態ではなく袖築地であり、亡父経嗣が構築したものである」という事であった。

兼良は自亭にあったものを裏築地ではなく袖築地だと主張しているが、仮にこの時点でその通りであったとしても、少し時代を遡ると一条亭には紛れもなく裏築地が構えられていた事が、次掲『園太暦』観応二年（一三五一）三月二九日条から明らかである。

〔史料7〕

廿九日、天晴、抑為武衛（足利直義）使中将刑部少輔（条）不知実名、来、以光濕朝臣問答、（中略）使宇津宮遠江入道蓮智仙洞御参路事、于時菊第御所也、日来自三条坊門御参、路次不可相替歟、但一条前関白家裏築地外可被除者、一条東行、今出川北行、北小路西行、室町北行、可被計用候歟、（後略）

足利直義が院参の路次を洞院公賢に諮ったところ、公賢は「以前に三条坊門亭から院参されていた時と路次を変える必要はなかろうが、前関白一条経通亭の前の裏築地を避けた方がよいと思われるのであれば、一条東行……の路次を用いられるのがよかろうか」と返答した。この時期は観応の擾乱中で、直義が一箇月前に尊氏を破って高師直一族を滅ぼし、五方の引付頭人を自派で固めて最後の武家政務を執った時期にあたっている（直義は七月に政務を辞し、八月に出奔。なおその間、直義は一貫して錦小路堀川第にあった）。その彼でさえ一条亭の裏築地を避ける配慮を行っていた事も興味深いが、この記事により観応二年当時の一条亭が裏築地を備えていた事が判明するのである。但しこれ以前も含め、摂家一条亭（一条室町殿）が皇居として使われた事は中世を通じて一度もなかった。したがって同亭の裏築地は、かつて皇居とされた事に由来し、それが後世まで残ったものではない。

一方、先に見た通り寛喜三年に中宮九条竴子の御所一条殿に「裏築垣」が確認され、この一条殿が観応二年の経通亭・応永三二年の兼良亭と同一の第宅と考えられる事から、[22] 一条亭の裏築地はかつて中宮御所であった時の裏築地に淵源を持つものと考えられるのである。兼良は自亭の袖築地構築を「故成恩寺関白（一条経通）所為也」としているが、経嗣の養父経通（実父は二条良基）の時既に裏築地が存在した事が右の史料から確認される事から、経嗣が行ったのは裏築地の一方を（釘貫等ではなく築地で）塞いで袖築地とする改修であったものと推察される。

（4）-Ⅱ　花山院亭

広橋亭裏築地撤去騒動の際、『薩戒記』応永三二年六月二日条で中山定親は、仁安二年（一一六七）の花山院亭における任大臣饗宴の故実を引勘し、続けて花山院亭について次のように記している。

〔史料8〕

而花山院西面有裏築地之跡、不知之人、是度々皇居故歟云々、而於彼家者代々構之、又同北面東西構馬防、乗物之輩不令通件所云々、

応永三二年の段階で花山院亭の西面には「裏築地之跡」があり、その事情が知られないまま同第宅がたびたび皇居として用いられたためかと人々から推測されていた。右によれば花山院亭の裏築地は応永三二年までには取り壊されて「跡」となっていたようだが、第八章で見た通り貞治五年（一三六六）に四条顕保の青侍が乗馬のまま花山院亭の裏築地の内側を通ろうとしてトラブルを起こしているから（『吉田家日次記』同年七月五日・六日条、〔『大史』六―二七、六九〇頁〕）、少なくとも貞治五年までは裏築地の存続が確認される。

知られる限り花山院亭が皇居として使われたのは、延元元年（一三三六）二月二日～五月二七日と同年一〇月一〇日～一二月二一日の二度のみで、いずれも後醍醐の皇居としてであり、[23] このうち後者は北朝・幕府による事実上の幽閉であった。このように南北朝最初期に花山院亭が皇居とされた例を確認する事はできるが、実は同第宅には鎌倉期

から裏築地が存在した事が、次の史料から知られる。

〔史料9〕『門葉記』巻第百一（入室出家受戒記二、市河宮慈助）文永二年（一二六五）一二月一日・二日条

文永二年十二月一日、天晴、日中雪降、今夜若宮御参仙洞、密儀也、今夜則御参宿、明日自仙洞為御登山也、（後略）

二日、朝雪積、深不及一寸、陰晴不定、時々雪降、（中略）午終刻許宮僧正御坊有御同車自三条御房出御、御登山、先其次被立御車於花山院前、定雅右府禅門亭近衛東洞院、裏築地内南端東向辰巳方向御車、立御車、（後略）

右によれば、出家受戒を遂げるため比叡山に登った後嵯峨の皇子慈助法親王は、近衛東洞院の花山院亭前の裏築地内側南端に車を立て、そこから乗車して出発している。このように花山院亭の裏築地が既に文永二年段階で確認される事から、同第宅の裏築地具備が、応永三二年に人々が想像したように「度々皇居故」ではなかった事が判明するのである。

以上に見たごとく、一条亭・花山院亭の裏築地は里内裏として使われた事に起源を持たない事が明らかであった。なお、皇居でなく、また皇居とされた事のない廷臣の第宅の裏築地が同時代史料上で確認できるのは以上の二第宅のみだが、一条亭については、『園太暦』文和四年（一三五五）二月一三日条で前関白一条経通亭の焼亡が「洛中如大饗可行礼儀之地、於今述尽了」と歎かれており、同所は南北朝前期には古式に則った儀礼遂行を可能にする設備を残す貴重な儀礼空間として著名であった。

〔史料10〕『園太暦』文和四年（一三五五）二月一三日条所引洞院公賢書状・一条経通勘返

／聊凶害説等候き、更不被信受之処、放火之条勿論候、時節到来無力事候、啻匪家門之衰微、表澆季代候歟、不可説々々々、

さても昨日火事、暫者何所候やらんなと不審、経刻之後承定候き、とかく無申限候、殿中驚遽不能左右候、

／臣下第可行礼儀之所、誠只彼一所候歟、

其上為天下も真実心憂覚候、於今洛中可然之締構、花山之外不相残候歟、澆季之至極、言語難覃候、（後略）

右はその焼亡の際に一条経通に宛てて公賢が送った見舞の書状で、文中特に注意されるのが末尾のやりとりである。ここで公賢が、「今では洛中の『然るべきの締構』が花山院亭のほかは残らず失われてしまった」と述べてい

るのに対して、経通も「臣下の第宅で『礼儀を行ふべきの所』は本当にかの（花山院）亭ただ一所になってしまった」と返答している。「締構」は「建物などを構える」事を意味し、[24] したがってこの会話からは、一条亭と花山院亭の二箇所のみが洛中に残された然るべき第宅であり、「臣下第可行礼儀之所」であったという両者の共通認識がうかがわれる。

ここでいう「礼儀を行ふべきの所」の具体的内容は前述のように大饗のごとき朝儀を指しているが、そのような（公家社会最上層の第宅として本来あるべき姿を留める）第宅が当時花山院亭と一条亭しかないと認識されている点と、前述のように一条・花山院両亭に裏築地が確認され、かつこれ以外の（俗人の）「臣下第」に管見の限り裏築地が確認できない事との間に、何らかの関係性が予想されよう。確証が得られないが、「洛中可然之締構」「臣下第可行礼儀之所」である事に裏築地の具備が含まれていたと考えられるならば、裏築地は（路頭礼を含む）公家社会の礼節秩序を具体的に示す装置の一つとして、一条家（摂家）や花山院家（清華）クラスの第宅には具備されるべきものと考えられていた可能性が想定される。

（4）-Ⅲ　青蓮院三条白河坊

右に見た二箇所以外に、京都では青蓮院三条白河坊・祇園社周辺に裏築地が存在した事が確認できる。『門葉記』巻第百四十二（雑決三）には、天台座主を輩出する門流として「裏築地号般若院」という一流のあった事が見える。公什―慈什―尊什と繫がるこの流れは[25]、南北朝期の文書等に「裏築地僧正」等として見え[26]、また『華頂要略』は般若院について「里坊在粟田口、称裏築地殿、青蓮院三条白川坊ノ裏築地ノ辺ニアル故ニ有此号云々、」と記している。[27]

〔史料11〕

（前略）其後漸々歩行、出自西四足三条西行今朱雀方ヨリ云々、御所（尊助）并不登山人々各西裏築地之南鼻マテ御経ノ御共也、（後略）

右は『門葉記』巻第八十三（如法経五、大原宮の項）に引く『隆瑜僧正記』弘長元年（一二六一）六月一〇日条で、大原宮（土御門皇子尊助）が如法経十種供養で経奉納に従事した様子を述べたものである。宮以下が出門したのは同記四月三〇日条に見える「三条禅房」、即ち青蓮院三条白河坊で、傍点部より「西裏築地」のあった事が確認される。同坊は鴨川の東、三条白河に設けられた青蓮院門跡の住坊だが皇居とされた事は一度もなく、当坊の裏築地構築の起源は詳らかでないものの、内裏起源でない事は明らかである。

また次に掲げる『祇園社記』（第九、『三鳥居建立記』冒頭）の記事によれば、鎌倉期の祇園社の三の鳥居周辺にも裏築地が確認される。

〔史料12〕

（前略）先度鳥居三鳥居南大門前、者、晴喜法印以広峰社為料所、去元徳三年（一三三一）六月六日立了、裏築地、元徳二年晴喜同築之、（後略）

他にも祇園社関係では同じ『三鳥居建立記』貞治四年六月一一日条に「社僧坊下人并専当・宮仕・宮籠、百度大路・今路・裏築地・四条面在地人」に鳥居造営のため大木を引かせた記事が見えるほか、同社の「至徳二年（一三八五）丑歳九月十一日社辺下地秋地子納帳」に祇園社周辺居住の地子納入者として「四十八加（文） 裏築地南頬 彦次郎 同日（九月廿日）」、「法奉行秋地子至徳二年」に「二下百文 裏築地南頬 教善 十二月十一日」等と、「裏築地南頬」を住所とする人々が数人見える。(28) さらに『祇園執行日記』中には「裏築地屋事」（正平七年（一三五二）一〇月二四日条）等が見え、また「浦築地児」（観応元年五月九日条）、「裏築地児」（同一二日条・一八日条）、「裏築地法印」（康永二年（一三四三）一〇月二〇日条）等と称する人々が散見する。

祇園社周辺の裏築地の所在については、前掲二通の地子納帳や「八坂神社文書」宝徳三年（一四五一）二月二五日社務執行宝寿院顕宥寄進状案(29)に「宝寿菴御寄進之事、（中略）一、裏築地、口東西壹丈七尺五寸、奥南北五丈九尺」と、あるいは同文書貞和二年（一三四六）八月二九日氏名未詳紛失状(30)に「於祇園裏築地南頬暹尊下人宿、為盗人紛失之条無其隠之間」云々とある記事に「裏築地南頬」「口東西壹丈七尺五寸」等と見えるように、東西方向の街路に面したものが確認される。但しこれとは別に、同文書応永二八年七月二日元承請文[31]に「請申　敷地事、崇徳院馬場之北、／合口南北伍丈、奥東西拾肆丈者、／右、祇園社領裏築地西頬也、地子尺別四十文充、毎年両季仁無懈怠可致其沙汰候也、壱季分壱貫文候」とあり、また前掲史料11に「裏築地之南鼻」とあるのによれば、南北方向の街路に面した裏築地も存在した——即ち複数の裏築地が存在した事になる。

神社に裏築地が設けられた例はほかに確認できず、また裏築地が基本的に対人礼節を前提とするものであり、その構築場所は基本的に（神の住む社ではなく）人の住む第宅であると考えられる事から、祇園社周辺の裏築地は同社のものではなく、同社のすぐ北にあった青蓮院三条白河坊の裏築地と同じものを指している可能性が高い。前掲元承請文に「祇園社領裏築地西頬」が「崇徳院馬場之北」にあったとあるが、文中の「崇徳院」は馬場を備える事から崇徳院を祀る粟田宮（現粟田神社）と思われ、これが粟田御所青蓮院門跡の東隣にあたる事も、上記推測を傍証しよう。祇園社の執行ならびに権長吏職の補任権を天台座主が掌握していた事が既に明らかにされているように[32]、祇園社は山門の末社であった上、隣接する青蓮院三条白河坊は天台座主の住坊に他ならないから、同坊と同社は「百度大路・今路・裏築地・四条」等をも含んで地理的に一体化した区画を形成していたと考えられ、したがって祇園社関係の記録に現れる裏築地は本来は青蓮院住坊に付属した施設として、区画の西・南の二面の街路に沿って存在した可能性が高い。

（4）-Ⅳ　円覚寺領鎌倉瓜谷菜園

最後に、詳細は不明ながら鎌倉瓜谷《うりがやつ》の周辺にあった裏築地についても触れておきたい。これは暦応元年（一三三八）二月一一日の日付を持つ円覚寺僧智真の「夢記」に見えるものである[33]。

〔史料13〕

暦応元年戊寅奥州国司顕家卿上洛之時、往返之軍勢、余ニ致狼藉之間、門前在地之者共訴訟ニ曰、裏築地ノ路ヲ瓜谷ヨリ山越ニケワイ（化粧）坂へ被付候者、門前狼藉可遁之由申間、任彼訴訟ニ、菜園ノ山ヲ在家別ニ分宛テ、可作路之由、在家ニ相触テ、修造司圭照監寺・直載嗣広監寺、為両奉行ト、路ノ通ヨリ各堀崩処ニ、（後略）

右の「夢記」冒頭によれば、暦応元年に奥州の北畠顕家が大軍を率いて上洛した際、軍勢の狼藉があまりにひどいので、円覚寺門前の「在地の者ども」が「裏築地の路」を「瓜谷より山越に化粧坂へ」付け替え、鎌倉を目指す軍勢の通路を門前から逸らす事で狼藉を逃れたいと円覚寺へ訴え出た。右引用で略した部分によれば、これを受けて円覚寺主導で工事を始めたところ、智真の夢に「当寺守護神」が現れ、「此山ハ当寺ノ案山也、少キ（シカ）モ手ヲカケルマシキ山ニテ侍ル也」と述べたため、驚いて工事を中止し「自今而後モ裏築地ノ菜薗畠ノ山、不堀崩」る事が決まったという。二月一一日が建武から暦応への改元以前であるにもかかわらず暦応元年の年記を持っているから、この史料が厳密な意味で事件当時に書かれたのでない事は明らかだが、裏に夢想を得た智真自身の花押が据えられている事から、広い意味で同時代史料と見なす事は許されよう。(34)

この文書により、南北朝最初期の鎌倉円覚寺付近に「裏築地ノ路」「裏築地ノ菜薗畠ノ山」があった事が知られるのである。この「裏築地ノ菜園」は弘安七年（一二八四）九月九日付北条氏公文所連署奉書で「可用当寺（円覚寺）菜園之由」が伝えられた「正観寺上畠除正観寺、并小福礼中山上散在小畠等」にあたると思われる。(35)道路付け替えの主旨が北方から鎌倉へ入る軍勢の円覚寺門前在家における狼藉を防止するためであった事から、巨福呂坂《こぶくろざか》方面を経て鎌倉へ接続していた「裏築地ノ路」を、瓜谷付近（現在も円覚寺門前からJR横須賀線を挟んだ向かい側に瓜ケ谷《うりがやつ》の地名が残る）から山中に迂回させて西方から鎌倉に接続させる計画であったと思われる。

管見の限りでは他に関連する史料を見出し得ず、その実態は不明とせざるを得ないが、鎌倉後期の青蓮院門跡の住坊にも裏築地が見える事を考えると、親王将軍を擁するようになった鎌倉後期の将軍御所に裏築地があった事を示している可能性もあろう。ただ、「裏築地ノ路」は鶴岡八幡宮の西側から鎌倉市中に接続して終わる道路と考えられ、その道中に将軍御所は存在していない。むしろ円覚寺と鎌倉を結ぶ「裏築地ノ路」には得宗家の山内山荘が面していた可能性があり、したがって鎌倉後期に得宗の政庁であった山内殿が裏築地を備えていた可能性が高いように思われる。第八章・本章で検討した裏築地の性質を考慮すると、このような可能性が想定される事は鎌倉末期の得宗の地位を考える上で非常に興味深いが、現段階では他に裏づける材料を持たないため可能性を指摘するにとどめたい。

なお、以上(4)-I〜Ⅳの事例に加え、『東寺王代記』(『続群書類従』雑部所収)応永二三年七月一日条に「一条東洞院仙洞炎上、類火ナリ、此時万里小路裡築地共炎上、仙洞ハ法身院御幸、女房達悉法身院参住」とあり、万里小路に沿って裏築地が存在したように読めるが、当時一条付近で万里小路に面する内裏・仙洞・室町殿御所は存在せず、またその近辺の第宅が裏築地を構えていた事実は同時代史料から確認できない。『看聞日記』同日条に「申初点火自正親町烏丸焼出、浄花院之脇云々、於浄花院者無為也、先裏築地宰相中将宿所、次万里小路前中納言并頭弁、次仙洞炎上」とある事から、これは万里小路豊房・時房亭と(称号・家名を裏築地とも称した)正親町実秀亭の焼亡を伝えたもの(「万里小路・裏築地」と読むべき)で、「万里小路の裡築地」の存在を示すものではなかろう。

以上見たように、裏築地は決して応永三二年に後小松院が述べたように内裏・院御所・室町殿御所に限られるものではなく、鎌倉〜南北朝期にかけては上級貴族から親王門跡の住坊にも見られ、さらには京都を離れて鎌倉(厳密にはその郊外)にも存在した可能性があるものであった。

(5) 陣中の設定される場所

前項で述べた裏築地所在地とは対蹠的に、陣中が設定された場所は極めて限定的であった。管見の限り、陣中の存在が確認される第宅は里内裏の他には東宮御所に限られる。東宮御所に「東宮(春宮)陣」が設定されていた事は第九章で述べた通りであり、春宮の「陣」の領域の幅を半町とし内裏の「陣」(一町)の半分とする設定は、天皇と皇太子の関係から導かれた発想と考えられる。

また同章では鎌倉殿・室町殿・仙洞等を含め、陣中の概念が内裏・東宮御所以外に適用された形跡が史料上に見えない事や、「皇居より一町の距離(=陣口)で下乗するのは、皇居に内侍所(神鏡)が安置されているため」とする説が平安期に存在した事に言及したが、これらはいずれも陣中の概念が天皇という地位そのものと不可分の関係にあった事を示唆していよう。

(6) 裏築地と陣中の機能の抵触

第八章で述べたように、裏築地の機能は貴人の居所の周囲・門前を乗馬・乗車のまま通行する事を不可とする礼節に直結しており、この礼節を維持しながらそのような場所の通行を可能にするのが裏築地の最も直接的な機能であったと考えられる。そして内裏における裏築地の設置場所は陣中の領域内である。ところが第三・四・五章で述べた通り、陣中は牛車宣旨を蒙った者や格式の高い神社の神事に奉仕する者を除き、もともと乗馬・乗車通行が不可とされているから、その周囲における乗車・乗馬通行を前提とする上記の裏築地の機能は本来的に不要である。大内裏においても同様で、本来乗車・乗馬通行が認められていない大内裏中に裏築地のような機能を持つ施設が構築される必要はなく、そのようなものが存在したとは考えにくい。陣中は裏築地の存在意義をほぼ全否定するシステムであり、したがってともに大内裏に起源を有し、かつ両方が同時に存在する事は原理的に困難である。にもかかわらず中世の里内裏に両者が共存していた事は、別の原理・起源から発生したものが別々に中世の里内裏に採り入れられ、結果的に共存していた可能性を示していよう。陣中が大内裏起源である事が明らかである以上、裏築地の起源を大内裏に求める事は難しいと考えられるのである。

(7)　袖築地の存在

(4)-Ⅰで言及し、また次節でも詳しく述べるように、中世では裏築地とともに袖築地と呼ばれる築地が存在してほぼ同等の機能を果たし、裏築地を構える資格を持たない人々に構築が認められたと思われるが、袖築地のような形態（両端のうち片方が閉じられ、他方が開かれて袋小路になっている築地）を持つ構築物は大内裏には見る事ができない。この事も、袖築地と起源を同じくすると思われる裏築地が大内裏起源ではない事を示唆している。

以上の理由から、裏築地は直接平安宮大内裏に起源を持つものではないと判断し得る。応永三二年に後小松によって裏築地の設置を可とする場所を内裏・院御所・室町殿御所の三箇所に限るという原則が示されたが、本来裏築地は単に貴人に対する路頭礼に起源を持つものであり、それが応永三二年に前章に述べたような当時の政治情勢を反映して、後小松の意思によって最上位の権力者である先の三箇所に限定されたものと考えるべきであろう。

三　裏築地と関係構築物——裏檜垣・袖築地・脇壁・裏壁について——

裏築地と特に関係が深い中世特有の構築物に、裏檜垣・袖築地の二つがある。このうち前者は第一節で上皇の桟敷等に見られるとして言及したもので、裏築地の直接の起源となるような構築物であった可能性がある。

（1）裏檜垣

裏檜垣は、平安時代末期には里内裏に付属する構築物として所見する。関連する史料三点のうち、まず『兵範記』仁安二年九月二七日条には次のようにある（本文は陽明文庫本に拠る）。

〔史料14〕

廿七日辛卯、子剋有火、皇居方云々、五条殿、逐電馳参五条東洞院之間、煙炎纏中殿、主上已出御云々、（中略）即皇駕幸土御門高倉殿、中宮御所、下官依　殿下仰奉尋内侍所之処、西裏檜垣中奉出云々、（後略）

右によると、仁安二年内裏炎上の際、記主平信範が摂政松殿基房の仰せで内侍所（神鏡）を探し出したところ、既に「西裏檜垣中」に避難させられていたという。この内裏は六条天皇在位中に主に使われた五条殿（藤原実長亭）で、この里内裏に「西裏檜垣」なる構築物のあった事が知られる。次いで『玉葉』安元元年（一一七五）一一月二〇日条には次のようにある。

〔史料15〕

（前略）未刻炎上、禎喜法務壇所失火云々、余焰及閑院西裏檜辺、内裏屋々、火数ヶ所付云々、（後略）

この時の内裏は閑院で、失火の余炎が及んだ「閑院西裏檜」は史料14の「西裏檜垣」と同種の構築物を指している可能性が高い。同じ焼亡を、『清獬眼抄』(36)「内裏近隣炎上事付闘諍事」所引『後清録記』同日条は次のように記録している。

〔史料16〕

安元元年乙未十一月廿日丁卯、天晴、未剋許、東寺僧正禎喜壇所内裏持僧、姉小〔イ路〕大宮、故兼成宅、焼亡、風起東北、余炎及禁裡、二条南、油小路已東、閑院殿、已至于押小路東（南カ）・油小路西為灰燼了、（中略）下官依召参南殿階下之砌、近辺小屋可令破却之由被仰下、於西門騎馬、裏北垣南小屋等油小路面西辺、始自北五六宇許、寄下人等所令破却也、其南左兵衛尉則清宿

所平尉康頼令破却之間、致対捍放飛礫、（後略）

炎は内裏の南西姉小路大宮から起こり、北東の風に煽られて内裏に迫った。灰燼に帰したという「押小路東・油小路西」は、押小路が東西方向の街路である事、火元の位置と延焼の方向、字形の類似等から「押小路南・油小路西」（つまり内裏南西）の誤りである可能性が高いが、延焼を防ぐために破却された内裏西面油小路の西辺にある「裏北垣南小屋」の「裏北垣」も、史料14の「西裏檜垣」・史料15の「閑院西裏檜」と同じもの（あるいは同様のもの）を指している可能性がある（「北」を「檜」の誤写と見なす事も無理ではなかろう）。

さらに養和元年（一一八一）四月一〇日、安徳天皇が平頼盛の八条殿から閑院に還御した事につき、吉田経房は『吉記』同日条に閑院の由緒を記した後、高倉朝末期の閑院の状況を次のように記す。

〔史料17〕

（前略）抑故院（高倉院）御宇末、源宰相中将（通親）為貫首、以新儀致沙汰事等、毎陣口堀池埋之、并二条面西洞院以東裏檜垣、撤却、且令破壊之故也、

これによると同治世末期、蔵人頭源通親が新儀として次の事を行った。一つは「陣口堀池」を全て埋めた事、いま一つは「二条面西洞院以東裏檜垣」を撤却した事であり、いずれも損壊していたためという。これらの工事は源通親が蔵人頭であった治承三年（一一七九）正月～治承四年正月の一年間（『公卿補任』）に行われた事になるが、右でいう「破壊」は先の『玉葉』に見える安元元年の罹災と関係する可能性がある。もしそうであったならば、その焼亡で「西裏檜（垣）」が焼失し修復が叶わなかったので、東面（西洞院）以東の裏檜垣も（バランスを取るように）撤却してしまった、と解釈できる余地がある。

このように、室町期には上皇の桟敷の付属構築物として所見する裏檜垣が、平安末期には里内裏の付属物として設置されていた。その形態について野口孝子氏は「裏垣」であり即ち裏築地であると見ているが[37]、「檜垣」とい

う以上は「檜の薄板を網代のように編んだ垣」（『日本国語大辞典』「檜垣」の項、小学館）であり、土を版築で固めた築地とは別物ではなかっただろうか。位置としては、「二条面西洞院以東」は閑院内裏の東限より東側であるから、必ずしも内裏四面を囲繞するように設置されたのではなく、より広域の内裏四面にとどまらない周辺区域の街路に設置されたものと思しい。

かかるあり方は、後述するように内裏四面のみならず陣中全体に築き廻らされた最初期裏築地の形態に通ずる点で注目される。また先に見たように、桟敷に付属する裏檜垣は、南北朝・室町期の里内裏における裏築地とほぼ同等の機能を果たした（上皇・天皇の居所の前のみを過不足なく遮蔽）と考えられる。

第八章末に掲げた表7を参照して時系列的に見ると、裏築地（裏築垣）の出現が確認される平安～鎌倉移行期前後に、里内裏・仙洞の裏檜垣が見えなくなる点が対蹠的である。管見の限り、里内裏における裏檜垣の終見は『妙槐記』寛元二年（一二四四）正月四日条の冷泉万里小路殿内裏のそれであり（後述）、仙洞御所での終見は四年遅れて『葉黄記』宝治二年（一二四八）八月二九日条の「今日御幸（後嵯峨上皇）鳥羽殿、脱屣以後初度也、前太相国年来知行此御領、令修造南殿并御厩已下、有裏檜垣、新造也、」とある記事の新造鳥羽殿であった。一方、裏築地（裏築垣）の古記録上における確実な初見は『明月記』に見える建暦二年（一二一二）の後鳥羽院御所高陽院殿で、先に推測したように暦仁元年（一二三八）に修造された閑院の裏築地は順徳天皇の建保元年（一二一三）の新造時まで遡る可能性がある。

このように内裏・仙洞における裏檜垣と裏築地の存在時期は鎌倉前期で重なっているが、洛中各所を里内裏が転々とした鎌倉期において、両者を同時に備えた事が確認できる里内裏・院御所は管見に入らない。とすれば、内裏・院御所における裏檜垣の機能は裏築地（裏築垣）へと継承され、一三世紀初頭に閑院が内裏専用第宅として新造されたあたりを機に、その形態が仮設的な檜垣からより恒久的で重厚な築地（築垣）へと移行した、という筋道が想定できよう。仮設的な裏檜垣は主に仮設的な桟敷の施設として、[38] また恒久的な裏築地は恒久的な内裏以下の第宅の施設として、それぞれ帰属する施設の性質に従って存在形態が分岐し、独立して南北朝・室町期まで継承され存続したように見えるが、応永二七年（一四二〇）成立の『海人藻芥』[39]によれば、室町期に至っても一部第宅にはなお裏檜垣があった可能性が高い。

〔史料18〕

執柄大臣ノ門前、乗物ヨリ下テ可通、不然者通裏築地外也、別当ノ門前、通裡檜垣外也、法親王門跡ノ前へ不可乗打也、

右によれば、摂関・大臣・検非違使別当・法親王・門跡の門前は乗物で通過してはいけないが、通過する場合は摂関・大臣家前ならば裏築地の外を、別当家前ならば裡（裏）檜垣の外を通るべきという。この史料より、一五世紀前半に未だ検非違使別当宅では裏檜垣を備えていた事が知られ、これが管見の限り裏檜垣の終見となる。また史料18でより重要なのは、裏築地と裏檜垣が、〈門前を遮蔽して無門と同じ事にし乗物通行を可能にする〉という機能を全く共通して有した事であり、内裏四面にとどまらない周辺区域への裏築地・裏檜垣の設置という前述の事実や、また裏築地の場合と同じく裏檜垣の端で人々が下馬したとする史料2の記載と併せ、両者の機能的共通性、建造物としての親近性が明らかである。

なお裏檜垣の機能に関しては、右に里内裏裏檜垣の終見として言及した『妙槐記』寛元二年正月四日条に興味深い記事がある。同条には冷泉万里小路殿内裏に関して、「一、大炊御門面裏檜垣、于今不被作之、七日節会北陣尤晴也、可修造之由可仰中宮大夫歟、殿仰、勅定可然」とある。「七日節会北陣」とは第四章で言及した白馬節会に付随する北陣雑犯という犯人追放の儀式であり[40]、それは「晴」の儀式なので裏檜垣が必要だという文脈で語られている。なぜ裏檜垣の存在がその場を「晴」にできるのか具体的には判然としないが、野口孝子氏が閑院内裏の裏築地に即して指摘したような[41]、儀礼参加者の視界全体に垣で仕切られた整然とした儀礼空間を現出するとい

う機能が期待された可能性は十分にあろう。北陣雑犯は北陣という内裏門の外で行われる儀式であり、裏檜垣が門前の空間を「晴」の儀式に相応しい状態に整える機能を有していた事は間違いない。

最後に、もし内裏の裏築地が裏檜垣を継承していたならば、ある意味では裏築地が内裏に起源を持つという事もできる。しかし、裏檜垣自体が直接平安宮大内裏に起源を持つか否かは明らかでない上、仙洞・中宮御所を始め門跡寺院や上級廷臣の第宅等にまで裏築地が設けられた事を考慮すれば、公家社会の中で次第に熟成された路頭礼秩序の中で発生し、本来内裏とは関係がなかった裏檜垣が里内裏にも採用され、後に裏築地へと発展したものと考えるべきであろう。陣中と裏築地の機能が重複・抵触している事も、両者がこのような異なった起源を持つと考える事で説明が可能であろう。第九章で述べたごとく陣中が天皇その人と不可分の関係にあったのに対して、裏築地は必ずしも天皇・王家のものではなかった可能性が高い。

(2) 袖築地

これまでに裏築地と同様の構築物として、袖築地なるものに何度か言及した。以下に述べるように、袖築地はその構造上、裏築地に最も近い、いわば兄弟関係にある構築物と考えられるものである。前節(4)-Iで史料6として掲出した『薩戒記』応永三二年六月二日条によれば、兼良は「自亭にある裏築地の類似物は、正確には裏築地ではなく袖築地である」という文脈でこれに触れている。「天皇・上皇・室町殿以外はこれを構えないのだ」と主張する治天後小松院の逆鱗に触れて広橋兼宣の裏築地構築が過分とされ、強制的に撤去されかかったという騒動の経緯を考えると、兼良はこの発言によって、自分は兼宣とは違って裏築地を築くような不遜を冒しているわけではない、と主張していた事になる。それでは、その袖築地とはいかなるものであろうか。そして袖築地と裏築地にはいかなる相違があり、その相違がどのように礼節（路頭礼）秩序における両者の差異を表しているのであろうか。本項ではこの点を検討する事により、裏築地の機能・性格をさらに詳しく探ってみたい。

管見の限り、袖築地の存在を確認できる建造物は摂家一条家の第宅（一条室町殿）と相国寺の二箇所である。一条亭の袖築地の典拠は『薩戒記』の前掲記事に限られ、その形状は兼良によれば町面から一条面までに築き廻らされており、通路は東側一方のみにあった。一条亭の立地は『尋尊大僧正記』明応二年（一四九三）一一月二一日条によれば「又一条殿御所地ハ、南ハ一条大路、北ハ武者小路、西ハ町、東ハ室町也」とある。(42) これと兼良の発言を参考に一条亭の袖築地の形状を推定すると、二通りの形状が考えられよう（図11・12）。どちらがより妥当と考えられるかは後述するとして、次に裏築地の形状と袖築地との相違点を考えてみたい。

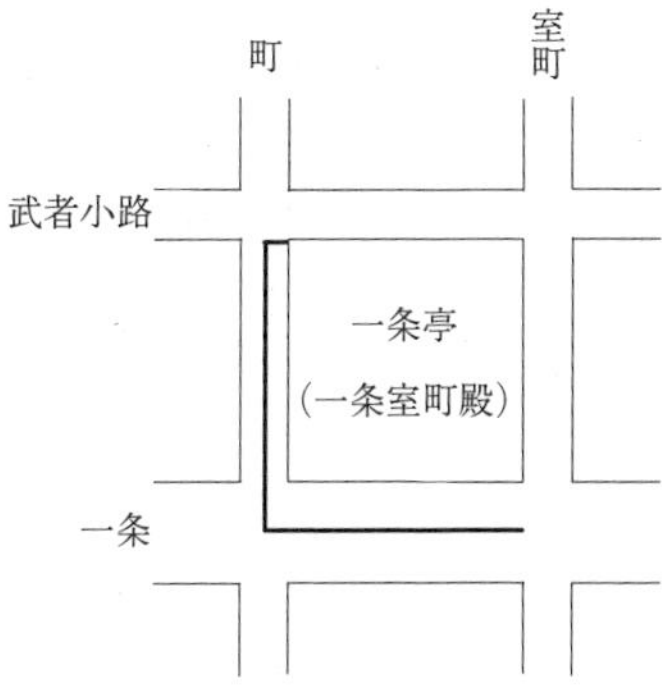

図11　一条亭の「袖築地」形態試案1

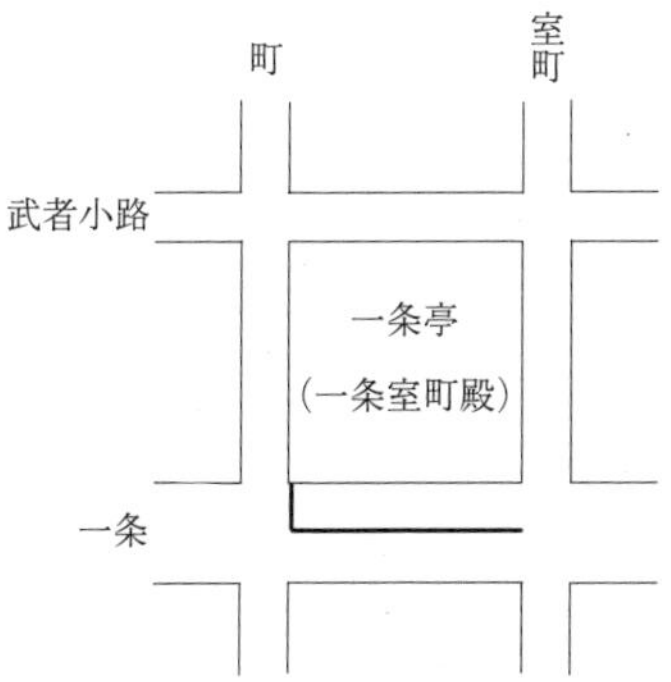

図12　一条亭の「袖築地」形態試案2

第一節に掲げた裏築地を含む土御門内裏周辺図（図10）は応安元年（一三六八）に禁裏で修せられた長日如意輪法の際の指図で、修法を行った入道二品親王尊円の参内経路が朱線で示されている。これによれば、尊円法親王は正親町実綱亭の東の唐門を出て、裏築地に沿って東洞院大路を南行し、裏築地の南端で左に廻って下車し、裏築地の内側を北行して内裏の四足門（左衛門陣）に入っている。この行程からは、裏築地の南端からその内側に入って四足門に至るという経路があった事が確認される。

一方、嘉吉三年（一四四三）に同じ正親町亭から出立して参内した洞院実熈の行程を『康富記』同年四月二六日条は「令出東面門給、北行裏築地外、廻北端折右、裏築地内南行、自右（左）衛門陣御参内」と記している(43)から、実熈は先の尊円と同じく東洞院面の唐門を出た後、逆に裏築地に沿って北行してその北端で右に廻り、裏築地の内側を南行して内裏の四足門に至っている。つまり尊円の場合とは南北が逆になり、裏築地の北端からその内側に入り内裏の門に到着しているのである。もっとも、嘉吉三年当時の土御門殿は応永九年に以前の内裏の南隣にあった長講堂の敷地をも吸収して義満によって改修された後期土御門内裏であるから、応安年中に尊円が参内した前期土御門内裏とは厳密には同じではないが、その改修以前にも裏築地の北端を抜けて内裏の内外を往還している例がある。『仲光卿記』応安四年三月二一日条[44]によれば、後光厳天皇が「出御左衛門陣、洞院東大路北行、一条西行」云々という経路で日野柳原忠光亭へ行幸した時、同条に「此後仲光於東洞院面裏築地北辺騎馬」とあるように、これに供奉した広橋仲光が裏築地の北辺で騎馬している。仲光は四足門を出た後直ちに東洞院を北行したと記しており、一旦南行して裏築地の南端から外側に出て再び北行したのではない。

以上から、土御門殿の裏築地は南北両端がともに開かれていて通行が可能であった事が判明する。これに対し、一条亭の袖築地は一方（東端）にしか通路がなく西端は閉じられていたと先の兼良の説明にあるから、両者の外見上の相違は、両端が開かれているか、それとも一方が閉じられているかにあったと考えられる。兼良がわざわざ片方の閉じた構造を説明して「是非裏築地之躰、袖築地也」と述べているのは、正に両者の相違点がそこにあった事を示している。

以上を踏まえた上で袖築地の形状について考えると、次に挙げる理由から図12のようなものであったと推定するのが妥当と考えられる。

①土御門殿の裏築地は東洞院面（西面）の一面分で完結しており、仮に他の面にも裏築地があったとしても、それらと繋がってはいない。したがって両端が開かれているか否か以外の重大な相違点が史料からうかがわれない袖築地も、一条面という一面で完結していた可能性が高い。

②前期土御門内裏の裏築地を含む指図（図10）を見ると、内裏土御門殿の裏築地は大路のほぼ真ん中に築かれており、それ自体が場所を取るばかりでなく道幅を半分にしてしまっている。土御門内裏の裏築地が築かれた東洞院や兼良の一条亭が南面する一条はいずれも大路だが、一条亭西面の町（町尻）小路にそのような構築物を設ける事は、通路としての機能に支障を来すので考えにくい（事実、『実隆公記』文亀二年（一五〇二）五月二十六日条に「今日西面築地新造之、二間余出之、此地元来如此、快楽院儀同三司（日野東洞院資教）為宿所之時、西面莫太広云々、然而後崇光院（貞成親王）御出京之後、為築裏辻被広小路云々」とあり、永享七年（一四三五）の伏見宮貞成親王京御所造営に際して、旧後小松院仙洞〔一条東洞院南西の日野東洞院資教亭〕に面する烏丸小路が裏辻〔裏築地〕構築のため拡幅されたという）。

③袖築地という名称は着衣の袖を連想させる事に由来すると思われるが、方形の第宅を胴と見なすと、図11の形状より図12の形状の方が胴の部分と一端で繋がってぶら下がっている袖の形を連想しやすい。

このような袖築地はどのような機能を果たす事を求められたのであろうか。それを伝えると思われるのが、『蔭涼軒日録』に見られる相国寺法界門袖築地に関する数箇条である。次に同記文正元年（一四六六）の関係記事を抜粋して掲げる。

〔史料19〕

①四月五日条

（前略）法界門袖築地可命于当職之事、同妙荘厳域額彩色之事、以寺奉行飯尾肥前守・同大和守、被仰付于正盛都聞也、即命于両奉行也、（後略）

②四月七日条

（前略）法界門袖築地以飯尾肥前守被命于盛都聞之由有之、来晨当軒御成事也、（後略）

③四月八日条

（前略）来十四日、雲頂院結制、御成之事伺之、法界門袖築地事窃披露之、（後略）

④四月二五日条

（前略）法界門袖築地、重可被仰付之事、就于鹿苑院可聞是非之由、依臨川寺被督之、伺之、早可決由被仰出之由、命于布施下野守也、来晨等持寺瑞泉寺殿《（足利基氏）》百年忌、御仏事御成、仍御相伴衆并御共衆、皆可被参侍之由伺之、命于殿中参侍人也、（後略）

⑤五月二六日条

（前略）法界門袖築地之事、厳可被仰付之旨、窃披露之、蓋依盛都門怠堕乎、（後略）

四月五日、相国寺の別奉行飯尾肥前守（為脩）・同大和守（元連）を通じて「法界門袖築地可命于当職之事」と「同妙荘厳域額彩色之事」の両条が東班衆徳岩正盛都聞に仰せつけられた（①彼を含む東班衆については藤木英雄「東班衆付御倉」〔『蔭涼軒日録　室町禅林とその周辺』、そしえて、一九八七〕、今谷明「東班衆の世界——室町幕府の財政と荘園政策——」〔『戦国期の室町幕府』、講談社、二〇〇六、初出一九七五〕等参照）。翌々日に再び袖築地の事を飯尾為脩から盛（正盛）都聞に仰せられたが、それは同日条に「来晨当軒御成事也」とあるように室町殿義政の蔭涼軒御成に連動しての事であった（②③）。御成の目的は等持寺での足利基氏百年忌法要への参列であったが（④）、袖築地築造は四月二六日（基氏は貞治六年《（一三六七）》同日没）には間に合わず、五月二六日条で正盛都聞に対して三度「法界門袖築地之事」について厳命が下っている（⑤）。

以上から、この一連の状況は次のように理解されよう。即ち法界門の袖築地は基氏百年忌仏事と室町殿義政の臨席に向けて築造されていなければならなかったにもかかわらず、その責任者たる正盛都聞の「怠堕」によって延引し、再三の督促がなされたのである。

将軍の御成、それも基氏百年忌という重要な法会への臨席に合わせて必要であった事、また同時に「同妙荘厳《（相国寺正門）》

域額彩色之事」が命ぜられている事から、この袖築地は相国寺の荘厳の一部であり、威儀を整え格式を演出する機能が期待されたと考えられ、第八章で見た裏築地の機能と共通している。そして前述のように一条兼良が「自亭には袖築地しかなく裏築地を築くような僭越を冒していない」と弁明していた点から、裏築地と袖築地の関係は前者が相対的に尊大であった事になる。

なお寛政元年（一七八九）～二年にかけての造内裏の記録『ももしき』（五、図）に「御築地総間数七百八間七分三厘、同中仕切間数三十二間五分、都合七百四十一間三分二厘、袖築地三十七間四分四厘、総高塀九百七拾六間」[45]とあるが、寛政度造営内裏の袖築地については詳細は不明で、今後の課題とせざるを得ない。

袖築地について現段階では右に述べた以上の事は明らかでないが、洛中第宅に設けられた（それも一条亭では裏築地を改修して袖築地とした可能性が高い）事例から考えて、裏築地と同様に居所―路頭間礼節を媒介する（下乗義務を緩和する）装置であった可能性が高く、また室町殿がしばしば御成を行った相国寺に設けられた点より、裏築地と同様に居住・滞在する貴人の権威を表示するものであった可能性がある。そして応永末年頃には裏築地→袖築地という格式の序列が存在し、その事は築地内外への通路（出入口）の有無という形で示されていたものと考えられるのである。

(3) 脇壁

門前空間を構成し構築資格が限定される建造物として、最後に「脇壁」に触れておきたい。脇壁は関係史料が少ないが、中世公家社会・僧中の故実に関する談話記録等をまとめた『諸談部類』が引く『愚要抄』という記録に、管見の限り最も要領よく脇壁の性質・形態がまとめられている。ほぼ同文が『門室有職抄』[46]「脇壁并裏壁事」に見えるが、抄略文である上に一部字句・内容が異なるので、『諸談部類』所収のものによって次に掲出する（鉤括弧内が『門室有職抄』と重複する部分。傍線と亀甲括弧で異同を示した[47]。

〔史料20〕『諸談部類』所引『愚要抄』[48]（部分）

一、「脇壁并裏壁事、

大臣以上皆塗之、又為関白之子息近衛ノ〔来〕大将并現存之〔親王在之〕父為大臣之〔ナシ〕人塗之、又〔ナシ〕僧中ニハ法親王僧正塗之、裏壁ハ脇壁塗〔塗ル〕所ニハ大様塗之、脇壁ハ築地一本塗之、一本ト云ハ二丈〔門室有職抄は数文字分の欠字〕・、〔也〕板葺ノ門ニモ〔ナシ〕皆〔ナシ〕塗之云々、」以上古記《堀河内大臣師継》分也、後福光園《恩》院摂政殿《良基》仰云、脇壁塗事、大臣以上塗、父大臣子息彼家相続居住之間、父大臣時ノマヽ、居住、別段之儀也、非現大臣者、大将以下不可塗之、当時此儀也、僧中ハ法親王不能左右、雖為僧正執柄息古今塗之不及子細、半家以下僧正塗之先例不分明師継〔花山院〕公記之上者、定不背理義者哉、猶可尋決、堂舎塗之、不可有是非之沙汰事也、

前半は鎌倉後期の花山院師継（『妙槐記』の記主）の説で、脇壁の構築（「塗る」という）資格は俗人では大臣以上、また関白子息・近衛大将・大臣の息、僧侶では法親王に限られる。「裏壁」は脇壁を塗るところでは大抵塗るもので、脇壁の幅は築地一本分、築地の一本とは二丈であるといい（＝二〇尺〔現行の一尺では約六・〇六メートル〕）。管見の限り、築地一本の長さを明記した唯一の史料）、（檜皮葺でない）板葺きの門でも脇壁を塗る、という。後半は南北朝期を通じて四度摂関を務めた二条良基の説で、大臣以上が塗るとする点は師継説と同じで、大臣を父に持つ者が父の家に継続して居住する場合（つまり居住者自身が現に大臣ではない場合）は特例として問題にしない、という。これは「大臣の息」を有資格者に入れた師継説を別の表現で説明したものと見なせよう。但し「大臣でないならば近衛大将でも塗ってはいけない、というのが今のやり方である」という部分で、師継説と異なっている。また僧中では法親王が脇壁を備えるのは勿論だが、摂関の息も古来問題とされてこなかった、とある。

続く部分の「半家」は、「執柄息」との対比から、「摂家未満の出身」という事になろう。これに関しては、「凡

家」を「摂家」の対義語として用いた室町期の事例が参考となる。[49] 中世では摂家出身者に対して「凡人」という言葉があり、室町期には「はんじん」と訓まれたから、[50]「半」が「凡」との音通で摂家未満の者を指す意味が生じ「凡家」が「半家」と書かれるようになった可能性が高い（近世に堂上家中の最下位家格として確立した半家との関係は、今後別途追究する価値があろう）。これを踏まえると当該箇所は、「摂家未満出身の僧正が脇壁を塗る先例は花山院師継の記録からは明らかでないので、きっと理に背く事ではないのだろうが、なお尋ね決すべきである」という意味になろう。そして最後に、「（寺院の）堂舎に塗る事は問題とすべきでない」とある。

以上を総括すると、（俗人では）脇壁具備は摂関・大臣の特権である点、また彼らの息も有資格者たる父と同居（あるいは父の死後も継続居住）する場合はやむをえず認めるとする点は動いていないが、時系列的に見ると鎌倉後期から南北朝期にかけて、脇壁構築資格が狭められていった（大臣を兼ねない近衛大将は除外）事がうかがわれる。なお、『諸談部類』所引本にある「脇壁ハ築地一本塗之、一本ト云ハ二丈」の傍線部は、『門室有職抄』に引かれた時点で判読不能であったためか空白であり、『門室有職抄』所引文の成立が『諸談部類』所引文より遅い可能性がうかがわれるが、その『門室有職抄』では『諸談部類』にない親王が脇壁構築の有資格者に加えられている点は注意される。

かかる身分上の制限を有した脇壁の実態については、第八章で論じた応永三二年の広橋兼宣亭裏築地撤去騒動の中で、一条兼良が身分秩序と絡めて言及している。

〔史料21〕『薩戒記』応永三二年六月二日条

（前略）或人曰、右府（一条兼良）被命曰、（中略）又曰、儀同三司偏用丞相礼之事不可然、第一脇壁事殊可有沙汰事也、其故雖根本為槐門家之輩、至極官之時可構之、未登其位者不打任、非譜代之輩雖昇三公、不可然事歟、又曰、当時日野・勧修寺之輩極一位之後偏存大臣之礼、甚不可然、故万里小路一位仲房准大臣以前所申行也、頗奇傾之輩多之云々、而当時関白被遣一位之状、恐々謹言名字也、傍家甚被難之、於摂籙人者其身雖納言、遣名家之状、謹言判也、名家輩根本為摂家々僕之間、当時雖不家礼、猶被存其儀云々、如此之礼儀於今如無、可悲可悲、摂家猶如此、況於凡人哉、但不可為例云々、

中略部分は、「裏築地の有無については口を閉ざすにしかず」「昔我が家にも裏築地に似た袖築地があった」という兼良の談話である。傍線部が脇壁に直接言及した箇所で、兼良によれば、「脇壁は特別に扱われなければならないもので、出自が『槐門家』（代々大臣を先途とする家）の者であっても極官（大臣）に昇ってから脇壁を構えるべきで、大臣昇任以前は構えないものである。まして譜代でない（槐門家でない）出自の者がたまたま大臣に昇ったからといって、構えていいものではない」という。つまり兼良の認識では、脇壁とは、清華クラス以上の家柄と大臣在任の事実が揃って初めて構える事が可能な、出自と現有ポストを二つながらに明示する尊貴性の象徴であった。

「槐門家」でないが大臣に昇った者とは、第八章で触れたように名家日野流の二人の准大臣＝日野東洞院資教と広橋兼宣を指している。そして右の脇壁の話題は、名家の人々が一位昇叙の後に大臣相当の礼を要求する事を非難する文脈の中で語られており、要するに兼良は「彼らは脇壁を構えるには出自が卑しい」と難じているのである。『薩戒記』同年五月二八日条では中山定親と面談した花頂僧正定助が「当時儀同三司事、又件等輩裏築地・脇壁事不可然、資親禁色又以不足言事也」と、彼らの准大臣宣下とそれに伴う裏築地・脇壁の構築や孫の禁色聴許申請を非難しているように、資教・兼宣らは兼良・定助らとは異なって、（出自を問わず）大臣クラスの地位獲得が脇壁構築資格の獲得であると考えていた。

前掲史料20で花山院師継説・二条良基説がともに官職のみを問題としているのに対して、兼良が家柄を問題としている事の背景には、双方の間に第八章で踏み込んで言及した名家の飛躍的伸長——即ち鎌倉期にはあり得ず

南北朝期にも稀であった名家の任（准）大臣が、室町期には珍しくなってしまったという歴史的展開があろう。南北朝期の勧修寺経顕の事例は、名家の脇壁構築の管見における初例である。

〔史料22〕『園太暦』延文三年（一三五八）九月六日条

（前略）前治部卿経量卿（勧修寺）来、為舎兄（勧修寺経顕）一品使、実世卿（洞院）間事訪之、又一品慶自愛、可奏慶、其間条々追可来訪、脇壁・檜皮・棟門等事且示合也、裏壁・脇壁差別否事問之、不可別歟間之之（衍）趣示了、

洞院公賢の許に勧修寺経量が兄経顕の使者として来訪し、前月一九日に死去した洞院実世（公賢息。同記八月二三日条参照）の事を弔うとともに、経顕の一位昇叙拝賀に関する諮問を行った。詳細は不明だが、経顕の諮問は脇壁・檜皮・棟門等に関する事であったというから、経顕が一位昇叙に伴って脇壁を構築しようとしていたらしい事がうかがわれる。前述のように、摂家・清華は任大臣と「槐門家」以上の出自を脇壁構築の資格と見ていたが、勧修寺経顕もまた資教・兼宣と同様に名家出身ながら脇壁を設けようとしていたのであり、しかも任大臣ではなく叙一位をもってその契機としている。史料21で一条兼良が「今では日野・勧修寺の輩は一位に昇ると専ら大臣の礼をもって振る舞う」と歎いた事を考慮すれば、経顕も叙一位をもって自分には大臣の礼が適用されると信じ、そのため任大臣を条件とする脇壁構築を望んだものと解されよう。

なお「裏壁と脇壁には違いがあるのかどうか」という経顕の質問に対して公賢は「違いはないのでは」と答えており、当時脇壁と同一視され得た「裏壁」なる類似構築物の存在が知られる。裏壁の実例としては『実隆公記』享禄二年（一五二九）二月五日条に「裏《東方》壁修理」とある事例等を挙げ得るが、具体的形状を示す情報は記録上に乏しい。但し『公名公記』永享一〇年九月二四日条に「今日東西棟門挍壁塗両内外塗之、広各一丈六尺、之、厳□（カ）致奉行者也」とあって、脇壁は門の内外に「塗」られた事、またそれぞれ広さ（幅）が一丈六尺であった事が知られる。公名は同月四日に内大臣に昇っており、以後拝賀に向けて準備を行っているから[51]、この挍（脇）壁も内大臣拝賀の本所出門に必要な設

備として急遽用意されたものであろう。
しばしば裏築地とセットで史料上に現れる脇壁が「裏壁」とも認識され得た事は、裏築地の「裏」字の意味・由来を考える上で注意されるが、右で公名が「内外に塗る」といっている事は、史料22で脇壁と同一視され、かつ史料20では「脇壁を塗る所では裏壁も塗る」とされて厳密には脇壁とは別物として扱われた裏壁のあり方を示唆する。即ち脇壁と裏壁の違いは、門外か門内かという所在の相違であった可能性である。「脇壁を塗る所では裏壁も塗る」という表現から、まず脇壁が作られ、それに伴って裏壁が作られるという関係——即ち脇壁が主、裏壁が従という関係がうかがわれ、脇壁が居住者の身分標識であっただろう事を考慮すれば、これは通行者に見せるための物体であるから、まずは門外（道路側）に作られるべき物体と考えられ、したがって主たる脇壁が門外、従たる裏壁が門内のものと推定されよう。
応永三二年の騒動で、裏築地造築は過分だとして兼宣が自主的撤去に追い込まれた事は第八章で詳述した通りだが、兼宣亭の脇壁も撤去されたか否かは明らかでない。ただ、定助は裏築地と脇壁をまとめて非難しており、かつこの時に資教は裏築地を築いた形跡がないから（築いていれば、兼宣と同じ理由で後小松院の不興を買い撤去を強いられた経緯が記録されただろう）、脇壁は裏築地とともに兼宣亭に構えられ、裏築地とともに撤去させられた公算が高い。
裏築地と脇壁を一定の共通項の下にセットとして捉える認識は、近世に正親町実連が作成し正親町家に伝来した『当家称号之事』と題する置文にも見出される。
〔史料23〕『当家称号之事』（部分）[52]
裏築地・脇壁等之事者、槐門之外不造築之、殊裏築地者、雖大臣家不容易、而為異称之条、頗可自愛也、
裏築地や脇壁は「槐門」＝大臣家でなければ造築せず、特に裏築地は大臣家でも容易には築かないのであるから、

正親町家が「裏築地」を異称として名乗るのは光栄である、という認識は、前述の兼良の言説と一致している。実例を探すと、応安二年に正親町三条実継が自身の任内府拝賀に関して、三条公忠と次の問答を行った事例が見出される。

〔史料24〕応安二年一二月一九日正親町三条実継書状（部分）(53)

脇壁、修理職ニ沙汰候先規候哉、聊所見候間、不審候、

〔史料25〕応安二年一二月二〇日三条公忠書状（部分）

脇壁事、古儀ハ修理職年預ニ以侍奉書仰候、然而只今ハ内々可被仰遣菊亭候歟、壁塗給腰差候歟之由存候、但不分明候、其も古儀候哉、康永ニハ脇壁事無沙汰候しと覚候、

これはまさしく任大臣を契機として脇壁を構えた実例である。公忠によれば、かつては大臣に任官すると修理職を動員して脇壁を構築させるという、朝廷機構を巻き込むイベントであったようだが、南北朝期には内々に処理されたり、あるいは脇壁構築自体が見送られるようになっている。修理職に構築を命ずるという「古儀」については、『葉黄記』寛元四年正月二八日条に、左大臣一条実経の関白宣下に関する九条道家作の次第に「拝賀事、（中略）門腋壁、仰職令塗之」とある事から、鎌倉中期には関白拝賀等を契機としてなされた事が確認できる。

脇壁の形状は史料上必ずしも明らかでないが、一般に日本建築における脇壁は、門の脇に直角方向に道路側へ僅かに張り出した漆喰の塗り壁（Π字形。横棒が道路に面する門、縦棒二本が脇壁）を指すようである。上杉本『洛中洛外図屏風』を見ると、内裏と「公方様」に、上半分のみを漆喰で塗り塞いだ四足門が観察され（図13）、これが脇壁である可能性が高い。このほか同屏風では千本閻魔堂の四足門にも同じ形状の門が描かれており、「寺院の堂舎に脇壁を塗るのは問題視しない」という史料20の二条良基説と一致する。また観応二年（一三五一）成立の『慕帰絵詞』にも同様の四足門が見えるほか（図14）、写真1は鎌倉前期建造の教王護国寺（東寺）北総門（国指定重要文化財）で、

中世前期の脇壁の形状を今に伝える点で貴重である。

なお付言すれば、『太平記』（巻第二十三、土岐頼遠参合御幸致狼籍事付雲客下車事）に、土岐頼遠の著名な光厳院に対する乗合狼藉で頼遠弟周済が処罰を逃れた事に関連して「狂歌を一首、天竜寺の脇壁の上にぞ書たりける」という記述があり、天竜寺にも脇壁があったらしい。また『十六夜日記』の、藤原清輔の『初学抄』に言及する段の「ある人『山家卯花』といふ題にて、『山里のかきねにさけるうのはなは』とよみ、末はなにとよむべしともおぼえ候はさりけるやらん、『わきかへ《（脇壁カ）》ぬれるこゝちこそすれ』とよみて候ける、いとをかし、とて候き」とある

図13　米沢市上杉博物館所蔵「洛中洛外図屏風」（国宝）
（左隻４扇・部分）

図14　西本願寺所蔵「慕帰絵詞」（重要文化財）
小松茂美編『続日本の絵巻９　慕帰絵詞』（中央公論社、1990）より転載

「わきかへ」も、「ぬる《(塗)》」という表現から見て脇壁である可能性が高く、垣根に咲く卯の花に譬えられている事は、脇壁のイメージの一助となろう。

ところで脇壁の形状が前述のようであるとすると、必然的に、脇壁は四足門でなければ物理的に構築不可能であった事になろう。四足門具備の資格については、前掲史料20の『諸談部類』所引『愚要抄』の掲出箇所に続けて、次のようにある。

〔史料26〕

一、四足門・棟門・唐門等事、

大臣以上立之、板棟門者諸大夫以上皆立之、唐門モ板唐門者公卿以下立之云々、唐門モ大臣家立之云々、三宝院僧正賢俊俊光卿子京坊建立之時、唐門立之間及沙汰、等持院殿《(足利尊氏)》御世務初被尋仰之処、灌頂堂門之由陳申、然者可打額之由重被仰之、仍称仏身院則時打額畢、彼門額以下于今在之、

また『海人藻芥』「居所ノ事」「名家以下月卿雲客ノ亭ノ事」には次の記述がある。

〔史料27〕

居所ノ事、　大臣家ニハ四足アリ、上中門アリ、殿上有、公卿ノ座アリ、公卿ノ座ノ辺ニ障子上ケト云所アリ、此所ハ諸大夫ノ候スル所ト云々、古ハサリヌヘキ大臣家ニハ、蔵人所モ有ケルトカヤ、源氏ノ大将ノ亭ニハアリケルト見エタリ、遠

写真1　教王護国寺（東寺）北総門（重要文化財）の脇壁（筆者撮影）

侍トテ侍ノ候スル所アリ、小御所ナトノ傍ナリ、随身所有、車宿リ有、丸柱ナルヘシ、
親王家、右ニ同シ、
名家以下月卿雲客ノ亭ノ事、四足不可有之、上中門不可有之、并同前、殿上并障子上、随身所不可有之、寝殿ニモ日蔵《ヒカクシ》不可有之、車宿ノ柱モ四方ナルヘシ、但勧修寺ノ経顕公、任大臣ノ後造改宿所ノ間、悉以大臣家也、経顕公子息大納言経重・其子中納言経豊以下雖不任大臣、父祖旧亭ニ令居住之間、譜代ノ諸亭ニ不相替、又裏松一位大納言(重光)宿所、一向大臣家ノ如シ、近代両名家如此、
法親王家之門跡者、大臣ノ家ノ亭ニ同シ、然而仁和寺御室ノ御坊、大聖院者、頗ニ条内裏ヲウツシテ造ラレケルト云々、常ノ諸院家ハ月卿ノ諸亭ニ同シ、

両書を総合すると、四足門は大臣・大臣・法親王の居宅のみに許される門であり、しかも名家レベルの人々がこれを構える事は例によって問題視されたらしい。史料27によれば、勧修寺経顕は任内大臣を機に四足門を構えたが、大臣に昇らなかった子孫が経顕の頃のまま同所に居住し続けたため、あたかも「譜代」の大臣輩出一家の居宅のようであったという。ここでも大臣を輩出し始めた名家による権勢の可視化という文脈で扱われており、しかもこれを撤去しない事で視覚的に譜代の大臣家のような風を装っていた事が特筆されている。

身分上昇を契機とする門築造は一般的に行われたようで、例えば『実冬公記』応永二年二月三日条に「自今日作始門、此間蓬門師織戸大略如無、自先年比棟門下地大略沙汰置間、云顕職、又出入難叶間令立、(中略)檜皮棟門下地此蓬屋雖不相応、人目先可然歟」とある。実冬は応永二年正月二八日に右大将、同年一二月二七日に内大臣・左大将となっており、文中に見える「顕職」は大将を指す可能性が高い。そうであるとすると、右記事は実冬が任大臣・大将を機に自亭に棟門を築いた史料という事になる。また『勘仲記』弘安元年(一二七八)一一月八日条に「三条坊門万里小路内府(中院通成)禅門第、暫可為皇居云々、四足門俄被立之」とあるように、ある第宅が皇居になると居住者

の身分に相応させるべく急遽四足門を立てる事もしばしば行われた。

史料27で義満の寵を得た日野裏松重光の居宅が（一位大納言止まりであったにもかかわらず）「全く大臣家のようだ」と記されているのは、日野・勧修寺の名家が南北朝期から一位昇叙後に礼節上大臣として振る舞うようになった、という史料21の一条兼良の非難と一致している。史料26で三宝院賢俊の洛中住坊（法身院。史料26では「仏身院」とある）建立時に四足門の存在が問題とされたとあるのも、賢俊の父が日野俊光という名家出身だからであろう。このように四足門具備の資格が大臣以上であったとすると、四足門でなければ作れない脇壁は、必然的に大臣以上でなければ作れず、前述の脇壁の具備資格の一部（大臣以上の地位）と一致する事になる。

以上のように、脇壁は大臣以上の地位と清華以上の出身を要するという、身分的制限を伴う点で裏築地と共通するが、路頭礼への直接の関係を示す史料は管見の限り見られなかった。ただ、通常は全くの空隙であるはずの四足門の柱間を塗り塞いでしまうという形状から、遮蔽物という性質において裏築地に通ずるものがある。また前述のように「裏壁」と同類視・同一視される事があった点で、その性質は裏築地と同根のものであった可能性が十分に考えられよう。

さらに『三条中山口伝』（第一乙、『続群書類従』雑部所収）に「於陣屋并脇壁外扣車事、付御院参事、於陣屋并脇壁外扣車、是法式也、又於門脇降御可宜歟、代々御院参引入頸木於門」とあり、鎌倉初期には陣屋・脇壁の外では扣車（一時停車。第一章第三節参照）するのが「法式」とされ、門の脇で下車する作法が存在した。このように路頭礼（居所―路頭間礼節）に介在した点でも、脇壁は裏築地に通ずる礼節上の装置と評価して大過なかろう。

四　裏築地の衰退と消滅

（1）裏築地の簡略化

前節までは裏築地がどのような起源と沿革を経て室町時代に至ったかを考察し、また第八章では裏築地が単純な権威の象徴から統治者レベルの圧倒的尊貴性の象徴としての意義を有するに至った事を述べた。それではその後、裏築地はどのような変遷をたどるのであろうか。

里内裏の裏築地関係史料を通覧すると、裏築地の規模が次第に縮小され、簡略化されてゆく傾向を見出す事ができる。この傾向については野口孝子氏が述べているが(54)、本章でも改めて確認しておこう。表8はこの問題に関

表8　裏築地を具備する面が明確に判明する事例

表7の番号	年	西暦	場所	裏築地設置が確認される面	計	備考
8	建暦二	一二一二	高陽院	南面（春日面）	一面以上	後鳥羽院御所
13・14	嘉禎四	一二三八	閑院	計五丁（九条道家二丁、近衛家実一丁、西園寺実氏一丁、諸国重任の功一丁）	複数面	内裏
16	仁治三	一二四二	冷泉万里小路殿	東面（万里小路面）	複数面	内裏
23	建長二	一二五〇	閑院	北・西・南面（二条・油小路・押小路面）	三面以上	内裏
25	文永二	一二六五	花山院	東面（東洞院面）	一面以上	花山院家
26	弘安六	一二八三	二条高倉殿	二条・東洞院・高倉・押小路	四面	内裏
55	応永二六	一四一九	一条東洞院殿	西面（烏丸面）	一面以上	後小松院御所
74・75	嘉吉三	一四四三	土御門殿	西面（東洞院面）	一面以上	内裏
76→78	文安元	一四四四	伏見殿	西面（東洞院面）	一面のみ	仮皇居

して記録上で確認できる情報と典拠をまとめたものである。

時系列的に見てゆくと、まず後鳥羽院御所高陽院殿では『明月記』建暦二年（一二一二）一〇月二四日条に藤原定家が「春日面裏築垣之外、町西半町許、」で下車した記事が確認されるのみで、春日面以外に裏築地を有していたかは今のところ知り得ない。しかし閑院内裏は裏築地を四面に有した事が明確に確認できる。即ち先にも言及した『玉蘂』嘉禎四年（一二三八）正月六日条・九日条には、この時の修造で九条道家が二町、近衛家実が一町、西園寺実氏が一町の負担を担当し、またこれらとは別に「今一丁（町）」を諸国重任の成功として造作させる方針が確認できるのである。また『吾妻鏡』建長二年（一二五〇）三月一日条にはこの年の造閑院殿御家人負担を列挙した注文（以下、建長注文と仮称）が収められており、御所の北面「二条面二十本」、西面「油小路面三十一本」、南面「押小路面二十本」をはじめとする「裏築地百九十二本垣形十七本」が築造される計画であった事が知られる（築地一本＝二丈＝二〇尺である事は前掲史料20参照）。

但しこれら閑院内裏の裏築地の記事には、若干処理に困る情報が含まれている。まず『玉蘂』は計五町の裏築地造築を伝えるが、閑院内裏が方一町であれば、必要な裏築地は四町で足りると思われるから一町が余り、倍の二町を占めていれば必要な裏築地は四面の総計六町となり一町足りない。この点については、建長注文に見える築地（裏築地ではない、内裏四面の築地）の長さの比から、当該期閑院殿が方一町より南北に若干長い（南面が押小路より南方に延びている）区画を占めていたという野口孝子氏の推定(55)を援用すれば解決可能だが（内裏周囲は四町に余る事になる）、同様の問題は建長注文にも存在する。即ち注文によれば御所（居宅区域）自体の築地が八八本(56)であり、裏築地一九二本が遙かにそれを上回っているのである。同条には前述の御所三面の他に「二条面西洞院東廿本」「二条面南油小路西十六本」「同北十六本」「自二条北油小路面廿本」「自押小路南自西洞院西十八本」「自押小路南自油小路西十一本」「自二条北自西洞院面東廿本」が計上されており、それらの地点表記は明らかに内裏四面のさらに外側に広がる陣中の街路を示しているが、この記事だけでは情報が足りず、従来は平面図上に一意に再現する事ができなかった。

ところが最近野口孝子氏によって、上記裏築地を含む閑院内裏陣中の様子が詳細に復原され、閑院内裏周辺空間の景観復原が飛躍的に進展した。近年の仁和寺所蔵典籍の調査によって存在が明らかとなった『系図』と題する室町後期書写の便覧(57)に収められた絵図に鎌倉期の当該区域が描かれており、野口氏はこれに注目するとともに前述の『吾妻鏡』の記事を援用して、現段階で最も蓋然性の高い平面図を復原したのである(58)。その図によれば陣中街路の大部分に裏築地が存在しており、野口氏はこの事実から権威・権力空間の演出を目的として陣中の景観（整然とした路上空間）が形成されていたと論じている。

次に冷泉万里小路殿では、『葉黄記』仁治三年（一二四二）三月一八日条に、吉田経俊が左衛門陣付近の「東裏築地下」にいた事が記されているので、左衛門陣のある東面（万里小路面）に裏築地の存在が確認される。「東裏築地」という表現から、この御所では他の面にも裏築地を備えていた可能性が十分にあろう。

次に見る二条高倉殿は弘安六年（一二八三）一〇月一〇日に皇居となる事が決まり、「未作」の部分の所課が同日に発表された（遷御は同二〇日）。

〔史料28〕『勘仲記』弘安六年一〇月一〇日条

裏築地

高倉面、朝昌、　二条面、修理職、　東洞院、　押小路

已上伝領輩築之、

右の史料から、この内裏で裏築地が高倉・二条・東洞院・押小路の各面（四面）に築かれる計画であった事を明瞭に確認し得る。

やや時代が下って室町期には、後小松院の御所東洞院殿の烏丸面に裏築地のあった事が『薩戒記』応永二六年（一四一九）

八月二一日条から知られ、称光天皇の朝覲行幸の際に供奉の人々が「裏築地南端」で下馬している。この御所で裏築地が確認されるのは烏丸の一面のみで、他の面にもあったかどうか定かでない。また土御門殿（後期土御門内裏）の東洞院面に裏築地が確認される事は『康富記』嘉吉二年（一四四二）四月二六日条等に見える通りだが、同様に他の面については史料上確認できず不詳である。

最後に、裏築地が一面のみにしか備えられていなかった事が明確に確認し得るのが、禁闕の変後に仮皇居となった伏見殿（一条東洞院南東）である。万里小路時房は賀茂祭使の行路に関連して、伏見殿外面の構造を次のように記している。

〔史料29〕『建内記』文安元年（一四四四）四月一八日条

（前略）於　内裏北、一条面也、当時内裏自去年九月東洞院以東、四足門在南、棟門在北、前在裏築地、一条以南、無門、築地也、高倉以西、上土門引入テ□□其外重賢朝臣宿□民屋等也、正親町以北、無門、女官宿所已下也、以上注也、供奉人下馬有無兼被経御沙汰、（後略）

文中に登場する語を詳細に説明し尽くしてしまう時房の癖もあって読みにくいが、「一条以南」以降は「内裏北」の注の「東洞院以東」に続くもので、文脈上は割注の中にあるべき文である。この記事には内裏伏見殿の各面の門の有無と周囲の建造物が挙げられており、東洞院面のみ「前在裏築地」と記されている。高倉面には庭田重賢の宿所と民屋が、また正親町面には「女官宿所已下」があった事からも、これらの面に裏築地が設けられていたとは考えにくく、当時の伏見殿の裏築地は東洞院面に限られていたと考えてよかろう(59)。

本稿で特に問題とすべきは伏見殿仮皇居以前の前・後期土御門殿だが、光厳天皇の内裏となってから禁闕の変で焼失するまで一〇〇年以上の時間が経過しているにもかかわらず史料上からは東洞院面にしか裏築地が確認されない事や、直接的には土御門殿の代用として用いられた伏見殿が一面のみに裏築地を有していた事から、土御門殿も南北朝・室町期を通じて東洞院の一面のみに裏築地を構えていたものと推測される。

この事についてはいくつかの傍証を挙げ得る。その一つは正親町家が別号として裏築地とも称した事実である。前述のように、裏築地の称号は南北朝・室町期を通じて正親町東洞院南西角にあった正親町家の第宅が、東洞院面で内裏の裏築地に面した事による称号であった。しかし、例えば土御門面では三条家の第宅が内裏と向かい合っている等、(60)内裏に面する第宅は他にも確認されるにもかかわらず、裏築地を称する家は他に一家しかない。それは「ウラツイチノ四条殿」等と称された事が史料に見える四条家で、(61)土御門東洞院北西角に宿所があった事から見て、(62)これも明らかに東洞院面の裏築地に面していた事に由来する称号である。もし東洞院面以外にも裏築地があれば、他にも裏築地と称する家があってもよいはずだが、そうでない事を考えると、やはり土御門殿の裏築地は東洞院面のみにあったと考えるべきだろう。

いま一つの傍証は、後期土御門内裏が前期土御門内裏の構造を継承している事である。前期土御門内裏はもと長講堂と同一の敷地内にあり、両者の東洞院面の築地は連続していて外からは境目が見分けらない形状であった。(63)そして図10にも明らかなように、応安頃には東西方向の築地で内部で南北に区切られていて、当然内裏の南面には裏築地が存在し得なかった。後期土御門内裏はこの構造を基本的に継承しているため、南面に裏築地がない構造もまた継承された可能性が高く、したがって前・後期を通じて土御門内裏は東洞院面の一面のみに裏築地を構えていたと推定される。

以上の検討によれば、鎌倉期の建長度造営閑院殿では裏築地の設置範囲が陣中のほぼ全域に及んでおり、これを焼亡以前の規模に復したものと考えられるならば、閑院内裏の四面を超えて陣中に展開した裏築地のあり方もそれ以前まで遡る事になろう。これが弘安六年修造の二条高倉殿内裏になると裏築地は内裏の四面に過不足なく築かれており、陣中全域にわたる大規模な改造の形跡は見られない。その後南北朝・室町期の土御門殿では一面のみに減じていた可能性が高く、文安頃の伏見殿（一条東洞院殿）に至って明確に一面のみとなる。

このように裏築地が中世を通じて簡略化の一途を辿った理由は、どこに求められるであろうか。考えられる理由の一つは、権威の象徴という裏築地の機能そのものである。第八章で述べたように、裏築地は権威・家格秩序の象徴としての性格が強い建造物であった。したがって象徴的な側面を重視するならば、第宅（内裏）の正門の門前に設置していれば十分と考えられた可能性があろう。いまひとつ考えられる理由は費用の問題である。建長度閑院内裏のような、陣中全域にわたる裏築地設置という大規模な土木工事は、当然莫大な費用を必要とする。嘉禎四年の閑院修造の際に裏築地一町分の費用負担が「諸国重任」即ち受領の成功とされていた事は、その負担の大きさを物語っていよう。この時には結局二町を越中国の重任の功とする事で決まったようだが（『玉蘂』同年正月九日条）、その七年前に当たる寛喜三年《（一二三一）》の「関東成功」で出羽（上国）重任功が万疋（一〇〇貫文）、同じく薩摩（中国）が六五〇〇疋（六五貫文）とされている例を参考にすると(64)、当時の越前（大国）重任の任料は銭にして百数十貫文に上るものと推測され、これが裏築地二町を築くのにかかる費用に相当すると推定可能である。

建長注文に明らかなように、建長度閑院内裏はその費用を全て幕府（御家人）が負担しており、また応永度の後期土御門内裏造営も義満の力によって行われたものである。したがって裏築地の規模の縮小は、とりもなおさず幕府が費用を出さなくなったという事の反映に他ならない。『尋尊大僧正記』文明一二年《（一四八〇）》正月四日条に「至今年節会等一切公事不行之、末代至極也、尊氏将軍以来、公家御儀毎事武家より申沙汰、九牛之一毛也、当代又一切断絶、武家御冥加事尽畢」とあるように、それが尊氏期以来経済的にほとんど幕府に依存している朝廷のあり方そのものに起因するとすれば、両統迭立に始まり南北朝の内乱、さらに義満の権力掌握過程を経た結果もたらされた朝廷・王家の極端な経済的弱体化が、裏築地の縮小に直接反映された可能性が考えられる。裏築地が権威の象徴であるならば、内裏におけるその縮小は天皇権威の縮小を示す可能性があるが、あるいは天皇権威の可視化に必要と見なされる物理的資源が減少したに過ぎないと考える余地もあり、一概に評価する事は難しい。

ともあれこのように裏築地が次第に簡略化され、御所の一面のみに築かれるようになっていったとすると、その一面はどのように決定されたのであろうか。飯淵康一氏によれば、平安期以降貴族以上の身分の者の第宅には、「礼」の向きが決められていた。「礼」向きとは儀式遂行時に東西方向を軸として東西いずれかを上位の空間と定める事であり、本来は個人が日常生活を行う「褻」の空間に対して儀式が行われる空間を指す「晴」とは別概念であったが、平安末期頃から「礼」と「晴」の混同が始まるという。(65) また「礼」向きの決定要因は、方一町で東西両方に正門を持つ第宅では大路に面する側とされるが、内裏を模して決定されたり建物の配置や他の第宅との位置関係から決定される等して比較的流動的であり、また東西いずれかの一面のみが街路に面する狭少化した第宅では門・入口の限定化によって自ずから決定されたという。

これを踏まえて土御門殿におけるそのあり方を観察すると、『吉田家日次記』応永九年一一月一九日条に「今日遷幸土御門殿、土御門以北、正親町以南、高倉以西、東洞院以東、以東洞院面為晴、可為西礼間事、去年勅問人々被経御沙汰了、」とあるように、(66) この内裏は西面(東洞院面)が「晴(礼)」の向きであったと知られ(晴と礼は混同されている)、西面に晴の門というべき左衛門陣がある。(67) また伏見殿仮皇居も西礼(東洞院面)であった事は、天皇や上皇の出入・拝賀奏慶等の参内時に東洞院面の四足門(左衛門陣)以外が使用されていない事や、伏見殿が面し、かつ門を持つ唯一の大路が東洞院大路(一条大路面は無門)であった事から推定される。このように内裏の礼向きと裏築地を構える面が一致している事から、裏築地は簡略化の過程で内裏の「礼」の方向、即ち儀式時の正門となる面のみに構えられるようになったと考えられる。なお、室町殿の上御所(花御所)も『吉田家日次記』同条に「出御室町殿北小路以北、室町以東、以室町面為晴、」とあるように、室町面を晴としていた事が知られ、やはり室町面以外に裏築地が確認できない事と照応する。かかる態様は、外国使節が正面(朱雀大路南端)から入京する際に見えればよいとして、日本の都城(平城京・平安京)の羅城が正面(南面)にしか築かれず、都城の威信を示す装飾的役割しか持たなかったと考えられている事とも通じて興味深い。(68)

(2)　裏築地の消滅

中世の記録から管見の限り裏築地の所見を集めた第八章末の表7によれば、室町時代後期には裏築地は順次その姿を消していったようである。後述するように裏築地は地名として残るので、ここでは地名的用法と考えられる例は除き、建造物として最終的に確認できる時期について述べる事にしたい。

まず内裏の裏築地は、次掲『晴富宿禰記』文明一一年(一四七九)正月二五日条に見える事例を最後に確認できなくなる。

〔史料30〕

廿五日、壬午、晴、関白御拝賀也、九条殿政基公自陣外御出歩行、臨期可打陽明門代之由被仰之間、裏築地南引幔門、職業祗候之、(後略)

この内裏は日野裏松勝光・富子の母苗子の北小路殿で、応仁の乱中に後花園上皇・後土御門天皇が足利義政の室町第(上御所)に難を避けて義政らと同居した後、文明八年の室町第焼失によって仮皇居としたものである(同一一年には土御門殿に還幸)。土御門殿の裏築地の最終所見はこれよりも遡り、文安五年(一四四八)八月一〇日に四条隆夏が大納言拝賀を行った際、彼の宿所について『康富記』同日条に「宿所裏築地内也」とあるのを最後とする。文明一一年に後土御門天皇がようやく土御門殿に還幸した際の様子を、『尋尊大僧正記』は次のように伝えている。

〔史料31〕『尋尊大僧正記』文明一一年一〇月一九日条

遷幸土御門内裏云々、清冷(京)殿一宇被修理之、西対屋・長橋同修理、殿上同修理、黒戸・春興殿自元無為云々、南殿以下一切被打捨之、四面墢地・四足以下諸門一向無之、不及建立、如形儀計也、近所在家等無之、東西ハ西山・東山ニ見融、南北ハ二十町計見融者也云々、仮令日来之内野如官庁也、

右によればこの時修理されたのは清涼殿一宇と西対屋・長橋・殿上の間のみで、破壊を免れた黒戸・春興殿以外、南殿以下の建造物は一切打ち捨てられていたという。四面の築地や四足以下の諸門は完全に失われていてこの時

には再建されず、しかも付近の在家もなくなったため、東西は西山・東山まで、南北は二〇町までも見通せるような荒野に剝き出しで建っているという、内野（大内裏跡の空地）の太政官庁を彷彿とさせる姿であった。このような（四面築地まで失った）土御門殿に裏築地が残っていたとは到底考えられず、文明九年の西軍諸将下国による応仁の乱の終焉までに裏築地が失われた事はほぼ間違いないであろう。そしてこれ以後史料上に全く土御門殿の裏築地が確認できない事から、同内裏の裏築地はそのまま再築される事なく廃絶したものと見られる。

一方、一時期仮皇居として使われた伏見殿（伏見宮御所）の裏築地はやや遅くまで残ったようで、『実隆公記』は参議拝賀の参内に先立って北野社に参詣した東坊城和長の行程を次のように記している。

〔史料32〕『実隆公記』永正四年（一五〇七）三月二六日条

（前略）未刻許菅宰相（東坊城和長）出門（割注略）、如木雑色一人著沓、小雑色九人、布衣侍一人、赤直垂、中間二人、白丁持笠、経伏見殿裏辻、於庭田前辺乗輿（割注略）、詣北野社奉幣云々、（中略）酉刻計又出行、参内、舞踏等如例歟、（後略）

ここに見える「伏見殿裏辻」が伏見殿における裏築地の終見で（裏築地と裏辻が音通で同義である事は第八章第二節参照）、建造物として確認される裏築地の終見でもある。

また室町殿御所のうち、下御所では永享二年（一四三〇）を最後に所見が途絶える（下御所＝三条坊門〔万里小路〕殿は三条坊門南・万里小路東・姉小路北・富小路西）[69]。『普広院殿御元服記』[70]に収める永享二年七月二五日の義教右大将拝賀の次第において、「御出時於庭上蹲居事」即ち下御所出立の際に各人が御所のどこで蹲居したかを記した部分がそれである。当該部分は「公家人」「一騎打大名」「官人」の蹲居場所に続けて「御衛府侍ハ裏築地傍ノ官人ニ向テ東面」と記しており、これが室町殿下御所における裏築地の終見となる（もっとも『後鑑』長禄二年（一四五八）七月二五日条が義政任大臣大饗の史料として『松田家記』から類似する文章を引くが、永享二年の史料であろう[71]）。この三条坊門殿は義持が晩年まで過ごし、義教が永享三年に新造上御所に遷った後は早くも放置され、義勝・義政・義尚は生涯一度も居住する事がなかった第宅である。後に義稙が永正一二年に移徙した三条新造亭も髙橋康夫氏によって三条坊門殿の一町南の区域に築造された別物と推定されているから[72]、三条坊門殿は義教の上御所移徙を最後に、将軍御所としては全く抛棄された事になる。このような義持以後の経緯（廃絶）を考慮すれば、下御所の裏築地は義教の上御所移徙からそう遠くない時期に失われたものと考えられる。

一方の上御所では、文明二年（一四七〇）には確実に裏築地が存在した（室町亭＝花御所＝上御所）[73]。『親長卿記』同年一二月二三日条は甘露寺親長が買得した小屋について「予買得小屋裏築地外、一色地内、」と述べ、また二六日条に「買得小屋一色敷地之内、裏築地之辺也、」と見えている。第八章で見たように、一色氏の宿所が「裏築地館」と称された事は『応仁記』に見え、また『康富記』嘉吉二年一一月二八日条で一色義貫被官残党が押し寄せると噂された一色左京大夫の館が「室町殿裏辻内」とされているように、この宿所が室町亭（の裏築地）の真向かいにあった事も確認されるから、右で親長のいう裏築地は上御所のそれである事が確認できる。また次掲『晴富宿禰記』の記事の評価によっては、上御所の裏築地所見は文明一一年まで下る事になる。

〔史料33〕『晴富宿禰記』文明一一年三月一五日条

十五日、壬申、（中略）室町第花御所可有新造之所、裏築地在家乱中立陣屋、今在家有之、于皆被撤却、今日壊之云々、又御構中乱中為御構之内所々、町々巷所在家皆壊之、今日所司代相触之、俄撤却之、又切簷椽者有之、条里復本式、可然事也、

この日「室町第裏築地在家」を始めとして、応仁の乱中に設けられた「御構中・町々巷所在家」が皆破却された。この「裏築地在家」が「裏築地の在家」であるならば、後述するように裏築地には地名的な用法が行われる事があったから、必ずしも裏築地そのものが残っている事を示してはいない事になる。しかし「裏築地と在家」であるならば、破却されたこの時まで裏築地は残されていた事になり、逆に室町殿御所に残る最後の裏築地が、何らかの理由によって積極的に破却された重要な場面であるという事になる。現時点ではどちらに解釈すべきか判断

する材料を持ち合わせていないが、いずれにしても上御所の裏築地は文明年間以降所見がなく、同時に室町殿御所における裏築地も見られなくなるのである。なお『長禄二年以来申次記』（『群書類従』武家部所収）正月一日条に、元日の室町殿参賀で番頭（奉公衆）以下が御盃を頂戴する場所として「裏辻（うら辻）」が見えるが、文脈から見て街路に立つ裏築地（裏辻）とは別物であろう[74]。

内裏・室町殿における裏築地がともに文明年間を最後に姿を消した事には、どのような背景があったであろうか。ここで室町殿御所の変遷を見ると、上御所は明応二年（一四九三）の細川政元による政変以後歴代の将軍から放棄され、一度も使われる事がなかったようである。また下御所が永享三年の義教の上御所移住を機に使われなくなった事は先述の通りであるから、明応二年を最後に、室町時代の室町殿御所（上・下御所）は完全に放棄されるに至る。しかも周知のように、義稙以後は複数の室町殿が入京・没落を繰り返しており、また京都に室町殿が不在の時期も少なくなかった。

このような状況においては、もはや「（固定的・恒久的である事を前提とする）室町殿御所」という概念はほとんど意味を持たない。上・下御所の裏築地は、あくまでもその御所に室町殿が恒久的に居住する事を前提としたものである。しかしその構築は多大な出費と手間を要する土木工事を伴うのであるから、頻繁に転居する彼らの御所に裏築地を構築する事は不可能であり、また無意味でもあろう。室町殿が転々と居所を変える事が珍しくなくなった一五世紀末以降の政治情勢が、室町殿とその第宅（御所）を切り離し、やがて裏築地が築かれる可能性をも喪失させたと見られるのである。

もう一つ考えられる理由は、洛中の恒常的な戦場化と内裏・将軍御所の要塞化である。南北朝内乱期には京都が戦場とされる事があったが、応永の乱の内野の合戦以降、洛中で大規模な合戦が行われる事はなくなった。南北朝・室町期にも内裏周辺（陣中）に軍事的な防禦施設（車逆茂木等）が築かれる場合のあった事は第五章でも述べたが、それらは大抵あくまでも嗷訴という一時的な騒動に対する臨時的な備えに過ぎず、洛中に本格的・恒久的な城塞が設けられる事はなかった。しかし応仁の乱以後状況が一変し、洛中各所が城塞化への道をたどり始めた事はよく知られている。髙橋康夫氏は乱以降の洛中都市空間の変容について、東西両軍による市街戦の本格化のために洛中各所に堀等で守られた「構」が出現し恒常化した事、また乱の終息後も幕府の治安維持能力の低下によって洛中の治安が恢復されず、要害の構築が繰り返された様子を具体的に述べ、当該期以後の京都を「戦闘・防御用施設を備えた、小規模でしかも高密度な都市空間――「構」の簇生する場」と表現した[75]。

内裏についてみると、『晴富宿禰記』明応四年（一四九五）九月九日条に「内裏四囲可被構堀之由被仰出、此間懸仰町夫、昨日此辺触仰云々、飯尾大和守奉行云々」と見えるのをはじめとして、周辺の町に賦課して四囲を堀で囲む工事がたびたび行われた事が知られる。また室町殿も戦闘への備えのため、洛中の自らの御所を城郭化する道を選んだ。義輝が永禄二年（一五五九）に武衛（斯波氏）第宅跡地に築いた城郭は、髙橋康夫氏によれば将軍御所として初めて「城」といわれた軍事拠点兼都市支配拠点であった[76]。この城は後に廃絶し一時期は真如堂の堂舎が建てられたが、永禄一二年に再び織田信長によって造築されて義昭の居城となる。このように中世末期には、統治者の宮殿であった室町殿御所は実戦的な城郭へと変質していった。

このような趨勢の到達点が豊臣秀吉による天正一七年（一五八九）の内裏・公家町再編と同一九年の惣構（御土居堀）の構築による洛中全体の巨大な要塞化であり、ここに至って洛中の空間秩序は最終的に秀吉の手によって一旦解体され、全面的に作り替えられる[77]。慶長末～元和初頃の作成と推定され、禁裏を中心とする公家町を描いて秀吉による公家町再編結果をよく反映しているとされる「中むかし公家町絵図」や、寛永一四年（一六三七）の日付を持つ同様の「洛中絵図」に見える内裏・仙洞御所には、裏築地と思しき建造物を見る事ができない[78]。

翻って裏築地の末路について考えてみると、権威的・儀礼的な建造物に過ぎず実戦的な防御力をほとんど持たない裏築地の存続は、洛中の治安確保が大前提とされるものである。その洛中が恒常的に戦場とされるようになった時期に、実戦的な防禦施設が優先されて裏築地が姿を消すのは必然的といえよう。内裏・室町殿の裏築地がともに文明年間を最後に消滅している事は、裏築地という路頭礼を具現化した建造物にとっての劃期が、応仁の乱にあった事を示しているように思われる。二木謙一氏が指摘したように義稙期以降は将軍家の乗車慣行が途絶し、また第二章・第七章等で言及したように、大乱後には公家社会全体で（経済的困窮を大きな要因として）乗車慣行が廃れつつあった。路頭礼自体が輿・馬中心に再編され乗車を前提とする旧来の路頭礼体系が失われていった事もまた、裏築地廃絶の必然的要因であっただろう。

(3) 裏築地の地名化

裏築地の地名化は既に南北朝時代から確認できる。次に関係史料を数点掲げる。

〔史料34〕『嘉元記』観応二年（一三五一）三月二〇日条

幸前九郎、於幸隆寺北浦辻孫太郎を殺了、

〔史料35〕『後深心院関白記』応安六年（一三七三）三月二三日条

亥刻有火事、花山院裏築地之在家也、雖程近非怖畏之限、

〔史料36〕『教言卿記』応永一二年七月二六日条

土倉裏築蔵ニ予皮籠ノ料足十貫文預之、使女大宮、

〔史料37〕『教言卿記』応永一二年八月七日条

裏松殿ヨリ質物盆大小四、香箱一、直垂上ソウ卅貫ニ取之、花山院裏築土倉使大宮女新御所へ点心料足為云々、

〔史料38〕『実隆公記』文明七年正月二三日条

於裏辻之北辺山形三郎兵衛前内府青侍、被誅了、

〔史料39〕『実隆公記』文明八年一一月一三日条

今夜亥下刻、自裏辻小家土倉失火出、余焔懸宮中、

史料34は「浦辻」が「裏辻」を指しているか微妙で、また「於」がどこまでにかかっているか不明なところもあるため参考に留めるが、史料35以下の五点は明確な裏築地地名化の事例として指摘し得る例である。史料36の「土倉裏築蔵」が史料37の「花山院裏築土倉」と同じものを指しているであろう事は第八章で述べたが、土倉という共通点から史料39の「裏辻小家土倉」も花山院の裏築地跡付近に所在した可能性がある。史料35の「花山院裏築地之在家」という表現が地名的用法と解されるように、花山院の裏築地は早くから地名化して比較的広く使われたようである。先に見た通り、花山院の裏築地は文永二年（一二六五）と貞治二年（一三六三）には確認できるものの、応永三二年（一四二五）の時点では「跡」とされているから、それまでに裏築地自体は失われていた。しかし花山院の場合にはその「跡」（痕跡）が残る事で、以前裏築地が存在したという事実が後々まで伝えられ、最終的には地名化したものと考えられる。

この花山院の裏築地は後に地名表示としては消滅したようだが、室町殿（上御所）の裏築地は地名として今日まで残った。現在の同志社大学今出川キャンパスと烏丸通を挟んで西隣の室町キャンパスにある同大学学生会館は、花御所の故地にあたる。そして上御所の西面に該当すると思われる同会館西側の室町通の東頬が現在上京区裏築地町（室町通上立売《かみだちうり》下る）となっており、明らかに上御所室町面の裏築地に由来すると思われる地名が残っているのである（この裏築地町については野口孝子氏も同会館の発掘調査報告書で言及している(79)）。

かかる地名は戦国期にも存在したようで、永禄二年（一五五九）の信長上洛時の様子を記す『信長公記』首巻に「それより上総殿（信長）御宿を尋ね申候へば、室町通り上京うら辻に御座候由申す」とある(80)。この信長宿所のあった「うら辻」が

「室町通り上京」という位置から見て室町殿御所の故地、現上京区裏築地町にあたると考えられる。また天正一三（一五八五）年には「裏築地町」の軍勢寄宿を免除する朱印状を秀吉が発給しており[81]、また同二〇年の「上立売組親町家員間口改」に「裏築地町　東西両側間口合百四十間弐尺有之」と見えるように[82]、立売組親町を構成する町の一つとして裏築地町が存在していた。現在「うらつきじちょう」と訓まれているこの裏築地町は文禄四年（一五九五）頃には「うらついち町」と訓まれており[83]、また先の『信長公記』に「うら辻」とある事から「うらつじ」とも訓まれて一定しなかったらしい。天正一〇年一一月二五日付『京十四町組汁定文』[84]に「三丶（番）　裏辻子町　又左衛門（花押）」とある「裏辻子町」も、立売町以下上室町までの一四町の町組の一部として見える点より現在の裏築地町に該当すると見られ、同所が「うらつじ」町と訓まれた徴証である。天文一五年（一五四六）の「小島太郎左衛門尉宗重申状」に見える「裏辻雁金屋女」等は、現裏築地町か後述の東西裏辻町のいずれかの町に繋がる地名的用法であろう[85]。

　このような町名の由来は裏築地の意味とともにやがて忘却され、近世・近代には次のように説明されるに至る。

〔史料40〕『親町要用亀鑑録』（「上京文書」[86]）

裏築地町ハ、室町上立売の南に有、此所、室町御所の北門上立売の辻に有て、則御所ハ南を面（表）とし、北を裏とす、其築地有故の謂なり、

〔史料41〕『京都坊目誌』[87]

裏築地町　室町通上立売下る一丁の所を云ふ、（中略）

町名起源　応仁前後一色左京大夫義直が裏築地の館ありし所也、故に名とす、一に足利氏の室町第の裏面なるを以て裏辻町と云ふと、古老云ふ、此横道に武家の筆結あり、人呼んで裏辻と云ふ、遂に家名となる、子孫筆商となり他に移りて今にあり、誤て浦辻と号す云々、

これらを見るといずれも裏築地町の位置が室町亭の裏にあたったためという点で共通している。前者は御所の南

を表、北を裏として、その御所の「裏（北側）」に築地があったため解釈しており、後者は室町亭の裏の、恐らくは交差点としての辻を想定して裏辻町となったとしている。何とか「裏」の意味を説明するため工夫しているがいずれも後世の牽強付会であって（例えば、土御門内裏・花御所のいずれも南を「面（表）」とした事実はない）、裏築地という特殊な構築物がかつてあった事は忘れ去られ、裏築地の意味もわからなくなっているのである。これは裏築地が近世まで存続しなかった事を傍証しており、現に『洛中洛外図屏風』では諸本いずれにも内裏・室町殿御所の裏築地は描かれておらず、戦国期には失われてしまっていた可能性が高い。

なお裏築地に由来する可能性がある現代の地名としてはもう一つ、京都御所南辺（丸太町通）のやや西方の京都市上京区東裏辻町（西洞院通椹木《さわらぎ》町上《ちょうあが》る）・西裏辻町（油小路通椹木町上る）を挙げ得る。いずれも現在の椹木町通より北、下立売《しもだちうり》通より南で、東裏辻町は西洞院通沿いの、西裏辻町は油小路通り沿いの両側町で、間に小川《おがわ》通沿いの両側町八幡町を挟んで一町の距離にある。同所に関しては元和六年（一六二〇）～寛永元年（一六二四）成立と推定される『京都図屏風』に、小川通沿いの両側町「八満町」を挟んで東西裏辻町が「うら辻子町」と描かれ、寛永元～三年刊行と推定される『都記（寛永平安町古図）』に「八まん丁」を挟んで現西裏辻町が「うら辻町」、現東裏辻町が「浦辻子丁（町）」と描かれ、また『寛永十四年洛中絵図』では「八満町」を挟んで東西に「うら辻町」と見える(88)。したがって、かつても現代と同様に「はちまん町」を挟んだ「うらつじ町」（名称上東西の別がない）が二つ確認され、町名の成立も中世まで遡る可能性がある。

中世の大路・小路で表現すると西裏辻町の所在地は勘解由小路南・中御門大路北の油小路東西頬に、東裏辻町は南北は同じ勘解由小路南・中御門大路北で西裏辻町の一町東、西洞院大路の東西頬にあたる。中世の同所に裏築地を具備するに相応しい第宅が存在した徴証は確認できず、大正一五年（一九二六）刊行の碓井小三郎編『京都坊目誌』「東裏辻町」「西裏辻町」の項も町名起源は不詳とするが、油小路・西洞院大路沿いにある点が、両街路に挟まれた閑院を想起させる。もっとも裏辻町所在地の南端は椹木町通、かつての中御門大路であり、閑院内裏の北端二条大路よりは四町も北である。野口氏による閑院内裏周辺復原図(89)によれば油小路・西洞院大路には内裏以北にも裏築地が存在したが、その北端は二条の一町北の冷泉小路までであり、現東西裏辻町の南端までさらに三町の距離がある。したがって直ちに両者を結びつける事は困難だが、裏築地が「うらつじ」と発音され音通で「裏辻」と書かれた事は明らかなので（本章掲出の複数史料にあるように「浦辻」と書かれた事もある）、参考事例として提示しておきたい。

廷臣の裏辻家に関しては、正親町家から分家して元和六年に元服した裏辻季福について、『泰重卿記』同年閏一二月二七日条は「裏辻」と記し、『幸家公記』同日条も「未刻裏辻首服」と記しているのに対し、『泰重卿記』翌七年正月二日条は「浦辻公福」と字を誤り（季福とすべきところも公福と誤っている）、また『資勝卿記』同年一二月一九日条も「ウラ辻殿」と記す等、「うら」の表記が混乱するようになる。この事も裏築地そのものが当時の公家社会から忘れられつつあり、裏築地に由来する「裏辻」という称号の由来がわからなくなっている事を示唆している。季福に始まる裏辻家の家名は中世に正親町家が「裏築地」「裏辻」と称した事に由来するが、季福以降同家が「裏辻」とのみ称して「裏築地」の表記が行われなくなった事から(90)、公家社会において辛うじて裏築地の存在を伝えていた「裏築地」称号も失われ、裏築地という存在そのものも公家社会から忘れ去られたと考えられるのである。

但し、安永九年（一七八〇）に正親町実連は『当家称号之事』と題する置文を記して「裏築地」称号に言及し、裏築地について「裏築地脇壁等之事者、槐門之外不造築之、殊裏築地者、雖大臣家不容易、而為異称之条、頗可自愛也」と記しており、その築造が極めて高貴な者にしか認められなかったという裏築地の性質をほぼ正確に述べている。近世以降ではかつての自家の称号の一つであったという関心から、少なくとも正親町家は裏築地に関するかなり正確な知識を保持していたようである(91)。

以上に見た応永期以降の裏築地の変遷をまとめると次のようになる。即ち裏築地は文明期には内裏・室町殿御所から姿を消し、また永正期の伏見殿（伏見宮御所）のそれを最後として史料上確認できなくなる。そして中世末期頃には地名としてその名を留めるのみとなり、近世初頭には既に公家社会からも忘れられる存在となりつつあった。近世も後期になると「裏築地町」や「（東西）裏辻町」の由来が正しく説明される事は皆無となり、正親町・裏辻家以外では裏築地の存在はほとんど忘却されるに至る。その初見が鎌倉時代初頭であり、また最終所見が戦国時代初期であるという裏築地は、全く中世に特有の建造物であったといえよう。さらに応永期には内裏・仙洞・室町殿御所に限るとされながら文明年間以降には肝腎の内裏・室町殿御所に見られなくなった事から、応仁の乱をもってその実質的な役割を終えたものと考えられる。この乱を境に室町期的秩序が終焉を迎え戦国期へと向かうと評価するならば、戦国期に比べ相対的に身分・礼節・秩序というものが意味を持ち相伝された室町期までの中世社会を象徴したのが、裏築地であったという事ができよう。

おわりに

以上に見たように、里内裏における裏築地は平安末期の里内裏に見られた裏檜垣を継承している可能性があるが、例えそうであるにせよ、それはあくまでも裏檜垣の役割を継承した可能性に過ぎず、裏築地という構築物の発祥そのものを里内裏や平安宮大内裏に求める事は難しい。しかし鎌倉初期に里内裏の一部に取り込まれて以後、室町後期に至るまでの間、裏築地は里内裏に必備の施設であった。そのように一旦里内裏に取り込まれた裏築地が廃れず、洛中が極端に荒廃する文明年間まで常設され続けた事実について、筆者は単なる伝統化・先例化された惰性的存続というにとどまらず、次のような積極的な理由を想定し得ると考えている。

広橋亭裏築地撤去騒動の際、「依准槐事成恐」して「不経我前用他路」いるという「諸人之違乱」を軽減する事を目的として裏築地を構えるつもりだ、と広橋兼宣が語っているように[92]、本質的に裏築地・袖築地等の築地の築造は、通行者の下乗の煩いを軽減するためという貴人の側からの配慮であった。そのような配慮が身分の低い側からではなく高い側からなされている事は注意される。

本来、平安宮大内裏が王宮である限りは、天皇の御所が存在する事が市街地における一般人の通行を阻害する事はなかった。平安京は初めから王宮と市街地を厳然と区別した設計を持っており、王宮の周囲を一般人が通行する事は有り得なかったからである。また洛中市街地も当然、日常的な通行のたびに王宮に対する路頭礼に配慮する必要はないという前提で設定されている。しかし大内裏の放棄と里内裏の常用は、そのような洛中市街地の構造が変わらないまま王宮がその中へ入り込み、もともとは建造物に対する路頭礼が不必要である事を前提に設計された区域に、王宮に対する煩雑な路頭礼が持ち込まれる事を意味する。これは平安宮大内裏を恒久的な王宮とする事で保証された洛中市街地の通行の自由が、里内裏の常用という天皇家の都合によって妨げられる事にほかならない。本来あるべきでない場所に王宮が居座り続け、そのために既に形成されていた洛中の秩序を著しく妨げる事へのある種の負い目が、禁裏・仙洞における裏築地の築造を天皇・院に促したのではなかろうか。

同様に、室町殿や広橋兼宣は既に存在している洛中という空間秩序の中に後から入り込み、門前下乗等の新たな空間的礼節秩序の要求をその中へ持ち込んだ存在である。また皇統の交替ごとに里内裏を移動させた両統迭立期の王家にしても、新たな里内裏と定められた第宅の周囲にはもともと居住し生活している人々がいたのであり、そこに後から入ってきて陣中等の空間秩序を持ち込む形になっている。このような、権力者が既存の空間秩序に後から割り込んで新たな空間秩序を要求するという中世の洛中に顕著な傾向において、権力者の側がやや配慮を示す形で考案され活用されたのが裏築地ではなかったであろうか。この点、諸人が自分のために礼節という煩雑な手続きに煩わされて当然という思想に立脚し、他者に有無をいわさず下乗を強いる陣中とは決定的に異なっている。

　また本書第五章において、陣中に付随して下乗地点を示す標識として機能した「置石」について、その存続期間が南北朝初期から戦国期であった事から中世特有の構築物と評価し得るとする私見を述べたが、鎌倉初期から戦国初期までの期間にしかその存在を確認できない裏築地もまた中世に特有の構築物であったという事ができる。二木謙一氏は室町幕府将軍の出行と乗物に関して、一〇代義材以降将軍出行に車を用いる事が見られなくなるばかりでなく、公家社会全体においても乗車（牛車）慣行が絶え、代わって武家社会での多用から公家社会へと広まった輿による出行が盛んになる事を指摘した[93]。二木氏の研究や本書第一章の検討から明らかなように、牛車乗用の慣行は臣下の乗物秩序の最上位に、身分・権威の象徴として平安期以来連綿として位置し続けたものであり、また弘安路頭礼は路頭礼とはいいながら実際には車上礼のみを視野に入れたものであった。このような事実は、牛車こそが中世における路頭礼秩序の中心であった事を示すものにほかならないが、その牛車乗用慣行が将軍家では義尚の時代を最後に絶え、またその頃から公家社会全体においても漸次姿を消した事は、まさに応仁の乱を契機として、中世的路頭礼秩序が一挙に解体に向かった事を示していよう。

　そもそも公家社会の路頭礼秩序は全て洛中という空間的限定性を前提とするものであったから、乱中の荒廃とその後の恒常的戦場化によって以前の空間的構成・秩序が全く変容してしまった当該期の洛中において、中世的路頭礼秩序が喪失されるのは必然的であったともいえよう。かかる大乱を境に事実上崩壊を始めるまで、中世路頭礼秩序の中で裏築地が一定の機能を果たしたという側面から見ても、裏築地は中世的権威・秩序と一体不可分の関係にある、まさしく中世的な構築物であったと結論されるのである。

(1) 橋本義彦『藤原頼長』(吉川弘文館、一九六四)二五～二六頁、二〇五頁。

(2) 詫間直樹『皇居行幸年表』(続群書類従完成会、一九九七)。

(3) 川上貢「南北朝期の内裏土御門殿とその小御所」(『〔新訂〕日本中世住宅の研究』、中央公論美術出版、二〇〇二、初出一九五六)。

(4) 前掲注2詫間氏著書一五二頁。

(5) 『園太暦』貞和四年(一三四八)九月一三日条。

(6) 『薩戒記』応永三二年(一四二五)八月一日条に「今又此内裏者殊非人臣家、為内裏故鹿苑相国(足利義満)被造進、仍粗模大内、南殿・御殿・内侍所・小御所・黒戸等各別也、争可異大内哉」とある。また『福照院関白記』応永九年一一月一九日条(『大日本史料』〔以下『大史』〕七―五、七三六頁以下所載)、『兼宣公記』同日条等をも参照。

(7) 『薩戒記』応永二六年八月二一日条に「仍雅清朝臣・予・宗継朝臣連歩、為先上﨟、経階前、両樹北也、渡西、大内儀経階下云々、然而依里内経階前也、」とあり、大内裏でなく里内裏の作法が採られている。

(8) 『大史』七―一三、三五頁以下所載。

(9) 『柳原第行幸親王宣下記』(『大史』六―三三、三七六頁所載)。

(10) 『兼宣公記』(義持公大臣拝賀并躬仁親王御元服記)同日条。

(11) これに先立つ応安四年(一三七一)三月二三日、緒仁親王は元服が済んだ後、柳原殿から土御門殿へ渡御し践祚した(後円融天皇)。この時緒仁は「柳原皇居」の「半陣」で乗車して土御門殿へ向かっており(『迎陽記』同日条、『大史』六―三三、四〇二頁所載)、元服後の親王ならば「半陣」から乗車できた事がうかがわれる。

(12) 『園太暦』貞和六年(一三五〇)正月一日条。なお公賢の牛車聴許については『公卿補任』貞和五年条同人の項を参照。

(13) 飯淵康一「平安時代里内裏住宅の空間的秩序――陣口、陣中及び門の用法――」(『平安時代貴族住宅の研究』、中央公論美術出版、二〇〇四、初出一九八四)、中町美香子「平安時代中後期の里内裏空間」(『史林』八八―四、二〇〇五)。

(14) 前掲注13飯淵氏論攷一六六頁。

(15) 『土御門御譲位部類』(『続群書類従』公事部)所収『宮槐記』承元四年(一二一〇)一一月二五日条に「今日御譲位也、皇太弟十四歳、旧主十六歳、可被渡璽劔於皇太弟御在所云々、春宮日来御座高陽院、院御座押小路殿、而院御幸高陽院、太弟行啓押小路殿、以此所可為皇居云々、旧主大炊御門、件内裡可為仙洞歟、」とあるように、

順徳は春宮時代高陽院におり、順徳の受禅と同時に後鳥羽院が高陽院に入っている。同院遷御の際に新造を伴わなかったのであれば、高陽院の裏築地は順徳の春宮時代まで遡る可能性がある。

(16) 本文は今川文雄校注『玉蘂』（思文閣出版、一九八四）に拠った。

(17) 前掲注2詫間氏著書二〇五頁。

(18) 同前一九三頁。

(19) 『源平盛衰記』巻第十四、「三位入道入寺の事」。本文は水原一編『新定　源平盛衰記』第二巻（新人物往来社、一九八八）に拠った。

(20) 長門本『平家物語』巻第八、「源三位入道馳参三井寺事」。本文は麻原美子・名波弘彰編『長門本平家物語の総合研究第一巻　校注編上』（勉誠社、一九九八）に拠った。

(21) 野口孝子「閑院内裏の空間構造――王家の内裏――」（髙橋昌明編『院政期の内裏・大内裏と院御所』、文理閣、二〇〇六）一〇七頁。

(22) 摂家一条亭（一条室町殿）については川上貢「一条殿の考察」（前掲注3川上氏著書第三編第二章）を参照。

(23) 前掲注2詫間氏著書二八七頁。

(24) 諸橋轍次『大漢和辞典』（大修館書店）「締」の項。

(25) 慈什は同史料に載せる血脈に「同、日吉別当、院主、長吏、僧正、法勝寺座主、長嗣（清水谷）朝臣子、左大臣実泰（洞院）公為子」、尊什は「同、長吏、日吉別当、法勝寺座主、大僧正、慈什弟、太政大臣実全（三条）（重）公為子」とある。

(26) 公什は『元徳二年（一三三〇）三月日吉社并叡山行幸記』（『群書類従』帝王部所収）に「楞厳院長吏裏築地僧正公什」と見え、慈什は『太平記』（巻八、禁裡仙洞御修法事付山崎合戦事）に「裏辻ノ慈什僧正ハ仙洞ニテ薬師ノ法ヲ行ハル」等と、また『祇園執行日記』正平七年（一三五二）九月六日条に「天竜寺乱入強盗露顕、粟田口三条白川南頬住人一昨日逐電之由、今日或人告申之間、検封了、日代々使副之、而裏築地僧正為地主之間、同可加封之由申之間、無先例之旨問答之間帰了」と見える。さらに県召除目の延引を伝える貞治六年（一三六七）正月二三日付「裏築地僧正御房」宛の安居院行知奉書に対して翌日「前大僧正尊什」が請文を出している（『門葉記』巻第百五十九、勤行法七、除目歳末御修法、入道親王〔尊道〕貞治六年二月七日条）。

(27) 『華頂要略』（門下脇門跡四、般若院）。

(28)『社家記録』六（『八坂神社記録　二』、臨川書店、一九七八）一三七頁以下所載。
(29)八坂神社社務所編『増補八坂神社文書』（臨川書店、初出一九三九～四〇、一九九四増補）一三七八号。
(30)八坂神社文書編纂委員会編『新修八坂神社文書（中世編）』（臨川書店、二〇〇二）九号。
(31)同前四七号。
(32)三枝暁子「南北朝期における山門・祇園社の本末関係と京都支配」（『史学雑誌』一一〇—一、二〇〇一）七一～七二頁。
(33)鎌倉市史編纂委員会編『鎌倉市史　史料編　第二』（吉川弘文館、一九五六）一一二号文書。
(34)『鎌倉市史　史料編　第二』の一一二号文書に付された解説による。
(35)『鎌倉市史　史料編　第二』一七号。また『鎌倉遺文』一五三〇一号。
(36)『群書類従』公事部所収。
(37)野口孝子「「花の御所」室町殿と裏築地」（『学生会館・寒梅館地点発掘調査報告書』、同志社大学歴史資料館、二〇〇五）三三一頁。
(38)なお裏檜垣は必ずしも上皇の桟敷に限らず、一般の廷臣の桟敷にも備えられる事があった。例えば嘉禎四年（一二三八）二月一七日に将軍藤原頼経の入洛を見物した入道前太政大臣西園寺公経の桟敷には三条大路に面して裏檜垣のあった事が『玉蘂』同日条から知られる。
(39)『群書類従』雑部所収。成立年代は同書「僧俗重服事」の直前に「応永廿七庚子五月廿三日　宣守判」と、また最末尾に「同七月日重テ書加畢」とある事による。
(40)第四章注30参照。
(41)前掲注21野口氏論攷。
(42)前掲注22をも参照。
(43)土御門内裏の東洞院面四足門が左衛門陣である事は、『康富記』嘉吉三年九月二三日条に「西面有二門、南者四足、左衛門陣是也」とある事等から確認できる。土御門殿において正門たる西の四足門が、西面に存在するにもかかわらず左衛門陣と称されている事について、『師守記』康永三年（一三四四）五月三日条に収める甘露寺藤長と中原師右の問答では、藤長が

「西礼の里内の左衛門陣は、西面が晴面であるから西面に擬し当てるべきか、それとも褻・晴の儀に依らず、堅く東西に合わせて左右衛門陣を割り当てるべきか」と諮問したのに対し、師右は後者の説を支持し、「凡　皇居之時、以右衛門陣為晴面之条、流例候乎」と述べている。実際には師右の答申とは逆に西面に左衛門陣が設定されているから、土御門殿が面する大路がただ一つ東洞院大路しかなかったという制約のために止むを得ずこの大路面を晴として、晴の面となし得る唯一の面に左衛門陣を設定したものと考えられる。この事は北隣の伏見殿仮皇居においても、唯一晴の場面で使用可能な門（四足門。史料29参照）が設けられている東洞院大路面が晴とされたという推測を裏づけている。

（44）　前掲注9参照。

（45）　『古事類苑』居処部一、内裏一（六〇頁）所載。

（46）　『群書類従』雑部所収。

（47）　『諸談部類』にあって『門室有職抄』にない字句は傍線部に〔ナシ〕と記し、前者になくて後者にある字句は中黒で位置を示し注記した。

（48）　『諸談部類』は宮内庁書陵部蔵柳原本。本文は東京大学史料編纂所架蔵写真帳（請求番号六一五七―一四三）。『室町殿直衣始記』（三条西本）・『鎌倉室町将軍叙任関係文書』（壬生本）と合綴）に拠った。同書巻頭の目録には引用書目が「秘抄　両局之新抄歟／愚要抄　(花山院)師継公／書紳　(広橋)兼宣公／禅府雑談条々　(三条)実量公／言談事　不知作者」と列挙されている。

（49）　一条兼良の『桃花蘂葉』（『群書類従』雑部所収）「当家着用装束以下事」「一、狩衣直衣事常称小直衣也、」の項に「当家丞相已後着之、凡家は幕下之後着之」とあり、三条西実枝の『三内口決』（『群書類従』雑部所収）「塗輿」の項の路頭礼の件りで「惣別者、於門前可乗之条、為本儀歟、凡輿之立所者、禁中ハ限立石、諸家ハ限門外、但摂家凡家へ渡御之時、限中門、諸寺ハ限門前、」とあるように、「凡家」は「摂家」との対比で用いられている。『康富記』に「今夜二条殿持基卿左大将御兼任事、被超越上首大炊御門大納言宗氏卿、凡摂家被超越凡家之条、先例繁多也」（応永二六年二月九日条）、「左右大将共闕之時、相並摂家与凡家可被任之上者、一条殿兼良卿為左大将、三条殿公光卿可為右大将歟由有沙汰云々」（応永二七年閏正月一〇日条）、「摂家為左大臣関白之時、右大臣凡家被並申之時、一上御与奪儀年々可注進由被仰下也」（享徳四年(一四五五)二月一一日条、右大臣は洞院実熈）とある事例では、「凡家」が大炊御門・三条・洞院等いずれも摂家に次ぐ家格の清華を指しており、「凡家」＝摂家未満の家と解されよう。

（50）『名目抄』人躰篇（洞院実煕編、『群書類従』雑部所収）等。「凡人」の語義と用例については第八章、特に注83～85を参照。

（51）九月八日に中山定親と拝賀につき相談、一七日に中門廊に宿申簡を立て、一〇月三日に袍を新調、一五日に中門車寄妻戸前に砂を立て、一一月一二日には兵仗訪（大将の晴の出行時に供奉する随身の参仕助成金）の調達困難を理由に左大将を辞している。一〇月二九日の家僕三善量衡の受領（伊予守）所望と一一月八日の勅許も、拝賀供奉の威儀向上のためであろう（いずれも『公名公記』永享一〇年（一四三八）同日条）。

（52）東京大学史料編纂所所蔵（請求番号正親町家本—九二）。本文は桃崎有一郎「中世公家における複数称号の併用について——南北朝・室町期の正親町家を例に——」（『年報三田中世史研究』九、二〇〇二）注20で部分的に翻刻している。

（53）史料24・25ともに『後愚昧記』附帯文書（『大日本古記録　後愚昧記』三、二一九～二二〇頁所載）。

（54）前掲注21野口氏論攷。

（55）野口孝子「閑院内裏の空間領域——領域と諸門の機能——」（『日本歴史』六七四、二〇〇四）一一頁。

（56）築地の長さを数える単位「～本」について、野口氏は建長注文から計算して一本＝二丈としている（前掲注21野口氏論攷）。本章で史料20として掲げた『諸談部類』所引『愚要抄』の記事により、野口氏の推定は裏づけられる。

（57）関口力「仁和寺本『系図』の研究・翻刻（一）」（『仁和寺研究』四、二〇〇四）、また『仁和寺御経蔵の典籍文書』（仁和寺御経蔵典籍文書調査団編、調査団代表沼本克明、二〇〇二、六四頁、藤本孝一氏執筆分）に紹介・解題がある。

（58）前掲注37・注55野口氏論攷。

（59）但し『看聞日記』嘉吉元年（一四四一）六月二二日条に「高倉面裏築地令築、加修理」とあり、仮皇居とされる以前（伏見宮御所）に貞成親王が同所の高倉面裏築地を築かせている。史料29の書き方や他の史料から、仮皇居となった文安年中には同所の裏築地が東洞院面一面のみであった事は間違いないと思われるが、そうすると伏見宮御所から仮皇居になるまでの間に高倉面裏築地が失われ、全体として裏築地が減っていた事になる。本来二面以上に裏築地を備えていた第宅が皇居になるのであればむしろ裏築地は増やされそうに思われるが、実際にその逆の現象が起こっている理由については現段階では不明とせざるを得ない。

（60）『康富記』宝徳二年（一四五〇）八月一七日条によれば、三条家の宿所は元来正親町室町と土御門高倉西南であったが、禁闕の変の影響で一条東洞院の伏見殿御所が仮皇居とされてしまったため、ここを明け渡した伏見宮一家が三条家の土御門高倉宿所を御所とし、三条家は土御門東洞院南東の宿所に居住していた。ここに見える土御門高倉の宿所が土御門内裏の南隣にあたっている。

(61)『山科家礼記』文明一二年（一四八〇）正月一四日条。

(62)『康富記』享徳四年正月一六日条に四条隆夏亭が「土御門東洞院北西角」にあったとあり、同亭が正親町亭と同じく土御門内裏の東隣にあって裏築地に面していた事が知られる。

(63)『門葉記』巻第五十一（長日如意輪法三）応安元年五月三日条（『大史』六―二九、二六七頁所載）に「内裏西面築地、与長講堂築地築継之間、其際不見」とある。なお『実躬卿記』乾元元年（一三〇二）七月二三日条によれば、陽徳門院別当補任後の殿上始を行うため女院御所土御門殿へ参上した三条実躬はその次第を「参土御門殿東洞院東、正親町南、長講堂北裏也、」と記しており、「裏」という表現からこの時既に築地で両者が遮蔽されていた可能性が考えられる。

(64)『民経記』寛喜三年（一二三一）一〇月二一日条。

(65)飯淵康一「平安期貴族住宅に於ける「礼」向き決定の諸要因」（『平安時代貴族住宅の研究』、中央公論美術出版、二〇〇四、初出一九八六）。

(66)『大史』七―五、七六二頁所載。

(67)土御門殿の左衛門陣については注43参照。

(68)舘野和己「古代都市の実像」（佐藤信編『日本の時代史4　律令国家と天平文化』、二〇〇二、吉川弘文館）一一九頁以下。

(69)下御所の所在地については、『康富記』応永三〇年九月一〇日条に「是日仙洞室町亭道詮―三条坊門南、万里小路東、御幸也」と、『薩戒記』同三三年正月一五日条に「室町殿入道内相府御所、姉小路北、万里小路東也、」とある。同所が下御所（第）と呼ばれた事は、菊亭本『建内記』応永三五年三月記（『大日本古記録』本第一巻八四頁）に「室町殿三条坊門万里小路御所也、勝定院殿平日御坐也、来廿一日准后可有渡御云々、」、同記（同九六頁）に「来廿一日渡御下御第之時」云々とある事から知られる。

(70)『群書類従』武家部所収。

(71)『後鑑』所引『松田家記』は当該部分を「衛府侍ハ裏築地ニ傍テ官人ニ向テ東面」とする。これが長禄二年（一四五八）の記事ならば下御所の所見例ではなくなるが、『後鑑』所引本は記事が錯綜を極めている上、扈従公卿として挙がる「藤大納言」以下「四条宰相」までの公卿は（前官も含めると）永享二年ならば『公卿補任』と完全に対照可能なのに対し、長禄二年では一部該当者が『公卿補任』から確認できないので、永享二年の記事と見るべきである。

(72) 髙橋康夫「描かれた京都──上杉本洛中洛外図屛風の室町殿をめぐって──」（髙橋康夫編・中世都市研究会編集協力『中世都市研究12　中世のなかの京都』（新人物往来社、二〇〇六）八五頁以下。

(73) 上御所の所在地については、『看聞日記』永享三年八月三日条に「室町殿上御所之旧跡室町北小路可被新造云々」、『大的体拝記』（『群書類従』武家部所収）第二〇条に「北小路室町新造花御所御的次第永享三年辛亥十二月十九日」、『建内記』嘉吉元年一一月二〇日条に「武家室町殿御事也、従五位下源義勝、猶去御第室町面東頬、北少路以北、北也、」、『康富記』嘉吉三年八月二八日条に「室町殿北小路北、室町東、普広院殿并慶雲院殿御座所也、可被引移他所也」とある。同所が上御所と呼ばれた事は、『建内記』嘉吉元年六月二六日条に、「今暁若君八歳自伊勢守貞経宿所年来為御所、渡御室町殿、上《カミノ》御所事也、」とある事から知られる。なお室町第の位置・規模の変遷については髙橋康夫「室町期京都の都市空間」（中世都市研究会編『中世都市研究9　政権都市』、新人物往来社、二〇〇四）をも参照。

(74) 『長禄二年以来申次記』元日条に、

一、掛莚と申ハ、上之御末と中の御すゑとのあひに、高敷居在之、其上より被掛候也、むしろは貳枚にて候へとも、一枚を中をわりてへりをつねのことくさし候へは、小数四枚に成候なり、一間の所に掛申也、

一、上の御末と、中の御すゑとの間は、やり戸にて候、ひろさハ三間九間なり、其真中に柱有て、其柱のきハのやり戸、間半宛両方へ被明候、間中一間あけられたるこゝろなり、其間半宛にかけむしろを被懸候と申義也、（中略）惣而此懸莚の内へは、誰々も不及参入候、乍去公家には日野殿・三条殿、其外伊勢守、自然御供衆中にても少々参入も有し也云々、

と、また『慈照院殿年中行事』（『続群書類従』武家部所収）元日条にほぼ同文で、

上ノ御末・中ノ御末ハ三間梁ニ九間ニテ、間ハ遣戸・高閾ナリ、真中ニ柱アリ、其際ノ戸両方へ一本宛開、此口ニ掛莚アリ、但二枚ノ莚四ニキリ、縁ヲトリヌイ合云々、朝夕御膳献スルニモコノ際ニテ中臈ノ御陪膳衆ニ渡ス、此時裹掛莚、惣テ上ノ御末へハ日野殿・三条殿、自然伊勢守亦御供衆ノ内ニモ参上ノ仁少々有之、自余ハ不伺公云々、

とあるのを参考にすれば、花御所の上の御末と中の御末の間は左右に開く二枚の遣戸で仕切られ、それぞれ半間ずつ開けて計一間の通路が作られ、そこに懸莚が懸けられているという。ここを高敷居（高閾）とも呼んでいるから、上の御末と中の御末は半開きの遣戸と掛莚で仕切られ高低差があった室内空間であり、その掛莚の内へは極めて限られた人々しか参入できなかった。ここで『長禄二年以来申次記』元日条に、

一、花御所にてハ、諸大名・国持・外様・御供衆・申次迄ハ御末の東のわき戸より被参候、番頭已下ハ中の御末より懸むしろの内へ被参て、うら辻の外にて頂戴也、御酌はうら辻の右のかたのわきにいてかゝりていらせ給也、

と見え、また『慈照院殿年中行事』元日条に、

出御于御対面所、（中略）則入御于常御所、応仁乱前ハ、（中略）大館伊予入道常興ニ尋之処ニ、常徳院殿御引付ニハ節朔衆ノ次、走衆ノ前ト有之由返答云々、（中略）於華御所御相伴衆・国持衆・外様・御供衆・申次マテハ御末ノ東ノ脇戸ヨリ参上、番頭以下ハ中ノ御末ヨリ掛莚ノ内へ伺公、裏辻ノ外ニテ御盃拝戴、御酌ハウラ辻ヨリ右ノ脇ニ出カヽリテ役之、（後略）

と見えるほぼ同文の記事を参照すると、元日参賀の室町殿対面時に諸大名以下申次までは東の脇戸から対面所に参り、番頭（奉公衆各番の頭五人）は御末から懸莚の内へ参って「裏辻（うら辻）」で室町殿の御盃を拝領し、室町殿の御酌を勤めた事になる。この裏辻は上の御末の内部つまり花御所の室内であり、本章で話題とする裏築地（裏辻）とは別物と考えられる。

(75) 髙橋康夫「応仁の乱と都市空間の変容」（『京都中世都市史研究』、思文閣出版、一九八三、初出一九八一）二九二頁。
(76) 髙橋康夫「織田信長と京の城」（日本史研究会編『豊臣秀吉と京都――聚楽第・御土居と伏見城――』、文理閣、二〇〇一）。
(77) 中村武生「豊臣政権の京都都市改造」（前掲注76日本史研究会編著書）。
(78) 『京都の歴史　四巻　桃山の開花』（京都市編、学芸書林、一九六九）二九二～二九三頁にトレース図がある。
(79) 前掲注37野口氏論攷。
(80) 本文は奥野高広・岩沢愿彦校注『信長公記』（角川日本古典文庫、角川書店、一九六九）六一頁に拠った。
(81) 「加茂一房氏所蔵文書」（『大史』一一―二一、一五頁所載）。
(82) 「上京文書」所収「上下京町々古書明細記」（京都市編『史料　京都の歴史』第七巻上京区〔平凡社、一九八〇〕一〇

六〜一〇七頁所収、また原田伴彦編『日本都市生活史料集成　一　三都篇I』（学習研究社、一九七七）一三二頁、『京都坊目誌』二「裏築地町」の項（『新編京都叢書』、臨川書店、一九六八）六九頁所引）。

(83)「上京文書」所収文禄四年（一五九五）九月二九日立売組親町年寄行事連署言上状（前掲注82京都市編著書（一一〇頁）。但し前掲注82原田氏編著所収の同文書（一一二頁）は同じ箇所を「裏築地町」と記す）。

(84)「京都上京文書」（笠松宏至・佐藤進一・百瀬今朝雄編『中世政治社会思想　下』（岩波書店、一九八一）「庶民思想」六四号）。

(85)『徳政賦引付』所収天文一五年（一五四六）一二月日同申状（桑山浩然編『室町幕府引付史料集成』下巻（近藤出版社、一九八六）、三一八頁）。

(86) 前掲注82京都市編著書一三四頁所収。

(87) 新修京都叢書刊行会編『新修京都叢書』第一八巻（臨川書店、一九六八）六八〜六九頁。

(88) 三図とも大塚隆編『慶長昭和京都地図集成』（柏書房、一九九四）に拠る。

(89) 前掲注21野口氏論攷九六頁。

(90) 正親町家の「裏築地」「裏辻」称号と裏辻家については前掲注52桃崎論攷を参照。

(91) もっとも近世初頭の裏辻家分家以降、正親町家は「裏築地」「裏辻」の称号を放棄している。この事と正親町実連の置文に関しては前掲注52桃崎論攷参照。

(92)『薩戒記』応永三二年六月二日条。

(93) 二木謙一「足利将軍の出行と乗物」（『武家儀礼格式の研究』、吉川弘文館、二〇〇三、初出一九九一）。

補論　内裏・院御所・京都論の動向と陣中・裏築地論の論点

はじめに

最近、髙橋昌明氏の編に成る論集『院政期の内裏・大内裏と院御所』（文理閣、二〇〇六）が公刊され、中世の内裏・院御所・洛中・京都といった諸空間研究の水準は大幅に前進する事となった。同書は書名となった〝院政期の内裏・大内裏と院御所〟に関する問題の所在と研究水準の到達点を明らかにし、個別問題を掘り下げつつ全体像の再提示を試みた好著であり、多岐にわたる各論が文献史学と考古学の両側面から掘り下げられている。

特に同書では、編者が「はじめに」で「文献史学はもちろん、考古学や建築史学にあっても、可能な限り権力論に迫るよう留意した」と述べたように、〝権力〟という一つの明らかにすべき問題を共有する時、如上の諸分野が全体としていかなる一つの像を結ぶのか、という事を意識している点で、本書の問題関心と密接に関わる。そこで同書収録諸論攷の公刊時以降の当該分野研究進展を、現時点で筆者がどのように消化し踏まえるべきであると考えているかを明らかにしておくため、私見を補論という形で述べ、筆者が理解し得た限りでの論点の提示を行っておきたい。

筆者が裏築地に初めて本格的に取り組んだ拙稿（本書第八章）を公表したのは二〇〇四年であったが、本書執筆までの四年間に、里内裏周辺空間構造に関する学界の研究状況は急速に進展している。特に陣中については野口孝子氏(1)・中町美香子氏(2)による専論の発表により、関連拙稿の内容が検証に堪えるかどうか試される事となった。この陣中については、その成立時期について飯淵康一氏と中町氏の間で見解の相違があるが、いかなる性質・機能を有した領域かという問題においては、飯淵氏による陣口・陣中の発見以来、さほど見解の対立はなく通説的理解が形成されつつあるように思われる。

但し裏築地については状況が異なり、その専論は拙論のほかは野口孝子氏による一連の研究のみであり、しかも筆者と野口氏では見解を異にしている部分が少なからず認められる。裏築地の性質は、筆者説と野口氏の説のいずれを採るかによってかなり変わってくるものと考えられ、それによって派生的に、里内裏周辺空間の態様・性質の理解、ひいては中世京都の態様・性質の理解にも影響を及ぼすものである。そこで本補論の後半部では、研究史が浅く定説的理解が形成されているとはいい難い裏築地について、筆者の説と野口氏の説の相違点を抽出・提示し、その論点を明らかにするとともに、現段階での筆者の見解を若干述べ、後の参考に供する事としたい。

一　『院政期の内裏・大内裏と院御所』の成果と論点

通常、院政期以降の内裏研究は里内裏研究と同義になる中で、髙橋昌明氏による第二章「大内裏の変貌」は中世大内裏――特に太政官庁（官庁）に注目し、その中世前期における歴史的変遷を明らかにしている。氏によれば、当該期には多くの儀式・行事が八省院・大極殿から官庁に場を移し、また官庁は即位儀（後鳥羽以後に定例化）・大嘗会関連儀式等の、天皇・王位を聖別・荘厳化（皇位継承を正当化）する行事が行われる場であった。特に「凡人ニ取ラバ公文所」に等しい官庁が即位の恒常的舞台となった要因は、御堂流の家に埋没した王家を再興（内裏再興・荘園整理・宣旨枡制定等、また官庁での即位灌頂の創始）した後三条天皇が吉例・佳例化した点に求められるという。中世王家が後三条を一つの起点と意識したという思想的特色が、官庁の存続や儀式の空間的収斂をもたらしたとする解釈は大変興味深い。

また大内裏修造を考古学的に検討した上原真人氏の第一章「院政期平安宮」では、二条天皇即位時の「信西修造の保元平安宮の眼目は、新築の会昌門外東西瓦垣ごしに大極殿の両側で光り輝く鴟尾を臨むこと」「会昌門外から見た宮の正面観をきわだたせる」（同書二四頁以下）事にあったと主張されている。上原氏はまた同様に、後三条・後白河の平安宮造営・修理も〈内裏→大垣→大極殿・朝堂院〉の順に進展し、外部から直接見えない大極殿・朝堂院・応天門等より内裏や大垣（特に南面大垣）の造営が優先された事を指摘している。

髙橋昌明氏の章で、中世大内裏跡の積極的性質として、「宮城域は空虚な空間ではあるが、中世天皇の存在を、多数の人びとに認知せしめる野外劇場としての性格を、有し続けたのである」（八二頁）と結論されている事から見ても、〈儀式の参加者・見物者が目にする範囲こそ重要〉という中世内裏の〝正面観（重視）主義〟ともいうべき思想の重視は、近年の当該分野研究における一つの潮流であり、本補論での筆者説・野口説間の見解の相違にも関わる重要な問題である。かかる思想が一貫して存在した事は、前述の髙橋氏論攷からも示唆されている。即ち、氏は朱雀門や南面大垣が維持された理由を、大嘗会において斎場所から内裏まで神饌等の調度一切が運ばれる場面が、朱雀大路を北行し朱雀門に入る行程で行われた事（同大路は「大嘗会の要路」）に求めているのである。野口孝子氏も第三章「閑院内裏の空間構造」において、閑院内裏の参内路に関して、陽明門代を入った貴族らの視界に、整然とした威厳に満ちた空間（本来の大内裏陽明門から建春門へ続く道と同様の景観）が展開した事を推測しており、氏の陣中・裏築地観の一つの根幹となっている。

他方、上島享氏は第一一章「法勝寺創建の歴史的意義」で、〈本来的設備・機能とは無関係に〝劇場〟たる機能を重要視する〉という発想を法勝寺に適用する山岸常人氏の説を批判し、康和五年（一一〇三）の北京三会に関連して延暦寺僧覚厳が「偏に法勝寺に常住」したと記す『中右記』の記事等から、法勝寺周辺に相当数の人々が生活し「白河は法勝寺を核に〈宗教都市〉と呼ぶべき景観を呈していた」と結論した（二八七頁）。もっとも、権門としての独立性・自律性が高い寺院（山門・寺門・南都諸寺等）を、王家の関与・主導なくして活動・存続し得ず相対的に自律性が乏しい法勝寺の考察で類例に用い得るか否かは、より精密な検討を要するかとも思われよう（六勝寺以下の御願寺群が鎌倉前期にたちまち淘汰されたという、同書第一〇章の高橋一樹氏の論攷を踏まえる時、その感を一層強くする）。

建築物から見る社会的発想という点では、建築史ならではの視点に立脚する川本重雄氏の第六章「続法住寺殿の研究」も興味深い。寝殿造の起源はそもそも庭儀の舞台となる開放的な列柱空間にあり、寝殿造で生活する事は儀式用の開放的大空間の建物で暮らす事を意味する、という点は、貴族住宅というイメージを漠然と抱かれがちな寝殿造の本質と、平安貴族社会の本質を二つながらに示唆する重要な指摘であろう。

川本氏によれば、一二世紀には摂関家で東三条殿が儀式専用第宅となり（日常的居所と儀式場の分離）、院御所でも鳥羽南殿や法住寺南殿が儀式専用であった（創建時は居住に適した法住寺殿も、上皇御所での大儀式＝朝覲行幸等には支障のある空間スケールで、それが仁安度建替の背景にある「狭少」の意味ではないかという）。そして右の分離がこの時期に起きた理由について、氏は儀式や生活ではなく建築の方が変わったと推測し、「日常の生活空間に合ったヒューマンスケールの寝殿造の成立が、結果的に儀式に狭小な寝殿造を生み、伝統的な大儀式を行う摂関家や院御所では儀式専用の住宅を別に用意しなければならなくなっていった」として、法住寺南殿の建替等は「寝殿造（儀式用）から書院造（居住用）へと日本の住まいが変化していく、その第一歩」であるとまとめたのである（一六一頁）。儀式用空間で生活する事の不合理が朝廷・公家社会にとって耐え難いレベルまで来ていた、という洞察は魅力的な公家社会観であり、公家社会が根幹的に抱え続けたジレンマとして今後踏まえられるべき重要な視点であろう。

なお同章の応徳三年（一〇八六）～建久三年（一一九二）（後白河没年）の内裏・院御所変遷表〔一七一頁以下〕や、前田義明氏による第一五章「鳥羽離宮跡の発掘調査」の鳥羽殿関係年表（応徳三年の造営から天正一三年（一五八五）の秀吉の安楽寿院領給与まで）〔三八一頁〕等、同書には有益な図表が多い。法住寺殿を中心とする白河地域の復原図もその一つだが、論者によって復原案の異同が大きい点は注意を要する。各図で動かない蓮華王院（現存）との位置関係で見れば、第六章の川本説では七条殿（法住寺北殿。一町規模の七条殿西殿と東殿が東西に並ぶ二町規模の区画）の南東角が蓮華王院の北西角にあたり、法住寺南殿の西端が北殿の西端より一町分東寄りに復原されている〔一五七頁〕。ところが上村和直氏による第七章「法住寺殿の考古学的検討」では川本説と較べ、北殿と南殿の相対的位置関係は同じだが、一町分東に描かれている〔一八二頁〕。さらに山田邦和氏による第八章「後白河天皇陵と法住寺殿」では、北殿の西端が蓮華王院西端と一致し、北殿は上村説よりさらに一町分東に描かれているのである〔二一三頁〕（野口実氏による第九章「法住寺殿造営の前提としての六波羅」での復原は、山田説と一致〔二三二頁〕）。なお山田氏は第八章で、後白河天皇陵・建春門院陵の復原推定から当該区画に南殿の主要部を置く通説を批判し、その南側＝八条坊門小路末の南に想定せざるを得ないとしている〔二一八頁〕。同書所載の全ての図が氏の推定通り八条坊門末南に南殿を想定するのは、山田説が各執筆者の賛同を得た結果かと思われる。

　ところで本郷恵子氏による第四章「中世における政務運営と諸官司の空間」は、内裏・院御所周辺の空間構造（以下、行論の便宜上、〝御所空間構造〟と仮称）を読み解くのに不可欠な、その構造を形成した当の公家社会構成員がいかなる思考様式に基づいて行動していたかが検討され、御所空間構造を評価する上での重要なヒントが提供されている。氏は同論攷で、神宮上卿による訴訟事務や官務小槻家文庫の実態から、文書の内容や必要性より目録の完成度自体が尊ばれるという形式重視の発想を論じ、また官庁における運営の連続性を示す方法に着目して、別当交替ごとに庁舎が移動する検非違使庁では部局としての一貫性が文書保管箱の所在で示された事実や、上級廷臣の背後に部局特有の知識・作法を継承・維持した下級官人＝「故実の諸官等」が存在した事にも注意を向けている。「利権があり、仕事があり、人がつけば、政務のための空間はおのずからついてくる」（一一八～九頁）との総括は、先に中世朝廷経済を克明に考察した氏ならではの評価であり、権力や王権という視点だけからでは導けなかった、中世朝廷の重要な本質であるように思われる。

公家社会の〝ものの考え方〟や朝儀の遂行は、根底的には朝廷の財政・経済構造に規定された面が強い。同書第七章で上村氏が、蓮華王院造営の瓦調達に関して成功担当者の担当国産瓦と交易の併用（それも後者が主体）や一二世紀後半の交易依存化を指摘し、その要因を寺領荘園増加や寺院知行国制確立に求めたのはその一例である。また大村拓生氏による第一四章「鳥羽殿と交通」は、王家の伏見殿と伏見荘、摂家の岡屋殿と岡屋荘等、院政期の御所・御願寺では殿舎と周辺所領（即ち財源）が対応関係にあった事を指摘している。鳥羽殿造営の応徳年間に遡る由緒を持つ芹川荘・真幡木荘等の近傍散在所領と鳥羽殿の一体的なあり方から、大村氏は鳥羽殿をかかる形態の起点と評価しており、院政期院御所の典型的な存在形態が明らかになりつつあるといえよう。

その後の御願寺と付帯所領の変転については、高橋一樹氏による第一〇章「六条長講堂の機能と荘園群編成」で、六条長講堂とその付属荘園群（長講堂領）の分析から考察されている。氏は後白河院政期以後に御願寺が辿った末路（一三世紀初頭までに造立された御願寺の衰滅・荒廃・淘汰の過程）を跡づけ、そこには中世王家独自の経済的基盤の脆弱性が直接影響していたと評価する。そして長講堂領は後白河院領から単純に移行したものではなく、後白河院庁分荘園の中で長講堂にも寺役を負担する所領群として建久二年に画定されたものであり、氏によれば「堂舎の造立や国家的仏事の増加とリンクした新たな立荘がきわめて少な」く、「長講堂領としての新立荘園はほとんど確認できない」（二五九頁）点、また承久の乱で没官されず相伝された最大かつほぼ唯一の御願寺領という点で、特に注目すべきものという。さらに「長講堂領の一般的な属性として、後院の職員や御願寺の用途をも補填するシステム」〔二六四頁〕や、堂舎を失った御願寺の付属荘園が別の特定御願寺の再建財源として集約化された過程から、広義の王家領の輪郭が描き出されている。なお氏は長講堂領の右の性質の要因として、焼失のたびに再建された六条殿・長講堂の、六条八幡宮や醍醐寺報恩院流を介した幕府との関係、さらには長講堂領に設定された「六条殿大番奉行給」等の、大番役が媒介する公武権力の性格を見出している。東国の特別行政権を有する鎌倉幕府と没官領成立に伴う荘園領有体系の変質に関する展望や、また院政期建立の御願寺が決して均質でないという指摘は、豊富な史料・事例の整合的解釈により説得的である。

院御所所在地の地域的特性については、第七章で上村和直氏が地割関連遺構の検討から、法住寺殿を含む白河地域が平安京と直結（七条大路末を中心に展開）し、また宇治・大和方面・東海道・東山道にも通じているという、交通体系上の重要性を再確認している。これに関しては大村氏の第一四章で、鳥羽殿の殿舎が衰頽した承久の乱後に後院別当西園寺公経が後院領荘園に年貢停止と鳥羽堤造営を命じた事実から、鳥羽殿の意義が河川の安定的流路確保にあった事を指摘し、また鳥羽殿領の淀魚市が京に流入する魚介類制御のために（＝流通経路の把握手段として）設置されたと推測している点も興味深い。

さらに白河院没後について上島氏は第一一章で、追善の場としての白河と、墓所としての鳥羽の違いに注意を促している。この指摘については、第一五章で前田義明氏がまとめたような、御所・御堂・庭園がセットで造営された（年代順に、南殿―証金剛院、泉殿―成菩提院、北殿―勝光明院、東殿―安楽寿院、田中殿―金剛心院）という、鳥羽殿の特徴との関連が興味を惹こう。また寺社権門・宗教勢力統制目的の国家的法会開催を担う法勝寺を中核とする白河地域の性格と鳥羽殿との相違を論じ、白河には嘉保二年《（一〇九五）》の白河南殿造営まで院御所がなく、対蹠的に院御所造営が先行する鳥羽では南殿付属の証金剛院が完成する康和三年まで寺院が存在しないという第一三章「鳥羽殿と院政」での美川圭氏の指摘は重要である。同じような院権力が（再）開発した都市域とはいえ、鳥羽・白河の開発構想上の本質的相違点が次第に明らかになりつつあるといえよう。

なお第一一章で上島氏は、一一世紀末からの新都市鳥羽とは異なり、白河では摂関期から開発が進み、家地の所有権も前代の権利関係を継承して上皇が一元的に掌握してはいないとして、白河を院政期にできた「新都市」とする通説を批判している。かかる白河の特性に関連しては、北に対して約一度東に振れる白河地域の地割方位が、西に振れる平安京の造営方位とも、また東に五～六度振れる愛宕郡の条里とも異なるという第七章の上村氏の指摘が注意を惹く（但し第一二章「白河街区における地割とその歴史的変遷」では堀内明博氏が、「白河街区は、既存の条里を規範として施行された可能性が高い」〔三二八頁〕と述べており、両説の整合性が気になる）。上村氏はまた不整合な街路（幅は平安京に準じるが一定せず）・街区（平安京条坊をモデルとするが不均一で、必ずしも正方形でない）が形成する当地域の地割を、理念上の平安京条坊が実体を伴わずに実現されたものと位置づけている。一般に院政期は、都市機能が集中する左京と院政期に整備された河東地域が一体的に新たな京都を形成していたと説かれるが、右の指摘は、白河の開発を促進した院権力が当該域を平安京と等質な空間として作り上げられなかった事（あるいはその意志・必要性がなかった事）を示唆していよう。

白河の地形的特色は、同書第一二章の堀内氏論攷でさらに明らかにされている。例えば二条大路末の縄文時代以来の流路痕跡である湿地についての、「平安京から法勝寺へ上皇が行幸《ママ》する際、最短工程《ママ》である二条大路末の東行を避けた記事が文献に散見できるが、それはこの湿地が原因」〔三一八頁〕との推測は説得的である。また概して街路の位置・路幅が平安京のそれを踏襲した事が判明してきたが、白河二条大路跡の築地痕跡や古墳円丘、大規模湿地の存在によると見られる北築地・側溝の欠如等から、同大路の幅が場所によって変更されていた（即ち原地形に基づく制約を受けていた）可能性を指摘している。

さらに堀内氏が、条里地割の五坪相当の今朱雀—法勝寺西限間を基準として車道を八丈、尊勝寺東西幅を八四丈とし、それ以外の土地に対して四丈幅の小路に基づいて街区割りを施した結果、一町規模が統一されず、「白河街区は、既存の条里を規範として施行された可能性が高い」〔三二八頁〕と推測した点は、条里制という律令国家の遺制が白河地域開発を規定する影響力を未だ有していた事を示唆する重要な指摘である。加えて東西方向の断面の観察から、整形された平旦面にひな壇状に配置（最上位面に法勝寺、次に最勝寺・成勝寺、尊勝寺、一番低い平旦面に白河殿の院御所）されたという六勝寺の特色も、平面図や文献からではイメージしにくい重要な情報であろう。

第九章の野口実氏論攷は、後白河の本拠法住寺殿が六波羅の南方に隣接して造営された事を、院政が平家の後ろ盾によって成り立っている事の空間的・視覚的表示と評価し、元木泰雄氏の説を踏まえて、右二箇所と九条末の河東地区・左京南東部を一体化した新首都の造営計画が、最終的に清盛の死で実現されなかった事を論じている。また法住寺殿が後鳥羽院の本拠とされず、今日吉社小五月会も承久の乱後は武家の閲兵式の様相を呈し、最終的に六波羅・法住寺殿が京域に隣接する「武家地」へと一元化を果たすという、院政期〜鎌倉幕府成立期にかけての歴史的変遷が見通されているのも興味深い。

後白河天皇陵と建春門院陵に着目する山田邦和氏の第八章は、法住寺殿では領域内中央の二人の陵墓を中心に、七条殿の東西両殿（法住寺殿北殿）・蓮華王院・法住寺殿南殿が配置され、「後白河法皇にとっての法住寺殿は、みずからの在世中の御所であると同時に、死後の安住の地としても周到に計画されていた」〔二二八〜九頁〕と、両陵の中心的役割を推測している。特に興味を惹くのは、室町・戦国期に中原康富や山下言継等の中〜下級官人にとって、後白河陵がその時代には珍しい天皇陵参詣の対象であったという指摘であろう。確かに当該期の日記類による限り、天皇陵参詣は一般的でないように思われ、中世の公家社会思想を規定する歴史的存在としての過去の天皇・治天に注意を払うべき事が示唆されている。

一方美川氏は第一三章で、院政という政治形態の〝場〟として京中・白河・鳥羽を一体的に捉え、内部の相互関係に注目すべき事を主張している。特に重要なのは、白河院政期の院御所議定の九割近く、かつ政務に関する事案の議定のほとんどが京中の御所で行われたという指摘であろう。残る鳥羽殿での議定は朝覲行幸・院の御賀・法勝寺法会といった王家家政に密接な問題が目立ち、その過半が院司公卿に限定した招集を明記していた事は、鳥羽が国政主導の場とは成り得なかったという点で、院政の本質に関わる指摘である。この点、洛外に営まれながら京中の整備された御所と同形式を備え、蓮華王院が法勝寺のような国家的仏教儀礼の場とならなかった点を除き、院の権力に結びつく要素が全く満たされるという意味で、「法住寺殿は院政期の院御所の集大成と言ってよい」〔一六九〜一七〇頁〕と結ぶ同書第六章の川本氏の総括は、京外の院御所が院政の進展に伴って上述の制限を克服していった結果と評価できるか否か、今後その連関が検証される価値があろう。

木村英一氏による第五章「王権・内裏と大番」は、内裏大番役の成立を高倉天皇践祚と関連づけ、彼の閑院内裏こそが大番武士の守護すべき内裏であり、したがって正元元年（一二五九）の閑院廃絶が大番制度の劃期である事を強調している。平氏勢力と繋がる高倉の践祚に着目した点が非常に興味深いが、若干史料操作上の疑問もある。例えば、里内裏が閑院でなければ内裏大番役は成立・存在しなかったのかどうかは、やや史料的に不明確ではなかろうか。また頼朝の大内惟義宛書状に「「かん院たいりの大番おせさせ給へく候」とある事は、大番とは即ち閑院内裏のそれと頼朝が認識していたことを示している」〔一三七頁〕かどうか、疑義なしとしない。〈大番とは即ち閑院内裏の大番〉という諒解が存在したならば、わざわざ「閑院内裏の大番」と特定の内裏を指す文言を付す必要はなかったのではないか、という素朴な疑問が生ずるからである。「大番とは内裏警固の番役である」という『沙汰未練書』の記述から「本来大番役は内裏のみを警固する軍役と認識されていた」〔一三八頁〕とする点も同様で、鎌倉末期成立の同書が、幕府成立期の「本来」的なあり方を記録している保証は必ずしもないように思われる。

なお第一〇章で高橋一樹氏は木村氏の二〇〇二年の論文を挙げ、従来六条殿（院御所）は大番役の対象として検出されなかったとしたが、木村氏が同書で後堀河朝貞永二年（一二三三）の「院御所大番武士」の記事を示した事により、仙洞大番の存在が明らかとなった。ただ、貞永二年という早い時期——しかも閑院廃絶の二六年前に既に院御所大番の存在の明証がある事は、〈大番＝閑院内裏の大番〉という前述の氏の主張とどう整合するであろうか。そもそも院政期に成立した警備制度が、果たしてもともと内裏しか警固しないものであったかどうか。院は北面の武士や武者所等の独自の防護組織を持っていたため国家的な守護の枠組みから相対的に自由であったという評価や、後鳥羽の敗北により院も天皇とともに大番制度で警固される存在となり自律性を制限されたという結論は、院——特に治天たる後鳥羽が明白に国家的な主導権を握っていた（という自覚のもとに振る舞っていた）事とどう整合するか、という点において厳密に追究される余地があるように思われる。

二　「裏築地」論の論点

前節で概観した高橋昌明氏編著の第三章で、野口孝子氏は主に閑院内裏周辺の空間構造を考察し、また陣中の重要な構成要素と氏が見なす裏築地という築地塀について、発生期から室町期までのあり方を追跡した。同論攷ではまた、氏の別稿(3)で提示された閑院内裏陣中復原図が、その復原過程・根拠とともに再掲されている〔九六頁〕（氏が挙げる二つの史料的根拠＝『吾妻鏡』〔以下、『鏡』と略称〕建長二年（一二五〇）三月一日条および同三年六月二一日条のみからは、以前筆者は一意に平面図を復原できなかった）。

同論は拙稿（本書第八章。以下、拙稿・旧稿とはこれを指す）とテーマが重なる上、複数の点で見解の相違があると認識しているので、両説の相違点・論点について若干踏み込んで述べておきたい。

（1）裏築地は大路の中央にあるか、端にあるか

見解の相違点としてまず挙げられるのは、野口氏による鎌倉期閑院内裏周辺の裏築地築造位置の復原に関してである。野口氏は同論攷九六頁で同内裏の陣中の様子を平面図に復原し、続けて『鏡』建長二年三月一日条に記載された裏築地の所在地情報を元に、裏築地を平面図に復原する根拠を列挙している。当該期の閑院内裏は、二条大路南・油小路東・押小路北・西洞院大路西に、方一町より若干南北に長い（押小路より若干南に拡張されている）区画を占めていた（同復原図）。

ここで、『鏡』に「二条面西洞院東廿本」と記されている裏築地の所在地について、筆者はかつて同史料によって平面図復原を試みた際、二条大路の西洞院から東に向かって二〇本分続くこの裏築地が、厳密に二条大路のどこに位置するのかが史料からは判定できず、復原を断念した事がある。即ち、筆者は後述するように裏築地が一般に大路中央に存在するという仮説を持っていたものの、それでは「二条面西洞院東廿本」「二条面南油小路西十六本」「同北十六本」「自二条北油小路面廿本」「自押小路南自西洞院西十八本」「自押小路南自油小路西十一本」「自二条北自西洞院面東廿本」という『鏡』の記述を全て満たす位置を、一意に復原できないのである。

ここで必ずしも中央にあるとは限らないという前提に立ち戻ると、前述の裏築地の位置としては、二条大路の南頬・北頬・中央の三通りが、単純な可能性として考えられよう。これに対して、野口氏は「（D）〔問題の二条大路西洞院東の裏築地――桃崎注〕は西洞院の東方向に位置するが、これだけでは二条大路上の南側か北側か判断できない」（九九頁）とし、中央に存在した可能性が最初から除かれている。疑問の第一は、その除かれた根拠である。そして氏は続けて、「大路の南側は東三条第の北築地が一町にわたって続いているので、それと平行するように（D）は大路上の北側に設けられた」（同前）と推測しているが、疑問の第二は、〈南北朝・室町期には、裏築地は街路の中央に、街路両側の築地と平行して築かれた〉とした拙稿との関係である。

拙稿では応安元年（一三六八）の指図（第八章図6）から、大路の片面に築地が存在する事と、同じ区域に裏築地が存在するか否かは無関係と考えた。実際、応安の指図では土御門内裏の西面東洞院大路の裏築地は街路中央に築かれており、その西側（東洞院西頬）には正親町家居宅の築地が、また東側（同東頬）には土御門殿とその南に連続する長講堂の築地が描かれており、当該区間には都合三つの築地が平行して存在している。しかし、前述の野口氏の二条大路西洞院東の裏築地復原の根拠は、街路の南頬には既に築地があるので、残る北頬に裏築地を措定するしかない、というものである。かかる消去法での推定が成り立つためには、〈裏築地がある区間では、最大三つの築地が平行して存在し得る〉という前述のテーゼが、少なくとも鎌倉期の閑院内裏では当てはまらない（換言すれば、街路中央に裏築地が存在した可能性はない）という事が、別途立証されている必要があろう。野口氏の行論を追跡する限りでは、氏は『鏡』の記事と論理のみによって当該裏築地の位置を推定しているが、実際にはこの復原は、氏が同書一〇九頁で図2として紹介する仁和寺本『系図』所収図によらなければ導けないのではないか。

（2）裏築地と陣中は一体的存在か、独立した存在か

疑問の第三は野口氏が、院御所・中宮御所は内裏と異なり陣中を持たないので礼門前付近のみに裏築地が築かれたであろう、と推論した点である（九九頁）。というのは、陣中と裏築地が不可分の一体的関係にあるという事はこれまで論証された事がなく、また自明の事でもないからである。〈陣中があれば礼門前付近以外にも裏築地が造られ、陣中がなければ造られない〉というテーゼは、別途証明されなければならない。

陣中と裏築地が一体不可分の関係にある（つまり、陣中の有無と裏築地の構築場所には相関関係がある）とは考えられないという私見は、本書第一〇章で根拠を挙げて述べたのでここでは繰り返さないが、拙稿で掲出した裏築地所見一覧表（表7）によれば、管見の限り裏築地（裏築垣）の確実な所見は内裏より院御所の方が早く、しかも明

白に大内裏起源で平安期から存在が確認される陣中と違って鎌倉初期まで所見がない。したがって筆者はむしろ、両者は本来的に起源を異にし、裏築地を内裏起源と見る必然性は乏しいと推測している。またそもそも、氏の主張のように裏築地が景観（権威空間）形成を目的とする施設ならば、考察対象となる第宅における陣中の有無と裏築地の有無は、原理的に無関係ではなかろうか。

なお付言すれば、〈裏築地は内裏の築地という意味である〉という氏の結論〔一〇七頁〕を裏づける史料は、未だ学界に提示された事がない。筆者がかつて拙論で（そして本書でも）裏築地の原義・語源に触れなかったのはそのためで、現在も成案がない。

（3） 裏築地造築は権力の所在を示すか

また『薩戒記』応永三二（一四二五）年六月二日条の、広橋兼宣亭裏築地撤去騒動の記事に基づく氏の行論プロセスにも、大きな疑点がある。その第一は先行学説との関係がほとんど示されていない点である。同条は裏築地を初めて正面から取り上げた拙稿で根幹的史料として詳しく考察したものだが、野口氏論攷ではその拙稿の行論過程・結論等について、批判も含め全く言及がない。また裏築地を防衛設備と見る川上貢氏の説[4]に対して拙稿が初めて根拠を挙げて反論した点や、「里内裏の陣中は、大内裏空間に擬された」〔九一頁〕という陣中の最重要性質を飯淵康一氏が初めて明らかにした事実[5]も、参考文献を見る限り明らかに両論文に接しているにもかかわらず、野口氏独自の説と弁別されておらず、自説と先行学説の峻別が等閑視されている。

この問題に絡めて具体的論点と関わる点を述べると、野口氏は、室町期の裏築地は権威空間演出というより、むしろ権力の所在を明示化する建造物で、築成が身分的に厳しく制限され、有資格者を天皇・治天・室町殿の三者に限ると後小松上皇が認識するに至ったとしている。しかし前近代日本における一般論として、権力の所在と身分は必ずしも相関関係にないように思われる上、応永三二年の騒動を境に、裏築地が権威の象徴から統治者の標識になった、という拙論に対して、一切の評価・言及がない。氏と筆者が見解を異にする事は明らかであるから、逆にそれを足掛かりにして是非とも着実な議論をしたい。

(4)　裏築地はいわゆる〝王権〟と不可分の関係にあるか

前節で概観した髙橋氏編著の諸論攷で複数の研究者から示された〝正面観（重視）主義〟というべき観点を応用して、裏築地を含む陣中を景観の問題として捉え、「王権の権威空間演出の装置であった」〔一〇七頁〕とした点において、野口氏の論攷は一定の首肯すべき視点を持つものと評価できよう。しかし、そもそも筆者の旧稿では、〈裏築地とは本来的に路頭礼一般を媒介する装置である〉との仮説が一つの柱となっている。これは換言すれば、〈裏築地はいわゆる〝王権〟とは原理的には無関係（仮に相関関係にあるように見えるとしても、それは結果的な現象）である〉という事であり、氏の所論とは相容れない説と考えている。この拙論の結論についても野口氏の論攷で評価・言及が皆無なのは残念である。

おわりに――御所の建造物は人々を畏怖せしめたか――

以上、第一節では洛中空間構造論の今日的到達点を示す髙橋氏編著所収の諸論攷に即して、また第二節では本書第八章・第一〇章の論旨と関わる裏築地に即して、筆者なりにそれぞれ論点を提示し、特に後者については現段階での私見を踏み込んで述べた。補論の最後に、中世洛中の空間構造論にしばしば付帯して論ぜられる、建造物と王権・権威の関係という問題について、若干の私見を述べて擱筆したい。

建造物・築地で誇示される威容に満ちた空間で王権側が参加者を圧倒する、という空間構造論者の議論に対して、髙橋氏編著第四章で本郷氏が「内裏は建造物そのものの威容によって他を圧倒するものではなく、細部に宿る故実の雅趣をみせつつ、多種の儀式の容れものとなることを期待されていた」〔一二八頁〕と明確に反論している事は、中世朝廷研究の現状の問題点を浮き彫りにしていて重要である。

野口孝子氏は暦仁元年（一二三八）の閑院内裏修造と直後の将軍藤原頼経上洛を関連づけ、「内裏を修理し裏築地を整える事は、陣中を歩み参内する者に視覚的に整った権威空間を見せる演出であった」〔一〇二頁〕とし、源頼朝や頼経ら上洛した将軍が、「鎌倉幕府の負担で修理し造営した閑院内裏陣中の整然とした空間に大いなる畏怖と王権の守護者としての密やかな満足感」を感じながら陣中を進んだだろう、と推測した〔一一三頁〕。しかし、この推測には少なくとも二点、不自然な点が伴う。

第一には、鎌倉期は幕府からの使者の申し入れ一つで摂関の改替はもとより、天皇さえ交替させられた時代であった。承久の乱以後、朝廷・公家社会は幕府を極度に恐れており、幕府の意に違わないように汲々としている。そのような力関係の中で、〈朝廷（公家社会）が幕府（武家社会）の人々を圧倒し畏怖させようという思考を抱いた〉という見通しは、当該期の一般的な朝廷（公家社会）の思考様式とはあまりにかけ離れているため、改めて実証されなければならないだろう。

第二に、朝幕の政治的力関係の歴史的変遷を全く度外視するとしても、一般論的・常識的に考えて、甲の援助を得て初めて御所を修造できるような無力な乙が、それによって当の出資者たる甲を畏怖せしめようとした、という事があり得るかどうか。朝廷は幕府の援助があってようやく朝廷らしい姿を維持できる、という彼我の実力差を、幕府側も当然自覚していたであろう。並外れた建造物を見た者が畏怖の念を抱く事があるとすれば、その畏怖すべき対象は真の建造者——即ち出資者・動員者であって、中世内裏の場合それが幕府であって朝廷でない事は、第三者の目から見ても明らかではなかっただろうか。しかもそれを見る者が当の幕府の将軍であったとすれば、自らの財力・動員力をもって造営した内裏周辺の景観を見て、将軍が朝廷への畏怖の念を抱くとは到底考え難い。仮に畏怖の念を抱く当事者がある可能性を認めるとすれば、それは幕府ではなくむしろ朝廷と考えるべきであり、しかもそのような景観に、そもそも（見物者はともかく）当事者に畏怖の念を抱かしめる機能が期待され、あるいは果たされたかどうか自体が、中世里内裏に関する限り実証された事はないのである。正面観重視主義そのものが古代〜中世を通じて観察可能な事は認められるが、仮に古代の平城京や平安京の羅城や朱雀大路に、中国等の周辺諸国の外交使節を畏怖させる事が期待され（幻想され）たと考え得るとしても、その頃とはもはや時代が違うと考えるべきである。

〈王権がこれだけの建造物を築くからには、他者を威容で圧倒したかったに違いない〉という主張は、今日ではそれが単なる先入観ではない事を改めて実証する必要に迫られているように思われる。本郷氏が描いた中世朝廷像は、儀式書の中にしか存在しないあるべき内裏の姿をなぞりつつ、決められた手順に従って儀礼を遂行するのが最重要で、また「建物は古の儀式書どおりの幻想を作り出す舞台に過ぎず、その都度、大道具や小道具、出演者がそろってはじめてしかるべき姿をあらわした」「建物自体に完成を求めるのではなく、日常的に営繕や改築・増築・移築等が行われることによる変化、そこに生まれる画期こそに中世の空間の本領がある」〔一二八頁〕というものであった。

かかる本郷氏の理解は、現代人の考える合理性・心性が想像以上に通用せず、また中世人一般とも明らかに異なる公家社会の〝ものの考え方〟を見据えた重要な洞察であると筆者は評価したい。重厚長大で整然とした景観が存在するとしても、それを造築しようとしたのは中世公家社会の人々である。彼らが本当に、行事参加者や見物者に権威を見せつけ圧倒するためにそれらを築こうという発想や思考様式を有していたのか、その心性を古記録等から改めて跡づけるべき段階に来ているように思われる。

（1）野口孝子「閑院内裏の空間領域――領域と諸門の機能――」（『日本歴史』六七四、二〇〇四、以下野口氏論攷ⓐ）、同「「花の御所」室町殿と裏築地」（『学生会館・寒梅館地点発掘調査報告書』、同志社大学歴史資料館、二〇〇五、以下野口氏論攷ⓑ）、同「仁和寺本『系図』に描かれた閑院内裏の陣中」（『仁和寺研究』五、二〇〇五、以下野口氏論攷ⓒ）、同「閑院内裏の空間構造――王家の内裏――」（髙橋昌明編『院政期の内裏・大内裏と院御所』、文理閣、二〇〇六、以下野口氏論攷ⓓ）。

（2）中町美香子「平安時代中後期の里内裏空間」（『史林』八八―四、二〇〇五）。

（3）前掲注1野口氏論攷ⓑ。

（4）川上貢『日本中世住宅の研究』（新訂、中央公論美術出版、二〇〇二、初出一九六七）第五章―二、八四～八五頁。

（5）飯淵康一「平安時代里内裏住宅の空間的秩序――陣口、陣中及び門の用法――」（『平安時代貴族住宅の研究』、中央公論美術出版、二〇〇四、初出一九八四）。

結論と展望——室町期的身分制度と天皇・治天・室町殿——

本論各章の結論はそれぞれの章でまとめているが、本書の最後に、各章で得られた知見のうち特に筆者が強調したい点と残された課題や若干の展望を述べ、総括としておきたい。

一　本論各章の総括と展望

路頭礼の基礎的考察を行った第一章に関しては、一〇世紀末成立の『西宮記』（臨時五）「車礼」の項で初めて路頭礼が成文化された後、長保元年（九九九）令が初めて乗車行為と身分秩序の関係を、また弘安礼節が口伝書『三条中山口伝』を経由して路頭礼節と中世的社会秩序（出自と現任ポストが織り成す複雑な身分秩序）を法制上に明確に定位した事に注意したい。特定の根拠に拠らない社会的慣習・慣行が先にあり、国家の法が後にあるという先後関係は、こと中世公家社会礼節に関する限り、あらゆる発想の根幹であった可能性が高い。

また源高明・中山忠親・三条実房のような一定の権威を有する故実家個人が編んだ（明文化した）故実書の内容が、後に太政官符や公定礼節によって「王法」[1]（最上位の実定法）となった事も、中世公家社会における「故実」の位置を示唆しており興味深い。故実書の編纂＝故実の集大成という行為は、単なる過去の実例の蒐集・分類・取捨であるという以上に、そこで構築した体系が「王法」（特に成文法）に採用される可能性があるという意味で、社会慣行が法に昇格する回路を開く行為であり、そこには法に対する故実の親近性を見出さないわけにはいかない。律令制下の法定礼節（馬上礼）と故実口伝由来の慣習的礼節（車礼）という淵源が異質な礼節を、「王法」という中世的法体系・法概念の中にまとめ上げ、「王法」の具体的あり方を措定した点に『弘安礼節』の劃期性が認められ、同時にそこに中世（公家）法の顕著な特質が認められるのである。

なお右に個人による故実書編纂と述べたが、編纂者が九条流・小野宮流や花園説・松殿説等のしかるべき口伝を得た人物である事はいうまでもない。古代～中世最初期までの朝儀作法の口伝・伝承の具体相については、最近田島公氏がこれを〝公卿学の系譜〟と捉え、その成立・相承過程を網羅的に詳述している。[2] 前述のように法と親近性を持ちつつも法から独立した存在感（それ抜きに朝廷・公家社会は存立し得ない不可欠のもの）を示す故実・口伝の世界を明らかにし、かつその意義を当該期社会構造の中に定位する作業は、中世も含めたポスト律令国家の公家社会の規範意識、ひいては〝ものの考え方〟、そしてそれらに立脚する社会構造を見通す上で今後どうしても避けては通れないであろう。和漢典籍・詩歌管弦・（成文法か否かを問わぬ）法・朝儀作法等が密接に相互連絡しつつ存在し受容され、維持されながらも次第に変容するという知識体系全体を考究する〝古典学〟、そしてその知識体系の基盤となる典籍群の存在・受容形態の基本的単位であった〝文庫〟とその構造解明の基礎的手段たる〝目録学〟等、公家社会を律した〝ものの考え方〟の一部たる知識体系を明らかにする必要性が近年強調されるのは、[3] そのために他ならない。

第二章では、武家路頭礼の最もまとまった規定群たる『鎌倉年中行事』の路頭礼体系において、職位（管領等）と家格が同一次元に混在していた事が確認されたが、これは武家社会にとどまる問題ではなく、公家社会においてもしばしば同様の文脈で秩序が語られる。序論で述べた〝礼の秩序〟と実際的権力の関係と同様に、中世社会の秩序を考える上では、右のような二系統の秩序を一つの体系として統一的に理解するモデルが今後構築される必要があろう。特に公家と武家が相互独立的に固有の礼節秩序を持ちつつも併存した事実に関しては、足利義満以降の公武を併せ従える室町殿権力の確立の影響も軽視できない。それが両秩序間の定常的接点の成立をもたらし、公武両社会に形式上、統一的な礼節体系の構成を可能にする機会を提供した可能性が想定できるからである（もっとも、両者が内容的に混淆・画一化しなかった事は、武家路頭礼に関連づけて考察した通り）。

第三章では、当事者の所在と行為の発生場所が全て路頭で完結している礼節体系を〝狭義の路頭礼〟と位置づけ、かつそれを重要な一要素に持ちつつも洛中という都市構造全体を巻き込む複合的礼節体系を〝広義の路頭礼〟と位置づけた上で、後者を〝居所―路頭間礼節〟と命名してその具体的考察を行った。その中で筆者は従来漠然と考えられていた〝門前〟の範囲を、〈第宅四面のうち、その門を持つ一面に面する街路の、その一面全体分の範囲〉と定義・一般化できる可能性を論じた。中世京都居住者・滞在者の行動規範をうかがい知る一助となれば幸いである。

また上述の体系の中では、特に貴人居所の門前通行の可否が居住者・通行者間の身分関係を確認・再生産する機能を果たしたが、上皇御所の門前をたびたび天皇が行幸で渡った事実は興味深い。古代・中世を通じて天皇と上皇の上下関係が常に不定であった事（第九章参照）を考慮すれば、平安京内の通行という場面で〈天皇↓上皇〉という上下関係が明示された事には、常識的という以上の意義を見出し得るのではないか。

第四章の結論は、中世洛中の空間秩序を考える上で不可欠の「陣中」の範囲が、〈内裏を中心とした三町四方〉として一定不変であったという事に尽きるが、その考察の端緒となった「陣」の多義性に由来する混乱的用法の根源的要因が、皇居たる里内裏の周辺を物理的に王宮に相応しく造り替えようとする意思の欠如にあったという点は強調しておきたい。〈王宮を既存の市街地に置く〉という里内裏の発想、そして〈市街地の第宅〉という物理的構造に起因する制約を解消させないまま、観念上の処理のみで平安宮大内裏の構造を模そうとする平安期朝廷に特有の思考法、そしてそれを承けて特定の里内裏を本内裏とし内裏専用建築として造築する発想が発生・定着する中世朝廷の思考法には、ポスト律令国家における天皇の存在意義・形態の根幹――換言すれば、〈前近代日本において〝君臨する〟とはどういう事か〉が示唆されているように思われてならない。そしてまた右の結果として、「陣」の用法の混乱も各人の文脈依存的理解に一任する事で乗り切ろうとし、根治する必要性を認めない古代～中世朝廷・公家社会の思考法が、「陣」の多義性の追究から垣間見られるのである。

第五章では、髙橋康夫氏の見解に対して、陣中があくまでも観念上の機能を期待される権威の標識であって、物理的な内裏の守護機能はもともと期待されていなかった事を主張したが、中世（特に南北朝・室町期）内裏・陣中の治安についてはなお未解明の部分が多く、機会を改めて網羅的かつ詳密に調査する必要があると考えている。

なお筆者は最近、拝賀儀礼に要するコストの調達・支出構造を分析し、中世後期朝廷・公家社会を律する根源的構造を、〈多大な浪費的出費を恒常的に強いる朝儀体系と実際の収入がアンバランスなまま、朝廷が存続を強行した点〉に見出そうとしている。かかるアンバランスな構造は早晩その組織を崩壊させるはずだが、朝廷は南北朝内乱の勃発以後、明治維新まで五〇〇年以上も命脈を保った。その財源が武家に依存した事はいうまでもないが、鎌倉幕府滅亡後の約二五〇年間は、安定的な近世幕藩体制に収入が保証されたのではない、戦乱と変転に満ちた南北朝・室町・戦国・織豊期であった。南北朝期以来、必要に応じて幕府が朝儀費用を朝廷あるいは個々の廷臣に助成する〝武家御訪〟が常態化し、朝廷は室町幕府の諸国実効支配に乗じる形で安定的な歳入システムに組み込まれた時期を経て、戦国期に再び有力大名その他の個別的献金（と稀に所領保全）に依存し、織豊期にようやく再度安定的かつ体系的な所領保全を獲得するに至る（天正五年《一五七七》頃から信長は「朝役」「家業」への専念を条件に廷臣の知行を安堵する朱印状を発給している[4]）。

このように見ると、本稿で主に対象とした南北朝・室町期は、維持・存続のために莫大な経費が必要でありながら、実際にはそれを満たす経費が確保できない、という現実と朝廷が戦っていた――卑近ないい方をすれば、お金の問題と常に戦っていた時期にあたる。その間に結果として朝廷を滅ぼさない程度の献金を継続的に獲得できた点自体が興味深いが、中世後期の幕府による朝儀費用の助成や公武財政システムについては、近年早島大祐氏・松永和浩氏・久水俊和氏らが具体的研究を進めており[5]、筆者も各氏の研究に学びつつ今後の課題として取り組んでいきたい。さしあたり本書では、権威維持手段たる朝儀の執行に苦しむ朝廷にとって、応仁の乱以降の朝儀廃絶・中絶は追い討ちをかける大打撃であり天皇の権威標示手段は極端に制限されたが、かかる状況の中でも陣中の概念を介在させた臣下の下乗強制は、全く出費を伴わない天皇権威の顕示手段として、最後まで生きながらえ活用される価値を有した事を強調しておきたい。

なお第五章では、「陣中」概念の存続下限を戦国期、特に信長・秀吉による公家衆屋敷地総移転＝公家町形成に求めた。平安期以来中世を通じて数百年間、空間的秩序としては類例が稀なほど鞏固に概念・形態が守られ存続した「陣中」概念を跡形もなく失わせたという点で、〝中世京都〟に終止符を打った秀吉の劃期性は、強調してしすぎるという事はなかろう。

第六章では、第四章で言及し中世朝儀体系・公家社会に関わる顕著な特徴を持つ「陣家」の考察を掘り下げて行った。ここでもまた筆者が強調したいのは〝お金の問題〟であり、加速度的に経済的困窮を深め乗車出仕が叶わなくなった南北朝期以降の廷臣が、陣中乗車制限を逆手にとってやむをえず歩儀で出仕する形を取るという、逆転の発想である。そして第七章では、かかる状況の定着が、義満の朝廷・公家社会支配＝室町殿権力の確立において利用価値を有した点を明らかにした。このように考えると、朝儀執行・公事出仕の費用を不断に幕府が提供し彼らの存続・生殺をコントロールしていた事実も含め（室町期には室町殿の機嫌を損ね「餓死」した廷臣が少なくない）[6]、室町殿権力の確立は経済的問題――圧倒的な財力と、対蹠的な朝廷・廷臣の困窮――を大きな足掛かりとして成し遂げられた、という様相が浮かび上がってこよう。

なお筆者が近年義満・義持移行期の北山殿権力の行方と室町殿権力の再定義・確立の問題を論じた事に関連して(7)、義満が（通常下位の者が提供すべき）陣家として通陽門院（後円融院室・後小松生母三条厳子）御所を使用した事実、また義持がこれを踏襲せず三宝院の洛中住坊（法身院）を主に陣家とした事実、さらに義教が伏見宮京御所を意に任せて陣家に用いた事実が、それぞれ歴代室町殿の権力体としての自己規定と対応していた可能性がある事を付言しておきたい。

また第七章では、義満の摂家に対する陣家出仕強制から、義満が単に既存の公家社会に参加し君臨するにとどまらず、既存の構造を保ったまま公家社会全体を身分秩序内で押し下げ、自らとの身分的距離感を演出しようとした可能性を提示した。（一時期の義持を除く）義満以降の北山殿・室町殿が、単に上位に立つだけでなく下位者との圧倒的な身分的距離感を必要とし演出したという視角は、同章や義政直衣始に関する第九章の考察で強調した通りである。但しそのためになされた陣家出仕強制を含む個々の演出は個別的で体系性に乏しく、廷臣が毎回これを別儀として例外化しようとした事からも明らかなように、朝儀体系や既存の制度的身分秩序との間の一貫性・整合性には必ずしも配慮されなかった。義満は既存秩序の大枠に焦点を合わせてこれを操作・改変しようとしていたが、その結果発生する個別の慣例・先例等の末端レベルでの整合性の確保は、それを必要とする公家社会に転嫁してしまっていたように見える。そしてそれに対する公家社会の反応は、全てを例外として処理する事であった。ここに、当事者・関係者による当該期社会の理解の仕方、納得の仕方（の差異）が垣間見えよう。

義政の直衣始参内では室町殿の下位者に対する距離感・絶対性の演出を二条持通が率先して主導し、義教期にはその父持基が同様の行為を行い、そして小川剛生氏が近年改めて明らかにしたように(8)、そもそも義満期には持基の曽祖父良基が義満の廷臣活動を万般指導しつつ、義満の振る舞いを正当化する役割を果たした。戦国期の三条西実枝編『三内口決』で「但二条之一流ハ、南朝御出奔之後、光厳院被開聖運、当代之御一流被用正統之事者、二条（後普光（園脱カ）院摂政良基公）一家之勲功也、依之至于今称天下御師範」と評された事に代表されるような、南北朝・室町期の固有の政治過程に根差した二条家特有の動向は、第七章で明らかにしたような摂家全体における二条家の圧倒的存在感（摂関をほぼ二条家と一条家が独占し、かつ室町期一条家は二条良基の実子経嗣とその子孫であった事）と併せ、当該期朝廷・公家社会の指向性を決する役割を果たしたはずであり、今後さらに追究されるべき問題であろう。

　そして右の二条家のあり方に加え、第八章でも室町殿権力に密着した名家の勢力伸長に即して広橋兼郷（宣光・親光）をはじめとする廷臣が演出した室町殿絶対化に言及したように、現に公家社会に君臨している室町殿を、単に「別儀」で済ませるのみならず、既存の論理・ボキャブラリー等を駆使して表現・理解し超越的・絶対的地位に位置づける作業は、ほとんどの場合、朝廷・公家社会の側から率先して行われた事を特に強調しておきたい。これは第九章でも述べたように、実際の権力の有無とは必ずしも関係なく自律的に稼働するシステムとして室町殿の君臨が定着した事を意味する。

　先に拙稿で明らかにしたように、室町殿権力形成期の義満による公家社会支配は、背後に強権をちらつかせつつ、表面上はあくまでも廷臣の自発的服従・協力を俟つという形を採っていた[9]。対象者の応諾・拒否にかかわらず他者を支配するのが〝権力〟であるのに対し、対象者の自発的服従を不可欠に要素に持つ支配が〝権威〟であると考えるならば、室町殿の支配は最初期より〝権威〟を指向した事になる。しかし義満期の記録に明らかなように、義満のそれはあくまでも〝権威〟の皮を被った〝権力〟に過ぎなかった。これに対して、義政少年期には室町殿が一切の〝権力〟を振りかざす事なく、全く自発的に廷臣が室町殿を尊為する儀礼的表現を考案・実践しており、ここに筆者は、室町殿支配の〝権威〟化という達成を見出す。

　以上に基づき、中世日本における〝権威〟の獲得とは、〈ある上位者を戴く体系の中で、その上位者に対する尊為が当人の意思・権力の有無にかかわらず、体系を構成する各要素の働きによって自律的かつ経常的に再生産されるシステムの確立〉の謂である、と理解可能ではないかと現段階で筆者は考えている。第二章で言及した詳密な武家儀礼・故実の記録・集大成が、京都の幕府では義政・義尚期以降、鎌倉府では成氏期以降（それも享徳の乱以降）という、室町殿・鎌倉殿が不可逆的に〝権力〟を喪失しつつあった時期に始められた事実は、このような〝権威〟の獲得が既に実現されていたと考えて初めて整合的に理解できる。

なお第八章の広橋亭裏築地《うらついじ》撤去騒動で触れたように、騒動の直接当事者とならなかった者は眼前で展開する政治の前に口をつぐみ、故実を明らかにする事よりも巻き添えの回避を優先させる風潮が顕著であった。ここに、人間関係・社会構造を円滑に維持するための仕組みという礼節の機能が問われ、より穏当な解決・鎮静化（「無為」）を優先する発想のもとに礼節が屈服する様子を見出し得る（礼節にこだわったために関係が悪化するのは本末転倒、という発想であろう）。古今東西を問わず権力は最終的に礼節に優越する、とまとめてはあまりに常識的に過ぎるかもしれないが、第二節で述べる〝礼の秩序〟が中世後期日本を確固として貫いている一方、それを支えるべき個々の礼節行為の現場では、礼節と権力が微妙なバランスの上に相剋していた事を再確認しておきたい。最終的にこの問題に決着をつけたのが、治天後小松院との同意に基づく室町殿義持の取りなしであった事は、当該期礼節秩序がその安定的な機能発揮に未だ〝権力〟を必要とした事の証左であるとともに、義持の介入が取りなしであって命令・強権発動でなかった点に、公家社会に対する義持の立ち位置のヒントがありそうである。

なお第八章の初出時には、裏築地保有を治天から天皇とともに認められた室町殿義持の「凡人」ならぬ地位を、

①「国家の統治権者（事実上その上に統治者を仰ぐ事が無い国家の主権者の一人）」（初出時五七頁。以下同じ）
②「国家の主権者」（五七頁）
③「国家の最上位の主権者（の一人）」（五九頁）
④「国家の主権者（統治権者）」（五九頁）

⑤「権威の附与、廷臣一般とは隔絶した国家主権者としての地位の創出」（六〇頁）と表現した。しかし本書に再録するにあたっては、定義が不明確であった点への反省と「主権」という概念・「～権」という接尾語を用いる事による混乱の回避のため（特に筆者は以前、「～権」という表現の曖昧性を批判した事がある[10]）、序論末尾で述べた定義を踏まえて以下のように改変した。

①「名実ともに国家の統治者」とし、同文末で「（事実上の統治者であった事は明らかだが、名分上も定位された）」と補った（本書三六九頁。以下同じ）。

②「国家の統治体構成員（国家を統治する権能の分有者。この語の定義は序論末尾参照）」（同前）

③「国家の統治体構成員（の一人）」（三七一頁）

④「国家統治権の分有者（統治権者）」（三七二頁）

⑤「（名分上の）権威の附与、廷臣一般とは隔絶した国家統治権の分有者たる地位の（実質に名分を兼ね備えた）完成」（同前）

かかる命名・定義・理解がどれほど検証に堪え得るかは心許ないが、さしあたり筆者は称光天皇・後小松上皇・室町殿義持が並立した応永一九年（一四一二）八月の称光受禅から応永三五年正月の義持死去までの期間（裏築地騒動のあった応永三二年を含む）を経て達成された統治形態を、天皇・治世院・室町殿の三者による協働的・一体的な室町期公武政権運営の典型・基準型と仮に定位する事によって、それに至る過程（尊氏～義満期）やその後の過程（義教期以降）の歴史的特質を探る事はできないかと模索している。またこの考え方のもと、天皇・治世院・室町殿の三者による統治を、〈君主、君主の後見人たる前君主（以上の二者は非人臣）、君主の後見人たる人臣代表者が統治を協働執行する体制〉と見なす作業仮説を措定できるのではないかと考えている。なお第九章で、宝徳二年（一四五〇）の義政直衣始における義政の陣口超越を考察し、室町殿と廷臣一般の下車地点の比較により〈天皇↓室町殿――↓人臣一般〉という序列と各要素間の相対的距離が可視化された事を主張した。かかる可視化が義政段階で初めて、しかも室町殿幼少期になされた事の意義は本論で述べた通りである。

また第九章では原則として内裏のみに存在した陣中を、南北朝初期の東宮御所が唯一例外的に保有した事実に言及し、そこから天皇・院の身分の問題に関する試論を行ったが、鎌倉時代の両統迭立期を経た南北朝期以降の東宮（春宮・皇太子）の存在形態・政治的意義に関する基礎的研究が課題として残った事は認めざるを得ない。但し陣中が〝天皇が臣下を制約する装置〟であると同時に、中世天皇特有の側面・限界を示す〝天皇を制約する装置〟でもあった事は、ここで強調しておきたい。〈神慮を奉ずる暴力に直面し屈服する天皇〉という中世特有の天皇を取り巻く環境に、中世天皇の特質を解明する糸口が垣間見えると思われるからである。陣中という古代的概念の所産が、神威を振りかざす中世的暴力の前に無力さを露呈していたという事であり、この構造を克服できなかった点に中世天皇の限界を見出す事はあながち不当ではあるまい。〝礼の秩序〟という中世日本全体を（実際の支配・統治の事実とは別次元において）統合的に律した樹形状のフレームワークの、その原点（基点）である事に存在意義を有した中世天皇の存在形態が招いた自縄自縛から、原理的に逃れ得ない中世天皇の特色を陣中は明瞭に示しているように思われる。

以上に関連して、嗷訴という政治的行為は陣中が媒介する不可視の礼節体系を可視化する貴重な契機であって、嗷訴の場面でようやく〈内裏↓陣中↓洛中↓洛外〉という同心円イメージが記録上に現れてくる事にも注意したい。この同心円イメージは単純に過ぎ、京都を取り巻く実際の地理と全て必ずしも整合しないであろう事が容易に想像されるが、観念的な領域で大きな存在感を示している事は軽視できない。かかる広域的かつシンプルな、また天皇という君主の存在に非常に依拠した観念的な空間認識が抽出できた事は、同章の成果と考えている。

また天皇が「オホヤケ」で上皇が「院」であり、足利将軍家をはじめとする新興の権力者もまた「室町殿」「屋形」等といった（普通名詞・固有名詞を問わない）第宅・建造物の名称で呼ばれたという観点は、先に筆者が着目した「称号」の問題（洞院殿・一条殿といった「居所名＋殿」式の呼び名、あるいは洞院大納言・殿中納言といった「居所名または父の官職名＋当人の官職名」式の呼び名）と通ずるものであり、このような呼び名の体系を実態・理念双方から中世社会に即して追究する事は、中世公武社会秩序の断層を観察する有効な手段と考えている（その試論として、筆者は先に尊氏将軍期の執政足利義詮が京都にありながら「鎌倉殿」と呼ばれた事実の意義を論じた事がある[11]）。

第一〇章では里内裏における境界点や陣中と裏築地の対応関係について、また類似の構築物に言及しつつ裏築地の起源・沿革と終焉について論じた。ここでは特に、陣中と裏築地の起源の相違についての考察から、中世京都で観察される建造物――特に内裏の形態的特徴の由来を、単純に平安期里内裏・平安宮大内裏まで遡及して求める事には慎重であるべき事を強調したい（この点、古代の平安京・大内裏・里内裏に観察される事実を中世京都に敷衍する事も同様）。中世京都とそれを舞台とした朝廷・公家社会は、その長い（見方によっては、長すぎる）歴史の必然的結果として、様々な由緒・由来を持つ（あるいは由緒の知れない、得体の知れない）種々雑多なものを抱え込んでいるのである。その由来・淵源を推定するためには、当時に至るまでに吸収・放出・混淆・変形されてきた要素とその歴史的経緯を一つ一つ慎重に剝ぎ取る作業が欠かせず、かつその作業により明らかにできる事は少なくない事を示したつもりである。

また同章に関連しては、〈天皇をはじめとする権力者が、洛中という既存の空間秩序に後から入り込んで新たな空間秩序を要求する〉という中世京都に一貫する原理と、かかる原理を拋棄しなかったために、権力者側が配慮を示す形で路頭礼上の装置・設備・仕掛けが考案・活用された事を強調したい。都としての適切な寿命・歴史の長さを超えた京都には、既存・新興を問わず権力者がどうしても一掃できないしがらみが固着しており、政治・権力はここを場とする限り、その数百年分のしがらみに規制されないではいられなかった事を示すからである。右で適切な寿命を超えたというのは、平安京が律令国家・律令制的天皇のためにのみ最適な形態を持つように設計・建設されたにもかかわらず、朝廷が律令国家的あり方と訣別した後も命脈を保った、という意味である。

ここにおいて、一〇世紀終わり頃に右京が廃れ多く人々が左京四条以北に集住するようになったという著名な『池亭記』の記述や、平安末～鎌倉初期にかけて儀式に対応できない寝殿造が現れ始め、寝殿造が儀式専用の広大な「柱の空間」から居住に相応しいスケールに縮小化するとともに、儀式専用の第宅が並行して存在し使い分けられたという川本重雄氏の指摘[12]が示す、平安京やその中の建造物の縮小傾向が重要な意味を持ってこよう。天永三年（一一一二）五月、内裏高陽院の焼亡によって鳥羽天皇の次の内裏が選定された際、大内（平安宮内裏）に関して「内裏殿舎甚広博、幼主御座之条可有思歟」と白河院が述べた事は（『中右記』同月一五日条）、鳥羽が幼少であった事を差し引いても、天皇自身にとってさえ大内が既に生活環境としてオーバー・スケールであり、環境を実情に適したスケールへと縮小すべき指向性を朝廷が持つに至った事を示していると思われ、同じ文脈に位置づけ得る。現実・既存の社会構造に対してフィクションという色が本来的に濃厚であった律令国家的あり方に立脚する平安京とその空間・建造物群は、古代―中世移行期以降の現実の人口・行為に対して、本質的に万事オーバー・スケールであったのではないか。戦国期京都が上京・下京という左京北部の極めて限定的な空間にまで極小化した事は、平安京というしがらみに制約される中で、実情に対して適切なスケールに都市を形成しようと工夫した中世京都の指向性の一つの到達点ではないか、と筆者は展望している。

このような問題に関しては既に山田邦和氏が、二〇〇五年の中世都市研究会京都大会を総括する中で「中世都市京都は平安京の「呪縛」を引きずらざるをえない宿命を負わされて出発した、ということもできる」と、また中世京都の都市民にとっては決して使いやすいとはいえない平安京の条坊制について、「中世の京都は豊臣期の都市改造にいたるまでそれを引きずっていたのである。そういった部分は、むしろ平安京のマイナスの遺産として評価せねばならないように思う」と提言している。筆者がいう〝しがらみ〟もまさにその事であって、京都（の住人・支配者）がそのしがらみを一掃し都市構造を再構築しなかった事がもたらした拘束力は、京都を場とするあらゆる場面で社会・政治の構造・過程に強く影響している。その事が、京都が中世都市として採り得た形成・変容の筋道・結果から多くの選択肢を奪っていた事は疑いないが、中世京都はかかるしがらみを一掃できなかったのか、それともする必要性を認めなかったのか、そしていずれにせよその理由は何であったか。かかる平安京の保守継続性が公武社会を律したのか、それとも公武の社会・政治構造が平安京をかく存命させたのか、と」というのが目下筆者の関心事である。

　上京を全焼させた応仁の乱や下京を全焼させた天文法華の乱、織田信長の登場等、戦国期京都にはしがらみを一掃し得る機会が何度かあった。しかし山田氏が右で述べているように、政治が自覚的意思に基づいてそのしがらみを分断し一から空間秩序を再構築するまでには、洛中散在の廷臣居宅と寺院を強権的に一箇所に移築させ（公家町・寺町）、平安京を分断し中世京都の範囲に留まらない広域を土手・堀で囲んで京都全体を単一の要塞とし（御土居堀）、その中央部に大規模な地形改変を伴う広大な要塞（聚楽第）を据えた豊臣秀吉が登場する、一六世紀末を待たなければならない。

　なお本書では、陣中・裏築地・裏《うら》檜垣《ひがき》・袖《そで》築《つい》地《じ》等といった空間構造（の象徴物）を、あくまでも局所的・具体的・微視的場面（二者が遭遇した場面、内裏・院御所・室町殿御所周辺区域等）に即して、〝礼の秩序〟論を意識した社会秩序・社会を律した〝ものの考え方〟の歴史的変遷という観点に惹きつけて論ずる事に終始した。しかし、最近も高橋慎一朗氏が中世京都の都市構造中における各種〝塀〟の機能・態様分析を通じて、新旧両秩序に立脚する中小規模区画（小都市）のモザイク模様的様相を描き出したように、都市論的アプローチからの京都研究の進展は目覚ましいものがある。そのような中で、本書では都市を構成する多様な静的・動的要素の集合体としての都市構造総体に対して、陣中・裏築地等が果たした役割を都市論的視角から自覚的に考察する事ができなかった。進展著しい都市論への目配りが不十分であった点は、今後の課題とせざるを得ない。

二　中世後期〝礼の秩序〟の展望

以上の知見を踏まえ、序章で本書の大局的問題関心として示した〝礼の秩序〟とそれを支える中世礼節について、主に室町期に即して展望を述べておきたい。

(1)　中世後期日本の〝礼の秩序〟と権力・支配

序章でも述べたように、石母田正氏の〝礼の秩序〟論には、一定領域内に外国との通交主体となり得るほどの主権を確立した地域権力でさえ、「礼」の体系に所属する事によってより上位の存在に結びつけられている、という構図がある。(13)これはいってみれば、実際的統治者としての地位・権力の保持という原理に基づいて他者に君臨する者を、〝礼の秩序〟がそれ以外の原理で包括・包含するという構図であり、天皇や将軍が国土に対する領域的かつ実際的な統治を敷く権力を喪失した戦国期によく適合する。

しかしこの理解では、天皇についてはともかく、将軍が「室町殿」として領域的に全国を束ね統治する指向性を有し、（九州・関東といった不安要因を抱える等して不完全ながらも）それをある程度実現していた室町期についてはどうであろうか、という疑問が残る。これに一つの解答を与えたのが序章で述べた金子拓氏の研究であり、その結論は、室町殿権力による公武社会の統合的支配を構築する手段として贈与交換儀礼たる「御礼（参賀）」慣行が確立し、これによって室町殿を一つの頂点とする当該期の〝礼の秩序〟が（支配強化を望む室町殿とその支配体制に寄生しようとする公家社会の双方向から）表現・維持・再生産されていたというものであった。(14)しかし、石母田説では実際的統治・権力とは次元を異にしてそれらを束ねる機能を有したとされた〝礼の秩序〟が、金子説では実際的統治・権力の道具として使われていた事が明らかとなった、とされた事を整合的に理解するには、両説の間にもう一つ説明が必要となろう。この問題は、〈中世後期の〝礼の秩序〟は、権力とは別次元のものなのか、それとも権力の道具であり権力と不可分の存在であったのか〉と読み替える事ができる。

これに類する問題として、日本中世史研究における「王権」概念の用いられ方を歴史的・具体的に跡づける中で水野智之氏が言及した、天皇の〝権力〟と国土支配の問題がある。水野氏は黒田俊雄氏の権門体制論や後述の伊藤喜良氏の〝複合政権国家〟〝複合王権〟論、また峰岸純夫氏の〝セットとしての王権〟論[15]を踏まえ、天皇は「権力の代表者であること」という属性を有するとし、かつその事は「実質的権力である王権を掌握すること」とは必ずしも連関する必要がないとした。その上で氏は、「権力の代表者であること」は「究極的には国家的領域支配権における宗教的・儀礼的要素をも含んだ支配観念によるもの」、また「実際に統治しえなくても、国土支配の正当性の源泉は天皇にあるとする観念」であるとし、かかる観念は武家によって完全には否定されず天皇も滅ぼされなかったため無視し得ないという[16]。

右の見解に対して、筆者は権力を〈客体が許容するか拒否するかを問わず、強制力を伴って支配する（＝行使主体の思い通りの状態にさせる）力〉と考える立場から、拒否する者を強制的に支配する力を単独で持たない事がほとんど明白な中世（特に後期）の天皇を「権力の代表者」と捉える事は困難と考えている。そしてここでより問題としたいのは、〈国土支配の正当性の源泉は天皇にあると、本当に戦国期に考えられていたのか〉という点である。仮に天皇や、あるいは彼を頂く事で利益を享受し存在する人々がそのように主張したとしても、実際に地方を統治する大名等にとってはどうか。天文二二年（一五五三）に今川義元が自己の排他的支配領域と認識する地域（「分国」）に対して「只今ハをしなへて自分の以力量、国の法度を申付、静謐することなれは、しゆこ（守護）の手入間敷事かつてあるへからす[17]」と述べた著名な『かな目録追加』第二〇条は、国土支配の正当性が「力量」にあるといい切っており、少なくともこの事例に関する限り、そこに天皇の権力・権威が入り込む余地はない。したがって〈天皇は観念上権力の源泉である〉という前提を措定する事は必ずしもできなそうである（なお同条では、力量次第で国の法度を申し付ける現在と対比される過去が「将軍家天下一同御下知を以、諸国守護職被仰付時之事也」と表現され、力量次第ではない秩序ある時代でさえも、統治権能の源泉は将軍であって天皇とは認識されていない）。

それでは前述の問題はどのように解決され得るか。その糸口は、やはり天皇と室町殿の歴史的な質的差異にあると筆者は考えている。石母田氏は「尊卑の秩序を確立する機能は、日本の公権力の一つの側面であ」ると展望した[18]。氏の展望は、〈「日本国」を一本に統合する序章で述べたようなツリーを形成する事が、日本の公権力保持者の果たす重要な権能であった〉と換言でき、本書第八章で扱った応永三二（一四二五）年の裏築地撤去騒動における治天後小松院・室町殿義持の行動はこの石母田氏の見通しを裏づけている。但しここでは、天皇と室町殿の指向性と存在形態の質的差異に留意する必要があろう。

南北朝・室町期には、地方諸国の治安を維持し中央政府に帰属させる事は、主として室町幕府の守護制度を通じて実現されている。近年川岡勉氏は、守護が「在地から形成される地域秩序を統合し、それによって中央国家と地域社会の媒介項としての役割を果たした」と、室町期国制における守護の重要性を強調した[19]。守護こそが中央政府たる幕府と地方を結びつける媒介項であり結線であるという氏の指摘の重要性は、次のように考えても首肯されるものである。

室町幕府の守護補任では、〈未だ支配を確立していない国の守護に大名を任じて当該地域を平定・帰属させる〉という形態のほかに、〈実際には敵対して実力で地域を切り従えた後に降参・帰参した大名に守護職を安堵する〉という形が取られる事例も多い（その典型例は、延文元（一三五六）年の斯波高経帰参や貞治二（一三六三）年の山名時氏・大内弘世帰参）。特に後者のケースにおいて、幕府があくまでも守護職安堵という形を取ろうとした点は注目される[20]。幕府はある地方を〈将軍（室町殿）―守護―地方諸国〉という回路に当てはめる事によって、当該地方の実効的支配・帰属が実現されている事を表現するのであり、〈その回路が当該地域に存在している事が、当該地域の実効的な幕府帰属を担保している〉と見なされる原則が見出されるからである。室町殿義政が応仁の乱中に朝倉孝景を越前守護職に任じた事は、第一義的には越前の幕府（東軍）帰属を確実化する事を目的としたとしても、守護代家出身に過ぎない孝景を登用する家格を顧みない守護職補任に、上記原則の貫徹が最優先された様相を看取できよう。

建武政権や南朝とは異なり、北朝の天皇はその存立基盤を全く武家による推戴・支持に依存しており、したがって当然の帰結として、北朝は軍事力による地方諸国の実効的支配実現を自ら目指す事なく、それは全く幕府の役割とされていた。北朝やその系譜を引く統一後朝廷と幕府で構成される室町政権では、幕府首長（永和四年〈一三七八〉の花御所移徙以降は室町殿）が将軍として守護を補任する事で諸国の領域的帰属が担保されており、それは政権内における幕府首長の固有の職掌であった。一方、その支配・帰属は単なる実効支配に終わるべきものではなく、「日本国」の正統な政府に帰属している事を実感・周知させる必要があったであろうし、また来たるべき平時を念頭に置く内乱中や、あるいは乱後の平時においては、「日本国」の伝統的秩序を基礎としつつも直近の歴史的経緯にも配慮した新たな秩序の構築（最も典型的なのは、軍功等の功績に配慮した官位の授与）が必須であっただろう。そこに、南北朝・室町期の公武一体的な政権における天皇固有の役割・存在意義が見出されよう。

かつて峰岸純夫氏は「中世封建国家」の成立過程と特質の理論的分析の中で、院政を境に分裂した「セットとしての王権」という概念を提示した。そして実効的支配を担う院政とそれを継承した幕府権力は下位の王権として存在し、また天皇は全支配階級の秩序づけと調停的機能を保持する故に実権のないまま存在する上位の王権として近世まで生き残ったとして、両者がそれぞれ不可欠の役割を分掌する事で総体として一つの王権が成り立っていた、と論じた。また伊藤喜良氏も天皇・上皇・将軍等によって「複合的な形で王権が形成されていた」事を説く複合政権国家論・複合王権論の中で、天皇以下の王朝は「身分序列の源泉として、国家構成上不可欠な存在」であるとし、かつ天皇は「もっとも「力」のない存在であった。ただ「力」がないからこそ「代表者」になれたともいえる。世俗的矛盾をあびる側面が少なかったからである」（傍点桃崎）と述べている。(21)

筆者は〈日本における王権の保持者は誰か〉、あるいは〈どの権力体までを含めて王権と見なすか〉という問題設定には疑問を感じているので、(22)ここではさしあたり踏み込まない。しかし天皇が固有の役割を分掌し、それが身分秩序整序の源泉としての役割であり、「力」を持たず、そしてその故に存続し得た、という指摘には学ぶべき点が多い。本書第九章第二節で筆者は、中世後期の天皇がその役割を〈尊卑の秩序を堅持する機能〉に自覚的に特化し、もって自らの存在理由を当該期社会中に定位した、という趣旨の事を述べた。これは換言すれば、〝礼の秩序〟たる前述の仮想的ツリーの原点（植物の種子をイメージされたい）を天皇は自らもって任ずると同時に、ツリーの構成を調整し得る権能を有する唯一の存在としてその固有の役割を果たし続ける事によって、一体的な「日本国」を表現し得る体系を継続させメンテナンスする事を自己の最大の職掌とした、という事ができる。

これは、全国的な南北朝内乱とそれが結果した室町殿の絶対的権力の確立という帰結の中で、天皇が全く実効的な統治者たり得なくなっていったという歴史的経緯により、不可避的に迫られた選択でもあろう。しかし天皇らを最上位とする礼節体系に立脚する秩序自体が、現実の支配体制とは必ずしも関係のない理念上の、すぐれて観念的・仮想的な枠組みであった事には積極的な意味を認められる。それは、仮想的であったが故に（つまり、現実的な支配・権力との関係が自覚的に切断されていた故に）かかる機能を果たし得た可能性が高いと考えられるからであり、またかかる仮想の秩序（第九章の表現でいえば「建前の世界」）の原点にして管理者という、現実の支配・統治とは原理的に無関係な立場を選択する事によって、天皇は治世院（治天たる上皇）や室町殿とは一線を画する（そして代替できない）国制上の存在理由・意義を確保し中世を乗り切ったと推測されるからである。

このように、秩序の源泉としての天皇の存在意義は、「力」の保持の有無とは無関係に存在し得るもの――というよりは無関係に存在すべきものであったと考えられる。義材・義澄以降の将軍の没落・交替・変転や、それと結合・離散を繰り返す細川氏・六角氏・大内氏等の大名勢力、また三好氏・織田信長らの新興勢力等、戦国時代にはもう一つの役割（実効支配）を担う存在が没落・交替を繰り返したが、水野智之氏が永正五年（一五〇八）の義澄没落・義尹将軍復帰の経緯に触れて「朝廷は京都を制圧した武家政権の長に将軍職を認める立場を確立した」と指摘したように[23]、天皇は没落した勢力に替わって新たに入京した勢力に対し、「治安をしっかり維持するように」と彼らの役割を確認するだけであった[24]（その義尹が三年後に義澄派細川澄元の京都侵攻で丹波に逃れた際、近江在国中の義澄は禁中・洛中の警固・治安維持を自派の細川政国に堅く仰せ付けた旨を奏聞し、後柏原天皇も承諾している[25]）。それは上述の分掌が国制として定着しており、それを覆す意思や力を持った権力体が中世には現れなかったからであろう。

このように考えると、〝礼の秩序〟をめぐる天皇と室町殿の差異が見えてこよう。天皇は統合的秩序の原点（即ち不可欠の一部）であるため、他者では代替できない。これに対して室町殿は上述の国制のうち代替が利く実効支配の分掌者であり、〝礼の秩序〟に対しては利用者として関わるため、他者によって代替可能な立場にいる。例えば大名が幕府の関知しない自らの領国内・家中で独自に官職（らしきもの）を「官途」と称して授与する戦国期の現象は、朝廷官制を模倣するというあり方において幕府と大名が等価であり、その限りにおいて交換可能であった事の証左である。

（2） 中世後期社会の多層的官途秩序の可能性

金子拓氏が明らかにしたように[26]、室町幕府や諸大名家中の官途授与はもはや朝廷官制とは別の次元で独立して機能する称号付与の体系であったし、また中世村落における官途授与の問題を検討した薗部寿樹氏は、単なる模倣という以上の意義をそこに見出している。(27)薗部氏によれば、中世の村落内で独自に行われた官途（村落内官途）発行は律令制的な官途・位階の概念の在地浸透・普及を進行させたが、それは一三世紀半ば頃の朝廷による組織的な成功の廃絶と軌を一にするという。換言すれば、それまでは朝廷が唯一の発行源であったため、成功という形で在地の叙任要求に応える事によって朝廷は収入を期待できたが、村落や在地有力者が独自に官途を発行する回路が形成された事により朝廷は蚊帳の外に置かれ、朝廷の関知しない場所で勝手に叙任者が増殖していった、という事である。そして、鎌倉～室町期にかけて荘園の預所や有力寺社・在庁官人等が主に神主等を独自に「五位職（従五位下職）」に補任し、あるいは戦国期に吉田家が村落神主層に独自の官途授与を行ったように、極論すれば恣意的に授与可能になったという意味で、位階・官途の価値低下をも将来する事となった。即ち、官途秩序の普及と引き替えに、律令制的・国家的な位階秩序は空洞化し、また村落内官途が村落内で完結する故に、その村落という「小宇宙《ミニコスモス》」には朝廷は影響を及ぼし得なくなったというのである。

薗部氏はこの趨勢を、「朝廷及びその周辺自らが官途の伝統的位階秩序を混乱させ」「律令制的位階秩序そのものは崩壊していった」（傍点桃崎）と評価した。(28)在地の秩序形成が上位の秩序をモデルとして模倣・吸収するばかりでなく、モデルそのものの空洞化・崩壊・解体をも招き、しかもそれが朝廷の構成員によって助長されたという指摘は大変興味深い。また地方で自律的に再生産される村落秩序の中でも特に「大夫」＝「五位」が受容された事実から、依然として朝廷で（従来と全く同じ形ではないにせよ）維持されていた公的秩序と村落秩序の懸橋として「五位」の重要性が着目された点、そして「有徳人」として中世初期に莫大な富をもって買官していった東国在地領主の姿が想起された点は、官位秩序の普及・模倣の問題にとって非常に示唆的である。

但しそこには、〈各大名家中や在地での官途授与に必ずしも関与できなくなった朝廷は、官途発行源としての役割を終え、官位秩序は解体・崩壊したのであろうか〉という疑問が残る。朝廷が成功収入を諦めた時期と薗部氏が指摘した一三世紀中～末期から数えて、中世が終わるまでの間には三〇〇年以上ある。この長い期間も、なお勅許という治天の意思確認と除目・消息宣下等の手続きを伴う真正の位階官職制度は維持されており、消滅したわけではない。むしろ形を変えながら三〇〇年どころか明治維新まで存続した事実の方に、重大な意義を認める必要があろう。律令制的なあり方を失いながらなお中世を通じて三〇〇年存続したとすれば、その三〇〇年は中世的な一つのあり方と評価すべきであり、薗部氏が崩壊・解体と評価した諸事実（かかる評価には、その後遠からずして消失・消滅するという含みがある）は、変形・変質と評価されるべきではなかろうか。朝廷が地方の官位的秩序を自らコントロールできなくなったというあり方が中世的朝廷官制の基本形であり、それにもかかわらず地方や大名～国人レベルの武士に対する求心性を維持していた点に、中世的あり方の最大の特質がある事になろう。

それでは、必ずしも朝廷を必要としなくなった村落内官途秩序を含む広義の中世官制体系において、旧来の、そして真正の朝廷官制が存続する意義は何であったか。筆者はそこに、模倣されるべきモデルとしての存続必要性を想定する。武家官位や大名家中・在地独自の官途の体系（以上を行論の便宜上、〝官制派生的秩序〟と総称する）は、朝廷官制がモデルとされているが故に、〈与えられた肩書き（官途名）が既存の秩序で有効である〉と受給者に認識されるのであり、朝廷官制の相似形である点に意義がある。現に天皇がその発給主体であるか否かにかかわらず、国名や「衛門」「大夫」等の称呼・肩書きは、そのような朝廷官制由来の語彙を再利用する事によって〝それらしい有難味〟が担保されているのである。そのように考えると、朝廷・天皇は最大級の〝それらしさ〟を備える身分秩序体系のモデルとして、再利用されるべき原型として存在したという見通しに立つ事ができる。

しかもそれは滅び去った過去の遺制としてではなく、現に存続している事に価値があろう。官制派生的秩序の〝それらしさ〟は、現に〝それ〟（真正の朝廷官制）の存在が背後に感ぜられて、初めて機能する（朝廷官制が消滅しては元も子もない）ものではないかと考えられるからである。卑近なたとえ方をすれば、服飾品等の高級ブランド品のコピー（偽ブランド品）は、真正の高級ブランド品が現存するからこそ製造され所有される意味がある、という事と通じようか。とすれば、官制派生的秩序は朝廷官制の単なるコピーではなく、むしろサブセット（元のセットから必要な要素・機能のみを抽出して再構成されたセット）であると考えるべきであろう（厳密にいえば、サブセットがさらにそのサブセットを生む連鎖の中の一部）。単なるコピーならば、極論すればコピーを取ってしまえば原本は失われても、コピー単体で機能する。しかし、官制派生的秩序は恐らくその意味でのコピーではなく、朝廷官制（典籍にたとえるならば原本）から直上の官制派生的秩序（同じく直接の親本）までの連鎖の諸段階とともに、それら総てを合わせたセットの一部として存在して初めて意味を成し、所期の機能を果たすものではなかっただろうか。

こう考えると、官途という〝礼の秩序〟の構成要素は、次のような三層構造として一般化できるのではないか、と筆者は展望する。即ち、官制派生的秩序で官途受給者の前に示されるのは、朝廷官制のコピーではなく、受給者が認識可能な、かつ必要な形にデフォルメ・カスタマイズされて作られた層（最下層）であった。受給者や彼らを取り巻く村落構成員・大名家中構成員は、通常この最下層にのみアクセス可能だが、支配者を通じてこの層の向こうに、この層のモデルとなった次の層（中間層）が透けて見える。即ち、最下層に対しては官途授与者として臨む支配者（大名・荘官等）が、逆に受給者・被支配者として存在する層（中間層）である。中間層では、官途授与者（将軍・荘園領主等）自身は正規の手続きを経た真正の官途（必ず除目・消息宣下の形を取り補歴に記載する）に就くが、彼らは朝廷の正規の手続きを経ずに自らの認可のみによって（但し朝廷に推挙すると称する場合がある）、大名・荘官ら（最下層における支配者）に官途を与えている。その中間層の向こうにもまた次の層（最上層。将軍・荘園領主等が受給者）が透けて見えるのであり、中間層の被支配者は、職務上・身分上あるいは奉公関係上、将軍や荘園領主等をチャンネルとして真正の朝廷官制が支配する最上層にアクセスする（場を同じくして活動する）機会があり、功績と運次第では自ら真正の官途を獲得できる可能性が皆無ではない。

このような複数の官制的秩序の重層として中世官制体系を捉えるならば、朝廷官制の存在意義は、その一番奥にあって、各層間を隔てる障壁の隙間から透けて見えるという点に求められよう。そして各層間に障壁があり、上位階層や最上位層には容易にアクセスできないというその困難性自体が、身分制社会においては重大な意味を持ち、最上層の価値を高めたであろう。各地の官制派生的秩序の形成とその自律的運動の開始は、場合によっては薗部氏が述べたように、朝廷官制を崩壊・解体せしめた可能性があるが、実際には、朝廷官制は自らを模倣した各派生物の成す層の深奥に真正品としてとどまり、限られた者しかアクセスできないという稀少性をまとう事で存続したと想定したい（その形への変質がいかなる人々のいかなる手段によって行われたかは検討の余地があろう）。

かかる構造の中においては、官制派生的秩序（サブセット）やモデル自体の〝それらしさ〟は、律令制に由来し度重なる変改を経て形成された体系の広大さと、それを表現する膨大な言葉やその相互関係の定義を最上層が有している事、またその広大さ・複雑さの背後に感ぜられる数百年に及ぶ伝統としての蓄積（理念的には、聖徳太子の冠位十二階まで遡り得よう）によって保証されるものである。その広大さ・複雑性の故に体系の再構築自体が困難であるばかりでなく、その体系が伝統たる地位を得るのに必要な時間を他者が確保する事がほとんど不可能に近かった故に、朝廷官制とその原点としての天皇は交換・代替不可能性を有したと考えられる。この不可能性を否定するためには、〈秩序管理・維持者たる公家政権と、実効支配確保担当者としての武家政権〉という分掌体制が刻み込まれた上述の国制自体が覆されなければならない。

（3） 室町殿によるもう一つの〝礼の秩序〟形成の可能性

このような国制上の分担とそれぞれの固有性を念頭に置いて再度室町殿を取り巻く「礼」の諸相——特に金子

氏が指摘されたシステマティックな贈与交換儀礼による「礼」の体系について考えると、そこには二つの特質がある事に気づく。第一には、室町殿の慶事（年始歳末の「御礼」もそれに含め得るであろう）に廷臣・幕府要人・僧侶らが群参して祝意を述べ祝儀を奉呈する室町殿「御礼」参賀は、室町殿が現に実力を有する権力者であるという事実に基づいて〈最高権力者として諸人に拝されたい〉という、極めてプリミティブな欲求の所産である可能性が高い点である。これは突き詰めれば〈誰が権力を現有しているのか〉という問題に根差しており、実際的権力から遠ざかった天皇とは礼・礼節への関わり方が異なると見なし得る。

　歴代室町殿の中でも、特に義満が自己の権力を最大限に誇示する指向性を有した事は多言を要しないであろう。筆者は以前に、義満が公卿・殿上人を家礼か否かにかかわらず総動員する体制を永徳元年（一三八一）の任内大臣節会と等持寺八講で実現し、その体制実現には〈公家社会の主要構成員を全員動員できる〉という動員力――即ち権勢の誇示にほとんど唯一の眼目があったと論じた事がある[29]。室町殿を事実上の国政領導者とする体制の成立をアピールするため、摂家をはじめとする公家社会構成員には新たな役割が与えられた。例えば室町殿の任大将や任大臣拝賀の扈従を勤める事等によって室町殿が彼らの上位にある事を演出するために、彼らは必要な存在であった。本書第七章で述べたような義満による摂家以下への拝賀の陣家出立強制もまた、そのような目的の一環として行われた方策にほかならないであろう。義満は行粧の威儀の軽重が格式・権威に直結するという公家社会の共通認識を十分に理解し、利用していた。そして朝儀出仕という場面において、自身は「先代未聞」と驚かれるような華麗壮大な行列（行粧）を整えて出仕する一方、既存の公家社会の最上位に位置する摂家には逆に略儀を強いる事によって、従来の公家社会身分秩序を、その構造を維持したまま相対的に下方に押し下げ、その秩序全体が自らの下位に位置する事、また両者の間に超え難い身分的距離が存在する事を主張したと見られるのである。

　また、もう一つそのような公家社会における室町殿権威の操作が及んでいると見られる明白な事例が、第九章で述べた陣中における宝徳二年（一四五〇）の室町殿義政とその他の公卿の下乗地点の相違である。この事例では臣下は一律に内裏から一町の距離（陣口）で下乗しなければならないのが大原則であったにもかかわらず、独り室町殿が半町まで乗車して進むという慣行を成立させる契機を作る事で、室町殿の卓越した地位と権威が明示されようとした（この時には、公家社会側の有力な協力者二条家が率先してこれを演出する段階に至っている）。このような朝儀催行の形態や陣中下乗義務等の礼節発現の場面における、既存の〝礼の秩序〟に対する室町殿の干渉・改変は、第一義的には室町殿（とその協力者）の実際的権力を誇示する道具であるという印象が強い。

しかし室町殿「御礼」の第二の特質——即ち個々の「御礼」参賀の場面では参賀者ごとに参上式日・経路・所作とそれに対する室町殿の返礼所作（縁側まで見送るかどうかなど）が、家ごとに出身や室町殿との親疎等の基準で事細かく定められていったという、武家故実書の記述も看過できない。室町幕府内の儀礼・格式の問題を掘り下げた二木謙一氏によれば、このような室町殿対面儀礼の具体的所作は、武家では三職（三管領）・相伴衆・国持衆・准国持衆・外様衆・番頭（奉公衆）・節朔衆等の幕府機構上の位置づけや、あるいは吉良・渋川・石橋等の特別な家格によって厳密に分類されていた。また公家衆は「西之衆」「東之衆」（西向衆・東向衆）に大別された上で「細々伺候之人々」とそれ以外等に分類され、あるいは将軍正室を輩出した日野（裏松）・三条（正親町三条）等が別格視されて、これもまた精密な対面作法の体系が定められていった(30)。これは素朴な権勢誇示を超えて身分・家格秩序形成に主要な眼目を置く、石母田説における〝礼の秩序〟の性質に対してより適合的な形態であるばかりでなく、朝廷官制・家格秩序のサブセットとはいいきれない独自の体系への指向性が顕著である。

以上の二つの特質を併せ持つ室町殿中心の「礼」の体系の形成過程は、どのようにして整合的に説明され得るか。ここに筆者は、〈このようなあり方は、過去に天皇が経験し既に実現した〝礼の秩序〟形成と同じ過程をたどろうとする発想の、原初的な形態ではないか〉という作業仮説を想定したい。後年の豊臣秀吉が侍従や参議・納言への任官機会を諸大名に広く設けて「公家成」「清華成」「諸大夫成」等という身分整序手法を明示的に用いた事は、中世国制のもと短時日での秩序再構築は天皇の〝礼の秩序〟を転用するより他になかった可能性を強く示唆しているが(31)、義教~義政期の室町殿はその秩序を、自らを中心としてもう一つ構築しようとしていたのではないか。そしてそこに天皇中心の既存の〝礼の秩序〟を排他的に否定する指向性が認められないとすれば、この新たな秩序は既存の〝礼の秩序〟と並列的に存在するあり方が構想されていたのではないか。

二木氏によれば、武家儀礼体系において前述の家格やそれに密着する礼節規定が精密性・体系性を増し固定化し始めたのは応永期以降で、特に義教期以降に加速度を増し、義政期には各家の家格が定着するという。しかし守護代・大名被官クラスの人物を守護に登用する人事に代表されるように、義政期には早くもこの前提となる幕府の整然とした(家格と職位が対応する)構成は保たれなくなりつつあり、以後幕府・将軍権威の失墜とともに分解・変質してゆく。即ち、権力・権勢に露骨に依拠する室町殿の〝礼の秩序〟形成過程とは、実際の権力に依存しないあり方を獲得した天皇の〝礼の秩序〟と同類型の秩序が構築されようとしながら、社会情勢と時間の不足により失敗した過程であったのではないか、と推測されるのである。

以上を踏まえ、〝礼の秩序〟と実際的権力の関係如何、という問いに対する筆者なりの整理を提示すれば、現段階では次のようになる。〝礼の秩序〟は本源的には権力の道具であり権力と不可分の存在(第一段階)であった、というのは常識的理解に過ぎないかもしれないが、長期間の経過により、短時日では達成し難い広大な体系性・精密性を備え、かつその体系内の個々の地位や関係を表現する言葉に対するリテラシーが(精粗の差はあれ)社会全体に浸透した場合は、権力と切り離される事によって次世代の権力に転用され、また秩序とその管理・維持者として他者に代替不可能な仕事を担う少数の人々は存続できる可能性があった(第二段階)。そして石母田氏が中世の〝礼の秩序〟として観察したのは天皇を源泉とする体系の第二段階であったのに対し、金子氏が観察したのは室町殿を源泉とするもう一つの体系の第一段階であったのではないか。

もっともかかる礼節体系は、あくまでも実力（強制力）を現有する権力体が活用する事で初めて人々を拘束する力を得るもので、それ自体に現実を規制する強制力があったとは考えにくい。儒教的な理想的社会秩序としての「礼」の存在意義とは、本来的には尊卑の序列を遵守したスムーズな人間関係を集積した結果として、よりトラブルの少ない社会を将来すべきものであったはずである。ところが現実には、中世日本では礼節を争点としてトラブルが頻発するという本末転倒の事態が常態化していたのであり、極論すれば、社会構成員が立脚する諸条件（それら同士は当然矛盾する事があり得る）への十分な配慮を欠いた礼節や〝礼の秩序〟が存在しない方が、社会は相対的に平穏だったのではないか、という作業仮説を措定する余地さえある（〝礼の秩序〟的秩序による拘束度合いの低さが前近代とは比較にならない現代社会における、礼節違背に起因するトラブル発生・激化の少なさを想起されたい）。

応永三二年の広橋亭裏築地撤去騒動で一条兼良が傍観者として漏らした感想――「甲を是とすれば乙の意に背き、乙を是とすれば甲の意に背く。是非の意見など黙して語らぬに超した事はない」とは、確かに一面では合理的結論であろう。礼節が対立の未然防止の道具であるならば、対立を惹起・拡大させてでも礼節にこだわる事は不合理であろう。しかしその一方で、現実的かつ短期的な解決の前に、理想的解決（倫理的・道徳的に〝正しい〟解決）が簡単に抛棄される礼節の非力さもまた認めざるを得ない。枚挙に遑がない書札礼・路頭礼トラブルの諸事例から明らかなように、現実には、中世日本では「礼」の体系は相剋を惹起・助長する事こそあれ、現に起きそうな相剋を抑制し、あるいは現に起きてしまった相剋を鎮静化するのに十分な力を欠いているのである。

天皇や将軍を頂点とする「礼」の体系が公武を超えた全社会を直接・間接に捉えていたとしても、室町・戦国期にこの体系・秩序が（他のファクターと協働せず）単体で対立抗争の抑止力となった場面は多くはない。とすれば当該期における〝礼の秩序〟の存続は、より厳密にいえば、〈必要とあらば、その論理によって「日本国」が一つに秩序だって統合されていると見なす事も可能である〉という社会認識の選択肢の一つを確保する以上のものではなかったかもしれない。その可能性の当否はここでは措くとしても、中世後期〝礼の秩序〟が実際の政治情勢に対して非力であるという現実を踏まえた上で、なぜ石母田氏がいうように一定以上の権力を現有する大名を惹きつける求心性を非力な〝礼の秩序〟が有したのか（それも他の対立者あるいは実力的に下位の人々の下風に立たされる可能性を多分に孕むにもかかわらず）、そもそもそれはいかなる意味での求心性であったのか、という問いに今一度立ち戻る必要があると思われるが、それは今後の課題である。

三　室町殿権力形成過程の展望

前述のように室町殿が天皇と同様に「礼」の体系構築のプロセスをたどろうとしていた可能性を認めるならば、室町殿が新たな礼節体系によって表現し再整序しようとした社会構造を追究するために、少なくとも次の二つのアプローチが不可欠となろう。

第一には、室町殿権力の登場と正当化を可能にし、またかかる権力のあり方を理解・納得するのに用いられた、社会に通底する説明の枠組み・ロジックの追究である。礼節の実践とそれによる〝礼の秩序〟の振興は、社会の各構成員間の尊卑関係やその集積としての体系的序列を定義する事はできるが、現に実力を背景として力を振るう（室町殿のような）君臨者がそもそもなぜ君臨者たり得ているのかを説明しない。

現にそこにある支配を理解・納得するための社会的諒解が形成される重要な回路として、近年新田一郎氏は「公方」という概念に注目している。[32] 周知のように、鎌倉後期の弘安年間（一二七八～八八）に現れた「公方」という概念は、天皇・将軍から守護・荘園領主・地頭まで、何らかの意味で公権力（の執行者）と評価し得る支配者一般を指す言葉であった（「時の公方」という表現の盛行がその性質を端的に示している）。[33] 新田氏によれば、この概念はそれまで社会を規定していた個別具体的な関係の集積＝「職の体系」を超え、公武以下諸権門の垣根を超えて抽象的な支配関係を記述する認識上のモデルとなった。そしてこの概念を経由する事により、個別具体的な支配関係は、〈〝人々一般〟に対する〝支配者一般〟による支配〉という抽象的なモデルに、個別の当事者が当てはめられる形で理解される。換言すれば、支配者の地位は支配―被支配関係を規定する枠組みの一構成要素として存在する〝就くべきポスト〟として認識され、その地位が「公方」と命名されたのであり、その枠組みの中では〈誰が支配するか〉という問題は〈誰が公方の座に就くか〉という問題として認識される、という。新田氏の分析に従えば、「公方」は抽象的な「上」――即ち上位権力を指す概念となって受容され、社会構成員が自己の所属する社会を認識する際に経由するモデルとなった。

　これは抽象的モデルである以上、実際には個別具体的な事例に適用され当てはめられて初めて活用されるものであって、当然「公方」もまた現実の様々な支配者を指す事になる。室町期においても、地域社会では「公方」たる在地領主・荘官や本所が「地下」（地域社会）を規定した事が指摘されているように、[34]「公方」は登場期から消滅期までかかる抽象性を一貫して有した語であった。しかし新田氏は、この抽象的概念に具体的表現が与えられた重要な契機として、公武を統一的・一身に従える義満権力の登場を挙げている。筆者もその指摘を踏まえ、古記録上で「公方」が室町殿（将軍）と同義に用いられる事例が現れ定着するのが義満期以降であったという事実が、「室町殿」と命名された新しい形態の権力の形成と表裏の関係にあると推測し、これを「「公方様」の誕生」と表現した事がある。[35]この推測の当否については今後改めて実証もしくは反証の手続きが必要と考えているが、将軍を「公方（様）」と呼ぶ江戸時代まで一貫した用語法の端緒が、少なくとも時系列的には室町殿権力の形成期（義満期）と一致している事は事実として認定してよい。したがって室町殿権力の特質の解明は、「公方」概念の歴史的展開の追究（即ち「公方」論の深化）と一体不可分の関係にあると予想されるのである。

室町殿が〝公武統一政権〟の共同経営者、それも実質上の最終決定権を有した主導的経営者であるという富田正弘氏の展望は未だ覆されておらず[36]、また実態面に即する限り室町政権のこの構図は恐らく動かないであろう。「公方」概念はこの構図を説明する理念上のロジックの一つと思われるが、実際には当事者は様々な説明可能性を模索している。例えば義教期の永享六年(一四三四)、明使への返牒で義教の「御位署」を「日本国王」と称すべきか否か、という義教の諮問に対して、三宝院満済は「既執政御事、覇王勿論御座候歟」として、「王」字を憚る必要はないと答申した[37]。〈室町殿は国政を「執政」する「覇王」と見なし得る〉という表現から、室町殿が国政領導者・執行者であるという諒解の存在がうかがわれるとともに、「覇王」という表記には、室町殿が武威に拠って立つ為政者であるという同時代認識が示されている。「執政」はともかく、「覇王」という表現・理解は当該期の古記録では全くの少数派だが、満済の独自の立場を考慮すれば　考慮・追究する価値のある理解ではあろう。

満済の日記を見ると、彼は公家出身(二条家の庶流今小路家)でありながら、必ずしもその他大勢の公家出身門跡のように公家社会の一員という性質が強くはなく、義満の猶子(つまり義持・義教の義兄弟)となり、義満没後――特に義教期には明らかに単なる門跡を超えた、公武統一政権の調整・指南・事務統括・諮問答申等の役割を室町殿側近で勤めている。上記の「覇王」認識は、明への国書に「『日本国王』と位署する事は妥当か」という室町殿自身の諮問があって初めて言葉として(しかも突発的に)現れた理解であるとしても、明への国書作成という高次の政治的場面で、しかもその諮問に与るレベルの人物から示されている事には一定の積極的意味を認めてよかろう。なおこの表現から、「覇道」によって「王」と呼ぶに相応しい地位に立った室町殿が、「王道」の実践者(徳治に立脚する君臨者)としての天皇(治天)と併存し得るものと満済が認識していた可能性が見出される点も興味深い。室町殿権力の形成・確立過程の思想上の意義を明らかにするためには、このような同時代人による説明可能性の模索の様々なパターンを、実態に即して、かつ時系列的に調査する作業が必要となろう。

また義政期の文安元年《一四四四》、かつて義教によって失脚させられた清閑寺幸房の復権が図られた際に、失脚時の近江国祇園保・越前国大蔵庄没収の処置が「違勅之科」即ち天皇の名の下に行われた国家意思であったか、それとも「只為普広院殿御沙汰」——即ち義教の家礼に対する私的な制裁であったかの判断が公家社会につきかねる、という事があった(38)。これは義教の処罰が国家による刑罰の執行と同じチャンネルを通じて執行され、義教の意思がほぼ「日本国」における最終決定と同義であった（少なくとも表面上両者を区別する事が困難であった）事を明白に物語っている。幸房は結局赦免されたが、それは義教没後の「人々恩赦之時分」（『建内記』嘉吉元年《一四四一》七月一日条）という風潮に従って行われたものであって、室町殿個人の制裁と国家的懲罰の弁別が追究された結果ではない。このような、室町殿の人格と国家意思の融合化と見なされる現象についても、その実態面と、それを可能にした社会的認識の枠組みを追究する価値があると考えられる。

第二には、室町殿権力の実体はどのようなものであり、そして室町殿権力はそれをいかなるものとして表現しようとしていたのか、という問いかけへと再び立ち帰る必要性が挙げられる。ここでいう〝表現〟は、〝意思表示〟といい換えてもよい。室町殿はいかなる具体的プロセスを経て、いかなる性質の権力を手にしたのか。そのプロセスやそれによって規定される自己の権力の性質を、室町殿はどこまで自覚・認識していたか。そして室町殿はその認識を踏まえて、当該期社会あるいは後世の人々に対して、自らがどのような権力体であると主張しようとしていたのか。このような権力形成の実態や、（必ずしもその実態を正確に認知している保証がない）室町殿の自己認識に関する疑問点を明らかにする事により、室町殿の自己主張たる礼節体系構築の意義がより明らかになろう。そしてその作業により、室町期社会を含む中世社会の姿がより鮮明となるのではないかと考えられる。

その具体的作業としては、室町殿特有の権力のあり方が数十年も社会を律する事を可能にした社会的素地もまた明らかにされねばならず、したがって室町殿権力の形成過程が、鎌倉幕府滅亡以来の内乱期を視野に入れて改めて時系列的に跡づけられる必要があろう。六〇年に及ぶ南北朝内乱期は、数年ごとに政治的条件が大きく変動した時代であり、室町殿権力の登場すべき下地と権力形成過程は、個別の段階での固有の政治的状況に強く規定されていたはずである。また最近では義満以降の歴代室町殿がそれぞれ同質ではない事に注意を促す見解が筆者を含む複数の研究者から提起されており[39]、歴代ごとの特質とその連続・非連続関係、またその要因を確定させてゆくためにも、単に室町殿を静的な国制の枠組みで理解するのではなく、時系列に沿って動態的に把握する必要性が認識されつつある（先に述べた「室町殿」の成立と「公方様」という発想の成立の一体的関係が、時系列的視点から観察される事も同様の問題であろう）。

かかる視点に即していえば、近年大田壮一郎氏は室町期宗教史を、中世前期と戦国期の間の単なる過渡期ではない、いわゆる〝公武統一政権〟のような室町期固有の国制と表裏の関係を成す問題と見て、武家護持僧と諸門跡が室町殿（北山殿）義満の下で一元的に編成されてゆく過程を時系列的に追跡している[40]。また南北朝内乱期の北朝朝儀の財政構造や緊急措置的に践祚した後光厳天皇の求心性確保の問題といった切り口から当該期公武関係を跡づけている松永和浩氏は[41]、当該分野に関する研究史整理で、「王権確立という結果から遡及させて、それが当初からの目的であるかのような見方は妥当ではない。そもそも幕府にとって、王権確立とは既定路線だったのだろうか。幕府が明確な構想を持ちながら南北朝内乱を乗り切ったというより、その時々で対処した選択の積み重ねが王権確立に結果したというのが実情に近いのではないだろうか」と問題提起している[42]。結末から逆算して結末を必然と見るのではなく、その端緒から時系列に沿って観察し、その結末が事の成り行きで結果的に現れるに至った意義を考えるべき、という視角は、少なくとも今日の中世後期史研究には不可欠と考えられる。筆者が先に検討した、尊氏将軍期における幕府執政としての「鎌倉殿」義詮の問題は[43]、そうした認識に基づいて成立期室町幕府の態様と、また「室町殿」が下敷きにしている鎌倉期の「鎌倉殿」が義満権力確立までに室町幕府で与えられていた位置づけを再確認する目的で行った作業であり、今後も取り組むべき筆者の課題の一つである。

また室町幕府と朝廷を併せた室町政権の性質を総合的に理解する枠組みとして今日定説的な位置を占める、富田正弘氏の提唱した概念が〝公武統一政権〟と命名され、またその概念が伝奏という中世朝廷政務システムの要であった職掌のあり方や室町殿との関係の分析から導き出された事に明瞭なように[44]、室町殿の支配は朝廷に対する積極的干渉と朝幕関係の再構成という形で実現されたものである。筆者が最近、室町期公武（朝幕）関係論は室町殿論と換言できる、という趣旨の事を述べたのは[45]その故であり、室町殿に干渉される側の朝廷がそもそも当該期にいかなる形態・秩序・思考法を有していたのかが明らかにされなければ、室町殿の具体的態様を理解する事は不可能であると考えている。義満による朝廷構成員の主従的編成の原理や実態を追究した家永遵嗣氏の諸論攷や[46]、建武政権～義満権力確立直前期までの朝廷・北朝政務制度を網羅的な事例調査で追究した森茂暁氏の研究等の、公家社会理解に重点を置く研究視角は、今後さらに展開され深められていく必要があろう（森氏の当該著作が、公刊後の研究動向を踏まえて最近増補改訂の上再刊された事は[47]、かかる研究視角の今日的重要性の反映であろう）。

本書との関わりでいえば、陣中の領域確定作業の過程で陣家という朝儀出仕拠点に言及する必要が生じ、陣家を理解するためには拝賀という出仕の一類型（廷臣の昇進時の表謝行為）に言及しなければならなかった。この拝賀儀礼も従来は公家社会における本来的あり方に関する研究が全く手薄であり、その基本的事実の確認は間接的に陣中の理解に必要な作業と考えられる。しかも室町政権・室町期公武関係の研究史上、室町殿義満が廷臣から拝賀を受ける客体となっていった事実が〈義満が〝王権〟を手にした〉事の徴証として挙げられた事があり[48]、また拝賀が属する儀礼類型のモデルである親族拝には表謝の他に表祝行為という儀礼上の本質が存在する点で、金子氏が論じた室町殿「御礼」参賀に通ずるところがある。拝賀の問題はこれら先学の再評価とそれに伴う室町殿論の着実な進展のためにも、歴史的沿革や基本的事実の解明が要請される問題であり、朝廷儀礼研究が室町殿論に不可欠である事を示す典型例である。先に筆者が取り組んだ拝賀の最も基本的な考察は[49]、かかる認識に基づいて行った室町殿論・室町期公武社会（身分）秩序論への迂遠な布石の一つであるが、未だその緒に就いたばかりであり、前述の南北朝・室町期的「鎌倉殿」の問題と並行して今後追究したい課題の一つである。さらに「鎌倉殿」の問題は、尊氏・義詮らが「鎌倉大納言」「鎌倉宰相中将」「鎌倉左馬頭」等と呼ばれた事実とともに、中世朝廷における「称号」の一類型であるという点でも、朝廷研究の深化を要請する問題である（この「称号」についても筆者はかつて基礎的考察を行った事があり、最近では遠藤珠紀氏によってさらに掘り下げられている[50]）。

本書では空間的礼節秩序という新たな切り口から、歴代室町殿や彼らが関わった公家社会の身分秩序・中世的特質について一定の知見を得る事ができたと考えているが、右に挙げた中世的「礼」や「公方」に関わる同時代的社会認識の諸問題、あるいは朝廷・公家社会的な秩序の諸問題、さらにはそれら諸問題が中世社会全体において有した意義等については、今後の課題として改めて取り組む事としたい。

（1）『園太暦』文和元年（一三五二）七月八日条所引徳大寺公清書状に「諸大夫与医道之書札礼ハ、弘安法于今無相違候歟」と見え、また文和四年八月一八日条所引徳大寺公清書状に「又僧中礼、後醍醐院御時被改王法候し」と、同洞院公賢勘返に「不然候歟、可為弘安礼之由、法皇御時被仰候き」と見える。

（2）田島公「「公卿学系譜」の研究——平安・鎌倉期の公家社会における朝儀作法・秘事口伝・故実の成立と相承——」（田島公編『禁裏・公家文庫研究』第三輯、思文閣出版、二〇〇九）。

（3）科学研究費補助金〔基盤研究（A）〕「東山御文庫を中心とした禁裏本および禁裏文庫の総合的研究」（研究代表者田島公、一九九八～二〇〇〇）、同〔基盤研究（A）〕「禁裏・宮家・公家文庫収蔵古典籍のデジタル化による目録学的研究」（同前、二〇〇二～二〇〇五）、同〔学術創成研究費〕「目録学の構築と古典学の再生——天皇家・公家文庫の実態復原と伝統的知識体系の解明——」（同前、二〇〇七～二〇一一）等のプロジェクトで、具体的作業が進みつつある。その成果は田島公編『禁裏・公家文庫研究』第一～三輯（思文閣出版、二〇〇三・二〇〇六・二〇〇九）や、吉岡眞之・小川剛

生編『禁裏本と古典学』（塙書房、二〇〇九）、『国立歴史民俗博物館資料目録　高松宮家伝来禁裏本目録［8―1　分類目録編／8―2　奥書刊記集成・解説編］』（国立歴史民俗博物館、二〇〇九）等に詳しい。

（4）　水野智之「織田期における公家衆への家門安堵」（『室町時代公武関係の研究』、吉川弘文館、二〇〇五、初出二〇〇〇）。

（5）　早島大祐「足利義政親政期の財政再建」（『首都の経済と室町幕府』、吉川弘文館、二〇〇六、初出一九九九）、同「中世後期社会の展開と首都」（同、初出二〇〇三）、同「公武統一政権論」（同二〇〇六）、松永和浩ⓐ「室町期における公事用途調達方式の成立過程――「武家御訪」から段銭へ――」（『日本史研究』五二七、二〇〇六）、同ⓑ「南北朝内乱と左馬寮領――三浦家文書の左馬寮関係史料を手掛かりに――」（村田路人編『三浦家文書の調査と研究――近世後期北河内の医師三浦蘭阪収集史料――』、大阪大学大学院文学研究科日本史研究室、二〇〇七）、久水俊和「室町期即位大奉幣米徴収システムにおける白川伯家の位置付け」（『日本史研究』五三二、二〇〇六）、同「室町期即位礼用途の支出構造――伝奏と行事官を中心に――」（『ヒストリア』二〇六、二〇〇七）等。

（6）　『看聞日記』永享四年（一四三二）六月八日条に正親町（裏辻）実秀の死去について「室町殿御意不快、家領等被召放令牢籠、大略餓死歟」と、『薩戒記』正長元年（一四二八）七月八日条に今出川実富の死去について「餓死云々、可悲々々」とある。

（7）　桃崎有一郎ⓐ「足利義持の室町殿第二次確立過程に関する試論――室町殿の同時代的・歴史的認識再考――」（『歴史学研究』八五二、二〇〇九）。

（8）　小川剛生『二条良基研究』（笠間書院、二〇〇五）。

（9）　桃崎有一郎ⓑ「足利義満の公家社会支配と「公方様」の誕生」（『ＺＥＡＭＩ』四、二〇〇七）。

（10）　桃崎有一郎ⓒ「水野智之著『室町時代公武関係の研究』」（『年報中世史研究』三二、二〇〇七）。

（11）　桃崎有一郎ⓓ「初期室町幕府の執政と「武家探題」鎌倉殿の成立過程――「将軍」尊氏・「執権」直義・「武家探題」義詮――」（『古文書研究』六八、二〇一〇）。

（12）　川本重雄『寝殿造の空間と儀式』（「おわりに――儀礼・空間・秩序――」、中央公論美術出版、二〇〇五）三七一頁以下。

（13）　石井進・石母田正・笠松宏至・勝俣鎮夫・佐藤進一編『中世政治社会思想』上（岩波書店、一九七二）「解説」（石母田正氏執筆）。

(14) 金子拓『中世武家政権と政治秩序』（吉川弘文館、一九九八）、「終章」。

(15) 黒田俊雄「中世の国家と天皇」（『黒田俊雄著作集　第一巻』、法蔵館、一九九四、初出一九六三）、伊藤喜良「中世後期からみた王権」（『中世国家と東国・奥羽』、校倉書房、一九九九、初出一九九八）、峰岸純夫「日本中世社会の構造と国家」（『大系日本国家史2　中世』、東京大学出版会、一九七五）。

(16) 水野智之「室町時代公武関係論の視角と課題――王権概念の検討から――」（前掲注4著書）二九～三〇頁。

(17) 本文は佐藤進一・池内義資・百瀬今朝雄編『中世法制史料集　第三巻　武家家法Ⅰ』（岩波書店、一九六五）に拠る。

(18) 前掲注13石母田氏論攷六四二頁。

(19) 川岡勉「中世後期の権力論研究をめぐって」（『室町幕府と守護権力』、吉川弘文館、二〇〇二）八頁。

(20) もっとも摂津・尾張等の分郡（学説史上、分郡守護と見なす研究者も多い）や奥羽、あるいは伊勢国司北畠氏の支配に服する伊勢半国のように、守護職とは別の形を取る事例も少なくないが、それは当該地域の地域的特色や帰服・支配実現に至る歴史的経緯を重視して制度的に全国を均す事をしなかった幕府の姿勢や、室町殿個人による近臣への実力付与という別の契機に由来するものであり、それら例外の前提にある原則は、やはり守護職補任と見るべきであろう。

(21) 前掲注15峰岸氏論攷五六頁、同じく伊藤氏論攷一三〇頁以下。

(22) 筆者は、史料上では天皇・上皇（治世院＝治天）等の統治者を漠然と指して「王」と呼んでいる事に留意し、敢えてテクニカルタームとして「王」の語を用いるならば、制度的な「王」の存在しない日本では唯一の君主（「王法」の実現者・体現者）たる天皇と見て、「王権」とは彼（彼女）の持つ権力と定義される古典的理解が適切と考え、その次元以上の分析・理解が必要ならば「王」「王権」とは別の概念を定義・使用すべきという立場に立つ。したがって「王権」とは、「どこに所在するか」「誰が保持するか」が問題とされるべき概念ではなく、その大小・強弱や、あるいは「王権」でない他の権力、また他国の「王権」との関係において論じられるべき概念であるとの立場を取る。

(23) 水野智之「室町時代における公家勢力の政治的動向」（前掲注4著書、初出二〇〇二）二二四頁。

(24) 第五章史料8の永禄一一年（一五六八）九月一四日織田信長宛正親町天皇綸旨等。

(25) 『実隆公記』永正八年（一五一一）八月一八日条に「抑松田豊前守頼定（亮カ）自江州上洛、禁中御警固事被仰出右馬助（細川政国）以下、洛中惣別不可有物忩之由、堅江東(足利義澄)仰也、為其忩上洛、飯尾彦左衛門名字可尋、加賀守末子云々、同道来、内々此趣可達叡聞、頼亮当時所々無案内之間、示余之由申之、(中略)則以書状内々此趣申勾当局了、可然之由被仰之」とある。

(26) 前掲注14金子氏著書。

(27) 薗部寿樹「中世村落における宮座頭役と身分――官途、有徳、そして徳政――」(『日本史研究』三二五、一九八九)。

(28) 同右薗部氏論攷六二頁。

(29) 前掲注9桃崎論攷ⓑ。

(30) 二木謙一「室町幕府将軍御対面儀礼と格式の形成」(『武家儀礼格式の研究』、吉川弘文館、二〇〇三、初出一九九七)。

(31) 豊臣政権と官位制の関係については、近年池享氏が戦国・織豊・家康政権を見通す議論を展開している(『戦国・織豊期の武家と天皇』、校倉書房、二〇〇三)。

(32) 新田一郎「日本中世の国制と天皇」(『思想』八二九、一九九三)。

(33) 江頭恒治「公方役考」(『経済史研究』一九―四、一九三八)、笠松宏至「中世在地裁判権の一考察」(寶月圭吾先生還暦記念会編『日本社会経済史研究(中世編)』、吉川弘文館、一九六七)。

(34) 湯浅治久「中世における地域社会の構造と変容」(『歴史学研究』六六四、一九九四)。

(35) 前掲注9桃崎論攷ⓑ。

(36) 富田正弘「室町殿と天皇」(久留島典子・榎原雅治編『展望日本歴史11　室町の社会』、東京堂出版、二〇〇六、初出一九八九)。

(37) 『満済准后日記』永享六年(一四三四)六月一五日条。

(38) 『建内記』文安元年(一四四四)五月一五日条。

(39) 前掲注7桃崎論攷ⓐを含む、『歴史学研究』八五二号(二〇〇九)小特集「室町殿論――新しい国家像を目指して――」所収諸論攷(大田壮一郎「室町殿権力の宗教政策」、石原比伊呂「足利義教と義満・義持」、清水克行「室町殿権力と広域逃散」、家永遵嗣「足利義満・義持と崇賢門院」、丸山裕之「伊藤喜良『足利義持』」)を参照。

(40) 大田壮一郎「室町殿の宗教構想と武家祈禱」(『ヒストリア』一八八、二〇〇四)。

(41) 松永和浩ⓒ「南北朝期公家社会の求心構造と室町幕府」(『ヒストリア』二〇一、二〇〇六)、前掲注5同氏論攷ⓐ、同

ⓓ「室町殿権力と公家社会の求心構造」(『ヒストリア』二〇八、二〇〇八)等。
(42) 松永和浩ⓔ「南北朝・室町期における公家と武家」(中世後期研究会編『室町・戦国期研究を読みなおす』、思文閣出版、二〇〇七)一三頁。
(43) 前掲注11桃崎論攷ⓓ。
(44) 前掲注36富田氏論攷。
(45) 桃崎有一郎ⓔ「室町殿の朝廷支配と伝奏論――〈公武統一政権〉論の再考に向けて」(前掲注42中世後期研究会編著書)二九頁。
(46) 家永遵嗣「室町幕府奉公衆体制と「室町殿家司」」(『室町幕府将軍権力の研究』、東京大学日本史学研究室、一九九五、初出一九九〇)、同「足利義満における公家支配の展開と「室町殿家司」」(同前著書、一九九五)、同「足利義満と伝奏との関係の再検討――伝奏が義満の家礼であることの意味――」(『古文書研究』四一・四二合併号、一九九五)。
(47) 森茂暁『増補改訂南北朝期公武関係史の研究』(思文閣出版、二〇〇八、初出一九八四)。
(48) 今谷明『室町の王権――足利義満の皇位簒奪計画――』(中央公論新社、一九九〇)、同「足利義満の王権簒奪過程」(『室町時代政治史論』、塙書房、二〇〇〇、初出九九一)。
(49) 桃崎有一郎ⓕ「昇進拝賀考」(『古代文化』五八―Ⅲ、二〇〇六)。
(50) 桃崎有一郎ⓖ「中世公家における複数称号の併用について――南北朝・室町期の正親町家を例に――」(『年報三田中世史研究』九、二〇〇二)、遠藤珠紀「中世朝廷社会における公卿称号」(『遙かなる中世』二一、二〇〇六)。

あとがき

筆者は修士課程の途中まで慶應義塾大学の三宅和朗先生のゼミで古代史を専攻していたが、どうにも修士論文を仕上げる事ができない袋小路に陥った。その時に思いついた窮余の手段が、慶應義塾大学の中世史専攻大学院生を中心に活動する三田中世史研究会例会で以前行った研究報告を発展させ、切り抜ける事であった。その例会で発表したのが「裏築地」の問題である。その時の研究報告は、当時履修していた中島圭一先生のゼミでの、『康富記』講読の発表を基にしたものであった。そのゼミで修士課程で初めての報告順が回ってきた時に担当箇所となったのが嘉吉三年四月二六日条で、いきなり「裏築地」という得体の知れない建造物と向き合わざるを得なくなった。本書の原点は、そのゼミ発表で取り組んだ（そして解決できなかった）疑問にある。

その疑問を抱きながら『古事類苑』居処部所載の『薩戒記』応永三二年六月二日条をたまたま目にした時、これが裏築地研究の根幹となるべき史料である事を知った。但し本文中にどうしても意味の通らない箇所があり、しかも『大日本古記録』本『薩戒記』の応永三二年分は当時未刊であったので、東京大学史料編纂所で写本から文言を確認する作業を行った。その結果、『古事類苑』では「所」を「不」と誤っており、文意が一八〇度ひっくり返ってしまっている事がわかった。史料の一字一字の重要さを身をもって知ったのはこの時であったが、そのような中世史料への接し方は、全く慶應の修士課程で履修した授業、特に中島ゼミと山本隆志先生の演習、さらには『水左記』や『小野宮年中行事裏書』の講読を行った田島公先生の演習でたたき込まれたものである。前述の事情により、筆者は修士三年以降古代史専攻から中世史専攻に〝転んで〟、幸いにも裏築地と陣中をテーマとした（本書の骨格となる）修士論文は審査を通して頂いたが、一字一句から厳密に読む事を当然のように教え、初学者に訓練して下さる先生方に恵まれた事は、筆者にとって最大の幸運であったと思っている。

裏築地について基本的事項を論文にまとめて『年報三田中世史研究』に投稿したらどうか、と中島先生がおっしゃった時、「このような地味で意味不明な築地塀がどうやったら論文になるのだろう」と悩んだ。しかも悪い事に、築地塀や建築史自体に当時の筆者はほとんど興味がなかった。しかし実際に研究会報告の場で、これは義教期の羽林擡頭と名家弾圧という、百瀬今朝雄氏が管領頭の考察を通じて示された政治的問題と密接に絡む、と御教示下さり、筆者が本書にまで繋がる一連の問題に本気で取り組む契機を与えて下さったのも中島先生であった。

その後修士論文にまとめるための調査過程で、建築学の雑誌をめくっているうちに飯淵康一氏の「陣中」に関する論攷をたまたま知り、同じ里内裏周辺空間の構成要素として、陣中の理解なくして裏築地の理解はなさそうだと思い至り、中世の陣中について調べた結果を複数の章に書く事となった。また調べが進むにつれ、裏築地・陣中がともに下馬・下車・下輿という路頭礼的行為と直結する装置であると判明した結果、そもそも「下乗する」という行為はどの程度の敬意を表しているのか、という疑問と向き合わざるを得なくなった。いずれの装置も、路頭礼の基礎的な情報を踏まえずに評価する事は不可能であるという、できれば判明して欲しくなかった事が判明してしまったため、路頭礼について若干古代からの経緯も含めて調べる事となった。その際『鎌倉年中行事』に関係史料がある事を御教示下さり、その写本を閲読するにあたって格別の御高配を賜った山田邦明先生には特に御礼を申し上げたい。修論第一章の下書きに目を通して頂けますか、というお願いを御快諾下さり、喫茶店ルオーでカレーを御馳走して下さいながらかなりのお時間を割かれて、しかもよい点ばかりを特に強調して下さった山田先生の御指導には、修論執筆にあたり本当に勇気づけられた。その章を元にした『史学雑誌』掲載論攷なくしては、やはり本書はなかっただろう。

史料の厳密な読み（読み下しだけでなく、解釈まで）や研究姿勢に関しては、本稿は間違いなく三田中世史研究会の先輩方の御指導の賜物でもある。私が参加するようになった頃は、この研究会の中心的な創立メンバーのお一人であった故桑山浩然先生が例会に頻繁においでになった最後の頃であった。桑山先生からも発表の仕方・古文書の判読の仕方・史料の読み方等多くの御教示を賜ったが、お体を悪くされた後はほとんどお目にかかれないまま、二〇〇六年秋に鬼籍には入られてしまい、同会は全く院生・OB中心の会となった。一学年上の丸島和洋氏には授業・研究会をはじめあらゆる場面で日常的に、厳密な研究姿勢の重要さを教えて頂いたが、特に修士二年目以降、丸島氏以外慶應に中世史の先輩がいなかった筆者は、既に慶應を離れておられた古川元也氏・阿部能久氏・清水亮氏・池和田有紀氏・守田逸人氏ら諸先輩にも大変お世話になった。特に『三田中』に初めての拙稿を掲載して頂くにあたり、論文の書き方自体について手取り足取り、筆者の書く一段落・一文・一文字について、気の遠くなるような御指導を頂けた事はまたとない幸運である。こういった御指導は、やはり先生・学生の関係よりも先輩・後輩の関係ならではの濃いものであったと思う（一度の御指導が数時間、それも何度も先輩の御自宅に泊まり込ませて頂いた）。

本書では第二章を除きほとんど武家関係の事について述べられなかったが、今日の武家関係研究の到達点にあからさまに反する記述は行わなかったつもりではある。もしその意図が成功しているとすれば、それは山本隆志先生の主催されている守護研究会に参加させて頂いてきた事によるところが大きい。同会は二年間「駿河伊達文書」講読を行った慶應での山本先生の授業を母体とし、その後も慶應・学習院の院生が中心に参加して、越前の「西福寺文書」を素材に斯波氏発給文書講読を行い、現在では『大日本史料』第六編から足利義詮発給文書を時系列的に抽出・講読している。授業も含め六年間武家文書を継続的に勉強する機会を得た事で、ここ数年筆者は「武家の事を遠巻きに視野に入れながら差し当たり公家の研究に注力する」というスタンスを取る事ができた。この会でも、山本先生が「古代史の研究者がそうするように、中世史研究者も史料の一字一句を厳密に読むべきではないか」とおっしゃった事が印象に残っている。その意味で、中世史に転向してもなお御世話になる事が多い慶應の古代史の三宅和朗先生・長谷山彰先生の授業では本当に学ぶ事が多かった。文字通り「曲がりなりにも」という勉強の経験ではあったが、「修士課程で古代史を専攻し勉強する機会があった事は、中世史研究者としては強みである」とおっしゃって下さる方が少なくない事は本当にありがたい事である。

大学院ゼミではさらに、山田邦明先生の『上杉家文書』講読では膨大な文書を書いて日々通信する戦国時代の様相を学び、本郷和人先生の『明月記』講読では頻繁に他人を非難する一方で四位の人の実名にきちんと「～朝臣」を付けない藤原定家の個性と向き合い、尾上陽介先生の『兵範記』講読では保元新制の条が来るのを心待ちにしながら鳥羽院没後の膨大な仏事と格闘する等、多様な史料とその読解に取り組む訓練を不断に受ける事ができた。その御縁で博士課程修了後も引き続き学恩を賜った先生方に、改めて御礼申し上げたい。

勉強の機会といえば、博士課程の最後の二年間、特別にお願いして『兼宣公記』の応永年間分を講読する学習院大学の家永遵嗣先生のゼミを聴講させて頂いた。しかも聴講時の御縁で博士論文の学位審査の副査までお願いし御快諾頂けた事には、この場を借りて改めて深謝申し上げたい。また筆者は二〇〇九年度から立命館大学に奉職する事が決まったため、日本学術振興会特別研究員PDを一年で辞退せざるを得なかったが、その一年間、たまたま慶應義塾大学大学院に非常勤講師としてお見えになっていた東京大学史料編纂所の末柄豊先生の授業があり、既に博士課程も離れ学籍のなかった筆者の受講を快く認めて頂いた事についても改めて御礼を申し上げたい。

さらに現代に伝わる禁裏文庫＝京都御所東山御文庫の収蔵史料を調査する科研プロジェクトに、二年間慶應で授業された御縁で東京大学史料編纂所の田島公先生からお誘いを頂き、学術研究支援員（RA）としてお仕事させて頂いた。三年間田島先生のもとで日々御教示を得ながら行ったアルバイトは、とにかく給料以上に得るものが大きい、貴重な経験であった。「世の中にはこれだけの種類のこれだけの数の史料が、未だほとんど利用されないまま存在しているのか」という事を体感できた事は、その最大の収穫の一つである。東山御文庫という、学界においても全貌がほとんど知られていない膨大な史料群の様相は、田島先生の近年の科研によってようやく明らかになりつつある。その最先端の研究の場に御一緒できた事は本当に得難い勉強の機会であり、その機会を与えて下さった（そして現在も後継プロジェクトに参加させて下さっている）田島先生には改めて深謝申し上げたい。最近公刊する機会を得た拙稿「『荒暦』永徳元年・二年記の翻刻」（『年報三田中世史研究』一二、二〇〇五）と「『後円融院宸記』永徳元年・二年・四年記――翻刻・解題と後花園朝の禁裏文庫について――」（田島公編『禁裏・公家文庫研究』第三輯、思文閣出版、二〇〇九）ではいずれも良質な底本を東山御文庫本に求め得た（特に後者については、科研メンバーのお一人である石田実洋氏の御教示に拠るところが大きい）が、それらは一大学院生としては当該科研への参加なくしては知り得なかった情報であり、触れ得ない世界であった。

また末筆ながら、本書出版のお話を持ちかけて下さり貴重な機会を下さった思文閣出版の原宏一氏、丁寧な修正案を下さった同社編集の田中峰人氏、さらに再校の一読を快諾して下さり、これも丁寧かつ適確なアドバイスを下さった早稲田大学大学院文学研究科博士後期課程の田中奈保氏にも、この場を借りて御礼申し上げたい。

長々と個人的な事ばかり申し述べてきたが、とにかく自分がいかに先生方・先輩方に恵まれたかを痛感する。そして筆者の牛歩の如き成長すらも、見守ってくれた家族なくしてはなかった。これまで辛抱強く筆者を育て、可能性を広げられる環境を常に与え続け、好きな事を続けたいというわがままを許してくれた両親には、勉強が一段落ついたこの機会に、改めて御礼を申し上げたい。初孫のわがままに支援を惜しまなかった祖父が最近鬼籍に入り、学位取得の報告が遂に叶わなくなった事が最も残念だが、健在な祖母に本書を捧げる事を許されたい。

二〇〇九年六月二〇日

桃崎　有一郎

■成稿一覧

序　論　新稿

第一章　「中世公家社会における路頭礼秩序について――成立・沿革・所作――」（『史学雑誌』一一四―七、二〇〇五）を改訂・補筆。

第二章　新稿

第三章　新稿

第四章　「中世里内裏の空間構造と「陣」――「陣」の多義性と「陣中」の範囲――」（『日本歴史』六八六、二〇〇五。三田史学会大会日本史部会（二〇〇四）での研究報告を増訂したもの）を改訂・補筆。

第五章　「中世里内裏陣中の構造と空間的性質について――公家社会の意識と「宮中」の治安――」（『史学』七三―二・三、二〇〇四）を改訂・補筆。

第六章　新稿

第七章　新稿

第八章　「「裏築地」に見る室町期公家社会の身分秩序――治天・室町殿と名家の消長――」（『日本史研究』五〇八、二〇〇四）を改訂・補筆。

第九章　「中世後期身分秩序における天皇と上皇・室町殿――身分尺度としての陣中・洛中の分析から――」（『史学雑誌』一一七―一、二〇〇八。史学会第一〇二回大会（二〇〇四）での研究報告を増訂したもの）を改訂・補筆。

第一〇章　新稿

補　論　「髙橋昌明編『院政期の内裏・大内裏と院御所』」（『古文書研究』六五、二〇〇八）の一部分を改訂・補筆。

結論と展望　新稿

なお、第九章・補論は平成一八～九年度科学研究費補助金（特別研究員奨励費）の研究成果の一部であり、本書の出版には独立行政法人日本学術振興会平成二一年度科学研究費補助金（研究成果公開促進費）の助成を受けた。

◎著者略歴◎

桃崎　有一郎（ももさき・ゆういちろう）

1978年東京都生．2001年慶應義塾大学文学部史学科卒業．2007年慶應義塾大学大学院文学研究科後期博士課程修了．日本学術振興会特別研究員(PD)を経て，2009年より立命館大学文学部京都学プログラム講師．博士(史学)．専攻は日本中世史．
編著：『康富記人名索引』（日本史史料研究会，2008年）
主要論文(本書収載分以外)：「中世公家における複数称号の併用について―南北朝・室町期の正親町家を例に―」（『年報三田中世史研究』9，2002年）「洞院家門「割分」と正親町家の成立―南北朝期公家社会における「家」分立の一事例―」（『年報三田中世史研究』10，2003年）「昇進拝賀考」（『古代文化』58-Ⅲ，2006年）「足利義満の公家社会支配と「公方様」の誕生」（『ZEAMI』4，2007年）「『斎藤基恒日記』人名索引」（『年報三田中世史研究』14，2007年）「足利義持の室町殿第二次確立過程に関する試論―室町殿の同時代的・歴史的認識再考―」（『歴史学研究』852，2009年）

中世京都《ちゅうせいきょうと》の空間構造《くうかんこうぞう》と礼節体系《れいせつたいけい》

2010(平成22)年２月26日発行

定価：本体7,200円(税別)

著　者　桃崎有一郎
発行者　田中周二
発行所　株式会社　思文閣出版
〒606-8203 京都市左京区田中関田町2-7
電話 075-751-1781(代表)

印　刷
製　本　株式会社　図書印刷　同朋舎

 ISBN978-4-7842-1502-7　C3021

索　　引

【事　項】

あ

い

う

え

く

け

こ

さ

し

す

せ

そ

た

へ

ほ

み・む

め・も

や・ゆ

よ

【人　名】

い

え・お

か

き

く

【史料名】